国家出版基金项目
NATIONAL PUBLICATION FOUNDATION

中華博物通考

總主編 張述錚

資產卷

本卷主編
盛岱仁

上海交通大學出版社

圖書在版編目（CIP）數據

中華博物通考. 資産卷 / 張述錚總主編；盛岱仁本卷主編.—上海：上海交通大學出版社, 2024.1
　　ISBN 978-7-313-29833-1

　　Ⅰ.①中… Ⅱ.①張… ②盛… Ⅲ.①百科全書—中國—現代②物質資料—中國 Ⅳ.①Z227②F12

　　中國國家版本館CIP數據核字(2023)第237826號

特約編審：劉毅強

責任編輯：韓　悦　　李　敏

裝幀設計：姜　明

中華博物通考·資産卷

總　主　編：張述錚
本卷主編：盛岱仁
出版發行：上海交通大學出版社　　　　　　地　　址：上海市番禺路951號
郵政編碼：200030　　　　　　　　　　　電　　話：021-64071208
印　　製：蘇州市越洋印刷有限公司　　　　經　　銷：全國新華書店
開　　本：890mm×1240mm　1 / 16　　　印　　張：32.25
字　　數：785千字
版　　次：2024年1月第1版　　　　　　　印　　次：2024年1月第1次印刷
書　　號：ISBN 978-7-313-29833-1
定　　價：456.00元

《中華博物通考》學術顧問

《中華博物通考·資產卷》編纂委員會

主　　編：盛岱仁

副 主 編：周　宇　　常　昭　　侯桂運

撰 稿 人：盛岱仁　　周　宇　　常　昭　　侯桂運　　劉　静　　劉文蘭　　高龍奎

　　　　　李　雁　　李繼義　　張國艷　　李峻嶺　　杜彦瑾　　趙　洋　　鄭小娟

　　　　　丘　春　　寧莉莉　　孟秋華

導　論

——縱論中華博物學的沉淪與重建

引　言

在中國當代，西方博物學影響至巨，自鴉片戰爭以來，屈指已歷百載。何謂"西方博物學"？"西方博物學"是以研究動植物、礦物等自然物爲主體的學科，但不包含社會領域的社會生活，至 19 世紀後期已完成學術使命，成爲一種保護大自然的公益活動，但國人却一直承襲至今。中華久有自家的博物學，已久被忘却，無人問津，這一狀況實是令人不安。前日偶見《故宮裏的博物學》問世，精裝三册，喜出望外，以爲我中華博物學終得重生，展卷之後始知，該書是依據清乾隆時期皇室的藏書《清宮獸譜》《清宮鳥譜》《清宮海錯圖》（"海錯"多指海中錯雜的魚鱉蝦蟹之類）繪製而成，其中一些并非實有，乃是神話傳說之物。其內容提要稱"是專爲孩子打造的中華文化通識讀本"，而對博物院内琳琅滿目的海量藏品則隻字未提。這就是説，博物院雖有海量藏品，却與故宮裏的博物學毫不相干，或曰并不屬於博物學的研究範圍。此書的編纂者是我國的著名專家，未料我國這些著名專家所認定的博物學仍是西方的博物學。此書得以《故宮裏的博物學》的名義出版，又證我國的出版界對於此一命題的認同，竟然不知我中華久有自家的博物學。此書如若改稱《故宮裏的皇室動物圖譜》，則名正言順，十分精彩，不失爲一部別具情趣的兒童讀物，但原書名却無意間形成一種誤導，孩子們可能會據此認定：唯有鳥獸蟲魚之類才是中華文化中的大學問，故而稱之爲"博物學"，最終會在其幼小心靈裏留下西方博物學的深深印記。

何以出現這般狀況？因爲許多國人對於傳統的中華博物及中華博物學，實在是太過陌生！那麽，何謂"博物"？本文指稱的"博物"，是指隸屬或關涉我中華文化的一切可見或可感知之物體物品。何謂"中華博物學"？"中華博物學"的研究主體是除却自然界諸物之外，更關涉了中國社會的各個方面各個領域，進而關涉了我中華民族的生息繁衍，關涉了作爲文明古國的盛衰起落，足可爲當代或後世提供必要的藉鑒，是我國獨有、無可替代的學術體系。故而重建中華博物學，具有歷史的、現實的多方面實用價值。我中華博物學起源久遠，至遲已有兩千年歷史，祇是初始没有"博物學"之名而已。時至明代，始見"博物之學"一詞。如明楊士奇《東里續集》卷一八評述宋陸佃《埤雅》曰："此書於博物之學蓋有助焉。"此一"博物之學"，可視爲"中華博物學"的最早稱謂。又，《四庫全書總目提要》卷一三六評清陳元龍《格致鏡原》曰："〔此書〕分三十類：曰乾象，曰坤輿，曰身體，曰冠服，曰宫室，曰飲食，曰布帛，曰舟車，曰朝制，曰珍寶，曰文具，曰武備，曰禮器，曰樂器，曰耕織器物，曰日用器物，曰居處器物，曰香奩器物，曰燕賞器物，曰玩戲器物，曰穀，曰蔬，曰木，曰草，曰花，曰果，曰鳥，曰獸，曰水族，曰昆蟲，皆博物之學。"此即古籍述及的"中華博物學"最爲明確、最爲全面的定義。重建的博物學於"身體"之外，另增《函籍》《珍奇》《科技》等，可以更全面地融匯古今。在擴展了傳統博物學天地之外，又致力於探索浩浩博物的淵源、流變，以及同物異名與同名異物的研究，致力於物、名之間的生衍關係的考辨。"博物學"本無須冠以"中華"或"中國"字樣，在當代爲區别於西方的"博物學"，遂定名爲"中華博物學"，或曰"中華古典博物學"。"中華博物學"，國人本當最爲熟悉，事實却是大出所料，近世此學已成了過眼雲烟，少有問津者，西方博物學反而風靡於中國。何以形成如此狀況？何以如此本末倒置？這就不能不從噩夢般的中國近代史談起。

一、喪權辱國尋自保，走投無路求西化

清王朝自鴉片戰争喪權辱國之後，面對列强的進逼，毫無氣節，連連退讓，其後又遭

甲午戰爭之慘敗，走投無路，於是由所謂“師夷之長技”，轉而向日本求取西化的捷徑，以便苟延殘喘。日本自19世紀始，城鄉不斷發生市民、農民暴動，國内一片混亂。1854年3月，又在美國鐵艦火炮脅迫之下，簽訂《神奈川條約》。四年後再度被迫與美國簽訂通商條約。繼此以往，荷、俄、英、法，相繼入侵，條約不斷，同百年前的中國一樣，徹底淪爲半封建半殖民地社會，當權的幕府聲威喪盡。1868年1月，天皇睦仁（即明治天皇）下達《王政復古大號令》，廢除幕府制度，但值得注意的是仍然堅守“大和精神”，并未全部廢除自家原有傳統。同年10月，改元明治，此後的一系列變革措施，即稱之爲“明治維新”。維新之後，否定了“近習華夏”，衝決了“東亞文化圈”，上自天皇，下至黎民，勠力同心，在“富國强兵、置産興業”的前提之下，遠法泰西，大力引入嶄新的科學技術，從而迅速崛起，廢除了與列强的一切不平等條約，成爲令人矚目的世界强國之一。可見“明治維新”之前，日本内憂外患的遭遇，與當時的中國非常相似。在此民族存亡的關鍵時刻，中國維新派代表人物不失時機，遠渡東洋，以日本爲鏡鑒，在引進其先進科技的同時，也引進了日本人按照英文natural history的語意翻譯成的漢語“博物學”，雖并不準確，但因出於頂禮膜拜，已無暇顧及。況且，自甲午戰爭至民國前期，日源語詞已成爲漢語外來語詞庫中的魁首，遠超英法俄諸語，且無任何外來語痕迹，最難識别。如“民主”“科學”“法律”“政府”“美感”“浪漫”“藝術界”“思想界”“無神論”“現代化”等，不勝枚舉。國人曾試圖自創新詞，但敗多勝少，衹能望洋興嘆。究其原因，并非民智的高下，也并非語種的優劣，實則是國力强弱的較量，國强則國威，國威則必擁有强勢文化，而强勢文化勢必涌入弱國，面對强勢文化，弱國豈有話語權？西方的“博物學”進入中國，遒勁而又自然。

　　那麼，西方博物學源於何時何地？又經歷了怎樣的發展變化？答曰：西方博物學發端於古希臘亞里士多德（公元前384—前322）《動物志》之類著述，又經古羅馬老普林尼（公元23—79）的《自然史》，輾轉傳至歐洲各國。其所謂博物除却動植物外，更有天文、地理、人體諸類。這是西方的文化背景與知識譜系，西人習以爲常，喜聞樂見。在歐洲文藝復興和美洲地理大發現之後，見到别樣的動物、植物以及礦物，博物學得到長足發展。至19世紀前半期，博物學形成了動物學、植物學和礦物學三大體系，達於鼎盛。至19世紀後期，動物學、植物學獨立出來，成爲生物學，礦物學則擴展爲地質學，博物學已被架空。至20世紀，博物學已不再屬於什麼科學研究，而完全變成一種生態與環境探索，以供民衆休閑安居的社會活動。其時，除却發端於亞里士多德的"博物學"之外，也有後起的"文化博物學"（Cultural Museology），這是一門非主流的綜合性學科，旨在研究人類一切文化遺産，試圖展示并解釋歷史的傳承與發展，但在題材視野、表達主旨等方面與中華傳統博物學仍甚有差異。面對此類非主流論説，當年的譯者或視而不見，或有意摒弃，其志在振興我中華。

在尋求救國的路途中，仁人志士們目睹了西方先進文化，身感心受，嚮往久之。"試航東西洋一游，見彼之物質文明，莊嚴燦爛，而回首宗邦，黯然無色，已足明興衰存亡之由，長此以往，何堪設想？"（吴冰心《博物學雜誌》發刊詞，1914 年 1 月，第 1 ～ 4 頁），此時仁人志士們滿腔熱血，一心救國。但如何救國，却茫茫然，如墮五里霧中。這一救國之路從表象上觀察似乎一切皆以日本爲鏡鑒，實則迥别於"明治維新"之路，未能把握"富國强兵、置産興業"之首要方嚮，而當年的執政者却祇顧個人權勢的得失，亦無此遠大志嚮。仁人志士們雖振臂疾呼，含泪呐喊，祇飄摇於上層精英之間，因一度失去民族自信、文化自信，而不知所措，矛頭直指孔子及千載儒學，進而直指傳統文化。五四運動前夜，北京大學著名教授錢玄同即正告國人"欲驅除一般人之幼稚的野蠻的頑固的思想"，就必須要"廢孔學"，必須要"廢漢文"（錢玄同《中國今後的文字問題》，載 1918 年 4 月 15 日《新青年》第 4 卷第 4 號）。翌年，五四運動爆發，仁人志士們高舉"德謨克拉西"（民主）、"賽因斯"（科學）兩面大旗，掀起反帝反封建的狂濤巨瀾，成爲中國近現代史上的偉大里程碑，中國人民自此視野大開。這兩面大旗指明了國家强弱成敗的方嚮。但與此同時，仁人志士們又毫不猶豫，全力以赴，要堅决"打倒孔家店"。於是，孔子及其儒家學説成了國弱民窮的替罪羊！接踵而至的就是對於漢字及其代表的漢文化的徹底否定。偉大革命思想家魯迅也一直抨擊傳統觀念、傳統體制，1936 年 10 月，在他逝世前夕《病中答救亡情報訪員》一文中，竟然斷言："漢字不滅，中國必亡！"而新文化運動的主要人物之一胡適更是語出驚人："我們必須承認我們自己百事不如人，不但物質機械上不如人，不但政治制度不如人，并且道德不如人，知識不如人，文學不如人，音樂不如人，藝術不如人，身體不如人。"中華民族是"又愚又懶的民族"，是"一分像人，九分像鬼的不長進民族"（胡適《介紹我自己的思想》，1930 年 12 月亞東圖書館初版《胡適文選》自序）。這是五四運動前後一代精英們的實見實感，本意在於革故鼎新，但這些通盤否定傳統文化的主張，不啻是在緊要歷史關頭的一次群情失控，是中國文化史中的一次失智！在這樣的歷史背景、這樣的歷史氣勢之下，接受西方"博物學"就成了必然，有誰會顧及古老的傳統博物學？

在引進西方博物學之後，國人紛予效法，試圖建立所謂中華自家的博物學，於是圍繞植物學、動物學兩大方面遍搜古今，窮盡群書，着眼於有關動植物之類典籍的縱橫搜求，但這并非我中華的博物全貌，也并非我中華博物學，況且在中華古典博物學中，也罕見西方礦物學之類著作，可見，試圖以西方的博物學體系，另建中華古典博物學，實在是削足適履、邯鄲學步。自 1902 年始，晚清推行學制改革，先後頒布了"壬寅學制""癸卯學制"。1905 年，根據《奏定學堂章程》，已將西方博物學納入中學的課程設置。其課程分爲植物、動物、礦物、人體生理學四種，分四年講授。1912 年中華民國成立後，江浙等地出現過博物學會和期刊，稍後武昌高等師範學校設立了博物學系，出版過《博物學雜誌》，主要研究動物學、植物學及人體生理學，隨後又將博物學系改稱生物學系，《博物學雜誌》也相應改稱《生物學雜誌》，重走了西方的老路。北京高等師範學校也有類似經歷，甚爲盲目而混亂。至 30 年代，發現西方博物學自 20 世紀始，已轉型爲生態與環境探索，國人因再無興趣，對西方博物學的大規模推廣、學習在中國遂告停止，但因影响至深，其餘風猶存。

二、中華典籍浩如海，博物古學何處覓？

應當指出，中國古代典籍所載之草木、鳥獸、蟲魚之類，亦有別於西方，除却其自身屬性特徵外，又常常被人格化，或表親近，或加贊賞，體現了另一種精神情愫。如動物龜、鶴，寓意長壽（其後，龜又派生了貶義）；豺、狼、烏鴉、猫頭鷹，或表殘忍，或表不祥；其他如十二生肖，亦各有象徵，各有寓意。而那些無血肉、無情感的植物，同樣也被賦予人文色彩。如漢班固《白虎通·崩薨》載："《春秋含文嘉》曰：天子墳高三仞，樹以松；諸侯半之，樹以柏；大夫八尺，樹以欒；士四尺，樹以槐；庶人無墳，樹以楊、柳。"足見在我國古老的典制禮俗中，松、柏、欒、槐、楊、柳，已被賦予了不同的屬性，被分爲五等，楊、柳最爲低賤；就連如何埋葬也分爲五等，嚴於區別，從墳高三仞到無墳，成爲天子到庶人的埋葬標志。實則墳墓分爲等級，早在公元前 3300 年至公元前 2300 年的良渚古城遺址已經發現。這些浩浩博物，廣泛涉及了古老民族和古老國度的典制與禮俗，我國學人也難盡知，西方的博物學又當如何表述？

可見西方博物學絕難取代中華古典博物學，中華古典博物學的研究範圍，遠超西方博物學，或可說中華古典博物學大可包容西方博物學。如今，這一命題漸引起國內一些有識之士、專家學者的關注。那麼，中華古典博物學究竟發端於何時何地？有無相對成型的體系？如何重建？答曰：若就人類辨物創器而言，上古即已有之，環宇盡同。若僅就我中華文獻記載而言，有的學者認爲當發端於《周易》，因爲"易道廣大，無所不包"（《四庫全書總目提要》卷九），或認爲發端於《書·禹貢》，因爲此書廣載九州山河、人民與物產。《周易》《禹貢》當然可以視爲中華博物學的源頭。而作爲中華博物學體系的領銜專著，則普遍認爲始於晋代張華《博物志》。而論者則認爲，中華博物學成爲一門相對獨立的學科體系，當始於秦漢間唐蒙的《博物記》，此書南北朝以來屢見引用，張華《博物志》不過是續作而已。對此，前人久有論述。如《四庫全書總目提要》卷一四二曰："劉昭《續漢志》注《律曆志》引《博物記》一條，《輿服志》引《博物記》一条，《五行志》引《博物記》二條，《郡國志》引《博物記》二十九條……今觀裴松之《三國志》注（《魏志·太祖紀》《文帝紀》《吳志·孫賁傳》等）引《博物志》四條，又於《魏志·凉茂傳》中引《博物記》一條，灼然二書，更無疑義。"再如宋周密《齊東野語·野婆》曰："《後漢·郡國志》引《博物記》曰：'日南出野女，群行不見夫，其狀晶且白，裸袒無衣襦。'得非此乎？《博物記》當是秦漢間古書，張茂先（張華，字茂先）蓋取其名而爲《志》也。"再如明楊慎《丹鉛總錄》卷一一："漢有《博物記》，非張華《博物志》也，周公謹云不知誰著。考《後漢書》注，始知《博物記》爲唐蒙作。"如前所述，此書南北朝典籍中多有引用，如僅在南朝梁劉昭《續漢志》注中，《博物記》之名即先後出現了三十三次之多。據有關古籍記載，其內包括了律曆、五行、郡國、山川、人物、輿服、禮俗等，盡皆實有所指，無一虛幻。故在明代有關前代典籍分類中，已將唐蒙《博物記》與三國魏張揖《古今字詁》、晋呂静《韻集》、南朝梁阮孝緒《古今文詁》、唐顏元孫《干禄字書》、宋洪适《隸釋》等字書、韵書并列（見明顧起元《説略》卷一五），足見其學術地位之高，而張華《博物志》則未被錄入。

至西晋已還，佛道二教廣泛流傳，神仙方士之説大興，於是張華又衍《博物記》爲《博物志》，其書內容劇增，自卷一至卷六，記載山川地理、歷史人物、草木蟲魚，這些當是紀要考訂之屬，合乎本文指稱的名副其實的博物學系統。此外，又力仿《山海經》的體例，旨在記載异物、妙境、奇人、靈怪，以及殊俗、瑣聞等，諸多素材語式，亦幾與《山海經》盡同，若"羽民國，民有翼，飛不遠……去九嶷四萬三千里"云云，并非"浩博實物"，已近於"志怪"小説。張華自序稱其書旨在"博物之士覽而鑒焉"，張序指稱的"博物之士"，義同前引《左傳》之"博物君子"，其"博物"是指"博通諸種事物"，虚虚實實，紛紛紜紜，無所不包。此類記述，正合世風，因而《博物志》大行其道，《博物記》則漸被冷落，南北朝之後已失傳，其殘章斷簡偶見於他書，可輯佚者甚微。後世輾轉相引，又常與《博物志》混同。《博物志》至宋代亦失傳，今本十卷爲采摭佚文、剽掇他書而成，真僞雜糅，亦非原作。其後又有唐人林登《續博物志》十卷，緊接《博物志》之後，更拓其虚幻内容，以記神異故事爲主，多是叙述性文字，其條目篇幅較長，宋代之後也已亡佚。再後宋人李石又有同名《續博物志》十卷，其自序稱："次第仿華書，一事續一事。"實則并不盡然，華書首設"地理"，李書改增爲"天象"，其他内容，間有與華書重複者，所續多是後世雜籍，宋世逸聞。此書雖有舛亂附會之弊，仍不失爲一部難得的繼補之作。李書之後，又有明人游潛《博物志補》三卷，仍係補張華之《志》，旨趣體例略如李石之《續志》，但頗散漫，時補時闕，猥雜冗濫。李、游一續一補，盡皆因仍張《志》，繼其子遺。以上諸書之所謂"博物"，一脉相承，注重珍稀之物而外，多以臚列奇事異聞爲主旨，同"浩博實物"的考釋頗有差异。游潛稍後，明董斯張之《廣博物志》五十卷問世，始一改舊例，設有二十二類，下列子目一百六十七種，所載博物始於上古，達於隋末，不再因仍張《志》而爲之續補，已是擴而廣之，另闢山林，重在追溯事物起源，其中包括職官、人倫、高逸、方技、典制，等等。其後，清人陳逢衡著有《續博物志疏證》十卷、《續博物志補遺》一卷，對李石《續志》逐條研究探索，并又加入新增條目，成爲最系統、最深入的《續》説。其後，徐壽基又著有《續廣博物志》十六卷，繼董《志》餘緒，於隋代之後，逐一相繼，直至明清，頗似李石之續張華。但《廣志》《續廣志》之類，仍非以專考釋"浩博實物"爲主旨。我國第一部以"博物"命名而研究實物的專著，當爲明末谷應泰之《博物要覽》。該書十六卷，惜所涉亦不過碑版、書畫、銅器、窰器、瑪瑙、珊瑚、珠玉、奇石等玩賞之器物，皆係作者隨所見聞，摭録成帙；所列未廣，其中碑版書畫，尤爲簡陋，難稱浩博，其影響遠不及前述諸《志》，但所創之寫實體例，則非同尋常。而最具權威者，當是明末黄道周所著《博物典彙》，該書共二十卷，所涉博物，始自遠古，達於當朝，上自天文地理，下至草木蟲魚，盡予囊括，并以其所在時代最新的觀點、視野，對歷代博物著述進行了彙總研究。如卷一關於"天文"之考釋，下設"渾天""七曜"，"七曜"下又設"日""月""五星"，再後又有"經星圖""緯星圖""二十八宿"。又如卷七關於"后妃"，下設"宮闈内外之分""宮闈預政之誡"，緊隨其後的即教育"儲貳"之法，等等，甚爲周嚴。

以上諸書就是以"博物"命名的博物學專著。在晚清之前，代代相繼，發展有序，并時有新的建樹。

與這些博物學專著相并行，相匹配，另有以"事"或"事物"命名，旨在探索事物起源的博物學專著。初始之作爲北魏劉懋《物祖》十五卷，稍後有隋謝昊《物始》十卷，是對《物祖》的一次重大補正。《物始》之後，有唐劉孝孫等《事始》三卷，又有五代馮鑑《續事始》十卷，是對《事始》的全面擴展與開拓。《續事始》之後，另有宋高承《事物紀原》十卷，此書分五十五個類目，上自"天地生植"，中經"樂舞聲歌""輿駕羽衛""冠冕首飾""酒醴飲食"，直至"草木花果""蟲魚禽獸"，較《物祖》《物始》尤爲完備，遂成博物學的百代經典。接踵而來者有明王三聘《古今事物考》八卷，效法《紀原》之體，自古至今，上至天文地理，下至昆蟲草木，中有朝制禮儀、民生器用、宮室舟車，力求完備，較之他書尤得要領，類居目列，條理分明，重在古今考釋，一事一物，莫不求源溯始，考核精審。此書載錄服飾資料尤爲豐富，如卷一有上古禮制之種種服式，非常全面，卷六所載後世之巾冠、衣、佩、帶、襪、履舃、僧衣、頭飾、妝飾、軍服等百餘種，考證多引原書原文，確然有據，甚爲難得。就全書而言，略顯單薄。明徐炬又有《古今事物原始》三十卷，此書仿高承《紀原》之體，又參《事物考》之章法，以考釋制度器物爲主，古今上下，盡考其淵源，更有所得，凡日月星辰、山川草木，亦必確究其淵源流變，但此與天地共生之浩浩博物，四百餘年前的一介書生，豈可臆測而妄斷？爲此而輾轉援引，頗顯紛亂。且鳥獸花草之起首，或加偶語一聯，或加律詩二句，而後逐一闡釋，實乃蛇足。其書雖有此瑕疵，却不掩大成。與王、徐同代的還有羅頎《物原》二卷（《四庫》本作一卷），羅氏以《紀原》不能黜妄崇真，故更訂爲十八門，列二百九十三條，條條錘實。如，刻漏、雨傘、鋦子（用於連合破裂器物的兩脚釘）、酒、豆腐之類的由來，多有創見。惜違《紀原》明記出典之體，又背《事物考》之道，凡有考釋，則溷集衆説爲一。如，烏孫公主作琵琶，張華作苔紙，皆茫然不知所本。不過章法雖有差失，未臻完美，但其功業甚巨，《物原》成爲一部研究記述我國先民發明創造的專著。時至清代，陳元龍又撰

《格致鏡原》一百卷。何謂"格致鏡原"？意即格物致知，以求其本原。此書的子目多達一千七百餘種，明代以前天地間萬事萬物盡予羅致，一事一物，必究其原委，詳其名號，廣博而精審，終成中華古典博物學的巔峰之作。

以上兩大系列專著，自秦漢以來，連續兩千載，一脉相承，這并非十三經、二十六史之類的敕編敕修，無人號令，無人支持，完全出自一種無形的力量，出自文化大國、中華文脉自惜自愛的傳承精神，從而構成浩大的博物學體系。在我國學術研究史中，在我國圖書編纂史中，乃至於世界文化史中，當屬大纛獨立，舉世無雙！本當如江河之奔，生生不息，終因清廷喪權辱國、全盤西化而戛然中斷。

三、博物古學歷磨難，科技起落何可悲！

回顧我國漫長的文化史可知，中華博物學是在傳統的"重道輕器"等陳腐觀念桎梏下，以强大的民族自覺精神、民族意志爲推動力，砥礪前行，千載相繼，方成獨立體系，因而愈加難得，愈加可貴。

"重道輕器"觀念是如何出現的？何謂"道器"？兩者究竟是何關係？《周易·繫辭上》曰："形而上者謂之道，形而下者謂之器。"何謂"道"？所謂道乃"先天地生"，無形無象、無聲無色、無始無終、無可名狀，爲"萬物之所然也，萬理之所稽也"（見《韓非子·解老》），是指形成宇宙萬物之本原，是形成一切事理的依據與根由。何謂"器"？器即宇宙間實有的萬物，包括一切科技發明，至巨至大，至細至微，充斥天地間，而盡皆不虛，或有實物可見，或有形體可指。器即博物，博物即器。"道器關係"本是一種有形無形、可見與不可見的生衍關係，并無高下之分，但在傳統文化中却另有解釋。如《周禮·考工記序》曰："坐而論道，謂之王公；作而行之，謂之士大夫；審曲面執，以飭五材，以辨民器，謂之百工。"又曰："智者創物，巧者述之，守之世，謂之百工。百工之事，皆聖人之作也。"此文突顯了"道"對於"器"的指導與規範地位。"坐而論道"，可以無所不論，民生、朝政、國運、天下事，當然亦在所論之中。"道"實則是指整體人世間的一種法則、一種定律，或説是我古老的中華民族所創造的另一種學説。所謂"論道者"，古代通常理解爲"王公"或"聖人"，實則是代指一代哲人。《考工記序》却將論道與製器兩者截然分開，明確地予以區別，貶低萬衆的創造力，旨在維護專制統治，從而確定人們的身份地位。坐而論道者貴爲王公，親身製器者屬末流之百工（"審曲面執，以飭五材、以辨民器"，謂觀察金、木、皮、玉、土之曲直、性狀，據以製造民人所需之器物）。《考工記序》所記雖名爲"考工"，實則是周代禮制、官制之反映，對芸芸衆生而言，這種等級關係之誘惑力超乎尋常，絕難抵禦，先民樂於遵從，樂於接受，故而崇敬王公，崇敬聖人，百代不休。因而在中國古代，科學技術大受其創。

"重道輕器"的陳腐觀念，在中國古代影響廣遠，"器"必須在"道"的限定之下進行，不得隨意製作，不得超常發揮，"道"漸演化爲統治者實施專政的得力手段。"坐而論道"，似乎奧妙無盡。魏晋時期，藉儒入道，張揚"玄之又玄"，乃至於魏晋人不解魏晋文章，本朝人爲本朝人作注，史稱"玄學"。兩宋由論道轉而談理，一代理學宗師應運而生，闡理思辨，超乎想象，就連虛幻縹緲的天宫，亦可談得妙理聯翩，後世道家竟繪出著名的《天宫圖》來。事越千載，五四運動時期，那些新文化運動主將們聯手痛搗"孔家店"，却不攻玄理，"論道""崇道""樂道""惜道"，滾滾而來，遂成千古"道"統，已經背離《易》《老》的本義。出於這樣的觀念，如何會看重"形而下"的博物與博物學？

那麼，古代先民又是如何看待與博物學密切相關的科學技術？《書·泰誓下》載，殷紂王曾作"奇技淫巧，以悦婦人"，爲百代不齒，萬世唾罵。何謂"奇技淫巧"？唐人孔穎達釋之曰："奇技謂奇異技能，淫巧謂過度工巧……技據人身，巧指器物。"所謂"奇技淫巧"，今大底可釋爲超常的創造發明，或可直釋爲科學技術。論者認爲，"百代不齒，萬世唾罵"者并不在於"奇技淫巧"這一超常的創造發明，而在於紂王奢靡無度，用以取悦婦人的種種罪孽。至於紂王是否奢靡無度，"以悦婦人"，今學界另有考證。紂王當時之所以能稱雄天下，正是由於其科技的先進，軍事的强大，其失敗在於大拓疆土，窮兵黷武，導致内外哀怨，決戰之際又遭際叛亂。所謂"以悦婦人"之妲己，祇是戰敗國的一種"貢品"而已，對於年過半百的老人并無多大"媚力"。關於殷商及妲己的史料，最早見於戰國時期成書的《國語·晋語一》，前後僅有二十七字，并無"酒池肉林""炮烙之刑"之類記載，後世史書所謂紂王對妲己的種種寵愛，實是一種演繹，意在宣揚"紅顔禍水"之説（此説最早亦源於前書。"紅顔禍水"，實當稱之爲"紅顔薄命"）。在中國古代推崇"紅顔禍水"論，進而排斥"奇技淫巧"，從而否定了科技的力量，否定了科技强弱與國家强弱的關係。時至周代，對於這種"奇技淫巧"，已有明確的法律限定："作淫聲、異服、奇技、奇器以疑衆，殺！"（見《禮記·王制》）這也就是説，要杜絕一切新奇的創造發明，連同歌聲、服飾也不得超乎常規，否則即犯殺罪！此文自漢代始，多有注疏，今擇其一二，以見其要。"淫聲"者，如春秋戰國時鄭、衛常有男女私會，謳歌相引，被斥爲淫靡之聲；"奇技"者，如年輕的公輸班曾"請以機窆"，即以起重機落葬棺木，因違反當時人力牽挽的埋葬禮節，被視爲不恭。一言以蔽之，凡有違禮制的新奇科技、新奇藝術，皆被視爲疑惑民衆，必判以重罪。這就是所謂"維護禮制"，其要害就是維護統治者的統治地位，故而衣食住行所需器物的質材及數量，無不在尊卑貴賤的等級制約之中。如規定平民不得衣錦綉，不得鼎食，商人、藝人不得乘車馬，就連權貴們娛樂時選定舞蹈的行列亦不可違制，違制即意味着不軌，意味着僭越。杜絕"奇技淫巧"，始自商周，直至明清而未衰。我國著名的四大發明，千載流傳，未料却如同國寶大熊猫一樣，竟由後世西方科學家代爲發現，實在可悲！四大發明、大熊猫之類，或因史籍隱冷，疏於查閱，或因地處山野，難以發現，姑可不論，但其他很多非常具體的發明創造，雖有群書連續記載，也常被無視，或竟予扼殺。如漢代即有超常的"女布"，因出自未嫁少女之手而得名（見《後漢書·王符傳》），南北朝時已久負盛名，稱"女子布"（見南朝宋盛弘之《荆州記》）。宋代又稱"女兒布"，被贊爲"布帛之品……其尤細者也"（見宋羅濬《寶慶四明志·郡志四》）。其後歷代製作，不斷創新，及至明清終於出現空前的妙品"女兒葛"。"女兒葛"爲細葛布的一種，其物纖細如蟬翼紗，又如傳說中的"蛟女絹"，僅重三四兩，捲其一端，整匹女兒葛便可出入筆管之中，精美絕倫，明代弘治之後曾發現於四川鄰水縣，但却被斷然禁止。明皇甫錄《下陴記談》卷上："女兒葛，出鄰水縣，極纖細，必五越月而後成，不減所謂蟬紗、魚子纈之類，蓋十縑之力也。予以爲淫巧，下令禁止，無敢作者。"對此美妙的"女兒葛"，時任順慶府知府的皇甫錄，并没給予必要的支持、鼓勵，反而謹遵古訓，以杜絕"奇技淫巧"爲己任，堅決下達禁令，并引以爲榮。皇甫錄乃弘治九年（1496）進士，爲官清正，面對"奇技淫巧"也如此"果斷"！此後清代康熙年間，"女兒葛"再現於廣東增城縣一帶，其具體情狀，清屈大均《廣東新語·貨語·葛布》中有翔實描述，但其遭遇同樣可悲，今"女兒葛"終於銷聲匿迹。在中國古代，類似的遭遇，又何止"女兒葛"？杜絕"奇技淫巧"之風，一脉相承，何可悲也。

　　但縱觀我華夏全部歷史可知，一些所謂的"奇技淫巧"之類，雖屢遭統治者的禁弃，實則是禁而難止，況統治者自身對禁令也時或難以遵從，歷代帝王皇室之衣食住行，幾乎無一不恣意追求舒適美好，爲了貪圖享樂，就不得不重視科技，就不得不啓用科技。如

"被中香爐"（爐內置有炭火、香料，可隨意旋轉以取暖，香氣縷縷不絕。發明於漢代）、
"長信宮燈"（燈內裝有虹管，可防空氣污染。亦發明於漢代）的誕生，即明證。歷代王朝
所禁絕的多是認定可能危及社稷之類的"奇技淫巧"，并未禁止那些有利於民生的重大發
明，也沒有壓抑摧殘黎民百姓的靈智（歷史中偶有以愚民爲國策者，衹是偶或所見的特例
而已）。帝王們爲維護其統治地位，以求長治久安，在"重道輕器"的同時，也極重天文、
曆算、農桑、醫藥等領域的研究，凡善於治國的當權者，爲謀求其國勢得以强盛，則必定
大力倡導科技，《後漢書・和熹鄧皇后紀》所載即爲顯例。和熹皇后鄧綏（公元81—121），
深諳治國之道，兼通天文、算數。永元十四年（102），漢和帝死後，東漢面臨種種滅頂之
災，鄧綏先後擁立漢殤帝和漢安帝，以"女君"之名親政長達十六年，克服了有史以來最
嚴重的十年天災，剿滅海盜，平定西羌，收服嶺南三十六個民族，將九真郡外的蠻夷夜郎
等納入版圖，恢復東漢對西域的羈縻，征服南匈奴、鮮卑、烏桓等，平息了內憂外患，使
危機四伏的東漢王朝轉危爲安。正是在這期間，鄧綏大力發展科技，勉勵蔡倫改進造紙
術，任用張衡研製渾天儀、地動儀等儀器，并製造了中尚方弩機，這一可以連續發射的弩
機，其射程與命中率令時人驚嘆，成爲當時世界上最具殺傷力的先進武器（此外，鄧綏又
破除男女授受不親的陳腐觀念，創辦了史上最早的男女同校學堂，并通過支持文字校正與
字詞研究，推動了世界第一部字典《說文解字》問世）。這就爲傳統的博物研究提供了巨
大的空間，因而先後出現了今人所謂的"四大發明"之類。實際上何止是"四大發明"？
天文、曆算等領域的發明創造，可略而不論。鄧綏之前，魯班曾"請以機窆"的起重機，
出現於春秋時期，早於西方七百餘年。徐州東洞山西漢墓出土的青銅透光鏡，歐洲和日
本人稱其爲"魔鏡"，當一束光綫照射鏡面而投影在墻壁上時，墻上的光亮圈內就出現了
銅鏡背面的美麗圖案和吉祥銘文。這一"透光鏡"比日本"魔鏡"早出現一千六百餘年，
而歐洲的學者直到19世紀纔開始發現，大爲驚奇，經全力研究，得出自由曲面光學效應
理論，將其廣泛運用於宇宙探索中。今日，國人已能夠恢復這一失傳兩千餘載的原始工
藝，千古瑰寶終得重放异彩！鄧綏之後，又創造了"噴水魚洗"，亦甚奇妙，令人大開眼
界。東漢已有"雙魚洗"之名（見明梅鼎祚《東漢文紀》卷三二引《雙魚洗銘》），未知當
時是否可以噴水。"噴水魚洗"形似現今的臉盆。盆內多刻雙魚或四魚，盆的上沿兩側有
一對提耳，提耳的設置，不衹是爲了便於提動，同時又具有另外一個功用，即當手掌撫摩
時，盆內還能噴射出兩尺高的水柱，水面形成一片浪花，同時會發出樂曲般的聲響，十分

神奇。今可確知，"噴水魚洗"興起於唐宋之間（見宋王明清《揮塵前録》卷三、宋何薳《春渚紀聞》卷九），當是皇家或貴族所用盥洗用具。魚洗能够噴水，其道理何在？美國、日本的物理學家曾用各種現代科學儀器反復檢測查看，試圖找出其導熱、傳感及噴射發音的構造原理，雖經全力研究，但仍難得以完整的解釋，也難以再現其效果。面對中國古代科技創造的這一奇迹，現代科學遭遇了空前挑戰，祇能"望盆興嘆"。

中華民族，中華博物學，就是在這樣複雜多變的背景之下跌宕起伏，生存發展，在晚清之前，兩千餘年來，從未停止前進的步伐，這又成爲中華民族的民族性與中華博物學的一大特點。

四、西化流弊何時休，誰解古老博物學？

自晚清以還，中華博物學沉淪百年之久，本當早已復蘇，時至今日，幸逢盛世，正益修典，又何以總是步履維艱？豈料經由西學東漸之後，在我國國内一些學人認定科學決定一切，無與倫比，日積月纍，漸漸形成了一種偏激觀念——"唯科學主義"，即以所謂是否合於科學，來判定萬事萬物的是非曲直，科學擁有了絕對的話語權。"唯科學主義"通常表現爲三種態度：一、否認物質之外的非物質。凡難以認知的物質，則稱之爲"暗物質"。這一"暗"字用得非常巧妙，"暗"，難見也！於是"暗物質"取代了"非物質"；二、否認科學之外的其他發現。凡是遇到無從解釋的難題，面對別家探索的結論，一律斥爲"僞科學"。三、否認科學範圍以外的其他一切生產力，唯有科學可以帶動社會發展，萬事萬物必須以科學爲推手。

何謂"科學"？中國古代本有一種認識論的命題，稱之爲"格致"，意謂"格物致知"，指深究事物原理以求得知識，從而認識各種客觀現象，掌握其變化規律。這種哲學我國先秦諸子久已有之，雖已歷千載百代，但却未得應有的重視，終被西方科學所取代。自16世紀始，歐洲由於文藝復興，挣脱了天主教會的長期禁錮，轉向於對大自然的實用性的探索，其代表作即哥白尼的"日心説"與伽利略天文望遠鏡的發明，同時出現牛頓的力學，這是西方的第一次科技革命。這一時期已有"科學"其實，尚無後世"科學"之名，起始定名爲英語science一詞，源於拉丁文，本意謂人世間的各種學問，隸屬於古希臘的哲學思想，是一種對於宇宙間萬事萬物的生衍關係的一種想象、一種臆解，原本無甚稀奇，此時已反響於歐洲，得以廣泛流傳。至 18 世紀，新興的資産階級取得政權，爲推行資本主義，又大力發展科學，西方科學已處於世界領先地位。時至 19 世紀 60 年代後期及 20 世紀初，歐洲發生了以電力、化學及鋼鐵爲新興産業的第二次科技革命，英語 science 一詞迅速擴展於北美和亞洲。日本明治維新時期，赴歐留學的日本學者將 science 譯成"科學"，學界認爲是藉用了中國科舉制度中"分科之學"的"科學"一詞，如同將英文 natural history 的語意翻譯成漢語"博物學"一樣，也并不準確，中國的變法派訪日時，對之頂禮膜拜，欣然接受，自家固有的"格致"一詞，如同國學中的其他語詞一樣被弃而不用，"科學"一詞因得以廣泛流傳。"科學"當如何定義？今日之"科學"包括了自然科學、社會科學、思維科學以及交叉科學。除却嚴謹的形式邏輯系統之外，本是一種具體的以實踐爲手段的實證之學。實踐與實證的結果，日積月纍，就形成了人類關於自然、社會和思維的認知體系，成爲人類評斷事物是非真僞的依據。但科學不可能將浩渺無盡的宇宙及宇宙間的萬事萬物盡皆予以實踐、實證，能够實踐、實證者甚微，因而科學總是在不斷地探索，不斷地補正，不斷地自我完善之中，其所能研究的領域與功能實在有限。當代科學可以在指甲似的晶片上，一次性地裝載五百億電晶體，可以將重達六噸以上的太空船射向太空，并按照既定指令進行各種探索，但却不能造出一粒原始的細胞來，因爲這原始細胞結構的複雜神秘，所蘊含的奇妙智慧，人類雖竭盡全力，却至今無法破解。細胞來自何處？是如何形成的？科學完全失去了話語權！造不出一粒原始的細胞，造一片樹葉尤無可能，造一棵大樹更是幻想，遑論萬千物種，足證"科學"并非萬能的唯一學問。況且，"暗物質"之外，至少在中國哲學體系中尚有"非物質"。何謂"非物質"？"非物質"是與"物質"相對而言，區別於"暗物質"的另一種存在，正如前文所述，它"無形無象、無聲無色、無始無終、無可名狀"，在中國古代稱之爲"道"。"道"可以不遵循因果關係，可以無中生有，爲"萬物之所然也，萬理之所稽也"，可以解釋萬物的由來，可以解釋宇宙的形成。今以天體學的的視野略加分析，亦可見"唯科學主義"的是非。人類賴以生存的地球，其直徑約爲 12 742 公里，是太陽系中的第三顆小行星。太陽系的直徑約爲 2 光年，太陽是銀河系中數千億恒星之一，銀河系的直徑約爲 10 萬光年，包括 1 千億至 4 千億顆恒星，而宇宙中有一千至兩千億銀河系，宇宙有 930 億光年。一光年約等於 9.46 萬億公里。地球在宇宙中祇是一粒微塵，如此渺小的地球人能創造出破解一切的偉大科學，那是癡人説夢！中華先賢面對諸多奧妙，面對諸多不可思議的現象，提出這一"無可名狀"之"道"，當然并非憑空想象，自有其觀測與推理的依據，這顯然不同於源自西方的科學，或曰是西方科學所包容不了的。先賢提出的"無可名狀"的"道"，已超越物質的範圍，或曰"道"絕非"暗物質"所能替代的。這一"無可名狀"的"道"，在當今的別樣的時空維度中已得到初步驗證（在這非物質的維度中滿富玄機）。論者提出這一古老學説，旨在證明"唯科學主義"排斥其他一切學説，過分張揚，不足稱道，絕無否定或輕忽科學之意。百年前西學東漸，尤其是西方科學的傳入，乃是我中華民族思維與實踐領域的空前創獲，是實踐與思維領域的一座嶄新的燈塔，如今已是家喻户曉，人人稱贊，任誰也不會否認科學的偉大，但却不能與偏激的"唯科學主義"混同。後世"科學"一詞，又常常與"技術"連稱爲"科學技術"，簡稱"科技"。何謂"技術"？"技術"一詞來源於希臘文"techs"，通常指個人的技能或技藝，是人類利用現有實物形成新事物，或改變原有事物屬性、功能的方法，或可簡言之曰發明創造。科學技術不同於科學，也不同於技術，也不是科學與技術的簡單相加。科學技術是科學與技術的有機結合體系，既是人類認識世界和改造世界的成果或産物，又是人類認識世界和改造世界最有力的工具或手段，兩者實難分割。某些技術本身可能祇是一種技法，而高深技術的背後則必定是科學。

出於上述"唯科學主義"偏激觀念，重建中華博物學就遭致了質疑或否定，如有學者認爲，中國古代祇有技術而沒有科學，哪有什麼中華博物學？中華博物學被看作"前科學時代的粗糙的知識和技能的雜燴"，是一種"非科學性思考"，沒有什麼科學價值，當然也就沒有重建的必要，因爲西方博物學久已存在，無可替代。中國古代當真"祇有技術而沒有科學"麼？前文已論及"科學"與"技術"很難分割，在中國古代不祇有"技術"，同樣也有"科學"。回眸世界之歷史長河，僅就中西方的興替發展脉絡略作比較，就可以看到以下史實：當我中華處於夏禹已劃定九州、建有天下之際，西方社會多處於尚未開化的蠻荒歲月；當我中華已處於春秋戰國鋼鐵文化興起之際，整個西方尚處於引進古羅馬文明的青銅器時代；當我宋代以百萬册的印數印刷書籍之際，中世紀的西方仍然憑藉修士們成年纍月在羊皮卷上抄寫複製；著名的火藥、指南針等其他重大發明姑且不論，單就中國歷朝歷代任何一件發明創造而言，之於西方社會也毫不遜色，直至清代中葉，中國的科技一直處於世界領先地位。英國科學家李約瑟主編的七卷巨著《中國科學技術史》，即認爲西方古代科學技術85%以上皆源於中國。這是西方人自發的沒有任何背景、沒有任何色彩的論斷，甚爲客觀，迄今未見异議。此外又有學者指出，中華傳統博物學不祇擁有科技，又超越了科技的範疇，它是"關於物象（外部事物）以及人與物的關係的整體認知、研究範式與心智體驗的集合"，"這種傳統根本無法用科學去理解和統攝"，中華古典博物學"給我們提供的'非科學性思考'，恰恰是它的價值所在"（余欣《中國博物學傳統的重建》，載《中國圖書評論》，2013 年第 10 期，第 45 ~ 53 頁）。這無疑是對"唯科學主義"最有力的批駁！是的，本書極重"科技"研究，又不拘泥於"科技"，同樣重視"非科學性思考"。

中華古典博物學的研究主體是"博物"，是"博物史"，通過對"博物""博物史"的探索，而展現的是人，是人的生存、生活的具體狀況，是人的直觀發展史。中華傳統博物學構成了物我同類、天人合一的博大的獨立知識體系，是理解和詮釋世界的另一視野，這種視野中的諸多"非科學性思考"的博物，科學無法全面解讀，但却是真真切切的客觀存在。所謂傳統博物學是"前科學時代的粗糙的知識和技能的雜燴"，是"非科學性思考"的評價，甚是武斷，祇不過是一種不自覺的"唯科學主義"觀念而已。另將"科學"與"技術"分割開來，強調什麼"科學"與否，這一提法本身就不太"科學"。對此，本書前文已論及，無須複述。我國作爲一個古老國度，在其漫長的生衍過程中，理所當然地包容了"粗糙的知識和技能"。這一狀況世界所有古國盡有經歷，并非中國獨有。"粗糙的知識"的表述似乎也并不恰當，"知識"可有高下深淺之分，未聞有粗糙細緻之別。這所謂"粗糙"，大約是指"成熟"與否，實際上中華傳統博物學所涉之"知識和技能"，并非那麼"粗糙"，常常是合於"科學"的，有些則是非常的"科學"。英國科學家李約瑟等認定古代中國涌現了諸多"黑科技"。何謂"黑科技"？這是當前國際間盛行的術語，即意想不到的超越科技之科技，可見學界也是將"科學"與"技術"連體而稱，而并非稱"黑科學"。認定中國古代"祇有技術而没有科學"，傳統博物學是"前科學時代的粗糙的知識和技能的雜燴"之説，頗有些"粗糙"，準確地説頗有些膚淺！這位學者將傳統博物學統稱爲"前科學時代"的産物，亦是一種妄斷，也頗有些隨心所欲！何謂"前科學時代"？"前科學時代"是指形成科學之前人們僅憑五官而形成的一種感知，這種感知在原始社會時有所見，但也并非全部如此，如鑽木取火、天氣預測、曆法的訂立、灸砭的運用等，皆超越了一般的感知，已經形成了各自相對獨立的科學。看來這位學者并不怎麼瞭解中國古代科技史，并不太瞭解自家的傳統文化，實屬自誤而誤人。

中華博物學的形成及發展歷程，與西方顯然不同。西方博物學萌生於上古哲人的學説，其後則以自然科學爲研究主體，遍及整個歐洲，全面進入國民的生活領域。在這樣的文化背景之下，西方日益强大，直接影響和推動了社會的發展，因而步入世界前列。我中華悠悠數千載，所涉博物，形形色色，浩浩蕩蕩，逐漸形成了中華獨有的博物學體系，但面臨的背景却非常複雜，與西方比較是另一番天地，那就是貫穿數千載的"重道輕器"觀念與排斥"奇技淫巧"之國風，這一觀念、這一國風，其表現形式就是重文輕理，且愈演愈烈。如中國久遠的科舉制度，應試士子們本可"上談禮樂祖姬孔，下議制度輕儁玄"（見明高啓《送貢士會試京師》詩），縱論古今國事，是非得失，而朝廷則可藉此擇取英才，因而國家得以强盛。時至明代後期，舉國推行的科舉制度竟然定型爲千篇一律的八股文，泯滅了朝廷取才之道，一代宗師顧炎武稱八股之禍勝似"焚書坑儒"（見《日知録・擬題》）。清代後期爲維護其獨裁統治，手段尤爲專橫强硬，又向以"天朝"自居，哪裏會重視什麼西方的"科學技術"？"科學技術"的落伍最終導致文明古國一敗塗地，這也就是"李約瑟難題"的答案！"科學"之所以成爲"科學"，是因爲其出自實踐、實證，實踐、實證是科學的生命。實踐、實證又必須以物質爲基礎，這正與我中華博物學以浩浩博物爲研究主體相合！但中華博物學，或曰博物研究，始終被置於正統的國學之外，這一觀念與國風，極大地制約了中華博物學的發展。制約的結果如何？可以毫不誇張地説，直接阻礙了中國古代社會的歷史進程。

五、中華博物知多少，皓首難解千古謎

中華博物如繁星麗天，難以勝計，其中有諸多別樣博物，可稱之爲"黑科技"者，令人百思不得其解。如八十餘年前四川廣漢西北發現的三星堆古蜀文化遺址，距今約四千八百年至三千年左右，所在範圍非常遼闊，遠超典籍記載的成都平原一帶，此後不斷探索，不斷有新的發現，成爲 20 世紀人類最偉大的考古發現之一。該遺址內三種不同面貌而又連續發展的三期考古學文化，以規模壯闊的商代古城和高度發達的青銅文明爲代表的二期文化最具特點。二期文化中青銅器具占據主導地位，極爲神奇。衆多的青銅人頭象、青銅面具，千姿百態。還有舉世罕見的青銅神樹，該樹有八棵，最高者近 4 米，共分三層，樹枝上栖息有九隻神鳥，應是我國古籍所載"九日居下枝"的體現；斷裂的頂部，當有"一日居上枝"的另一神鳥，寓意九隻之外，另一隻正在高空當班。青銅樹三層

九鳥，與《山海經·海外東經》中所載"扶桑""若木""九日居下枝，一日居上枝"正同。上古時代，先民認爲天上的太陽是由飛鳥所背負，可知九隻神鳥即代表了九個太陽。其《南經》又曰："有木，其狀如牛，引之有皮，若纓、黃蛇。其葉如羅，其實如欒，其木若蘆，其名曰建木。"何謂"建木"？先民認爲"建木"具有通天本能，傳説中伏羲、黃帝等盡皆憑藉"建木"來往神界與人間。由《山海經》的記載可知，這神奇物又來源於傳統文化，大量青銅文化明顯地受到夏商文明、長江中游文明及陝南文明的影響。那些金器、玉器等禮器更鮮明地展現出華夏中土固有的民族色彩。如此浩大盛壯，如此神奇，這一古蜀國究竟是怎樣形成的？又是怎樣突然消失的？詩人李白在《蜀道難》中曾有絶代一問："蠶叢及魚鳧，開國何茫然？"意謂蠶叢與魚鳧兩位先帝，是在什麼時代開創了古蜀國？何以如此茫茫然令人難解？今論者續其問曰："開國何茫然，失國又何年？開失兩難知，千古一謎團。"三星堆的發掘并非全貌，僅占遺址總面積的千分之一左右，只是古蜀文化的小小一角而已，更有浩瀚的未知數，國人面臨的將是另一個陌生的驚人世界。中華民族襟懷如海，廣納百川，中外文化相容并包，故而博大精深。這些百思不得其解的神奇之物，向無答案，確屬於所謂"非科學性思考"，當代專家學者亦爲之拍案。"唯科學主義"面臨這些"黑科技"的挑戰，當然也絶難詮釋。以下再就已見出土，或久已傳世之實物爲例。上世紀 80 年代，臨潼始皇陵西側出土了兩乘銅車馬，其物距今已有兩千二百餘年，造型之豪華精美，被譽爲世界"青銅之冠"，姑且不論。兩輛車的車傘，厚度僅 0.1 ～ 0.4 厘米，一號車古稱"立車"或"戎車"，傘面爲 1.12 平方米，二號車傘面爲 2.23 平方米，而且皆用渾鑄法一次性鑄出，整體呈穹隆形，均匀而輕薄，這一鑄法迄今亦是絶技，無法超越。而更絶的是一號立車的大傘，看似遮風擋雨所用，實則充滿玄機，此傘的傘座和手柄皆爲自鎖式封閉結構，既可以鎖死，又可以打開，同時可以靈活旋轉 180 度，隨太陽的方位變化而變化，亦可取下插入野外，遮烈日，擋風雨，賞心隨意。令人尤爲稱奇的是，打開傘柄處的雙環插銷，傘柄與傘蓋可各獨立，傘柄就成了一把尖鋭的矛，傘蓋就成了盾，可攻可守。這一 0.1 ～ 0.4 厘米厚的盾，其抗擊力又遠勝今人的製造技術，令今人望塵莫及，故國際友人贊之爲罕見的"黑科技"。此外分存於西安與鎮江東西兩方的北宋石刻《禹迹圖》，尤爲奇異。此圖參閲了唐賈耽《海内華夷圖》，并非單純地反映宋代行政區劃及華夷之間的關係，而是上溯至《禹貢》中的山川、河流、州郡分布，下至北宋當世，已將經典與現實融爲一體。此圖長方約 1 平方米，宋朝行政區劃即達三百八十個之多，五個大湖，七十座山峰，更有蜿蜒數千里的長江、黃河等江川八十餘條；不衹是中原的地域，尚有與之接壤的大理、吐蕃、西夏、遼等區域，這些區域的山野江河亦有精準的繪製。作爲北宋時代的製圖人，即使能够遍踏域内、域外，也絶難僅憑一己的目力俯瞰全景。此圖由五千一百一十個小方格組成，每一小方格皆爲一百平方公里，所有城市、山野江河的大小距離，盡包容在這些格子裏，全部可以明確無誤地測算出來，其比例尺與今世幾無差異。如此細密精準，必須具有衛星定位之類的高科技纔能繪製出來，九百年前的宋人是憑藉什麽儀器完成的？此一《禹迹圖》較之秦陵銅車馬，更超乎想象，詭異神奇，故而英國學者李約瑟評之爲"世界上最神秘、最杰出的地圖"，美國國家圖書館將一幅19世紀據西安圖打製的拓本作爲館藏珍品。中國古代"黑科技"，又何止臨潼銅車馬與《禹迹圖》？

除却上述文獻記載與出土及傳世之物外，另一些則是實見於中華大地的奇特自然景觀，這些百思不得其解的神奇之物，散處天南海北，自古迄今，向無答案，亦屬於所謂"非科學性思考"，當代專家學者亦爲之拍案。"唯科學主義"面臨這些"黑科技"的挑戰，當然也絶難詮釋。我中華大地這些神奇之物，在當世尤應引起重視，國人必須迎接"超科技時代"的到來。如"應潮井"，地處南京市東紫金山南麓定林寺前。此井雖遠在深山之間，却與五公里外的長江江潮相應，江水漲則井水升，江水退則井水降，同處其他諸井皆無此現象。唐宋以來，已有典籍記載，如《江南通志・輿地志・江寧府》引唐段成式《酉陽雜俎》："蔣山有應潮井，在半山之間，俗傳云與江潮相應，嘗有破船朽板自井中出。"《景定建康志・山川志三・井泉》："應潮井在蔣山頭陁寺山頂第一峰佛殿後。《蔣山塔記》云：'梁大同元年，後閣舍人石興造山峰佛殿，殿後有一井，其泉與江潮盈縮增减相應。'"何以如此，自發現以來，已歷千載，迄今無解。以上的奇特之物，多有記載，名揚天下，而另一些奇物，却久遭冷落，默默無聞。如"靈通石"，亦稱"神石""報警石"，俗稱"猪叫石"。該石位於太行大峽谷林縣境内高家臺輝伏巖村。石體方正，紫紅色，裸露於地面約4立方米，高寬各3米，厚2米，象是一頭體積龐大的臥猪，且能發聲如猪叫。傳聞每逢大事（包括自然灾害、重大變革等）來臨之前，常常"鳴叫"不止，大事大叫數十天，小事則小叫數日，聲音忽高忽低，一次可叫百餘聲，百米之内清晰可聞。但其叫聲衹能現場聆聽，不可録音。何以如此怪异？同樣不得而知！中華博物浩浩洋洋，漫漫無涯，可謂無奇不有，作爲博物之學，亦必全力探究，这也正是中華博物學承担的使命。

六、中華博物學的研究範圍與狀況，新建學科的指嚮與體式如何？

中國當代尚未建立博物學會，也没有相應的報刊，人們熟知的則是博物院館，而博物院館的職責在於收藏、研究并展出傳世的博物，面對日月星辰、萬物繁衍以及先民生息起居等數千年的古籍記載（包括失傳之物），豈能勝任？中華博物全方位研究的歷史使命祇能由新興的博物學承擔。古老中華，悠悠五千載，博物浩茫，疑難連篇，實難解讀，而新興的博物學却不容迴避，必須做出回答。

本書指稱的博物，包括那些自然物，但并不限於對其形體、屬性的研究，體現了博物古學固有的格致觀念，且常常懷有濃厚的人文情結，可謂奥妙無窮，這又迥别於西方博物學。

如"天宇"，當做何解釋？在中國傳統文化中是與"宇宙"并存的稱謂，重在强調可見的天體和所有星際空間。前已述及，天體直徑可達930億光年以上，實際上可能遠超想象。這就出現了絶世難題：究竟何謂天體？天體何來？戰國詩人屈原在其《天問》篇中，曾連連問天："上下未形，何由考之？""馮翼惟象，何以識之？""明明闇闇，惟時何爲？"千古之問，何人何時可以作答？天宇研究在古代即甚冷僻，被稱爲"絶學"。中國是天宇觀測探索最爲細密的文明古國之一，天象觀測歷史也最爲悠遠，殷墟甲骨、《書》《易》諸經，盡有記載，而歷代正史又設有天文、曆律之類專志，皇家設有司天監之類專職機構，憑此"觀天象、測天意"，以决國策。於是，天文之學遂成諸學之首。天宇研究的主體是天空中的各種現象，這些現象又以各種星體的位置、明暗、形狀等的變化爲主，稱之爲星象。星象極其繁複，難以辨識。於是，在天空位置相對穩定的恒星就成爲必要的定位標志。在人們目力所及的範圍内，恒星數以千計，簡單命名仍不便查找和定位，我華夏先民又將天空劃分爲若干層級的區域，將漫天看似雜亂無章的恒星位置相近者予以組合并命名，這些組合的星群稱之爲星宿。古人視天上諸星如人間職官，有大小、尊卑之分，故又稱星官，因而就有了三垣二十八宿，成爲古天宇學最重要理論依據，這一理論西方天文學絶難取代。

再如古代類書中指稱的"蟲豸"，當代辭書亦少有確解。何謂"蟲豸"？舉凡當今動物學中的昆蟲綱、蛛形綱、多足綱，以及爬行動物中的綫形動物、扁形動物、環節動物、軟體動物中形體微小者，皆爲蟲豸之屬。蟲豸形雖微小，然其生存之久、種類之繁、分布之廣、形態之多、數量之巨，從生物、生態、應用、文化等角度，其意義和價值都大异於其他各類動物，或説是其他各類動物所不能比擬的。蟲豸之屬，既能飛於空，亦能游於水，既能潜於土，亦能藏於山，形態萬千，且各具靈性，情趣互异，故古代典籍遍見記叙，不僅常載於詩文，且多見筆記、小説中。先民又常憑藉其築穴或搬遷之類活動，以預測氣象變化或靈异别端，同樣展現了一幅具體生動的蟲文化畫卷，既有學術價值，又充滿趣味性。自《詩》始，就出現了咏蟲詩，其後歷代從蝶舞蟬鳴、蟻行蛇爬中得到靈感者代不乏人，或以蟲言志，或以蟲抒懷，或以蟲爲比，或以蟲爲興，甚至直以蟲名入於詞牌、曲牌，如僅蝴蝶就有“蝴蝶兒”“玉蝴蝶”“粉蝶兒”“蝶戀花”“撲蝴蝶”“撲粉蝶”等名類。唐歐陽詢《藝文類聚》收集有關蟬、蠅、蚊、蝶、螢、叩頭蟲、蛾、蜂、蟋蟀、尺蠖、螳、蝗等蟲類的詩、賦、贊等數量浩繁，後世仿其體例者甚多，如《事物紀原》《五雜俎》《淵鑑類函》《古今圖書集成·禽蟲典》等，洋洋大觀。不僅詩詞歌賦，在成語、俗語中，言及蟲豸者，亦不可勝數，如莊周夢蝶、螓首蛾眉、金蟬脱殼、螳螂捕蟬、螳臂當車、蚍蜉撼樹、作繭自縛、飛蛾撲火（詞牌名爲“撲燈蛾”）等；不僅見諸歷代詩文，今世辭章以蟲爲喻者，仍沿襲不衰，如以蝸喻居、以蝶喻舞、以蟬翼喻輕薄、以蛇蠍喻狠毒等，比比皆是，不勝枚舉。

本博物學所指稱博物又包括了人類社會生活的各方面、領域，自史前達於清末民初，有的則可直達近現代，至巨至微，錯綜複雜。而對於某一具體實物，必須從其初始形態、初始用途的探討入手，而後追逐其發展演變過程，這樣纔能有縱橫全面的認定，從而作出相應的結論，這正是新興博物學的使命之一。今僅就我中華民族時有關涉者予以考釋。今日，國人對於古代社會生活實在太過陌生，現當代權威工具書所收録的諸多重要的常見詞目，常常不知其由來，遭致誤導。如“祭壇”一詞，《漢語大詞典·示部》釋文曰：

> 祭壇：供祭禮或宗教祈禱用的臺。劉大傑《中國文學發展史》第一章三：“無論藝術哲學都得屈服於宗教意識之下，在祭壇下面得着其發展生命了。”艾青《吹號者》詩：“今日的原野呵，已用展向無限去的暗緑的苗草，給我們布置成莊嚴的祭壇了。”亦指上壇祭祀。侯寶林《改行》：“趕上皇上齋戒忌辰，或是皇上出來祭壇，你都得歇工（下略）。”

以上引用的三個書證全部是現代漢語，檢索此條的讀者可能會認定“祭壇”乃無淵源的新興詞，與古漢語無關。豈不知《晉書·禮志下》《舊唐書·禮儀志三》《明史·崔亮傳》

諸書皆有"祭壇"一詞，又皆爲正史，并不冷僻。《漢語大詞典》爲證實"祭壇"一詞的存在，廣予網羅，頗費思索，連同侯寶林的相聲也用作重要書證。侯氏雖被贊爲現代語言大師，但此處的"祭壇"，并非"供祭禮或宗教祈禱用的臺"，"祭"與"壇"爲動賓語結構，并非名詞，不足爲據。還應指出，"祭壇"作爲人們祭祀或祈禱所用實體的臺，早在史前即已出現，初始之時不過是壘土爲臺罷了。

此外，直接關涉華夏文化傳播形式的諸多博物更是大異於西方。如"文具"初稱"書具"，其稱漢代大儒鄭玄在《禮記・曲禮上》注中已見行用。千載之後，宋人陶穀《清異録・文用》中始用"文具"一詞。文具泛指用於書寫繪畫的案頭用具及與之相應的輔助用具。國人憑藉這些文具，創造了最具特色的筆墨文化、筆墨藝術，憑藉這些文具得以描述華夏五千載的燦爛歷史。中華傳統文具究有多少？國人最爲熟悉的莫過於"文房四寶"，實際又何止"文房四寶"？另有十八種文房用具，定名爲"十八學士"，宋代林洪曾仿唐韓愈《毛穎傳》作《文房職方圖贊》（簡稱《文房圖贊》，即逐一作圖爲之贊）。實際上遠超十八種，如筆筒、筆插、筆搋、筆洗、墨水匣、墨床、水注、水承、水牌、硯滴、硯屏、印盒、帖架、鎮紙、裁刀、鉛槧、算袋、照袋、書床、筆擱、高閣，等等，已達三十種之多。

"文房四寶""十八學士"之類中華獨具的傳統文化，今國人熟知者已不甚多，西方博物又何從涉及？何可包容？

七、新興博物學的表述特點，其古今考辨的啓迪價值

當代新興博物學所展現的是中華博物本身的生衍變化以及其同物异名、同名异物等，其主旨之一在於探尋我古老的中華民族的真實歷史面貌，温故知新，從而更加熱爱我們偉大的中華文明。

偉大的中華民族，在歷史上產生过許多杰出的思想觀念，比如，我中華民族風行百代的正統觀念是"君爲輕，民爲本，社稷次之"（見《孟子・盡心下》），這就是强调人民高於君王，高於社稷（猶"國家"），人民高於一切！古老的中華正統對人民如此愛護，如此尊崇，在當今世界也堪稱難得。縱觀朝代更迭的全部歷史可知，每朝每代總有其興起及消亡的過程，有盛必有衰。在這部《通考》中，常有實例可證，如有關商代都城"商邑"的

記載，就頗具代表性。試看，《詩‧商頌‧殷武》：“商邑翼翼，四方之極。”鄭玄箋：“極，中也。商邑之禮俗翼翼然……乃四方之中正也。”孔穎達疏：“言商王之都邑翼翼然，皆能禮讓恭敬，誠可法則，乃爲四方之中正也。”《詩》文謂商都富饒繁華，禮俗興盛，足可爲全國各地的學習楷模。“禮俗”在上古的地位如何？《周禮‧天官‧大宰》曰：“以八則治都鄙：一曰祭祀，以馭其神……六曰禮俗，以馭其民。”這是說周代統治者以禮俗馭其民，如同以祭祀馭鬼神一樣，未敢輕忽怠慢，禮俗之地位絕不可等閒視之。古訓曰：“倉廩實而知禮節，衣食足而知榮辱。”（見《史記‧管晏列傳》）此處的“禮節”是禮俗的核心内容，可見禮俗源於“倉廩實”。“倉廩實”展現的是國富民强，而國富民强，必重禮俗，禮俗展現了國家的面貌。早在三千年前的商代，已如此重視禮俗。“商邑翼翼”所反映的是上古時期商都全盛時期的繁華昌明，其後歷代亦多有可以稱道的興盛時期，如“漢武盛世”“文景盛世”、唐“貞觀盛世”“開元盛世”、宋“嘉祐盛世”、明“永宣盛世”、清“康乾盛世”等，其中更有“夜不閉户，路不拾遺”的佳話。盛世總是多於亂世，或曰温飽時代總是多於飢寒歲月。唐代興盛時期，君臣上下已萌生了甚爲隨和的禮儀狀態，不喜三拜九叩之制，宋元還出現了“衣食父母”之類敬詞（見宋祝穆《古今事物類聚別集》卷二〇、元關漢卿《竇娥冤》第二折），這正體現了“王者以民爲天，民以食爲天”（見《漢書‧酈食其傳》）的傳統觀念。中國歷史上的黎民百姓并非一直生活在水深火熱之中，在漫長的歲月中也常有温飽寧静的生活，因而涌現了諸多忠心報國的詩詞。如“但使龍城飛將在，不教胡馬度陰山”（唐王昌齡《出塞二首》之一）；“忘身辭鳳闕，報國取龍庭”（王維《送趙都督赴代州得青字》）；“僵臥孤村不自哀，尚思爲國戍輪臺”（宋陸游《十一月四日風雨大作》）；“奇謀報國，可憐無用，塵昏白羽”（宋朱敦儒《水龍吟‧放船千里凌波去》）。

　　久已沉淪的傳統博物學今得重建，可藉以知曉我中華兒女擁有的是何樣偉大而可愛的祖國！偉大而可愛的祖國，江山壯麗，蘭心大智，光前裕後，莘莘學子尤當珍惜，尤當自豪！回眸古典博物學的沉淪又可確知，鴉片戰爭給中華民族帶來的是空前的傷害，不祇是漢唐氣度蕩然無存，國勢極度衰微，最爲可怕的是傷害了民族自信，爲害甚烈。傷害了民族自信，則必會輕視或否定傳統文化，百代信守的忠義觀念、仁義之道，必消失殆盡，代之而來的則是少廉寡恥，爾虞我詐，以崇洋媚外爲榮，這一狀況久有持續，對青少年的影響尤甚，怎不令人痛心！時至當代，正全力弘揚中華優秀傳統文化，全力推行科技創新，踔厲奮發，重振國風，這又怎不令人慶幸！

　　新興博物學在展現中華博物本身的生衍變化進而展現古代真切的社會生活之外，又展現了一種獨具中華風采的文化體系。如常見語詞"揚州瘦馬"，其來歷如何？祇因元馬致遠《天净沙‧秋思》中有"西風古道瘦馬"之句。自 2008 年山西吕梁市興縣康寧鎮紅峪村發現元代壁畫墓以來，其中的一首《西江月》小令："瘦藤高樹昏鴉，小橋流水人家，古道西風瘦馬，夕陽西下，已獨不在天涯。"在學界引發了關於《天净沙‧秋思》的爭論熱議。由《西江月》小令聯想元代的另一版本："瘦藤老樹昏鴉，遠山流水人家，古道西風瘦馬，夕陽西下，斷腸人去天涯。"於是有學人又認爲此一"瘦馬"當指"揚州藝妓"，意謂形單影隻的青樓女子思念遠赴天涯的情郎——"斷腸人"，但這小令中的"瘦馬"之前，何以要冠以"古道西風"四字？則不得而知。通行本狀寫天涯游子的冷落凄涼情景，堪稱千古絕唱，無可置疑。那麼何以稱藝妓爲"瘦馬"？"瘦馬"一詞，初見於唐白居易《有感》詩三首之二："莫養瘦馬駒，莫教小妓女。後事在目前，不信君看取。馬肥快行走，妓長能歌舞。三年五年間，已聞換一主。"金董解元《西廂記諸宮調》中的《仙吕‧賞花時》又載："落日平林噪晚鴉，風袖翩翩吹瘦馬。"此處的"瘦馬"無疑確指藝妓。稱妓女爲人人可騎的馬，後世又稱之爲"馬子"，是一種侮辱性的比擬。何以稱"瘦"？在中國古代常以"瘦"爲美，"瘦"本指腰肢纖細，故漢民歌曰："楚王好細腰，宮中多餓死。""細腰"強調的是苗條美麗。"好細腰"之舉，在南方尤甚，揚州的西湖所以稱之爲"瘦西湖"，不祇是因其狹長緊連京杭大運河，實則是因湖邊楊柳依依，芳草萋萋，又有荷花池、釣魚臺、五亭、二十四橋，美不勝收，較之杭州西湖有一種別樣的美麗。國人何以推崇揚州？《禹貢》劃定九州之中就有揚州，今之揚州已有兩千五百餘年的歷史。其主城區位於長江下游北岸，可追溯至公元前 486 年。春秋時期，吳王夫差在此開鑿了世界最早的運河——邗溝，建立邗城，孕育了唯一與邗溝同齡的運河城；因水網密布，氣候温潤，公元前 319 年，楚懷王熊槐在此建立廣陵城（今揚州仍沿稱"廣陵"），遂成爲中華歷史名城之一。此後歷經魏晉等朝代多次重修，至隋文帝開皇九年（589），廣陵改稱揚州。揚州除却政治地位顯赫之外，又是美女輩出之地，歷史上曾有漢趙飛燕、唐上官婉兒及南唐風流帝王李煜先後兩任皇后周薔、周薇，號稱"四大美女"。隋煬帝楊廣又在此開鑿大運河，貫通至京都洛陽旁連涿郡，藉此運河三下揚州，尋歡作樂。時至唐代，揚州更是江河交匯，四海通達，成爲全國性的交通要衝，故有"故人西辭黃鶴樓，煙花三月下揚州。孤帆遠影碧空盡，唯見長江天際流"的著名詩篇（唐李白《黃鶴樓送孟浩然之廣陵》，今之揚州已遠離長江）。揚州在唐代是除却長安之外的最爲繁華的大都會，商旅雲聚，青樓大興，成爲文壇才士、豪門公子醉生夢死之地。唐王建《夜看揚州市》詩贊曰："夜市千燈照碧雲，高樓紅袖客紛紛。"詩人杜牧《遣懷》更有名作："落魄江湖載酒行，楚腰纖細掌中輕。十年一覺揚州夢，贏得青樓薄幸名。"此"楚腰纖細掌中輕"之用典，即直涉楚靈王好細腰與趙飛燕的所謂"掌中舞"兩事。杜牧憑藉豪放而婉約的詩作，贏得百世贊頌，此詩實是一種自嘲、以書懷才不遇之作，却曾遭致史家"放浪薄情"的詬病。大唐之揚州，確是令人嚮往，令人心醉，故而詩人張祜有"人生只合揚州死"（見其所作《縱游淮南》）之感嘆。元代再度大修的京杭大運河弃洛陽直達北京，揚州之地位愈加顯赫。總之，世界這一最古最長的大運河歷代修建，始終離不開揚州。時至明清，揚州經濟依然十分繁盛，仍是達官貴人喜於擇居之地，兩淮鹽商亦集聚於此，富甲一方，由此振興了園林業、餐飲業，娛樂中的色情業也應運而生，養"瘦馬"就是其中的一種，一些投機者低價買進窮苦人家的美麗苗條幼女，令其學習言行禮儀、歌舞繪畫及其他媚人技能技巧，而後以高價賣至青樓或權貴豪門，大發其財。除却"揚州瘦馬"之外，又催生了著名的"揚州八怪"，文化藝術色彩愈加分明。

"揚州瘦馬"本是一種當被摒弃的陋習，不足爲訓，但這一陋習所反映出的却是關聯揚州的一種別樣的文化，反映了揚州古今社會的經濟發展與變化，這當然也是西方博物學替代不了的。

結　語

綜上所述可知，中華博物學是學術研究中的另一方天地，無可替代，必須重建，且勢在必行。如何重建？如何展現我中華博物獨有的神貌？答曰：中華博物絶非僅指博物館的收藏物，必須是全方位的，無論是宮廷裏，無論是山野間，無論是人工物，無論是天然品，無論是社會中，無論是自然界裏，皆應廣予收錄考釋。考釋的主旨，乃探索我中華浩浩博物的淵源、流變。此一博物學甚重"物"的形體、屬性及其淵源流變，同時又關注其得名由來，重視兩者間的生衍關係。通常而言（非通常情况當作別論），在人類社會中有其物必當有其名，有其名亦必有其物。此外，更有同物异名，或同名异物之別。探究“物”本體的淵源流變并釐清名物關係，這就是中國古典博物學的使命，這也正是最爲嚴密的格物致知，也正是最爲嚴肅的科學體系。但中國古典博物學，又必須體現《博物記》以還的國學傳統，必須體現博大的天人視野及民胞物與情懷，有助於我中華的再度振起，乃至於世界的安寧和諧。而那些神怪虛無之物，則不得納入新的博物學中，祇能作爲附錄以備考。如何具體裁定，如何通盤布局，并非易事，遠超想象。因我中華民族是喜愛并嚮往神話的古老民族，又常常憑藉豐富的想象對某種博物作出判斷與解讀，判斷與解讀的結果，除却導致無稽的荒誕之外，又時或引發別樣的思考，常出乎人們的所料，具有別樣的價值。如水族中的“比目魚”，亦稱“王餘魚”“兩魪”“拖沙魚”“鞋底魚”“板魚”“箬葉”，俗稱“偏口魚”，爲鰈形目魚類之古稱。成魚身體扁平而闊，兩眼移於頭的另一端，習慣於側臥，朝上的一面有顏色鮮明的眼睛，朝下一面似無眼睛，先民誤以爲祇有一眼，必須相互比并而行。此一判斷與解讀，始自漢代《爾雅・釋地》：“東方有比目魚焉，不比不行。”郭璞注：“狀似牛脾……一眼，兩片相合乃得行。今水中所在有之，江東又稱爲王餘魚。”事過千載，直至明代李時珍《本草綱目》問世，盡皆認定比目魚僅有一隻眼，出行必須各藉他魚另一眼（見《本草綱目・鱗四・比目魚》）。傳統詩文中用比目魚以比喻形影不離的情侶或好友，先民争相傳頌，百代不休，直至 1917 年徐珂的《清稗類鈔》問世，始知比目魚兩眼皆可用，不必兩兩并游（《清稗類鈔・動物篇》）。古人憑藉想象，又認爲尚有與比目魚相對應的“比翼鳥”，見於《爾雅・釋地》：“南方有比翼鳥焉，不比不飛。”這一“比翼鳥”，僅一目一翼，須雌雄并翼飛行，如同比目魚一樣，亦用以比喻形影不離的情侶或好友。“比目魚”“比翼鳥”之類虛幻者外，後世又派生了所謂“連理枝”，著名詩作有唐白居易《長恨歌》曰：“在天願爲比翼鳥，在地願爲連理枝。”何謂“連理枝”？“連理枝”是指自然界中罕見的偶然形成的枝和幹連爲一體的樹木。“連理枝”之外，又出現了“并蒂蓮”之類。“并蒂蓮”亦稱“并頭蓮”“合歡蓮”等，是指一莖生兩花，花各有蒂，蒂在花莖上連在一起的蓮花。這種“連理枝”“并蒂蓮”，難以納入下述的世界通行的階元系統，也難依照林奈創立的雙名命名法命名，但却又是一種不可忽視的實物，是大自然所形成的另一種奇妙的實物。此一“并蒂蓮”如同“比目魚”“連理枝”一樣，亦用以喻情侶或好友，同樣廣見於傳統詩文。歲月悠悠，始於遠古，達於近世，先民對於我中華博物的無限想象以及與之并行的細密觀察探索，令人嘆爲觀止，凡天地生靈、袞袞萬物，無所不及，超乎想象，從而構成了一幅文明古國的壯闊燦爛畫卷。

這當是歷經百年沉淪、今得復蘇的我國傳統的博物學，這當是重建的嶄新的全方位的中華博物學。

中華博物學除却遵循發揚傳統的名物學、訓詁學、考據學及近世的考古學之外，也廣泛汲取了當代天文、地理、生物、礦物、農學、醫學、藥學諸學的既有成就，其中動植物的本名依照世界通行的階元系統，分爲界、門、綱、目、科、屬、種七類。又依照瑞典卡爾·馮·林奈（瑞文 Carl von Linné）創立的雙名命名法命名。"連理枝""并蒂蓮""比目魚""比翼鳥"之屬旁及龍、鳳、麒麟、貔貅等傳說之物，則作爲附錄，劃歸相應的動物或植物卷中。這樣的研究章法，這樣的分類與標注，避免了傳統分類及形狀描述的訛誤或不確定性，即可與國際接軌。綜合古今中外，論者認爲《中華博物通考》的研究主體，可劃歸三十六大類，依次排列如下：

《天宇》《氣象》《地輿》《木果》《穀蔬》《花卉》《獸畜》《禽鳥》《水族》《蟲豸》《國法》《朝制》《武備》《教育》《禮俗》《宗教》《農耕》《漁獵》《紡織》《醫藥》《科技》《冠服》《香奩》《飲食》《居處》《城關》《交通》《日用》《資産》《珍奇》《貨幣》《巧藝》《雕繪》《樂舞》《文具》《函籍》。

存史啓智，以文育人，乃我中華千載國風。新時代習近平總書記甚重民族自信、文化自信，極力倡導"舊邦新命"，明確指出要"盛世修文"，怎不令人振奮，令人鼓舞！今日，我輩老少三代前後聯手、辛苦三十餘載、三千餘萬言的皇皇巨著——《中华博物通考》欣幸面世，并得到國家出版基金資助。這就昭示了沉淪百載的中華傳統博物學終得復蘇，這就是重建的全新中華博物學。"舊邦新命""盛世修文"，重建博物學，旨在賡續中華文脈，發揚優秀傳統文化，汲取生生不息的精神力量，再現偉大民族的深邃智慧，展我生平志，圓我强國夢！

張述錚

乙丑夾仲首書於山東師範大學映月亭
甲辰南吕增補於歷下龍泉山莊東籬齋

總　說

——漫議重建中華博物學的歷史意義與現實價值

緣　起

《中華博物通考》（下稱《通考》）是一部通代史論性的華夏物態文化專著，係“九五”“十五”“十四五”國家重點出版物專項規劃項目，并得到 2020 年度國家出版基金資助。全書共三十六卷，另有附録一卷，其中有許多卷又分上下或上中下，計有五十餘冊，逾三千萬字。《通考》的編纂，擬稿於 1990 年夏，展開於 1992 年春，迄今已歷三十餘載，初始定名爲《中華博物源流大典》，原分三十二門類（即三十二卷）。此後，歷經斟酌修補，終成今日規模。三十餘載矣，清苦繁難，步履維艱，而大江南北，海峽兩岸，衆多學人，三代相繼，千里聯手，任勞任怨，無一退縮，何也？因本書關涉了古老國度學術發展的重大命題，足可爲當今社會所藉鑒，作者們深知自家承擔的是何樣的重任，未敢輕忽，未敢怠慢。

何謂中華物態文化？中華物態文化的研究主體就是中華浩博實物。其歷史若何？就文字記載而言，中華物態文化史應上溯於傳説中的三皇五帝時期，隸屬於原始社會。“三皇五帝”究竟爲何人，我國史家多有不同見解，大抵有三説：一曰“人間君主説”，“三皇”分別指天皇、地皇、人皇，“五帝”分別指炎帝烈山氏、黃帝有熊氏、顓頊高陽氏、帝堯陶唐氏和帝舜有虞氏；二曰"開創天下説"，三皇分別指有巢氏、燧人氏、伏羲氏，"五帝"分別指炎帝烈山氏、黄帝有熊氏、顓頊高陽氏、帝堯陶唐氏和帝舜有虞氏；三曰"道治德化説"，認爲"三皇以道治，五帝以德治"，"三皇"是遠古三位有道的君主，分別指太昊伏羲氏、炎帝神農氏及黄帝軒轅氏，五帝則是少昊金天氏、顓頊高陽氏、帝嚳高辛氏、帝堯陶唐氏和帝舜有虞氏。有關三皇五帝的組合方式，典籍記載亦不盡相同，大抵有四種，在此不予臚列。"三皇五帝"所處時間如何劃定，學界通常認爲有巢、燧人、伏羲屬於舊石器時代，有巢、燧人爲早期，伏羲爲晚期，其餘皆屬新石器時代，炎帝、黄帝、少昊、顓頊等大致同時，屬仰韶文化後期和龍山文化早期。"三皇五帝"後期，已萌生并逐步邁進文明史時代。

中華文明史，國際上通常認定爲三千七百年（主要以文字的誕生與城邑的出現等爲標志），國人則認定爲逾五千年，今又有九千年乃至萬年之説。後者可以上溯至新石器時代，如隸屬裴李崗文化的河南省舞陽縣賈湖村出土了上千粒碳化稻米，約有九千年歷史，是世界最早的栽培粳稻種子。經鑒定其中百分之八十以上不同於野生稻，近似現代栽培稻種，可證其時已孕育了農耕文化。其中發現的含有稻米、山楂、葡萄、蜂蜜的古啤酒也有九千年以上的歷史，可證其時已掌握了釀造術。賈湖又先後出土了幾十支骨笛，也有七千八百年至九千年的歷史，其中保存最爲完整者，可奏出六聲音階的樂曲，反映了九千年前，中華民族已具有相當高度的生產力與創造力、具有相當高度的文化藝術水準與審美情趣。有美酒品嘗，有音樂欣賞，彼時已知今人所稱道的"享受生活"，當非原始人所能爲。賈湖遺址的發現并非偶然，近來上山文化晚期浙江義烏橋頭遺址，除却出土了古啤酒之外，又發現諸多彩陶，彩陶上還繪有伏羲氏族所創立的八卦圖紋飾，故而國人認爲這一時期中華文明已開始形成，至少連續了九千載。中華文明的久遠，當爲世界四大文明古國之首，徹底否定了中華文明西來之説。九千載之説雖非定論，却已引起舉世關注。此外，江西省上饒市萬年縣大源鄉仙人洞遺址發現的古陶器則産生於一萬九千至兩萬年前，又遠超前述的出土物的製作時間。雖有部分學界人士認爲仙人洞遺址隸屬於舊石器遺址，并未進入文明時代，但其也足可證中華博物史的久遠。

一、何謂“博物”與《中華博物通考》？《通考》的要義與章法何在？

何謂“博物”？“博物”一詞，首見於《左傳·昭公元年》：“晋侯聞子産之言，曰：‘博物君子也。’”其他典籍也時有記載，如《漢書·楚元王傳贊》：“自孔子後，綴文之士衆也，唯孟軻、孫況、董仲舒、司馬遷、劉向、揚雄此數公者，皆博物洽聞，通達古今。”《周書·蘇綽傳》：“太祖與公卿往昆明池觀魚，行至城西漢故倉地，顧問左右莫有知者。或曰：‘蘇綽博物多通，請問之。’”以上“博物”指博通諸種事物，一般釋爲“知識淵博”。此外，《三國志·魏書·國淵傳》：“《二京賦》博物之書也，世人忽略，少有其師可求。”唐釋玄奘《大唐西域記·摩臘婆國》：“昔此邑中有婆邏門，生知博物，學冠時彦，内外典籍，究極幽微，曆數玄文，若視諸掌。”明王褘《司馬相如解客難》：“借曰多識博物，賦頌所託，勸百而風一。”這些典籍所載之“博物”，即可釋爲今義之“浩博實物”。這一浩博實物，任一博物館盡皆無法全部收藏。本《通考》指稱的“博物”既可以是天然的，也可以是人工的；既可以是静態的，也可以是動態的；既可以是斷代的，也可以是歷時的，是古今并存，巨細俱備，時空縱横，浩浩蕩蕩，但必須是我中華獨有，或是中土化的。研究這浩蕩博物的淵源流變以及同物異名或同名异物之著述即《博物通考》，而爲與西方博物學相區别，故稱之爲《中華博物通考》。

在中國古代久有《皇覽》《北堂書鈔》等類書、《儒學警語》《四庫全書》等叢書以及《爾雅》《説文》等辭書，所涉甚廣，却皆非傳統博物典籍。本書草創之際，唯有《中國學術百科全書》《中華百科全書》《中國大百科全書》之類風行於世，這類百科全書亦皆非博物學專著。專題博物學著作甚爲罕見，僅有今人印嘉祥《物源百科辭書》，俞松年、毛大倫《生活名物史話》，抒鳴、鋭鏵《世界萬物之由來》等幾種，多者收詞約三千條，少者僅一百八十餘款，或洋洋灑灑，或鳳毛麟角，各有千秋，難能可貴。《物源百科辭書》譽稱“我國第一部物源工具書”（見該書序），此書中外兼蓄，虛實并存，堪稱廣博，惜略顯雜蕪。本《通考》則另闢蹊徑，别有建樹，可稱之爲當代第一部“中華古典博物學”。

《通考》甚重對先賢靈智的追踪與考釋。中華民族是滿富慧心的偉大民族，極善觀察探索，即使一些不足挂齒的微末之物也未忽視，且載於典籍，十分翔實生動。如對常見的鳥類飛行方式即有以下描述：鳥學飛曰翎，頻頻試飛曰習，振翅高飛曰翯，向上直飛曰翀，張翼扶摇上飛曰羿，鳥舒緩而飛、不高不疾曰狱、曰翂，快速飛行曰翼，水上飛行曰瘰，高飛曰翰，輕飛曰翩，振羽飛行曰翻，等等，不一而足。如此細密的觀察探隱，堪稱世界之最，令人嘆服！而關於禽鳥分類學，在中國古代也有獨到見解。明代李時珍所著《本草綱目》已建立了階梯生態分類系統，將禽鳥劃分爲水禽、原禽、林禽、山禽等生態類別，具有劃時代意義。這一生態分類法較瑞典生物學家林奈的《自然系統》（第十版）中的分類要早一百六十餘年，充分展示了我國古代鳥類分類學的輝煌成就，駁正了中國傳統生物學一貫陳腐落後的舊有觀念。此外，那些目力難及、浩瀚的天體，也盡在先民的觀察探索之中，如關於南天極附近的星象，遠在漢代即有記載。漢武帝元鼎六年（公元前111），滅南越國，置日南九郡事，《漢書》及顏注、酈道元《水經注》有關"日南"的定名中皆有詳述，而西方於15世紀始有發現，晚中國一千四百餘年。再如，關於太陽黑子，在我國漢代亦有記載，《漢書·五行志》載："日黑居仄，大如彈丸。"其後《晉書·天文志中》亦載："日中有黑子、黑氣、黑雲。"而西方於17世紀始有發現，晚於中國一千六百餘年。惜自清朝入關之後，對於中原民族，對於漢民族長期排斥壓抑，致使靈智難展，尤其是中後期以來的專制國策，遭致國弱民窮，導致久有的科技一蹶不振，於是在列强的視野下，中華民族變成了一個愚昧的"劣等"民族。受此影響，一些居留國外或留學國外的學人，亦曾自卑自弃，本書《導論》曾引胡適的評語：中華民族是"又愚又懶的民族"，是"一分像人，九分像鬼的不長進民族"（見胡適《介紹我自己的思想》，1930年12月亞東圖書館初版《胡適文選》自序）。本《通考》有關民族靈智的追踪考索，巨細無遺，成爲另一大特點。

　　《通考》遵從以下學術體系：宗法樸學，不尚空論，既重典籍記載，亦重實物（包括傳世與出土文物）考察，除却既有博物類專著自身外，今將博物研究所涉文獻歸納爲十大系統：一曰史志系統，即史書中與紀傳體并列，所設相對獨立的諸志。如《禮樂志》《刑法志》《藝文志》《輿服志》等，頗便檢用。二曰政書類書系統。重在掌握典制的沿革，廣求佚書异文。三曰考證系統。如《古今注》《中華古今注》《敬齋古今黈》等，其書數量無多，見重實物，頗重考辨。四曰博古系統。如《刀劍録》《過眼雲煙録》《水雲録》《墨林快事》等，這些可視爲博物研究散在的子書，各有側重，雖常具玩賞性，却足資藉鑒。五曰本草系統。其書草木蟲魚、水土金石，羅致廣博，雖爲藥用，已似百科全書。六曰注疏系統。爲古代典籍的詮釋與發揮。如《易》王弼注、《詩》毛亨傳、《史記》裴駰集解、《老子》魏源本義、《楚辭》王夫之通釋、《三國志》裴松之注、《水經》酈道元注、《世說新語》

劉孝標注等。七曰雅學系統、許學系統，或直稱之爲訓詁系統，其主體就是名物研究，後世稱爲 “名物學”。八曰异名辨析系統。已成爲名物學的獨立體系。如《事物异名》《事物异名録》等，旨在同物异名辨析。九曰説部系統。包括了古代筆記、小説、話本、雜劇之類被正統學者輕視的讀物，這是正統文化之外，隱逸文化、民間文化的淵藪，一些世俗的衣、食、住、行之類日常器物，多藉此得見生動描述。十曰文物考古系統，這是博物研究中至爲重要的最具震撼力的另一方天地，因爲這是以歷代實物遺存爲依據的，足可印證文獻的真僞、糾正其失誤，多有創獲。

二、《通考》內容究如何，今世當作何解讀？

《通考》內容極爲豐富，所涉範圍極廣，古今上下，時空縱橫，實難詳盡論説，今略予概括，主要可分兩大方面，一爲自然諸物，二爲社科諸物，兹逐一分述如下：

（一）自然諸物：包括了天地生殖及人力之外的一切實體、實物，浩博無涯，可謂應有盡有。

如 “太陽”“月亮”，在我中華凡是太空中的發光體（包括反射光體）皆被稱爲 “星”，因此漢語在吸納現代天文學時，承襲了這一習慣，將 “太陽” 這類自身發光的等離子物體命名爲恒星。《天宇卷》研究的主體就是天空中的各種星象。星象就是指各種星體的位置、明暗、形狀等的變化。星象極其繁複，難以辨識。於是，在天空中位置相對穩定的恒星就成爲必要的定位標志。在人們目力所及的範圍內，恒星數以千計，先民將漫天看似雜亂無章的恒星位置相近者予以組合并命名，這些組合的星群稱之爲星宿，因而就有了三垣二十八宿之説。在远古難以對宇宙進行深入探索的時代，先民未能建立起完整的天體概念，也不知彼此的運動關係，僅憑藉直感認知，將所見的最強發光體——“太陽” 本能地給予更多的關注，作出不同於西方的別樣解釋。視太陽爲天神，太陽的出没也被演繹成天神駕車巡游，而夸父追日、后羿射日等典故，則承載了諸多遠古信息。先民依據太陽的陰陽屬性、形體形象、光熱情況、時序變化、神話傳説及俗稱俗語等特點，賦予了諸多別名和异稱，其數量達一百九十餘種，如 “陽精”“丙火”“赤輪”“扶桑”“東君”“摩泥珠” 等，可見先民對太陽是何等的尊崇。對人們習見的 “月亮”，《天宇卷》同樣考釋了其异名別稱及其得名由來。今知月亮异名別稱竟達二百二十餘種，較之 “太陽” 所收尤爲宏富。如

"太陰""玉鏡""嬋娟""姮娥""顧兔""桂影""玉蟾蜍""清涼宮"，等等。而關於"月亮"的所見所想，所涉傳聞佳話，連綿不絶，超乎所料。掩卷沉思，無盡感慨！中華民族是一個明潔溫婉、追求自由、嚮往和平、極具夢想的偉大民族。愛月、咏月、賞月、拜月，深情綿綿，與月亮别有一番不解之緣！饒有趣味者，爲東君太陽神驅使六龍馭車的羲和，如同爲太陰元君駕車的望舒一樣，竟也是一位女子，可見先民對於女性的信賴與尊崇。何以如此？是母系社會的遺風流韵麽？不得而知！足證《通考》探討"博物"的意義并不衹在"博物"自身，而是關乎"博物"所承載的傳統文化。

再如古代出現的"雪""雹"之類，國人多認定與今世無多大差異，實則不然。《氣象卷》收有"天山雪""陰山雪""燕山雪""嵩山雪""塞北雪""南秦雪""秦淮雪""廬山雪""嶺南雪""犬吠雪"（偏遠的南方之雪。因犬見而驚吠，故稱），等等，這些雪域不衹在長城内外，又達於大江南北，可謂遍及全國各地，令人眼界大開。這些雪域的出現，又并非遠古間事，所見文字記載盡在南北朝之後，而"嶺南雪"竟見於明清時期，致使今人難以置信。若就人們對雪的愛惡而言，有"瑞雪""喜雪""灾雪""惡雪"；若就雪的屬性而言，有"乾雪""濕雪""霧雪""雷雪"；若就降雪時間長短而言，有"連旬雪""連二旬雪""連三旬雪""連四旬雪"；若就雪的危害而言，有"致人凍死雪""致人相食雪"等，不一而足。此外，雪另有色彩之别，本卷收有"紅雪""緑雪""褐雪""黑雪"諸文，何以出現紅、緑、褐、黑等顔色？這是由於大地上各類各色耐寒的藻類植物被捲入高空，與雪片相遇，從而形成不同色彩。對此，先民已有細微觀察，生動描述，但未究其成因。1892年冬，意大利曾有漫天黑雪飄落，經國際氣象學家研究測定，此一現象乃是高空中億萬針尖樣小蟲，在飛翔時與雪片粘連所致。這與藻類植物被捲入高空，導致顔色的變幻同理。或問，今世何以不見彩色之雪？因往昔大地之藻類及針尖樣小蟲，由於生態環境的破壞而消失殆盡。就氣象學而言，古代出現彩雪，是正常中的不正常，現代衹有白雪，則是不正常中的正常。本卷中有關雹的考釋，同樣頗具情趣，十分精彩。依雹的顔色有"白色雹""赤色雹""黑色雹""赤黑色雹"，依形狀有"杵狀雹""馬頭狀雹""車輪狀雹""有柄多角雹"，依長度有"長徑尺雹""長尺八雹"，依重量有"重四五斤雹""重十餘斤雹"，依危害則有"傷禾折木雹""擊殺鳥雀雹""擊殺獐鹿雹""擊死牛馬雹""壞屋殺人雹"等，這些記載并非出自戲曲小説，而是全部源於史書或方志，時間地點十分明確，毋庸置疑。古今氣象何以如此不同？何以如此反常？衹嘆中國古代的科研體系多注重對現象的觀察，而不求其成因，祇是將以上現象置於史志之中，予以記載而已。本《通考》對中華“博物”的考辨，不祇是展現了大自然的原貌、大自然的古今變幻，而且也提供了社會的更迭興替和民生的禍福起落等諸多耐人尋味的思考。

另如，《水族卷》中收有棘皮動物“海參”，其物在當代國人心目中，是難得的美味佳餚和滋補珍品。《水族卷》還原其本真面貌，明確指出海參爲海洋動物中的棘皮動物門，海參綱之統稱，而後依據古代典籍，考證其物及得名由來：三國吳沈瑩《臨海水土異物志》：“土肉，正黑，如小兒臂大，中有腹，無口目……炙食。”其時貶稱“土肉”，祇是“炙食”而已。既貶稱爲“土”，又止用於燒烤而食，此即其初始的“身份”“地位”，實是無足稱道。直至明代謝肇淛《五雜俎·物部一》中，始見較高評價，并稱其爲“海參”：“海參，遼東海濱有之，一名海男子。其狀如男子勢然，淡菜之對也。其性溫補，足敵人參，故名海參。”“男子勢”，舊注曰“男根”，因海參形如男性生殖器，俗名“海男子”，正與形如女性生殖器的淡菜（又稱“海牝”“東海夫人”，即厚殼貽貝）相對應。此一形似“男根”之物，何以又被重視起來？國人對食療養生素有“以形補形”的觀念，如“芹菜象筋骼，吃了骨頭硬；核桃象大腦，吃了思維靈”之類，而因海參似男根，故認定其有補腎壯陽的功能，這就是“足敵人參”的主要根據之一。謝氏在贊其“足敵人參”的同時，又特別標示了其不雅的綽號“海男子”，則又從另一側面反映了明代對於海參仍非那麼珍視，故而在其當代權威的醫典《本草綱目》中未予記載。“海參”在清朝的國宴“滿漢全席”中始露頭角，漸得青睞。本卷作者在還其本真面貌的過程中，又十分自然地釐清了海參自三國之後的異名別稱。如，“土肉”“海男子”之後，又有“虯”“沙噀”“戚車”“龜魚”“刺參”“光參”“海鼠”“海瓜”“海瓜皮”“白參”“牛臀”“水參”“春皮”“伏皮”諸稱，“虯”字之外，其他十三個异名別稱，古今辭書無一收錄，唯一收錄的“虯”字，又含混不清。而“海參”喻稱“海瓜”，則爲英文 sea cucumber 的中文義譯，較中文之喻稱“海男子”似有异曲同工之妙，又可證西人對海參也并不那麼重視。

全書三十六卷，卷卷不同。本書設有《珍奇卷》，別具研究價值。如“孕子石”，發現於江蘇省溧陽市蘇溧地區。此石呈灰黃色，質地堅硬，其外表平凡無奇，但當人們把石頭敲開時，裏面會滾出許多圓形石彈子，直徑 21 厘米左右，和母石相較，顏色稍淺，但成分一致。因石中另包小石，好似母石生下的子石，故稱“孕子石”。這種“石頭孕子”史志無載，首次發現，地質學家們同樣百思而不得其解，祇能“望石興嘆”。再如“預報天旱井”，位於廣西全州縣内，每年大旱來臨前二十天，水井會流出渾水，長達兩天之久，附近村民見狀，便知大旱將臨，便提前做好抗旱準備。此外，該井每二十四小時漲潮六次，每次約漲五十分鐘，水量約增加兩倍。此井如同“孕子石”一樣，史志無載，首次發現，對此井的奇特現象有關專家同樣百思不得其解，也祇能“望井興嘆”。

（二）社科諸物：自然物外，中華博物中的社科諸物漫布於社會生活之中，其形成發展、古今變化，尤爲多彩，展現了一種別樣的國情特徵和民族靈智。

如《國法卷》，何謂“國法”？國法係指國家之法紀、法規。國法其詞作爲漢語語詞起源甚爲久遠，先秦典籍《周禮·秋官·朝士》中即已出現，“國法”之“法”字作“灋”，其文曰：“凡民同貨財者，令以國灋行之，犯令者刑罰之。”同書《地官·泉府》中又有另詞“國服”，其文曰：“凡民之貸者，與其有司辨而授之，以國服爲之息。”此“國服”言民間貿易必須服從國法，故稱“國服”。作爲語詞，“國法”“國服”互爲匹配。國法爲人而設，國服隨法而施，有其法必有其服，有法無服，則法罔立，有服無法，舉世罔聞。今“國法”一詞存而未改，“國服”則罕見使用。就世界範圍而言，中國的國法自成體系，具有國體特色與民族精神，故西方學者稱之爲“中華法系”或“東方法系”。本《國法卷》即以“中華法系”爲中心論題，全面考釋，以現其固有特色與精神。中華法系如同世界諸文明古國法系一樣，源於宗教，興於禮俗，而最終成爲法律，遂具有指令性、強制性。中華法系一經形成，即迥异於西方，因其從不以“永恒不變的人人平等的行爲準則”自詡，也没有立法依據的總體理論闡釋，而是明確標示法律應維護帝王及權貴的利益。在中國古代，從没出現過如古希臘或古羅馬的所謂絶對公正的“自然法”，毋須在“自然法”指導下制定“實在法”。中國古代的全部法律皆爲正在施行的“實在法”，但却有不可撼動的權威理論——“君權天授”説支撑。“天”，在先民心目中是無可比擬的最神秘、最巨大的力量。“天”，莊重而仁慈，嚴厲而公正，無所不察，無所不能。上自聖賢哲人，下至黎民百姓，少有不“敬天意”、不“畏天命”者，帝王既稱“天子”，且設有皇皇國法，條文森然，何人敢於反叛？天下黔首，非處垂死之地，絶不揭竿而起，妄與“天”鬥！故而在中國古代，帝王擁有最高立法權與司法權，享有無盡的威嚴與尊貴。今知西周時又強化了宗族關係，即血緣關係。血緣關係又分爲近親、遠親、异姓之親等。血緣關係成爲一切社會關係的核心，由血緣關係擴而廣之，又有師生、朋友及當體恤的其他人等關係。由血緣關係又進而強化了尊卑關係，即君臣關係、臣民關係，這些關係較之血緣關係更爲細密，爲此而設有"八辟"之法，規定帝王之親朋、故舊、近臣等八種人，可以享有減免刑罰之特權。漢代改稱"八議"，三國魏正式載入法典。其後，歷代常有沿襲。這一血緣關係在我國可謂根深蒂固，直至今世而未衰。爲維護這尊卑關係，西周之法典又設有《九刑》，以"不忠"爲首罪。另有《八刑》以"不孝"爲首罪。"忠"，指忠君，"孝"指孝敬父母，兩者難以分割。《九刑》《八刑》雖爲時過境遷之古法，但其倡導的"忠孝"，已成爲中華民族的一種處世觀念，一種道德規範。作爲個人若輕忽"忠孝"，則必極端自私，害及民衆；作爲執政者若輕忽"忠孝"，則必妄行無忌，危及國家。今世早已摒弃愚忠愚孝之舉，但仍然繼承并發揚了"忠孝"的傳統。"忠"不再是"忠君"，而是忠於祖國，忠於人民，或是忠於信守的理想；"孝"謂善事父母，直承百代，迄今不衰。"忠孝"是人們發自心底的感恩之情，唯知感恩，始有報恩，人間纔有真情往還，纔有心靈交融。佛家箴言警語曰"上報四重恩，下濟三途苦"（見《大乘本生心地觀經》），"四重恩"指父母恩、師長恩、國土恩、衆生恩（衆生包括動植物等一切生靈）。我國傳統忠孝文化中又融入了佛家的這一經典旨意，可謂相得益彰。"忠孝"乃我文明古國屹立不敗的根基，絕不可視之爲"封建觀念"。縱觀我中華信史可知，舉凡國家昌盛時代，必是忠孝振興歲月，古今如一，堪稱鐵律。國家可敬又可愛，所激起的正是人們的家國情懷！"忠孝"這一處世觀念，這一道德規範，直涉人際關係，直涉國家命運，成爲我中華獨有、舉世無雙的文化傳統。

中國之國法，并非僅靠威懾之力，更有"禮治"之宣導，而關乎禮治的宣導今人常常忽略。前已述及中華法系如同世界諸文明古國法系一樣，源於宗教，興於禮俗，由禮俗演進爲禮治，禮治早於刑法之前已經萌生。自商周始，《湯刑》《呂刑》（按，《湯刑》《呂刑》之"刑"當釋爲"法"）相繼問世，尤重"禮治"，何謂"禮治"？"禮治"指遵守禮儀道德與社會規範，破除"禮不下庶人"的舊制，將仁義禮智信作爲基本的行爲規範，《孟子·公孫丑上》曰："辭讓之心，禮之端也。""辭讓"指謙和之道，尊重他人，由"禮讓"而漸發展爲"禮制"。至西周時，"禮治"已成定制。這一立法思想備受推崇。夏商以來，三千餘載，王朝更替，如同百戲，雖脚色各異，却多高揚禮制之大旗，以期社會和諧，民生安樂。不瞭解中國之禮治，也就難以瞭解中華法制史，就難以瞭解中國文化史。此後"禮治"配以"刑治"，相輔相成，久行不衰。"禮刑相輔"何以行使？答曰：升平之世，統治者無不強調禮制之作用，藉此以示仁政；若逢亂世，則用重典，施酷刑（下將述及），軟硬兩手交替使用。這就組成了一張巨大的不可錯亂、不可逾越的法律之網，這就是中華民族百代信守的國家法制的核心，這就是中華民族有史以來建國治國之道。這一"禮刑相輔"的治國之道，迥別與西方，爲我中華所獨有，在漫長而多樣的世界法制史中居於前沿地位。

在我古老國度中，國家既已形成，於是又具有了不同尋常的歷史意義與價值觀。自先秦以來，"國家"一詞意味着莊嚴與信賴。在國人心目中，"國"與"家"難以分割，直與身家性命連爲一體，故"報效國家"爲中華民族的最高志節，而"國破家亡"則爲全民族的最大不幸。三十年前本人曾是《漢語大詞典》主要執筆者之一，撰寫"國家"條文時，已注意了先民曾把皇帝直稱爲"國家"。如《東觀漢紀·祭遵傳》："國家知將軍不易，亦不遺力。"《晋書·陶侃傳》："國家年小，不出胸懷。"稱皇帝爲"國家"，以皇帝爲國家的代表或國家的象徵，較之稱皇帝爲天子，更具親切感，更具號召力。中國歷史上的一些明君仁主也多以維護國家法制爲最高宗旨，秦皇、漢武皆曾憑藉堅定地立法與執法而國勢强盛，得以稱雄天下，這對始於西周的"八辟"之法，無疑是一大突破。本書《國法卷》第一章概論論及隋唐五代立法思想時，有以下論述：據《隋書·王誼傳》及文帝相關諸子傳載，文帝楊堅少時同王誼爲摯友，長而將第五女嫁王誼之子，相處極歡，後王誼被控"大逆不道，罪當死"，文帝遂下詔"禁暴除惡"，"賜死於家"。《隋書·文四子傳》又載，文帝三子秦王楊俊，少而英武，曾總管四十四州軍事，頗有令名，文帝甚爲愛惜，獎勵有加。後楊俊漸奢侈，違制度，出錢求息，窮治宮室，文帝免其官。左武衛將軍劉升、重臣楊素，先後力諫曰："秦王非有他過，但費官物、營廨舍而已。"文帝答曰："法不可違！"劉、楊又先後諫曰："秦王之過，不應至此，願陛下詳之。"文帝答曰："我是五兒之父，若如公意，何不別制天子兒律？"文帝四子、五子皆因違法，被廢爲庶民，文帝處置毫不猶豫，毫不留情。隋文帝身爲人君，以萬乘之尊，率先力行，實踐了"王子犯法，與民同罪"的古訓。在位期間，創建"開皇之治"，人丁大增，百業昌盛，國人視文帝爲真龍天子，少數民族則尊稱其爲聖人可汗。《國法卷》主編對歷史上身爲人君的這種舉措，有"忍割親朋私情，立法爲公"的簡要評論。這一評論對於中國這種以宗族故交爲關係網的大國而論，正是切中要害。此後，唐太宗李世民、玄宗李隆基、憲宗李純等君王皆有類似之舉，終成輝煌盛世。時至明代，面對一片混亂腐敗的吏治，明太祖朱元璋更設有"炮烙""剝皮"之類酷刑嚴法，懲治的貪官污吏達十五萬之衆，即便自家的親朋故舊，也毫不留情。如進士出身的駙馬，朱元璋的愛婿歐陽倫只因販茶違法，就直接判以死刑，儘管安慶公主及儲君朱允炆苦苦哀求，也絕不饒恕。據《明史·循吏傳序》載："〔官吏〕一時受令畏法，潔己愛民，以當上指……民人安樂、吏治澄清者百餘年。"其時，士子們甘願謀求他職，而不敢輕率爲官，而諸多官員却學會了種田或捕魚，呈現了古今難得一見的別樣的政治生態。明太祖的這類嚴酷法令雖是過當，却勝於放縱，故而明朝一度成爲世界經濟大國、經濟强國。中國歷史上的諸多建國之名君仁主，執法雖未若隋文帝之果決，未若明太祖之嚴酷，但無一不重視國家安危。這些建國名君仁主"上以社稷爲重，下以蒼生在念"（見《舊唐書·桓彦範傳》），故而贏得臣民的擁戴。今之世人多以爲帝王之所以成爲帝王，盡皆爲皇室一己之私利，祇貪圖自家的享榮華富貴而已，實則并非盡皆如此。歷代君王既已建國，亦必全力保國，并垂範後世，以求長治久安。品讀本書《國法卷》，可藉以瞭解我國固有的國情狀况，瞭解我國歷史中的明君仁主如何治理國家，其方策何在，今世仍有藉鑒價值。縱觀我國漫長的歷史進程，有的連續數代，稱爲盛世；有的衰而復起，稱爲中興；有的則二世而亡，如曇花一現。一切取決於先主與後主是否一脉相繼，一切取決於執法是否穩定。要而言之：嚴守國法，則國家興盛，嚴守國法，則社會祥和，此乃舉世不二之又一鐵律。

《國法卷》雖以國法爲研究主體，却力求超越法律研究自身，力求探索法律背後的正反驅動力量，其旨義更加廣遠。因而本卷又區別於常見的法律專著。

另如《巧藝卷》，在《通考》全書中未占多大分量，但在日常社會生活中却有無可替代的獨特地位，藉此大可飽覽先民的生活境遇和精神世界。何謂"巧藝"？古代文獻中無此定義。所謂"巧藝"，專指巧智與技藝性的娛樂及各種健身活動，同時展現了與之相應的家國關係。中華民族的"巧藝"別具特色，所涉内容十分廣泛，除却一般游戲活動外，又包涵了棋類、牌類、養生、武術、四季休閑、宴飲娛樂、動物馴化等等。細閲本卷所載，常爲古人之智巧所折服。如西漢東方朔"射覆"之奇妙，今已成千古佳話。據《漢書·東方朔傳》載，漢武帝嘗覆守宫（即壁虎）於杯盂之下，令衆方士百般揣度，各顯其能，并無一言中的者，而東方朔却可輕易解密，有如神算，令滿座驚呼。何謂"射覆"？"射覆"爲古代猜測覆物的游戲。射，揣度；覆，覆蓋。"射覆"之戲，至明清始衰，其間頗多高手。這些高手似乎出於特異功能，是古人勝於今人麽？當作何解釋？學界認爲這些高手多善《易》學，故而超乎常人，但今世精於《易》學者并非罕見，却未見有如東方朔者，何也？難以作答，且可不論，但古代對動物的馴化，又何以特別精彩，令今人嘆服？

著名的唐代象舞、馬舞，久負盛名，這些大動物似通人性，故可不論，而那些似乎笨拙的小動物，如"烏龜疊塔""蛤蟆説法"之類的馴養，也常常勝過今人，足可展現先民的巧智，"'疊塔''説法'，固教習之功，但其質性蠢蠢，非他禽鳥可比，誠難矣哉！"（見明陶宗儀《輟耕録·禽戲》）古人終將蠢蠢之蟲馴化得如此聰明可愛，藉此可見古人之扎實沉着，心智之專一，少有後世浮躁之風。目前，國人甚喜馴養，寵物遍地，却未見馴出如同上述的"疊塔"之烏龜與"説法"之蛤蟆，今之馬戲或雜技團體，爲現代專業機構，也未見絶技面世。

《巧藝卷》的條目詮釋，大有建樹，絶不因襲他人成説，明確關聯了具體事物形成的歷史淵源與社會背景。如"踏青"，《漢語大詞典》引用了唐代的書證，并稱其爲"清明節前後，郊野游覽的習俗"。本卷則明確指出，"踏青"是由遠古的"春戲"演變而來。西周時曾爲禮制。漢代已有"人日郊外踏青"之俗，同時指出"踏青"還有"游春"的别稱。《漢語大詞典》與本卷的釋文内容差異如此之大，實出常人之所料。何謂"春戲"？所有辭書皆未收録。本卷有翔實考證，兹録如下：

春戲：古代民間春季娛樂活動。以繁衍後代和期盼農作物豐收爲目的的男女歡會活動。始於原始社會末期，西周時仍很流行。《周禮·地官·司徒》："中春之月，令會男女。於是時也，奔者不禁。若無故而不用令者，罰之。司男女之無夫家者而會之。"《墨子·明鬼篇》："燕之有祖，當齊之社稷。宋之有桑林，楚之雲夢也，此男女之所屬而觀也。"《詩·鄭風·溱洧》："溱與洧，瀏其清矣。士與女，殷其盈矣。女曰：'觀乎？'士曰：'既且。''且往觀乎！洧之外，洵訏且樂。'維士與女，伊其將謔，贈之以芍藥。"《楚辭·九歌·少司命》："秋蘭兮糜蕪，羅生兮堂下。緑葉兮素枝，芳菲菲兮襲予。夫人兮自有美子，蓀何以兮愁苦？"戰國以後逐漸演變爲單純的春游活動"踏青"。

《巧藝卷》精心地援引了以上經典，可證在中國上古時期男女歡會非常自然，而且是具有相當規模的群體性活動。此舉在中國遠古時代已有所見，青海大通縣上孫家寨出土的舞蹈紋彩陶盆，已展現了男女携手共舞的親密生動場景，那是馬家窑文化的代表，距今已有五千年歷史，但必須明確，這并非蒙昧時期的亂性之舉。這是一種男女交往的公開宣示。前述《周禮·地官·司徒》曰："中春之月，令會男女……司男女無夫之家者而會之。"其要點是"男女無夫之家者"。這是明確的法律規定，故而作者的篇首語曰："以繁衍後代和期盼農作物豐收爲目的。"這就撥正了後世對於中國古代奴隸社會或封建社會有關男女關係的一些偏頗見解，可證本卷之"巧藝"非同一般的娛樂，所展現的是中華先民多方位的生活狀態。

三、博物研究遭質疑，古老科技又誰知？

《通考》所涉博物盡有所據，無一虛指，如繁星麗天，構成了浩大的博物學體系，千載一脉，本當生生不息，如瀑布之直下，但却似大河之九曲，時有峽谷，時有險灘，終因清廷喪權辱國、全盤西化而戛然中斷，故而迥异於西方。由於西方科技的巨大影響，致使一些學人缺少文化自信，多認爲中國古老的博物學，無甚價值。豈知我中華民族從不乏才俊、精英，從不乏偉大的發明，很多祇是不知其名而已。如《淮南子·泰族訓》："欲知遠近而不能，教之以金目則快射。"漢代高誘注曰："金目，深目。所以望遠近射準也。"何謂"金目"？據高注可知，就是深目。"深目"之"深"，謂深遠也（又説稱"金目"爲黄金之目，用以喻其貴重，恐非是）。"金目"當是現代望遠鏡或眼鏡之類的始祖。"金目"其物，在古代萬千典籍中僅見於《淮南子》一書，別無他載。因屬古代統治者杜絶的"奇技淫巧"，又甚難製作，故此物宫廷不傳，民間絶踪，遂成奇品。上世紀 80 年代，揚州邗江縣東漢廣陵王劉荆墓中出土一枚凸透鏡，此鏡之鏡片直徑 1.3 厘米，鑲嵌在用黄金精製而成的小圓環内，視物可放大四五倍，此鏡至遲亦有兩千餘年的歷史。廣陵墓之外，安徽亳州曹操宗族墓等處，亦有出土。是否就是"金目"已難考證。作爲眼鏡其物，發展到宋代，始有明確的文字記載，其時稱之爲"靉靆"（見明方以智《通雅·器用·雜用諸器》引宋趙希鵠《洞天清録》）。今日學者皆將眼鏡視爲西方舶來品，一説來自阿拉伯，又説來自英國，如猜謎語，不一而足；西方的眼鏡實則是由中國傳入的，如若説是西方自家發明，也晚於中國千年之久。

"金目"其物的出現絶非偶然，《墨子》中的《經下》《經説下》已有關於光的直綫傳播、反射、折射、小孔成象、凹凸透鏡成象等連續的科學論述，這一原理的提出，必當有各式透體器物，如鏡片之類爲實驗依據，這類器物的名稱曰何今已不得而知，但製造出金目一類望遠物，是情理之中的必然結果。據上述《經下》《經説下》記載可知，早在戰國時期，先賢已有光學研究的成就，與後世西方光學原理盡同。在中國漫長的古代日常生活中，隨時可見新奇的創造發明，這類創造發明所展現的正是中國獨有的科學。《導論》中所述"被中香爐""長信宮燈"之外，更有"博山爐"（一種形似傳說中神山"博山"的香爐，當香料在爐內點燃時，烟霧通過鏤空的山體宛然飄出，形成群山蒙蒙、衆獸浮動的奇妙景象，約發明於漢代）、"走馬燈"（一種竹木扎成的傳統佳節所用風車狀燈具，外貼人馬等圖案，藉燈內點燃蠟燭的熱力引發空氣對流，輪軸上的人馬圖案隨之旋轉，投身於燈屏上，形成人馬不斷追逐、物換景移的壯觀情景，約發明於隋唐時期）之類。古老中華何止是"四大發明"？此外，約七千年前，在天災人禍、形勢多變的時代背景之下，先民爲預測未來，指導行爲方嚮，始創有易學，形成於商周之際，今列爲十三經之首，稱爲《周易》，這是今世的科學不能完全解釋的另一門"科學"，其功用不斷地爲當世諸多領域所驗證，在我華夏、乃至歐美，研究者甚衆，本《通考》對此雖有涉及，而未立專論。

那麽，在近現代，國人又是如何對待古代的"奇技奇器"的呢？著名的古代"四大發明"，今已家喻户曉，婦幼皆知，但却如同可愛的國寶大熊猫一樣，乃是西方學者代爲發現。我仁人志士，爲喚醒"東方睡獅"，藉此"四大發明"，竭力張揚，以振奮民族精神。這"四大發明"影響非凡，但在中國傳統文化中亦無重要地位，其中"火藥"見載於唐孫思邈《丹經》，"指南針""印刷術"同見載於宋沈括《夢溪筆談》，皆非要籍鴻篇，唯造紙術見於正史，全文亦僅七十一字，緊要文字衹有可憐的四十三字（見《後漢書・宦者傳・蔡倫》）。而這"四大發明"中有兩大發明，不知爲何人所爲。

在古老中國的歷史長河中，更有另一種科學技術，當今學界稱之爲"黑科技"（意謂超越當今之科技，出於人類的想象之外。按，稱之爲"超科技"，似更易理解，更準確），那就是現代科學技術望塵莫及、無法破解的那些千古之謎。如徐州市龜山西漢楚襄王墓北壁的西邊墙上，非常清晰地顯示一真人大小的影子，酷似一位老者，身着漢服，峨冠博帶，面東而立，作揖手迎客之狀。人們稱其爲"楚王迎賓圖"。最初考古人員發掘清理棺室時，并無壁影。自從設立了旅游區正式開放後，壁影纔逐漸地顯現出來，仿佛是楚王的魂魄顯靈，親自出來歡迎來此參觀的游人一樣。楚襄王名劉注，是西漢第六代楚王，死後葬於此。劉注墓還有五謎，今擇其三：一、工程精度之謎。龜山漢墓南甬道長 55.665 米，北甬道長爲 55.784 米，沿中綫開鑿，最大偏差僅爲 5 毫米，精度達 1/10000；兩甬道相距 19 米，夾角 20 秒，誤差爲 1/16000，其平行度誤差之小，大約需要從徐州一直延伸到西安纔能使兩甬道相交。按當時的技術水準，這樣的墓道是何人如何修建的？二、崖洞墓開鑿之謎。龜山漢墓爲典型的崖洞墓，其墓室和墓道總面積達到 700 多平方米，容積達 2600 多立方米，幾乎掏空了整個山體。勘察發現，劉注墓原棺室的室頂正對着龜山的最高處，劉注府庫中的擎天石柱也正位於南北甬道的中軸綫上。龜山漢墓的工程人員是利用什麽樣的勘探技術掌握龜山的山體石質和結構？三、防盜塞石之謎。南甬道由 26 塊塞石堵塞，分上下兩層，每塊重達六至七噸，兩層塞石接縫非常嚴密，一枚硬幣也難以塞入。漢墓的甬道處於龜山的半山腰，當時生産力低下，人們是用什麽方法把這些龐大的塞石運來并嵌進甬道的？今皆不得而知。

斷言“中國古代祇有技術而没有科學”者，對中國歷史的瞭解實在是太過膚淺，并不瞭解在中國古代不祇有科技，而且竟然有超越科學技術的“黑科技”。

四、當世灾難甚可懼，人間正道何處覓？

在《通考》的編纂過程中，常遇到的重要命題，那就是以上論及的“科技”。今之“科技”，在中國上古曾被混稱爲“奇技奇器”，直至清廷覆亡，迄未得到應有的重視，導致國勢衰微，外寇侵略，民不聊生。這正是西方視之爲愚昧落後，敢於長驅直入，爲所欲爲的原因。因而一個國家、一個民族，要立於不敗之地，必須擁有自家的科技！世人當如何評定“科技”？如何面對“科技”？本書《導論》已有“道器論”，今《總説》以此“道器論”爲據，就現代人類面臨的種種危機，論釋如下：

何謂“道器”？所謂“道”是指形成宇宙萬物之原本，是形成一切事理的依據與根由。何謂“器”？“器”即宇宙間實有的萬物，包括一切科技，一切發明，至巨至大，至細至微，充斥天地間，而盡皆不虚。科技衍生於器，驗證於器，多以器爲載體，是推進或毀壞人類社會的一種無窮力量，故而又必須在人間正道的制約之下。此即本書道器并重之緣由，或可視爲天下之通理也。英國自 18 世紀第一次工業革命以來，其科學技術得以高速而全方位地發展，引起西方乃至全世界的密切關注與重視，影響廣遠。這一時期，英帝國統治者睥睨全球，居高臨下，自我膨脹，發表了“生存競争，勝者執政”等一系列宏論；托馬斯·馬爾薩斯的《人口論》亦應時而起，其核心理論是：“貧富强弱，難以避免。承認現實，存在即合理。”甚而提出“必須控制人口的大量增長，而戰争、饑荒、瘟疫是最後抑制人口增長的必要手段”（這一理論在以儒學爲主體的傳統文化中被視爲離經叛道，滅絕人性，而在清廷走投無路全面西化之後，國人亦有崇信者，直至 20 年代初猶見其餘緒）。在這樣的時代背景下，查爾斯・達爾文所著《物種起源》得以衝破基督教的束縛，順利出版，暢行無阻。該書除却大量引用我國典籍《齊民要術》《天工開物》與《本草綱目》之外，還鄭重表明受到馬爾薩斯《人口論》的啓示和影響。《物種起源》的問世，形成了著名的進化理論："物競天擇、優勝劣汰，弱肉强食，適者生存。"（近世對其學説已有諸多評論，此略）進化學説在人們的社會生活中留下了深刻的印迹，在世界範圍内引起巨大反響，當時英國及其他列强利用了自然界"生存法則"的進化理論，將其推行於對外擴張的殖民戰爭中，打破了世界原有生態格局，在巨大的聲威之下，暢行無阻，遍及天下。縱觀人類的發展史，尤其是近世以來的發展史可知，科技的高下決定了國家的强弱，以强凌弱，已成定勢，在高科技强國的聲威之下，無盡的搜羅，無盡的采伐，無盡的探測實驗（包括核試驗），自然資源和自然環境漸遭破壞，各種弊端漸次顯露。時至 20 世紀後期，以原子能、電子電腦、信息技術、空間技術等發明和應用爲標志、第三次科技革命的到來，學界稱之爲"科技革命的紅燈時刻"，其勢如風馳電掣，所向披靡，人類社會發生了翻天覆地的變化，時至 21 世紀，又凸顯了另一灾難，即瘟疫肆虐，病毒猖獗，危及整個人類。這一系列禍患緣何而生？天灾之外，罪魁爲人。何也？世間萬種生靈，習性歸一，盡皆順從於大自然，但求自身生息而已，别無他求，而作爲"萬物之靈"的人類，在茹毛飲血，跨越耕獵時代之後，却欲壑難填，毫無節制！爲追求享樂、滿足一己之貪婪，塗炭萬種生靈，任你山中野外，任你江面海底，任你晝藏夜出，任你天飛地走，皆得作我盤中佳餚。閑暇之日，又喜魚竿獵槍，目睹异類掙扎慘死，以爲暢快，以爲樂趣，若爲一己之喜慶，更可"磨刀霍霍向猪羊"，視之爲正常！"萬物之靈"的人類，永無休止，地表搜刮之外，還有地下的搜索挖掘，如世界著名的南非姆波尼格金礦，雖其開采僅起始於百年前，憑藉當代最先進的科技，挖掘深度已超 4000 米（我國的招遠金礦，北宋真宗年間已進行開采，至今深度不過 2000 米左右），現有 370 千米軌道，用以運送巨大的設備與成噸重的礦石，而每次開采都必須用兩千多公斤的炸藥爆破，可謂地動山搖！金礦之外，又有銀礦、鐵礦、銅礦、煤礦、水晶礦（如墨西哥的奈咯水晶洞，俗稱"神仙水晶礦"，其中一根重達 50 噸，挖出者一夜暴富），種種礦藏數以萬計。此外尚有對石油、純净水，乃至無形的天然氣等的無盡索取，山林破壞，大地沙化，水污染、大氣污染、核污染，地球已是百孔千瘡，而挖掘索取，仍未甘休，愈演愈烈，故今之地球信息科學已經發現地球性能的變异以及由此帶來可怕的全球性災難。今日世界，各國執政者憑仗高科技，多是從一國、一族或一己之私利出發，或結邦，或聯盟，爭强鬥勝，互不相顧，國際關係日趨惡化，人類時刻面臨可怕的威脅，面臨毁滅性的核戰爭。凡此種種，怎不令人憂慮，令人悲痛？故而有學者宣稱："科技確實偉大，也確實可怕。一旦失控，後患無窮。"又稱："人類擁有了科技，必警惕成爲科技的奴隷。"此語并非危言聳聽，應是當世的警鐘，因爲人類面對强大的科技，常常難以自控，這是科技發展必然的結果。而作爲"萬物之靈"的人類，具有高智慧，能够擁有高科技，確乎超越了萬物，居於萬物主宰的地位，而執政者一旦擁有失控的權力，肆意孤行，其最終結局必將是自戕自毁，必將與萬物同歸於盡。一言以蔽之，毁滅世界的罪魁禍首是人類自己，而并非他類。

　　面對這多變的現實與可怕的未來，面對這全球性的災難，中外科學家作了不懈努力，而收效甚微。1988 年 1 月，七十五位諾貝爾獲獎者及世界著名學者齊聚巴黎，探討了 21 世紀科學的發展與人類面臨的種種難題，提出了應對方略。在隆重的新聞發布會上，瑞典物理學家漢内斯・阿爾文發表了鄭重的演説："如果人類要在 21 世紀生存下去，必須回頭到兩千五百年前去汲取孔子的智慧。"（見 1988 年 1 月 24 日澳大利亞《堪培拉時報》原文——《諾貝爾獎獲得者説要汲取孔子的智慧》）這是何等驚人的預見，又是何等嚴正的警示！這七十五位諾貝爾獲獎者没有一位是我華夏同胞，他們對孔子的認知與崇敬，非常客觀，非常深刻，超乎我們的想象。這種高屋建瓴式的睿智呼籲，振聾發聵，可惜并没有警醒世人，也没有引起足够多的各國領導人的重視。

　　人類爲了自救，不能不從人類自身發展史中尋求答案。在人類發展史中，不乏偉大的聖人，孔子是少有的没有被神化、起於底層的聖人（今有稱其爲"草根聖人"者），他生於春秋末期，幼年失父，家境貧寒，又正值天下分裂，戰亂不斷，在這樣的不幸世道裏，孔子及其弟子大力宣導"克己復禮"，這是人類歷史上最切實際的空前壯舉。何謂"禮"？《説文・示部》曰："禮，履也。所以事神致福也。"禮本來是上古祭祀鬼神和先祖的儀式。史稱文、武、成王、周公據禮"以設制度"，此即"周禮"。"周禮"的内容極爲廣泛，舉凡國家的政治、經濟、軍事、行政、法律、宗教、教育、倫理、習俗、行爲規範，以及吉、凶、軍、賓、嘉五類禮儀制度，均被納入禮的範疇。周禮在當時社會中的地位與指導作用，《禮記・曲禮》中有明確記載："分争辯訟，非禮不决；君臣上下、父子兄弟，非禮不定；宦學事師，非禮不親；班朝治軍、涖官行法，非禮威嚴不行。"當然也維

護了 "君臣朝廷尊卑貴賤之序，下及黎庶車輿衣服宮室飲食嫁娶喪祭之分" （見《史記·禮書》），這符合於那個時代的階級統治背景。孔子提出 "克己復禮"，期望世人克服一己之私欲，以應有的禮儀禮節規範自己的言行，建立一個理想的中庸和諧社會，這已跨越了歷史局限。孔子的核心思想是 "敬天愛人"，何謂 "敬天"？孔子強調 "巍巍乎唯天爲大" （見《論語·泰伯》），又曰："天何言哉？四時行焉，百物生焉，天何言哉！" （見《論語·陽貨》）孔子所言之 "天"，并非指主宰人類命運的上蒼或上帝，并非是孔子的迷信，因 "子不語怪力亂神" （見《論語·述而》）。孔子認爲四季變化、百物生長，皆有自己的運行規律，人類應謹慎遵從，應當敬畏，不得違背。孔子指稱的 "天"，實則指他所認知的宇宙。此即孔子的天人觀、宇宙觀。"巍巍乎唯天爲大"，在此昊天之下，人是何樣的微弱，面臨小小的細菌、病毒，即可淒淒然成片倒下。何謂 "愛人"？孔子推行 "仁義之道"，何謂 "仁"？子曰："仁者，愛人！"（《論語·顏淵》）即人人相親、相愛。又曰："己所不欲，勿施於人。"意即重正義，絕不損人利己。何謂 "義"？"義" 指公正的道理、正直的行爲。子曰："不義而富且貴，於我如浮雲。"（見《論語·述而》）這就是孔子的道德觀與道德規範，當作爲今世處理人與自然、人與社會的規範與行動指南。其弟子又提出 "親親而仁民，仁民而愛物" （見《孟子·盡心上》），漢代大儒又有 "天人之際，合而爲一" 的主張（董仲舒在《春秋繁露·深察名號》中，爲維護皇權的需要而建立了皇權天授的觀念），這種主張已遠遠超越了維護皇權的需要，成爲了一種可貴的哲理。時至宋代，大儒張載再度發揚孟子 "親親而仁民，仁民而愛物" 的襟懷，又有 "民吾同胞，物吾與也" （見其所著《西銘》）之名言箴語，即將天下所有的人皆當作同胞，世間萬物盡視爲同類，最終形成了著名的另一宏大的儒學系統，其主旨則是 "天人合一" 論。何謂 "天人合一"？"天人合一" 有兩層意義：一曰天人一致，天是一大宇宙，人則如同一小宇宙，也就是說人類同天體各有獨立而相似之處；二是天人相應，這是說人與天體在本質上是相通的，是相互相連的。因此，一切人事應順乎自然規律，從而達到人與自然的和諧。達到人與自然的和諧統一，當作爲今世處理人與自然、人與社會的明確規範與行動指南。這是真正的 "人間正道"，唯有遵循這一 "人間正道"，人際關係纔能融洽，社會纔能和諧，天下纔能太平。

古老中國在形成 "孔子智慧" 之前，早已重視人與自然的關係。約在七千年前，我中華先祖已能夠通過對於蟲鳥之類的物候觀察，熟練地確定天氣、季節的變幻，相當完美地適應了生產、生活、繁衍發展的需求，這一遠古的測算應變之舉，處於世界領先地位。約四千年前，夏禹之時，已建有令今人嚮往的廣袤的緑野濕地。如《書·禹貢》即記載了"雷夏""大野""彭蠡""震澤""菏澤""孟豬""豬野""雲夢"諸澤的形成及其利用情況，如其中指出："淮海惟揚州，彭蠡既豬（瀦），陽鳥攸居；三江既入，震澤底定。篠簜既敷，厥草惟夭，厥木惟喬……厥貢惟金三品，瑶琨篠簜，齒革羽毛，惟木。"這是説揚州有彭蠡、震澤兩方緑野濕地，適合於鴻雁類禽鳥居住，適合於篠竹（箭竹）、簜竹（大竹）生長，青草繁茂，樹木高大，向君主進貢物品有金銀銅等三品，又有瑶琨美玉、箭竹、大竹以及象齒皮革與孔雀、翡翠等禽鳥羽毛。所謂"大禹治水"，并非祇是被動的抗災自救，實則是大治山川，廣理田野，調整人與大自然的關係，使之相得益彰。《逸周書·大聚解》又載，夏禹之時"且以并農力，執成男女之功，夫然則有生不失其宜，萬物不失其性，人不失其事，天不失其時……放此爲人，此謂正德"，此即所謂夏禹"劃定九州"之功業所在。其中"放此爲人，此謂正德"的論定，已蘊含了後世儒家初始的"天人合一"的觀念。西周初期，已設定掌管國土資源的官職"虞衡"，掌山澤者謂"虞"，掌川林者稱"衡"（見《周禮·天官·太宰》及賈疏）。後世民衆，繼往開來，對於保護生態環境，保護大自然，采取了各種措施，又設有專司觀察氣象、觀察環境的機構，并有方士之類的"巫祝史與望氣者"，多管道、多方位進行探測研究，從而防患於未然。《墨子·號令篇》（一説此篇非墨子所作，乃是研究墨學者取以益其書）曰："巫祝史與望氣者，必以善言告民，以請（讀爲‘情’）上報守（一説即太守），上守獨知其請（情）。無［巫］與望氣，妄爲不善言，驚恐民，斷弗赦。"這裏明確地指出，由"巫祝史與望氣者"負責預告各種災情，但不得驚恐民衆，否則即處以重刑，絶不饒恕。愛惜生態，保護自然，這是何樣的遠見卓識，這又是何樣的撫民情懷！

是的，自夏禹以來，先民對於大自然、對於與蒼生，有一種别樣的愛惜、保護之舉措，防範措施非常細密，非常全面而嚴厲。《逸周書·大聚解》有以下記載：夏禹時期設定禁令，大力保護山林、川澤，春季不准帶斧頭上山砍伐初生的林木；夏季不准用漁網撈取幼小的魚鱉，此即世界最早的環境保護法。《韓非子·内儲説上》又載：殷商時期，在街道上揚弃垃圾，必斬斷其手。西周時又有更爲具體規定：如，何時可以狩獵，何時禁止狩獵，何樣的動物可以獵殺，何樣的動物禁止獵殺；何時可以捕魚，何時禁止捕魚，何樣的魚可以捕取，何樣的魚禁止捕取，皆有明文規定，甚而連網眼的大小也依季節不同而嚴予區别。并特别强調：不准搗毀鳥巢，不准殺死剛學飛的幼鳥和剛出生的幼獸。春耕季節不准大興土木。《禮記·月令》又載："毋變天之道，毋絶地之理，毋亂人之紀。"這一"毋變""毋絶""毋亂"之結語，更是展現了後世儒家宣導并嚮往的"天人合一"説。至春秋戰國之際，法律法規的範圍更加全面，特別嚴厲。這一時期已經注意到有關礦山的開發利用，若發現了藏有金銀銅鐵的礦山，立即封禁，"有動封山者，罪死而不赦。有犯令者，左足入，左足斷，右足入，右足斷"（見《管子·地數》）。古人認爲輕罪重罰，最易執行，也最見成效，勝過重罪重罰。這些古老的嚴厲法令，雖是殘酷，實際却是一聲斷喝，讓人止步於犯罪之前，因而犯罪者甚微。這就最大限度地保護了大自然，同時也最大限度地保護了人類自己。而早在西周建立前夕，又曾頒布了令人欽敬的《伐崇令》："文王欲伐崇，先宣言曰……令毋殺人，毋壞室，毋填井，毋伐樹木，毋動六畜，有不如令者，死無赦！崇人聞之，因請降。"（見漢劉向《説苑·指武》）這是指在殘酷的血火較量中，對於敵方人民、財產及生靈的愛惜與保護。我中華上古時期這一《伐崇令》，是世界戰爭史中的奇迹，是人類應永恒遵守的法則！當今世界日趨文明，闊步前進，而戰争却日趨野蠻，屠殺對方不擇手段，實是可怖可悲！我華夏先祖所展現的這些大智慧、大慈悲，爲後世留下了賴以繁衍生息的楚山漢水，留下了令人神往的華夏聖地，我國遂成爲幸存至今、世界唯一的文明古國。

五、筆墨革命難預料？卅載成書又何易？

《通考》選題因國内罕見，無所藉鑒，期望成爲經典性的學術專著，難度之大，出乎想象，初創伊始，即邀前輩學者南京大學老校長匡亞明先生主其事。這期間微信尚未興起，寧濟千里，諸多不便，盛岱仁、康戰燕伉儷滿腔熱情，聯絡於匡老與筆者之間，得到先生的熱情鼓勵與全力支持，每逢疑難，必親予答復，但表示難做具體工作，在經濟方面也難以爲力。因爲先生於擔任國家古籍整理領導小組組長之外，又全面主持南京大學中國思想家研究中心的工作，正在編纂《中國思想家評傳》，百卷書稿須親自逐一審定，難堪重任。筆者初赴南大之日，老人家親自接待，就餐時當場現金付款，没有讓服務員公款記賬，筆者深受感動，終生難以忘懷。此後在匡老激勵之下，筆者全力以赴，進而邀得數百作者并肩携手，全面合作，并納入國家"九五"重點出版規劃中。1996年12月，匡老驟然病逝，筆者悲痛不已，孤身隻影，砥礪前行，本書再度確定爲國家"十五"重點出版規劃項目，并將初名更爲今名。那時，作者們盡皆恪守傳統著述方式，憑藏書以考釋，藉筆墨以達志。盛暑寒冬，孜孜矻矻，無敢逸豫。爲尋一詞，急切切，一目十行，翻盡千頁而難得；爲求善本，又常千里奔波，因限定手抄，不得複印，纍日難歸！諸君任勞任怨，潛心典籍，閱書，運筆，晝夜伏案，恂恂然若千年古儒。至上世紀末，一些年輕作者已擁有個人電腦，各種信息，數以億計，中文要籍，一覽無餘，天下藏書，“千頃齋”“萬卷樓”之屬，皆可盡納其中，無須跋涉遠求。搜集檢索，祇需“指點”，瞬息可得；形成文章，亦祇需“指點”，頃刻可就。在這世紀之交，面临書寫載體的轉換，老一輩學人步入了一個陌生的电脑世界，遭遇了空前的挑戰。當代作家余秋雨在其名篇《筆墨祭》中有如下陳述：“五四新文化運動就遇到過一場載體的轉換，即以白話文代替文言文；這場轉換還有一種更本源性的物質基礎，即以‘鋼筆文化’代替‘毛筆文化’。”由“毛筆文化”向“鋼筆文化”的轉換，經歷了漫長的數千載，而今日再由“鋼筆文化”向“電腦文化”轉換，却僅僅是二十年左右，其所彰顯的是科學技術的力量、“奇技奇器”的力量。作家所謂的“筆墨”，係指毛筆與烟膠之墨，《筆墨祭》祇在祭五四運動之前的“毛筆文化”。今日當將毛筆文化與鋼筆文化并祭，乃最徹底的“筆墨祭”。面對這世紀性的“筆耕文化”向“電腦文化”的轉換，面對這徹底的“筆墨祭”，老一輩學人没有觀望，没有退縮，同青年作者一道，毅然決然，全力以赴，終於跟上了時代的步伐！筆者爲我老一輩學人驕傲！回眸曩日，步履維艱，隨同筆墨轉型，書稿也隨之經歷了大修改、大增補，其繁雜艱辛，實難言喻。天地逆旅，百代過客，如夢如幻，三十餘年來，那些老一輩學人全部白了頭，却無暇“含飴弄孫”，又在指導後代參與其事。那些“知天命”之年的碩博生導師們皆已年過花甲，却偏喜“舞文弄墨”，又在尋覓指導下一代弟子同步前進。如此前啓後追，無怨無悔，這是何樣的襟懷？憶昔乾嘉學派，人才輩出，時有“高郵王父子，棲霞郝夫婦”投入之佳話，今《通考》團隊，於父子合作、夫婦合作之外，更有舉家投入者，四方學人，全力以赴。但蒼天無情，繼匡老之後，另有幾位同仁亦撒手人寰。上海那位《天宇卷》主編年富力强，却在貧病交加、孩子的驚呼聲中，英年早逝。筆者的另一位老友爲追求舊稿的完美，於深夜手握鼠標闃然永訣，此前他的夫人曾勸其好好休息，答説“我没有那麼多時間”！可謂鞠躬盡瘁，死而後已，這又是何樣的壯志，思之怎能不令人心酸！這就是我的同仁，令我驕傲的同仁！

自 2012 年之後，因面臨多種意外的形勢變化，筆者連同本書回歸原所在單位山東師範大學，于是增加了第一位副總主編——文學院副院長、古籍整理研究所所長韓品玉，解決了編務與財力方面的諸多困難，改變了多年來的孤苦狀況。時至 2017 年春，爲盡快出版、選定新的出版社，又增加了天津人民出版社總編輯、南開大學客座教授陳益民，中國職工教育研究院常務副院長、全國職工教育首席專家俞陽，臺北大學人文學院東西哲學與詮釋學研究中心主任賴賢宗教授三位爲副總主編，於是形成了現今的編纂委員會。

在全書編纂過程中，編纂委員會和學術顧問，以及分卷正副主編、主要作者所在單位計有：中國國家博物館、中國國家圖書館、中央文史研究館、中國佛教圖書文物館、全國總工會、中聯口述歷史研究中心、河北省文物與古建築保護研究院、河北省文物考古研究院、河北閱讀傳媒有限責任公司、北京大學、浙江大學、南京大學、南京師範大學、東北師範大學、鄭州大學、河北大學、河北師範大學、河北醫科大學、廈門大學、佛山大學、山東大學、中國海洋大學、山東師範大學、曲阜師範大學、山東中醫藥大學、濟南大學、山東財經大學、山東體育學院、山東藝術學院、山東工藝美術學院、山東省社會科學院、山東博物館、山東省圖書館、山東省自然資源廳、山東省林業保護和發展服務中心、濟南市園林和林業綠化局、濟南市神通寺、聊城市護國隆興寺、臺北大學、臺灣成功大學、臺灣大同大學、臺北中國文化大學、臺灣中華倫理教育學會，以及澳大利亞國立伊迪斯科文大學等，在此表示由衷的謝忱！

本書出版方——上海交通大學領導以及上海交通大學出版社領導，高瞻遠矚，認定《通考》的編纂出版，不祇是可推動古籍整理、考古研究的成果轉化，在傳承歷史智慧，弘揚中華文明，增强民族凝聚力和認同感，彰顯民族文化自信等各個方面具有重要意義。出版方在組織京滬兩地專家學者審校文字的同時，又付出時間精力，投入了相當的資金，增補了不少插圖，這些插圖多來自古籍，如《考工記解》《考工記圖解》《考工記圖説》《考古圖》《續考古圖》《西清古鑑》《西清續鑑》《毛詩名物圖説》《河工器具圖説》等等，藉此亦可見出版方打造《通考》這一精品工程的決心。而山東師範大學各級領導同樣十分重視，社科處高景海處長一再告知筆者："需要辦什麼事情，儘管吩咐。"諸多問題常迎刃而解，可謂足智善斷。筆者所屬文學院孫書文院長更親行親爲，給予了全面支持，多方關懷，令筆者備感親切，深受鼓舞，壯心未老，必酬千里之志。此前，著名出版家和龔先生早已對本書作出權威鑒定，并建議由三十二卷改爲三十六卷。本書在學術界漂游了三十餘載終得面世，并引起學界的關注。今有國人贊之曰：《通考》是中華優秀傳統文化創造性

轉化、創新性發展的優异成果，是一部具有極高人文價值的通代史論性的華夏物態文化專
著，凝聚了中華民族的深層記憶，積澱了民族精神和傳統文化的精髓。又有國際友人贊之
曰：《通考》如同古老中國一樣，是世界唯一一部記述連續數千載生機盎然的人類生活史。
國內外的評論祇是就本書的總體面貌而言，但細予探究，缺憾甚爲明顯，因本書起步於
三十餘年前，三十餘年以來，學術界有諸多新的研究成果未得汲取，田野考古又多有新的
發現，國內外的各類典藏空前豐富，且檢索方式空前便捷，而本書作者年齡與身體狀況又
各自不同，多已是古稀之年，或已作古，或已難執筆，交稿又有先後之別，故而三十六卷
未能統一步伐與時俱進，所涉名物，其語源、釋文難能確切，一些舊有地名或相關數據，
亦未及修改，而有些同物異名又未及增補。這就不能不有所抱憾，實難稱完美！以上，就
是本書編纂團隊的基本面貌，也是本書學術成就的得失狀況。

　　筆者無盡感慨，卅載一瞬渾似夢，襟懷未展，鬢髮盡斑，萬端心緒何曾了？長卷浩
浩，古奧繁難，有幾多知音翻閱？何處求慰藉？人道是紅袖祇揾英雄泪！歲月無情，韶光
易逝，幾位分卷主編未見班師，已倏而永別，何人知曉老夫悲苦心情？今藉本書的面世，
聊以告慰匡老前輩暨謝世的同仁在天之靈！

張述錚

丙子中呂初稿於山東師範大學映月亭
甲辰南呂增補於歷下龍泉山莊東籬齋

凡　例

一、本書係通代史性的中華物態文化學術專著，旨在對構成中華博物的名物進行考釋。全書三十六卷，另有附錄一卷。各卷之基本體例：第一章爲概論，其後據内容設章，章下分節，爲研究考釋文字，其下分列考釋詞目。

二、本書所涉博物，分兩種類型：一曰"同物異名"，二曰"同名異物"。前者如"女墻"，隨從而來者有"女垣""女堞""女陴""城堞""城雉""陴堞"等，盡皆爲"女墻"的同物異名；後者如"衽"，其右上分別角標有阿拉伯數字，分別作"衽¹"（指衣襟）、"衽²"（指衣服胸前交領部分）、"衽³"（指衣服兩旁掩裳際處）、"衽⁴"（指衣袖）、"衽⁵"（指下裳）等，皆爲"衽"的同名异物。

三、各卷詞目分主條、次條、附條三種。次條、附條的詞頭字型較主條小，并用【　】括起。主條對其得名由來、産生年代、形制體貌、歷史演進做全面考釋，然後列舉古代文獻或實物爲證，并對疑難加以考辨，或列舉諸家之説；次條往往僅用作簡要交代，補主條不足，申説相佐；附條一般祇用作説明，格式如即"××"、同"××"、通"××"、"××"之單稱、"××"之省稱，等等。

四、各卷名物，或見諸文獻記載，或見諸傳世實物，循名責實，依物稽名，於其本稱、別稱、單稱、省稱，務求詳備，代稱、雅稱、謔稱、俗稱、譯稱，旁搜博采。因中華博物的形成、演化有自身規律，實難做人爲的斷代分割。如"朝制"之類名物，隨同帝王的興起而興起，隨同帝王的消亡而消亡，因而其下限達於辛亥革命；"禮俗"之類名物起源於上古，其流緒直達今世；而"冠服"之類名物，有的則起源甚晚，如"中山裝"之類。故各卷收詞時限一般上起史前，下迄清末民初，有的則可達現當代。

五、各卷考釋條目中的文獻書證一般以時代先後爲序；關乎名物之最早的書證，或揭示其淵源成因之書證，尤爲本書所重，必多方鈎索羅致；二十五史除却《史記》《漢書》外，其他諸史皆非同朝人編纂，其書證行用時間則以書名所標時代爲準；引書以古籍爲主，探其語源，逐其流變，間或有近現代書證爲後起之語源者，亦予扼要采用。所引典籍文獻名按學術界的傳統標法。如《詩》不作《詩經》，《書》不作《尚書》，《説文》不作《説文解字》等；若作者自家行文爲了强調或區别於他書，亦可稱《詩經》《尚書》《説文解字》等。文獻卷次用中文小寫數字：不用"千""百""十"，如卷三三一，不作卷三百三十一；"十"作〇，如卷四〇，不作卷四十。

六、本書使用繁體字。根據 1992 年 7 月 7 日新聞出版署、國家語言文字工作委員會發布的《出版物漢字使用規定》第七條第三款、2001 年 1 月 1 日施行的《中華人民共和國通用語言文字法》第二章第十七條第五款之規定，本書作爲大量引徵古籍文獻的考釋性學術專著，既重視博物的源流演變，又重視對同物異名、同名異物的考辨，故所有考釋條目之詞頭及文獻引文，保留典籍原有用字，包括異體字，除明顯錯别字（必要時括注正字訂誤）之外，一仍其舊。其中作者自家釋文，則用正體，不用異體，但關涉次條、附條等異體字詞頭等，仍予保留。繁體字、異體字的確定，以《規範字與繁體字、異體字對照表》（國發〔2013〕23 號附件一）及《通用規範漢字字典》爲依據。

七、行文叙述中的數字一律采用漢字小寫，但標示公元紀年及現代度量衡單位時，用阿拉伯數字。如"三十六計"，不作"36 計"；"36 米"，不作"三十六米"。

八、各卷對所收考釋詞條設音序索引，附於卷末，以便檢索。

目　録

序　言

　　《中華博物通考》（下稱《通考》）是一部通代史論性的華夏物態文化專著，係"十四五"國家重點出版物出版專項規劃項目，并得到 2020 年度國家出版基金資助。全書共三十六卷，另有附錄一卷，達三千萬字，《資産卷》即其中的一卷。

　　何謂"資産"？資産通常指資財、産業之類。先秦文獻《管子·輕重丁》中已有"資財"一詞，與"資産"義近。東漢時已見異形詞，如《藝文類聚》卷三三引《東觀漢記》作"訾産"，《後漢書·馬防傳》始作"資産"。本卷謹藉"資産"這一物質客體，力圖展現中華先民從事經濟活動之具體畫面，展現有關國計民生的物態文化。

　　遠古時期，由於生産力落後，除了維持生存外，幾無剩餘，資産觀念非常淡薄。美國生物學家家托馬斯·亨特·摩爾根（Thomas Hunt Morgan，1866—1945）早在 1877 年出版的《古代社會》一書中，已有精闢論述，可資參閱。進入原始社會中期，生産力水準大幅度提高，勞動成果除滿足人類生存需要之外，尚有一定剩餘。剩餘産品爲物物交易提供了相應的可能性，於是出現了以物易物的物質交換方式；稍後，又出現了可以充當交換媒介的商品；再後來，充當一般等價物的商品大部分被淘汰，衹有少數受人歡迎的海貝、龜殼、刀、鏄等脫穎而出，成爲專用作等價物的特殊商品，這就是貨幣的雛形。貨幣的出現，爲商品交易提供了極大的方便。

　　今知，商代已發明了金屬貨幣——青銅幣。大約在春秋之際，我國金屬貨幣開始廣泛流通。此後，貨幣便作爲各種物品價值的主要體現者。在中國歷史上，貨幣可以劃分爲四種基本類型：原始貨幣、普通金屬貨幣、貴重金屬貨幣、紙幣。這四種基本類型的錢幣，流布廣遠，貫穿了整部華夏史，近現代社會中所沿用的金屬幣與紙幣，祇是更精巧、更嚴密而已。因《通考》另設有《貨幣卷》，此不贅述。在此必須指出，中國傳統社會中有一種特殊貨幣，那就是先祖在漫長的歷史上廣泛承認的一般等價物——穀帛。在戰國時代，隨着鐵製農具的廣泛使用、灌溉技術的進步，農業生產力水準較之此前的青銅和木石工具并用時期已有了很大的提高，穀帛已成爲資産的一種重要形式（見《孟子·滕文公》《史記·蘇秦列傳》）。此後，以穀帛的數量來表現資財的價值，歷代沿用，尤其是在亂世、天灾或發生嚴重的貨幣貶值時期。如《後漢書·光武帝紀》中提到的"王莽亂後，貨幣雜用布、帛、金、粟"，《三國志·魏書·董卓傳》"穀一斛至數十萬，自是後錢貨不行"等；如此之類的記載，不一而足，恕不煩舉。

　　"資産"大體上可以劃歸兩大基本類型，即"恒産"和"浮財"。所謂"恒産"，通常指土地、田園、房屋等不動産；"浮財"，則指金錢、糧食、衣服、什物等動産。從古至今，在人們的觀念中普遍認爲"恒産"的重要性要高於"浮財"。對國人這種固有的以"恒産"爲重的心理，清人有段醒世名言："天下貨財所積，則時時水火盜賊之憂，至珍異之物，尤易招尤速禍。草野之人，有十金之積，則不能高枕而臥。獨田産，不憂水火，不憂盜賊，不勞守護，即有兵戈旱乾水溢，離井去鄉，事定歸來，室廬畜聚，一無可問。獨此一塊土，張姓者仍屬張，李姓者仍屬李，芟夷墾闢，仍爲殷實之家，舉天下之物不足較其堅固者。"（見清張英《恒産瑣言》）由於人們熱衷於將"浮財"轉化爲"恒産"，所以也就很自然地將"恒産"數量多寡作爲測度世人資財多少的尺規。也正因爲"恒産"在資財中占據核心地位，所以歷代政論家宣導"均貧富"時，往往也具體化爲對不動産的重新分配，近世的"均田地""耕者有其田"等綱領性口號的提出，即是顯著證明。

　　據社會經濟發展情況，中國資産史大致可劃分爲六大發展階段，即夏商西周、春秋戰國至西漢、東漢至隋唐、宋遼金、元明至晚清、晚清至現代。在這六個歷史時期，資産在總體上呈現出較强的階段性特點。

　　夏商西周時期，土地多爲井田制，公私分明，尚無强取豪奪之舉，社會成員間的財富大抵均衡，且無重農抑商或重商抑農之國策；經濟雖不甚發達，古哲却常視之爲理想國。

　　春秋戰國至西漢時期，由於生產力水準有了質的飛躍，貨幣經濟日漸活躍，人們的生産、生活與市場的聯繫趨於密切。春秋之時，出現國史中第一代貨殖大家范蠡、子貢、白圭、猗頓等，經商之舉空前繁盛，形成中國經濟史上的第一個高峰期。這一時期，錢與帛同時充當了等價交換的重要角色。但自西漢始，重農抑商已成定制，如商賈不得乘車騎馬，不得購買土地，不得爲官，并連及子孫，等等。因而市場經濟難以活躍，重農抑商之國策沿襲兩千餘載，直達明清。

東漢至隋唐時期，由於鐵製工具的製作水準和推廣程度都超過了前期，社會生產能力有了很大的提高，但在資財的價值表現形式上，依然是錢帛兼行，無大進展。由於胡漢交融的客觀歷史環境，大量的域外珍奇之物輸入中原，爲國人收藏珍寶提供了便利的途徑，因而珍寶成爲當時最令人羨慕的資産形式之一。

宋遼金時期，當以宋代特別是南宋爲代表，是上古以來中國經濟史中最爲發達、最爲富庶的時期，已遠勝大唐。主要表現：社會資産的數量與規模較前一階段發生巨幅增長，商品經濟的蓬勃發展導致非農資産在社會總資産中所占比重日益增大。因而宋代是繼戰國秦漢之後，經濟發展的第二個高漲階段。

元明至清中後期，在資産問題上，明顯走過了一條“U”型的路徑。元代野蠻、落後的蒙古貴族統治，加之紛繁的戰亂，對於社會經濟的破壞十分嚴重，經濟發展水準和社會資産的數量難以與宋代相比，但元代的某些手工製造業生產規模和產品品質却超過宋金時期。明朝社會生產力水準又超越兩宋，商品經濟飛速發展，使得社會物質財富極大豐富，至晚明之時，終於成爲中國傳統社會生活水準最高的時期，也是經濟發展的第三个高漲階段。明末清初，天災、戰亂，使經濟遭到嚴重的破壞，經過康熙、雍正、乾隆三朝的恢復，至乾隆中前期，達到清代經濟的最高水準。

晚清至現代。鴉片戰爭以後，中國逐漸淪爲半殖民地、半封建社會，成爲西方列强的產品傾銷市場。中華人民共和國成立後，中華民族開始了偉大的復興之路。伴隨着工業化的起步、加速，我國國民經濟的基本結構發生了根本性的變化，徹底改變了中國人的資産狀況。

昔日唐玄覺禪師《永嘉證道歌》曰：“一月普現一切水，一切水月一月攝。”此水月之喻，朱子引而論證“理一分殊”之著名命題，又言“萬物各具一理，而萬理同出一原”。朱子所言之“理”，實是將儒學之“道”演繹到了極致。朱子所建理學之“理”，實是將儒學博大浩然之“道”具化爲一個理論家們心儀的境界，所謂“心即理，理即心”。其人文精神就是擯弃一切私欲，達於至聖至潔。國人常以重義輕利爲儒家傳統文化之基本特徵之一。就其影響而言，一則塑造了國人道德至上，重人格、重氣節之民族性格；二則亦有壓抑人之物質欲望，扭曲人性之弊端。理學尤甚，竟以言利爲恥，舉國上下，皆遵從古訓，認定"君子喻于義，小人喻以利"（見《論語·里仁》）。重義輕利，當是一種期望，一種嚮往而已。殊不知"利"，特別是物質利益，乃關乎人類存亡之基礎。廣而言之，追求利益爲人類一切社會生活之動因。誠如太史公所云："天下熙熙，皆爲利來；天下攘攘，皆爲利往。"（見《史記·貨殖列傳》）法國人克羅德·阿德里安·愛爾維修（Ciaude Adrien Helvetius，1715—1771）亦言："河水不能倒流，人不能逆着利益的浪頭走。"若論利益於人間社會之普遍性、統一性，此乃又一類型之"一月普現一切水，一切水月一月攝"。統觀本卷所載，實乃利益在中華古今社會投下的門類繁多之"水月"象也。對於利益的解讀，今時可以從經濟、社會（含地位、榮譽等元素）、政治、哲學諸般層面展開，本卷則側重於經濟層面。

資產當然也屬於經濟層面，其表現形式則屬於物態文化範疇。中國經濟的主題古稱"貨殖"。何謂"貨殖"？貨殖乃以貨生貨之道。其主要手段，即商賈貿易。在中國的正史中，唯《史記》設有專傳，其後兩千年由於重農輕商之國策，致使貨殖綜合研究缺乏，幾成歷史空白；自《漢書》始，代之以《食貨志》，即以糧食、貨幣爲主題的農業經濟志。中國的經濟研究爲史論合一，如同《史記》《漢書》一樣，歷代沿襲。而在西方，却逐漸走上史論分流道路，即所謂近代經濟學。治經濟理論者往往衹注重理論演繹，而忽略對客觀歷史的分析歸納，理論演繹又日漸脱離社會現實，而趨向於"實驗室化"。論其肇始，則近代經濟學之産生，受牛頓經典力學影響甚重，終將描繪一理性、軌道化之經濟世界視作己任。經兩百多年演變，遂造成理論闡釋日臻抽象化，分析手段日益自然科學化。中國近代形成的經濟學，也深受其影響，步西方的後塵。以尋求解決現實問題爲終極目的之經濟研究、歷史科學，必須依托於具體豐富的文獻與實證材料，方可作出科學結論。而文獻與實證的搜求，耗時長而難見其功，須耐得清苦，耐得寂寞。結果這一歷史科學却被理論工作者所借用，得來全不費工夫。"爲他人作嫁衣裳"，若非淡泊名利之士，實難承擔，豈能愉快勝任？本卷致力於對資產名物考釋，恰屬此類。資產者，人類經濟活動之實物形態，即上述的物態文化也。綜觀經濟活動涉及之生産、交換、分配、消費四大領域，資產之實物形態何止萬千，其物如是，其名之繁夥又遠勝於物。今本卷作者正是以中華古今諸般名物探索研究爲己任，幾經探索，備嘗艱辛，始成是作，而且頗有建樹。

本卷對中國歷代的資產進行了全面系統研究。全卷共分爲十章。第一章爲《概論》，是本卷的綱要，其後的幾章從工廠作坊、田宅場圃、五金礦產、店鋪旅社、貨物招幌、集市貿易、倉儲府庫、收支借貸、契約文書、錢糧賦稅等方面，對所涉諸物諸事，逐一進行考證、闡釋，探其物源、語源，逐其流變，力求使其科學性、理論性、實用性和趣味性熔於一爐。資產實體與名類兼收，史論與文論并存；凡同物異名，必納於主條之下，舉一而群現；凡異物同名，必於分述，嚴於區別。作者之考辨功力，俯拾可見。今略予舉證，以見一斑。如本卷第十章所論及的錢幣管理、分配及流通，計有七十多種方式。其類型之多，超乎想象。如作爲朝廷命官的"俸祿"（上古稱之爲"秩"），自唐以來，尚有"手力費"，乃朝廷賜給在職官員請人處理私事的錢幣。至清代又有"養廉錢"，乃朝廷爲防止官吏貪污，每年按職務等級加發的錢幣。作爲手工業者、體力勞動者，宋代以來設有"工錢"；作爲一般職員又設有"日食錢"，當天的責任人若無差錯即可領取，猶今之"工資"。作爲一般的民間交易，自戰國始即有"僦錢"（初稱"僦"），即舟車、驢馬或房舍之租金。民間教師已有"束脩"之酬，即學生以微薄的十條乾肉爲謝，相當於後世之學費。兩宋以還，又風行所謂"牙錢""偏手錢"，前者即今之中介費，後者即相當於今之小費。爲調控經濟，兩漢以後，又有政府發放給鰥寡孤獨者的生活費——餼廩，發給歸降人員、士兵及特殊待遇人員的"裝錢"，等等。自兩宋始，官吏間滋生了兩種法外斂財之道。一種稱"事例錢"，即徵收賦稅時，按比例收取的額外錢財，多歸官吏本人所有；一種稱"好看錢"，即審理案件、看管監獄的官吏，以關照犯人爲名所索取的錢財，此已漸成爲經濟發展史中的毒瘤。僅就上述錢幣的名目及流通情況分析，即可看出中國古代經濟體制、國計民生的大抵面貌；藉此又可大抵推知中國封建社會漫長而相對穩定，能够成爲文明古國的些許基礎性原由。

上述舉證，并非全卷最精彩部分，祇是因其體例上具有代表性而已。論述中每朝每代出現的錢幣名目，也并非絕對限定於某朝某代，亦常顧及後世的沿襲或流變。展閱全卷，足可展現中國作爲世界文明古國在數千載風雲變幻中的生財之道，頗有博大、深沉之感，而讀來又不枯燥乏味。今之袞袞貨殖家及博物君子，足資藉鑒。

近年來，天下熱議"中國模式"，其一重要含義即強調中國開創了獨特的經濟發展道路，成功實現了從傳統經濟向現代經濟轉型。而"中國模式"如何實現，中國特色怎樣形成，除須詮釋七十餘年來國家發展之策略外，亦當從我中華之民族性中探知其根由。中華之民族性，乃數千載優秀文化之積澱，經歷史的篩選而得以傳承。此一傳承不僅應以"道"論，亦應以"器"觀。傳統文化常重"道"而輕"器"，時或執其一端，而本卷作者如同《通考》全書作者一樣，向以"道""器"并重，絶無偏頗之弊（有關"道器"之説，可參見本書的《總説》）。本卷之意義，正在於通過對古今資産名物的源流考釋，將中國數千載之經濟實態，衆多之不同發展脉態，全方位地展現出來。這對於中國經濟學人自强自勵，作實文化積澱，系統而全面地解讀今昔國情，并最終建立中國式理論體系，當是及時而頗具力度之襄助也。

本卷主編盛岱仁君，兼通文理，博學多才，其半生從戎，擁有退役大校軍銜。解職操觚，其初事古代醫療器具研究，深得學界青睞，後又專事本卷"資産"及另卷"珍奇"文化之探索，復現不凡身手。副主編周宇君任教於山東經濟學院，獲有政治經濟學博士學位，又通名物訓詁之學。盛君得其佐助，無疑形成了强勢主審與主筆，成就斐然，自在情理之中。周君在書稿殺青後，從自家專業角度，曾有如下評語："本卷實可稱爲樸學工作者之經濟研究作品也。"

詩有絶唱，文難全璧。本卷之某些主副條關係及書證校勘仍欠精當，其他失誤尚未盡知。序者作爲總主編，雖有伏櫪千里之志，惜長車難駕，或有迷茫之嘆，但願方家指津，才士揚鞭，是爲至盼。

時不我待，鬢髮盡斑，雜務紛沓，匆以爲序。

張述錚

太歲重光單閼瑞月上浣於山東師範大學映月亭初稿
太歲重光赤奮若陬中浣於歷下龍泉山莊東籬齋定稿

第一章 概 論

在中華數千載文明史中，資産始終是一個重要的物態文化類型。作爲人類經濟活動的承載物和具體實踐的結果，資産衍生并影響社會、經濟生活的方方面面，直接關涉國計民生。對今人來講，能够從總體上考察資産名物的發展實態，理清其演進脉絡，其意義無疑是十分重大的。

第一節 資産淵源探索

一、"資産"是物態文化活動得以展開的原點

"資産"，其意大略同於"財産"。《説文·貝部》："資，貨也。""貨，財也。"人們提到"財産"，往往是在强調物的所有權；提到"資産"，則更多的是關注物的經濟意義，多以資産的多少來衡量人們的經濟狀况优劣。從這個意義上講，"資産"概念出現，當以被視爲資産之物的價值能够被衡量，且取得社會的廣泛承認爲前提。這意味着，它應該是貨幣産生以後的事情。

關於中國歷史上貨幣的産生，論者衆多。按照高英民《中國古代錢幣》一書中所述，始於距今六七千年前，我國進入原始社會中期的母系氏族公社繁榮時期。在這個時期，氏族公社成員已經過着定居生活，生産工具由打製石器進步到磨製石器，生産力水平有了一定程度提高。由於社會分工的細密，促使畜牧業、農業和手工業相繼發展，人類的勞動成果除滿足自己生存需要之外，尚有一定剩餘。而剩餘産品爲物物交易提供了更大的可能性，氏族、氏族成員、部落各以剩餘用品彼此進行交換。當時以物易物的方式存在諸多不便，以致影響交換。例如甲方欲以羊交換農産品粟，乙方欲以粟交換生産工具石斧，結果甲乙雙方因所求不同而不能成交。到了大約距今五千年之前，我國的一些地區已處於原始社會晚期的父系氏族公社時期。在這個歷史階段，由於生産工具得到進一步改進，男子在主要生産部門中占據重要地位，生産效率明顯提高。隨着勞動個體化和家庭私有制的發展，手工業從農業中分離出來，從而出現了以交換爲目的的商品生産。於是，交換更加頻繁，且交換範圍和規模更加擴大。由於商品交換的擴大，原來實行的物物交易的方式已難適應社會發展的需要，改用另外一種新的交換方式勢在必行。先民們通過長期的探索，逐漸積纍了經驗，終於找到一種簡單的交換方式，找到可以充當交換媒介的商品，即一般等價物。一般等價物不但可以直接與其他商品交換，而且可以衡量其他商品價值的大小。最初，許多商品，諸如海貝、龜殼、獸皮、牲畜、生産工具、武器等，都曾充當過一般等價物。後來，隨着交換範圍的擴大，充當一般等價物的商品大部分被淘汰，衹有少數受人歡迎的海貝、龜殼、刀、鎛等從商品範疇中分化出來，成爲專用等價物。大量的考古資料説明，海貝是我國最原始的貨幣形態。從青海馬廠類型文化墓群、河南偃師二里頭遺址下層分析，在新石器時代晚期——其絶對年代相當於夏代，貝類已在扮演貨幣角色。

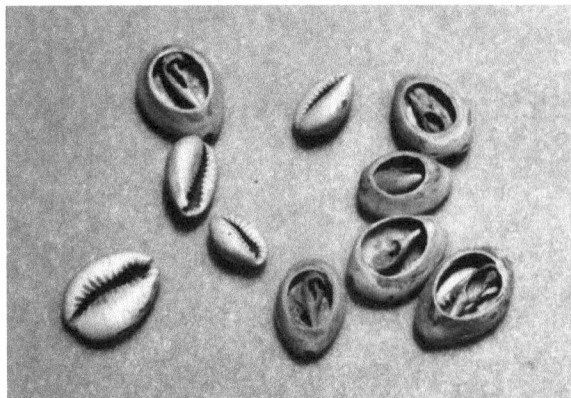

先秦貝幣

到了商周時期，關於貨貝的史料更加豐富。如殷墟婦好墓、山東青州商代晚期墓、河北曲陽商代晚期墓都發現了相當數量的貨貝，其中僅婦好墓所出即有六千枚之多。河南洛陽、陝西西安、河北元氏等地的西周墓葬遺址中出土的數量亦相當可觀。當時的契文和金文中

已常見 "取貝" "錫貝" 的説法，而《詩·小雅·菁菁者莪》中更有 "既見君子，錫我百
朋" 的名句。在這個時期，已可見到以用貝多少來計算財富數量的做法，比如《遽伯睘
簋》銘："遽白睘乍寶尊彝，用貝十朋又四朋。"《衛盉》銘："矩白庶人取瑾璋于裘衛，才
八十朋。" "朋" 是貝的數量單位。以用貝多少來表示財富的數量大小，是對其價值衡量的
一種表述方式，被視爲資産之物的價值自然可由此表現出來。而 "資産" 一稱，也就具備
了它存在的意義。

二、資産興起於春秋戰國之際，其詞則始於漢

"資産" 一詞的出現，遠遠晚於其實体的出現。漢《東觀漢記·載記·呂母》："海曲
有呂母……母家素豐，貲産數百萬。"《後漢書·馬防傳》亦載："防（馬防）兄弟貴盛，
奴婢各千人已上，資産巨億，皆買京師膏腴美田，又大起第觀，連閣臨道，彌亘街路。"
作爲近義詞的 "資財" 大致出現在春秋戰國時期。如《管子·輕重丁》中已有 "功臣之家
皆爭發其積藏，出其資財，以予其遠近兄弟。" 這似已表明同類辭彙的大量使用應以此爲
濫觴。細審之，不爲無因，可以從以下幾個方面來考慮。

（一）鐵器時代來臨，導致物質財富劇增，社會成員的資産狀況日益引起人們的關注

春秋戰國之際，正是我國從青銅器時代邁向鐵器時代的過渡階段，而此前的數千年
裏，古代先民的生産力水平，大致處在青銅工具和石製、骨製工具并用時期。我國進入青
銅器時代比較早，按照地下出土文物，考之《逸周書·考德》《古史考》《洞冥記》等文獻
記載，在距今五千多年前即已開始使用青銅工具。此後，經歷了夏、商、周三代的持續發
展，青銅工具的製作水平不斷提高，使用也日益廣泛，對當時的經濟、政治、軍事、文化
諸方面産生了重要的影響。但是，正如陳振中《青銅生産工具與中國奴隸制社會經濟》一
書中所論，在古代，開礦、冶銅等生産技術比較落後，生産青銅要耗費大量的人力、物
力，低下的農業生産力水平所提供能滿足手工業者消費的糧食有限，不可能超過此限度，
投入更多的勞動力去開礦冶銅。這就使青銅工具不能大量生産，故而顯得比較珍貴。青銅
工具在生産中，特別是在農業生産中的使用，不如後世的鐵工具那樣普遍，木、骨、石器
還占有相當的比重。在很多夏、商、周遺址中都有石、蚌等工具出土，而且有的數量較
多。這些非金屬工具的大量存在，足以證明青銅工具的使用在廣度和深度方面的欠缺。在

這種生產工具水平下，整個社會的生產能力是相當低下的，所創造的物質財富極爲有限。因此，社會成員的資產種類、數量和後世的鐵器時代相比，不可同日而語。這個時期爲了保證有限的生產能力、交換能力能够爲統治階級服務，農業上實行以土地均分和勞役地租爲基本點的"井田制"，手工業和商業領域實行"工商食官"制度，在統治階層内部的財富分配上，實行以分封土地爲禄、政治權力和禄邑規模挂鈎的"采邑制"。

在我國，至春秋後期鐵製工具當已廣泛使用，而到了戰國中期特別是各國變法之後，鐵器的使用更以空前規模在各地推廣。鐵製工具的堅硬鋒利程度勝過木、石和青銅工具。鐵器出現的意義，正如恩格斯所説："鐵使更大面積的田野耕作，廣闊的森林地區的開墾，成爲可能；它給手工業工人提供了一種其堅固和鋭利非石頭或當時所知道的其他金屬所能抵擋的工具。"（《家庭、私有制和國家的起源》）因此，鐵器時代的到來，標志着社會生產力水平有了質的提高，給社會經濟各個領域帶來顯著的變化。比如，在農業生產上，由於鐵工具的普遍使用、水利灌溉工程的開發、生產技術的進步、荒地的開墾、一年兩熟制的推廣，農田產量大有增加，使得五口到八口之家的小農得以安居（見楊寬《戰國史》）。在工商業領域，鐵器的普遍使用使得生產部門增多，生產日益多樣化，生產技術日益專門化，推動了私營手工業者的大量出現。而隨着農業、手工業生產的發展，社會分工的擴大，商品交換日益向廣度和深度發展，民間商業遂衝破官營商業的藩籬蓬勃興起，"工商食官"的局面最終被打破。於是，在社會中涌現出一大批大工商業主，城市規模迅速擴大，金屬貨幣也廣泛使用，促使商品經濟日益繁榮。

在這種情況下，人們可獲得的物質財富的種類和總量劇增，一個明顯的標志就是市場上的商品構成發生了顯著變化。春秋以前，奢侈品在市場上獨領風騷，至戰國時，奢侈品在商品流通領域仍占較大的比重，所謂"奇怪時來，珍異物聚"之類的記述仍頻繁出現於《管子·小匡》等文獻中。《周禮·考工記》也强調商人的職能就是"通四方之珍異"。但這個時候更爲引人注目的是，有越來越多的民生用品進入了市場。如《史記·貨殖列傳》論全國各地的特色商品稱："夫山西饒材、竹、穀、纑、旄、玉石；山東多魚、鹽、漆、絲、聲色；江南出枏、梓、薑、桂、金、錫、連、丹沙、犀、瑇瑁、珠璣、齒革；龍門、碣石北多馬、牛、羊、旃裘、筋角；銅、鐵則千里往往山出棊置：此其大較也。皆中國人民所喜好，謡俗被服飲食、奉生送死之具也。故待農而食之，虞而出之，工而成之，商而通之。"在這種情況下，財富的分配必定打破舊生產力條件下既有的陳規，而社會成員的資産狀況，尤其是其前後的變化及與時人之間的差異，就會成爲人們觀察社會的一個重要視點，這從當時的文獻記載中就可以反映出來。比如，《史記》集解引《孔叢子》中的描述説：猗頓原籍魯國，年輕人時窮困潦倒，"耕則常饑，桑則常寒"，後來得到陶朱公的指點，"大畜牛羊於猗氏之南"，并兼營鹽業，"十年之間其息不可計，貲擬王公，馳名天下。以興富於猗氏，故曰猗頓"。猗頓由窮困而致大富，故而特别引人注目。還有孔子的弟子子貢，《史記·貨殖列傳》載："七十子之徒，賜最爲饒益。原憲不厭糟糠，匿於窮巷。子貢結駟連騎，束帛之幣以聘享諸侯，所至，國君無不分庭與之抗禮。"這裏，子貢的饒有資産，就被用來和原憲（即子思）的貧困生活相對比。而當社會中財富的總量不斷增加時，財富的分配也日益不均，即所謂"富者木土被文錦，犬馬餘肉粟，而貧者短褐不完，哈菽飲水"（《漢書·貨殖傳》）。由此，在世人看來，資産的擁有量對於人的命運的影響已越來越大，其自然也越來越引人關注，成爲衆人談論的重要話題。"資産"一稱，大概就適應這種需要而出現在時人的語彙中。

（二）世卿世禄制度解體後，使用資産來衡量人們的社會地位有了適用性

春秋以前的社會，奉行將財富享用水平與封建等級高低對應的世卿世禄制度，禄以采邑計，提倡"量禄而用財"。這時候，主導人們命運的是血統門第，貴者自會有財。比如《國語·晋語八》載："秦后子來仕，其車千乘。楚公子幹來仕，其車五乘。叔向爲太傅，實賦禄，韓宣子問二公子之禄焉，對曰：'大國之卿，一旅之田，上大夫，一卒之田。夫二公子者，上大夫也，皆一卒可也。'"這就是完全按照貴族地位授禄，即分配財富。可以想見，在這種情況下，某人有財與否并非世人的主要觀察點，門第高低纔是社會更爲重視的。

自春秋以降，隨着諸侯兼并的日益激烈，大批諸侯貴族喪失了采邑，而少數人卻因兼并而獲得了大量的領地。比如叔向談到當時晋國的情況時説"晋之公族盡矣"，提到"欒、卻、胥、原、狐、續、慶、伯"等舊貴族均已"降在皂隸"（《左傳·昭公三年》）。而同時期的得勢者，像魏獻子，其"爲政，分祁氏之田以爲七縣，分羊舌氏之田以爲三縣"，每縣置一大夫，一縣就等於一個小的封國，可見其領地之大（見《左傳·昭公二十八年》）。在這個時候，產生了人之爵、禄、財不相對應的情況，比如韓宣子"有卿之名，而無其實，無以從二三子，吾是以憂"，而卻昭子不過爲晋卿，卻"其富半公室，其家半三軍"。絳之富商，"能金玉其車，文錯其服，能行諸侯之賄，而無尋尺之禄"（《國語·晋語八》）。在這種情況下，世卿世禄制度逐漸難以維持，走向解體。

　　至戰國中前期,七雄爭霸,相繼實行變法,廢除分封各級貴族施行統治的舊體制,實行君主集權專制的新體制;獎勵軍功,"有軍功者,各以率受上爵",而"宗室非有軍功論",甚至"不得爲屬籍"(《史記·商君列傳》)。經歷了這場變革,那種因是貴族就必有"祿"的世卿世祿制度被廢除,庶民也可以憑藉軍功而獲得高爵(軍功爵)厚祿,享受相應的財富。對於這種體制,韓非講得很清楚,就是"臣盡死力以與君市,君垂爵祿以與臣市,君臣之際,非父子之親也,計數之所出也"(《韓非子·難一》),即國君和臣民之間是一種利益交換關係,利益價值的大小是關鍵。而利益之量化,就表現爲具體的物質財富,如土地、錢、糧等。國君的賜予自然是臣民們享用的資産的重要來源,因此,資産多少在衡量人們的社會地位時就有了它的適用性。像原本窮困的蘇秦在游說六國成功後,其家人迎接時竟"側目不敢仰視,俯伏侍取食",原因就是"見季子位高金多也"(《史記·蘇秦列傳》)。這裏,"金多"即其地位不同往昔的標志。

(三)貨殖家群體崛起,促使社會以擁有資産多少爲評價人的標準

　　春秋戰國時期,貨殖家群體開始崛起,其行爲對當時的社會有重要的影響,故司馬遷在《史記》一書中專門爲之作傳。何謂"貨殖"? "貨"指財貨,"殖"即增殖。祇是這種增殖不是依靠政治力量,而是依靠經濟手段。貨殖家,即追求財貨增殖的一批人,他們皆非有"秩祿之奉,爵邑之入",而是靠專心經營財貨獲利。按司馬遷書中所列,其既包括商人,又包括手工業主,還包括地主,總之祇要是在貨殖方面取得成功者,皆可列入此類。這類人的生活水準不遜於那些封君諸侯,司馬遷曾做過一個比較:"封者食租稅,歲率戶二百。千戶之君則二十萬,朝覲聘享出其中。庶民農工商賈,率亦歲萬息二千,百萬之家則二十萬,而更徭租賦出其中。衣食之欲,恣所好美矣。"其中的一些擁資巨大者,比如子貢,更是到了與列國國君"分庭抗禮"的地步。爲此,《貨殖列傳》中特給這些"樂比諸侯"者贈一雅號——"素封"。

　　司馬遷是中國傳統時代史家中少有的對從事工商"末業"者不抱偏見的人,他撰《貨殖列傳》,對戰國乃至漢初那些大工商業者的事迹做了如實的反映,并褒揚其中的賢者,強調他們"皆非有爵邑奉祿,弄法犯姦而富",祇是通過"與時俯仰,獲其贏利,以末致財,用本守之,以武一切,用文持之,變化有概,故足術也"。故其成功對社會是有積極意義的,也引人效仿。而後世史家則多無這種開明之見。像班固在《漢書》中繼作《貨殖傳》,將貨殖家們看作"兼業顓利,以貨賂自行,取重於鄉里者";至於司馬氏表彰的那些賢者，更是被視爲大惡："蜀卓，宛孔，齊之刀閒，公擅山川銅鐵魚鹽市井之入，運其籌策，上爭王者之利，下錮齊民之業，皆陷不軌奢僭之惡。"班氏分明是迎合當時統治者的意願，維護既得利益者，對工商業者采取排斥態度。而後世史家索性闕如，自此貨殖無傳。

然而，所謂正統史家，并不能遮蓋史實。春秋戰國時期那些"素封"們的榜樣效應是巨大的，後世出現的商人群體（比如明清"十大商幫"）就大受其影響，奉范蠡或子貢爲商賈之先賢宗祖。人們也并非普遍以工商爲賤，而是看重執業所帶來的結果——是否能致富，即所謂"富無經業，則貨無常主，能者輻凑，不肖者瓦解"，順其自然，祇要成功了，"千金之家比一都之君，巨萬者乃與王者同樂"（《史記·貨殖列傳》）。在這種情況下，人們很自然地把擁有資產多少作爲評價人賢愚不肖的標準，即班固筆下所描繪的"編户齊民，同列而以財力相君"（《漢書·貨殖傳》）。作爲如此重要的一個標準，"資産"一稱頻繁地出現在時人語中，也就是情理之中的事了。

第二節　古代資産的兩大基本表現形式

財産因價值量化表現爲資産，資産既包括生財手段，又包括生財結果。作爲衡量人的經濟狀况的尺度，前者是間接的，後者是直接的。就直接資産來講，儘管其種類繁多，但有一類事物是最基本的，構成了它的主幹，就是能够反映所有物品價值的貨幣，或者是能够充當貨幣使用的實物。這兩類物品的重要性是不言而喻的，不僅對間接資産而言，事實上所有資産的經濟意義，也祇有在折算爲一定量的貨幣或起貨幣作用的實物的情況下，纔能體現出

渤海國遺址出土的貝幣

來。數千年的中華文明史中，除了錢幣，穀帛也在一個較長的時期内成爲社會廣泛承認的一般等價物，二者并爲國人資産的兩大基本表現形式。

一、錢　幣

我國錢幣的始祖是貨貝。夏、商和西周時期貨貝曾大量使用。貨貝在我國古代社會中的使用下限,按蕭清《中國古代貨幣史》中的推測,大致應在春秋之際我國金屬貨幣開始廣泛流通之時。此後,錢幣便開始作爲各種物品價值的主要體現者。在中國歷史上,錢幣可以劃分爲三種基本類型:賤金屬鑄幣、金銀類貴金屬稱量貨幣和鑄幣、紙幣。資産也可相應地折算爲這樣三種形式。

(一)賤金屬鑄幣

賤金屬鑄幣主要是銅幣,也有鐵鑄幣。在秦統一前,春秋戰國時期的鑄幣體系比較複雜,大體上有布幣、刀幣、環錢、圓錢和蟻鼻錢等不同體系。秦王朝建立後,統一了幣制,以方孔圓形、重如其文的秦半兩錢作爲定式,廢除了其他形制的鑄幣。漢王朝也一度沿用半兩錢制,到漢武帝時正式確立五銖錢制,并一直行用至七百餘年後的隋代。唐初廢五銖錢而改鑄"開元通寶"錢,結束了錢幣以重量爲名的歷史,開創了通寶錢制。通寶錢制行用一千三百餘年後始結束,清末改行機製銅元。至20世紀30年代後,銅元又逐漸爲鎳幣所取代。

資産以賤金屬鑄幣的形式表現,就是將所有資産折算爲錢,對錢的數量或以個數論(以一文錢爲單位),或以緡、貫數論(緡爲串錢之索,千錢一緡,或稱一貫)。《漢書・貨殖傳》記載"臨淄姓偉訾五千萬""師史能致十千萬""雒陽張長叔、薛子仲訾亦十千萬"。《後漢書・梁統列傳》:"悉没〔扶風人士孫奮〕貲財億七千餘萬。"同書《方術列傳》:"〔折〕國有貲財二億,家僮八百人。"這是以錢的個數來表示這些富翁的資産數量。又如《續資治通鑑長編・宋神宗熙寧三年》:"今蕃户富者,往往有三二十萬緡錢。"宋謝逸《溪堂集・佛

先秦銅橋梁幣

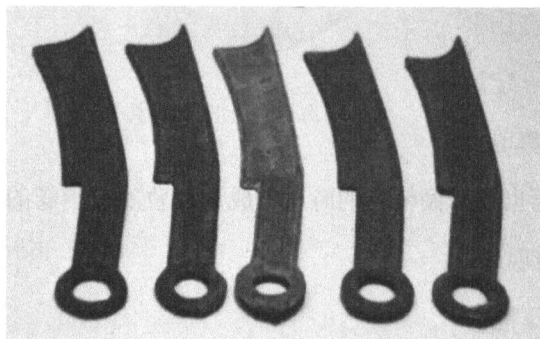

先秦齊刀幣

齋辨》：“萬緡，中人十家之産也。”宋趙時侃《乞豁免句容縣和買役錢申狀》：“有房廊及開解庫店業之家，富者家計不過五七千緡而止。”《新唐書·食貨志》：“富家錢過五千貫者死，王公重貶，没入於官，以五之一賞告者。”這就是以千錢即緡或者貫作爲單位來計量資産了。

（二）金銀貨幣

以金銀充當貨幣，在大宗交易中表現物品的價值，主要是在春秋戰國以後。金銀貨幣作爲資産的表現形式，在中國歷史上大致有兩個時期：前一時期爲春秋戰國至新莽末年，主要使用黄金；後一時期則是明清至近代，主要使用白銀。

從春秋戰國至新莽末年，以黄金來表現資産價值的記載屢屢可見。如“子貢好廢舉，與時轉貨貲”“家累千金”（《史記·仲尼弟子列傳》）。陶朱公“治産積居”“十九年之中三致千金”，宛孔氏“用鐵冶爲業”“家致富數千金”（《史記·貨殖列傳》）。“〔田〕文曰：‘君用事相齊，至今三年矣。齊不加廣，而君私家富累萬金。’”（《史記·孟嘗君列傳》）“吕不韋者，陽翟大賈人也，往來販賤賣貴，家累千金。”（《史記·吕不韋列傳》）張湯“家産直不過五百金”，王温舒“家直累千金”，尹齊“家直不滿五十金”（《史記·酷吏列傳》）。“孝王未死時，財以巨萬計，不可勝數。及死，藏府餘黄金尚四十餘萬斤，他財物稱是。”（《史記·梁孝王世家》）當然，對於這些文獻中出現的“金”是否真是黄金，在學術界尚有爭議。

我國以白銀作爲資産表現形式的歷史，始於何時，亦有爭議。但到明中葉後因“弛用銀之禁”“朝野率皆用銀”（《明史·食貨志六》）而使白銀最終取得了貨幣資格，却是毫無疑義的。至此以後，以白銀表現資産價值已成爲人所熟知的事實。比如，清朝艾衲居士的擬話本小説《豆棚閒話》第三則，描寫績溪人汪彦“做到十餘年，刻苦艱辛，也就積攢了數千兩本錢；到了五旬前後，把家資打總盤算，不覺有了二十餘萬”。明奸相嚴嵩子嚴世蕃“積貲滿百萬，輒置酒一高會，其後四高會矣，而乾没不止。嘗與所厚客，屈指天下富家，居首等者，凡十七家。雖溧陽史恭甫最有聲，亦僅得二等之首。所謂十七家者，己與蜀王、黔公，太監高忠、黄錦及成公、魏公、陸都督炳；又京師有張二錦衣者，太監永之姪也；山西三姓，徽州二姓，與土官貴州安宣慰。積貲滿五十萬以上，方居首等”（明王世貞《弇州史料後集·國朝叢記六》）。徐珂《清稗類鈔·農商類》提到，山西多富商，其中以亢氏爲最，號稱數千萬兩。其次，四五百萬兩至七八百萬兩者有介休縣侯姓、太谷縣曹姓、祁縣喬姓；百萬兩左右至三四百萬兩者有祁縣渠姓、榆次縣常姓、太谷縣劉姓，三十萬兩至八十萬兩者有榆次縣侯姓、太谷縣武姓、榆次縣王姓、太谷縣孟姓、榆次縣何姓、太谷縣楊姓、介休縣冀姓、榆次縣郝姓，等等。

（三）紙幣

紙幣最初是金屬貨幣的符號。中國最早使用紙幣始於北宋的交子，以後南宋、金、元、明均有所發展，到近現代社會則是使用鈔票，即銀行信用券。

傳統時代的紙幣，其面額往往是金屬貨幣的單位。如金代的交鈔，面額以銅錢計，有大鈔、小鈔兩類，大鈔面額分一貫、二貫、三貫、五貫、十貫五種，小鈔面額分一百文、二百文、三百文、五百文、七百文五種（見《金史·食貨志三》）。元代的“至大銀鈔”，面額均以銀兩計，自二兩至二厘共定爲十三等（見《元史·食貨志一》）。近現代社會使用的鈔票，面額有元、角、分等單位。

在紙幣與金屬貨幣并用時期，資產的價值往往折合爲若干金屬貨幣單位。如“折錢多少”或“折銀多少”，所以即使這些資產中包括了部分紙幣，也反映不出來。在主要使用紙幣作爲通貨的時期，比如元代，紙幣就成爲資產價值的主要表現形式了。如《元史·世祖本紀》：“諸王薛徹都等所駐之地，雨土七晝夜，羊畜死不可勝計，以鈔暨幣帛綿布雜給之，其直計鈔萬四百六十七錠。”同書《武宗本紀》：“以北來貧民八十六萬八千戶，仰食於官，非久計，給鈔百五十萬錠，幣帛準鈔五十萬錠，命太師月赤察兒、太傅哈剌哈孫分給之。”同書《文宗本紀》：“燕南廉訪使卜咱兒，前爲閩海廉訪使，受臟計

明壹貫錢紙幣

清伍百文紙幣

鈔二萬二千餘錠。"同書《趙孟頫傳》:"詔集百官於刑部議法,衆欲計至元鈔二百貫贓滿者死。"同書《奸臣傳》:"國家經費既廣,歲入恒不償所出,以往歲計之,不足者餘百萬錠。""鐵木迭兒⋯⋯受諸王合兒班答使人鈔十四萬貫,寶珠玉帶氁羺幣帛又計鈔十餘萬貫。"等等。在近現代社會中,以鈔票形式來表現資產的情況在現實生活中常可見到,比如人們提到的某單位或某家庭的資產總價值約××元,其觀念上的價值表現形式即鈔票,對此已無須多言。

二、穀 帛

穀帛在中國傳統社會一直是特殊的物品,因其在世人心目中屬於人們普遍需要的、絕對可以讓渡的商品,在很多時候就扮演了一般等價物的角色,尤其是在亂世、天災和發生嚴重錢幣貶值的時期。比如《後漢書·光武帝紀》中提道:"王莽亂後,貨幣雜用布、帛、金、粟。"而東漢末年董卓鑄小錢,導致錢法大壞,"穀一斛至數十萬,自是後錢貨不行"(《三國志·魏書·董卓傳》);加之長時期的社會動盪,魏晉南北朝時期,民間用穀帛交易,官員的奉給也完全用穀帛實物。由於穀帛在過去是人們普遍願意接受的東西,這就滿足了作爲一般等價物的最不可缺少的條件,所以歷史上屢屢有人提出要廢錢幣改用穀帛,比如西漢的貢禹、東漢的張林、東晉的桓玄、南朝宋的周朗等。儘管穀帛在大多數時候不能夠取代錢幣的地位,但因其有充當一般等價物的能力,所以人們也常以之作爲資產價值的度量手段。而且,相比起錢幣,有人也已清楚地指出,前者爲"實",後者爲"虛"(見《元史·趙孟頫傳》),穀帛實物是更具有決定意義的尺規。

(一)穀物

以穀物的數量來表現資產的價值,在我國大致應始於戰國時代。隨着鐵製農具的廣泛使用,灌溉技術的進步,農業生產力水平較之此前的青銅和木石工具并用時期已有了很大的提高,年均糧食產量已經比較穩定,在社會中能夠形成一個比較可觀的糧食積蓄量的情況下,人們纔有可能拿出多餘的穀物來進行交換,并以之作爲價值尺度。像《孟子·滕文公》中提到的在"農有餘粟"時若"通功易事","則梓匠輪輿皆得食於"農人,而彼此能"以羨補不足",應該是到戰國時纔普遍出現的事情。而蘇秦游說諸國時,說趙國"粟支數年",齊國"粟如丘山",楚國"粟支十年"(《史記·蘇秦列傳》),他這是在以這些國家積纍的穀物數量來反映其資産狀況；而這種情況在春秋時期是見不到的，當時屢屢可見的是"告糴"，即一國發生糧食危機時去向他國求援，由此可知，這時候的糧食生産水平比較低，産量很不穩定，因此少有積蓄。

戰國、秦、漢以後，穀物數量成爲資産度量尺規已是習見的事實。文獻中反映出來的，更多的是那些富裕家庭的情況。這樣的例子諸如："〔魯肅〕臨淮東城人……家富於財，性好施與……肅家有兩囷米，各三千斛。"（《三國志·吳書·魯肅傳》）"〔李勣〕家多僮僕，積粟數千鍾，與其父蓋皆好惠施。"（《舊唐書·李勣列傳》）"天寶中，相州王叟者，家鄴城。富有財……積粟近至萬斛。"（《太平廣記》卷一六五《廉儉吝嗇附》）"相國韋宙，善治生，江陵府東有別業，良田美産，最號膏腴，積稻如坻，皆爲滯穗。咸通初，授嶺南節度使，懿宗以番禺珠翠之地，垂貪泉之戒。宙從容奏曰：'江陵莊積穀尚有七千堆，固無所貪矣。'帝曰：'此所謂足穀翁也。'"（《太平廣記》卷四九九《雜錄七》）松江曹夢炎"積粟百萬，豪橫甲一方，郡邑官又爲之驅使……北人目之曰富蠻子。"（明長谷真逸《農田餘話》）這是以積穀多少來表現其資産數量。又如："有張拐腿者，淮東土豪也，其家歲收穀七十萬斛。"（宋李心傳《建炎以來朝野雜記·陳子長築紹熙堰》）"常德府查市富户余翁家，歲收穀十萬石。"（宋洪邁《夷堅志·查市道人》）"昔之所謂富貴者，不過聚象犀珠玉之好，窮聲色耳目之奉，其尤鄙者則多積塢中之金而已。至於吞噬千家之膏腴，連亘數路之阡陌，歲入號百萬斛，則自開闢以來未之有也。"（宋劉克莊《後村先生大全集·備對札子三》）"吳人之兼併武斷，大家收穀，歲至數百萬斛，而小民皆無蓋藏。"（元余闕《青陽山房集·憲使董公均役記》）這些則是以歲收穀若干作爲測度其資産價值的尺規。

（二）絹帛布匹

以絹帛布匹作爲資産價值的表現形式，應是在漢代，尤其是東漢以後。漢武帝時用桑弘羊理財，其中有一項政策就是"均輸"。據《漢書·食貨志》載，曾一歲之中，收入"諸均輸帛五百萬匹"。而這樣做在當時就激起很大民怨，在武帝死後召開的"鹽鐵會議"上，賢良文學就强調："古者之賦稅於民也，因其所工，不求所拙。農人納其穫，女工效其功。今釋其所有，責其所無。百姓賤賣貨物，以便上求。間者，郡國或令民作布絮，吏恣留難，與之爲市。吏之所入，非獨齊、阿之縑，蜀、漢之布也，亦民間之所爲耳。行姦賣平，農民重苦，女工再稅，未見輸之均也。"（漢桓寬《鹽鐵論·本議》）可見這個時候絹帛布匹還并沒有成爲家家户户的普及性産品。雖然"布縷之徵"早在戰國時期就出現，但在一個相當長的時間内却没有形成普遍性的制度，所以秦漢時與田租并行的口賦、算賦主要是收取貨幣。到了東漢末年，曹操推行“租調令”：“其收田租畝四升，户出絹二匹、綿二斤而已，他不得擅興發。”（《三國志·魏書·武帝紀》）這是取消了自漢以來徵收的算賦、口賦和各種橫賦雜斂，把國家賦税歸并爲按田出穀物和按户出紡織品兩大項。通常認爲，這開了西晋户調制以至隋唐租庸調制的先河，而實際上這也是一座里程碑，標志着社會中絹帛布匹的生産能力已能達到家給人足、頗有剩餘的水平了。

東漢以降，絹帛布匹在社會生活中的使用量明顯增加，用作交易媒介實屬水到渠成。按《史記》《漢書》所載，西漢朝廷賞賜用的布帛，多是少量的一兩匹、三五匹，對象是鰥寡孤獨、高年三老、孝悌力田等人，顯然都是爲了便於其直接使用。到東漢時，朝廷的布帛賞賜則豐富得多：對高級貴族一般賞賜布在萬匹以上，對官吏則賞賜在數十匹、數匹左右，這肯定不止於穿着之用。此外西漢贖罪用錢，東漢改用縑，死罪之贖有縑二十匹、三十匹、四十匹不等。贖罪用縑，雖然不能説明布帛已有貨幣功能，但至少説明法律上布帛在贖罪方面已可以代替金錢，也就多少使布帛具有貨幣效用。《後漢書·東夷列傳》載安帝詔曰：“自今已後，不與縣官戰鬥而自以親附送生口者，皆與贖直，縑人四十匹，小口半之。”以縑贖生口而徑言“贖直”，縑的貨幣職能又進了一步。同書《黨錮列傳》載，夏馥隱居二三年，無人知者，其弟夏静“乘車馬，載縑帛”，一路追尋。不帶錢幣而帶縑帛，大約也是作貨幣用。同書《章帝紀》載，章帝曾“賜高年二人共布帛各一匹，以爲醴酪”，這等於是説，賜布帛作爲醴酪之資（見何兹全《中國古代社會》、龍登高《中國傳統市場發展史》）。至東漢末年，絹帛布匹作爲一般等價物的情况遂變得普遍化了。

從魏晋一直到隋唐時期，以絹帛布匹作爲資産的表現形式就比較常見了。像《魏書·趙柔傳》：“柔嘗在路得人所遺金珠一貫，價值數百縑。”同書《劉芳傳》：“芳常爲諸僧傭寫經論，筆迹稱善，卷直以一縑，歲中能入百餘匹。”同書《高祖紀》：“贓滿一匹者死。”《北史·夏侯道傳》：“父時田園，貨賣略盡，人間債猶數千餘匹。”《周書·武帝紀》：“持杖群强盗一匹以上，不持杖群强盗五匹以上，監臨主掌自盗二十匹以上，小盗及詐僞請官物三十匹以上，正長隱五户及十丁以上、隱地三頃以上者，至死。”《隋書·刑法志》：“贖罪舊以金，皆代以中絹……無絹之鄉皆准絹收錢。”《資治通鑑·唐太宗貞觀十一年》引魏徵語：“貞觀之初，天下饑歉，斗米直匹絹。”《唐律疏議·故殺官私馬牛律》：“假有殺馬，直十五疋絹，準盜合徒二年。"同書《負債違契不償律》："諸負債違契不償，一疋以上違二十日笞二十，二十日加一等。罪止杖六十。三十疋加二等，百疋又加三等。"唐李亢《獨異志》卷中："唐富人王元寶，玄宗問其家財多少，對曰：'臣請以一縑繫陛下南山一樹。南山樹盡，臣縑未窮。'"等等。

這裏，有必要再強調一點，對於資産視域下的錢幣、穀物、布帛等類物品，本卷的關注點與《通考》的《貨幣》《紡織》《漁獵》三卷有所不同；作爲資産的表現形式，本卷更注重從物品的基本類型上加以把握，即祇要所論之物能滿足作爲價值尺度的基本要求——在觀念上成爲價值表現物即可，而無須涉及基本類型之下過多的具體特質、特徵。

第三節　古代資産的兩大價值取嚮及其對後世發展的影響

一、關於"恒産"情結

（一）以"恒産"爲重的固有心理

"資産"實際是一種泛稱。它所涉及的名物類型是非常龐雜的，令人莫知其數。然而，在這繽紛複雜的事實面前，有一條綫索却是非常清楚的，那就是在普通國人心目中，不管資産有多少種類和形式，它們大體上都可以劃歸於兩大基本類型："恒産"和"浮財"。這兩類資産的意義和價值是不大一樣的。

所謂"恒産"，通常是指土地、田園、房屋等不動産。例如《孟子·梁惠王上》："無恒産而有恒心者，惟士爲能。"焦循正義："恒産者，田里樹畜，民所恃以長養其生者也。"又如《金史·食貨志五》："如其民實無恒産者，雖應賑貸，亦請賑濟。"《明史·丘弘傳》："豈可徇一人之私情，而奪百家恒産哉！"清吳趼人《恨海》第八回："故鄉又無恒産，他日歸葬父母，自己成家，後事正長，何能坐食？"

至於"浮財"，其意是指金錢、糧食、衣服、什物等動産。如《資治通鑑·唐武宗會昌四年》："民竭浮財及糗糧輸之，不能充，皆悒悒不安。"胡三省注："民財非地著，轉易以致利者爲浮財。"又如《初刻拍案驚奇》卷五："自道有了一分勢要，兩貫浮財，便不把人看在眼裏。"

顯然，從古至今，在總體上，人們普遍認爲
"恒產"的重要性要高於"浮財"。

傳統文獻中常可見到這樣的例子。比如戰
國時期的趙括，受趙王命爲將，"王所賜金帛，
歸藏於家，而日視便利田宅可買者買之"(《史
記·廉頗藺相如列傳》)。金帛是一般等價物，

明魯荒王墓出土鑲寶石帶飾

可以隨時換取所需的物品，趙括拿到金帛後，就用來購置田宅，可知田宅在他眼中更爲重
要。再如漢武帝時的驃騎將軍霍去病，在平陽與其父霍中孺相認，離去時便"大爲中孺買
田宅奴婢而去"(《漢書·霍光傳》)。他不是給其父留下一大筆錢，而是爲之大買田宅，自
然是認爲這更有意義。再如，西漢宣帝時太傅疏廣告老歸鄉里，宣帝賜黃金二十斤，皇太
子又贈以五十斤。"廣既歸鄉里，日令家共具設酒食，請族人故舊賓客，與相娛樂。數問
其家金餘尚有幾所，趣賣以共具。居歲餘，廣子孫竊謂其昆弟老人廣所愛信者曰：'子孫
幾及君時頗立產業基址，今日飲食〔費〕且盡。宜從丈人所，勸說君買田宅。'老人即以
閑暇時爲廣言此計，廣曰：'吾豈老誖不念子孫哉？顧自有舊田廬，令子孫勤力其中，足
以共衣食，與凡人齊。今復增益之以爲贏餘，但教子孫怠惰耳。賢而多財，則損其志；愚
而多財，則益其過。且夫富者，衆人之怨也；吾既亡以教化子孫，不欲益其過而生怨。'"
(《漢書·疏廣傳》)疏廣拿着皇家給予的七十斤黃金告老返鄉後，沒有用這筆錢來爲子孫
購買田宅，而是用於每日接待賓朋，結果就受到人們的質疑。看來，適時將手中的黃金
(浮財)轉化爲田宅(恒產)，是很自然的事情。到了明清時期，雖然商品經濟已有了進一
步的發展，但這種價值觀依然盛行，即使在那些在商業領域取得了巨大成功，冒險精神較
强的商人群體中，也依然如此。在一部徽商的啓蒙教科書《日平常》中可以看到，徽州人
雖然已認爲"工商執業都爲正"，但也依然强調"第一耕讀爲上計""第一務農爲根本"。
徽商不僅號稱是明清時的第一大商幫，商業資本雄厚，而且在把經商所得轉化爲地產方
面，也是非常積極的。今天留存的古徽州文書中常可見到這樣的例子。比如程維宗，"從
事商賈，貨利之獲，多出望外……且增置休歙田產四千餘畝……故稅糧冠於一縣"(《休寧
率東程氏家譜》)。方希魯，"挾貲遨游青、齊、梁、宋之間，轉徙積貯，稍仿計然之畫，
賈乃大起，貲用益饒。歸而大治宮室、市良田，爲終老計"(《方氏會宗統譜·環墅方君行

狀》)。方時翔，"賈於豐""往來大江南北間，轉移貿易，以時伸縮之。無何，而囊中裝駁駁起。歸則益增置新産，非復舊田廬足供衣食而已"(《方氏會宗統譜・方元之先生傳》)。徽商如此，晋商及其他商人群體也是如此。

在今天，現代人在"恒産"和"浮財"的取捨觀念上，和古人相比也是大同小异。在土地國有的制度環境下，房産是衆人公認的"恒産"，人們在選擇自己家庭的資産儲備形式時，也通常認爲購置房産比單純存錢更爲合適。

對於國人這種以"恒産"爲重的心理，清人張英這段話可作爲最好的解釋："天下貨財所積，則時時水火盗賊之憂，至珍异之物，尤易招尤速禍。草野之人，有十金之積，則不能高枕而卧。獨田産，不憂水火，不憂盗賊，不勞守護，即有兵戈旱乾水溢，離井去鄉，事定歸來，室廬畜聚，一無可問。獨此一塊土，張姓者仍屬張，李姓者仍屬李，芟夷墾闢，仍爲殷實之家，舉天下之物不足較其堅固者。"(清張英《恒産瑣言》) 一言以蔽之，"恒産"比之"浮財"，其關鍵優勢在於它更爲保險。

(二)"恒産"成爲測度世人資産的尺規

由於人們熱衷於將"浮財"轉化爲"恒産"，所以也就很自然地將"恒産"數量作爲測度世人資産多少的尺規。從古文獻中，可以見到很多這樣的例子，比如西漢宣帝時的陰子方，"暴至巨富，田有七百餘頃，興馬僕隷，比於邦君"(《後漢書・陰識傳》)。成帝時的張禹，"内殖貨財，家以田爲業，及富貴，多買田至四百頃，皆涇、渭灌溉，極膏腴上賈"(《漢書・張禹傳》)。東漢明、章二帝時，"〔馬〕防兄弟貴盛，奴婢各千人已上，資産巨億，皆買京師膏腴美田"(《後漢書・馬援傳》)。"〔濟南王劉康〕多殖財貨，大修宫室，奴婢至千四百人，厩馬千二百匹，私田八百頃。"(《後漢書・光武十王傳》) 靈帝時的鄭太，"家富於財，有田四百頃，而食常不足，名聞山東"(《後漢書・鄭太傳》)。東晋南朝時期的刁逵家族，"以貨殖爲務，有田萬頃，奴婢數千人，餘資稱是……刁氏素殷富，奴客縱横，固吝山澤，爲京口之蠹"(《晋書・刁協傳》)。"〔孔〕靈符家本豐，産業甚廣，又於永興立墅，周迴三十三里，水陸地二百六十五頃，含帶二山，又有果園九處。"(《宋書・孔季恭傳》) 唐玄宗時，"〔盧〕'從願盛殖産，占良田數百頃'，帝自此薄之，目爲多田翁"(《新唐書・盧從願傳》)。南宋端平二年 (1235)，有御史臺的官員指出，"權貴之奪民田，有至數千萬畝，或綿亘數百里者"(宋王邁《臞軒集・館職策》)。元代的松江下砂場瞿霆發，"其家出等上户，有當役民田二千七百頃，並佃官田，共及萬頃。浙西有田之家無出其右者，此可爲多田翁矣"(元楊瑀《山居新語》)。明代的徐階，在萬曆時，於蘇松地區"有田二十四萬，子弟家奴暴横閭里，一方病之，如坐水火中"(明伍袁萃《林居漫録》)。"外戚王源賜田，初止二十七頃，乃令其家奴別立四至，占奪民産至二千二百餘頃。"(《明史·外戚傳》)清代，"京師如米賈祝氏，自明代起家，富逾王侯，其家屋宇至千餘間，園亭瓌麗，人游十日，未竟其居。宛平查氏、盛氏，其富麗亦相仿……懷柔郝氏，膏腴萬頃"(清昭槤《嘯亭續録·本朝富民之多》)。和珅家産被抄時，其中有"地畝八千餘頃"(清薛福成《庸盦筆記》)。湖南桂陽的鄧氏兄弟，"田數百頃，以富雄一方，至用擔石程田契；乘馬不牧，游食田野數十里，不犯人禾"(清王闓運《桂陽直隸州志·貨殖》)。等等。在今天，我們提及某人的家庭經濟條件比較富裕時，也往往以其擁有多少所房子爲代表。據以上舉證可知，古往今來，"恒産"通常被世人看作爲資産的核心内容。

也正因爲"恒産"在資産中占據核心地位，所以歷代政論家宣導"均貧富"，往往也具體化爲對田地的重新分配，比如孟子提出的"井田制"構想，漢代的"限民名田制"，西晋、南朝的占田、占山制，北朝、隋唐時期的"均田制"等。太平天國提出"天朝田畝制度"，也是意在通過重新分配"恒産"，建立起一個"無人不均平，無人不飽暖"的社會。20世紀前半葉進行的旨在改變農村地權分配狀況的土地革命，更是對中國社會産生了深遠的影響。

二、關於"以末致富，用本守之"的思想

(一)"以末致富，用本守之"的治生策略

中國人雖然認爲"恒産"是資産的核心，但也并非輕視"浮財"存在的意義，因爲對人們的日常生活來講，像錢、糧、衣和常用物品、器具的重要性，是不言而喻的。在某些時候，對社會中的大多數人來講，"恒産"或許可無，但"浮財"却是不可一日或缺的。所以，人們固重"恒産"，但在追求"浮財"方面，也不遺餘力。從謀生的角度講，不管是"恒産"，還是"浮財"，其實并不是最重要的，關鍵是能否有正確的"生財之道"。在這方面，司馬遷提出的"以末致富，用本守之"思想對中國人有着重要影響。

司馬遷在《史記·貨殖列傳》裏總結出貨殖家中那些"賢者"的經營之道是"以末致

富，用本守之"。所謂"本"是指土地經營，"末"則指工商等業，也就是先以工商等業致富，再以地產的形式守住成果。在資產獲取上就是先取"浮財"，後置"恒產"。這樣做的原因在於"用貧求富，農不如工，工不如商，刺繡文不如倚市門"。從低起點起步，自然要先選擇營利更快的"末業"，致富後再回歸到"本業"。應該講，這一策略既體現了務實性，又表現出原則性。結合歷代文獻中大量的對"背本趨末"之風的指責來看，這種思想實已深入人心，勢必影響自戰國以來社會物質財富的創造及其分配，進而擴大對社會成員的資產內容、種類、形式產生重要影響。

（二）"以末致富，用本守之"思想對中國資產發展史的影響

這種影響主要體現在三個方面。

首先，被視作"浮財"的物品的內容、種類、形式大量增加。"以末致富，用本守之"，意味着社會中有一批人會優先從事工商業，成爲私營工商業者。在"趨末"成風的時候，這批人還不在少數。私營工商業者能否在社會中立足，其拿出的物品能否滿足社會的需要是關鍵。而社會的需要從廣度、深度來講都是無限發展的。其原因正如司馬遷所説的，人"耳目欲極聲色之好，口欲窮芻豢之味，身安逸樂，而心誇矜勢能之榮"（《史記・貨殖列傳》）。人的這些欲望是無窮無盡的，由此決定社會需要不斷發展，所謂執"末業"者就可以從滿足這些欲望中求得自己的生存和發展。"古者，采椽不斫，茅茨不翦，衣布褐，飯土硎，鑄金爲鉏，埏埴爲器，工不造奇巧，世不寶不可衣食之物，各安其居，樂其俗，甘其食，便其器。是以遠方之物不交，而昆山之玉不至。今世俗壞而競於淫靡，女極纖微，工極技巧，雕素樸而尚珍怪，鑽山石而求金銀，没深淵求珠璣，設機陷求犀象，張網羅求翡翠，求蠻、貊之物以眩中國，徙邛、筰之貨致之東海，交萬里之財，曠日費功，無益於用。"（漢桓寬《鹽鐵論・通有》）這是在漢昭帝時代舉行的"鹽鐵會議"上所做的一段古今對比。雖然使用的是貶抑的口吻，但從先秦至漢代生產、生活資料方面的巨大變化確實被揭示出來了：過去，吃、穿、用的生活物品都是很簡單的，甚至是粗糙的，種類也少；今天，生活物品變得種類繁多，製作精細，遠方之物也被販運而來，成爲人們的消費品。這種變化，當然可以從根本上歸因於從青銅器時代發展到鐵器時代，社會生產力取得了巨大的進步，但是可以想見，如果没有社會環境的改變，没有形成一股衆多社會成員"趨末"的風氣，工商業就不可能取得較快發展，社會物質財富、資產的內容、形式也不會有那麼大的變化。

其次，是使社會成員對"恒産"的占有呈現出兩極分化的格局，進而導致在地産分配、土地開發方面出現新的内容和形式。可以想見，在"以末致富"的基礎上"用本守之"，本身就意味着衆多在工商業領域創造的價值將被轉化爲地産的形式。在同一個時間點上，一方面是未致富者要放弃田地從事工商以"致富"，另一方面是已致富者要大量購置地産以"守之"。兩股潮流適相配合，就促成了這樣一種局面的形成，即一類人"亡立錐之地"，另一類人"田連阡陌"。這種情況通常被稱作"土地兼并"。由於"恒産"在社會成員心目中的重要地位，所以土地兼并現象就令人十分敏感，很多政論家認爲這是引發社會動亂的根源。在這種觀點指引下，中國歷代統治者曾多次出臺措施，干預社會中的地産分配、推進土地的開發。這種作用力和兩極分化的作用力相交織，致使中國歷史上在地産分配、土地開發方面不斷涌現出新的内容和形式。這種連帶關係在過去的文獻中已得到深刻的反映，以下就以漢代的情況爲例。西漢文帝時賈誼對社會中"背本趨末"之風進行譴責，稱"今背本而趨末，食者甚衆，是天下之大殘也"；同時代的晁錯將此解釋爲"商人兼併農人"，這是有見地的；武帝時董仲舒以社會中出現了"富者田連阡陌，貧者亡立錐之地"的現象爲由，要求"限民名田"；這一主張到哀帝時因師丹等人的堅持而付諸行動，出臺了"限民名田令"，規定"諸王、列侯得名田國中。列侯在長安及公主名田縣道，關内侯、吏民名田，皆無得過三十頃"；在執行未果的情況下，王莽代漢，宣布以井田制爲藍本，實行"王田制"，更名天下田曰"王田"，"不得賣買"（《漢書·食貨志》）。漢統治者在干預社會成員地産分配的同時，對於土地開發也頗爲重視，在《漢書》《後漢書》各帝紀中，屢屢可見到"假民公田""賦民公田"之類記載，這些名目下的"公田"多是未墾闢的荒地，有關做法都有鼓勵墾荒之意。而由於其對象主要是貧民，那自然就有通過墾荒來增加社會中田地的數量，以緩解土地兼并壓力的目的。兩漢以後，晋代出現了"占田制"，南朝形成了"占山制"，都屬於當時的統治者干預地産分配的舉措。而北朝、隋、唐時期的"均田制"，則被認爲是中國古代土地制度之集大成者，其將國家授田和限田結合，使統治者對土地問題的干預達到了頂峰。像露田、倍田、永業田、口分田、公廨田、職分田等，則是在這一制度環境下新出現的土地名目，這一時期衆多社會成員的"恒産"也因此打上了時代特色。

再次，受"以末致富，用本守之"風氣的影響，社會物質財富的生産得以突破自戰國以來頗爲盛行的"重本抑末"思想的束縛，而朝着均衡發展的方嚮努力。自從商鞅變法推行"農戰"而使得秦國富强，并最終統一六國以來，"重本抑末"就成爲歷代統治者心中不二的强國之策，他們也時時注意以此來引導社會輿論。但是，從全社會來看，片面重農會使得社會生産失衡，不能滿足社會全方位發展的需求。况且，在和平年代，即使統治者大聲疾呼并采取切實措施"重農"，但由於農業生産獲利慢、成本高，這些措施的效果恐怕都很有限。漢文帝就是一個例子。他在位期間，一直勤於"勸農"，甚至以身作則，"親率群臣農以勸之"，同時還多次下令減免田租。但結果如他在去世前的一份詔書中承認的："度田非益寡，而計民未加益，以口量地，其於古猶有餘，而食之甚不足者。"（《漢書·文帝紀》）他的努力并没有達到明顯的效果。在事實上，經濟發展保持平衡纔是健康的。"以末致富，用本守之"，亦在强調"末業""本業"兼顧，兩者都要做好，這對於社會物質財富生産的全方位發展顯然是有利的，也使"資産"演變成爲一個内容形式豐富的物態文化類型。

第四節　戰國至今資産發展史上的五個階段

在中國歷史上，"資産"從其名與實俱存的戰國時代開始，一直到現代社會，可劃分爲五個大的發展階段：戰國、秦和西漢時期；東漢至隋唐五代時期；宋代；元、明至清中後期；晚清至今。在這五個歷史時期，資産問題在總體上呈現出較强的階段性特點。

一、戰國、秦和西漢時期

戰國時期，在社會生産領域開始普遍推廣鐵製工具，生産力水平較此前有了質的飛躍。從戰國經秦一直到西漢末年（含新莽王朝在内），貨幣經濟日漸活躍，人們的生産、生活與市場的聯繫趨於密切；至西漢末年這種狀態發展至頂點，此後則發生轉嚮，實物經濟開始抬頭。因此，戰國至西漢末這近五百年的時間，可視作經濟發展的一個同質的階段，這一階段在資産問題上主要有以下值得關注之處。

（一）資産的生産和消費往往要和市場發生密切的聯繫

當時那些富有資産者，其致富往往要藉助市場。比如司馬遷在談到戰國至西漢中前期那些家資百萬的"素封"之家時，就將其分爲兩大類型：第一種類型是身處鄉間者，如擁有"帶郭千畝畝鍾之田"，若千畝卮茜、千畦薑韭的，擁有千畝漆、千畝桑麻、千畝竹的，擁有千樹棗、千樹栗、千樹橘之類的，以及大的畜牧主、魚塘主等；第二種類型就是城市中的商人和手工業主，例如能夠在一年內賣出成百上千件商品者，包括販賣酒、醋、醬、穀物、柴草、馬、牛、羊、奴隸、硃砂、絲綢、布、皮革、水產、棗、栗等的商人，以及能夠在一年中生產加工出數以千計的車、船、木器、銅器、鐵器、皮革等物品的手工業主。關於和市場的關係，後者自不必言，其全賴市場而生。對於前者，雖然司馬遷強調其依靠"富給之資"，"不窺市井，不行異邑，坐而待收，身有處士之義而取給焉"（《史記·貨殖列傳》），仿佛生產生活和市場無關，但實際上衹是在說這些所有者們不用到市場上去，其生產主要不是爲了供自己消費，而是用於交換，即爲了市場而進行生產。所以這兩類"素封"的致富皆以市場爲依托。至於那些家資以千萬錢（即"千金"）計的大富豪們，其獲利更是離不開市場，從事長途販運、囤積居奇的就不用説了，那些憑藉經營鹽鐵獲利的人實際也要依托市場，且這個市場非常廣闊。

擁有較少資產的中下户的生產生活也多需要藉助市場。其理由，正如李根蟠在《對戰國秦漢小農耕織結合程度的估計》一文中提到的：一方面是戰國至西漢初年農民能夠占有的土地較多——文獻中多見"一夫百畝"的記載，且自戰國以來還出現了畝積擴大的潮流；另一方面是家庭規模比較小——多係五六口和四五口之家。當時牛耕尚未普及。從總體的情況看，個體小農經濟發育尚不成熟，不少農户要實現完整的耕織結合是相當困難的。在這種情況下，有些家庭不得不把主要力量用於土地耕作，糧食生產較多，布帛生產不足，乃至闕如；而另一些家庭，或因生產條件較優，或因婦女勞動較多、技術較精，則能生產出較多的剩餘布帛。兩者通過"通功易事，以羨補不足"（《孟子·滕文公下》），從而實現互利。這種物資調劑在農村公社瓦解後，就常常需要通過市場來進行，勢必和市場發生較多的聯繫。

（二）在社會成員的"恒產"分配上"名田"制度的影響

戰國中葉，秦用商鞅施行變法，在土地制度上廢井田，開阡陌，將"一夫百畝"的普遍授田制和"明尊卑爵秩等級，各以差次名田宅"的軍功賜田制相結合，使秦國社會中"恒產"的分配以"名田"的形式制度化。這在睡虎地雲夢秦簡、《商君書》《史記·商君列傳》中均有所反映。而依據秦簡中保留的《魏户律》、銀雀山竹書，以及《吕氏春秋》

《管子》中的有關記載來看，在當時的其他諸侯國如魏國、齊國中，也有類似的制度存在（見袁林《兩周土地制度新論》）。秦滅六國，西漢王朝繼之建立後，"名田"制度亦曾得到延續。在張家山漢簡收錄的呂后年間的《二年律令·户律》中，漢初的此項制度得到一定程度的反映，如其中規定："關內侯九十五頃，大庶長九十頃，駟車庶長八十八頃，大上造八十六頃，少上造八十四頃，右更八十二頃，中更八十頃，左更七十八頃，右庶長七十六頃，左庶長七十四頃，五大夫廿五頃，公乘廿頃，公大夫九頃，官大夫七頃，大夫五頃，不更四頃，簪褭三頃，上造二頃，公士一頃半頃，公卒、士五（伍）、庶人各一頃，司寇、隱官各五十畝。"顯然，這是按爵位高低來確定一人可占有田產的數額。《漢書·食貨志》顏師古注中對"名田"一稱的解釋爲："名田，占田也，各爲立限，不使富者過制，則貧弱之家可足也。"這個解釋應是合理的。"名田"制度的目的，當是在保證農户普遍擁有百畝"恒產"的基礎上，按照社會中各人名分的高低（由爵位來體現）來分配田產，高者多，低者少，不允許逾越。

　　然而，隨着商品經濟的發展，土地買賣的盛行，這種嚴格按照名分高低占有田產的制度難以維持下去。貴者、豪家兼并中下户的田產不說，富裕者亦可憑藉財力多占土地。所以，至漢武帝時，董仲舒就在上疏中指出："〔秦〕用商鞅之法，改帝王之制，除井田，民得賣買，富者田連阡陌，貧者亡立錐之地……漢興，循而未改。古井田法雖難卒行，宜少近古，限民名田，以澹不足，塞并兼之路。"（《漢書·食貨志》）他的論述手法，實際上是藉着抨擊秦的暴政來揭露當時的社會現實，强調"宜少近古，限民名田"，意在試圖恢復過去的那種"名田"制度。漢武帝沒有采納董氏之説。但到了後來漢哀帝時，在師丹等人的建議下，出臺了"限民名田令"，規定"諸王、列侯得名田國中，列侯在長安及公主名田縣道，關内侯、吏民名田，皆無得過三十頃……買人皆不得名田……諸名田畜奴婢過品，皆没入縣官"（《漢書·哀帝紀》）。旋因權貴的反對而不了了之。雖然到了西漢中葉以後，那種嚴格按照名分高低占有田產的做法已經不復存在或者名存實亡了，但這種制度的影響還在，比較典型的像人們在表述田地的所有權時，就習慣地稱田地爲某人所"名有"。如《諸葛敬買地鉛券》："黃龍元年壬申五月丙子朔八日乙亥，諸葛敬從南陽男子馬吉慶買所名有青欒部羅陌田一町，直錢兩萬一千。"（清劉體智《小校經閣金文拓本》卷一三）《孫成買地鉛券》："建寧四年九月戊午朔廿八日乙酉，左駿厩官大奴孫成，從雒陽男子張伯始買所名有廣德亭部羅陌田一町，賈錢萬五千。"（羅振玉《萬里遺珍》）後世，甚至到清代的土地買賣文書中，還可以看到這種行文方式。

（三）逐鹽鐵之利成爲人們求取巨量資産的熱門選項

從戰國至西漢中葉，可看作鐵製工具初步主導我國社會生産領域時期。對於鐵在生産活動中的重要意義，人們的認識有一個逐步深入的過程。至於鹽這種物品，爲人們每日生活所必需，全國各地均有出産，祇是品質、口味不一而已，也就是司馬遷在《史記·貨殖列傳》中所説的"山東食海鹽，山西食鹽鹵，領南、沙北固往往出鹽"。但隨着貨幣交換經濟的發展，那種品質較高、爲世人所喜好的食鹽就可以隨着市場網絡販運至各方，爲更多的人所消費。當然這一點，不是任何人都能够認識到的。因此，在那些先知先覺者中，有一些人就完全可能抓住這個機會，靠經營鹽鐵而致富。戰國、西漢年間，像郭縱、蜀卓氏、程鄭、宛孔氏、曹邴氏、刁間等，就是藉此發家而富至巨萬的代表人物。由於鹽鐵的社會需求穩定，獲利巨大，可以想見在當時勢必成爲人們求取巨量資産的熱門選項。但是，私人經營鹽鐵致富易引起統治者的不安，在假托管仲之名，成書不晚於西漢前期的《管子》一書中，提出"官山海"的主張，主要内容就是官府要壟斷鹽鐵經營。漢武帝時代，以對外戰争造成了巨大的財政困難，富商大賈們不恤國家之急爲由，宣布實行鹽鐵官營，即將鹽鐵資産的經營權、用益權完全收歸國家。

二、東漢至隋唐五代時期

（一）社會資産的總量規模較前一時期增加但價值表現形式退步

東漢至隋唐時期，在鐵製工具的製作水平和推廣程度上都超過了前期，經濟區域也有明顯的擴大，這意味着社會生産能力的提高。當結束分裂，再度形成統一而强盛的王朝時，社會物質財富的總量有所增長，應是情理之中的事情。以世人關注的"恒産"——田地一項而論，西漢平帝元始二年（公元2）的定墾田數字爲八百二十七萬五百三十六頃，隋文帝開皇九年（589）的墾田額爲一千九百四十萬四千二百六十七頃，唐玄宗開元十四年（726）的墾田額爲一千四百四十萬三千八百六十二頃，增幅在一倍左右。再以另一項指標——政府歲入錢數看西漢盛世的情況。比如桓譚《新論》中稱："漢宣以來，百姓賦錢……一歲爲四十餘萬萬。"按千錢一緡算，爲四百多萬緡。而唐代的此項數字，大曆末年達一千二百萬緡（見《舊唐書·劉晏傳》），建中元年（780）稅錢約一千零八十九萬緡，大中七年（853）約九百二十五萬緡（均見於《資治通鑑》），最多時高出西漢時代近三倍。雖然由於資料不足，還難以進行更多的比較，但已可以認爲，唐代最强盛時期，其社會資產的總量規模較西漢盛時有了大幅增加。

但是，在資產的價值表現形式上，即使是盛唐也依然是"錢帛兼行"。貨幣的實物化現象明顯，這較之西漢時期是有所退步的。當時使用布帛、穀物作爲一般等價物的事例前已提及，此不贅述。在隋唐以前，魏晋南北朝時期出現這種狀况易於理解，因爲當時自然經濟的强化已是不爭的事實，甚至已經有人提出："生民之本，要當稼穡而食，桑麻以衣；蔬果之蓄，園場之所產；鷄豚之善，塒圈之所生；爰及棟宇、器械、樵蘇、脂燭，莫非種殖之物也。至能守其業者，閉門而爲生之具以足，但家無鹽井爾。"（北齊顏之推《顏氏家訓・治家篇》）到了"閉門而爲生之具以足"的境地，貨幣的使用餘地自然也就不大了。然而，到了隋唐盛時，其商品交換經濟的發展水平應已不低於西漢，在這個時候却依然是"錢帛兼行"，就需要從多方面去尋找原因了。黃金資源的大量流失當是一個方面。黃金的流失，按前人分析，可能是由於消耗日增，如"造佛像金身"、對外貿易等都要"耗費不少黃金"；同時也由於"中土產金之地，已發掘净盡"（清趙翼《廿二史劄記・漢多黃金》），造成來源枯竭。在黃金大量流失後，白銀的生產、輸入又遠不能滿足當時社會大宗交易的需要量，因爲我國本不是一個白銀資源豐富的國家，唐代全國白銀年產量不過三十餘萬兩，到宋代時產量也不過一二百萬兩（見霍有光《宋代的銀礦開發冶煉成就》），而美洲白銀的大量到來則要等到新航路開闢、世界貿易體系形成之後，在我國就是明中葉以後的事情。在没有黃金、白銀作爲交換媒介的情况下，使用絹帛來充當大額支付手段屬於不得已而爲之，這類絲織品畢竟還有體輕、價高、易於携帶的好處。

（二）均田制在"恒產"分配上的影響

北朝、隋唐時期的均田制在中國歷史上非常有名，它集井田制以來中國古代土地制度之大成，社會覆蓋面更廣，對社會經濟發展的影響更爲深遠。隨着均田制的出現，田產類型得到新的劃分，出現了不少新的稱謂。然而，從資產史的角度來看，其更重要的意義在於一個時期内通過孟子所説的"制民之產"，使社會在"恒產"分配上不至於出現過大的貧富懸殊。這一點，雖然没有具體的統計資料作爲參照，但是從均田制施行前後那些大地主家庭的占田規模上也略約可見。唐建中元年（780）"兩税法"的頒行通常被學界作爲均田制終結的標志。就此前的有關記載來看，漢代乃至南朝時一些占田規模比較大者，如西漢的寧成、陰子方、張禹、樊重、董賢，東漢時的劉康、鄭太，東晋的刁逵，南朝的孔靈符等，其占田多者已至萬頃，一般也在數百、上千頃左右。而在北朝和隋、唐建中以前，這樣的占田規模鮮見記載，僅有的幾條，像唐初的裴寂，其從唐高祖起兵，獲"賜良田千頃"（《舊唐書·裴寂傳》），玄宗時的盧從願，"占良田數百頃"（《新唐書·盧從願傳》）等，其占田規模和此前比僅屬一般水平。考之當時社會經濟的發展水平，在田產占有規模上，當是受到了一定約束。像盧從願因有良田數百頃，就受到皇帝的鄙視，稱爲"多田翁"。當約束一旦不存在，情況就大不一樣了。像晚唐時，許州長葛令嚴郜，"咸通中罷任，乃於縣西北境上陘山陽置別業，良田萬頃，桑柘成陰"（唐皇甫枚《三水小牘》）；還有相國韋宙，"善治生，江陵府東有別業，良田美產，最號膏腴，積稻如坻，皆爲滯穗。咸通初，授嶺南節度使，懿宗以番禺珠翠之地，垂貪泉之戒。宙從容奏曰：'江陵莊積穀尚有七千堆，固無所貪矣。'帝曰：'此所謂足穀翁也'"（《太平廣記·韋宙》）。韋宙的田產應當也有數千頃之多。至宋元以後，關於地主家庭占田達數千頃、上萬頃、數萬頃的記載就更多了。所以，均田制對於抑制北朝隋唐時期的土地兼并應該是發揮了一定的作用，當時社會各階層在田產占有量上和此前、此後相比，貧富懸殊還不是太大。而這種情況就意味着，在那些意圖求取巨額資產者眼裏，田地并不是一個很好的選擇。

（三）珍寶成爲當時最令人羨慕的資產類型

珍寶，因其價格昂貴、外形美觀，歷來爲世人所看重。珍寶貿易也是利潤甚高的一個行業，和經營田地獲利相比，珠玉等珍寶貿易的利潤是其十倍（見《戰國策·秦策五》）。在這種情況下，人們資產中的珍寶狀況，自然就成爲其資產價值的主要看點所在。東漢以來直至隋唐年間，原來堪稱暴利的鹽鐵經營由於屢屢實行官府壟斷，私人經營風險較大，因此人們對其熱衷程度已遠不能和戰國西漢年間相比。而田業雖然爲"恒產"，但其收益率本來就較低，而且糧食生產"靠天吃飯"，在旱作農業占據主導地位，生產工具和灌溉水平依然比較落後的時代，田地的收益狀況是很不穩定的，用之於資產的保值尚可，能否牟取厚利就需要看機會了。加之北朝、隋、唐時期，均田制的施行對於社會成員的田產占有狀況有一定的限制，總體上是朝將田地作爲中下農户的謀生資料的方嚮傾斜。在這種情況下，那些謀求巨富、力圖以巨額資產炫耀於世的人，自然就格外看重珍寶。像晋代石崇與王愷鬥富（見《晋書·石苞傳附子崇傳》）、北魏時元琛誇富（見《洛陽伽藍記》卷四）的例子就很能説明這一點。而東漢末年孟佗得任涼州刺史，也是因其以葡萄酒一斗賄賂大宦官張讓的緣故（見《後漢書·宦者列傳》注引《三輔決録》）。珍寶在這方面，效力實勝過金錢。在鹽鐵私營被抑制的情況下，從事珍寶貿易自然就成爲牟取厚利的重要途徑，正因爲如此，東漢章帝時，就有人提出要朝廷打着"均輸"的名義自"市珍寶，收采其利"（《後漢書·朱暉列傳》）。而唐末黄巢起義軍與朝廷談判，也是提出要在"市舶寶貨所聚"（《資治通鑑·唐僖宗乾符六年》）。綜合這些情況，如果稱珍寶爲東漢至隋唐年間最令人羨慕的資産，當不爲過。而這一時期胡漢交融的客觀歷史環境，事實上也爲大量産自域外的珍奇之物輸入中原提供了便利的途徑（見〔美〕謝弗《唐代的外來文明》）。

關於五代十國的貨幣及其流通狀況，史書留給我們的資料極少。後梁、後唐、後晋、後漢、後周五個朝代，是李唐王朝滅亡後相繼建立的五個所謂"正統"的小朝廷，而實際上它們祇是偏安中國北方中原地區的軍閥割據政權。因長期戰爭的破壞，生産落後，社會不安，經濟欠發達，幣值不穩定，五代鑄錢都較少，大多沿用唐代的開元通寶舊錢。由於銅錢缺乏，各國大多出現私鑄現象，且屢禁不止，致使物價翔踴，貴至數倍。

三、宋　代

宋代"經濟革命"是近年來海內外學界經常提及的一個詞語，這個時期經濟的富庶已爲衆多研究者所肯定。從中國資産發展史的角度來看，我們需要特別關注以下兩個方面。

（一）社會資産的數量、規模較前一階段發生巨幅增長

在中國歷史上，宋代是一個科技進步、社會生産力水平得到大幅提高的時期。這一時期所發生的煤鐵革命、科技革命、農業革命已爲人們所津津樂道。英國學者李約瑟在《中國科學技術史》中指出："中國的科技發展到宋朝，已呈巔峰狀態，在許多方面實際上已經超過了 18 世紀中葉工業革命前的英國或歐洲的水平。"美國學者斯塔夫里阿諾斯所著的《全球通史》中這樣評價："宋朝時期值得注意的是，發生了一場名副其實的商業革命，對整個歐亞大陸有重大的意義。商業革命的根源在於中國經濟的生産率顯著提高。技術的穩步發展提高了傳統工業的産量。同樣，水稻早熟品種的引進，使作物在過去祇能一季一熟的地方達到一季兩熟，從而促進了農業。此外，宋朝興修的新的水利工程，大大擴大了水田灌溉面積。據估計，11 至 12 世紀，水稻産量增加了一倍。生産率提高使人口的相應增長成爲可能，而人口增長反過來又進一步推動了生産。經濟活動的迅速發展還增加了貿易

量。中國首次出現了主要以商業，而不是以行政爲中心的大城市。"

隨同當時社會生產力迅速發展而來的，就是社會資產的數量、規模較前一歷史時期發生巨幅增長。雖然具體的統計資料已不可見，但從一些觀察指標來看，兩宋時期這種增長的幅度是非常驚人的。比如唐朝最高的貨幣年收入是代宗大曆十四年（779）的一千二百萬緡，宋朝的最高貨幣年收入是宋寧宗開禧二年（1206）的八千萬緡，相差近七倍；而自宋神宗熙寧年間以後，兩宋時期的這一數字就常年保持在五千萬至六千萬緡左右（見梁方仲《中國歷代户口、田地、田賦統計》）。唐朝最高年鑄幣量爲唐玄宗天寶年間的年均三十二萬七千貫銅錢，宋朝最高年鑄幣量爲宋神宗元豐三年（1080）的五百零六萬貫銅錢（見《文獻通考·錢幣》），相差十五倍之多，這還不算當年鑄造的鐵幣八十八萬貫，還没包括宋朝政府發行流通的紙幣，以及没有考慮到當時還有相當數量的白銀進入流通領域。如果考慮到政府發行的銅錢是足值貨幣，它本身的價值就超過它的面值，年均積纍下來，這種財富價值量的差距有多大，可想而知。再由可以立足於當時個體家庭的財產水平來考察，以所謂的"中家之產"比之，按銅錢計，漢代中家之產約爲十金即十萬錢，一百緡（見《漢書·文帝紀》），而至宋代，至少要高出十倍。像北宋後期的江西人謝逸就言道："萬緡，中人十家之產也。"（宋謝逸《溪堂集·佛齋辨》）即每家平均一千緡。南宋初，程俱曰："且三千緡，在今日亦中人之產也。"（宋程俱《北山集·札删》）宋孝宗時，吳箕評《史記·貨殖列傳》，稱書中"所載富者，固曰甚盛，然求之近代，似不足道。樊嘉以五千萬爲天下高貲，五千萬錢在今日言之，才五萬貫爾。中人之家，錢以五萬緡計之者多甚，何足傳之於史"（宋吳箕《常談》）。葉夢得也説："〔漢時〕正使有千萬，亦是今一萬貫，中下户皆有之。"（《文獻通考·錢幣考一》）可見宋代所謂的"中家之產"，低則一千緡，高則五萬緡。漢代的那些可"比一都之君"的千金之家，其資產規模到了宋時，竟已降到"中人之產"的水平了。唐比之於漢，其資產水平恐最多不過翻一倍。而由唐入宋，這種社會資產價值量的增長幅度却是相當之大。宋代社會資產規模的巨幅增長還反映在物質財富的種類上，雖然種類數量已不可考，但可以商業行業的數量增加管窺之。傳統社會中商業貿易最爲繁盛之地莫過於都城，據文獻記載，隋都長安有豐都市，"資貨一百行"（《太平御覽·居處部》），即有一百個商業行業。至唐代時豐都市改稱東市，"廣狹不易於舊"，"市内貨財二百二十行"（宋宋敏求《長安志》卷八），增加至二百二十個行業。到了宋代，據周密《武林舊事》等書記載，南宋的都城臨安有商業行業四百四十行，較唐代的長安多出一倍，而每多出一個商業行業，至少就意味着一大門類的新商品在社會上出現了。

（二）商品經濟的蓬勃發展導致非農資產在社會總資產中所占比重日益增大

繼戰國、秦、漢之後，商品經濟在宋代又迎來了第二個高漲階段，參照葛金芳先生的分析，這主要體現在：其一是商品性農業的成長。以桑麻、竹子、茶葉、水果、蔬菜、花卉等經濟作物爲主體的商品性種植業加速擴展，特別是在兩浙路的太湖流域、成都平原和福建沿海地區。其二是都市化進程的加速。城鎮數量大幅度增加，城市人口規模膨脹，城市中工商業從業者增多，地域性經濟中心城市層出不窮，導致傳統的政治性城市向經濟性商業城市轉化；與此同時，城市商業突破地域和時間限制，臨街設店的近代型城市風貌已可初見端倪。其三是商品構成的變化和商業性質的轉折。這一時期社會商品構成發生重大變動，越來越多的生活資料和生產資料進入流通領域，原先主要爲社會上層服務的、以奢侈品和土特產爲主的販運型商業，開始轉變爲以滿足黎民百姓的日常生產和生活用品需求爲主的規模型商業。其四是草市鎮的勃興和地方性市場的初步形成。在經濟發達或人烟稠密的鄉村地區，以及水陸碼頭和交通孔道沿綫，“草市”成批涌現，以草市—鎮市—區域經濟中心爲三級構成的地方性市場開始形成。其五是商人群體的崛起。越來越多的官僚、地主、士人、農民投入經商活動，沿海地區生活者甚至集資投入海外貿易。隨着商人隊伍的擴大、商業資本的雄厚，商人階層的社會地位有所提高，社會影響亦在擴大。其六是域外貿易的拓展。漢唐時期的陸上絲綢之路此時已被海上“香料之路”“陶瓷之路”取代，其規模之大，聯繫範圍之廣都是往昔所無法比擬的。同時宋與遼、夏、金、吐蕃、大理等周邊政權的物資交流和經濟聯繫也日益密切，建立外貿聯繫的國家和地區已達六十多個，宋錢幾成周邊地區的“國際貨幣”。其七是紙幣的出現和白銀的貨幣化。在國內外市場同時得到拓展、商業規模遠超前代的情況下，由於日趨普遍的長途販運和交易量擴大的推動，世界上最早的紙幣“交子”在北宋前期的川蜀地區率先登上歷史舞臺。稍後，以白銀爲代表的貴重金屬稱量貨幣亦開始躋身流通領域，形成了銅錢、鐵錢、楮幣、銀兩并行的過渡性貨幣體系（見葛金芳《宋代經濟：從傳統向現代轉變的首次啓動》）。

隨着商品經濟的蓬勃發展，非農資產在宋代社會總資產中所占比重日益增大，這一點可從當時國家財政收入結構的變化上反映出來。商品經濟愈發展，商業領域愈活躍，封建政府便愈傾向運用禁榷制度來從中取利，而商稅也必然日益增多。從有關記載來看，入宋以後，禁榷和商稅收入便不斷增加，像真宗景德年間的酒、鹽類禁榷收入爲七百六十三萬貫，商税爲四百五十萬貫，至仁宗慶曆五年（1045）時便分别增至二千四百二十五萬貫和一千九百七十五萬貫（見宋張方平《樂全集·論國計事》）。國家財政收入結構發生深刻的變化，禁榷收入連同商税，其總數逐漸趕上或超過田賦、户賦、丁賦之總收入。例如，大中祥符八年（1015），"計入兩税錢帛糧斛二千二百七十六萬四千一百三十三，絲綿鞋草二千二百八十三萬六千六百三十六，茶鹽酒税榷利錢帛金銀二千八百萬二千"（《續資治通鑑長編·宋真宗大中祥符九年》）。由於絲綿鞋草的單位一般是兩、束，其折價僅相當於貫石匹兩的十分之一以下，故總計起來禁榷收入與商税收入比兩税收入要多。另據宋代蔡襄《論兵十事疏》中提供的數字，在英宗治平元年（1064）約七千二百五十萬貫匹石總歲入中，兩税收入約爲二千六百八十萬貫匹石（見《蔡忠襄公文集》卷一八），僅占總歲入的三分之一强，其餘則爲禁榷、商税及坑冶鑄錢等雜項收入（見汪聖鐸《兩宋財政史》上）。這種財税結構，足以反映出非農資産的價值在當時社會總資産中已居於主導地位。

四、元明至清中後期

元明至清中後期，即中國歷史進入近代社會之前的五六百年中，在資産問題上，明顯走過了一條"U形"的路徑。由宋入元，戰亂對於社會經濟的破壞十分嚴重。元王朝建立後，落後的蒙古貴族更試圖以草原、大漠上的生産生活方式來改變先進的中原文化區。後雖然被制止，但造成的惡果已十分嚴重，趙天麟稱"伏見今王公大人之家，或占名田近於千頃，不耕不稼，謂之草場，專用牧放孳畜"（明楊士奇等纂《歷代名臣奏議·太平金鏡策》），就是真實的寫照。元政府從忽必烈開始就强調"以農桑爲急務"，設立勸農司來指導、督促各地的農業生産，使原來農耕地區的生産狀況有所恢復；元代的某些手工製造行業如甄廬業、棉織業、兵器業、製鹽業和製瓷業等，其生産規模和産品品質還超過宋金時期；商業貿易也重新發展起來，在一些地區還顯得十分繁盛；元王朝的疆域面積亦遠過前代。但是從總體上講，元朝時期的經濟發展水平和宋代相比是不能同日而語的，社會資産的數量與規模自應不如。

明朝建立之初，由於統治者的施政理念，整個社會經濟出現了自然經濟化的傾嚮。面對元朝留下的殘破局面，朱元璋組織開展了大規模的恢復生産運動，獎勵墾荒，移民屯田，大力興修水利設施和推廣桑、棉等經濟作物種植。洪武一朝把華北當作未開發地進行開發，移民人數達到全國總人口的六分之一；水利興修規模之大，空前絕後。經過近百年的經營，積纍下雄厚的物質基礎，社會生產力水平超越兩宋。洪武二十六年（1393）全國已有耕地約八百五十萬頃（見《萬曆會典‧户部》），較元末增加四倍，比北宋時的最高墾田記錄超出了三百二十六萬頃（見梁方仲《中國歷代户口、田地、田賦統計》）。在糧食畝產量上，學者們議論紛紛。吳慧提出，北宋全國南北平均每市畝產原糧約三百二十六市斤，明代中後期全國南北平均每市畝產原糧三百四十六市斤（見吳慧《歷史上糧食商品率商品量測估》）。唐啓宇提出，明代較宋代畝產提高百分之五十（見唐啓宇《中國農史稿》）。曹貫一提出，至明後期，折今制常年稻穀畝產四百八十八市斤，旱地麥粟畝產一百五十七市斤；宋代，折今制稻穀畝產二百八十六市斤，麥粟畝產一百市斤。明較宋稻穀畝產提高百分之七十，麥粟提高百分之五十七（見趙岡、陳鍾毅《中國農業經濟史》）。姜守鵬提出，宋代畝產量約爲一百六十五斤，明代爲二百四十五斤，增長百分之四十八點五（見姜守鵬《明清北方市場研究》）。李伯重提出，明末江南水稻畝產量約爲米一點七石，南宋江南平均畝產量僅爲米一石左右（見李伯重《中國經濟史研究新探》）。雖然説法不一，但在明代糧食畝產量較宋代時有增加，且可能有較大幅度增加這一點上，人們的看法却是趨同的。由於棉花在全國普遍種植，棉紡織業隨之日漸興盛，有“衣被天下”之稱的松江府成爲棉布生產中心。此外，在冶鐵、造船、建築、絲織、瓷器製作等諸多方面，這時都已大大超越了前代，在世界上也是居於領先地位。在這個基礎上，至明中後期又重新出現了商品經濟的繁榮。大量的農產品、手工業產品投放市場，區域間的長途販運貿易日益活躍，商貿城市紛紛出現，地區性商人集團開始崛起等諸如此類的現象已不必一一論之。商品經濟的活躍又進一步推動了社會生產力的發展，使得社會物質財富、社會成員的資產大大增加，由此在其消費觀念上又有所反映，明朝中後期的市民消費驚人。如山東博平在嘉靖中葉以後“以歡宴放飲爲豁達，以珍味艷色爲盛禮”（萬曆《博平縣志》）。郿城縣百姓“貧者亦椎牛擊鮮，會饗群祀，與富者鬥豪華……胥吏之徒亦以華侈相高，日用服食擬於仕宦”（崇禎《郿城縣志》）。南直隸通州，在萬曆時期“鄉里之人無故讌客者一月凡幾”，菜肴十分豐盛，“稍賤則懼其瀆客”（萬曆《通州志》）。浙江桐鄉的青鎮“其俗尚侈，日用會社婚葬皆以儉省爲耻，貧人負擔之徒，妻多好飾，夜必飲酒”（正德《桐鄉縣志》）。在服飾方面，全國很多地方都出現了“不絲帛不衣，不金綫不巾，不雲頭不履”（崇禎《鄆城縣志》）的現象。有意思的是，這樣的高消費在許多時候并不是在家庭經濟狀況比較富足的情況下進行的，反而是"家無擔石而飲食服飾擬於巨室"（萬曆《順天府志》）者較多。這實際上就反映了相對於當時的消費人口來講，社會生產能力是非常強大的，社會中的資産總量足夠豐富，人們可以比較容易地從社會中找到謀生和牟利之道，所以纔放心地過着這種"今朝有酒今朝醉，莫管明天是與非"的生活。由此來看，研究界有人强調晚明是中國傳統社會物質生活水平最高的時代，應該是一定有道理的。

明清之際，天灾不已，又戰亂頻繁，農業經濟一度遭到嚴重的破壞。經過康熙、雍正、乾隆三朝的恢復，到了乾隆中前期，經濟達到最高水平。但自清以後，由於清政府扼殺技術和思想革新發展，農業勞動生產率的增長速度已經趕不上人口的增長速度，民衆生活水平比明朝大幅度下降。即使是所謂"康雍乾盛世"，實際也并非是人們想象的那樣實現了經濟繁榮。當時的思想家唐甄在其所著《潛書·存言》中有這樣一段描述："清興五十餘年矣，四海之内，日益困窮：農空、工空、市空、仕空。穀賤而艱於食，布帛賤而艱於衣，舟轉市集而貨折貲，居官者去官而無以爲家，是四空也。金錢，所以通有無也。中産之家，甞旬日不覩一金，不見緡錢，無以通之。故農民凍餒，百貨皆死，豐年如凶，良賈無算。行於都市，列肆焜耀，冠服華膴，入其家室，朝則爨無烟，寒則蜎體不申。吳中之民，多鬻男女於遠方，男之美者爲優，惡者爲奴；女之美者爲妾，惡者爲婢，遍滿海内矣。"至乾隆時期，英國特使馬戛爾尼在出使日記中這樣説當時的中國："遍地都是驚人的貧困"，"人們衣衫襤褸甚至裸體"，"像叫花子一樣破破爛爛的軍隊"（[英]馬戛爾尼《乾隆英使觀見記》）。由此可見這個時期物資的匱乏。清後期朝廷的腐敗和社會經濟的倒退則是人所公認的，這一百多年的狀況尚不如前。考慮到清康乾以後中國人口數字的大幅劇增，可以認爲，至少從人均的角度講，這個時期資産的占有數量規模和前代比有較大的下降。比如，以人均糧食占有量而論，按照一些西方學者的研究結果，從晚清到民國的一百多年間，這個數字一直徘徊在七百零五市斤上下，在數量與規模上不但不及清初，更遠不如晚明，甚至比起唐朝、宋朝都遠遠不如（見吳慧《中國歷代糧食畝産研究》引帕金斯資料表格）。

五、晚清至現代

　　鴉片戰爭以來，中國的國門被西方列强的堅船利炮打開，中國一步步淪爲半殖民地、半封建社會，并成爲帝國主義列强的附庸和商品傾銷市場，中國人的生産、生活領域日漸充斥西方的工業製成品。爲了挽救民族的危亡，中國人也走上了奮發圖强之路。從晚清洋務運動開始，在經濟領域，發展的主旋律就是工業化，即要把我國由一個傳統的農業國變成現代化的工業國。伴隨着工業化的起步、加速，我國國民經濟的基本結構最終發生了根本性的變化，這也徹底改變了中國人的資産狀况。從資産發展史的角度看，在這一期間發展最快、增幅最大的莫過於產業資本。據統計，在 1894 年國內產業資本總額以製造業、礦業、交通運輸業合計約爲 8.95 億元，至 1913 年以製造業、礦業、鐵路業、航運業合計增至約 15.41 億元，再至 1920 年以製造業、公用事業、礦業、鐵路業、航運業合計又增至約 23.68 億元，至 1936 年以工礦業和交通運輸業合計則增至 82.1 億元。（見吳承明《中國資本主義與國內市場》）中華人民共和國成立以後，工業化的步伐大大加快，僅從國民經濟得到基本恢復的 1953 年到 1957 年，工業總產值的年均增幅就爲 18%。工業生產的迅速發展，使工業在國民經濟中的地位發生了顯著的變化。在工農業總產值中，工業總產值所占的比重，在 1952 年時爲 43.1%，1957 年即增長到 56.7%（見《中國統計年鑒（1984）》）。國民收入的結構發生了根本性變化。特別是 1978 年改革開放後，伴隨着工業化的加速進行，工業經濟、商貿經濟已成爲國家經濟發展的支柱。進入 21 世紀，中國被世界公認爲是新興的工業化國家。因爲這種改變，這一期間國民收入水平得到大幅度提高，相應的，社會資産的數量規模也在急劇的增加。

第二章 工廠作坊諸說

第一節 工廠考

工廠，指從事手工業製造加工的場所。甲骨文中已有"工"字。何謂"工"？《説文·工部》："巧飾也。象人有規榘也。"楊樹達《積微居小學述林·釋工》："按，工爲器物，故人能以手持之……以字形考之，'工'象曲尺之形，蓋即曲尺也。"高鴻縉《中國字例》："工象榘形，爲最初義，自借爲職工、百工之工，乃加畫人形以持之……後所加之人形變爲夫，變爲矢，流而爲矩，省而爲巨。後巨又借爲巨細之巨，矩復加木部作榘，而工與巨後因形歧而變其音，於是人莫知其朔矣。"可證，工本爲一種曲尺類工具，後因以藉指從事各種技藝的勞動者。如，《論語·衛靈公》："工欲善其事，必先利其器。"南朝梁劉勰《文心雕龍·原道》："雲霞雕色，有踰畫工之妙。"何謂"廠"？指從事技藝勞動者工作的場所。

古籍之中"工廠"最早的稱謂應是"肆"。《論語·子張》："百工居肆，以成其事。"這裏的"肆"就是指手工業作坊。歷朝沿用的名稱有作坊、作所、内所、内院及宫坊等。隨時代的遞遷，工廠由最初的官辦擴大到民間，漢代已有不少民間工廠，規模和種類也不斷擴大，成爲當時社會所必需的生産機構、文化傳承的重要載體。我國工廠的歷史可上溯至夏商時代。商王朝已存在官府手工業制度，用於生産王朝統治者進行祭祀、喪葬、軍事戰爭、飲食及其他日常生活所需物品。商代工廠的種類很多，據文獻資料和考古發掘可知，有青銅冶鑄、陶瓷燒造、骨角牙器製作、玉石器加工、木漆器製作等相關工坊。青銅鑄造業是當時最重要的一種行業。專門鑄造青銅器的作坊遺址現已發現多處，規模很大。如河南苗圃北地殷墟鑄銅遺址面積在一萬平方米以上，出土了大量陶範和銅錠、熔爐、煉渣、木炭等與鑄銅有關的遺物。

從事技藝勞動之芸芸衆生，先秦時期統稱爲“百工”。《墨子·節用中》：“凡天下群百工，輪、車、鞼、匏，陶、冶、梓、匠，使各從事其所能。”此處“輪、車”指車輛製造業，“鞼、匏”指皮革製造業，“陶”“冶”分別指陶器燒製業和金屬冶煉業，“梓”“匠”分別指兩種木工，梓人，造器具，匠人，主建築。以上各業又可細分爲多種。不過，這仍非全部行業。依《周禮·冬官·考工記》所載，西周時已有三十一種專管營建、製造等事務的官職，即所謂“營城郭，建都邑，立社稷宗廟，造宮室車服器械”，包括了“玉人”“雕人”“矢人”“弓人”等；這些職官亦稱爲“百工”，與上述從事技藝勞動之“百工”相對應，是他們的領導指揮者。可見周朝手工業制度、工廠數量、種類及規模又遠勝於夏商時期。兩漢至明清，由於社會的發展，工種增多，工廠的數量亦與日俱增，已經出現了糖房、磚廠之類更先進的勞作處所。

工廠

從事手工業製造加工的場所。甲骨文中已有“工”字，即百工之“工”。時尚無“工廠”之名。《周禮·考工記》曰：“審曲面執，以飭五材，以辨民器，謂之百工。”又：“知者創物，巧者述之，守之世，謂之工。百工之事，皆聖人之作也。爍金以爲刃，凝土以爲器，作車以行陸，作舟以行水，此皆聖人之所作也。”“廠”原指無墻壁的簡易屋舍。《集韻·上養》：“廠，屋無壁也。”北魏賈思勰《齊民要術·養羊》：“架北墻爲廠。”我國工廠的歷史可上溯至夏商時代。商王朝已存在官府手工業制度，設“百工”，作爲官職之一。“工廠”在不同時代有着不同的稱謂，古籍中最早的應是“肆”。《論語·子張》：“百工居肆，以成其事。”而至遲唐代已出現“作坊”之稱，且一直沿用至今。《舊唐書·李復傳》：“先時西原叛亂，前後經略使征討反者，獲其人皆没爲官奴婢，配作坊重役，復乃令訪其親屬，悉歸還之。”明代出現資本主義經濟的萌芽，使得工廠飛躍發展，種類及規模都遠勝於前代，已有"廠"之稱謂。《明史·食貨志》："後添設饒州通判，專管御器廠燒造。是時營建最繁，近京及蘇州皆有磚廠。"清人沿襲，有了"工廠"之稱。《世宗憲皇帝硃批諭旨·硃批史貽直奏摺》："又據臺協水師副將稟報：七月二十六日酉刻，大雨颶風，查有擊碎哨、商船隻，並吹倒民居、營房、衙署房屋，潮水驟長數尺，軍工廠中桅木板料漂失澳中，交廠變價船擊碎三隻，破壞五隻，三營戰船亦有漂失。"現今，"工廠"多指使用現代化機械設備製造物品的生產場所，而"作坊"一詞則偏重於指手工製造加工的小型生產場所。

【肆】[1]

　　即工廠。此稱先秦時期已行用。見該文。

【作坊】

　　即工廠。此稱唐代已行用。見該文。

【廠】[1]

　　即工廠。此稱明代已行用。見該文。

作室

　　專指宮中製作器物及兵器的工廠。《三輔黃圖·雜錄》："作室，上方工作之所。"上方，漢官署名，主管製造宮中器物及兵器。三國時期將工匠服役的工地、工廠，稱爲"作所"。《三國志·魏書·孫禮傳》："明帝方修宮室，而節氣不和，天下少穀。禮固爭，罷役，詔曰：'敬納讜言，促遣民作。'時李惠監引，復奏留一月，有所成訖，禮徑至作所，不復重奏，稱詔罷民……"後世宮內作坊亦稱"內作"。唐蔣防《霍小玉傳》："〔李益〕曾令侍婢浣沙將紫玉釵一隻，詣景先家貨之。路逢內作老玉工，見浣沙所執，前來認之，曰：'此釵吾所作也。昔歲霍王小女……'"宋王安石《尚書兵部員外郎知

制誥謝公行狀》："議昭武皇帝不宜配上帝，請罷內作諸奇巧。"宋代官辦作坊還稱"作院"。《宋史·兵志》："熙寧五年……時帝欲利戎器，而患有司苟簡。王雱上疏曰……臣嘗觀諸州作院兵匠乏少，至拘市人以備役，所作之器但形質而已。"宋吳自牧《夢粱錄·僧塔寺塔》："大中祥符開元寺廣九里，自南渡初，斥西北充軍器所、作院及民居，寺元有鐵塔石塔者五。"《續資治通鑒·元世祖至元十七年》："〔十月〕壬戌，詔江淮行中書省括巧匠；未幾，賜將作院工匠銀鈔、幣帛；旋敕逃役之民竄名匠户者，復爲民。"雍正《高陽縣志》："〔熙寧〕七年又以軍器雜惡詔齎新器付作院爲式。""宮坊"，即"宮廷作坊"之義，其中也有專管織造的作坊。《舊唐書·蕭嵩傳》："再履宮坊，尤知至行，致君望美，閱相求能。"元迺賢《題張萱〈美人織錦圖〉爲慈溪蔡元起賦》："織錦秦川窈窕娘，新翻花樣學宮坊。"

【作所】

　　即作室。此稱三國時期已行用。見該文。

【內作】

　　即作室。此稱唐代已行用。見該文。

【作院】

　　即作室。此稱宋代已行用。見該文。

【宮坊】

　　即作室。此稱唐代已行用。見該文。

作坊

　　從事手工製造加工的工廠。古代有宮內作坊、宮外作坊之分，亦有官府作坊與民間作坊之別。《舊唐書·蕭宗本紀》："自今以後，朕常膳及服御等物，並從節减，諸作坊、造坊並停。"唐元稹《彈劍南東川節度觀察處置等使嚴

礦文》："所收資財、奴婢，悉皆貨賣破用，及配充作坊驅使。"《資治通鑑·後漢隱帝乾佑三年》："〔帝〕嘗夜聞作坊鍛聲，疑有急兵，達旦不寐。"胡三省注："作坊，造兵甲之所，作坊使領之。"《玉海·熙寧銅魚符》："熙寧五年六月十八日丙寅，令西作坊鑄造銅符三十四副，給左契付諸門，右契付大內鑰庫。上以京城門禁不嚴，素無符契，命樞密院約舊制，更造銅契，中刻魚形，以門名識之，分左右給納，以戒不虞，而啓閉之法密矣。"《冊府元龜·帝王部·弭災》："〔上元三年即儀鳳元年〕八月，青州大風，齊、淄等七州大水。詔停此中尚梨園等作坊，減少府監雜匠，放還本邑。兩京及九成宮土木工作亦罷之。"宋孟元老《東京夢華錄·天曉諸人入市》："其殺猪羊作坊，每人擔猪羊及車子上市，動即百數。"宋陳均《九朝編年備要》："〔太祖〕幸作坊宴射。"《老殘游記》第七回："小號店在這裏，後邊還有棧房，還有作坊。"

鑄斧作坊
（明宋應星《天工開物》）

水作坊

製作豆腐的作坊。明李時珍《本草綱目·穀之四·豆腐》中載，"豆腐之法，始於漢淮南王劉安"，并詳細介紹了豆腐的製作方法。公元前164年，劉安襲父封爲淮南王，建都壽春。劉安好道，爲求長生不老之藥，招方士數千人，有名者爲蘇非等八人，號稱"八公"。他們常聚在楚山即今八公山談仙論道，著書煉丹。在煉丹中以黃豆汁培育丹苗，豆汁偶與石膏相遇，形成了鮮嫩綿滑的豆腐。煉丹未成卻發明了豆腐。之後，豆腐技法傳入民間。豆腐古時名稱很多，有"菽乳""黎祁"等。唐代鑒真和尚在天寶十二載（753）東渡日本後，便把豆腐技術傳進了日本，所以日本的豆腐業一直視鑒真爲祖師。豆腐，在宋朝傳入朝鮮，19世紀初傳入歐洲、非洲和北美，逐步成爲世界性食品。

【豆腐作房】

即水作坊。此稱清代已行用。《升仙傳》第二六回："話說小塘走到王家門首，叫出王老者來，要賃他的豆腐作房，王老者告以有妖之故。"

【豆腐坊】

即水作坊。此稱清代已行用。《康熙俠義傳》第三回："〔龍老爺〕趕緊將此事說合完畢，大家合好，趙成依舊照料豆腐坊的事務。"《雍正劍俠圖》第三四回："在牛街清真寺，他的北隔壁是個豆腐坊，每天老篩海爺在北房裏頭沒有事了，帶着幾個晚生下輩談論談論武藝……"《永慶升平前傳》第五六回："成龍說：'是王新莊開豆腐坊的李成的女兒李玉姐。'"董蔭孤《案中冤案》第六章："他又一思索，便猛然想到開豆腐坊的王老兒身上了。認準這個人，自己是十拿九穩，一定可以威嚇得住他……"

油坊

使用榨油機榨取植物油的作坊或工廠。宋范鎮《東齋記事》卷五："京師大水時，城西民家油坊爲水所壞，水定後，甕中得魚千餘斤，與油價相當。"元楊瑀《山居新話》卷三："後至元己卯四月，黃霧四塞，頃刻黑暗，對面不見人。油坊售之一空。余於都城親歷此事。"《醒世恒言·賣油郎獨占花魁》："那油坊裏認得朱小官是個老實好人，……只揀窨清的上好净油與他。"乾隆《江南通志·河渠志》："董家油坊築土壩一道，中設木涵洞二座。"

染坊

經營絲綢、棉布、紗綾和毛織物染色及漂白業務的作坊。染坊起源不晚於周代。《周禮·天官·染人》："凡染，春暴練，夏纁玄，秋染夏，冬獻功。掌凡染事。"宋鄭樵《通志·職官略》："貞觀元年五月，分太府中尚方、織染坊、掌冶坊，置少府監。龍朔二年，

周村大街染坊

改爲内府監。"《新唐書·敬宗本紀》："（長慶四年）四月丙申，擊鞠於清思殿。染坊匠張韶反，幸左神策軍，韶伏誅。丁酉，還宫。"宋江少虞《事實類苑》："金陵將亡前數年，宫中人挼薔薇水染生帛，一夕忘收，爲濃露所漬，色倍鮮翠，因令染坊染碧必經宿露之，號爲天水碧。宫中競服之，識者以爲天水趙之望也。"清王士禛《居易録》卷一五："初，宣和間京師染坊有名太師青者，兹其讖也。"宋時，亦稱"染院""練肆"，還設有專爲宫廷進行染色加工的"内司染坊"。宋高承《事物紀原·横行武列·染院》："周官有染人，掌染帛。秦爲平準令。隋有司染署。唐又有染坊。《宋朝會要》曰：'唐有染坊使。'太平興國三年分置東西染院，使名亦改也。"宋洪邁《夷堅乙志·諸般染鋪》："視所染色，皆明潔精好，如練肆經日所爲者。"周代，各地應用石染、草染、木染的技術已相當成熟。官府設有掌草、染人等專門機構，負責分管染色工藝的各個環節，從而形成了完整的體系。春秋戰國時期，染作業已非常興盛。隨着時間的推移，染坊工藝得以不斷提高。元明時，染坊數量繼續增多，出現了世代以染坊爲業的家族。清乾隆年間，染坊的分工越來越細。上海染坊按所染顏色的不同而分藍坊、紅坊、漂坊、雜色坊等。染坊，歷來有"大行邸"和"小行邸"之分，清朝末期還出現了"洋色邸"。大行以染成批匹布、單色、印花等爲主，形成流水綫、規模化生産，各道工序分工非常明確。小行以染零星雜色布料及舊衣爲主，事無巨細樣樣都要拿得起。而"洋色邸"，是指專門使用外國進口染料的染坊。

【染院】

即染坊。此稱宋代已行用。見該文。

【練肆】

即染坊。此稱宋代已行用。見該文。

【染房】

即染坊。此稱明代已行用。明宋應星《天工開物·彰施》："染房討便宜者，先染蘆木打脚。"明周嘉胄《裝潢志》卷一："古絹畫必用土黃染紙托襯，則氣色湛然可觀，經久逾妙。土出鍾山之麓，因近孝陵，禁取，艱得，染房多有藏者。"清李斗《揚州畫舫録·草河録上》："江南染房，盛於蘇州。"《大清律例·兵律·私出外境及違禁下海》："該地銀匠、藥鋪、染房需用硝黃，地方官照例給批，定限每次不得過五斤，違者治罪。"

粉坊

特指生產粉絲、粉皮、粉條等製品的作坊。元關漢卿《看錢奴買冤家債主》第二折："自從與那一分人家打墻，鉋出一石槽金銀來，那主人家也不知道，都被我悄悄的搬運家來，蓋起這房廊、屋舍、解典庫、粉房、磨房、油房、酒房，做的生意就如水也似的長將起來。"《初刻拍案驚奇》卷三五："〔賈仁〕不上幾年，蓋起房廊屋舍，開了解典庫、粉房、磨房、油房、酒房，做的生意，就如水也似長將起來。"《老殘游記外編》卷一："那巡兵道：'您往哪裏去？'我說：'回粉坊琉璃街去。'"《金臺殘淚記》卷三："王桂官居粉坊街，又居果子巷。"亦稱"粉房"。清《盛京通志·官署》："永陵：粉房三間。"《閱微草堂筆記·槐西雜志三》："粉房琉璃街迤東，皆多年叢塚，民居漸拓，每夷而造屋，此必其骨在屋内，生人陽氣薰爍，

鬼不能安，故現變怪驅之去。"

【粉房】

即粉坊。此稱元代已行用。見該文。

酒坊[1]

古代官方設置的釀酒作坊。《隋書·食貨志》："〔開皇三年〕至是罷酒坊，通鹽池、鹽井與百姓共之。遠近大悦。"又曰："先是尚依周末之弊，官置酒坊收利。"唐皮日休《新秋即事三首》其一："酒坊吏到常先見，鶴料符來每探支。"唐李德裕《會昌一品集》："唐學士，夏至日頒冰及酒，以酒和冰而飲。禁中有冰醪酒坊。"亦稱"壚頭"。唐岑參《送魏升卿擢第歸東都因懷魏校書陸渾喬潭》："自料青雲未有期，誰知白髮偏能長。壚頭青絲白玉瓶，別時相顧酒如傾。"宋高承《事物紀原·東西使班·酒坊》："唐有酒坊使，宋朝初加'内'字，後去之。"明陳瓚《春夜篇》："呼酒壚頭歡未已，洗妝樓上夢應殘。"明何景明《邯鄲道》："青燈朱户夜當壚，壚頭酒熟喚客沽。"亦稱"麴院"。宋王鞏《聞見近録》："張融自樞密直學士守蜀歸，監在京麴院，後爲樞密副使，建第差壯麗。"元代亦稱"糟坊"，因其在釀酒的過程中會產生酒糟而得名。元馬致遠《岳陽樓》第一折："我則怕驚著玉皇。誰著你直侵北斗建糟坊。""糟坊"之稱沿用至近代。《揚州評話選·鳳雛理事》："我們這塊是大德昌糟坊裏酒最好。"中國是酒的故鄉，也是酒文化的發源地，是世界上釀酒最早的國家之一。早在距今約八千年前的新石器時代就出現了釀酒工具"濾缸"。夏代釀酒技術有了進一步發展。從考古發掘來看，葬陶器中，所占比例最大的是酒器，其次纔是炊器和食器。商代釀酒業較爲發達，飲酒風氣

很盛，并出現了釀酒的作坊。到了周代，釀酒已發展成一個獨立且具相當規模的行業，并設置了專門管理釀酒的"酒正""酒人""漿人""大酋"等職位。宋代已經掌握了蒸餾酒的釀造技術。明清時期形成了南酒、北酒兩大體系，各有特色。勞動人民在長期生產實踐中不斷改進釀酒技術，提高品質，釀造出各種名酒，如貴州的茅臺、山西的汾酒、紹興的黃酒等。

【爐頭】

即酒坊[1]。此稱唐代已行用。見該文。

【麴室】

即酒坊[1]。此称唐代已行用。唐皮日休《酒甕》："移來近麴室，倒處臨糟牀。"

【麴院】

即酒坊[1]。此稱宋代已行用。見該文。

【糟坊】

即酒坊[1]。此稱元代已行用。見該文。

【酒場】

即酒坊[1]。此稱唐代已行用。唐杜牧《大雨行（開成三年宣州開元寺作）》："東樓聳首看不足，恨無羽翼高飛翔。盡召邑中豪健者，闊展朱盤開酒場。"《宋史·食貨志下七》："初，酒場歲課不登，州縣多責衙前或伍保輸錢以充其數，嘉祐、治平中，數戒止之。"明李芳流《游虎丘小記》："虎丘，中秋游者尤盛。士女傾城而往，笙歌笑語，填山沸林，終夜不絕。遂使丘壑化爲酒場，穢雜可恨。"清孫枟《贈何蘭初名妓詩》："頻年兵火感滄桑，潦倒詩場與酒場。太瘦餘生雙鬢槁，無多私語一燈涼。"

【糟房】

即酒坊[1]。此稱元代已行用。《新元史·食貨志五》："〔大德〕八年，大都酒課提舉司設糟房一百所。"《續資治通鑑·元順帝至元六年》："滿濟勒噶台使人於通州開酒館、糟房，日賣至萬石，又廣販長蘆、淮南鹽……"梁漱溟《中國文化要義·集團生活的西方人》："磨房、糟房、榨葡萄汁器具，乃至烹飪的竈火，常爲公共利用之設備。"

造坊

古代專門爲皇帝製作食物的厨房。後亦泛指厨房。造，通"竈"，生火製作食物之厨房。《廣雅·釋言》："竈，造也。"王念孫疏證："造即竈之借字也。《大祝》'二曰造'，故《書》造作竈，是造與竈通。"南朝陳徐陵《長干寺衆食碑》："於是思營衆業願，造坊厨庶使應供之，僧皆同自然之食。"《舊唐書·肅宗本紀》："自今以後，朕常膳及服御等物，并從節減，諸作坊造坊并停。"亦單稱"造"。《周禮·天官·膳夫》："卒食，以樂徹於造。"鄭玄注："造，作也。鄭司農云：'造謂食之故所居處也。已食，撤置故處。'"漢趙曄《吳越春秋·夫差内傳》："勒馬銜枚，出火於造，闇行而進。"

【造】

"造坊"之單稱。通"竈"。此稱先秦時期已行用。見該文。

碓坊

舂米作坊。唐慧能《壇經·自序》："復兩日，有一童子於碓坊過，唱誦其偈。"宋洪邁《夷堅志·妙心行者》："福州西禪寺行者名妙心，無兄弟姪，獨母存，患瘋疾，累年不能步履……受本寺差監作碓坊。"宋釋道源《景德傳燈録》卷三："便入碓坊，服勞於杵臼之間，晝夜不息。"宋釋普濟《五燈會元》卷一："盧禮足而退，便入碓坊，服勞於杵臼之間。"元陶宗儀《南村輟耕錄》卷二七："嘉定州大場沈氏，因下番買賣，致巨富。一日，自番中還，先報家信有云：'番船今到何處，發金甲先回。'金甲者，碓坊甲頭也。"亦稱"碓屋"。宋劉克莊《宿山中》："就泉爲碓屋，累石作書龕。"亦作"碓房"。《水滸傳》第一三回："那步兵都頭姓雷名橫……原是本縣打鐵匠人出身，後來開張碓房，殺牛放賭。"雍正《浙江通志・藝文》引宋王炎《申宰執狀》："詢訪近碓坊居民，多羅糟粕。"

【碓屋】

即碓坊。此稱宋代已行用。見該文。

【碓房】

即碓坊。此稱明代已行用。見該文。

醋坊

釀醋作坊。醋古稱"醯"，又稱"酢"。中國食醋的歷史約有五千年之久。《周禮・天官・冢宰》有"醯人掌共醯物"的記載，由此可見，西周時期已釀造食醋。《隋書・酷吏傳》："長安爲之語曰：'寧飲三升酢，不見崔弘度。'"晋陽（今山西太原西南古城營）是我國食醋的發祥地，公元前8世紀晋陽已有醋坊，至春秋時期已遍布城鄉。《論語・公冶長》："子曰：'孰謂微生高直？或乞醯焉，乞諸其鄰而與之。'"可爲一證。至北魏時賈思勰《齊民要術》共記述了二十二種製醋方法。雍正《山西通志・古迹・臨汾縣》："箕莢亭西南十里伊村里，堯時箕莢生於庭。舊《志》内有帝堯古像。"伊村在上古時期爲唐堯故里；箕莢，味酸，太平時生於階旁，王者取以調味，此即遠古之醋。可證堯帝乃醋之始用者。《宋史・食貨下七》："崇寧二年，知漣水軍錢景允言建立學舍，請以承買

醋坊錢給用。"《續資治通鑑長編・宋神宗元豐二年》："已拘收三州一軍公使醋坊歸本司資助，請以逐處月收課利約定監官三等食錢，月終紐計，於醋坊净利錢内納給。"宋范鎮《東齋記事》卷三："陝西路轉運使，請永興軍秦坊同等州官置醋坊。"明邱濬《大學衍義補・治國平天下之要・征榷之課》："宋諸郡有醋坊，元祐初，臣僚請罷榷醋。紹聖二年，翟思請諸郡醋坊日息調度之餘，悉歸常平。"

麵房

生產、加工麵粉的作坊。此稱清代已行用。清魏源《海國圖志》卷六二："嘉慶年間，夏月，有人在大小湖之間建一麵房，欲决水磨麥，水忽漲發泛溢，百里之内，廬舍皆没，湖亦不存。"清《盛京通志・官署》："永陵：麵房六間。"

碾玉作

打磨、雕琢玉器的作坊。宋吳自牧《夢粱錄・煎點湯茶》："其他工役之人或名爲作分者，如碾玉作，鑽捲作，篦刀作，腰帶作，金銀打鈒作，裹貼作，鋪翠作，褾褙作，裝鑾作，油作，木作，磚瓦作，泥水作，石作，竹作，漆作，釘鉸作。"一指作玉器的工匠。《警世通言・崔待詔生死冤家》："崔寧道：'這裏是五路總頭，是打那條路去好？不若取信州路上去，我是碾玉作，信州有幾個相識，怕那裏安得身。'"玉器是用天然原料製成的工藝品，種類繁多。玉器的原料除玉石外，還包括瑪瑙、翡翠、珊瑚、水晶等珍貴稀有材料。我國新疆出產的和田玉、西藏產的瑪瑙、廣西產的水晶及内蒙古墨晶，均是上品，世界聞名。翡翠以雲南和緬甸產的爲佳。珊瑚產自南洋群島。自元代以來，北京作爲封建王朝的中心，内外交往

頻繁，玉器作爲"東方瑰寶"，常被作爲貴重禮物，在交往中使用。玉器又是華貴和炫耀的象徵，皇宮內院、王府豪第、富賈人家，均以用玉器作飾物和擺設爲榮。所以，全國各地的能工巧匠，多雲集而來，玉器作坊遍布京城。到清代，北京的玉器更是迅速發展，已世界聞名。清乾隆年間，北京宮廷的造辦處，就下設玉作、碾玉作和雕玉作。玉作負責琢玉；碾玉作負責拋光；雕玉作專事雕刻。在"如意館"裏，還有專門爲宮廷雕刻玉璽、玉册、玉如意等的雕玉大師。至於民間的玉器作坊，更是衆多。現今位於崇文門外的花市一帶，是玉器生產和銷售的集中地。《京本通俗小説·碾玉觀音》："再説崔寧兩口在建康居住，既是問斷了，如今也不怕有人撞見，依舊開個碾玉作鋪。"

碾坊

碾米、麵的作坊。《西游記》第二三回："那婦人道：'這都是倉房、庫房、碾房各房，還不曾到那厨房邊哩。'"雍正《江西通志·古迹》："醒心軒，《快閣記》存在慈恩寺天王院碾坊之竹陰。山谷詩：盡日竹風談法要，無人竹影又斜陽。"清于敏中《日下舊聞考·官署》："龍橋前後四重房，六十有四楹。"原書按："建於玉

海青碾
（明徐光啓《農政全書》）

泉山之青龍橋，向存貯米石，倉厫及官署碾房具備焉。"據明徐光啓《農政全書·農器》載，其時已有"海青碾"。何謂"海青"，徐氏釋曰："喻其遠也。"《恭王府秘檔·和珅卷》卷六："五十七年八月，又來至建昌，向孫芳準之兄孫芳訓碾坊內借錢未給，因而信口捏指孫芳準欠一賭博錢文……"碾米多在作坊內進行。

【碾房】

即碾坊。此稱元代已行用。元熊夢祥《析津志輯佚·荊條器》："碾房〔以牛、馬、驢、騾拽之。每碾必二三匹馬旋磨，日可二十餘石。舊有扇厨，甚不勞力。西山齋堂村有水磨，日夜可碾三十餘石。搧糠則有厨，有上輪連者。〕"清林佶《金遼備考》："〔寧古塔〕兩廂爲碾房，爲倉房（滿語曰哈勢），爲樓房（用貯食物），四面立木若城（名曰障子），而以柵爲門（金志聯木爲柵）。"

糖坊

土法製糖的作坊。鴉片戰爭後，外國機製糖侵入，排擠了部分土糖的市場，加上苛捐雜稅和高利貸資本的壓榨，糖房生產長期處於落後狀態。宋陶穀《清異錄·百果門·青灰蔗》："甘蔗盛於吳中，亦有精粗，如昆侖蔗、夾苗蔗、青灰蔗，皆可煉糖；桄榔蔗，乃次品。糖坊中人盜取未煎蔗液，盈盌啜之，功德漿即此物也。"明沈榜《宛署雜記·街道》："南城順城門外宣南坊：四牌二鋪曰角兒大街、曰廣寧門街……曰海虎門街、曰糖坊衚衕，三鋪曰燕呆兒、曰南衚衕。"亦稱"糖房"。明李長春《明熹宗七年都察院實錄·天啓二年十一月初一日》："有當差家丁李守義，兌銀十兩，于惠手中買出假劄一張，才押去糖房巷口，拏應春春

跳過隔壁人家，躲在缸下，被守義拏出張本，捆打若干，申詳間擬瀋陽充軍，復申經略衙門囚禁。"清屈大均《廣東新語・食語》："大抵廣人飲饌多用糖。糖戶家家曬糖，以漏滴去水，倉囤貯之。春以糖本分與種蔗之農，冬而收其糖利，舊糖未消，新糖復積，開糖房者多以是致富。"《清朝文獻通考・征榷考五》："通灣糖房鋪戶，上戶每月稅銀三錢，中戶二錢，下戶一錢。"

【糖房】

即糖坊。此稱明代已行用。見該文。

【糖寮】

即糖坊。廣東壓榨蔗汁、煎熬糖清的糖房。此稱明代已行用。明譚襄敏《官兵追剿大勢倭賊三戰三捷地方底寧疏》："本道密令義士潘元，先於溪北糖寮將糖內盡置毒藥，隨據同安縣被擄人劉大同，從天寶山逃回供稱，各賊中毒倒屍數多，賊隨路拆屋焚屍，奔遁出漳浦縣。"《清史稿・邦交志八》："容閎查辦訖，報告華工到彼，被賣開山、種蔗，及糖寮、鳥糞島等處虐待情形，合同限內打死及自盡、投火爐糖鍋死者甚多，實可慘憫。"

磚廠

燒製磚瓦之工廠。磚材是由黏土，經過水和火的交互作用，纔能凝固成磚。公元前3世紀，中國已會製磚，公元前2世紀左右，已會做瓦。關於製造技術，在明宋應星《天工開物》一書中有詳細的描寫。唐代製磚業已很昌盛，《冊府元龜・帝王部・修廢》："長興元年十月辛丑，宗正丞李疇奏：'京畿內列聖園陵，自兵亂後來，人戶多於陵封內開掘，燒磚窯竈，掘斷岡阜，驚動神靈。'"《明史・食貨志六》："燒造

之事，在外臨清磚廠，京師琉璃、黑窯廠，皆造磚瓦，以供營繕。"又："後添設饒州通判，專管御器廠燒造。是時營建最繁，近京及蘇州皆有磚廠。"明黃訓《名臣經濟錄》中載蔣瑤《題欽奉敕諭事》："蘇州府臨清州磚廠扣除磚價、運價百萬餘兩。"《金瓶梅》第三一回："次日，西門慶在大廳上錦屏羅列，綺席鋪陳，預先發柬，請官客飲酒。因前日在皇莊見管磚廠劉公公，故與薛內相都送了禮來。"清《盛京通志・國朝人物》："世祖親政，詢以民間疾苦。具言磚廠沿明舊制，採辦臨清，滋為民累。"清《欽定大清會典則例・工部》："東陵磚窯仍於溫泉燒造。"

磨坊

磨各類麪粉的作坊。清朱駿聲《説文通訓定聲・磨》："以磨碎物亦曰磨。"《墨子・天志中》已出現"磨"字，稍後又有"磑"之異名。宋洪邁《夷堅志・許大郎》："許大郎者，京師人。世以鬻麪爲業，然僅能自贍。至此老頗留意管理，增磨坊三處。"《元史・選舉志》："〔大

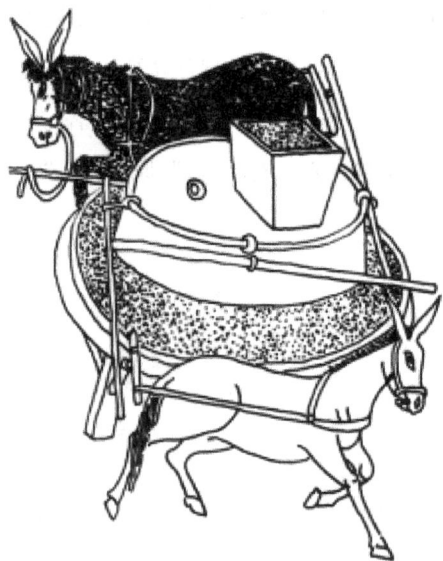

磨
（明徐光啓《農政全書》）

德〕四年，受給庫依油磨坊，設攢典庫子，從工部選。"元陶宗儀《南村輟耕録》卷二一："禮部：會同館，教坊司，鑄印局，白紙坊，油磨坊。"元王逢《目畔軒》："公諱好文，字惟中。開州東明人也。幼力學，家苦貧，夜就鄰之磨坊燈讀書，凡十餘年，靡少懈。"

【磨房】

即磨坊。此稱明代已行用。《明會典·户部·事例》："又令油房、磨房每座逐月連納門攤鈔五百貫。"明張岱《陶庵夢憶·嚴助廟》："劇至半，王岑扮李三娘……馬小卿十二歲，扮咬臍，串《磨房》《撇池》《送子》《出獵》四齣。"清于敏中《日下舊聞考·城市》："西邊一重十有五間，内庫房一間，泡料房、磨房各二間，豕房五間，牛房五間，鹿檻、牛枋均分列屋之左右。"

【磨室】

即磨坊。此稱宋代已行用。宋洪邁《夷堅志·許大郎》："一驢探首於磨臍中，作人語，而衆驢此際皆憩棧下，元無在磨室者。磨臍又窄不能容，畜首極異之。"元王禮《麟原前集·游洞巖記》："少焉，出山坡外，有碾渦、磨室，乃羽士僑所，肅客烹茗，因得《洞巖初集》。"明孫仁孺《東郭記》第三五齣："寶劍争彈，三齊壯夫誰不悍。歌舞過樓煩，蕭蕭磨室寒。"

醬房

生產、加工醬料的作坊。明吕毖《明宫史·尚膳監》："光禄寺凉樓醬房，逢七等項，各有監工坐家名色，職掌造辦。"雍正《山西通志·水利五·五臺縣》："龍灣泉二池，發源龍灣寺，引渠三道，溉醬房東峽村、西峽村地。"清《盛京通志·官署》："永陵：醬房三間。"《續小五義》第八四回："他（高解）見蔣爺没追，自己方才放心，後來逃竄，也没找着白菊花，耳聞着醬坊内多半是病判官死在醬缸裹了。"夏仁虎《舊京瑣記·市肆》："藥肆有專售秘製一種，傳之數百年成鉅室者，其可數者如醬坊胡同之莊氏獨脚蓮、土兒胡同同德堂之萬應膏……皆以致富。"

第二節　作仗考

作仗，亦稱"作具"，乃手工業者加工製作產品之器具。"作"，《説文·人部》："作，起也。从人从乍。"此爲製作之義。《孟子·梁惠王上》："始作俑者，其無後乎？"《易·繫辭下》："作結繩而爲罔罟。""仗"，《廣韻》："仗，憑仗。"此爲所依賴之工具。《史記·春申君傳》："仗兵革之彊。""作仗"指的是手工操作的用具，也稱"作具"。《元典章·吏部六·儒吏二》："諸濫僞之物，及僞造所用作仗，皆須行人辦驗。"《古今小説·史弘肇龍虎君臣會》："這閻招亮正在門前開笛，只見兩個人來相揖……閻招亮即時收拾了作仗，廝趕二人來。"

《漢書・定陶丁姬傳》："遣子弟及諸生四夷，凡十餘萬人，操持作具，助將作掘平共王母、丁姬故冢。"《唐律疏義・名例・彼此俱罪之贓》卷四："問曰：私鑄錢事發，所獲作具及錢、銅，或違法殺馬牛等肉，如此之類，律令無文，未知合没官以否？"又卷二六："諸私鑄錢者，流三千里；作具已備未鑄者，徒二年；作具未備者，杖一百。"《金史・高汝礪傳》："河南州縣當立務九百餘所，設官千八百餘員，而胥隸工作之徒不與焉。費既不貲，而又創構屋宇，奪買作具，公私俱擾，殆不勝言。""油户所置屋宇、作具，用錢已多，有司按業推定物力，以給差賦。今奪其具、廢其業，而差賦如前，何以自活？"清沈廷芳《十三經注疏正字》卷七六："王曰：杇，鏝也。泥鏝也。塗工之作具也。"清余蕭客《古經解鈎沉》卷二八："鏝謂之杇。鏝，一名杇，塗工作具也。李注：塗，一名杇，塗土之作具也。"

　　中華文明源遠流長，工具之歷史亦十分久遠。一百七十萬年以前已有"原始的粗糙的石器，帶有人工痕迹的動物骨片以及可能爲人工用火的遺迹"（王玉哲《中華遠古史》）。此後的歷史中，對於工具的使用和改進一直在進行着。在殷商時期，我國的手工製造已經達到了很高的程度，出現了以青銅器爲代表的精美手工業製品，所有手工業作坊，皆有其相應的工具，生產亦賴之而進行。行業衆多，其所用之工具亦必形形色色，不可勝舉。工具（作仗或作具）本身雖是做工所需，但其本身亦是一種資產。本節單就中國歷史上的農業、手工業所用工具加以整理考證；本節所稱"作仗"，不涉及農具及機械化工具，單就手工業工具而言。

作具

　　手工操作的用具。北魏酈道元《水經注・渭水》："遣子弟及諸生四夷，凡十餘萬人，操持作具，助將作掘傅後冢。"《唐律疏議・雜律・私鑄錢條》："諸私鑄錢者，流三千里，作具已備未鑄者，徒二年；作具未備者，杖一百。"唐張鷟《朝野僉載》卷二："諸官以爲必放，頃莊曰：'將我作具來。'"宋延壽禪師《宗鏡録》卷七三："此通作業并作具之作用。且作業者，即有情工巧智。能造殿堂，或造立種種器具等物。是言作具者，即世間種種作具，如斤斧車船等所受用之具。"

工具

　　工匠做工時所使用之器具，如鋸、刨、局、酒床等。宋王安石《周官新義・天官一》："'士'之字與'工'與'才'皆從'二'從'丨'。才無所不達，故達其上下，工具，人器而已。故上下皆弗達，士非成才，則宜亦皆弗達。"宋彭百川《太平治迹統類》卷一七："髙急分遣將吏，伐木、治攻具。機石如雨，艨艟被撃，俱廢。"元陳椿《熬波圖》卷上："置辦工具，雇募人夫看守。"明何孟春《何文簡疏議·議國課疏》："太監張倫奏：要備工具，雇夫開礦。"

臼

舂米的器具。《説文·臼部》："古者掘地爲臼，其後穿木石。"《易·繫辭下》："斷木爲杵，掘地爲臼。"《後漢書·馮衍傳》："兒女常自操井臼。"北魏賈思勰《齊民要術》："滿臼，

渤海國石臼

舂之而不碎。"《西游記》第九五回："這大聖用心力輪鐵棒，仔細迎着看時，見那短棍兒一頭壯，一頭細，却似舂碓臼的杵頭模樣。"

作料

匠人所用的材料。宋孟元老《東京夢華録·東角樓街巷》："方有諸手作人上市，買賣零碎作料。"又《東京夢華録·修整雜貨及齋僧請道》："竹木作料，亦有鋪席；磚瓦泥匠，隨手即就。"《續資治通鑑長編·宋仁宗慶曆三年》："伏願陛下與執政大臣密謀而深思之，無令陷敵計中。必不得已而與貨財，須作料錢、公使名目，便將靈、鹽、銀、夏作兩鎮，則賜與倍於往時，而君臣名分不改矣。"《二刻拍案驚奇》卷二："又在城裏接了一個高手的裱匠，買了作料，一同到寺裏來。"《隋史遺文》第一二回："這回形容史大奈上臺施設，與童環高興尋打，秦瓊勇力過人，公瑾委曲周全，六人無心避近，絶妙雜劇作料也。"《善惡圖全傳》

第三四回："白大登時上街買了八個猪首，拿到厨下刮洗干净，對上作料，架起柴火，燒得希爛。"

局

磨鏡所用之匣。古用銅鏡，須常磨光方能照影。《增韻·燭》："局，匣也。"漢劉向《列仙傳·負局先生》："負局先生者，不知何許人也，語似燕代間人，常負磨鏡，局徇吳市中。"唐劉禹錫《磨鏡篇》："流塵翳明鏡，歲久看如漆。門前負局人，爲我一磨拂。"元辛文房《唐才子傳·吕巖》："〔巖〕嘗負局奩於市，爲賈尚書淬古鏡。"清納蘭性德《生查子》："玉局類彈棋，顛倒雙栖影。"

坩鍋

亦作"甘堝"，省稱"堝"。熔煉金屬或其他物質的器皿。早在商代，勞動人民就發明了這種器皿，來避免熱量的散失。近年大規模開展的三峽地區考古，在大寧河流域及整個庫區不同的古文化遺址都發現了花邊口圜底陶罐和平口尖底陶杯，考古專家認爲：這兩種陶器就是古代巴人煮鹽的器具——陶製坩鍋。《玉篇·土部》："堝，甘堝，所以烹煉金銀。"唐金陵子《龍虎還丹訣》卷下："倒抽砂子法：右取一甘堝子，以砂子於堝底，上以浥浥汁鹽滿堝，實緊按了，即火邊炙令鹽乾。"宋張君房《雲笈七籤》卷七一："鐺中合鎔，出之，入皮袋中，揉使碎，入甘堝中火之。"宋薛季宣《浪語集還返釋言》："誰

商熔銅坩鍋

何液渾金，坩鍋置煎烹。”明盧之頤《本草乘雅半偈・本經中品雄黃》：“用甘草、紫背天葵、地膽、碧稜花各五兩，細銼，以東流水入坩鍋中。”明朱權《臞仙茶譜・茶爐》：“與煉丹神鼎同製……予以瀉銀坩鍋瓷爲之，尤妙。”

熔銅坩鍋

【甘堝】

同“坩鍋”。此稱南北朝時期已行用。見該文。

【堝】

“坩鍋”之省稱。此稱南北朝時期已行用。見該文。

模範

鑄造器物的模具之統稱。有模型和模子兩種類型。漢王充《論衡・物勢》：“陶冶者，初埏埴作器，必模範爲形，故作之也。”此指模型。《金史・食貨志三》：“不若弛限錢之禁，許民自採銅鑄錢，而官製模範，薄惡不如法者，令民不得用。”此指模子。具體又分爲多種情況，亦有不同稱謂。以土作成者謂之型，以竹做成者謂之範，以木做成者謂之模。清段玉裁《說文解字注・土部》曰：“以木曰模，以金曰鎔，以土曰型，以竹曰範，皆法也。”《漢書・董仲舒傳》：“夫上之化下，下之從上，猶泥之在鈞，唯甄者之所爲；猶金之在鎔，唯冶者之所鑄。”顏師古注：“鎔謂鑄器之模範也。”晉左思《魏都賦》：“儷拱木於林衡，授全模於梓匠。”南朝宋謝靈運《命學士講書》詩：“鑠金既云刃，凝土亦能型。”

【鎔】

即模範。金屬製。此稱漢代已行用。見該文。

【模】

即模範。木製。此稱晉代已行用。見該文。

【型】

即模範。土製。此稱南北朝時期已行用。見該文。

【範】

即模範。竹製。此稱清代已行用。見該文。

染缸

用來染東西的大缸。染，本義爲使布帛等物着色。《說文・水部》：“染，以繪染爲色，從水，雜聲。”《周禮・序官》：“掌染草。”鄭玄注：“藍、蒨，象斗之屬。掌染草，掌以春秋斂染草之物。”清袁枚《隨園食單・須知單・戒混濁》：“同一滷也，食之不清不膩，如染缸倒出之漿。此種色味令人難耐。”《紅樓圓夢》第七回：“郡主命將王善家押至芙蓉祠下，褪褲，重責四十板，打得王善家遍身乾，白的是肉，鮮紅的是血，青紫的是腫，黃黑的是泥，五色斑斕，倒像在染缸裏爬出來的。”按，染缸，現又用來比喻對人的思想產生壞影響的地方或環境。

紡車

用於紡綫之工具。《東觀漢記・崔寔傳》：“命工伐木作機紡車，教民紡績。”《明史・陳幼學傳》：“里婦不能紡者，授紡車八百餘輛。”清陳元龍《格致鏡原》卷四八：“《說文》釋筳曰，維絲筦也。筦，筟也。按筟車，紡車也。著絲於筳，著筳於車，踏而轉之，所謂紡也。”紡車有大紡車和小紡車之別。大紡車紗錠多達三十二枚。元王禎《農書》卷二二：“大紡車，其制長餘二丈，闊約五尺。先造地柎木框，四

紡　車
（明宋應星《天工開物》）

角立柱，各高五尺，中穿橫桄，上架枋木。其枋木兩頭山口，臥受卷繀長軖鐵軸。次於前地柎上，立長木座，座上立曰，以承軠底鐵簨。軠上俱用杖頭鐵環，以拘軠軸。又於額枋前排置小鐵叉，分勒繀條，轉上長軖。仍就左右別架車輪兩座。通絡皮弦，下經列軠，上捵轉軖旋鼓。或人或畜，轉動左邊大輪，弦隨輪轉，眾機皆動，上下相應，緩急相宜，遂使繀條成緊，纏於軖上。晝夜紡績百斤。或眾家績多，乃集於車下，秤績分繀，不勞可畢。中原麻布之鄉皆用之。特圖其制度，欲使他方之民視此機栝關楗，仿效成造，可爲普利。"明王圻等《三才圖會·器用》："大紡車，其制長餘二丈，闊曰五尺……晝夜紡績百斤。"小紡車形制較簡略，使用普遍。明王圻等《三才圖會·器用》："小紡車，此車之制，凡麻苧之鄉，在在有之。"

酒床

榨酒的榨床，釀酒的器具。宋鄭剛中《故居》詩："北山三十里，憶得舊書堂。小徑通蔬圃，新醅壓酒牀。"明邊貢《游千佛山寺》詩："酒床隨客去，詩草付僧收。虛羨巖栖子，塵鑣不可留。"明張岱《雷峰塔》詩："時有薰風至，西湖是酒床。醉翁潦倒立，一口吸西江。"清仇兆鰲注引宋魯訔曰："酒牀，即酒醡也。"

【糟床】

即酒床。糟，本義指未漉清的帶滓的酒，後指酒渣。《説文·米部》："糟，酒滓也。"此稱唐代已行用。唐鮑溶《古意》詩："雪壯冰亦堅，凍澗如平地。幽人毛褐暖，笑就糟床醉。"唐皮日休《酒床》："糟床帶松節，酒膩肥如羍。滴滴連有聲，空疑杜康語。"

梭

亦稱"踘蹄"。古人織布或網等的工具。清陳元龍《格致鏡原》卷四八："《通俗文》：梭，織具也，所以行緯者。《唐百官志》：織染署七月七日祭杼。《廣博物志》：梭，一名踘蹄。《韻府》：鳳梭、金梭，皆玉女梭也。《異苑》：陶侃常捕魚，得一織梭，還，挂於壁。有頃雷雨，梭變成赤龍，從屋騰躍而去。《秘閣閑話》：蔡州丁氏女精於女工。每七夕，禱以酒果，忽見流星墜筵中。明日瓜上有金梭，自是巧思益進。"

【踘蹄】

即梭。此稱明代已行用。見該文。

剪刀

亦稱"金刀""金剪"。裁剪衣服或布料所用之工具。《釋名·釋兵》："剪刀。剪，進也，所剪稍進前也。"唐裴説《寄邊衣》詩："幾展齊紈又懶裁，離腸恐逐金刀斷。"明陳繼《題月

下裁衣圖》詩："香
幃風卷月團團，睡
起裁衣思萬端。秋葉
未紅金翦冷，玉門關
外不勝寒。"明瞿佑
《剪刀》詩："巧製工
夫百煉鋼，持來閨閣

明代剪刀

共行藏。雙環對展魚腸快，兩股齊開燕尾張。"

【金刀】

即剪刀。此稱唐代已行用。見該文。

【金翦】

即剪刀。此稱明代已行用。見該文。

【金剪刀】

即剪刀。此稱唐代已行用。唐梁洽《金剪
刀賦》："且夫小而輕，生閨閣之幽情。"元楊
維楨《商婦詞》："蕩子發航船，千里復萬里。
願持金剪刀，去剪西江水。"清黃之雋《美人》
詩："美人金剪刀，攜掣未爲勞。半露胸如雪，
誰憐煩似桃。"

【手紐】

亦稱"大紐"。對繅絲手機之稱呼。民國
《順德縣續志》卷一："繅絲之法，咸同間用手
機，俗稱手紐，亦曰大紐。"

【大紐】

即手紐。此稱清代已行用。見該文。

【踩紐】

對繅絲手機之稱呼。民國《順德縣續志》
卷一："繅絲之法……光緒間用足機，俗稱踩
紐。"

絲偈

亦稱"鬼紐"。舊時廣東南海、順德等地對
蒸汽繅絲機的俗稱。民國《順德縣續志》卷一：

"光緒中葉，用汽機繅絲者日盛，俗稱鬼紐，又
曰絲偈。"1873年，在南海創設的繼昌隆繅絲
廠亦稱繼昌隆絲偈。

【鬼紐】

即絲偈。此稱清代已行用。見該文。

絡車

取絲用的工具。宋惠洪《資國寺春晚》：
"龍鄉戒曉月空斜，喚起清圓響絡車。"元劉因
《南鄉子·張彥通壽》詞："窗下絡車聲，窗畔
兒童課六經。"清陳元龍《格致鏡原》卷四八：
"絡車：《方言》河濟之間，絡謂之給。郭璞注：
所以轉篗。《農桑通訣》：以脫軖之絲張於柅上，
上作懸鈎，引致緒端，逗於車上。其車之制，
必以細軸穿篗，措於車座兩柱之間，一柱獨高，
中爲通槽，以貫其篗軸之首；一柱下而管其篗
軸之末。人既繩牽，軸動則篗隨軸轉，絲乃上
篗，此北方絡絲車也。南人但習捭篗取絲，不
若絡車安且速也。"

絡　車
（明王圻等《三才圖會》）

繰車

繰絲用的器具。繰，煮繭抽絲。《孟子·滕文公》："夫人蠶繰，以爲衣服。"宋蘇軾《書劉景文所藏宗少文一筆畫》："宛轉回紋錦，縈盈連理花。何須郭忠恕，匹素畫繰車。"宋陸游《春日小園雜賦》："自此年光應更好，日驅秧馬聽繰車。"元趙孟頫《題耕織圖二十四首奉懿旨撰·六月》："緑樹陰相蒙，但聞繰車響。"亦作"繅車"。清陳元龍《格致鏡原》卷四八："繰車：《事物原始》：黄帝始命元妃西陵氏養蠶，制絲車，以繰絲。秦觀《蠶書》：繰車之制，錢眼爲版，長過鼎面，廣三寸，厚九秭，中其厚插大錢一。出其端，橫之鼎耳，後鎮以石。又爲三蘆管。長四寸，樞以圓木，建兩竹夾鼎耳，縛樞於竹中，管之。轉以車下直錢眼，謂之繰星。星應車動，以過添梯。添梯，車之左端置環繩，其前尺有五寸，當牀左足之上建柄，長寸有半。匣柄爲鼓，鼓生其寅，以受環繩之應，車運如環，無端，鼓因以旋。鼓上爲魚，魚半出鼓。其出之中，建柄半寸，上承添梯者，二尺五寸片竹也。其上揉竹爲鈎，以防絲。竅左端以應柄，對鼓爲耳，方其穿，以閉添梯。故車運以牽環繩，繩簇鼓，鼓以舞魚，魚振添梯，故絲不過偏。制車如轆轤，必活兩輻，以利脫絲。"

【繰車】

同"繰車"。此體宋代已行用。見該文。

甄

陶輪。陶器輪製法使用的基本工具。手工製造陶器時，將泥料放在水平旋轉的陶輪上，并用雙手將泥料拉成陶器坏體。《漢書·董仲舒傳》："猶泥之在鈞，唯甄者之所爲。"晉潘尼《釋奠頌》："若金受範，若埴（陶土）在甄。"《後漢書·郅惲傳》："含元包一，甄陶品類。"李賢注："甄者，陶人旋轉之輪也。言天地造化品物，如陶匠之成衆品者也。"元貢性之《送王僉憲考滿之京》："諸生久藉甄陶力，願得忠心一片丹。"

榨床

用於榨取汁液的工具。王世襄《明式傢具珍賞》有"甘蔗床"的稱謂，即用於榨甘蔗汁的木製設備。榨床作爲家用生活工具，多流行於南方，反映了中國人飲用果汁的生活習俗。宋王灼《糖霜譜》："霜户器用，曰蔗削，如破竹刀而稍輕。曰蔗鎌，以削蔗，闊四寸，長尺許，勢微彎。曰蔗凳，如小机子，一角鑿孔，立木叉，束蔗三五挺，閣叉上斜跨凳剉之。曰蔗碾，駕牛以碾所剉之蔗，大硬石爲之，高六七尺，重千餘斤，下以硬石作槽底，循環丈餘。曰榨斗，又名竹袋，以壓蔗，高四尺，編當年慈竹爲之。曰菜杵，以築蔗入榨斗。曰榨盤，以安斗，類今酒槽底。曰榨牀，以安盤牀，上架巨木，下轉軸，引索壓之。曰漆甕，表裏漆，以收糖水，防津漏。"宋黄庭堅《放言》詩："榨床在東壁，病起繞壁行。"元王禎《油榨》詩："巨材成榨床，細溜刻槃口。麻爛入重圈，機械應心手。"明曹學佺《蜀中廣記》卷六四："霜户器用曰蔗削，曰蔗鎌，曰蔗凳，曰蔗碾，曰榨斗，曰榨床，曰漆甕，各有制度。"

【醡】

即榨床。醡，同"榨"。此稱宋代已行用。宋楊萬里《新酒歌》："松槽葛囊才上醡，老夫脫帽先嘗新。"

磨石

特指研碎糧食的石製工具。《晉書·五行志

中・犬禍》："惠帝元康中，吳郡婁縣人家聞地中有犬子聲，掘之，得雌雄各一。還置窟中，覆以磨石，經宿失所在。天戒若曰，帝既衰弱，藩王相譖，故有犬禍。"宋孔平仲《孔氏談苑・魚袋所起》："三代以韋爲算袋，盛算子及小刀、磨石等。"亦稱"磨子"。唐薛漁思《河東記》："安置小磨子，磑成麵，訖，却收木人子於厢中。"

【磨子】

即磨石。此稱唐代已行用。見該文。

新石器時代石磨盤

磨盤

磨石的底盤部分。《三遂平妖傳》第一八回："遂分付手下人，去磨坊裏取一塊大磨盤來。"

針

縫製絲料、布料之類所用之工具。《分類字錦・女工具》："劉孝威《和梁簡文帝七夕穿針詩》：'故穿雙眼針，持縫合歡扇。'孫蕙蘭《綠窗詩》：'小窗今夕綉針閒，坐對銀蟾整翠鬟。'裴説《寄邊衣詩》：'愁拈銀針信手縫，惆悵無人試寬窄。'羅隱《七夕詩》：'香帳簇成排窈窕，金針穿罷拜嬋娟。'張耒詩：'雄劍鳴初匣，寒衣補硬針。'"

蠶筐

古代養蠶工具之一。宋趙蕃《建德道間》："婦並蠶筐候蠶浴，兒眠牛背趁牛行。要知比屋俱無事，看取人家盡樂生。"明徐光啓《農政全書・蠶桑》："蠶筐，古盛幣帛竹器，今用育蠶。其名亦同，蓋形制相類，圓而稍長，淺而有緣，

蠶　筐
（《繪圖千家詩注釋》）

適可居蠶蟻，蠶及分居時用之闊，以竹架易於擡飼。梅聖俞《前蠶箔》詩云：'相與爲蠶曲，還殊作筠筐。'北箔南筐，皆爲蠶具，然彼此論之，若南蠶大時用箔，北蠶小時用筐，庶得其宜，兩不偏也。"清《欽定授時通考・蠶事・蠶筐圖説》："蠶筐，古承幣帛竹器。今用育蠶。其名亦同，蓋形制相類，圓而稍長，淺而有緣，適可居蠶蟻，及蠶分居時用之。闊以竹架易於擡飼。"

第三節 窰竈考

窰，亦寫作"窯""窑"。《廣雅疏證·釋宮》："《衆經音義》卷十四引《倉頡篇》云：
'窯，燒瓦竈也'"。《正字通·穴部》："窑，俗窯字。"《説文·穴部》："窯，燒瓦窰竈
也。""竈，炊竈也。"段玉裁注："炊者，爨也。竈者，炊爨之處也。"漢服虔《通俗文》
下："陶竈曰窯。"竈之本義，即燒火做飯之爐竈，此節"窰""竈"合而言之，重在"窰"
字，且指燒造瓦陶瓷器之窰。

窰竈在中國之産生極早。早在伏羲氏時代已經開始製陶，五帝時期（相當於距今四千
至五千年之時的龍山文化），不僅是製陶業的發展時期，而且已經開始製造青銅器。陶器
之産生，離不開窰竈，因此，中國具有窰竈的歷史可以推至三皇時代。以龍山文化爲代表
的五帝時期，已經燒製出質地細膩、表面光滑的黑陶。此時期的陶器以三空足鬶和三足鬲
等最爲重要，最具代表性。廣義的窰竈還應包括冶煉青銅器以及其他金屬之爐竈，從商代
已有后母戊大方鼎而言，其爐竈及冶煉技術已相當高超。

戰國之後，隨着製陶業的發展，官窰、民窰的規模不斷擴大，數量不斷增加，技術亦
不斷改進。位於河北省石家莊井陘的井陘窰遺址顯示，井陘窰早在隋朝時期就已經開始燒
造，一直持續到清朝。宋代名窰耀州窰，自唐代開始燒陶瓷，經五代、宋、金、元幾朝。
早期（唐時）主要燒製黑釉、白釉、青釉、茶葉末釉和白釉綠彩、褐彩、黑彩以及三彩陶
器等，中期（宋、金）以燒青瓷爲主。北宋是耀州窰的鼎盛時期，且爲朝廷燒造"貢瓷"。
後期（金、元）開始衰落，終於元初。我國的製陶業在宋代發展到鼎盛，形成了定窰系、
耀州窰系、鈞窰系、磁州窰系、龍泉青瓷系、景德鎮青白瓷系等六大瓷窰體系；另外還有
八大窰系之説；出現了著名的五個瓷窰，爲官、哥、汝、定、鈞。

從窰的形制而言，有圓窰（饅頭窰）、方窰、龍窰、階級窰等。元代，北方基本上多
是饅頭窰，南方開始出現龍窰，而且還有分窰龍窰（又稱雞龍窰）。明代改進分窰龍窰而
出現了階級窰（又稱串窰）。當今時代一般都是龍窰形式。

窰竈

燒造瓦陶瓷器之爐竈。三皇時代（相當於距今七八千年之時的磁山—裴李崗文化）已經出現，後世的形式有較多變化。西周時，窰亦稱爲"陶"，然非燒瓦製陶之窰，乃以陶築成似窰可供居住之處。《詩・大雅・綿》："綿綿瓜瓞，民之初生。自土沮漆，古公亶父，陶復陶穴，未有家室。"元劉瑾《通釋》："'陶，窰竈也。'孔氏曰：陶瓦器竈也。蓋以陶去其土而爲之。故謂之陶。""而古公之時，居於窰竈土室之中，其國甚小，至文王而後大也。"明馮復京《六家詩名物疏》卷四六《綿》："陶復：疏云，陶，瓦器竈也；覆，地室也。覆者，地上爲之；穴者，鑿地爲之。朱《傳》云：陶，窰竈；復，重窰，穴上室也。《考工記》云，摶埴之工陶旊。有虞氏尚陶。《尸子》曰，昆吾作陶。《周書》曰，神農耕而作陶。賈公彥云，古者窟居，隨地而造；若平地，則不鑿，但累土爲之，謂之爲複，言於地上重複。"亦作"窯竈"。《墨子・備城門》："斬艾與柴，長尺，乃置窯竈中。"亦作"窰竈"。宋黃震《黃氏日鈔・讀毛詩》："陶復陶穴：古謂陶爲窰，復爲重複之窰，穴爲陶，其壤而穴之，言土室也。蓋謂古公亶父居於窰竈土室之中如此。愚按：窰竈者，陶瓦之地，非人生所居之地也。王雪山曰：陶，今之墼也，以陶爲蓋，於其上，謂之復；以陶爲基於其下，謂之穴，此言以土墼爲居也。戴岷隱曰：'先陶於復穴，將以營室家。'此言以未有室家而陶瓦也。二者視古說不同，而稍近人情，覺岷隱之說爲尤近。"宋陳淳《北溪字義》卷下："天地間物，惟風雷有象而無形；若是實物，皆有形骸。且如人間屋宇，用木植磚瓦等架造成個規

模，木植取之山林，磚瓦取之窰竈，皆是實物，人所實見。如佛氏天堂地獄，是何處取木植？是何處取磚瓦？"宋王溥《五代會要・城郭》："今後凡有營葬及興窰竈并草市，并須去標識七里外。"《册府元龜・帝王部・修廢》："〔後唐〕長興元年十月辛丑，宗正丞李疇奏：'京畿內列聖園陵，自兵亂後來，人户多於陵封內開掘，燒磚窰竈，掘斷岡阜，驚動神靈。此後請嚴切禁止。奉陵州縣，凡有封內窰竈，并宜修塞。'從之。"宋劉克莊《築城行》："萬夫喧喧不停杵，杵聲丁丁驚后土。遍村開田起窰竈，望青斫木作樓櫓。"明徐光啓《農政全書・水利》："陶，窰竈也；瓬，甋磚也。凡瓦之土勝磚之土，用磚則謹擇之。"明楊士奇等《歷代名臣奏議・去邪》："〔知諫院陳〕襄又彈步軍副都指揮使宋守約狀曰……及分佈東西窰竈，變造磚甋，津般土木，以至脫墼打草之類，莫非軍人，道塗怨嗟，無敢言者。"

【陶】

即窰竈。此稱先秦時期已行用。見該文。

【窯竈】

同"窰竈"。此體先秦時期已行用。見該文。

【窰竈】

同"窰竈"。此體宋代已行用。見該文。

圓窰

窰竈形式之一。因其形體呈圓形，故稱。多見於元朝之前。從新石器時代之"穴窰"改造而來，出現於商周時代，同時出現者尚有"方窰"。依其性質而言，二者皆屬"升焰窰"，窰內火焰向上升騰，但窰室在地平面以上，建得較爲高大，外表或呈圓形，或呈方形；共同點爲窰牆上部有弧度，逐漸向內收縮。此種

窑已能初步控制進窑空氣量，窑室温度可達1100℃左右。按，此名不見於清代之前文獻記載，爲今考古用語。

饅頭窑

由圓窑改造而來的窑竈形式之一。因形似饅頭，故稱。據考古資料，約在戰國時代，北方地區升焰圓窑已發展爲饅頭窑。關鍵機巧在於在圓窑後墻開排烟孔，乃龍窑出現前的主要窑竈形式。此種窑火膛和窑室連爲一體，窑頂封閉，在近窑底的後墻上開排烟孔；後墻中砌烟道，排烟孔與竪烟道相通。可使燒成温度提高到 1200℃~1300℃。燒窑時，火焰從火膛先噴窑頂，後轉向窑底，烟氣經排烟孔，順烟道排出，故類型上屬半倒焰窑。這種窑經不斷改進成爲龍窑。亦有仍然基本保持此種形式者，一直延續使用到以後各朝代。此名不見於清代之前文獻記載，爲今考古用語。

龍窑

由饅頭窑改進而來的窑竈形式之一。因其形體橫臥如龍，故稱。自元代開始出現於南方地區。其過渡形式爲分室龍窑，亦稱"鷄龍窑"；明代又從分室龍窑改進而出現階級窑，亦稱"串窑"。其窑身爲一條傾斜隧道，與地平綫構成 10°～ 20°角，窑頭角度較大，約 20°，中部約 15°，後部約 11°。窑室拱頂呈弧形。兩側上部或窑頂各設一排或數排燃燒孔，沿窑長方嚮，兩孔間距約爲 80~100 厘米，燃料就從這些孔道投入窑内。在窑墻一側，沿窑長開有 2 ~ 4 個高約 180 厘米的窑門，供装坯和出窑之用。窑頭設有預熱燃燒室，窑尾不設烟囱，或設有高達一米之烟囱。窑長 20 ~ 80 米，寬 1.5 ~ 2.5 米，高 1.6 ~ 2 米，容積約 50 ~ 400

立方米。從橫斷面來説，窑頭最小，有利於熱量的集中，流速較快，使熱烟氣順利地沿窑長方嚮流動；窑中部最大，火焰流速減慢，可保證給製品傳遞熱量，使傳熱效果更好，有利於製品燒成；窑尾又較小，使烟氣流速增大，保證一定動壓，有利於排烟。與倒焰窑相比，龍窑熱效率高，單位產品燃料消耗少，生產周期短，產量大，燒成成本低。其缺點是勞動强度大，較難機械化或自動化，全窑燒成品質普遍較差等。此名不見於清代之前文獻記載，爲今考古用語。

【鷄龍窑】

即龍窑。此稱元代已行用。見該文。

【串窑】

即龍窑。此稱明代期已行用。見該文。

磚窑

燒土坯爲磚的窑。西周時此種窑型甚爲普遍。《册府元龜·帝王部·修廢》："長興元年十月辛丑，宗正丞李疇奏……自兵亂後來，人户

磚 窑
（明宋應星《天工開物》）

多於陵封内開掘，燒磚窯竈，掘斷岡阜，驚動神靈。"宋羅濬《寶慶四明志》卷一六《渠堰碶閘》篇記有"磚窯堰"。亦作"甎窯"。明楊一清《關中奏議》卷一三："〔敵衆〕一百餘騎，到墩西空，掏開墙口，一半進入墻裏，馳至甎窯。"

【甎窯】

同"磚窯"。此體至遲明代已行用。見該文。

瓦窯

燒製瓦的窯。通常與磚窯無甚區別。《三國志·魏書·董卓傳》："焚燒洛陽宮室，悉發掘陵墓。"裴松之注引晉華嶠《漢書》："武帝時居杜陵南山下，有成瓦窯數千處，引涼州材木東下以作宮室，爲功不難。"宋葉適《端午行》："仙門諸水會，流下瓦窯溝。中有弔湘客，西城南北樓。"雍正《山西通志·陵墓·交城縣》："參議中書省事張德輝墓，在縣西二里瓦窯河東。"

瓷器窯
（明宋應星《天工開物》）

瓷窯

焙燒瓷器製品的窯。原始瓷的窯型，如荆

州毛家山的周代窯址，平面呈葫蘆形，火塘已納入窯室之内，且有了能使火焰盤旋的窯牀及通風順暢的烟囱。南朝蕭山上青瓷窯址，長達半華里，能充分利用窯中空間和熱量；特別是匣鉢，可防止火焰污染，避免釉的分解、碱類揮發和硅酸析出。唐代出現許多名窯，如邢窯、越窯。五代有柴窯。宋瓷窯遺址，遍及今十七個省區中的一百三十一個市縣。以八大窯系最著名：北有定、磁、鈞、耀，南有景、越、龍、建。《宋史·食貨志十八》："〔元豐五年〕八月，置饒州景德鎮瓷窯博易務。"元代德化窯、景德鎮附近的湖田窯較爲著名。《元一統志》："利州有細瓷窯一所，在州西南棠葉務；有粗瓷窯一所，在州東南感化莊興中州；有白瓷窯一所，在州北二十里笠子塌；松州西二十里有瓷窯，西北有磚瓦窯。"明代的宣德窯十分著名，產品暢銷中外。景德鎮至明清已成製瓷中心，僅官窯就有三百多座。清乾隆時，那裏的唐窯僅歲貢御用瓷色就有五十七種。清代仿製的歷代名窯佳品，幾乎都能亂真。亦作"甆窯"。《續資治通鑑長編·宋神宗元豐五年》："饒州景德鎮置甆窯博易務，從宣義郎都提舉市易司勾當公事。"

【甆窯】

同"瓷窯"。此體宋代已行用。見該文。

五大名窯

宋代最著名的五大瓷窯，即官、哥、汝、鈞、定。清周中孚《鄭堂讀書紀》卷七一："内庫所藏，柴、汝、官、哥、均、定各窯器皿款式典雅者，寫圖進呈揀選，照依原樣，勒限鑄成。"又："册籍所載郊壇太廟内廷供用鼎彝等件，已經會同諸臣參酌，遵旨於《博古圖錄》，考古諸書中，遴選款式典雅者，紀得八十有八種，其柴、汝、官、哥、均、定中亦選得二十有九種，二共一百一十七種，謹寫圖形，進呈御覽。"此書以柴、汝、官、哥、鈞、定并稱，很可能後人因柴窰器無法確認，因此提出"五大名窰"之説。其中，官窰有北宋汴京官窰及南宋修内司官窰和郊壇下官窰，目前僅能識別郊壇下官窰器。哥窰是否屬宋代産品，尚待確論。汝窰是指汝官窰，并非宋代民間的臨汝窰。"五大名窰"之稱不見於宋、元、明人文獻，爲今考古用語。

柴窰 [1]

五代時期一大名窰。因爲五代周世宗柴榮時之御窰，窰因其姓而名，所燒器物"青如天、明如鏡、薄如紙、聲如磬"。但其窰址至今尚未發現，亦無可認定之遺物留存：一般認爲窰址在河南鄭州一帶。明呂震等《宣德鼎彝譜》："内庫所藏，柴、汝、官、哥、均、定。"明曹昭《格古要論·古窰器論》："柴窰，出北地。世傳柴世宗時燒者，故謂之柴窰。天青色，滋潤細媚，有細紋，足多麤黄土，近世少見。"明文震亨《長物志》："窰器：柴窰最貴，世不一見，聞其製青如天，明如鏡，薄如紙，聲如磬。未知然否？"清朱琰《陶説》："柴世宗時燒者故曰柴窰，相傳當日請瓷器式，世宗批其狀曰：'雨過天青雲破處，者般顔色作將來。'"清高士奇《歸田集》："柴氏窰色如天，聲如磬，世所希有，得其碎片者，以金飾爲器。北宋汝窰頗仿佛之，當時設窰汝州，民間不敢私造。今亦不可多得。"清藍浦《景德鎮陶録·景德鎮歷代窰考》："柴窰：五代周顯德初所燒。出北地河南之鄭州，其地本宜於陶，以世宗姓柴故名然。

當時亦稱御窰，入宋始以柴窰别之。其瓷青如天，明如鏡，薄如紙，聲如磬。滋潤細媚，有細紋，製精色異，爲古來諸窰之冠，但足多粗黄土耳。"

汝窰

宋代著名瓷窰之一。位於河南汝州。有廣義、狹義之分。廣義的汝窰指汝州境内的所有瓷窰；狹義（默認）的汝窰指北宋時期專爲宮廷生産天青色瓷器"汝瓷"的瓷窰。窰址1987年在今河南平頂山寶豐清凉寺村發現。産品屬青瓷，素面無紋，胎質細潔、釉色蕴潤，在顯微鏡下觀察，可見由瑪瑙石形成之結晶體，晶瑩發亮，如星雲密布，十分美麗，與汝窰"以瑪瑙爲釉"記載相符。形體較小，常内外滿釉、裹足支燒。汝窰産品質量好，北宋時期即向朝廷供貨，天青色的釉彩深得宋徽宗喜愛。至清代，又爲乾隆所賞識。汝窰在宋代極負盛名，但因遺物無多，且窰址長期未能發現，故對其有關問題素多歧見。汝窰産品特點是魚鱗開片蟹爪紋，特徵一是綫條有變化，二是紋理特别細。汝窰産品大都用作香器、陳設器、文玩用器，如筆洗、花盤、香爐等。明曹昭《格古要論·古窰器論》："汝窰，器出汝州。宋時燒者。淡青色，有蟹爪紋者真，無紋者尤好。土脉滋潤，薄亦甚難得。"明張應文《清秘藏·論窰器》："汝窰較官窰質製尤滋潤。"清朱琰《陶説·説今》："《蓉槎蠡説》：'以坚澤爲水法，坚澤，即釉也。定窰滋潤，汝窰厚如堆脂，官窰坚澈。舊器釉重，大抵蘸釉不急能匀，重復蘸之，故坚厚者多也。'"又《陶説·説古》："《博物要覽》：'汝窰色卵白，汁水坚厚，如堆脂。然汁中櫻眼，隱若蟹爪，底有芝麻花、細小挣釘。'"清高士奇《汝窑花觚》："誰見柴窑色，天青雨過時。汝州磁較似，官局造無私。粉翠胎金潔，華腴光暗滋。指彈聲戛玉，須插好花枝。"清藍浦《景德鎮陶録·景德鎮歷代窑考》："唐氏《肆考》云：宣廠造祭紅紅魚靶盃，以西紅寶石爲末入汋，魚形自骨内燒出，凸起寶光，汁水瑩厚。有竹節靶罩蓋滷壺、小壺，甚佳。寶燒霽翠尤妙。又白茶琖，光瑩如玉，内有絶細龍鳳暗花，花底有暗款'大明宣德年製'，隱隱鷄橘皮紋。又有冰裂鱔血紋者，幾與官汝窑敵。他如蟋蟀澄泥盆，最爲精絶。"

官窑

官辦瓷窑皆可稱官窑，其産品專供宮廷所采用。以兩宋時設在首都專爲宮廷服務之瓷窑最爲著名。據記載，宋代官窑共有三處：一處爲北宋末年設於今開封之北宋官窑；一處爲南宋初年設於今杭州鳳凰山之修内司官窑；一處爲稍晚在今杭州烏龜山設置之郊壇下官窑。如今，僅發現郊壇下官窑的窑址。一般認爲，宋官窑燒造青瓷，釉層肥厚滋潤，多紫口鐵足，常帶開片，産品除日用器皿外，尚有不少造型模仿古銅器、古玉器，器物裝飾單純，而以釉色淳美和造型典雅取勝。由於官窑是皇家所開，産品直供官府，件件産品都是按照高規格燒製的精品。宋施宿等《會稽志·寺院嵊縣》："國初嘗置官窑三十六所於此。"宋葉隆禮《重訂契丹國志·宋富弼〈行程録〉》："富鄭之使北朝也，自中京正北八十里至臨都館，又四十里至官窑館。"明曹昭《格古要論·古窑器論》："官窑器，宋修内司燒者。土脉細潤，色青帶粉紅，濃淡不一，有蟹爪紋，紫口鐵足，色好者，與汝窑相類。有黑土者謂之烏泥窑，僞者皆龍泉

燒者，無紋路。"清《世宗憲皇帝硃批諭旨·硃批憲德奏摺》："〔憲德奏摺稱〕宜令各州縣，隨地方之大小，動用公帑，分設官窑，招募匠役，給與工食，燒造磚瓦。"清藍浦《景德鎮陶録·景德鎮歷代窑考》："官窑：宋大觀、政和間，汴京自置窑燒造，命曰官窑。土脉細潤，體薄，色青帶粉紅，濃淡不一。有蟹爪紋，紫口鐵足。大觀中，釉尚月白、粉青、大緑三種。政和以後，唯青分濃淡耳。案：南渡時，有邵成章提舉後苑，襲舊京遺制，置窑於修内司燒造，曰内窑，亦名官窑。澄泥爲範，極其精製，釉色亦瑩澈，爲當時所珍。後郊壇下別立新窑，亦曰官窑。式制不殊，比之舊窑、内窑，不大侔矣。唐氏《肆考》云：古官器，其妙處當在體質、油色、色帶白而薄如紙者，頗亞於汝。僞者皆龍泉所造，無紋路。南宋餘姚秘色瓷，今人率以言官窑目之，不能别白，間見亂真。"

哥窑

宋代著名瓷窑之一。相傳南宋時有章姓兄弟兩人在龍泉燒造瓷器，兄名生一，所燒者稱哥窑；弟名生二，所燒者稱弟窑，即龍泉窑。哥窑器物施濃淡不一的青釉，紫口鐵足，釉面帶開片，産品多爲小型的杯、盤、碗、瓶、爐等。哥窑的顯著特點，叫作"金絲鐵綫"，釉面開裂形成的金色的細絲紋和黑色的粗綫紋，就是金絲鐵綫。這種獨特的開片方式，爲哥窑獨有。元代哥窑以仿宋官窑爲特徵。明曹昭《格古要論·古窑器論》："哥窑，舊哥窑色青，濃淡不一，亦有鐵足紫口，色好者類董窑，今亦少，有成群隊者，是元末新燒，土脉麤燥，色亦不好。"明宋應星《天工開物·埏第七》："德化窑惟以燒造瓷仙、精巧人物、玩器，不適實

用；真、開等郡瓷窑所出，色或黃滯無寶光，合併數郡，不敵江西饒郡產。浙省處州麗水、龍泉兩邑，燒造過釉杯碗，青黑如漆，名曰處窑，宋、元時龍泉華琉山下，有章氏造窑，出款貴重，古董行所謂哥窑器者即此。"清朱琰《陶説‧説古》："《博物要覽》：官窑品格，大率與哥窑相同，色取粉青爲上，淡白次之，油灰色，色之下也。紋取冰裂，鱔血爲上，梅花片、墨紋次之，細碎紋，紋之下也。"清藍浦《景德鎮陶録‧景德鎮歷代窑考》："哥窑：宋代所燒，本龍泉琉田窑。處州人章姓兄弟分造。兄名生一，當時別其所陶曰哥窑，土脉細，紫質頗薄，色青，濃淡不一，有紫口，鐵足，多斷紋，隱裂，如魚子釉，惟米色、粉青二種，汁純粹者貴。"

鈞窑

宋代著名瓷窑之一。窑址位於河南禹州神垕鎮。因傳這裏有古代大禹治水會諸侯的鈞臺，所以古稱鈞州，鈞窑亦因此而得名。鈞瓷開創於北宋初期，鼎盛於北宋晚期，停燒於明代。鈞窑技藝是唐代魯山、郟縣、内鄉、禹縣花釉瓷器工藝技術的繼承和發展。產品以濃淡不一之藍色乳濁釉爲主。由於在釉料中加入微量銅，燒出色彩斑斕、變化萬千之窑變產品。北宋晚期，鈞窑以其堅實的胎質、古樸的造型、絢麗多姿的窑變，被確定爲專燒御用貢瓷。鈞瓷以氧化銅爲主要着色劑，燒出玫瑰紫、海棠紅、天藍、天青、月白等釉色，特別是在通體天藍色中，閃爍着紫色斑塊，如火如霞，極爲美觀。此外，鈞窑還燒製印花青瓷、白地黑花瓷和黑釉瓷等。鈞窑產品除日常生活用品外，亦燒製各種陳列瓷，如各式盆、托、洗、尊等。鈞窑

對當時及其後影響頗大，北宋時已影響附近一些窑場，入元後在北方形成了一個窑系，明以來之宜興窑、石灣窑、景德鎮窑均曾模仿其釉色，生產"宜鈞""廣鈞""爐鈞"等。亦作"均窑"。清周中孚《鄭堂讀書紀》卷七一："並内庫所藏柴、汝、官、哥、均、定各窑器皿款式典雅者，寫圖進呈揀選，照依原樣，勒限鑄成。"清藍浦《景德鎮陶録‧鎮仿古窑考》："均窑：亦宋初所燒。出鈞臺。鈞臺，宋亦稱鈞州，即今河南之禹州也。土脉細，釉具五色，有兔絲紋，紅若臟脂、硃砂爲最。青若葱翠、紫若墨者次之。三者色純、無少變雜者爲上。底有一二數目字號爲記者佳。若青黑錯襍如垂涎，皆三色之燒不足者，非別有此樣。俗取梅子青、茄皮紫、海棠紅、猪肝、驟肺、鼻涕、天藍等名。"按，明代，因萬曆皇帝叫朱翊鈞，爲了避諱，鈞州改名叫禹州，沿用至今。

【均窑】

同"鈞窑"。此體明代已行用。見該文。

定窑

宋代著名瓷窑之一。窑址位於河北保定曲陽澗磁村、燕山村。古代屬定州，故名。創燒於唐，極盛於北宋及金，停燒於元代。唐、五代時，以產黃釉、黃綠釉及褐綠釉碗、盆類器物爲主，但以白瓷爲突出。晚唐白瓷玉璧底碗爲典型產品，與邢窑所產極爲相似。聚釉處往往呈青綠色，或開紋片。較粗器物施白色化妝土。五代時白瓷製作更趨精美，以唇口碗爲多。荷葉洗、三棱碟、小蓋盒等均爲精緻之作。宋代以產白瓷爲主，兼燒醬釉、黑釉、綠釉。白瓷裝飾有刻花、劃花、印花與剔花多種。刻、劃花圖案以花果、禽鳥爲多見。印花裝飾始於

北宋中期。北宋後期及金代的定窯印花器，紋飾綫條清晰，可見當時刻模和脫模技術水平之高超。圖案題材以各種花卉、龍鳳紋和禽鳥、水波游龜紋爲多見，亦有嬰戲圖案。宋葉寘《坦齋筆衡》："本朝以定州白磁器有芒不堪用，遂命汝州造青窯器。"明方以智《物理小識・器用類》："定州白磁有芒，遂命汝州造青窯器，均州五色，皆汝之類也。"明曹昭《格古要論・古窯器論》："古定窯：古定器……土脉細，色白而滋潤者貴，質粗而色黄者價低，外有淚痕者是真，劃花者最佳，素者亦好，綉花者次之。宋宣和、政和間，窯最好，但艱得成群隊者。有紫定，色紫；有墨定，色黑如漆。土俱白，其價高於白定。東坡詩云：'定州花瓷琢紅玉。'凡窯器茅篾骨出者價輕。"清藍浦《景德鎮陶録・鎮仿古窯考》："定窯：宋時所燒，出直隸定州。有南定器、北定器。土脉細膩，質薄有光。素凸花、劃花、印花、綉花諸種。多牡丹、萱草、飛鳳。花式以白色而滋潤爲正。白骨而加以釉水，有如淚痕者佳。俗呼'粉定'，又稱'白定'。其質粗而微黄者低，俗呼'土定'。"按，古人云"定瓷有芒不堪用"，"芒"字是芒口（也就是澀口）的意思。因爲定窯都是覆燒（也就是扣過來燒製），口沿不能上釉，胎土就直接露在外邊，所以這一圈特別澀，容易劃破皮膚和嘴唇。爲解決這一問題，在口沿上會鑲金屬邊。還有一種解釋，芒，"光芒"的意思，定窯的白瓷燒造得登峰造極，白得發亮，可以反光，宋人用之喝茶都要被晃瞎了眼，所以後來就"不堪用"了。

八大窯系

宋代最著名的八個瓷窯，即磁州、耀州、龍泉、景德鎮、鈞、定、建、越等八大窯，因其規模、影響較大而形成窯系。定、磁、鈞、耀在北方；景、越、龍、建在南方。此稱未見清代以前文獻記載，爲今考古用語。

磁州窯

宋元時代北方民間瓷窯之一。窯址位於河北邯鄲磁縣漳河兩岸的觀臺鎮東艾口村、冶子村附近，古代屬磁州，故名。器物以盤、碗、罐、瓶等爲主，尚有瓷枕和玩具。胎質有兩種：一種質較堅細，呈灰白色；另一種質粗鬆，呈紅褐色。釉色白中微帶黄，上有黑、褐色花紋，器裏多不挂釉。繪製花紋方法有繪花、繪劃花、剔花和珍珠地劃花等，花紋複雜，以捲葉、纏枝牡丹、水波紋、花卉禽魚等圖案爲多。綫條流暢，構圖灑脫，是北方民間瓷器代表作。磁州窯在當時影響甚大，今河南、河北、山西以及江西吉州都有窯廠仿造生產同類器物，已形成磁州窯系。明曹昭《格古要論・古窯器論》："古磁器，好者與定器相類，但無淚痕，亦有劃花、綉花，素者價高於定器，新者不足論也。"明謝肇淛《五雜俎・物》："今俗語窯器謂之磁器者，蓋河南磁州窯最多，故相沿名之。"明張萱《疑耀・磁器》："《宣和格古論》古人磁器，皆曰某窯器，某窯器不稱磁也。惟河南彰德府磁州窯器乃稱磁耳。今不問何窯所製，而凡瓦器俱稱磁，誤矣。"清藍浦《景德鎮陶録・古窯考》："磁州窯：始，磁州昔屬河南彰德府。今屬北直隸廣平府，稱磁器者蓋此。又本磁石製泥爲坯，陶成，所以名也。器之佳者與定相似，但無淚痕，亦有劃花、綉花，其素者價高於定。在宋代固著，今人訛以陶窯，瓷品既呼爲磁器，不知另有是種窯。"

耀州窯

宋代著名瓷窯之一。窯址分布在陝西銅川黃堡鎮附近，其地唐宋時屬耀州，故名。始燒於唐，盛於北宋，金元時繼續生產。唐代生產黑釉、青釉、白釉器物，北宋時主要生產青瓷，間有醬、褐釉器物等。北宋中晚期之青瓷胎薄質堅、釉面勻淨、色澤青幽；器物內外常帶有繁滿精細的刻花、剔花和印花圖案，題材多係花卉、禽魚等，立體感強。瓷器的底部施護胎釉，燒後呈薑黃色或醬油色。金元時產品多爲薑黃色印花與刻花青瓷。耀州窯早期曾受越窯影響，而後自成風格，形成一個窯系，今廣東、廣西亦有瓷窯仿造耀州窯青瓷，用以外銷。中華人民共和國建立之初發現耀州窯遺址之後，先後進行考古發掘三次，發掘總面積達一萬兩千多平方米，迄今共出土各歷史時期文物標本三百餘萬件（片），其中完整和可復原的有一萬多件；出土歷代瓷窯一百多座、作坊一百餘座。這是我國目前發掘面積最大、出土文物最多、工藝流程科學合理、序列化最強的古陶瓷遺址，也是世界陶瓷遺址發掘之最。該遺址位於今陝西銅川黃堡鎮南側，1988 年被列爲全國重點文物保護單位。1994 年 5 月 23 日，

宋耀州窯印菊花碗模

耀州窯博物館正式建成并對外開放。早在唐代，這裏已成爲北方重要的手工業城鎮。後歷經五代，至宋代達到鼎盛，金、元續燒，元末明初停燒，耀州窯前後歷經八百餘年，形成了"十里窯場"的宏大規模。其所產瓷器之精美，於宋神宗元豐七年（1084）的《德應侯碑》中可略窺一斑："巧如範金，精比琢玉……方圓大小，皆中規矩……擊其聲，鏗鏗如也；視其色，溫溫如也。"亦稱"黃浦鎮窯"。清藍浦《景德鎮陶錄·古窯考》："耀州窯：耀州，今屬西安府。亦宋燒，青器色質俱不逮汝窯，後燒白器頗勝。然陶成，皆不堅緻，易茅損，所謂黃浦鎮窯也。"

【黃浦鎮窯】

即耀州窯。因窯址在銅川市黃堡鎮附近，故名。此稱清代已行用。見該文。

龍泉窯

著名瓷窯之一。因主產區在浙江龍泉而得名。窯址分布於今浙江麗水地區及其鄰縣，其中以龍泉市境內最爲密集，產品品質也以龍泉大窯村爲最高。它始於五代，盛於南宋和元，明中葉後漸衰，終於清中期。產品以青瓷著稱。北宋早期龍泉窯產品由於受越窯、甌窯、婺州窯的影響，胎質較粗，胎體較厚，釉色淡青，釉層稍薄。其裝飾以貼花、浮雕最爲流行。北宋的中晚期形成了自己的風格：胎體較爲厚重，造型規整，釉色轉爲青黃色。產品以生活用具爲主。南宋，龍泉窯進入鼎盛時期，以燒造出粉青、梅子青等美若碧玉的厚釉青瓷而彪炳千秋。其生產的生活用具、日用品等應有盡有。所產黑胎青瓷儘管數量很少，但胎薄釉厚，具有紫口鐵足的特徵。元代龍泉窯規模擴大，產

品在兩宋基礎上有創新，但胎質粗糙，釉面光亮者多，温潤如玉者少。其裝飾技法繁多，紋飾題材豐富，但品質不如南宋。明成化、弘治以後漸趨衰落，清代康熙年間停燒。龍泉窯不僅暢銷國內，且在亞洲、非洲、歐洲許多國家和地區都曾發現過龍泉窯遺物。明曹昭《格古要論·古窯器論》："古龍泉窯，……古青器，土脉細且薄，翠青色者貴，粉青色者，有一等盆底有雙魚，盆口有銅掇環。體厚者不甚佳。"亦稱"弟窯"。相傳南宋時有章姓兄弟兩人在龍泉燒造瓷器，兄名生一，所燒者稱哥窯；弟名生二，所燒者稱弟窯。清朱琰《陶説·説今》："晋曰縹瓷，唐曰千峰翠色，柴周曰雨過天青，吳越曰秘色，其後宋瓷雖具諸色，而汝器宋燒者，淡青色；官窯以粉青爲上；哥窯、龍泉窯，色皆青；陶器青爲貴也。白地青花，亦資青料。明宣德用蘇泥勃青，嘉靖用回青。青非不佳，然産地太遠，可得而不可繼。工匠之弊，又不勝防也。"亦稱"章龍泉窯""章窯"。清藍浦《景德鎮陶録·鎮仿古窯考》："章龍泉窯：即生一之弟章生二所陶者，仍龍泉之舊。又號章窯。或曰處器。青器，土脉細膩，質薄，亦有粉青色、翠青色，深淺不一。足以鐵色，但少紋片，較古龍泉製度更覺細巧精緻，至今温、處人猶稱爲章窯。"又："龍泉窯：宋初處州府龍泉縣琉田市所燒。土細，墻質頗粗厚，色甚葱翠，亦分淺深，無紋片，有一等盆，底有雙魚，盆外有銅掇環，器質厚實者耐摩弄，不易茅篾，第工匠稍拙，製法不甚古雅耳。景德鎮唐窯有仿龍泉實燒一種，尤佳。"

【弟窯】

即龍泉窯。此稱約宋代已行用。見該文。

【章龍泉窯】

即龍泉窯。此稱清代已行用。見該文。

【章窯】

即龍泉窯。此稱清代已行用。見該文。

景德窯

中國著名瓷窯之一。位於江西景德鎮，故名。今景德鎮有"瓷都"之稱。製瓷始於南朝，唐代燒造白瓷。五代時以仿唐代名窯爲主，生產青瓷和白瓷等，白度達到70％以上，透光度也接近當今標準。宋真宗景德年間，所燒御用瓷器，光致精美，底書"景德年製"，時稱"景德窯"，鎮名也由"昌南"改名"景德"。明方以智《物理小識》卷八："窯器之青，乃石土所畫也。廬陵、安福、新建、出黑赭石，磨水以畫磁坯，初畫無色，入窯燒之則成天藍。景德窯嘗取諸婺源，名曰畫燒青，一曰無名子。蘇渤泥青則外國來者。"元代著名製品有釉裏紅、青花，所燒卵白釉器，色白微青，器內有"樞府"字型，人呼"樞府窯"。明方以智《物理小識》卷八："南宋邵成章提舉內窯，號邵局，最佳。餘則有烏泥、餘杭、續窯、樞府窯之類。"明吕震等《宣德鼎彝譜》卷八："賜內府道場及天下名山宮觀雁翎法盞爐。仿元朝樞府窯款式，高四寸七分，耳長三寸八分，口直徑二寸九分，足高四分八厘，重六兩八錢八，煉洋銅，鑄成棠梨色，共二百座。"元代設有專爲宮廷服務之浮梁瓷局，燒造出育花、釉裏紅、鈷蘭釉、銅紅釉、卵白釉等著名品種。明清時設有御窯廠，并成爲我國製瓷業中心。明代有五彩、鬥彩與甜白、祭藍、祭紅、孔雀綠等色釉，皆爲此地創造。入清，唐英等人使製瓷工藝益臻完善，創製出粉彩、琺瑯彩等衆多新品種，使瓷器之釉色、造型與裝飾極盡人工之能事。景德鎮製瓷原料豐富、優异，世界通用瓷土名爲"高嶺土"，即因景德鎮東之高嶺山而得名。《宋史·食貨志下》："八月，置饒州景德鎮瓷窑博易務。"雍正《江西通志·名宦二·統轄二》："又奏停采廣信封禁山及景德鎮陶器，但用土青。俱得請。"清藍浦《景德鎮陶録·景德鎮歷代窑考》："宋景德窑：宋景德年間燒造，土白壤而埴質薄膩，色滋潤。真宗命進御，瓷器底書'景德年製'四字，其器尤光致茂美，當時則效著行海内，於是天下咸稱景德鎮瓷器，而昌南之名遂微。"

【樞府窑】

即景德窑。此稱元代已行用。見該文。

建窑

宋代名窑之一。所燒黑釉瓷器，以小碗爲最多，胎骨烏泥色，釉面多條狀結晶紋，細如兔毛，稱爲"兔毫盞"。有的器底刻有"供御""進盞"等字樣。地址在今福建南平建陽區水吉鎮。宋蘇象先《魏公譚訓》卷八："祖父常云：蔡君謨爲福建漕，聞一寺僧收兔毫盞，甚奇，迂道訪之，求觀，果尤物也。"明曹昭《格古要論·古窑器論》："古建窑，甌盞多是擊口，色黑而滋潤，有黃兔毫斑、滴珠，大者真。但體極厚，俗甚，少見薄者。"清藍浦《景德鎮陶録·古窑考》："建窑：古建州窑也，出宋代，爲今之建寧府建陽縣。始於建安，後遷建陽，入元猶盛。甌琖多是擊口，體稍薄，色淺黑而滋潤，有黃兔斑、滴珠，大者真。"

越窑

著名瓷窑之一。東漢時已有，至唐、宋時成爲著名瓷窑之一。窑址位於浙江紹興、上虞、餘姚、慈溪以及温州一帶，歷史上屬越州，故名。初唐時之越窑器，爲素身青瓷，無彩繪，極少數有紋飾。中唐以後品質逐漸提高，多有花紋，紋圖繁雜而多樣，常見有花卉紋、雲龍紋、游魚飛鳥紋，還有山水人物紋案等。晚唐起，其釉色爲青中微黃，或青中閃黃，以艾色爲貴，追求玉質之感，後漸變爲清澈如水，呈湖緑色。器形多樣，有碗、盤、洗、杯、盒等，以甌和茶甌最爲突出。刻劃有花鳥、人物或幾何圖案，品質極好。故清代乾隆有"李唐越器人間無"之贊譽。五代時，部分吳越宮廷官窑之典型産品稱"秘色瓷器"，有少數堆貼與刻花紋飾，并出現釉下褐色彩繪。北宋初刻劃圖案更趨豐富，紋飾取材於唐代金銀器。産品不僅暢銷國内，而且遠銷海外。北宋中期以後，逐漸被龍泉窑所代替。南宋後停燒。唐陸羽《茶經》："邢瓷類銀，越瓷類玉。"清吳任臣《十國春秋·吳越三·文穆王世家》："〔清泰二年〕九月，王貢唐錦綺五百、連金花食器二千兩、金棱秘色瓷器二百事。"清姜紹書《韻石齋筆談》卷上："野史氏曰：鼎乃重器，以備清廟明堂之儀，商周以來，典型具在。若夫越窑秘色，昉於後周，而三代無傳焉，奈何以瓦缶之微，與天球弘璧抗衡邪？"清劉體仁《七頌堂識小録》："越窑矮足爵，栗殻，浮青，轉側皆翡翠。吳越王所供，當時民間禁不敢用，故存者極少。"亦稱"秘色窑""柴窑"。明李日華《味水軒日記》："柴世宗時吳越錢氏燒秘色窑，以充貢獻。"雍正《浙江通志·物産四·紹興府》："越窑。《負暄雜録》：秘色窑器，世言錢氏有國日，越州燒進，民間不得用，故云秘。陸龜蒙詩：'九秋風露越窑開，奪得千峰翠色來。好向中宵盛沆瀣，共稽中散鬥遺杯.'乃知唐世已有,非始於錢氏。《老學庵筆記》:耀州出青瓷,謂之越器,似以其類餘姚秘色也,然粗樸不佳。〔明〕《六研齋筆記》:南宋時餘姚有秘色磁,粗樸而耐久,今人率以官窰目之。《談薈》:吳越時,越窰愈精,謂之秘色,即所謂柴窰也;或云,製器者姓,或云柴世宗時始進御云。"清鄭方坤《五代詩話》卷一〇:"秘色窰器。陶器始舜時,三代迄秦漢,所謂甓器是也。近世不貴金玉,而貴銅瓷,遂有秘色窰器。"

【秘色窰】

即越窰。此稱明代已行用。見該文。

【柴窰】[2]

即越窰。此稱明代已行用。見該文。

御器廠

明清時之官窰,位於江西省景德鎮,專燒宮廷用瓷。明代以宦官主持窰務,清代以監窰官監督燒造。朝廷集中能工巧匠,占有優質原料,分工細密,產品工藝精良,不計成本,產量往往極高。創造出五彩、鬥彩、粉彩、珐琅彩等多種彩瓷與甜白、祭紅、孔雀藍、冬青等多種顏色釉,將古代製瓷技藝推至頂峰。因燒造秉承上命,故造型、裝飾常受到限制,龍鳳紋頗常見,且器物多帶年款。《明史·食貨志六》:"〔嘉靖〕三十七年,遣官之江西,造內殿醮壇瓷器三萬,後添設饒州通判,專管御器廠燒造。"雍正《江西通志·土產》:"按《江西大志·陶書》云:陶廠,景德鎮,在今浮梁縣西興鄉,水土宜陶,宋景德中始置鎮,因名,置監鎮一員。元更景德鎮稅課局監鎮爲提領。洪武初,鎮如舊,屬饒州府浮梁縣。正德初,置御器廠,專筦御器。先以兵興,議寢陶息民,

至是復置。"清藍浦《景德鎮陶録·陶録餘論》:"景德鎮,自明設御器廠,因有廠,官窰今仍其舊稱。《格古要論》載,古饒器,出今饒州浮梁之御土窰,體潤而薄,訛御器廠爲御土窰,且景德鎮所產,而必曰饒器,即云饒州所轄,豈饒器盡爲御土窰燒造者?是又不知有民窰、官窰之分也。"

井陘窰

隋朝已創建,隋唐之後重要瓷窰之一。窰遺址位於今河北石家莊井陘中北部和礦區。此窰分布面廣、燒造時間長,歷經隋、唐、五代、宋、金直至元、明、清各朝,有一千三百餘年歷史。河北省文物部門於 2004 年開始對井陘窰遺址進行搶救性發掘,出土大量白瓷精品,并發現罕見的帶有較長送風管之連支竈炕。有關專家初步鑒定認定,從出土的瓷器實物分析,隋代并不是井陘窰的初創階段,井陘窰早在北朝時期就已經開始燒造。此稱未見清代以前文獻記載,爲今考古用語。

介休窰

宋代名窰之一,從邢窰發展而來,屬於定窰系列。此外,該系列窰口尚有河北曲陽澗磁村定窰,山西平定窰、陽城窰、介休窰、霍窰,四川彭縣窰等。介休窰窰址在今山西介休市洪山鎮,創建於宋代,官府爲此專門在洪山鎮設官收稅。介休窰瓷器以白釉爲主,另有白釉刻花、白釉剔花、白釉黑花和白釉褐花等品種。其中白地褐花爲釉下彩,爲介休窰之特色。今介休窰存世真品極少。介休窰瓷器之特點爲,盤碗等小件器皿皆采用支釘支燒,燒成後盤碗裏面遺留三個細小支燒痕迹。此種支燒方法爲介休窰產品所獨有。此稱未見清代以前文獻記

載，爲今考古用語。

石灣窑

明清著名民窑之一。位於廣東佛山市石灣鎮，始於宋代，以陶塑和建築陶瓷著稱。至今釉有灰黑、青綠、淡黃、灰藍等色，常帶有藍、紅等色的斑紋。從傳世器看，器體厚重，胎骨暗灰或灰白。釉飾善於仿鈞窑而有所創造，厚而滋潤，以藍、玫瑰紫、黑彩、翠毛釉等色最佳。産品品種多，有日用器皿、文具和陳設器具，瓦脊是其中具有悠久歷史之品種，而以漁、樵、耕、讀爲主題之陶塑則係其典型之作。1949 年後，傳統品種和技藝得到繼承和發展，除生産大量日用陶器外，陳設性陶器，尤其是具有獨特風格的陶塑，在國内外受到好評。陶塑題材廣泛，除傳統人物外，還有現代人物和動物。釉色豐富，生動自然，不僅在陶塑上有優美藝術效果，且在花瓶、燈座、文具、花盆等陳設性陶器上也有豐富表現力。著名陶塑藝術家有劉傳、莊稼等。此稱未見清代以前文獻記載，爲今考古用語。

吉州窑

宋代著名民間瓷窑之一。窑址位於今江西吉安永和鎮。吉安歷史上屬於吉州，故稱吉州窑。又因燒造地在永和鎮而稱"永和窑"。吉州窑始於唐末，盛於南宋，入元而衰。宋以前以燒青釉、白釉器物爲主。北宋時主要製作青白瓷。南宋時産品以白釉釉下彩繪瓷及各種裝飾黑釉瓷居多，亦仿定窑燒製印花白瓷，仿耀州窑燒製印花青瓷等。其中以各類黑釉瓷爲最佳，其裝飾除油滴、玳瑁斑、鷓鴣斑等外，還有彩繪、剪紙貼花、木葉、剔花等，極富裝飾趣味。元代燒造白釉釉下彩繪瓷和黑釉瓷等，

明代生産青花瓷。明曹昭《格古要論·古窑器論》："吉州窑，其色與紫定器相類，體厚而質粗，不甚直錢。"清藍浦《景德鎮陶録·古窑考》："宋時吉州永和市窑，即今之吉安府盧陵縣。昔有五窑，具白色、紫色，紫有與紫定相類者。五窑中唯舒姓燒者頗佳。舒翁工爲玩具，翁之女名舒嬌，尤善陶。其鑪甕諸色幾與哥窑等價。花瓶大者值數金，小者有花。《格古要論》云：體厚質粗，不甚足品。"曹氏的論述失之武斷。吉州窑亦不乏精品，除兔毫、鷓鴣斑、油滴等名品外，工藝簡單的木葉瓷，亦爲吉州窑中的極品和獨創。由於金兵南侵，大批陶瓷藝人外出逃難，使這一技藝失傳；再加上二十多個瓷窑中祇有一個生産木葉瓷，産品流通數量亦不會太多，明代的曹氏也極可能與木葉瓷無緣。木葉瓷生産工藝簡述如下，坯胎施釉乾燥後，放一片新鮮樹葉在坯胎中入窑燒製。在高温下，樹葉萎縮、碳化、燃燒，樹葉脉絡的元素沉澱下來與釉融合，形成清晰的、縮小的樹葉脉絡形狀，被譽爲"天目瑰寶"，吉州窑因此而聞名天下。按，木葉的燒製方法亦有另説：先將天然樹葉浸水腐蝕後留存葉脉，然後貼在已施黑釉的器物上，再敷透明黄

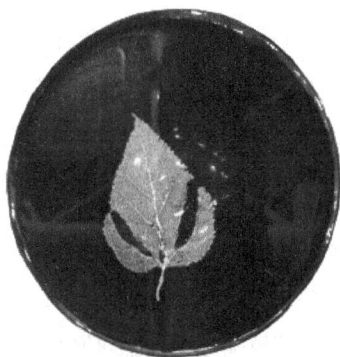

吉州窑木葉盞

釉經高溫燒製而成。

【永和窑】

即吉州窑。此稱明代已行用。見該文。

邛窑

著名瓷窑之一。始創於南北朝，盛於唐和五代，荒廢於宋。是四川古瓷窑中面積最大、窑包最多、造型紋飾最美、出土文物最豐富、燒造時間延續最長、器物流散最廣的民間瓷窑之一，在國內外享有盛譽。邛窑是四川邛崍境內南河什方堂、固驛瓦窑山、白鶴大魚村、西河山水子等地古瓷窑的總稱，以什方堂爲最集中，因在邛崍，故又稱"邛崍窑"。南朝至隋燒造青瓷，唐代是其極盛期。五代仍繼續生產，北宋以後漸趨衰落。所產以青釉、青釉褐斑和彩繪瓷爲主。與長沙窑有相似處。其不同點爲：邛窑胎質較粗，且泛褐色，因此以施化妝土爲多見；長沙窑胎質較佳，施化妝土的較少。器物除各種盤、碗、罐等日用器皿外，尚有各種玩具等。此稱未見清代以前文獻記載，爲今考古用語。

【邛崍窑】

即邛窑。見該文。

年窑

清雍正年間之瓷窑，屬於景德鎮官窑。因雍正四年（1726），內務府總管年希堯兼任景德鎮御窑廠總理而得名。釉色有粉彩、珐琅彩、墨彩、顏色釉等品種，史書上所記載多達五十七種。其藍釉有粉質感，釉下隱約可見暈散狀雲絮紋。胎體潔白細密，有如糯米粉。有"國朝陶器美無匹，邇來年窑稱第一"之贊譽。清藍浦《景德鎮陶錄·景德鎮歷代窑考》："雍正年年窑：廠器也。督理淮安板閘關年希堯管鎮廠窑務，選料奉造，極其精雅。駐廠協理官，每月於初二、十六兩期解送色樣至關呈請，歲領關帑。琢器多卵色，圓類瑩素如銀，皆兼青、彩，或描錐、暗花、玲瓏諸巧樣。仿古創新，實基於此。《文房肆考》云：'雍正初，楚撫嚴公希堯燒造廠器。'以'年'爲'嚴'，又稱'楚撫'，迨誤。"清程哲《窑器説》："近則年窑、唐窑，皆入賞鑒。"徐珂《清稗類鈔·工藝類·瓷之年窑臧窑》："許守白曰：'年窑者，雍正時大將軍年羹堯督造之瓷也。青花、五彩皆有之，而市肆中人，但以一種積紅小瓶、小杯等物呼爲年窑，其他則不省也。年窑之紅，較之郎窑之紅爲黑而實，且不開片，其聲價亦遠遜於郎矣。'"

邢窑

唐代著名瓷窑之一。窑址在內丘（今屬河北邢臺），唐屬邢州，故名。邢窑瓷胎骨堅實、緻密、厚重，胎土白而細潔，瓷化度高，叩之若金石聲。釉色白潤，但不甚亮，微閃黃或閃青，尚有含乳白色者，釉厚處呈淺水綠。胎釉之間，施粉質護胎釉。施釉方法是器內滿釉，外部施釉不到足。釉面很少開片，但時有淚痕。瓷器風格樸素，不帶紋飾。造型特點爲圈足厚而底平，或足底外緣斜削棱道。碗多折邊，邊緣凸起成沿，器外旋削痕較明顯。中唐時期，因與越窑青瓷并重，形成中國陶瓷史上南青北白局面。晚唐五代時期，邢窑在白瓷生產中之地位，逐漸爲曲陽定窑所替代。邢窑白瓷和越窑青瓷及長沙窑瓷器，均在唐代已輸出國外。唐陸羽《茶經》："邢瓷類銀，越瓷類玉。"清張履祥輯補《補農書》下卷："又有窑灰者，湖州邢窑之灰。邢窑近山，燒山柴，其竹木之節，火力不盡者多存焉。種火最便，其力雖不及炭屑之長，然價亦止及其半；以當班糠則過之矣。"

長沙窰

唐、五代瓷窰。其前身爲湘陰窰。湘陰窰位於今湖南岳陽湘陰，故名。始燒於隋代，盛於唐，而衰終於五代。因唐、五代時期湘陰隸屬岳州，故湘陰窰亦稱"岳州窰"，產品仍以青瓷爲主，是唐代六大青瓷產地之一。出土遺物都具隋代作風，胎色灰白，質地細膩，部分胎壁有氣泡，多施半釉。器身多有印紋裝飾，還有劃花蓮瓣紋，僅高足盤心紋飾即達三十種以上，爲同時期其他瓷窰所少見。隋代爲湘陰窰快速發展的時期，其青瓷器物有碗、盤、瓶、燈、鉢、高足盤、四繫罐、盤口壺、多足硯等。胎體厚重，有青灰、灰白色。長沙窰窰址在今湖南長沙銅官鎮瓦渣坪，故亦稱"銅官窰""瓦渣坪窰"。產品以青釉爲主，間燒褐、綠、白釉器物，多係壺、罐、碗、瓶、杯、盤等日用器，硯、水盂、印盒等文房用器及各式捏塑玩具。常見裝飾方法有貼附模印圖案和釉下彩繪，後者影響至爲深遠。長沙窰器物簡潔質樸，當時在南方行銷甚廣，并大量出口海外。此稱未見清代以前文獻記載，爲今考古用語。

【岳州窰】

即長沙窰。係長沙窰前身。因唐五代時期湘陰隸屬岳州，故稱。見該文。

【銅官窰】

即長沙窰。因窰址在今湖南長沙銅官鎮瓦渣坪，故稱。見該文。

【瓦渣坪窰】

即長沙窰。因窰址在今湖南長沙銅官鎮瓦渣坪，故稱。見該文。

林東窰

遼代官窰之一。位於今內蒙古巴林左旗林東鎮遼上京故城之皇城內。以燒製白釉和黑釉瓷器爲主，也燒綠釉器物。產品有盤、碗、杯、碟、盂、盒、瓶、壺、罐等。所燒白瓷不僅水平頗高，且占比例不小。遼代官窰受北宋北方瓷窰影響頗大，尤受定窰與磁州窰之影響爲大。此稱未見清代以前文獻記載，爲今考古用語。

周窰

明代景德鎮著名瓷窰之一。以姓名窰。明隆慶、萬曆年間蘇州人周丹泉（名時臣，字時道）主要燒製仿古瓷器，所仿定窰很逼真，又能製陶印、文具、連環等。清藍浦《景德鎮陶錄·陶錄餘論》："明末又有陳仲美、周丹泉，俱工仿古窰器，携售遠方，鎮人罕獲。周窰甚傳，若陳來去無定，仿造亦不多，今罕有知之者矣。"

郎窰

清康熙四十四年（1705）至五十一年（1712）之瓷窰，屬於景德鎮官窰。因江西巡撫郎廷極在景德鎮督造官窰瓷器而得名。釉色以紅寶石色爲最著。清阮葵生《茶餘客話》提及："御窰磁器，超越前代，規模、款識多出刑部主事劉伴阮監製。伴阮，名源。又有郎窰，巡撫廷極所造，仿古酷肖，今之所謂成、宣者，皆郎窰也。"清趙慎畛《榆巢雜識》卷下："世所稱郎窰舊磁爲貴，紫垣中丞開府西江時所造。其倣古成、宣諸器，釉水顏色，橘皮棕眼，款字酷肖，極不可辨識。近豈得易見耶。"《彭公案》第六一回："宋仕奎帶二人進了北房，裏面擺列圍屏床帳，正北靠墙是花梨俏頭案，案上有郎窑磁瓶兩個，官窑果盤一對。"

缸瓦窑

遼代官窑之一。位於今內蒙古赤峰以西缸瓦窑屯附近。産品以粗質白瓷爲主，細質白瓷較少，亦燒製三彩及單色釉陶器；器物多係盤、碗、杯、碟等日用品；裝飾方法有印花、刻花、劃花、剔花，而以印花爲主。遼代官窑受北宋北方瓷窑影響較大，尤受定窑與磁州窑影響爲甚。此稱未見清代以前文獻記載，爲今考古用語。

洪州窑

唐代名窑之一。窑址位於江西豐城贛江西岸羅湖，此地唐代屬洪州，故稱。始於漢，盛於隋唐，終於晚唐。以燒青瓷爲主，釉色一般較淡，青中泛黃，色調爲深褐色。也有黃褐釉瓷，胎體加工不細，與陸羽《茶經》"洪州瓷褐"相符。另有一種青綠釉瓷，色調較深，灰青明亮。洪州窑講究裝飾，多刻印朵花、花葉，沿器物周壁對稱排列。清藍浦《景德鎮陶錄・古窑考》："洪州窑：洪州燒造者。亦見唐洪州，今南昌府。《格古要論》云：'江右洪州器黃黑色。'《茶經》云：'洪州瓷褐，令茶色黑，品更次。'"

唐窑

清乾隆前期之瓷窑，屬於景德鎮官窑。因當時九江關監督唐英掌管窑務而得名。所造各色釉彩，仿造各種古瓷，以工細著稱。清程哲《窑器説》："阮葵生《茶餘客話》：御窑磁器，超越前代，規模、款識多出刑部主事劉伴阮監製。伴阮，名源。又有郎窑巡撫廷極所造，仿古酷肖，今之所謂成、宣者，皆郎窑也。又熊

窑亦不多讓。近則年窑、唐窑，皆入賞鑒。"清藍浦《景德鎮陶錄・景德鎮歷代窑考》："乾隆年唐窑：廠器也。内務府員外郎唐英督造者。唐公以雍正戊申來，駐廠協理，佐年著美，迄乾隆初権淮；八年，移理九江鈔關，皆仍管陶務。公深諳土脉火性，慎選諸料，所造俱精瑩純全。又做肖古名窑諸器，無不媲美；做各種名釉，無不巧合；萃工呈能，無不盛備。又新製洋紫、法青、抹銀、彩水墨、洋烏金、珐琅畫、珐洋彩、烏金、黑地白花、黑地描金、天藍、窑變等釉色器皿。土則白壤而埴，體則厚薄惟膩。廠窑至此集大成矣。"民國黃濬《花隨人聖庵摭憶》："明昆山葉九來《金石錄補・集異》云：唐靳英希志石，於崇禎末出溧縣定子村。碑下有瓦杯三，其色如秋山著雨，作純碧色，光浮瀲灩，杯中各有紅點如桃華。此唐窑之重青器又一證也。"王謇《宋平江城坊考・東南隅》："東吳下鄉顔安里二十九都十六圖有唐窑、二十二圖有居窑橋。"

崔公窑

明代景德鎮著名瓷窑之一。因明嘉靖、隆慶年間崔國懋在此燒製而得名。崔國懋在此窑所燒製之瓷器仿宣德、成化年間瓷器，頗爲精美。明沈德符《敝帚軒剩語》卷中："本朝窑器，用白地青花，間裝五色，爲古今之冠。如'宣窑品'最貴，近日又貴成窑，出'宣窑'之上。蓋兩朝天縱，留意曲藝，宜其精工如此。然花樣皆作八吉祥，五供養、一串金、西番蓮，以至鬥雞、百鳥、人物故事而已。至'嘉靖窑'，則又做'宣成'二種而稍遜之。惟'崔公窑'加貴，其值亦第'宣成'之十一耳。"清藍浦《景德鎮陶錄・景德鎮歷代窑考》："嘉、隆

間人善治陶，多仿宣、成窰遺法製器，當時以爲勝，號其器曰崔公窰瓷，四方争售。諸器中唯盞式較宣、成兩窰差大，精好則一，餘青彩花色悉同，爲民窰之冠。”

壺公窰

明代景德鎮著名瓷窰。因燒製人吴爲（吴一作“昊”，别號“十九”），自稱壺隱道人而得名。善於仿造永樂、宣德、成化年間瓷器，都很逼真。清藍浦《景德鎮陶録·景德鎮歷代窰考》：“壺公窰：神廟時燒造者，號壺隱道人。其色料精美，諸器皆佳，有流霞盞、卵幕盃兩種最著。盞色明如硃砂，盃極瑩白可愛，一枚纔重半銖，四方不惜重價求之。亦雅製壺類，色淡青如官、哥器，無冰紋。其紫金壺帶朱色，皆仿宜興時陳樣。壺底款爲‘壺隱老人’四字，相傳爲吴十九，而籍不可知矣。”

董窰

著名瓷窰之一。或以爲即“東窰”。窰址迄今未被發現。東窰，最早見於宋詩人張耒“碧玉琢成器，知是東窰瓷”句。清藍浦《景德鎮陶録·鎮仿古窰考》：“東窰：北宋東京民窰也。即今開封府陳留等處。土脉黎細，質頗粗厚。淡青色，亦有淺深，多紫口鐵足，無紋，比官窰器少紅潤。唐氏《肆考》誤以爲董窰，又云：‘核之董窰似官，其不同者質粗欠滋潤。’蓋東、董聲相近。唐氏半採《格古要論》，乃傳聞之訛也。”又《陶録餘論》：“按東窰色淡青，亦有紫口鐵足，未聞董窰……‘東’‘董’音相近，各操土音，遂以‘東’訛‘董’，而《肆考》亦誤沿‘董’字也。”據傳北宋開封東窰有一種青釉瓷器，名爲東青，又稱“冬青”“凍青”，其色淡青。明清時，景德鎮曾仿製東青釉，清雍正的豆青釉也被稱作東青。明曹昭《格古要論·古窰器論》：“董窰，淡青色，細紋多，有紫口鐵足。比官窰無紅色、質粗而不細潤，不逮官窰多矣。今亦少見。”

【東窰】

即董窰。此稱宋代已行用。見該文。

象窰

宋元時期著名瓷窰。舊傳位於浙江寧波象山，故名。窰址確切地點尚未發現。大約創燒於南宋，盛於元代。産品以白瓷爲主，特點爲有蟹爪紋開片。色白滋潤爲貴，較多者爲釉色帶黄，質較粗，品質不如定窰、霍（彭）窰。1976—1977年朝鮮新安海底沉船内，發現一批質較粗，且色泛黄而有蟹爪紋開片之白瓷，其産地至今未明，可能即屬象窰所産，有待進一步研究。另，1974年於浙江象山港發現唐代前期瓷窰址，燒製青釉高足盤、碗、鉢等實用品，施釉不到底，製作較粗。明曹昭《格古要論·古窰器論》：“象窰，有蟹爪紋，色白而滋潤者高，色黄而質粗者低，俱不甚值錢。”明高濂《遵生八箋·燕閒清賞箋下》：“冬時插梅必須龍泉大瓶，象窰敞瓶，厚銅漢壺，高三四尺已上，投以硫黄五六錢，砍大枝梅花插供，方快人意。”《金瓶梅詞話》第五九回：“樓鼻壁上文錦囊象窰瓶，插紫笋其中。”清程哲《窰器説》：“象窰，出浙江寧波府象山縣，似定而粗，色帶黄，有蟹爪紋，色白滋潤者高，俱不貴。”清陳淏子《花鏡·課花十八法》：“磁瓶雖不能皆哥窰、象窰、定窰、柴窰，亦須選細潤光潔好窰瓶二三，方不辱名花，而虚此一番攀折也。”

湖田窯

五代時即已建立，宋、元、明三朝著名瓷窯。位於江西景德鎮東南湖田村，歸屬於景德鎮窯。五代時燒造青瓷和白瓷，宋代以燒製青白釉瓷為主，胎質潔白，釉汁柔潤，其典型器光照見影。湖田窯宋影青瓷，是我國宋代青白釉瓷代表作。北宋中期之後，部分器物采用覆燒方法。造型多樣，各類日用瓷幾乎齊備，尤以注壺、温碗、盞托、油盒為突出。南宋青白瓷盛行刻、劃、印花裝飾。元代青白瓷品質有所下降，後期墊燒器物，在口沿往往塗抹一層淡褐色的假芒口。同時產黑瓷，以高足碗為常見。青白瓷中個別透雕、玲瓏品種，是精細之作；其影青透雕瓷枕，大多為元湖田窯所產。元代樞府卵白釉及青花和釉裏紅瓷器之燒製成功，在陶瓷歷史上意義重大。入明以後，以青花和白瓷生產為主，但與今景德鎮官窯及民窯相比，品質較差。明隆慶、萬曆之際衰敗。清藍浦《景德鎮陶錄·景德鎮歷代窯考》："鎮河南岸口有湖田市，元初亦陶。土埴爐質粗，多黃黑色，即澆白者亦微帶黃黑。當時，浙東西行之器頗古雅。蔣《記》云：渐東西之器尚黃黑，則出於昌水南之湖田窯者也。今窯市已墟，湖田村落尚在，其窯器猶有見者。"又《陶錄餘論》："真古窯器得之無價。嘗記少時見有人持湖田窯大方罏一，色素而古雅可愛，云家世珍藏，可驗晴雨，請鬻於里淳富宅。富家不辨，數爭價往反，忽失手墮碎，深為可惜。"

渾源窯

唐代著名窯口。舊址位於今山西大同渾源境內，有三處與瓷窯有關：大磁窯、青瓷窯和古磁窯。大磁窯在城南10公里處，青瓷窯在城西南15公里處。唐代即已著名，自宋代以後衰落，明清年間更是一蹶不振。近年在大磁窯發現一批遺物，有碗盆、瓷罐等。釉色有三種：白釉、黑褐釉和茶葉末釉。胎體較厚重，胎呈淺灰白色，胎釉之間施一層白色化妝土。唐代渾源窯燒製的白瓷及黑釉瓷，品質較好，釉面光潤。尤其是黑釉瓷，釉色在黑褐和黑醬之間，具有獨特的風格。而白瓷則"汁水瑩潤如堆脂"，色澤美潤，質感如青玉。此稱未見清代以前文獻記載，為今考古用語。

婺州窯

唐代著名青瓷窯之一。今浙江境內除越窯以外的著名古窯。浙江金華地區，唐屬婺州，故名。以青瓷為主，兼燒黑瓷。創燒於東漢；三國、兩晉是其發展期；唐宋時窯場遍布金華、蘭溪、東陽、永康、武義等縣；至元代仍有窯場繼續燒造。婺州窯采用當地可塑性較佳之紅色黏土作坯，為掩蓋瓷胎之紫褐色，外敷白色化妝土，再施青釉。器物以盤口壺、罐、盆、豌、碟、虎子及筆筒、水盂、唾壺等為多見，并生產猪圈、鷄籠、礁斗、穀倉、水井等明器。東晉以後，明器少見。唐中期以後主要生產民間一般的日用器，如碗、盤、鉢、瓶、罐之類，并較常見蟠龍罌和多角瓶。南宋間有盞托。婺州窯除燒青瓷外，兼產黑瓷，唐代出現青釉與加黑彩斑塊之裝飾。婺州窯早期產品與甌、越兩窯有很多共同點。風格實用大方，比較單一而缺少變化。器物的裝飾簡樸，均為刻劃花紋。此稱未見清代以前文獻記載，為今考古用語。

當陽峪窯

宋代北方民間瓷窯之一。窯址位於今河南

焦作修武當陽峪。胎深褐色，器外多施一層護胎釉，裏外皆挂釉，釉色潔白晶瑩，襯以黑地或黑花，黑白色彩對比强烈。花紋以纏枝牡丹爲多，用繪花、刻花或剔花製成。此外，還有紋胎技法。此稱未見清代以前文獻記載，爲今考古用語。

壽州窰

隋唐瓷窰。窰址位於安徽淮南市上窰鎮、馬家崗、余家溝、外窰等地，唐代屬壽州，故名。隋時爲淮南窰所在地，燒製青瓷。入唐後改燒黄釉瓷。釉下施用化妝土，釉層透明，釉面光潤，開小片紋。釉色有蠟黄、鱔魚黄、黄綠等。器皿有盞、杯、鉢、注子、玩具等。胎體厚重，器多平底。坯體製作有輪製、模製、手製三種。唐陸羽《茶經‧四之器》："盌，越州上，鼎州次，婺州次，岳州次，壽州、洪州次……邢州瓷白，茶色紅；壽州瓷黄，茶色紫；洪州瓷褐，茶色黑，悉不宜茶。"亦稱"壽窰"。清藍浦《景德鎮陶録‧古窰考》："壽窰：唐代所燒，江南之壽州也。瓷色黄。《茶經》以壽瓷爲最下，云黄則茶色紫，不相宜。"

【壽窰】

即壽州窰。此稱唐代已行用。見該文。

臧窰

清代康熙中期之瓷窰，屬於景德鎮官窰。因康熙二十年（1680）至二十七年臧應選駐廠督造而得名。器物款識多寫劉伴阮（名源）監製。釉色以紅爲最著。清藍浦《景德鎮陶録‧景德鎮歷代窰考》："康熙年臧窰：廠器也。爲督理官臧應選所造。土埴膩，質瑩薄，諸色兼備，有蛇皮綠、鱔魚黄、吉翠、黄斑點四種尤佳。其澆黄、澆紫、澆綠、吹紅、吹青者亦美。迨後有唐窰，猶倣其釉色，唐公《風火神傳》載：'臧公督陶，每見神指畫，呵護於窰火中。'則其器宜精矣！"徐珂《清稗類鈔‧工藝類‧瓷之年窰臧窰》："許守白曰：'又有臧窰者，爲雍、乾間臧應選所督造，然無甚特異之點，故人罕有知之者。'"

甌窰

著名青瓷窰之一。位於浙江溫州一帶，因地瀕甌江而得名。東漢已開始燒造，三國、兩晋時期產量較多。胎呈灰白色，釉透明度較高，與越窰青瓷相比，有青中閃白之感。三國、西晋時期，甌窰瓷器胎質不太緻密，胎釉往往結合欠佳，常有剥釉現象；釉色不穩定，除淡青色外，尚有青黄及青綠色。東晋時，胎質細膩，胎、釉結合緻密，釉呈灰青色，已較穩定，多見加彩器。南朝時，釉色普遍泛黄，并有冰裂紋，品質有所減退。隋與唐初、中期仍處於這一減退期。至晚唐，其滋潤如玉之青色釉方得以恢復，胎釉結合較緊，很少剥釉現象。其瓷器品種，大多與越窰相同，常見器物爲罐、碗、鉢、洗、壺等。紋飾簡樸，以弦紋褐彩和蓮花瓣紋爲主。入宋以後，與越窰、婺州窰一起，對龍泉窰有很大影響，最後爲龍泉窰所取代。其器物被稱爲甌瓷。宋家鉉翁《則堂集》卷五《謝劉仲寬惠茶》詩："儒臣講畢上命坐，淪茗初試瓊甌瓷。"此稱未見清代以前文獻記載，爲今考古用語。

德化窰

著名瓷窰之一。窰址位於今福建泉州德化。始燒於宋，明代臻於極盛。入清仍在生產。宋元時期燒造青瓷、白瓷、青白瓷和黑瓷。明清除燒造少量青花瓷外，主要產品爲白瓷。德化白瓷胎釉渾然一體，如同白玉。其釉色以乳白為主，兼有象牙黃與粉黃二色，亦有貼花、印花和堆花，所製佛像最杰出。其釉柔和滋潤，猶如凝脂，有豬油白、象牙白之稱，在海外，又被稱作鵝絨白、中國白等。明代德化窰的產品有日用器皿和供器、雕塑等。宋代以來，德化窰產品還曾大量銷往海外。明宋應星《天工開物・陶埏第七》："德化窰惟以燒造瓷仙、精巧人物、玩器，不適實用；真、開等郡瓷窰所出，色或黃滯無寶光，合併數郡，不敵江西饒郡產。浙省處州麗水、龍泉兩邑，燒造過釉杯碗，青黑如漆，名曰處窰。宋元時龍泉華琉山下，有章氏造窰，出款貴重，古董行所謂哥窰器者即此。"清藍浦《景德鎮陶錄・古窰考》："德化窰：自明燒造。本泉州府德化縣，德化今改屬永春州。盌琖亦多擎口，稱白瓷。頗滋潤，但體極厚，間有蒲者，唯佛像殊佳。"

霍窰[1]

元代瓷窰。窰址位於今山西霍州。其地元屬霍州，故名。器物體薄而輕，釉質潔白，製作規整，但因胎土中含鋁量高，窰溫又欠高，故極脆。器物或爲素面，或帶清晰精細印花裝飾，題材以花卉居多，器型有高足杯、折腰碗等。元初著名工匠彭君寶曾在這裏製作仿定器皿，故霍窰亦稱"彭窰"。明曹昭《格古要論・古窰器論》："霍器，出山西平陽府霍州。元朝戧金匠彭均寶，效古定器制，折腰樣者甚整齊，故名曰彭窰。土脉細白者，與定器相似，皆口欠滋潤，極脆，不甚值錢。賣骨董者稱爲新定器，好事者以重價收之，尤爲可笑。"

【彭窰】

即霍窰[1]。此稱元代已行用。見該文。

霍窰[2]

唐代瓷窰。窰址位於景德鎮，窰主係初唐霍仲初，故名霍窰。燒造胎質細膩、釉瑩如玉的白瓷，曾入貢皇家。亦稱"霍州窰"。清藍浦《景德鎮陶錄・景德鎮歷代窰考》："霍窰：窰瓷色亦素。土壤膩質薄，佳者瑩縝如玉，爲東山里人霍仲初所作，當時呼爲'霍器'。《邑志》載：'唐武德四年，詔新平民霍仲初等製器進御。'"又《古窰考》："霍州窰：亦今之西窰。始於唐宋。土細壤質膩，體薄，色多白。比平陽所造爲佳。當時別之曰霍器。"但該窰址迄今未發現。從已有考古資料看，初唐景德鎮尚無力製作如此精美器物，故藍浦之言尚存疑。

【霍州窰】

即霍窰[2]。此稱唐代已行用。見該文。

臨汝窰

宋代重要瓷窰。位於今河南汝州臨汝，故名。共發現窰址十一處，其中嚴和店、軋花溝及下任村三處所燒瓷器屬於耀州窰系印花刻花青瓷，其餘八處所燒屬於鈞（均）窰係青瓷。故有"鈞汝不分、耀汝相似"之說。始燒於北宋中期，興盛於北宋後期，而延續到金代（南宋），終於元代。其產品胎體較厚重，胎質較密，胎色有灰白與淺褐兩種。釉色多青中閃綠，釉層較厚；尚有丹白色釉和天蘭釉等數種，釉質純粹，色澤滋潤，氣泡較多。裝飾技藝以印花爲主，亦有印花、刻花以及素身無紋者。其印花紋飾和輪廓綫皆凸起較高，紋飾與耀州窰器有不少相似之處，但較爲遜色，常見題材有纏枝、折技之菊花、團菊、牡丹花等，還有海水紋、波浪式水紋等。其圈足，宋代較寬，足內有釉，足端露胎；金元時，挖足較深，足內、足端均無釉。北宋大量燒造之民用青瓷主要有三類：其一爲天藍或葱綠釉瓷，有墊燒及滿釉支燒二種，或胎呈香灰色，玻璃光較强，曾認爲與汝官器有關。其二爲似耀州窰之青釉印花瓷（亦有少量刻花瓷）。兩者主要區別在於，臨汝器釉色青中閃綠較多，耀州窰則青中泛黃者多；臨汝胎鬆而釉厚，耀州胎緊而釉薄。其三爲鈞釉瓷，元代以燒鈞釉爲盛。此稱未見清代以前文獻記載，爲今考古用語。

繁昌窰

著名瓷窰之一，宋代已有。遺址位於今安徽蕪湖繁昌南郊和西郊山地丘陵地帶。已發現窰址多處，其中位於繁昌南郊的柯家冲窰址面積最大，蓋即繁昌窰主要生産區域，具有代表性。柯家冲窰主要燒造青白釉瓷器，其次燒白釉瓷器。種類多爲壺、碗、碟、杯等民間日常生活用器。造型工整，胎質潔白細膩，釉色白中泛青、青中顯白，釉面瑩潤，製作工藝精細。此稱未見清代以前文獻記載，爲今考古用語。

饒窰

明代著名瓷窰。時有鈞窰、建窰、越窰、甌窰及饒窰，其中又以饒窰集其大成。饒窰沿宋元之舊，開於饒州浮梁縣之景德鎮。饒窰在宋元時或開或停，至明代而大盛，爲全國瓷業之都會。明代饒窰以年代而分，又可分爲洪武窰、永樂窰、宣德窰、成化窰、正德窰、嘉靖窰、隆慶窰、萬曆窰等，其內容豐富，流傳之多，各具特色。明曹昭《格古要論·古窰器論》："古饒器，御土窰者，體薄而潤，最好，有素折腰樣。毛口者，體雖厚，色白且潤，尤佳。其價低於定器。元朝燒小足印花者，內有樞府字者高。新燒大足，素者欠潤，有青色及五色花者，且俗甚。"明高濂《遵生八箋·燕閑清賞箋下》："近有饒窰白磁花尊，高三二尺者，有細花大瓶，俱可供堂上插花之具，製亦不惡……又如饒窰，宣德年燒製花觚、花尊、蜜食罐、成窰嬌青蒜蒲小瓶、膽瓶、細花一枝瓶、方漢壺式者，亦可文房充玩。"清朱琰《陶説·説今》："饒窰陶土，初采於浮梁新正都麻倉山。萬曆時，麻倉土竭，復采於縣境內吳門，托至祁門，而三易其地矣。"又《説器中》："饒窰在宋元時，有命則開，停即止。故所傳者少。"

鶴壁窰

中國北方地區較大的民間窰場之一。位於河南鶴壁。唐末開始燒造，北宋中期以後爲興盛時期，元代仍在燒造。唐代鶴壁窰瓷器多白釉和黃釉。唐宋時，器形有盤、碗、壺、罐等，并能燒造大件器皿，也燒製玩具和瓷枕。以白釉爲主，有白地黑花，亦有加綠彩者；用繪花、刻花、剔花技法，多花卉禽魚等簡潔圖案。器裏往往寫有趙、楊、張、劉等姓氏銘記。元代除燒製傳統的品種之外，還仿製鈞窰瓷器。此稱未見清代以前文獻記載，爲今考古用語。

第四節　鹽場考

　　鹽，即食鹽，省稱"鹽"，調和飲食五味佐料之一，亦可藥用。漢字中"鹽"字出現很早，《書·説命下》："若作和羹，爾唯鹽梅。"鹽的種類很多，在我國，依産處分作海鹽、井鹽、池鹽、巖鹽等；依産製方法分作生鹽、煮鹽等；依産地分作解鹽、戎鹽、胡鹽、淮鹽、陸鹽、青州鹽等；依色彩分作白、紅、黑、青、紫、黃、烏、赤黑等色及五色鹽、桃花鹽、水晶（精）鹽等；依形狀分作時顆（大）鹽、末（散）鹽、石子鹽、卵鹽、傘自鹽等；亦有特稱如學士鹽、君王鹽、光明鹽、玉華鹽者，不一而足。《周禮·天官·鹽人》："鹽人，掌鹽之政令，以共百事之鹽。祭祀，共其苦鹽、散鹽；賓客，共其形鹽、散鹽；王之膳羞，共飴鹽；后及世子亦如之。凡齊事，鬻鹽以待戒令。"鄭玄注："飴鹽，鹽之恬者，今戎鹽有焉。"賈公彥疏："苦當爲鹽，鹽謂出於鹽池，今之顆鹽是也。散鹽煮水爲之，出於東海……言飴鹽，故云'鹽之恬者'。云'今戎鹽有焉'者，即石鹽也。"參見清陳元龍《格致鏡原·飲食類三》"鹽"條。今有添加微量元素的碘鹽、鍺鹽等。

　　鹽場，則專指製鹽之場所。這一稱謂最早見於唐段公路《北户録》一書，也稱"亭場""鹽亭"。據迄今之考古發現，重慶忠州中壩遺址，在距今三千餘年甚至更早之前，便是一個鹽場，并被證實爲迄今發現的世界上最古老的鹽場。漢代的鹽場據《説文·鹽部》記載："袤五十一里，廣七里，周百十六里。"鹽場，可根據地域的不同分爲兩種：一種依內陸鹵地而建，而另一種則臨海建池而置。前者常冠以"鹽""鹽田""鹽池""鹽地""鹽丘""鹽坑"等稱謂。因多采用鑿地爲井并汲取地下鹵水來製鹽，故而其産鹽之井名爲"鹽井"。鹽井在川滇一帶爲多，內陸遠海之地食鹽多賴此供給。清李芝《鹽井賦》："夫鹽井者，潛穿地穴，倒喻洪濤。山澤通靈，水火相遭。熬波成石，鎔液爲膏。雖沿象於夙沙，實寓巧於圖刀。"而後者則多稱"鹽浦"。浦，本意即指水邊之地。鹽浦，即海濱産鹽之地。這一稱謂早在漢司馬相如《子虛賦》中就已出現。

　　早在春秋時代，製鹽業已有官辦與民辦之分，其初以民辦爲主，後期轉爲以官府管理爲主。《史記·平準書》中就記載了早在西漢武帝時代"敢私鑄鐵器煮鹽者，鈦左趾，没入其器物"的嚴苛法令。唐中葉以後，逐漸改爲民製官收，商運商銷。

鹽井

汲取地下鹵水提煉鹽而鑿的井。古代以四川及雲南兩地爲多。鹽井取鹽之法是，鑿地成井，汲取地下鹵水，提煉成鹽。《漢書·貨殖傳·程鄭》："〔羅裒〕擅鹽井之利，期年所得自倍，遂殖其貨。"《清史稿·食貨志四》："四川鹽井產旺者，凡州縣二十四，行銷西藏及四川、湖南、湖北、貴州、雲南、甘肅六省；雲南鹽井最著者二十六，行銷本省。"亦稱"火井"。《漢書·郊祀志下》："〔宣帝〕祠天封苑火井於鴻門。"顏師古注引如淳曰："《地理志》西河鴻門縣有天封苑火井祠，火從地中出。"《文選·左思〈蜀都賦〉》："火井沈熒於幽泉，高爓飛煽於天垂。"劉良注："蜀郡有火井，在臨邛縣西南。火井，鹽井也。欲出其火，先以家火投之，須臾許，隆隆如雷聲，爓出通天，光輝十里，以筒盛之，接其光而無炭也。"明宋應星《天工開物·作鹹》："西川有火井，事奇甚。其井居然冷水，絶無火氣，但以長竹剖開去節，

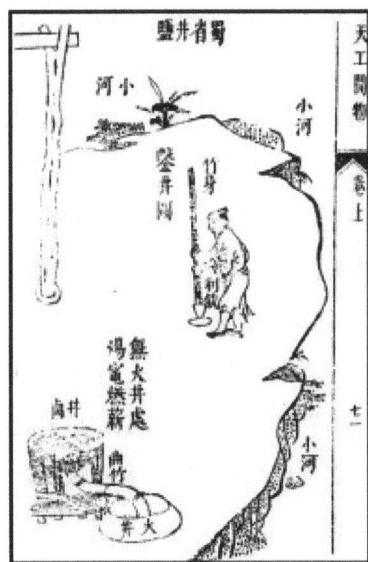

鹽井
（明宋應星《天工開物》）

合縫漆布，一頭插入井底，其上曲接，以口緊對釜臍，注鹵水釜中，祇見火意烘烘，水即滾沸。"火井本爲天然氣井，因其投火即燃，故稱；古常用以煮鹽，故亦稱鹽井。參閲《後漢書·郡國志五》及《格致鏡原》卷九。

【火井】

即鹽井。此稱漢代已行用。見該文。

鹽屯

古代製鹽的場所。《舊唐書·食貨志上》："開元元年十一月，河中尹姜師度，以安邑鹽池漸涸，師度開拓疏決水道，置爲鹽屯，公私大收其利。"《新唐書·食貨志》："幽州、大同橫野軍有鹽屯，每屯有丁有兵，歲得鹽二千八百斛，下者千五百斛。"《通志·食貨略·鹽鐵茶》："（唐開元）二十五年，倉部格：蒲州鹽池，令州司監當租，分與有力之家營種之，課收鹽，每年上、中、下畦通融，收一萬石。又屯田格：幽州鹽屯，每屯配丁五十人，一年收率滿二千八百石。"《明史·食貨志一》："王朝用、唐順之、吳桂芳等爭言屯政。而龐尚鵬總理江北鹽屯。"

鹽田

將土地分成小塊，灌入鹽水，藉助蒸發製鹽的內陸鹽場。北魏酈道元《水經注·澮水》："土俗裂水沃麻，分灌川野，畦水耗竭，土自成鹽，即所謂鹹羇也，而味苦，號曰鹽田。"南朝梁任昉《述異記》："鹽田在河東郡，有一大澤，澤中產鹽，引水沃之則自成，號曰鹽田。"亦稱"鹽池"。《漢書·揚雄傳上》："顧龍門，覽鹽池。"顏師古注："龍門山在今蒲州龍門縣北。鹽池在今虞州安邑縣南。"《晉書·食貨志》："邊上修武威、酒泉鹽池，以收虜穀。"《舊唐

書·食貨志上》："開元元年十一月，河中尹姜師度以安邑鹽池漸涸，師度開拓疏決水道，置爲鹽屯，公私大收其利。"亦稱"鹽坈"。"坈"之音義近於"坑"，《楚辭·七諫·初放》："與麋鹿同坈。"漢王逸注："陂池曰坈。"北魏酈道元《水經注·膠水》："海南土山以北，悉鹽坈相承，修煮不輟。"

【鹽池】

即鹽田。此稱漢代已行用。見該文。

【鹽坈】

即鹽田。此稱南北朝時期已行用。見該文。

【鹽地】

即鹽田。此稱宋代已行用。《宋史·食貨志下三》："久之，東南鹽地，悉復禁榷，兵民輦運，不勝其苦。"《續資治通鑑長編·宋仁宗天聖八年》："在陝西者爲西鹽，若禁鹽池，則爲東鹽，各有經界，防其越逸。"《明史·食貨志四·鹽法》："洪武初，諸產鹽地，次第設官。都轉運鹽使司六……"清段光清《鏡湖自撰年譜·同治二年癸亥》："獻策者云：將鹽地變價，民間自報開墾，官爲升科。辦之數月，鹽地居民雖有勉強應允者，終未見有成效。"《清史稿·地理志十二》："紹興府……海，東自臨海入，逕浪磯山，爲台州灣口南岸，有丁進、洪輔兩塘，長六十餘里，內爲鹽地，北接臨海，南亘太平。"

【鹽丘】

即鹽田。丘也是丈量鹽田面積的單位。鹽丘多指丘陵地帶之鹽田。《清史稿·食貨志四》："而福建、廣東、兩浙招徠竈丁，墾復鹽地、鹽丘，報部升課者不絶。"乾隆《福建通志·釐政》："惠安場歷年墾復鹽丘，實徵銀

四百七十七兩五錢。"又同書《田賦》："惠安場鹽丘，共四千七百七十五丘。"

【鹽邱】

即鹽田。同"鹽丘"。此稱清代已行用。《大清會典則例·戶部·鹽法上》："二十二年，題准招回曬丁墾復鹽邱，每邱加征銀一錢。"

鹽埕

以日光曬鹽的場所。宋梁克家《淳熙三山志·地理類六·海道》："嶺口鹽埕，歲納二百四十二萬斤。"《欽定平定臺灣紀略·臺灣鎮總兵柴大紀奏言》："臣即督率官兵飛馳鹽埕，察看海邊一帶，已有小船數百隻浮水而來，俱係賊匪。"清黃叔璥《臺海使槎錄·泉井園石》："各省鹽或煎或曬，臺地止於海岸曬鹽。府鹽埕二千七百四十三格。臺邑鹽埕一千四百二十一格。"《清八旗通志·施世驃志》："游擊朱文、謝希賢、林秀等，越七鯤身，由鹽埕、大井頭諸路奮勇登岸。"單稱"埕"。清顧炎武《天下郡國利病書·福建三·鹽法》："土人以力畫鹽地爲埕，漉海水注之，經烈日曝即成鹽。"

【埕】

"鹽埕"之單稱。此稱清代已行用。見該文。

鹽浦

海濱鹽場。《史記·司馬相如列傳》："捎兔轔鹿，射麋腳麟，鶩於鹽浦，割鮮染輪。"集解引郭璞注："鹽浦，海邊地多鹽鹵。"南朝陳徐陵《謝賚麞啓》："預割鮮禽，已同鹽浦。"宋劉放《次韻裴庫部雪二首》詩："似薄凝霜不振威，端凌愛日奪光輝。變成鹽浦風沙亂，卷起濤江海上飛。"

鹽場

古代製鹽的工廠。我國在先秦時期即有鹽

場，名爲“鹽”。唐代典籍始稱“鹽場”，沿用至今。考古發現，重慶市忠州中壩遺址，在距今三千餘年甚至更早之前，便是一個鹽場，并被證實爲迄今發現的世界上最古老的鹽場。唐段公路《北户録·紅鹽》：“恩州有鹽場，出紅鹽，色如絳雪。”《宋史·食貨志下三》：“諸路鹽場廢置，皆視其利之厚薄，價之贏縮，亦未嘗有一定之制。”明王樵臣《尚書日記》卷五：“大清河，即沛水故渠也，自東阿之張秋東北抵利津富國鹽場入海。”《明史·朱衡傳》：“淮浙鹽場鹹泥盡没，竈户流移，商賈不至，國課可慮，五也。”

【鹽】

鹽場古名。此稱先秦時期已行用。《左傳·成公六年》：“諸大夫皆曰：‘必居郇瑕氏之地。沃饒而近鹽，國利君樂，不可失也。’”《説文·鹽部》：“鹽，河東鹽池，袤五十一里，廣七里，周百十六里。”

【鹽亭】

即鹽場。此稱漢代已行用。《漢書·地理志第八下》：“莽曰有鹽亭。”《宋史·河渠志六》：“〔政和〕二年七月，兵部尚書張閣言：臣昨守杭州，聞錢塘江自元豐六年泛溢之後，潮汛往來，率無寧歲。而比年水勢稍改，自海門過赭山，即回薄巖門、白石一帶北岸，壞民田及鹽亭、監地，東西三十餘里，南北二十餘里。”《元史·王積翁傳》：“國計莫重於鹽筴。乃如前除鹽亭竈户，三年一比附推排，世祖舊制也。任事者恐斂怨，久不舉行。”

【亭場】

即鹽場。此稱宋代已行用。《宋史·食貨志下三》：“其鬻鹽之地曰亭場，民曰亭户，或謂之竈户。户有鹽丁，歲課入官，受錢或折租賦，皆無常數。”宋樂史《太平寰宇記·淮南道八·通州·刺土成鹽法》：“但近海亭場及晴雨得所，或風色仍便，則所收益多。”宋朱熹《奏鹽酒課及差役利害狀》：“夫産鹽地分距亭場，去處近或跬步之間，遠亦不逾百里。”

天富場

古代温州製鹽場名。分南北二場。北場在玉環，明初置，隸樂清縣，後遷於白沙，清康熙間，并歸長林場，雍正間，設玉環營，復置；南場在温州平陽東南，先設於縣東，明洪武間，徙蘆浦，清康熙間，并歸雙穗場，尋復徙置縣東南肥體寨。宋方勺《泊宅編》卷三：“又東南爲温州雙穗、南天富場、北天富場十分，著爲定數。蓋自岱山及二天富，皆取海水煉鹽，所謂‘熬波’者也。”《宋史·食貨志下四》：“至岱山、昌國，又東南爲温州雙穗、南天富、北天富場爲十分；蓋其分數約得鹽多寡而爲之節。自岱山以及二天富煉以海水，所得爲最多。”宋黃震《黃氏日鈔》卷三二“五十代摺襲衍聖公”文下有“持天富場”句。

石堰場

古代海鹽産地。遺址在今浙江慈溪西南十里石堰鄉。清時爲兩浙鹽運司所屬。《宋史·食貨志下四》：“湯村爲七分，鹽官場爲八分，並海而東爲越州餘姚縣石堰場、明州慈溪縣鳴鶴場皆九分。”《元史·百官志》：“鹽場三十四所……三江場、曹娥場、石堰場、鳴鶴場……”《明會典》卷三五載石堰場隸屬兩浙都轉運鹽使司寧紹分司石偃場鹽課司管理。《大清會典·户部·鹽法上》載，石堰場由“浙江巡撫總理兩浙鹽驛道專理”。

白鹽井

四川、雲南一帶的古代鹽井。《元史·泰定帝本紀一》："雲南開南州大阿哀、阿三木、台龍買六千餘人寇哀卜白鹽井。詔：凡有罪自首者，原其罪。"《明史·四川土司傳一》："至元中，於黑、白鹽井置閏鹽縣。"《明史·雲南土司列傳一》："又開白鹽井，民始安輯。"明謝肇淛《滇略·雜略》："羝羊石，在姚安東一里許，昔蒙氏時，洞庭君愛女於此牧羊，有羝餂土，驅之不去，掘地遂得鹵泉，名曰白羊井。人即其地立聖母祠及開橋頭井，得石羊，云即餂土之羝，後歸於聖母祠。其井即白鹽井也。"明置白鹽井鹽課提舉司，治雲南姚安府。《明史·職官志四·鹽課提舉司》："提舉司凡七……曰黑鹽井（楚雄），曰白鹽井（姚安），曰安寧，曰五井（大理），曰察罕腦兒。"

白鹽池

古代著名鹽場之一。《魏書·劉潔傳》："劉潔，長樂信都人也……分徙三萬餘，落於河西，西至白鹽池。新民驚駭，皆曰：'圈我於河西之中，是將殺我也'。"《資治通鑑·宋文帝元嘉七年》："西至白鹽池。"胡三省注："五原郡有白鹽池、黑鹽池。唐置鹽州，以此得名。"《大清一統志·涼州府》："白鹽池：在鎮番縣界，《元和志》武興鹽池，眉黛鹽池並在姑臧縣界，百姓咸取給焉。《行都司志》有新中沙白鹽池，在鎮番衛東五十里，周二里；又三壩白鹽池，在衛東三十里，周三里。鴛鴦白鹽池、小白鹽池皆在衛西北二百二十里邊外，明初曾設釃司，後因邊外商賈不行，故廢。"亦稱"白鹽灘"。《御批歷代通鑑輯覽·明景皇帝九年》："總督延綏軍務王越，襲寇於紅鹽池（在榆林府西北與

鹽　池
（明宋應星《天工開物》）

寧夏府接界）……〔王越〕乃率總兵官許寧，游擊將軍周玉（字廷璧，滁人），各將兵四千六百人，從榆林紅兒山（在榆林府北）出境，晝夜兼行，涉白鹽灘（即白鹽池，在定邊縣西北），北又百餘里，探知賊老弱俱在紅鹽池。"

【白鹽灘】

即白鹽池。此稱明代已行用。見該文。

紅鹽池

古代著名鹽場之一。因產鹽色紅而得名。《宋史·徽宗本紀二》："丁亥，解池生紅鹽。"《元史·食貨志》："寧夏所產韋紅鹽池，不辦課程，除鞏昌等處循例認納乾課，從便食用外，其池鄰接陝西環州百餘里。"《明一統志·陝西布政司》："紅鹽池：在山丹衛城北五百里，池產紅鹽。又居延澤旁亦有池產白鹽，采之不竭。"《大清一統志·鄂爾多斯》："紅鹽池：在右翼前旗西南三百里。蒙古名五樗池。明成化中，總督王越敗套寇於紅鹽池，即此。《延綏志》榆林東有長鹽池、紅鹽池，西有西紅鹽池、鍋底池，俱僻在境外。《榆林衛志》紅鹽池在衛西

北三百五十里。"乾隆《甘肅通志·甘州府·張掖縣》:"紅鹽池在縣北五百里,池産鹽,紅色。明洪武中,指揮莊得采貢歲辦,後以地屬境外停罷。"

竈泡

海濱鹽民煮鹽的地方。亦爲鹽場的別稱。清紀昀《閱微草堂筆記·槐西雜志四》:"滄州一帶海濱煮鹽之地,謂之竈泡,袤延數百里,并斥鹵,不可耕種,荒草粘天,略如塞外,故狼多窟穴於其中。"

竈地

沿海鹽戶租賃的屬於國家的田地,一般由國家徵收一定數量的鹽作爲地租。明章潢《圖書編·山東鹽課》:"除竈丁逃竄,遺下竈地,俱係濟、青、萊、登所屬四十五州縣所居民佃種,該徵十引,鹽二萬八千三百九十引七十八斤有奇。正德七年,奏准每引折徵民佃竈地銀一錢五分。"明王慎中《封通政司通政溪橋王公墓誌銘》:"其民籍皆繫於竈,歲賦鹽入廩,轉餉塞上,徵其力之所出,而不責其非有。而近歲有司重以折色之徵,推膚剥髓,不能充也。公謂竈地半坼於海,民輸其有已不贍,而重以折色,是責米於盆缶鑊釜之間,非其出也。"《畿輔通志·鹽政·課額》:"順治十八年,題准巡鹽御史親歷場分清丈竈地,歸還竈户,不許豪右隱占。"《欽定大清會典則例·户部·户口下》:"〔雍正〕六年,題准長蘆利民等八場竈丁銀攤入各場竈地徵收,每畝徵銀六厘至一分不等。"清何天培《奏爲請將竈丁歸併竈地徵收以免苦累事》:"江浙之松、嘉、杭、紹等府,有竈丁一項,必宜歸在竈地,查明初竈户燒鹽,其地謂之鹽場,乃取鹵燒之地,但徵稅銀,不徵糧米。"

草蕩

海濱産鹽的窪地。《宋史·食貨志上一》:"乾道二年四月,詔漕臣王炎,開浙西勢家新圍田,草蕩、荷蕩、菱蕩及陂湖溪港岸際旋築堘畦。"明宋應星《天工開物·作鹹》:"凡海水自具鹹質。海濱地高者名潮墩,下者名草蕩,地皆産鹽。"明陳善《捍海塘考》:"塘外有沙場二十餘里,沙場内有陸地、草蕩、桑柘、棗園一百六十七頃有奇。"明鄭若曾《江南經略》卷四上:"嘉靖二十三年,增築海塘。自吳淞所南,抵上海草蕩,西起金山,東並南匯,北抵吳淞。"

潮墩

海濱産鹽的高地。明宋應星《天工開物·作鹹》:"凡海水自具鹹質。海濱地高者名潮墩,下者名草蕩,地皆産鹽。"清杜文瀾《淮鹺紀略·場務》:"淮南二十場,受害在風潮。每遇有閏之年,潮水必大,〔土亭〕場居室頃刻蕩然。故各場皆自築避潮墩,潮大時僅以身

潮　墩
(明宋應星《天工開物》)

免。"清宣鼎《夜雨秋燈録・石郎養笠墓》："日卓午，與群牧倘徉於緑樹間，或捉迷藏，或賭樗蒲；郎獨抽尺八，坐避潮墩，吹無腔之韻，偷關山楊柳，指村舍桃花，自以爲樂。"

第三章　田宅場圃説

第一節　田地考

自古及今，田地都是人們賴以生存的基本物質條件之一。《説文·田部》："田，陳也。樹穀曰田。象四口。十，阡陌之制也。凡田之屬皆從田。"《洪武正韻》："土已耕曰田。"甲骨文中有"田"，形象地説明農田由被縱橫交錯的道路及溝洫分隔而成。

土地作爲重要的生産資料，在先秦時期屬於國家所有，當時曾實行井田制度。因土地被劃成"井"字形，故有"井田"之名；又有與之相對應的户籍制度、税收制度，故有"井田制"之名。井田制度在商代已經出現，到西周時期得到全面推廣。在標準的井田間，有排灌水渠系統，稱作遂、溝、洫、澮、川，與之相應的道路系統稱作徑、畛、塗、道、路。縱橫在井田上的道路稱阡陌。《史記·商君列傳》："爲田開阡陌封疆，而賦税平。"張守節正義："南北曰阡，東西曰陌。"在相當數量的井田周圍，"啓土作庸"，形成封疆。在周王畿及諸侯國以内，土地皆屬於周天子所有。周天子除保留較多的地方爲王畿之外，還按爵位高低把土地分封給臣屬諸侯，在諸侯國内又把一部分土地賜給臣屬卿、大夫、士，以爲俸禄。這些土地，稱作私邑、食邑、封地、領地、采地和圭田等，在名義上屬於周天子所有，即《詩》及《孟子》中所説的"溥天之下，莫非王土"。各級貴族占有土地，在自己權力所及的統治範圍内，由庶民耕作，以自養養人，但土地不得私有，不得買賣，即《周禮·王制》所説的"田里不鬻"。

田
（清鄂爾泰等《授時通考》）

戰國時期，政局動蕩不安，戰亂頻仍，天子失去權威，土地所有權亦因此而無法控制，於是，土地開始任人買賣，因而有些土地成爲私人所有，其後，買田置地遂成爲社會風氣。《韓非子·外儲説左上》："王登爲中牟令……一日而見二中大夫，予之田宅。中牟之人棄其田耘，賣宅圃而隨文學者邑之半。"《史記·廉頗藺相如列傳》："王所賜金帛，歸藏於家，而日視便利田宅可買者買之。"

漢代土地所有制的具體形式有兩種，即國有土地（官田）與私有土地（民田）。漢代的國有土地，包括由國家直接掌握的山川、園地、苑囿、屯田、荒地以及戰亂之後的無主田地。此外，"没官"和"獻"的田地也是官田來源之一。如《漢書·平帝紀》："郡國大旱，蝗，青州尤甚，民流亡。安漢公、四輔、三公、卿大夫、吏民爲百姓困乏獻其田宅者二百三十人，以口賦貧民。"

北魏隋唐時期實行均田制。田制形式有露田、桑田、口分田、永業田、職分田和公廨田等。唐代以後，土地私有化的傾嚮越來越明顯，但國家和皇室仍保有大量土地。這些土地以"皇莊""官莊"的面目出現。此後，一直到清朝結束，雖有賦税、户籍制度之變化，但從國家而言，田制形式基本穩定不變。

本章重在考察歷代有關田地的名物之考辨，如，隔歲種植之貧地，稱"一易之地"；連年種植的沃土，稱"不易之地"；板結堅硬之地，稱"土壃"；不生五穀的沙石之地，稱"磧鹵"；京畿之内的肥田稱"神皋"；臨近城郭的肥田稱"負郭田"等。此外，本節在考釋優劣田地的同時，又着重考釋了中國田地規律性形體及與之相應的種植情況。在考釋中又特別注重同物異名辨識，如，唐宋時之"畲""畲田"，即南北朝時的火種田之"嘹田"；宋代的"圩田"與"圍田"無别，兩者即三國時圍於淺水灣或河湖淤積之"湖田"。諸如此類不再贅述。

土地

田地。《周禮·地官·小司徒》："乃經土地而井牧其田野。"《史記·平準書》："《禹貢》九州，各因其土地所宜，人民所多少而納職焉。"《漢書·晁錯傳》："審其土地之宜。"唐佚名《大唐傳載》："李願司空，兄弟九人，四有土地，願爲夏州、徐泗、鳳翔、宣武、河中五節度……"明趙南星《笑贊·王知訓》："贊曰：州官入覲，土地隨之，此常事也，而獨言宣州，此必與王知訓有仇者爲之耳。"

土業

田地産業。《漢書·王莽傳》："明學男張邯、地理侯孫陽造井田，使民棄土業。"《三國志·魏書·司馬朗傳》："今承大亂之後，民人分散，土業無主，皆爲公田，宜及此時復之。"《册府元龜·牧守部·招輯》："呂虔爲泰山太守，郡接山海，世亂，聞民人多藏竄。袁紹所置中郎將郭祖、公孫犢等數十輩，保山爲寇，百姓苦之。虔將家兵到郡，開示恩信，祖等黨屬皆降服，諸山中亡匿者盡出安土業。簡其强者補戰士，泰山由是遂有精兵，冠名州郡。"

土彊

板結堅硬之土壤。彊，通"强"。《禮記·月令》："可以糞田疇，可以美土彊。"鄭玄注："土彊，强㯺之地。"唐孔穎達疏："彊者，彊㯺磊磈難耕之地。"

土壤[1]

地表具有肥力之疏鬆物質，能生長植物。《史記·李斯列傳》："臣聞地廣者粟多，國大者人衆，兵彊則士勇，是以太山不讓土壤，故能成其大；河海不擇細流，故能就其深；王者不却衆庶，故能明其德。"《後漢書·公孫述傳》："今山東飢饉，人庶相食，兵所屠滅，城邑丘墟。蜀地沃野千里，土壤膏腴，果實所生，無穀而飽。"李賢注："無塊曰壤。"《後漢書·光武帝紀》："耿純進曰：天下士大夫，捐親戚、棄土壤，從大王於矢石之間者，其計固望其攀龍鱗，附鳳翼，以成其所志耳。"

士田

古代卿、大夫、士供祭祀用之田。亦稱"圭田"。《周禮·地官·載師》："以宅田、士田、賈田任近郊之地。"漢鄭玄注："'士'讀爲'仕'，仕者亦受田，所謂圭田也。"《禮記·王制》："林、麓、川、澤以時入而不禁，夫圭田無征。"《孟子·滕文公上》："卿以下必有圭田，圭田五十畝。"漢趙岐注："古者卿以下至於士，皆受圭田五十畝，所以供祭祀也。"一說士大夫之子耕治之田。《周禮·地官·載師》鄭玄注引鄭司農云："士田者，士大夫之子得而耕之田也。"一說爲養廉之田，故亦稱"絭田"。鄭玄注："所謂惟士無田則亦不祭，言絀士無絭田也。"《禮記·王制》孔穎達疏："夫圭田無征者，夫猶治也。畿内無公田，故有圭田，卿大夫士皆以治此圭田，公家不稅其物，故云無征。必云圭者，圭，絭白也。言卿大夫德行絭白，乃與之田，此殷禮也。殷政寬緩，厚重賢人，故不稅之。"唐劉禹錫《汴州刺史廳壁記》："我食止圭田，吾用止公入，凡他給過制傷廉浼潔者，悉罷之。"宋周輝《清波别志》卷上："圭田，養廉也。凡在職，皆當以廉責之。"

【圭田】

即士田。此稱先秦時期已行用。見該文。

【絜田】

即士田。此稱漢代已行用。見該文。

上地

上等肥田。《周禮・夏官・大司馬》："凡令賦，以地與民制之。上地食者參之二，其民可用者家三人。"鄭玄注引鄭司農云："上地謂肥美田也。"亦稱"上壤""上田""上腴"。《管子・乘馬數》："以上壤之滿，補下壤之衆。"《韓非子・內儲説上》："有能徙此南門之外者，賜之上田上宅。"《後漢書・班固傳》："華實之毛，則九州之上腴焉。"

【上壤】

即上地。此稱先秦時期已行用。見該文。

【上田】

即上地。此稱先秦時期已行用。見該文。

【上腴】

即上地。此稱漢代已行用。見該文。

下地

亦稱"下田""庸田"。下等瘠地。《周禮・地官・小司徒》："下地家五人，可任也者家二人。"《管子・乘馬數》："下地方百二十里，萬室之國一，千室之都四。"宋曾安止《禾譜》："《稻人》亦曰：'掌稼下地。'則下地者，塗泥之所在，爲種稻之宜也。"清王夫之《讀通鑑論・文帝》："什一之賦，三代之制也……然而有上地、中地、下地之差，有一易、再易、萊田之等，則名什一，而折衷其率，亦二十而取一也。"亦稱"下田"。《呂氏春秋・上農》："上田，夫食九人；下田，夫食五人。可以益，不可以損。"

【下田】

即下地。此稱先秦時期已行用。見該文。

【庸田】

即下地。此稱先秦時期已行用。《管子・山權數》："高田十石，閑田五石，庸田三石，其餘皆屬諸荒田。"許維通注："庸田即下田。"

大田

肥沃的田地。《詩・小雅・大田》："大田多稼，既種既戒，既備乃事。"漢鄭玄箋："大田，謂地肥美，可墾耕，多爲稼，可以授民者也。"《周禮・春官・宗伯》："以軍禮同邦國，大師之禮，用衆也；大均之禮，恤衆也；大田之禮，簡衆也；大役之禮，任衆也；大封之禮，合衆也。"亦稱"土膏""膩壤"。《漢書・東方朔傳》："故酆鎬之間，號爲土膏，其賈畝一金。"南朝梁武帝《藉田》詩："千畝土膏紫，萬頃陂色縹。"宋范仲淹《和葛閎寺丞接花歌》："金刀玉尺裁量妙，香膏膩壤彌縫密。"

【土膏】

即大田。此稱漢代已行用。見該文。

【膩壤】

即大田。此稱宋代已行用。見該文。

【甫田】

即大田。此稱先秦時期已行用。《詩・齊風・甫田》："無田甫田，維莠驕驕。"毛傳："甫，大也。"《漢書・禮樂志》："敷華就實，既阜既昌，登成甫田，百鬼迪嘗。"顏師古注："甫田，大田也……言此粢盛，皆因大田而登成，進於祀所，而爲百神所歆饗也。"明何景明《雨頌》："甫田之坼，陰液膏之。"

【圃田】[1]

即大田。此稱先秦時期已行用。《周禮・夏官・職方氏》："河南曰豫州，其山鎮曰華山，其澤藪曰圃田，其川滎、雒，其浸波、溠，其

圖　田
（清鄂爾泰等《授時通考》）

利林、漆、絲、枲，其民二男三女，其畜宜六擾，其穀宜五種。"《爾雅·釋地》："十藪：魯有大野，晋有大陸，秦有楊陓，宋有孟諸，楚有雲夢，吳越之間有具區，齊有海隅，燕有昭余祁，鄭有圃田，周有焦護。"《淮南子·墜形訓》："何謂九藪？曰：越之具區，楚之雲夢，秦之陽紆，晋之大陸，鄭之圃田，宋之孟諸，齊之海隅，趙之鉅鹿，燕之昭余。"《智囊·明智部》："公曰：'無他也。吾始見其氣韻清秀，謂必遠器，今封詩，乃自稱新圃田從事。得一幕官，遂爾輕脱。君但觀之，必止於此，宜志已滿矣。'"楊守敬、熊會貞《水經注疏》卷七："《穆天子傳》〔五〕曰：天子里甫田之路。〔朱作'圃田'。《箋》曰：圃一作'甫'。戴改'甫'，下同。會貞按：殘宋本、《大典》本並作'甫'。圃田詳《渠水》篇。〕"

大都

周王都附近公的采地。《周禮·地官·載師》："以大都之田任畺地。"鄭玄注："大都，

公之采地，王子弟所食邑也。"《左傳·閔公二年》："大子將戰，狐突諫曰：'不可，昔辛伯諗周桓公云：内寵並后，外寵二政，嬖子配適，大都耦國，亂之本也。周公弗從，故及於難。今亂本成矣，立可必乎？孝而安民，子其圖之，與其危身以速罪也'。"

小都

周王都附近卿的采地。《周禮·地官·載師》："以小都之田任縣地。"鄭玄注："小都，卿之采地。"《史記·商君列傳》："秦自雍徙都之，而令民父子兄弟同室内息者爲禁，而集小都、鄉、邑聚爲縣，置令、丞。"

九等田

先秦時期六鄉以外的田分爲廛里、場圃、宅田、士田、賈田、官田、牛田、賞田、牧田九等，稱"九等田"。《周禮·地官·載師》："以廛里任國中之地；以場圃任園地；以宅田、士田、賈田任近郊之地；以官田、牛田、賞田、牧田任遠郊之地；以公邑之田任甸地；以家邑之田任稍地。"漢鄭玄注："六鄉之民七萬五千家，通不易、一易、再易，一家受二夫，則十五萬夫之地，其餘九萬夫。廛里也，場圃也，宅田也，士田也，賈田也，官田也，牛田也，賞田也，牧田也，九者亦通受一夫焉，則半農人也，定受田十二萬家也。"唐賈公彦疏："今則從近向遠，發國中爲始也。但自遠郊百里之内，置六鄉七萬五千家，自外餘地，有此廛里，以至牧田九等所任也。云以'公邑之田任甸地'者，郊外曰甸，甸在遠郊之外，其中置六遂七萬五千家，餘地既九等之人所受，以爲公邑也……六鄉之外有九等之田。"

井

先秦時期劃成方塊形的土田，在田中有水道貫穿其中。一里見方之地，九百畝。古制劃爲九區，八家各治百畝，餘爲公田。其形如井，故稱。亦稱"井田""井地"。《穀梁傳・宣公十五年》："古者三百步爲里，名曰井田。井田者，九百畝，公田居一。"范甯注："出除公田八十畝，餘八百二十畝。故井田之法，八家共一井，八百畝。餘二十畝，家各二畝，半爲廬舍。"《孟子・滕文公上》："方里而井，井九百畝，其中爲公田。"趙岐注："方一里者，九百畝之地也，爲一井。八家各私得百畝，同共養其公田之苗稼。"又，"經界不正，井地不鈞"。朱熹集注："井地，即井田也。"漢曹操《度關山》詩："封建五爵，井田刑獄。"清夏炘《釋夏貢有公田》："公田之名，原於井地，以井授田，由來久矣。"

【井田】

即井。此稱先秦時期已行用。見該文。

【井地】

即井。此稱漢代已行用。見該文。

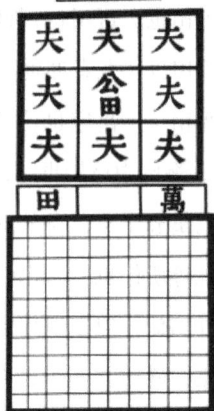

井　田
（明徐光啓《農政全書》）

王田

新莽時改稱天下田爲王田，且禁止買賣，以解決當時嚴重的土地兼幷問題。此稱漢代已行用。《漢書・食貨志上》："〔新莽始建國元年〕分裂州郡，改職作官，下令曰：'……今更名天下田曰王田，奴婢曰私屬，皆不得賣買。其男口不滿八而田過一井者，分餘田與九族鄉黨。'"

夫

古代有計口受田的制度，一夫受田百畝，故以田百畝稱"夫"。《周禮・地官・小司徒》："九夫爲井。"鄭玄注引《司馬法》："六尺爲步，步百爲畝，畝百爲夫。"《漢書・食貨志上》："六尺爲步，步百爲畝，畝百爲夫，夫三爲屋，屋三爲井，井方一里，是爲九夫。八家共之，各受私田百畝，公田十畝。"亦稱"夫田"。《漢書・仲長統傳》："限夫田以斷幷兼，定五刑以救死亡。"《魏書・食貨志》："諸有舉戶老小癃殘無授田者，年十一已上及癃者各授以半夫田，年逾七十者不還所受。寡婦守志者，雖免課，亦授婦田。"

【夫田】

即夫。此稱漢代已行用。見該文。

一易之地

隔歲種植之貧地。《周禮・地官・大司徒》："一易之地，家二百畝。"漢鄭玄注："一易之地，休一歲乃復種，地薄，故家二百畝。"

不易之地

連年種植之肥沃土地。《周禮・地官・大司徒》："凡造都鄙，制其地域，而封溝之，以其室數制之。不易之地家百畝，一易之地家二百畝，再易之地家三百畝。"鄭玄注："鄭司農云：不易之地歲種之，地美，故家百畝。"

不易之地
(《繪圖千家詩注釋》)

公田

不同時期有不同含義。先秦時期實行井田制度，把土地劃成“井”字形，分爲九區，中間一區由若干農夫共同耕種，所穫全部上繳官府，稱爲“公田”。中區以外的八區則稱爲“私田”。《詩·小雅·大田》：“雨我公田，遂及我私。”《孟子·滕文公上》：“方里而井，井九百畝，其中爲公田，八家皆私百畝，同養公田。公事畢，然後敢治私事，所以別野人也。”《禮記·王制》：“古者公田藉而不税。”鄭玄注：“藉之言借也，借民力治公田。”《漢書·食貨志上》：“六尺爲步，步百爲畝，畝百爲夫，夫三爲屋，屋三爲井，井方一里，是爲九夫。八家共之，各受私田百畝，公田十畝。”亦稱“官田”。《周禮·地官·載師》：“以宅田、士田、賈田任近郊之地；以官田、牛田、賞田、牧田任遠郊之地。”鄭玄注引鄭司農曰：“官田者，公家之所耕田。”清俞樾《群經平議·周官一》：“牛人掌養國之公牛，巾車掌公車之政令。注並曰‘公猶官也’，然則官田猶公田矣。”兩漢時期，國家、官府直接控制的土地稱公田，包括爲提供軍糧而設的屯田，國家授予或租賃給農民的土地，又因其屬官府所有，故亦稱“官田”，私人占有的土地稱“民田”。《史記·外戚世家》：“武帝奉酒前爲壽，奉錢千萬，奴婢三百人，公田百頃，甲第，以賜姊。”《漢書·蘇武傳》：“詔武奉一太牢謁武帝園廟，拜爲典屬國，秩中二千石，賜錢二百萬，公田二頃，宅一區。”《後漢書·孝明帝紀》：“夏四月甲辰，詔郡國以公田賜貧人各有差。”北魏至唐實行均田制，均田中包括公田和私田，此外，國家還保留一些公田和屯田。《魏書·食貨志》：“諸遠流配讁、無子孫及户絶者，墟宅、桑榆盡爲公田，以供授受。”又：“諸宰民之官，各隨地給公田，刺史十五頃，太守十頃，治中、別駕各八頃，縣令、郡丞六頃。”《魏書·食貨志》：“孝昌二年冬，税京師田租畝五升，借賃公田者畝一斗。”《舊唐書·李子通傳》：“伏威執之，並其左僕射樂伯通送於京師，盡收其地。高祖不之罪，賜宅一區、公田五頃，禮賜甚厚。”唐中葉後，土地私有制深化，國家直接控制的田和無主荒田稱公田，田主占有的稱私田或民田。《舊唐書·哀帝本紀》：“丁亥，敕：‘洛城坊曲内，舊有朝臣諸司宅舍，經亂荒榛。張全義葺理已來，皆已耕墾，既供軍賦，即係公田。’”

【官田】[1]

即公田。此稱先秦時期已行用。見該文。

公邑

周王直轄之地，屬於采邑之外的土地，由大夫管理。《周禮·地官·載師》：“以公邑之田任甸地，以家邑之田任稍地。”鄭玄注：“公邑，謂六遂餘地。天子使大夫治之，自此以外皆然。”《春秋公羊傳·昭公五年》：“夏，莒牟夷以牟婁及防茲來奔。莒牟夷者何？莒大夫也。莒無大夫，此何以書？重地也。其言及防茲來奔何？不以私邑累公邑也。”清林頤山《釋賦税二》：“依《司馬法》：‘車一乘、甲士三人、卒七十二人爲王畿鄉遂，與公邑、與采地、與侯國同制。’”

公廨田

隋唐時期京城内外各官署占有的收租以供公用的官田。由各級官府經營管理。隋開皇九年（589），詔省、府、州、縣皆給公廨田以供公用，爲公廨田名稱之始。唐承隋制。唐初，規定京官官署和外官官署均按照等級高低，分別給予數量不等的公廨田。唐開元初年，在京諸官署給田多者二十六頃，少者二頃；在外諸官署給田多者四十頃，少者一頃。唐以後無公廨田的記載。此稱隋代已行用。《隋書・食貨志》：“外官亦各有職分田。又給公廨田，以供公用。”《通典・食貨二》：“隋文帝令自諸王以下至於都督，皆給永業田，各有差……又給公廨田，以供用。”又：“又田令，在京諸司及天下州府縣監、折衝府、鎮戍、關津、嶽瀆等公廨田、職分田，各有差。”

牛田

周時畜牧者之家所受田。《周禮・地官・載師》：“以官田、牛田、賞田、牧田任遠郊之地。”鄭玄注：“牛田、牧田，畜牧者之家所受田也。”一說，周時爲畜養官府之牛所受田。鄭玄注引鄭司農云：“牛田者，以養公家之牛。”南方對牧牛所用之田亦稱爲牛田。清屈大均《廣東新語・獸語・牛》：“〔番禺諸鄉〕其牧牛之田，曰牛田，所生草冬亦茂盛，食牛肥澤。其種稻者，曰人田。”

水田

亦稱“渠田”“漂田”。蓄水耕作之田，多種稻。《漢書・溝洫志》：“上以爲然，發卒數萬人作渠田。數歲，河移徙，渠不利，田者不能償種。久之，河東渠田廢，予越人，令少府以爲稍入。”顏師古注：“越人習於水田。”《後漢書・馬援傳》：“援奏爲置長吏，繕城郭，起塢候，開導水田，勸以耕牧，郡中樂業。”宋王安石《送程公闢之豫章》詩：“中户尚有千金藏，漂田種粳出穰穰。”明謝肇淛《五雜俎・地部一》：“齊晋燕秦之地，有水去處，皆可作水田，但北人懶耳。水田自犁地而浸種，而插秧，而薅草，而車戽，從夏訖秋，無一息得暇逸，而其收穫亦倍。”

【渠田】

即水田。此稱漢代已行用。見該文。

【漂田】

即水田。此稱宋代已行用。見該文。

石田

石多難以耕種之田。《左傳・哀公十一年》：“得志於齊，猶獲石田也，無所用之。”杜預注：“石田，不可耕。”《史記・伍子胥列傳》：“伍子胥諫曰：‘夫越，腹心之病，今信其浮辭詐僞而貪齊。破齊，譬猶石田，無所用之。’”唐杜甫《寄贊上人》詩：“亭午頗和暖，石田又足收。”《舊唐書・烏羅渾傳》：“夷狄之國，猶石田也，得之無益，失之何傷，必務求虛名，以勞有用？”

白田

種植白稻穀之田。《晋書・傅玄傳》：“近魏初課田，不務多其頃畝，但務修其功力，故白田收至十餘斛，水田收數十斛。”《水經注・温水》：“九真太守任延，始教耕犁，俗化交土，風行象林。知耕以來，六百餘年，火耨耕藝，法與華同。名白田，種白穀，七月火作，十月登熟；名赤田，種赤穀，十二月作，四月登熟，所謂兩熟之稻也。"

赤田

種植紅稻穀之田。《水經注·溫水》："九真太守任延，始教耕犁，俗化交土，風行象林。……名赤田，種赤穀，十二月作，四月登熟，所謂兩熟之稻也。"

永業田 [1]

亦稱"世業田"。世代承耕之土地。在北魏實行的均田制中，規定男夫十五歲以上授露田四十畝，老免及身没退歸公家。另授桑田二十畝，種植定量的桑、棗、榆等樹木，依法課税，并准買賣，身終不還。因世代承耕，不在收授之限，故北魏後世業田改稱永業田。北齊、隋、唐沿用此制，而授田多少有差。但自唐中葉以後，土地兼并，此制名存實亡。另隋唐時期，自諸王以下，至於都督或散官五品以上，都按等級分授永業田，子孫世襲，皆免課役。古代土地買賣，書契例有賣"與某人永遠爲業"等語，此類私田轉賣後亦稱永業田。《魏書·食貨志》："諸桑田皆爲世業，身終不還，恒從見口。有盈者無受無還，不足者受種如法。盈者得賣其盈，不足者得買所不足。不得賣其分，亦不得買過所足。"《隋書·食貨志》："職事及百姓請墾田者，名爲永業田……又每丁給永業二十畝，爲桑田。其中種桑五十根、榆三根、棗五根，不在還受之限。非此田者，悉入還受之分。土不宜桑者，給麻田，如桑田法。"《舊唐書·職官志》："凡官人及勋，授永業田。凡天下諸州有公廨田，凡諸州及都護府官人有職分田。"《舊五代史·明宗紀第二》："故西道行營都招討制置等使、守侍中、監修國史兼樞密使

郭崇韜，宜許歸葬，其世業田宅並還與骨肉。"《宋史·哲宗本紀》："十一月辛巳，太白晝見。甲申，詔太中大夫以上許占永業田。"

【世業田】

即永業田 [1]。此稱南北朝時期已行用。見該文。

田 [1]

可耕植之地。《書·禹貢》："厥田惟中中。"孔穎達疏引鄭玄注云："能吐生萬物者曰土，據人功作力競得而田之，則謂之田。"《詩·小雅·大田》："雨我公田，遂及我私。"《説文·田部》："樹穀曰田，象四口。十，阡陌之制也。"《釋名·釋地》："已耕者曰田。"《樂府詩集·相和歌辭七·君子行》："瓜田不納履，李下不正冠。"唐李紳《憫農詩》："四海無閑田，農夫猶餓死。"趙誠《甲骨文簡明詞典》："田，象天地之中有阡陌之形。"又云："象田地有田埂之形。甲骨文用作名詞，其中的一個意義是田地之田；用作動詞，其意義之一爲耕耘。"

【田地】

即田 [1]。此稱漢代已行用。《史記·蕭相國世家》："今君胡不多買田地，賤貰貸以自污？上心乃安。"唐元稹《景申秋》詩："經雨籬落壞，入秋田地荒。"亦稱"疇隴"。《文選·曹植〈贈丁儀詩〉》："黍稷委疇隴，農夫安所獲。"李善注引《説文》曰："疇，耕治之田也。"唐李白《感興》詩："常恐委疇隴，忽與秋蓬飛。"

【疇隴】

即田地。此稱三國時期已行用。見該文。

【田畝】

即田 [1]。此稱先秦時期已行用。《書·盤庚上》："惰農自安，不昏作勞，不服田畝，越其

罔有黍稷。"《史記·律書》："故百姓無内外之
繇，得息肩於田畝，天下殷富，粟至十餘錢，
鳴鷄吠狗，烟火萬里，可謂和樂者乎。"宋劉子
翬《論俗十二首》之八："飲濁不足言，奈此田
畝涸。"

【町】[1]

即田[1]。此稱漢代已行用。《文選·張衡
〈西京賦〉》："篠簜敷衍，編町成篁。"薛綜注：
"町，謂畎畝。"《魏書·高閭傳》："嘉穀秀町，
素文表石。"南朝齊謝朓《和沈祭酒行園》："霜
畦紛綺錯，秋町鬱蒙茸。"

田土

除耕地外包括池塘、荒山、墳場、灘塗、
宅基、港岸等各種可開墾用地。内容複雜，範
圍廣泛。《後漢書·馬援傳》："其田土肥壤，灌
溉流通……不可棄也。"唐杜甫《岳麓山道林二
寺行》："桃源人家易制度，橘洲田土仍膏腴。"
《舊唐書·宣宗本紀》："其秦、威、原三州及
七關側近，訪聞田土肥沃，水草豐美，如百姓
能耕墾種蒔，五年内不加稅賦。"亦稱"土田"。
《詩·大雅·瞻卬》："人有土田，女反有之。"
又《魯頌·閟宮》："乃命魯公，俾侯于東，錫
之山川，土田附庸。"《晉書·劉頌傳》："宜更
大量天下土田方里之數，都更裂土分人，以王
同姓，使親疏遠近不錯其宜，然後可以永安。"
《魏書·高允傳》："昔虢之將亡，神乃下降，賜
之土田，卒喪其國。"

【土田】

即田土。此稱先秦時期已行用。見該文。

田宅

田地和房屋。《史記·平準書》："親死，式
有少弟。弟壯，式脱身出分，獨取畜羊百餘，

田宅財物盡予弟。"《漢書·高帝紀下》："今天
下已定，令各歸其縣，復故爵田宅，吏以文法
教訓辨告，勿笞辱。"《宋書·謝弘微傳》："公
私咸謂：室内資財，宜歸二女；田宅僮僕，應
屬弘微。"《清史稿·濮氏女傳》："具白母，賀
母有子，母憾女，盡收田宅、奴婢、什物，驅
就他舍，屏勿復相見。"亦稱"田宮"。《新唐
書·突厥傳上》："戰小勝則張皇其功，奔走獻
狀以邀賞，或一日再賜，一月累封，凱還未歌，
書品已崇。爵命極矣，田宮廣矣，金繒溢矣，
子孫官矣，肯外死勤於我哉？"

【田宮】

即田宅。此稱唐代已行用。見該文。

田　宅
(《繪圖千家詩注釋》)

田坑

田野坑地。清魯曾煜《福州府志·物產
二·石之屬》："壽山石在郡城北八十里，與芙
蓉山並峙，山產石如瑉……其品以田坑爲第一，
水坑次之，山坑又次之。其色以田黄、艾綠爲
第一，丹砂次之，羊脂、瓜瓤紅又次之。"清徐
康《前塵夢影錄》卷下："田黄，本福建壽山
石。出諸田坑者名田黄。"清陳克恕《篆刻鍼度》
卷八："閩縣陳公子越山，齋糧采石山中，得其
神品。載至京師，輒數倍其直售去。於是好事
家接踵穿鑿，而山谷一空矣。然後收藏家分別
其舊藏者，以田坑爲第一，水坑次之，山坑又

次之。"清毛奇齡《後觀石錄》："然後收藏家分別其舊藏者，以田坑爲第一，水坑次之，山坑又次之。每得一田坑，輒轉相傳玩，顧視珍惜，雖盛勢强力不能奪。石益鮮，價直益騰，而作僞者紛紛日出，至有假他山之石以亂真者。"

田邑

國王分封諸侯大夫、親屬臣僕的封地采邑。《禮記·祭統》："古者於禘也，發爵賜服，順陽義也；於嘗也，出田邑，發秋政，順陰義也。"《史記·趙世家》："〔景公〕於是召趙武、程嬰遍拜諸將，遂反與程嬰、趙武攻屠岸賈，滅其族。復與趙武田邑如故。"晋杜預《春秋釋例·書判例》："古之大夫，或錫之田邑，或分之都城，故有千室之邑，百乘之家。"《南齊書·豫章文獻王嶷傳》："'宜廣田邑，用申恩禮。'增封爲四千户。"亦稱"田"。《左傳·宣公二年》："及成公即位，乃宦卿之適子而爲之田，以爲公族。"杜預注："宦，仕也。爲置田邑以爲公族大夫。"《公羊傳·桓公元年》："此邑也，其稱田何？田多邑少稱田，邑多田少稱邑。"南北朝時稱作"田采"。南朝宋謝莊《上搜才表》："曰季稱冀缺而疇以田采，張勃進陳湯而坐以褫爵。"

【田】[2]

即田邑。此稱先秦時期已行用。見該文。

【田采】

即田邑。此稱南北朝時期已行用。見該文。

田坡

指坡田，亦泛指田地。宋歐陽修《讀徂徠集》詩："往年遭母喪，泣血走岷峨。垢面跣雙足，鋤犁事田坡。"亦稱"田陂"。《宋史·河渠志五》："六年十二月，定州路安撫使韓絳言：'定州界西自山麓，東接塘淀，綿地百餘里，可瀦水設險。'詔以引水灌田陂爲名。"

【田陂】

即田坡。此稱宋代已行用。見該文。

田陌

田野、原野。南朝宋鮑照《從拜陵登京峴》詩："深德竟何報，徒令田陌空。"唐李白《贈何七判官昌浩》詩："老死田陌間，何因揚清芬。"亦稱"田原""甸""田畈"等。《禮記·月令》："〔孟夏之月〕命野虞出行田原，爲天子勞動勸民，毋或失時。"唐儲光羲《同諸公秋日游昆明池思古》詩："凄風披田原，橫污益山陂。"《文選·顏延之〈應詔讌曲水作詩〉》："幙帷蘭甸，畫流高陛。"吕向注："蘭甸，謂野田有蘭者。"南朝宋鮑照《潯陽還都道中》詩："登艫眺淮甸，掩泣望荆流。"南朝齊謝朓《晚登三山還望京邑》詩："喧鳥覆春洲，雜英滿芳甸。"宋文天祥《高沙道中》詩序："一夕，行田畝中，不知東西。"明楊慎《垂楊篇》詩："蒼凉苑日籠燕甸，縹緲宮雲覆京縣。"

【田原】

即田陌。此稱先秦時期已行用。見該文。

【甸】

即田陌。此稱南北朝時期已行用。見該文。

【田畈】

即田陌。此稱宋代已行用。見該文。

田背

田疇的表土。宋王安石《元豐行示德逢》詩："四山儵儵映赤日，田背坼如龜兆出。湖陰先生坐草室，看踏溝車望秋實。"亦稱"田面"。明徐光啓《農政全書·農器圖譜》："盪平田面，乃可撒種。"

【田面】

即田背。此稱元代已行用。見該文。

田首

田畦的兩端。《周禮·考工記·匠人》："匠人爲溝洫，耜廣五寸，二耜爲耦。一耦之伐，廣尺，深尺，謂之甽。田首倍之，廣二尺，深二尺，謂之遂。"《禮記·郊特牲》："鄉爲田燭。"孔穎達疏："六鄉之民，各於田首設燭照路。"

田洫

田間的溝渠。《左傳·襄公十年》："初，子駟爲田洫，司氏、堵氏、侯氏、子師氏皆喪田焉。"杜預注："洫，田畔溝也。"孔穎達疏："溝洫俱是通水之路，相對大小爲異耳，皆於田畔爲之，故云田畔溝也。爲田造洫，故稱田洫。"亦稱"甽澮""甽瀆"。《書·益稷》："予決九川距四海，濬畎澮距川。"鄭玄注："畎澮，田間溝也。"《後漢書·文苑傳上·杜篤》："畎瀆潤淤，水泉灌漑，漸澤成川，粳稻陶遂。"

【畎澮】

即田洫。此稱先秦時期已行用。見該文。

【畎瀆】

即田洫。此稱漢代已行用。見該文。

田野

泛指田地和野地。《説文·田部》："田，陳也。樹穀曰田。象四口。十，阡陌之制也。"段玉裁注："取其陳列整齊謂之田。"又《里部》："野，郊外也。從里，予聲。"段玉裁注："《冂部》曰：邑外謂之郊，郊外謂之野，野外謂之林，林外謂之冂。"先秦宋玉《九辯》："農夫輟耕而容與兮，恐田野之蕪穢。"《史記·田敬仲完世家》："威王召即墨大夫而語之曰：'自子之居即墨也，毀言日至。然吾使人視即墨，田野闢，民人給，官無留事，東方以寧，是子不事吾左右以求譽也。'"《周易·繫辭傳》："風以散之。"唐李鼎祚《周易集解》卷一七："謂建巳之月，萬物上達，布散田野。"漢史游《急就篇》卷三："室宅廬舍樓殿堂。"顏師古注："廬，別室也。一曰田野之室也。"宋呂祖謙《增修東萊書説》卷二："想當時，群后亦不敢以班瑞而取必於舜，必視其田野闢、人民育，然後班之，亦以見古者諸侯不敢認土地以爲己有也。"元許謙《詩集傳名物鈔》卷八："箋據《周禮·遂人》，凡治田野，夫間有遂，遂上有徑；十夫有溝，溝上有畛；百夫有洫，洫上有塗；千夫有澮，澮上有道；萬夫有川，川上有路。"

田貨 [1]

泛指田地和財物。《漢書·食貨志下》："賈人有市籍，及家屬，皆無得名田，以便農。敢犯令，没入田貨。"《後漢書·桓譚傳》："今富商大賈，多放田貨。"

田逕

田間小路。唐錢起《初黄綬赴藍田縣作》詩："鹿聚入田逕，雞鳴隔嶺村。"亦作"田徑"。宋王安石《見遠亭上王郎中》詩："圍畦荷氣合，田徑燒痕斑。"

【田徑】

同"田逕"。此體宋代已行用。見該文。

阡陌

田間縱橫的道路，南北曰阡，東西曰陌。《史記·商君列傳》："爲田開阡陌封疆，而賦稅平。"張守節正義："南北曰阡，東西曰陌。"《漢書·晁錯傳》："臣聞古之徙遠方以實廣虛也，相其陰陽之和，嘗其水泉之味，審其土地之宜，觀其草木之饒，然後營邑立城，製里割宅，通田作之道，正阡陌之界。"晋陶淵明《桃花源記》："阡陌交通，雞犬相聞。"亦作"千伯""仟伯"。《管子·四時》："端險阻，修封疆，正千伯。"尹知章注："千伯，即阡陌也。"《漢書·食貨志上》："及秦孝公用商君，壞井田，開仟伯，急耕戰之賞，雖非古道，猶以務本之故，傾鄰國而雄諸侯。"顏師古注："仟伯，田間之道也。南北曰仟，東西曰伯。"

【千伯】

同"阡陌"。此體先秦時期已行用。見該文。

【仟伯】

同"阡陌"。此體漢代已行用。見該文。

宅田

周代官員致仕離職後所受祿田，作養老之用。《周禮·地官·載師》："以宅田、士田、賈田任近郊之地。"鄭玄注："宅田，致仕者之家所受田也。"明顧清《穫稻用分秧韻》詩："負郭園池帶宅田，老晴天氣太平年。穫來黍稻叢高廪，散出牛羊滿近川。"

圩田

一種在淺水沼澤地帶或河湖淤灘上通過圍堤築圩，圍田於內、擋水於外，圍內開溝渠、設涵閘，實現排灌的水利田，是我國江南人民在長期治田、治水實踐中創造的一種農田開發的獨特形式。江南地區的圩田大致濫觴於三國之際，迅速發展於兩宋，全盛於明清。宋代最大的圩田是蕪湖萬春圩，寬六丈，高一丈二尺，長八十四里，夾堤植桑數萬株，治田十二萬七千畝，圩內築大道二十二里。現存圩田的最早記錄是宋沈括《萬春圩圖記》。宋范仲淹《答手詔條陳十事》："江南舊有圩田，每一圩方數十里，如大城，中有河渠，外有門閘，旱則開閘，引江水之利；潦則閉閘，拒江水之害，旱澇不及，爲農美利。"宋楊萬里《圩田詩》："周遭圩岸繚金城，一眼圩田翠不分。"《宋史·食貨志》："政和以來，創爲應奉，始廢湖爲田。自是兩州之民，歲被水旱之患……莫若先罷兩邑湖田……其江東、西圩田，蘇、秀圍田，令監司守令條上。"《宋史·宗室傳三·魏王愷傳》："愷究心民事，築圩田之隳圮者，帝手詔嘉勞之。"明徐光啓《農政全書·田制》："復有圩田，謂叠爲圩岸，捍護外水，與此相類。"亦稱"湖田"。《三國志·吳書·濮陽興傳》："永安三年，都尉嚴密建丹楊湖田，作浦里塘。"《宋書·孔靈符傳》："山陰縣土境褊狹，民多田少，靈符表徙無貲之家於餘姚、鄞、鄮三縣界，墾起湖田。"

【湖田】

即圩田。此稱三國時期已行用。見該文。

【圍田】

即圩田。此稱宋代已行用。《宋史·孝宗本紀一》："戊午，南丹州莫延廪爲諸蠻所逐來歸，詔補修武郎。命江東、浙西守臣措置

圍 田
（清鄂爾泰等《授時通考》）

開決圍田。"元王禎《農書·農器圖譜》："圍田，築土作圍，以繞田也。蓋江淮之間，地多藪澤，或瀕水，不時淹没，妨於耕種。其有力之家，度視地形，築土作堤，環而不斷，内容頃畝千百，皆爲稼地。後值諸將屯戍，因令兵衆分工起土，亦仿傚此制，故官民異屬。"《明史·列女傳》："會稽范氏二女，幼好讀書，並通《列女傳》。長適江，一月寡；次將歸傅，而夫亡。二女同守節，築高垣，圍田十畝，穿井其中，爲屋三楹以居。"明王鏊《姑蘇志·水利下》："隆興二年八月，詔江浙勢家圍田，湮塞流水。諸州守臣按視以聞，其平江府委陳彌作相度，彌作乃上其宜，先治者十浦，併合開圍田一十三處。"

老稿田

稻茬田。明宋應星《天工開物·乃粒》："六月刈初禾，耕治老膏田，插再生秧。"

成

先秦田制中十里見方的田地。《周禮·考工記·匠人》："方十里爲成。"《左傳·哀公十年》："有田一成。"杜預注："方十里爲成。"《漢書·刑法志》："地方一里爲井；井十爲通；通十爲成。成方十里。"

則

古指方圓三百里以下的采邑。王莽時則以土方五十里爲一則，爲子男封邑。《周禮·春官·大宗伯》："以九儀之命，正邦國之位。壹命受職，再命受服，三命受位，四命受器，五命賜則……"鄭玄注："則，地未成國之名。王之下大夫四命，出封加一等，五命。賜之以方百里、二百里之地者，方三百里以上爲成國。"《漢書·王莽傳》："子男一則，衆户二千有五百，土方五十里。"

町²

指平地。漢史游《急就篇》卷三："頃町界畝畦埒封。"顏師古注："平地爲町。"

町畦

田間之界。亦稱"畦"。《莊子·人間世》："彼且爲無町畦，亦與之爲無町畦。"陸德明釋文引李頤曰："町畦，畔埒也。無畔埒，無威儀也。"成玄英疏："畦，埒也。"唐杜甫《到村》詩："蓄積思江漢，疏頑惑町畦。"仇兆鼇注："町畦，田畔之界也。"宋葉適《衢州雜興》詩之二："百年囹圄荒蓬蘲，萬里耕桑接町畦。"清潘榮陛《帝京歲時紀勝·豐臺芍藥》："今揚州遺種絶少，而京師豐臺，於四月間連畦接畛，倚擔市者，日萬餘莖。"亦稱"疆""畤""田圻"。《詩·小雅·信南山》："中田有廬，疆場有瓜。"《吕氏春秋·季夏》："可以糞田疇，可以美土疆。"高誘注："疆，界畔。"《文選·張衡〈東京賦〉》："兆民勸於疆場，咸戀力以耘耔。"李善注引薛綜曰："疆，田畔也。"《史記·封禪書》："櫟陽雨金，秦獻公自以爲得金瑞，故作畤時櫟陽而祀白帝。"司馬貞索隱引《三蒼》："畤，埒也。"唐柳宗元《唐鐃歌鼓吹曲·晉陽武》："日之昇，九土晞；訴田圻，流洪輝。"

【畦】¹

即町畦。此稱先秦時期已行用。見該文。

【疆】

即町畦。此稱先秦時期已行用。見該文。

【畤】

即町畦。此稱漢代已行用。見該文。

【田圻】

即町畽。此稱唐代已行用。見該文。

町畽

田舍旁的空地。《詩·豳風·東山》："町畽鹿場，熠燿宵行。"毛傳："町畽，鹿迹也。"朱熹集傳："町畽，舍旁隙地也。無人焉，故鹿以爲場也。"陸德明釋文："畽，本又作疃。"南朝梁沈約《郊居賦》："構栖噪之所集，築町畽之所交。"亦作"町疃"。唐許敬宗《掖庭山賦》："蔭町疃之毛群，哢間關之羽族。"清曹寅《松茨四兄遠過西池》之一〇："交游山水間，町疃羅松茨。"

【町疃】

同"町畽"。此體唐代已行用。見該文。

沉斥

鹽鹵水田。亦作"沈斥"。《漢書·刑法志三》："一同百里，提封萬井，除山川沉斥，城池邑居，園囿術路，三千六百井，定出賦六千四百井，戎馬四百匹，兵車百乘，此卿大夫采地之大者也，是謂百乘之家。"唐顏師古注引臣瓚曰："沈斥，水田鳥鹵也。"宋陳傅良《歷代兵制·周》："周制：王畿千里，近郊五十里（宅田、士田、賈田），遠郊百里（官田、賞田、牧田、牛田）……除山川、沉斥、城池、邑居、園囿、經路三萬六千井，爲六萬四千井，六十四萬夫之地。"

【沈斥】

同"沉斥"。此體唐代已行用。見該文。

沙田

南方對水中、水邊沙淤可耕之田的稱呼。省稱"沙"。宋蘇軾《自金山放船至焦山》詩："時有沙户祈春蠶。"自注："吳人謂水中可田

沙　田
（清鄂爾泰等《授時通考》）

者爲沙。"《宋史·食貨志上一》："紹興二十七年，趙子瀟奉詔措置鎮江府沙田，欲輕立租課，令見佃者就耕。"明楊慎《丹鉛總錄·地理·沙田》："水邊地可耕曰沙。金陵有白沙，徽州有錦沙，楚有長風沙。秦塞有穆護沙。"明王圻等《三才圖會·地理》："沙田，南方江淮間沙淤之田也。或濱大江，或峙中洲，四圍蘆葦駢密，以護堤岸，其地常潤澤，可保豐熟。"清徐榮《嶺南勸耕詩》："明年沙裙生。"原注："沙田一歲種草，四歲種禾。"

【沙】

"沙田"之省稱。此稱宋代已行用。見該文。

弄田

漢未央宮所置之田，供皇帝宴游嬉弄之用。《漢書·昭帝紀》："己亥，上耕於鈎盾弄田。"顏師古注："應劭曰：'時帝年九歲，未能親耕帝籍，鈎盾，宦者近署，故往試耕爲戲弄也。'臣瓚曰：'《西京故事》：弄田在未央宮中。'師古曰：'弄田爲宴游之田，天子所戲弄耳，非爲昭帝年幼創有此名。'"《三輔黃圖·漢宮》："《漢宮關疏》曰：未央宮有麒麟閣、天禄閣，有金馬門、青瑣門，玄武、蒼龍二闕，朱鳥堂、畫堂、甲觀，非常室，又有鈎盾署、弄田。"唐常充《禁諸道將校逃亡制》："躬自節儉

而贍濟之，定尺籍伍符，厚其資糧扉履，掖庭織室，俾給戎衣，鈎盾弄田，亦調軍食，推誠惠養，靡不至焉。"

更名地

清代民田名稱之一。清初，政府將明代宗室藩王所遺田產改歸原耕種佃農所有的土地。原是明代的"藩封之產"。明代分封給王公勛戚大臣的田地有皇莊、王莊、官莊、賜田等名目。清人入關後，逐步將宗室藩王等所遺田地改歸民戶所有，永爲世業，并編入所在州縣繳納賦稅，稱爲"更名地"。又因此舉更改了明朝的土地制度，故又有"更明地"之別稱。清《文獻通考·田賦考二》："初，直隸各省廢藩田產改入民戶，免其易價，號爲更名地。"《清史稿·何道深傳》："故明藩府私田賦極輕，入清謂之'更名地'。"《世宗憲皇帝硃批諭旨》："臣等原議行至更明地畝加丁銀兩，應令密傷鍾祥等縣少緩催。"

【更明地】

即更名地。此稱清代已行用。見該文。

甸地

距都城一百里外、二百里內之地。《周禮·地官·載師》："以公邑之田任甸地。"賈公彥疏："甸在遠郊之外。"孫詒讓正義："《司馬法》：'百里爲遠郊。'今言甸在遠郊外，則是二百里中。"《文獻通考·經籍考七》："而《周禮》王畿之大，四方相距千里，如畫棋局；近郊遠郊，甸地稍地，小都大都，相距皆百里、十里之方，地實無所容之，故其畿內遠近諸法，類皆空言耳。"

甸服

先秦時稱四面距王都各五百里內之地。《書·禹貢》："五百里甸服。百里賦納總，二百里納銍，三百里納秸服，四百里粟，五百里米。"孔傳："規方千里之內謂之甸服，爲天子服。治田去王城面五百里。"《國語·周語上》："夫先王之制：邦內甸服。"韋昭注："甸，王田也。服，服其職業也。"《説文·田部》："甸，天子五百里地。"徐鍇本作"天子五百里內田"。

青田

秧田。以禾苗泛青綠色，故稱。唐楊炯《和鄭讎校內省眺矚思鄉懷友》詩："樓臺橫紫極，城闕俯青田。"宋陳與義《羅江》詩："行過竹籬逢細雨，眼明雙鷺立青田。"《宋史·食貨志上四》："太皇太后亦嘗爲帝言：'聞民間甚苦青苗、助役錢，盍罷之！'"

奉地

舊時向天子繳納貢賦之土地。漢賈誼《新書·益壤》："今淮南地遠者或數千里，越兩諸侯而縣屬於漢，其苦之甚矣……此終非可久以爲奉地也。"盧文弨校注："奉地，奉天子之地也。"宋王應麟《困學紀聞·歷代漕運考》："是時所謂淮南東道，皆天子奉地。"明丘濬《大學衍義補·治國平天下之要·漕挽之宜上》："臣按：賈誼此言則漢都關中固已資淮南以爲奉地，不特唐宋以來然也。所謂一錢之賦而用數十錢之費始能致，豈特秦人海運然哉？"清顧祖禹《讀史方輿紀要》卷二三："府根柢淮左，遮蔽金陵，自昔爲東南都會。(賈誼曰：漢以江淮爲奉地。蓋魚鹽穀帛，多出東南，廣陵又其都會也。)"

牧田

周時畜牧之家所受田。《周禮·地官·載師》："以官田、牛田、賞田、牧田任遠郊之地。”鄭玄注：“牧田，畜牧者之家所受田也。”
一說，周時放牧六畜之田。鄭玄注引鄭司農云：
“牧田者，牧六畜之田。”《新唐書·食貨志第
四十一》：“貞觀中，初稅草以給諸閑，而驛馬
有牧田。”《宋史·兵志十二》：“任縣韓筠等建
議：凡授民牧田一頃，爲官牧一馬而蠲其租。”
《金史·李通傳》：“海陵曰：‘此方比歲民間儲
畜尚多，今禾稼滿野，羸馬可就牧田中借令。
再歲不獲，亦何傷乎！’”

采

古時諸侯分封給卿、大夫世禄的地邑。其
地之租入，即爲受封者之俸禄。收其賦産以
食，故亦稱“食邑”。采，官也；因官食地，故
亦稱“采地”“食采”。亦作“寀”。《爾雅·釋
詁》：“寀，官也。”邢昺疏：“寀，采也。采取
賦稅，以供己有。”《禮記·禮運》：“故天子有
田以處其子孫，諸侯有國以處其子孫，大夫有
采以處其子孫，是謂制度。”孔穎達疏：“大夫
以采地之禄，養其子孫。”《史記·樊酈滕灌列
傳》：“至櫟陽，〔漢王〕賜食邑杜之樊鄉。”《漢
書·刑法志》：“一同百里，提封萬井，除山川
沈斥、城池邑居、園囿術路，三千六百井，定
出賦六千四百井，戎馬四百匹，兵車百乘，此
卿大夫采地之大者也，是謂百乘之家。”顏師古
注：“采，官也。因官食地，故曰采地。”《漢
書·地理志下》：“本周宣王弟友爲周司徒，食
采於宗周畿内，是爲鄭。”《廣韻·去代》：“采，
古者卿大夫食采地。”

【寀】

同“采”。此體漢代已行用。見該文。

【食邑】

即采。此稱漢代已行用。見該文。

【采地】

即采。此稱漢代已行用。見該文。

【食采】

即采。此稱漢代已行用。見該文。

郊圻

封邑的疆界。《書·畢命》：“申畫郊圻，慎
固封守，以康四海。”孔穎達疏：“郊圻，謂邑
之境界。”《舊唐書·元稹傳》：“臣本待辨明一
了，便擬殺身謝責，豈料聖慈尚加，薄貶同州，
雖違咫尺之間，不遠郊圻之境。伏料必是宸衷
獨斷，乞臣此官；若遣他人商量，乍可與臣遠
處方鎮，豈肯遣臣俯近闕廷？”《明史·傅珪
傳》：“珪厲聲曰：‘師老民疲，賊日熾，以冒功
者多，償事者漏罰，失將士心。先所遣已無功，
可復遣耶！今賊橫行郊圻肘腋間，民囂然思亂，
禍旦夕及宗社。吾儕死不償責，諸公安得首鼠
兩端？’”

官田 [2]

屬官府或王室所有而無人耕作或租與民耕
的土地。《後漢書·仲長統傳》：“今者土廣民
稀，中地未墾。雖然，猶當限以大家，勿令過
制。其地有草者，盡曰官田，力堪農事，乃聽
受之。若聽其自取，後必爲奸也。”《晋書·慕
容皝載記》：“且魏晋雖道消之世，猶削百姓
不至於七八，持官牛田者官得六分，百姓得四
分；私牛而官田者與官中分，百姓安之，人皆
悅樂。”《明史·食貨志一》：“明土田之制，凡
二等：曰官田，曰民田。初，官田皆宋、元時
入官田地。厥後有還官田，没官田，斷入官田，
學田，皇莊，牧馬草場，城壖苜蓿地，牲地，
園陵墳地，公占隙地，諸王、公主、勳戚、大
臣、内監、寺觀賜乞莊田，百官職田，邊臣養

廉田，軍、民、商屯田，通謂之官田。其餘爲民田。"

官莊

官府管轄之莊田。唐以後歷代都有，但名目不一。如宋代的屯田莊、公田莊。清朝的莊田，内務府管轄的稱皇莊，禮部、光禄寺管轄的稱官莊。《舊五代史・周書・太祖紀三》："帝在民間，素知營田之弊，至是以天下繫官莊田僅萬計，悉以分賜見佃户充永業……未幾，京兆府莊宅務及榷鹽務亦歸州縣，依例處分。或有上言，以天下繫官莊田，甚有可惜者，若遣貨之，當得三十萬緡，亦可資國用。"《宋史・職官志三》："屯田郎中、員外郎，掌屯田、營田、職田、學田、官莊之政令，及其租入、種刈、興修、給納之事。"《清史稿・食貨志一》："初設官莊，以近畿民來歸者爲莊頭，給繩地，一繩四十二畝……皆領於内務府。此外有部、寺官莊，分隸禮部、光禄寺。"

負郭田

臨近城郭的肥田。《史記・蘇秦列傳》："且使我有洛陽負郭田二頃，吾豈能佩六國相印乎？"司馬貞索隱："負者，背也，枕也。近城之地，沃潤流澤，最爲膏腴，故曰‘負郭’也。"北魏賈思勰《齊民要術・種胡荽第二十四》："胡荽宜黑軟青沙良地，三遍熟耕。春種者，用秋耕地。開春凍解地起，有潤澤時，急接澤種之。種法：近市負郭田一畝，用子二升，故概種，漸鋤取，賣供生菜也。"宋王阮《和歸田園》詩："又無謀生才，廣有負郭田。"乾隆《江南通志・人物志・常州府》："胡溁，字原荆。無錫人。嘉靖乙丑進士……同邑華察知其貧，以負郭田二頃餉之，辭不受，自號爲

民御史，放情山水間以卒。"清李清馥《閩中理學淵源考・同知張國信先生元璽》："元璽學有深造，淡於世味，居官貧薄。没後，僅負郭田數畝，士大夫以爲難。"

帝藉

名爲帝王親自耕種的田地，實際爲帝王徵用民力耕種之田。所收產品供宗廟祭祀之用。相傳古代天子藉田千畝。每年春耕前，天子執農具在田裏三推，以示對農業的重視。自先秦始，歷代帝王皆如此。《禮記・月令》："〔孟春之月〕乃擇元辰，天子親載耒耜，措之於參保介之御間，帥三公、九卿、諸侯、大夫，躬耕帝藉。天子三推，三公五推，卿諸侯九推。"鄭玄注："帝藉，爲天神借民力所治之田也。"又"〔季秋之月〕乃命冢宰，農事備收，舉五穀之要，藏帝藉之收於神倉，祗敬必飭。"鄭玄注："帝藉，所耕千畝也。藏祭祀之穀爲神倉。"孔穎達疏："帝藉者，供上帝之藉田也。"亦作"帝籍"。漢張衡《東京賦》："躬三推於天田，修帝籍之千畝。"

【帝籍】

同"帝藉"。此體漢代已行用。見該文。

籍田

古代天子、諸侯用民力耕種的田地。歷代至孟春皆有耕籍之禮，以示重農。其禮由天子、諸侯執耒耜在籍田上三推或一撥。各朝儀注雖有變化，但大同小異，至清末始廢。《毛詩正義・周頌・載芟序》："載芟，春籍田而祈社稷也。"鄭玄箋："籍田，甸師氏所掌，王載耒耜所耕之田。天子千畝，諸侯百畝。籍之言借也，借民力治之，故謂之籍田。"《續資治通鑑・元世祖至元十五年》："二月戊午，祀先農，命蒙

古胄子代耕籍田。"亦作"藉田"。《漢書·文帝紀》："春正月丁亥，詔曰：'夫農，天下之本也，其開藉田，朕親率耕，以給宗廟粢盛。'"顏師古注引應劭曰："古者天子耕藉田千畝，爲天下先。藉者，帝王典藉之常也。"又引韋昭曰："藉，借也。借民力以治之，以奉宗廟，且以勸率天下，使務農也。"又引臣瓚曰："景帝詔曰'朕親耕，后親桑，爲天下先'，本以躬親爲義，不得以假借爲稱也。藉謂蹈藉也。"

【藉田】

同"籍田"。此體漢代已行用。見該文。

神皋

京畿之內的肥田。漢張衡《西京賦》："爾乃廣衍沃野，厥田上上，寔爲地之奧區神皋。"《文選·任昉〈齊竟陵文宣王行狀〉》："公內樹寬明，外施簡惠，神皋載穆，轂下以清。"李周翰注："神皋，良田也，謂都畿之內也。"《南齊書·揚州志》："揚州，京輦神皋。漢、魏刺史鎮壽春，吳置持節督州牧八人，不見揚州都督所治。"《北史·楊播傳》："乃遍歷川原，親自占擇，志圖元吉，孜孜不已。遂得神皋福壤，營建山陵。論素此心，事極誠孝，豈與平戎定寇，比其功業？若不加褒賞，何以申茲勸勵？"清王夫之《尚書引義》卷五："秦、漢以降，封建易而郡縣壹，萬方統於一人，利病定於一言，臣民之上達難矣。編氓可弋大命，夷狄可竊神皋，天子之與立者孤矣。"

架田

亦稱"葑田"。是因泥沙淤積於茭草根部，日久浮泛水面而成的一種土地。東晋時，長江流域便開始利用這種土地種植水稻等作物。其名最早見於唐朝。唐秦系《題鏡湖野老所居》詩："樹喧巢鳥出，路細葑田移。"約自宋代起，人們便模仿葑田的形成機理，創造了架田。用木椿做成木架，浮於水面，在其四周及底部置以帶泥的菰根，讓水草生長糾結填滿框架而成爲人造耕地，以此彌補沼澤水鄉地帶陸地耕墾的不足。最初，人們仍稱其爲葑田，元代則正式命名爲架田。詳細的文獻記載始見於宋代。宋陳旉《農書·地勢之宜篇》："若深水藪澤，則有葑田，以木縛爲田丘，浮繫水面，以葑泥附木架上而種藝之。其木架田丘，隨水高下浮泛，自不淹溺。"元王禎《農書·農器圖譜集·田制門》："架田，架，猶筏也。亦名'葑田'。《集韻》云：葑，菰根也。葑亦作'渻'。江東有葑田。又淮東二廣皆有之。東坡《請開杭之西湖狀》，謂'水涸草生，漸成葑田'。考之《農書》，云：'若深水藪澤，則有葑田。以木縛爲田丘，浮繫水面，以葑泥附木架上而種藝之。其木架田丘，隨水高下浮泛，自不淹浸。'"明徐光啓《農政全書·田制》："竊謂架

架田示意圖
（清鄂爾泰等《授時通考》）

田附葑泥而種，既無旱暵之灾，復有速收之效，得置田之活法。水鄉無地者，宜效之。”

【葑田】

即架田。此稱唐代已行用。見該文。

封地

天子或諸侯分封給下屬的領地或食邑。《戰國策·趙策二》：“韓魏皆可使致封地湯沐之邑。”亦稱“大邑”“土壤”“封土”“封邑”。《左傳·襄公三十一年》：“大官大邑，身之所庇也。”《史記·孔子世家》：“昭王將以書社地七百里封孔子。楚令尹子西曰：‘……今孔丘得據土壤，賢弟子爲佐，非楚之福也。’”《漢書·杜鄴傳》：“高昌侯宏去蕃自絕，猶受封土。”《後漢書·光武帝紀》：“天下士大夫捐親戚，棄土壤，從大王於矢石之間者，其計固望其攀龍鱗，附鳳翼，以成其所志耳。”北魏酈道元《水經注·河水四》：“右逕劉仲城北，是漢祖兄劉仲之封邑也。”

【大邑】

即封地。此稱先秦時期已行用。見該文。

【土壤】[2]

即封地。此稱漢代已行用。見該文。

【封土】

即封地。此稱漢代已行用。見該文。

【封邑】

即封地。此稱南北朝時期已行用。見該文。

莊田

皇室、貴族、豪紳及寺觀的私有田地。《周書·宇文盛傳》：“趙貴謀爲亂，盛密赴京告之，貴誅，授大將軍，進爵忠城郡公，除涇州都督，賜甲一領，奴婢二百口，馬五百匹，牛羊及莊田、什物等稱是。”《舊唐書·宣宗本紀》：“官

健有莊田戶籍者，仰州縣放免差役。”明丘濬《大學衍義補·治國平天下之要·軍伍之制》：“民無地者，官給之。凡境中原額草場，爲勢家奏取爲莊田者，一切查理還官，分給於民。”《清會典·戶部·尚書侍郎職掌五》：“凡田地之別，有民田，有更名地……有莊田……皆丈而實其頃畝之數，以書於冊。”

原田

在平原上開墾出來的田畝。《左傳·僖公二十八年》：“聽輿人之誦曰：‘原田每每，舍其舊而新是謀。’”《晋書·杜預傳》：“用滍淯諸水以浸原田萬餘頃，分疆刊石，使有定分，公私同利，衆庶賴之。”《南史·沈烱傳》：“陵雲故基，與原田而膴膴；别風餘迹，帶陵阜而芒芒。”唐張九齡《奉和聖製燭龍齋祭》詩：“雨我原田，亦既有年。”

埒

田界。《爾雅·釋丘》：“水潦所還，埒丘。”郭璞注：“謂丘邊有界埒，水繞環之。”郝懿行義疏：“形似稻田塍埒，因名埒丘矣。”漢史游《急就篇》卷三：“頃町界畝畦埒封。”顏師古注：“埒者，田間堳道也。”清王夫之《宋論·光宗》：“夫豈必陻其溝洫，夷其隧埒，而後畸有所歸哉？”亦作“𤱶”。《周禮·稻人》：“以列舍水。”漢鄭玄注：“列，田之畦𤱶也。”北魏賈思勰《齊民要術·水稻》：“畦𤱶大小無定，須量地宜，取水均而已。”《正字通·田部》：“𤱶，俗埒字。𤱶即田界義。”

【𤱶】

同“埒”。此體漢代已行用。見該文。

畛陌

田間分界的道路。《楚辭·王逸〈九

思·憫上〉》："逶巡兮圃藪，率彼兮畛陌。"原注："田間道曰畛。陌，塍分界也。"北魏酈道元《水經注·渠》："昔賈逵爲魏豫州刺史，通運渠二百里餘，亦所謂賈侯渠也。而川渠逕復，交錯畛陌，無以辨之。"亦稱"畛""畷"。《詩·周頌·載芟》："載芟載柞，其耕澤澤；千耦其耘，徂隰徂畛。"鄭玄箋："畛，謂舊田有徑路者。"《説文·田部》："畛，井田間陌也。"《爾雅·釋言》："障，畛也。"陸德明釋文："畛，田間道。"《文選·左思〈吳都賦〉》："其四野則畛畷無數，膏腴兼倍。"李善注引劉逵曰："畛畷謂地廣道多也。舊井田間有徑有畛。"李善注引《説文·田部》："畷，兩陌間道也。"《廣韻·平真》："畛，田界。"又《廣韻·入薛》："畷，田間道。"清俞正燮《癸巳類稿》卷三："溝廣四尺，畛容大車六尺，去一丈也。"

【畛】

即畛陌。此稱先秦時期已行用。見該文。

【畷】

即畛陌。此稱南北朝時期已行用。見該文。

畔

田際分界。《説文·田部》："畔，田界也。"段玉裁注："田界者，田之竟處也。"《左傳·襄公二十五年》："子產曰：行無越思，如農之有畔，其過鮮矣。"宋張君房《雲笈七籤》卷一〇〇："耕者不侵畔，漁者不争岸。"亦稱"田畔"。《宋書·樂志四》："雝雝雙雁，游戲田畔。"

【田畔】

即畔。此稱南北朝時期已行用。見該文。

秧田

培育水稻秧苗的田地。宋王阮《謝趙宰拜襄敏墓並留題》詩："麗日借黄催麥壠，惠風吹綠散秧田。"元顧嗣立《泊儲潭廟》詩："儲山轉蒼翠，儲水一泓清。茶户烟中語，秧田雨後耕。"明宋應星《天工開物·乃粒》："凡秧田一畝所生秧，供移栽二十五畝。"

臯

水田。《文選·潘岳〈秋興賦〉》："耕東臯之沃壤兮，輸黍稷之餘税。"李善注："水田曰臯。"元虞集《金人出塞圖》詩："背孤向虛出北臯，海東之鶩王不驕。"

桑田

植桑之田。泛指田地。《詩·鄘風·定之方中》："星言夙駕，説於桑田。"宋蘇軾《新城道中》詩："試向桑田問耦耕。"《二十年目睹之怪現狀》第七八回："過了半年光景，他忽然有事要到肇慶去巡閲，他便説出來要順便踏勘桑田。"北魏至北周行均田制時分給男子種植桑、榆等樹木之田地，准許買賣，身終不還。隋唐時改稱"永業田"。《魏書·食貨志》："諸桑田不在還受之限，但通入倍田分……諸初受田者，男夫一人給二十畝，課蒔餘，種桑五十樹，棗五株，榆三根。"《隋書·食貨志》："自諸王已下，至於都督，皆給永業田，各有差，多者至一百頃，少者至田十畝。"《宋史·哲宗本紀》："〔哲宗元祐七年〕甲申，詔大中大夫以上許占永業田。"

【永業田】 [2]

即桑田。此稱隋代已行用。見該文。

畂丘

有壠界的丘地。《詩·小雅·巷伯》："楊園之道，猗于畂丘。"朱熹集傳："畂丘，高地也。"《爾雅·釋丘》："如畂畂丘。"郭璞注：

“丘有疆界如田畛。”

家削

周大夫采邑，在距王城二百里以外，三百里以內的地帶內。《周禮·天官·大宰》：“四曰家削之賦。”鄭玄注：“家削，三百里。”賈公彥疏：“謂三百里之內地名削，其中有大夫采地謂之家，故名家削。”陸德明釋文：“家削，本亦作稍，又作鄁。”亦稱“家邑”“家”。《周禮·地官·載師》：“以家邑之田任稍地。”漢鄭玄注：“家邑，大夫之采地。”又《秋官·方士》：“方士，掌都家。”鄭玄注：“家，大夫之采地。”明宋濂《吳公行狀》：“毗陵，吳之延陵，乃季子之家邑也。”

【家邑】

即家削。此稱先秦時期已行用。見該文。

【家】

即家削。此稱漢代已行用。見該文。

萊

郊外休耕之田。《周禮·地官·縣師》：“縣師，掌邦國、都鄙、稍甸、郊里之地域，而辨其夫家、人民、田萊之數，及其六畜、車輦之稽。”鄭玄注：“萊，休不耕者。郊內謂之易，郊外謂之萊，善言近。”一說，荒地。《詩·小雅·楚茨》序：“政煩賦重，田萊多荒。”孔穎達疏：“田廢生草謂之萊。”

梯田

依土山之勢層層修整的田地，形如梯磴，故名。宋范成大《驂鸞錄》：“至仰山，緣山腹喬松之磴，甚危，嶺阪之上皆禾田，層層而上至頂，名梯田。”明王圻等《三才圖會·地理》：“梯田，謂梯山爲田也。夫山多地少之處，除磊石及峭壁，例同不毛，其餘所在土山，下自橫麓，止至危巔，一體之間，裁作重磴，即可種藝。如土石相半，則必疊石相次，包土成田。又有山勢峻極，不可展足，播殖之際，人則傴僂蟻沿而上，糞土而種，躡坎而耘。此山田不等，自下登陟，俱若梯磴，故總曰梯田。”亦稱“磳田”。清周亮工《閩小紀·磳田》：“閩中壤狹田少，山麓皆治爲壠畝，昔人所謂磳田也。喪亂以來，逃亡略盡，磳田蕪穢盡矣。”

【磳田】

即梯田。此稱清代已行用。見該文。

梯　田
（明徐光啓《農政全書》）

區田

分區耕種的田地。古人將一畝耕地分成許多區塊，縱橫隔區而種，故名。區種有利於蓄水保墒，提高地力。北魏賈思勰《齊民要術·種穀》：“《氾勝之書·區種法》曰：湯有旱灾，伊尹作爲區田，教民糞種，負水澆稼，區田以糞氣爲美，非必須良田也，諸山陵近邑高危傾阪及丘城上，皆可爲區田。”明王圻等《三才圖會·地理》：“舊說區田，地一畝，闊一十五步，每步五尺，計七十五尺，每一行占地一尺五寸，該分五十行；長一十六步，計八十尺，每行一尺五寸，該分五十三行。長闊相拆，通二千六百五十區。空一行，種一行，於所種行內，隔一區，種一區。除隔、空外，可種六百六十二區。每區深一尺，用熟糞一升，與區土相和，布穀勻，覆土，以手按實，令土種相著。苗出，看稀稠存留，鋤不厭頻，旱則澆灌。結子時，鋤土深壅其根，以防大風搖擺。古人依此布種，每區收穀一斗，每畝可收六十六石。今人學種，可減半計。"

菑

已耕種一年的田地。《易·無妄》："不耕穫，不菑畬，則利有攸往。"《詩·小雅·采芑》："薄言采芑，于彼新田，于此菑畝。"《爾雅·釋地》："田一歲曰菑。"郭璞注："今江東呼初耕地反草爲菑。"唐王維《積雨輞川莊作》詩："積雨空林烟火遲，蒸藜炊黍餉東菑。"

場

田界，小埂。《詩·小雅·信南山》："疆場翼翼，黍稷彧彧。"毛傳："場，畔也。"南朝宋謝靈運《種桑》詩："疏欄發近郛，長行達廣場。"《篇海類編·地理類·土部》："今小田塍爲場。"

國

古代王、諸侯的封地、藩國。《易·師》："開國承家，小人勿用。"孔穎達疏："若其功大，使之開國爲諸侯；若其功小，使其承家爲卿大夫。"亦稱"邦""邦國""藩"。《書·堯典》："百姓昭明，協和萬邦。"《周禮·天官·大宰》："大宰之職，掌建邦之六典，以佐王治邦國。"賈公彥疏："《周禮》凡言邦國者，皆是諸侯之國。"《說文·囗部》："國，邦也。"《釋名·釋州國》：

"邦，封也，封有功於是也。"《後漢書·顯宗孝明帝紀》："五年春二月庚戌，驃騎將軍東平王蒼罷歸藩。"《三國志·吳書·吳主傳》："自魏文帝踐阼，〔孫〕權使命稱藩，及遣于禁等還。"

【邦】

即國。此稱先秦時期已行用。見該文。

【邦國】

即國。此稱先秦時期已行用。見該文。

【藩】

即國。此稱漢代已行用。見該文。

族田

宗族共有的田地。有祭田、社地、義莊田、祠堂田等名目。有的由族長經管，有的由族裏委托專人經管。所收地租用於祭祀、助學、救濟等。清康熙《嘉興府志》："置田八百畝歸景賢祠，歲收其入以周族人，謂之族田。"雍正《河南通志·人物二·歸德府》："置贍族田數頃。"清顧震濤《吳門表隱》卷一八："彭焯，字庭輝……在渭南，力救屯民張緒勛糾衆一案。巡撫陳文恭公深重之，以卓異引見，賜蟒一襲。母老去官，士民遮道泣送者萬計。及歸，倡潤族田，樂善不倦。"

淤田

瀕河湖地區水泛後泥沙沉積、肥力增加的田地。宋元已廣爲利用。現在黃河流域多引黃放淤，改造鹽鹹地。宋沈括《夢溪筆談·雜志一》："熙寧中，初行淤田法。論者以謂《史記》所載：'涇水一斛，其泥數斗，且糞且溉，長我禾黍。'所謂'糞'，即'淤'也。予出使至宿州，得一石碑，乃唐人鑿六陡門，發汴水以淤下澤，民獲其利，刻石以頌刺史之功。則淤田之法，其來蓋久矣。"元王禎《農書·農器圖譜集・田制門》："又中土大河之側，及淮灣水匯之地，與所在陂澤之曲，凡潢汙洄互，壅積泥滓，〔水〕退，皆成淤灘，亦可種藝。秋後泥乾地裂，布掃麥種於上，此所謂'淤田'之效也。夫塗田、淤田，各因潮漲而成，以地法觀之，雖若不同，其收穫之利則無異也。"

間田

古分封制下没有封賞出的土地。《禮記・王制》："名山大澤不以封，其餘以爲附庸間田。諸侯之有功者，取於間田以禄之。其有削地者，歸之間田。"孔穎達疏："其餘以爲附庸間田，謂置二百一十國外之餘地爲附庸間田也。若封人，附於大國謂之附庸。若未封人，謂之間田。"《詩・大雅・綿》："虞芮質厥成，文王蹶厥生。"又毛傳曰："虞芮之君相與争田，久而不平，乃相謂曰：'西伯，仁人也，盍往質焉？'乃相與朝周。入其竟，則耕者讓畔，行者讓路；入其邑，男女異路，班白不提挈；入其朝，士讓爲大夫，大夫讓爲卿。二國之君感而相謂曰：'我等小人，不可以履君子之庭。'乃相讓，以其所争田爲間田而退。天下聞之而歸者四十餘國。"

富中

良田，美田。因其内饒肥力，故稱。漢袁康《越絶書・外傳記越地傳》："富中大塘者，勾踐治以爲義田。爲肥饒，謂之富中，去縣二十里二十二步。"《文選・左思〈吴都賦〉》："富中之甿，貨殖之選，乘時射利，財豐巨萬。"張銑注："富中之氓，謂肥沃田中所居人也。"亦稱"疇"。《漢書・蕭望之傳》："若管晏而休，則下走將歸延陵之皋，修農圃之疇，畜鷄種黍，竢見二子，没齒而已矣。"顔師古注："美田曰疇。"宋江藻《避地函亭野步》詩："平疇漲清波，隴麥如人深。"亦稱"豐田"。《舊唐書・王縉傳》："凡京畿之豐田美利，多歸於寺觀，吏不能制。"

【疇】[1]

即富中。此稱漢代已行用。見該文。

【豐田】

即富中。此稱唐代已行用。見該文。

賈田

周時商人之家所授田。賈人雖不務農，然其家人有任農事者，故授以田。《周禮・地官・載師》："以宅田、士田、賈田任近郊之地。"鄭玄注："賈田，在市賈人，其家所受田也。"《朱子語類・禮三・周禮》："問：商賈是官司令民爲之，抑民自爲之邪？曰：民自爲之，亦受田，但少耳，如《載師》所謂'賈田'者是也。"宋陳埴《木鍾集・周禮》："《食貨志》云：'工、商亦受田，五口乃當農夫一人。'均是王民，彼獨不受田，又無代耕之粟，'一人'必不然。《載師》有士田、賈田之類，可見民不盡耕不爲害，不均之害大。"元方回《續古今考・再略記所疑》："《孟子》曰：'庶人在官者，禄足以代其耕'，上士倍中士，中士倍下士，不在分田制禄之列。故《禮》曰：'唯士無田，則亦不祭'。班固、鄭玄'皆謂士、工、商，五口受田一夫'，《周禮・載師》有'賈田'，如此則《孟子》不可信乎？"

新田

已耕種兩年的田地。以其爲新成的柔田，故名。《詩・小雅・采芑》："薄言采芑，于彼新田，于此菑畝。"毛傳："田一歲曰菑，二歲曰新田。"《宋史・食貨志二》："元豐中，以所墾新田差爲五等輸税。"宋王安石《新田詩》："離離新田，其下流水。孰知其初，灌莽千里。其南背江，其北逾淮。父抱子扶，十百其來。"

義田

舊時以救助窮困者爲名而購置的田地。漢袁康《越絶書·外傳記越地傳》："富中大塘者，勾踐治以爲義田。"宋錢公輔《義田記》："范文正公（仲淹）……方顯貴時，於其里中買負郭常稔之田千畝，號曰義田，以養濟群族。"《元史·崔敬傳》："臣請以世俗喻之：常人有百金之産，尚置義田，宗族困厄者，爲之教養，不使失所。"《明史·徐溥傳》："置義田八百畝贍宗族，請籍記於官，以垂永久。"

塗田

海濱由潮水擁泥沙淤積而成的田地。初可種水稗，待鹽鹼消盡之後耕稼，并可於岸邊築壁或樹椿橛等以防潮水衝擊，獲利高於常田。明王圻等《三才圖會·地理》："塗田，《書》云：'淮海惟揚州，厥土惟塗泥。'夫低水種，皆須塗泥。然瀕海之地，復有此等田法：有潮

塗　田
（清鄂爾泰等《授時通考》）

水所泛沙泥，積於島嶼，或墊溺盤曲，其頃畝多少不等，上有鹹草叢生，候有潮來，漸惹塗泥。初種水稗，斥鹵既盡，可爲稼田。海岸築壁，或樹立椿橛，以抵潮汛。田邊開溝，以注雨潦，旱則灌溉，謂之甜水溝，其稼收比常田，利可十倍。"清陳元龍《格致鏡原》卷一〇引《農書》云："塗田，瀕海之地潮水所擁沙泥積爲，上有鹹草叢生，初種水稗，斥鹵既盡，可爲稼田，邊海築壁或樹立椿橛以抵潮汛，其稼收比常倍利。"

塲

耕過的疏鬆土壤。《玉篇·土部》："塲，始羊切，封塲也，又耕塲。"《集韻·平陽》："塲，浮壤。"

奩田

婦女陪嫁供作妝奩的田地。南宋佚名編《名公書判清明集》卷五："婦人隨嫁奩田，乃是父母給與夫家田業，自有夫家承分之人，豈容捲以自隨乎？"《元典章·夫亡》："隨嫁奩田等物，今後應嫁婦人，不問生前離異，夫死寡居，但欲再適他人，其元隨嫁妝奩財産，一聽前夫之家爲主，並不許似前般取隨身。"清王應奎《柳南隨筆》卷二："《左傳》文公八年：'晉侯使解揚歸匡、戚之田於衛，且復致公壻池之封。'此書傳'壻'字之始，亦即後世奩田之始。"清墅史野叟《過墟志感》卷一："爰以百金爲七娶妻。復置莊房一所，令居之。且以己所得奩田三十畝畁之。"

畽

熟田，良田。《説文·田部》："畽，和田也。"王筠句讀："此謂耕熟之田爲柔田也。"《廣韻·平尤》："畽，良田。"

畿田

畿内方圓千里之地。《國語・楚語上》："齊桓、晋文，皆非嗣也……近臣諫，遠臣謗，輿人誦，以自詻也。是以其入也，四封不備一同，而至於有畿田，以屬諸侯，至於今爲令君。"韋昭注："方千里曰畿。"

旗地

清代皇室、王公、八旗官員和旗丁所經營的土地。主要通過行"圈地令"掠奪而來。《清會典・尚書侍郎職掌五》："'盛京'十四城旗人所種之地，及近京圈地徵收旗租者，皆曰旗地。"

賞田

賞賜之田。《周禮・地官・載師》："以官田、牛田、賞田、牧田，任遠郊之地。"鄭玄注："賞田者，賞賜之田。"《左傳・成公七年》："楚圍宋之役，師還，子重請取于申、呂以爲賞田，王許之。"杜預注："分申吕之田以自賞。"《戰國策・魏策一》："魏公叔痤爲魏將，而與韓、趙戰澮北，禽樂祚。魏王説，迎郊，以賞田百萬禄之。"

賜田

君主賜予的土地。《史記・平準書》："天子乃思卜式之言，召拜式爲中郎，爵左庶長，賜田十頃，布告天下，使明知之。"《南史・王曇首傳》："武帝於鍾山西造大愛敬寺，奪舊墅在寺側者，即王導賜田也。"元范梈《送梁知事之婺州》詩："新官浙下皆名郡，舊宅山東有賜田。"

稻畦

稻田。唐慧立、彦悰《大慈恩寺三藏法師傳》卷七："恭公詩曰：福田資象德，聖種理幽熏。不持金作縷，還用彩成文，朱青自掩映，翠綺相氤氲，獨有離離葉，恒向稻畦分。"唐段公路《北户録》卷二："鵝毛被，邕之南有酋豪，多熟鵝毛爲被，如稻畦衲之，其温軟不下綿絮也。"宋王安石《獨歸》詩："鍾山獨歸雨微冥，稻畦夾岡半黄青。"明徐弘祖《徐霞客游記・游太和山日記》："山塢之中，居廬相望，沿流稻畦，高下鱗次，不似山、陝間矣。"

廛[1]

一夫所治之田，一百畝。《詩・魏風・伐檀》："胡取禾三百廛兮。"毛傳："一夫之居曰廛。"《周禮・地官・遂人》："上地，夫一廛，田百畝。"孫詒讓正義："古制田百畝而中有廛，因謂百畝之地爲一廛。"《商君書・君臣》："農不離廛者，足以養二親，治軍事。"亦作"墵"。《漢書・揚雄傳上》："漢元鼎間避仇復溯江上，處岷山之陽曰郫，有田一墵，有宅一區，世世以農桑爲業。"

【墵】

同"廛[1]"。此體漢代已行用。見該文。

潮田

以潮水灌沃之田。《類説》卷四引唐鄭熊《番禺雜記・潮田》："以潮水溉田名潮田。"唐錢起《送族侄赴任》詩："雲山深郡郭，花木净潮田。"亦稱"雄田""駱田"。清徐榮《嶺南勸耕詩》之四："種山候星尾，種潮候水節。秧艇下雄田，來往快一瞥。"自注："潮田或曰雄田，即駱田也，三四月乘水節種之。"

【雄田】

即潮田。此稱清代已行用。見該文。

【駱田】

即潮田。此稱清代已行用。見該文。

磧鹵

不生五穀的鹽鹵沙石之地。漢班固《封燕然山銘》：“經磧鹵，絕大漠。”唐李周翰注：“磧，石地；鹵，鹹地也。”《後漢書·竇融傳》：“遂陵高闕，下雞鹿，經磧鹵，絕大漠，斬温禺以釁鼓，血尸逐以染鍔。”《資治通鑑·唐德宗貞元十四年》：“士卒以夏州磧鹵，又盛夏，不樂徙居。”胡三省注：“磧，沙磧。鹵，鹹鹵。磧鹵之地，五穀不生。”《文獻通考·四裔考二十四》：“回紇姓藥羅葛氏，居薛延陀北娑陵水上……地磧鹵，畜多大足羊。有時健俟斤者，衆始推爲君長。”明丘濬《大學衍義補·治國平天下之要·内夏外夷之限下》：“而高祖困阨平城，匈奴卒不入中國者，以其生長磧鹵，謂穹廬賢於城郭、氈罽美於章綬，既安所習，是以無窺中國心，不樂漢故也。”

嘹田

火種田。先焚燒田裏的野草再耕種的農田。《宋書·孝武十四王傳·豫章王子尚》：“時東土大旱，鄞縣多嘹田，世祖使子尚上表至鄞縣勸農。”一說爲通溝灌溉的農田。《晋書·殷浩傳》：“既而以淮南太守陳逵、兗州刺史蔡裔爲前鋒，安西將軍謝尚、北中郎將荀羡爲督統，開江西嘹田千餘頃，以爲軍儲。”何超音義：“《説文》：‘嘹，燒種也。’音流。案通溝溉田亦爲嘹。”宋葉廷珪《海録碎事·農田部·田疇門》：“洞庭霜橘嘹田粟，歲計猶堪比徹侯。”

畬田

刀耕火種之田。大抵先斫山田，待草木乾燥，於雨前縱火焚燒，以灰爲肥料而播種。唐李德裕《謫遷嶺南道中作》詩：“五月畬田收火米，三更津吏報潮雞。”宋范成大《勞畬耕》詩

序：“畬田，峽中刀耕火種之地也。春初斫山，衆木盡蹶。至當種時，伺有雨候，則前一夕火之，藉其灰以糞。”參閱宋王禹偁《畬田詞》序。單稱“畬”。唐杜甫《秋日夔府咏懷奉寄鄭監李賓客一百韻》：“煮井爲鹽速，燒畬度地偏。”清仇兆鰲注引宋陳旉的《農書》曰：“荆楚多畬田，先縱火燔爐，候經雨下種，歷三歲土脉竭，復燔旁山。”

【畬】

“畬田”之單稱。此稱唐代已行用。見該文。

隰

低下的濕地。《書·禹貢》：“原隰底績，至于猪野。”孔傳：“下濕曰隰。”《詩·邶風·簡兮》：“山有榛，隰有苓。”《爾雅·釋地》：“陂者曰阪，下者曰隰。”南朝宋謝靈運《入東道路》詩：“陵隰繁綠杞，墟囿粲紅桃。”也指新墾地。《詩·周頌·載芟》：“千耦其耘，徂隰徂畛。”鄭玄箋：“隰，謂新發田也。”

壖田

河邊的田地。宋人宋敏求《春明退朝録》卷中：“疏導二十里，以殺水悍，還壖田七百頃於河南，自是滑人無患。”

櫃田

四周築土堰圍護而成的低窪田，形制如同櫃子，故稱。元王禎《農書·農器圖譜集·田制門》：“櫃田，築土護田，似圍而小，四面俱置涵穴，如櫃形制；順置田段，便於耕蒔，若遇水荒，田制既小，堅築高峻，外水難入，内水則車之易涸。淺浸處宜種黄穋稻。如水過，澤草自生，穄稗可收。高涸處亦宜陸種諸物，皆可濟饑。此救水荒之上法。”又王禎《櫃田》詩：“江邊有田以櫃稱，四起封圍皆力成。”

櫃　田
（清鄂爾泰等《授時通考》）

職田

中國古代按官職品級授與官吏作爲俸祿的土地。施行於西晋至明初，其間亦曾稱爲"菜田""祿田""職公田""職分田"等。職田是國家掌握的公田，不屬官吏私人所有，祗以收穫物或部分收穫物充作俸祿的一部分，官吏離任時要把職田移交給下一任。這種土地嚴禁買賣，也不得換易。漢獻帝時，曾將京畿三輔地區的公田按原俸祿等級授予百官，讓他們自己收取租稅，是職田制的萌芽。兩晋時期，職田逐步形成固定的制度。西晋元康元年正式規定中央官吏按一、二、三品授與菜田十、八、六頃。明太祖時，賜百官公田，以其租入充俸祿。後收職田，改爲折俸鈔頒給，職田制遂廢。《晋書・職官志》："諸公及開府位從公者，品秩第一，食奉日五斛……元康元年，給菜田十頃，田騶十人，立夏後不及田者，食奉一年……特進品秩第二，位次諸公……元康元年，給菜田八頃，田騶八人，立夏後不及田者，食奉一年……光祿大夫假銀章青綬者，品秩第三，位

在金紫將軍下，諸卿上……惠帝元康元年，始給菜田六頃，田騶六人，置主簿、功曹史、門亭長、門下書佐各一人。"《宋書・順帝紀》："復郡縣祿田。"又《孝武帝紀》："二月己亥，復親民職公田。索虜寇兗州。"《隋書・食貨志》："京官又給職分田。一品者給田五頃。每品以五十畝爲差，至五品，則爲田三頃，六品二頃五十畝，其下每品以五十畝爲差，至九品爲一頃。外官亦各有職分田。又給公廨田，以供公用。"《隋書・蘇孝慈傳》："孝慈以爲官民争利，非興化之道，上表請罷之，請公卿以下給職田各有差，上並嘉納焉。"《明史・南康公主傳》："南康公主，洪武二十一年下嫁胡觀，東川侯海子也。海嘗以罪奪祿田。及觀尚主，詔給田如故。"《康熙字典・午集上・田部》："職田，職分田也。《文獻通考》：隋開皇中，始給職田，又給公廨田。唐貞觀，以職田給逃還貧户，每畝給粟二斗，謂之地子。十八年復給職田。永泰元年，百官請納職田充軍糧。宋真宗興復職田。慶曆均公田，復限職田。紹興復職田。金元《志》，官皆有職田。"

【菜田】

即職田。此稱晋代已行用。見該文。

【祿田】

即職田。此稱南北朝時期已行用。見該文。

【職公田】

即職田。此稱南北朝時期已行用。見該文。

【職分田】

即職田。此稱隋代已行用。見該文。

隴畝

田野，田畝。《史記・項羽本紀》："陳涉首難，豪傑蜂起，相與並争，不可勝數。然羽非

有尺寸，乘勢起隴畝之中，三年，遂將五諸侯滅秦，分裂天下，而封王侯，政由羽出，號爲‘霸王’，位雖不終，近古以來未嘗有也。”《三國志·蜀書·諸葛亮傳》：“玄素與荆州牧劉表有舊，往依之。玄卒，亮躬耕隴畝，好爲梁父吟。身長八尺，每自比於管仲、樂毅，時人莫之許也。”《韓詩外傳》卷一：“於是出而就蒸庶，於阡陌隴畝之間而聽斷焉。”宋范成大《寒亭》詩：“溝塍與澗合，隴畝抱山轉。”明徐光啓《農政全書·農事》：“貨利者此中之不足，而隴畝者此中之有餘。”

璧田

春秋時期，鄭莊公曾以璧爲抵押向許國借地，後因以璧田代稱良田。唐李商隱《爲濮陽公陳許謝上表》：“維彼璧田，實聯鼎邑；古之近甸，今也雄藩。”宋梅堯臣《代書寄歐陽永叔四十韻》：“比及過牛峽，還聞迎璧田。”

疇 [2]

亦稱“麻地”“麻田”。種麻之地。《國語·齊語》：“陵、阜、陸、墐、井、田疇均，則民不憾。”三國吳韋昭注：“麻地曰疇。”《禮記·月令》：“季夏之月……可以糞田疇。”唐孔穎達疏引蔡邕曰：“穀田曰田，麻田曰疇。”《魏書·食貨志》：“諸麻布之土，男夫及課，別給麻田十畝，婦人五畝，奴婢依良。”先秦實行井田制時對一井之田也稱“疇”。《孟子·盡心上》：“易其田疇，薄其税斂，民可使富也；食之以時，用之以禮，財不可勝用也。”趙岐注：“疇，一井也。”唐玄應等《一切經音義》卷一引《國語》賈氏注云：“一井爲疇，九夫爲一井。”已耕作的田地也稱爲“疇”。《荀子·富國》：“入其境，其田疇穢，都邑露。”漢王粲《登樓賦》：“華實蔽野，黍稷盈疇。”唐玄應等《一切經音義》卷一引《倉頡篇》云：“疇，耕地也。”

【麻地】

即疇[2]。此稱三國時期已行用。見該文。

【麻田】

即疇[2]。此稱南北朝時期已行用。見該文。

露田

北魏至隋施行均田制時計口分配種植穀物的田地。唐代改稱“口分田”。人年及課則授，老免身没則還。《魏書·食貨志》：“〔太和〕九年，下詔均給天下民田：諸男夫十五以上，受露田四十畝，婦人二十畝，奴婢依良。”《隋書·食貨志》：“其丁男、中男永業、露田，皆遵後齊之制，並課樹以桑、榆及棗。”《舊唐書·職官志》：“凡給口分田，皆從便近。”《通志·食貨略第一》：“唐開元二十五年，令……丁男給永業田二十畝，口分田八十畝。”

【口分田】

即露田。此稱唐代已行用。見該文。

壩田

於湖濱築壩圍墾之田地。盛行於宋。宋衞涇《論圍田劄子》：“自紹興末年，始因軍中侵奪瀕湖水蕩，工力易辦，創置堤埂，號爲壩田，民田已被其害。”《宋史·食貨志上·農田》：“近年瀕湖之地，多爲兵卒侵據，累土增高，長堤彌望，名曰壩田。”參閲《文獻通考·田賦六》。

第二節　宅邸考

　　《説文·宀部》:"宅,人所託尻也。……从宀,乇聲。"意即人所賴以托身居住之處。又,"宀,交覆突屋也。象形。"段玉裁注:"古者屋四注,東西與南北皆交覆也。有堂有室是爲深屋。《自部》'峇'下曰:'宀宀,不見也。'是則宀宀謂深也。"由此可知,最初"宅"字與今之房屋一樣,指房屋而不包括院落住宅,是爲了遮蔽外人視綫以及風雨;後世有房屋和院落謂之宅,亦是爲了遮蔽外人視綫而不外露。從半穴居時代的房屋復原圖來看,最初的房屋并不一定有堂有室,有堂有室的房屋是後來逐漸産生的。

　　我們的祖先,最早是"穴居而野處"。所謂"穴居",即居住於天然山洞或人造洞穴之中;所謂"野處",蓋謂居住於山林巢穴之上,若鳥巢般建於樹上。今人尚有在國外發現建於樹木之上者。《周易·繫辭下》:"上古穴居而野處,後世聖人易之以宮室,上棟下宇,以待風雨。"《禮記·禮運》:"昔者先王未有宮室,冬則居營窟,夏則居橧巢。"《莊子·盜跖》:"古者禽獸多而人民少,於是民皆巢居以避之。晝拾橡栗、暮栖木上,故命曰有巢氏之民。"《太平御覽》卷七八引三國吳項峻《始學篇》:"上古穴處,有聖人教之巢居,號大巢氏。"晋張華《博物志·雜説上》:"昔有巢氏有臣而貴,任之專國主斷,已而奪之。臣怒而生變,有巢以亡。"

　　利用天然洞穴以避雨雪風寒,當是較早的方式,但并非普遍的方式。在平原地區或黄土高原地區,當有樹上巢居與人造洞穴,這些人造居住之遺址尚未有發現,或許與其難以形成地下遺址而得以保存有關。今甘肅慶陽居民仍完整保留着傳統黄土窑洞的居住形式。《釋名》:"宅,擇也。擇吉處而營之也。"由此可知,無論哪種方式的房屋,在地勢與環境上皆有所選擇。

　　隨着時間的推移,人們漸漸開始在房屋的營造上下工夫,當居室從淺穴演進爲地面上的建築而取代穴居之後,房屋建造水平也越來越完善起來,相應地産生了一些反映這種新型住宅條件的文字,如宅、宮、室、家、宗等。這些字都從"宀"。"宀"即房屋的形象。《爾雅·釋言》:"宅,居也。"《説文·宮部》:"宮,室也。"

　　最早的穴居式住宅以西安半坡遺址最爲著名。淺穴式住宅,深50~80厘米。穴的四周緊密地排列木柱,并從外面敷上草或草泥以形成墙壁。仰韶文化晚期的房屋已成爲完全地面建築,而且已初步形成具備前院後屋、堂和側室、木構梁柱式結構等中國傳統的住宅院落模式。

　　房屋建造水平的提高，不僅使房屋的大小發生了變化，而且使人們的聚族群居成爲可能，由此而形成村落，又漸漸由村落而形成城鎮、都市。於是，"邸"也因此而産生。

　　《説文·邑部》："邸，屬國舍也，从邑，氐聲。"段玉裁注："《文帝紀》曰：'入代邸'，顏注曰：'郡國朝宿之舍在京師者，率名邸。'邸，至也，言所歸至也。按今俗謂旅舍爲邸。""邑"，指衆人聚居且達到一定數量之地，可以泛指城邑，亦可用作國君對本國之謙稱。《説文·邑部》："邑，國也。"段玉裁注："鄭莊公曰：'吾先君新邑於此。'《左傳》：'凡偁人曰大國，凡自偁曰敝邑。'古'國''邑'通偁。《白虎通》曰：'夏曰夏邑，商曰商邑，周曰京師。'《尚書》曰'西邑夏'，曰'天邑商'，曰'作新大邑於東國雒'，皆是。《周禮》：'四井爲邑。'《左傳》：'凡邑之有宗廟、先君之主，曰都；無，曰邑。此又在一國之中分析言之。"至遲自漢代起，"邸"由"郡國朝宿之舍在京師者"之意，轉爲富貴之家的"宅邸"之意，後世延續之。此外，"邸"尚有"旅舍"之意，另見本卷第五章第二節"旅舍考"相關詞條。

土宇

　　土地和屋宅。《詩·大雅·卷阿》："爾土宇昄章，亦孔之厚矣。"鄭玄箋云："土宇，謂居民以土地屋宅也。"《後漢書·東海恭王强傳》："今增臻封五千户，儉五百户，光啓土宇，以酬厥德。"《晉書·羊祜傳》："夫賞不失勞，國有彝典，宜增啓土宇，以崇前命，而重違公高讓之素。今封夫人夏侯氏萬歲鄉君，食邑五千户，又賜帛萬匹，穀萬斛。"《梁書·桂陽嗣王象傳》："史臣曰：長沙諸嗣王，並承襲土宇，光有藩服。"《清史稿·屬國三傳·緬甸傳》："兹聞舊裔遭亂淪亡，鄭氏攝國長事，既閱再世，用能保其土宇，輯和人民，闔國臣庶，共所推戴。"

土室

　　古時天子明堂的中央室。《禮記·月令》："天子居大廟大室，乘大路，駕黃駵，載黃旂，衣黃衣，服黃玉，食稷與牛，其器圜以閎。"鄭玄注："大廟大室，中央室也。"孔穎達疏："今中央室稱太室者，以中央是土室，土爲五行之主，尊之故稱大。"也指土房子。《史記·匈奴列傳》："嗟土室之人，顧無多辭，令喋喋。"《後漢書·袁閎傳》："〔閎〕欲投迹深林，以母老不宜遠遁，乃築土室，四周於庭，不爲户，自牖納飲食而已。"《明史·載堉傳》："世子載堉，篤學有至性，痛父非罪見繫，築土室宮門外，席槀獨處者十九年。"

户

　　門之雙扇者爲門，單扇者爲户。《説文·户

部》："半門曰户，象形。"亦可泛指房室之門。《論語·陽貨》："孺悲欲見孔子，孔子辭以疾。將命者出户，取瑟而歌，使之聞之。"《孔雀東南飛》："府吏默無聲，再拜還入户。舉言謂新婦，哽咽不能語"；"府吏再拜還，長嘆空房中。作計乃爾立，轉頭向户裏。"《木蘭詩》："唧唧復唧唧，木蘭當户織。"古代的室有的還有旁門。《左傳·襄公二十五年》："姜入于室，與崔子自側户出。"

甲第

本指封侯者的住宅，後泛指豪門貴族的宅第。《史記·孝武本紀》："其以二千户封地士將軍大爲樂通侯。賜列侯甲第，僮千人。乘輿斥車馬，帷帳器物以充其家。"裴駰集解引《漢書音義》曰："有甲乙第次，故曰第。"《文選·張衡〈西京賦〉》："北闕甲第，當道直啓。"薛綜注："第，館也；甲，言第一也。"唐杜甫《醉時歌贈廣文館學士鄭虔》詩："甲第紛紛厭粱肉，廣文先生飯不足。"宋張元幹《滿庭芳·壽富樞密》詞："韓國殊勳，洛都西内，名園甲第相連。"亦稱"甲舍""甲宅""甲邸"《漢書·胡建傳》："蓋主怒，使人上書告建侵辱長公主，射甲舍門。"顏師古注："甲舍即甲第，公主之宅。"《魏書·張祐傳》："太后嘉其忠誠，爲造甲宅。"北周王襃《太子太保中都公陸逞碑銘》："昔處文房，又居内職，或傳水華，時游甲邸。"唐李白《古風》之二四："中貴多黃金，連雲開甲宅。"

【甲舍】

即甲第。此稱漢代已行用。見該文。

【甲宅】

即甲第。此稱南北朝時期已行用。見該文。

【甲邸】

即甲第。此稱南北朝時期已行用。見該文。

圭竇

窮人住房的門户。墙上鑿門，上銳下方，形狀象圭。南朝梁蕭統《七契》："蓽門鳥宿，圭竇狐潛。"《魏書·李謐傳》："繩樞甕牖之室，蓽門圭竇之堂，尚不然矣。"《明史·許逵傳》："令民屋外築墙，墙高過檐，啓圭竇，才容人。"

地室 [1]

地窖，地下室。《左傳·成公十二年》："子反相，爲地室而縣焉。"漢劉歆《甘泉宮賦》："軼陵陰之地室，過陽谷之秋城。"亦稱"堀室""窟室"。《左傳·昭公二十七年》："夏四月，〔吳公子〕光伏甲于堀室而享王。"杜預注："掘地爲室。堀本又作窟。"《左傳·襄公三十年》："鄭伯有耆酒，爲窟室，而夜飲酒，擊鍾焉，朝至未已。"杜預注："窟室，地室。"《史記·刺客列傳》："光伏甲士於窟室中，而具酒請王僚。"《晋書·張忠傳》："其居依崇巖幽谷，鑿地爲窟室。弟子亦以窟居，去忠六十余步，五日一朝。"《新唐書·百濟傳》："龍朔初，有儋羅者，其王儒李都羅遣使入朝，國居新羅武州南島上，俗樸陋，衣大豕皮，夏居革屋，冬窟室。地生五穀，耕不知用牛，以鐵齒杷土。"亦稱"宿室"。漢趙曄《吳越春秋·王僚使公子光傳》："公子光伏甲士於宿室中，具酒而請王僚。"亦稱"地藏"。《北齊書·皮景和傳》："又有陽平人鄭子饒，詐依佛道，設齋會，用米麵不多，供贍甚廣，密從地藏，漸出餅飯，愚人以爲神力，見信於魏、衞之間。"

【堀室】

即地室 [1]。此稱先秦時期已行用。見該文。

【窟室】

即地室[1]。此稱先秦時期已行用。見該文。

【窖室】

即地室[1]。此稱漢代已行用。見該文。

【地藏】[1]

即地室[1]。此稱南北朝時期已行用。見該文。

宅

居住的房屋、院落。《書·禹貢》："四隩既宅。"《周易·剥》："上以厚下安宅。"《説文·宀部》："宅，人所托尻也。"《爾雅·釋言》："宅，居也。"《孟子·梁惠王上》："五畝之宅。"《左傳·昭公三年》："初，景公欲更晏子之宅，曰：'子之宅近市，湫隘囂塵，不可以居。'"《釋名·釋宫室》："宅，擇也。擇吉處而營之也。"漢劉向《列女傳》："便利田宅。"晋陶淵明《歸園田居》："方宅十餘畝，草屋八九間。"唐杜甫《江南逢李龜年》："岐王宅裏尋常見，崔九堂前幾度聞。"唐白居易《琵琶行》："住近湓江地低濕，黄蘆苦竹繞宅生。"亦稱"宅舍""第宅""第"。漢鄭子真《宅舍殘碑》："所居宅舍一區直百萬。"《漢書·成帝紀》："或乃奢侈逸豫，務廣第宅，治園池，多畜奴婢，被服綺縠。"《後漢書·楊震傳》："會三年春，東巡岱宗，樊豐等因乘輿在外，競修第宅。"《三國志·蜀書·姜維傳》："郤正著論論維曰：姜伯約據上將之重，處群臣之右，宅舍弊薄，資財無餘，側室無妾媵之褻，後庭無聲樂之娱，衣服取供，輿馬取備，飲食節制，不奢不約，官給費用，隨手消盡。"魏曹植《贈友》："雙闕指馳道，朱宫羅第宅。"晋周處《風土記》："宅亦曰第，言有甲乙之次第也。一曰出不由里門，面大道者名曰第。"《宋書·顔師伯傳》："多納貨賄，家産豐積，伎妾聲樂，盡天下之選，園池第宅，冠絶當時，驕奢淫恣，爲衣冠所嫉。"《清史稿·余國柱傳》："既出都，於江寧治第宅，營生計，復爲給事中何金蘭所劾，命逐之回籍。"唐宋以來稱京官的住宅爲"宅子"。唐封演《封氏聞見記》卷九《淳信》："陸少保，字元方，曾於東都置小宅，家人將受直矣。買者求見，元方告其人曰：'此宅子甚好，但無出水處。'買者聞之遽辭。"宋蘇軾《與楊濟甫書》："見在西崗賃一宅子居住，恐要知悉。"

【宅舍】

即宅。此稱漢代已行用。見該文。

【第宅】

即宅。此稱漢代已行用。見該文。

【第】

即宅。此稱晋代已行用。見該文。

【宅子】

即宅。此稱唐代已行用。見該文。

邸舍[1]

貴家府第。漢劉向《説苑·尊賢》："史䲡去衛靈公邸舍三月，琴瑟不御。"《晋書·匈奴傳》："呼韓邪感漢恩，來朝，漢因留之，賜其邸舍，猶因本號，聽稱單于，歲給綿絹錢縠，有如列侯。"《宋書·蔡興宗傳》："會土全實，民物殷阜，王公妃主，邸舍相望，橈亂在所，大爲民患，子息滋長，督責無窮。"

序

隔開正堂東西夾室的墙。《大戴禮記·王言》："曾子懼，退，負序而立。"清孔廣森補注："序，東西墙也。堂上之墙曰序，堂下之墙曰壁，室中之墙曰墉。"

官邸

政府分配給官員的住宅。《後漢書・南匈奴傳》："諸王大人或前至，所在郡縣爲設官邸，賞賜待遇之。"《宋史・柴禹錫傳》："禹錫有別業在表識中，請以易官邸，上因是薄之。"元戴良《抵膠州》詩："依稀見州郭，倉皇問官邸。"亦稱"官舍"。《史記・陳豨傳》："豨常告歸過趙，趙相周昌見豨賓客隨之者千餘乘，邯鄲官舍皆滿。"《漢書・何並傳》："郡中清静，表善好士，見紀潁川，名次黃霸。性清廉，妻子不至官舍。"《晋書・陶侃傳》："陳敏之亂，〔劉〕弘以侃爲江夏太守，加鷹揚將軍。侃備威儀，迎母官舍，鄉里榮之。"《南史・范雲傳》："少與領軍長史王畡善，雲起宅新成，移家始畢，畡亡於官舍，屍無所歸，雲以東厢給之。"《清史稿・楊素蘊傳》："〔楊素蘊〕順治九年進士，授直隸東明知縣。東明當河決後，官舍城垣悉敗，民居殆盡，遺民依丘阜，僅數十家。"

【官舍】[1]

即官邸。此稱漢代已行用。見該文。

居室

指住宅。《禮記・曲禮下》："君子將營宮室，宗廟爲先，厩庫爲次，居室爲後。"亦稱"居處"。《吕氏春秋・爲欲》："其衣服冠帶，宮室居處，舟車器械，聲色滋味皆異。"晋葛洪《西京雜記》卷一："〔慶安世〕與后同居處。欲有子而終無胄嗣。"

【居處】

即居室。此稱先秦時期已行用。見該文。

垣屋

有短墙之房屋。《史記・蕭相國世家》："何置田宅必居窮處，爲家不治垣屋。曰：'後世賢，師吾儉；不賢，毋爲勢家所奪。'"《後漢書・孝靈帝紀》："六年春正月辛丑，大赦天下。二月，南宮平城門及武庫東垣屋自壞。"《後漢書・楊震傳》："臣伏惟陛下以邊境未寧，躬自菲薄，宮殿垣屋傾倚，枝柱而已，無所興造，欲令遠近咸知政化之清流，商邑之翼翼也。"《舊唐書・玄宗本紀下》："是秋，霖雨積六十餘日，京城垣屋頹壞殆盡，物價暴貴，人多乏食，令出太倉米一百萬石，開十場賤糶以濟貧民。"

宮室

上古時期，宮室是一般房屋、住宅的通稱，沒有貴賤之分。《易・繫辭下》："上古穴居而野處，後世聖人易之以宮室，上棟下宇，以待風雨，蓋取諸大壯。"《禮記・曲禮下》："君子將營宮室，宗廟爲先，厩庫爲次，居室爲後。"《孟子・告子上》："萬鍾則不辨禮義而受之，萬鍾於我何加焉？爲宮室之美、妻妾之奉、所識窮乏者得我與？"秦漢以後，專指帝王所居的房屋，即宮殿。《史記・高祖本紀》："高祖還，見宮闕壯甚，怒，謂蕭何曰：'天下匈匈，苦戰數歲，成敗未可知，是何治宮室過度也？'"《明史・渴石傳》："宮室壯麗，堂以玉石爲柱，牆壁窗牖，盡飾金碧，綴琉璃。"亦稱"宮"。《戰國策・秦策》："〔蘇秦〕將説楚王，路過洛陽，父母聞之，清宮除道，張樂設飲，郊迎三十里。"《孟子・滕文公上》："且許子何不爲陶冶，舍皆取諸其宮中而用之？何爲紛紛然與百工交易？"《史記・秦始皇本紀》："秦王乃迎太后於雍而入咸陽，復居甘泉宮。"《史記・吕太后本紀》："高祖十二年四月甲辰，崩長樂宮，太子襲號爲帝。"《清史稿・穆宗本紀》："〔穆宗〕文宗長子，母孝欽顯皇后那拉氏，咸豐六年三月二十三日，生於儲秀宫。"

【宫】

即宫室。此稱先秦時期已行用。見該文。

【室】

即宫室。在上古，"宫"與"室"同義，都是房屋的通稱。《爾雅·釋宫》："宫謂之室，室謂之宫。"區别在於"宫"指整座房子，而"室"則僅僅是宫中的一個居住單位。具體而言，古人房屋内部，前面叫堂，堂後以墙隔開，後部中央叫室，室的東西兩側叫房。《論語·先進》："由也升堂矣，未入於室也。"

室
（《繪圖千家詩注釋》）

堀穴

古人没有房屋之前所居住的洞穴。《墨子·節用中》："古者人之始生，未有宫室之時，因陵丘堀穴而處焉。"《史記·魯仲連鄒陽列傳》："今欲使天下寥廓之士，攝於威重之權，主於位勢之貴，故回面污行以事諂諛之人而求親近於左右，則士伏死堀穴巖藪之中耳，安肯有盡忠信而趨闕下者哉！"《戰國策·楚策四》："今僕之不肖，阨於州部，堀穴窮巷，沈洿鄙俗之日久矣，君獨無意渝拔僕也？使得爲君高鳴屈於梁乎？"清康有爲《孔子改制考》卷四："古者聖王制爲節葬之法，曰衣三領足以朽肉，

棺三寸足以朽骸，堀穴深不通於泉，流不發泄則止。死者既葬，生者毋久喪用哀。"

廊廡

正房對面和兩側的房子。《漢書·竇嬰傳》："乃拜嬰爲大將軍，賜金千斤……所賜金、陳廊廡下，軍吏過，輒令財取爲用，金無入家者。"顏師古注："廊，堂下周屋也。廡，門屋也。"《隋書·食貨志》："所有賚給，不逾經費，京司帑屋既充，積於廊廡之下，高祖遂停此年正賦，以賜黎元。"《明史·輿服志四》："正殿曰奉天殿，後曰華蓋殿，又後曰謹身殿，皆翼以廊廡。"亦稱"堂廡"。《列子·楊朱》："堂廡之上，不絶聲樂。"南朝宋鮑照《傷逝賦》："循堂廡而下降，歷幃户而升基。"

【堂廡】

即廊廡。此稱先秦時期已行用。見該文。

樓

兩層以上的房屋。《説文·木部》："樓，重屋也。"漢桓寬《鹽鐵論》："今富者積土成山，列樹成林，臺榭連閣，集觀增樓。"漢《古詩十九首》之五："西北有高樓，上與浮雲齊。"《史記·孝武本紀》："明堂圖中有一殿，四面無壁，以茅蓋，通水，圜宫垣爲複道，上有樓，從西南入，命曰昆侖，天子從之入，以拜祠上

江　樓
（《繪圖千家詩注釋》）

帝焉。"《清史稿·韋守官妻梁傳》："二婦夜登樓，環坐諸兒女酌酒，戒積薪樓下，城破則縱火。"

園宅

有園林的住宅。《晉書·王戎傳》："襲父爵，辟相國掾，歷吏部黃門郎、散騎常侍、河東太守、荊州刺史，坐遣吏修園宅，應免官，詔以贖論。"《宋書·謝弘微傳》："九年，東鄉君薨，資財鉅萬，園宅十餘所，又會稽、吳興、琅邪諸處，太傅、司空琰時事業，奴僮猶有數百人。"《宋史·陳希亮傳》："洛陽園宅壯麗與公侯等，河北有田歲得帛千匹，晚年皆棄不取。"《清史稿·高士奇傳》："此外順成門外斜街並各處房屋，令心腹出名置買，寄頓賄銀至四十餘萬，又於本鄉平湖縣置田產千頃，大興土木，杭州西溪廣置園宅。"

園邑

守護陵園的居民區。《史記·外戚世家》："於是乃追尊薄父為靈文侯，會稽郡置園邑三百家，長丞已下吏奉守冢，寢廟上食祠如法。"《後漢書·東平憲王蒼傳》："臣愚以園邑之興，始自疆秦。古者丘壠且不欲其著明，豈況築郭邑，建都郛哉。"《晉書·刑法志》："大晉垂制，深惟經遠，山陵不封，園邑不飾，墓而不墳，同乎山壤，是以丘阪存其陳草，使齊乎中原矣。"《明史·葉伯巨傳》："今鳳陽皇陵所在，龍興之地，而率以罪人居之，怨嗟愁苦之聲充斥園邑，殆非所以恭承宗廟意也。"

園廬

田園與廬舍。漢張衡《南都賦》："於其宮室，則有園廬舊宅，隆崇崔嵬。"《舊唐書·陸

園 廬
（《繪圖千家詩注釋》）

贄傳》："而乃使之去親族，舍園廬，甘其所辛酸，抗其所懾駭，將冀為用，不亦疏乎。"唐王維《晦日游大理韋卿城南別業四聲依次用各六韻》："仁（一作人）里靄川陽，平原見峰首。園廬鳴春鳩，林薄媚新柳。"《宋史·張去華傳》："在洛葺園廬，作中隱亭以見志。"

閭

里巷之門。《書·武成》："封比干墓，式商容閭。"孔穎達疏："《說文》云：'閭，族居里門也。'"《周禮·秋官·司寇》："閭氏，下士二人，史一人，徒十有二人。"鄭玄注："閭，謂里門。"《呂氏春秋·仲夏》："門閭無閉。"《漢書·陳勝傳》："秦二世元年秋七月，發閭左戍漁陽九百人。"顏師古注："閭，里門也。"晉左思《魏都賦》："設官分職，營處署居，夾之以府寺，班之以里閭。"

團焦

圓形草屋、茅舍。《北齊書·神武帝紀上》："及得志，以其宅為第，號為南宅。雖門巷開廣，堂宇崇麗，其本所住團焦，以石堊塗之，留而不毀，至文宣時遂為宮。"亦稱"蝸牛廬""團茅""團標""團瓢"。《三國志·魏書·胡昭傳》裴松之注引《魏略》云："焦先及楊沛，並作瓜牛廬，止其中。以為瓜當作蝸。蝸牛，

螺蟲之有角者也，俗或呼爲黄犢。先等作團舍，形如蝸牛蔽，故謂之蝸牛廬。”《北齊書·蔡俊傳》：“高祖客其舍，初居處於蝸牛廬中，蒼鷹母數見廬上赤氣屬天。”金元好問《别李周卿三首之三》：“懷我同心人，團茅住深竹。垂綸鮮可食，種秫酒亦足。”元馬致遠《黄粱夢》：“老身終南山人氏，在此在家出家，蓋了一座團標，前後無人家。”元康進之《李逵負荆》：“一把火將你那草團瓢燒成爲腐炭，盛酒甕摔做碎瓷甌。”清龔賢《畫訣》：“空者爲亭，實者爲團瓢。”清厲鶚《花塢二首》之一：“法華山西山翠深，松篁蒙密自成陰。團瓢更在雲深處，惟有樵風引磬音。”

【蝸牛廬】

即團焦。此稱三國時期已行用。見該文。

【團茅】

即團焦。此稱金代已行用。見該文。

【團標】

即團焦。此稱元代已行用。見該文。

【團瓢】

即團焦。此稱元代已行用。見該文。

廛里

庶民聚居的里弄。庶人、農、工、商等所居謂之廛；士大夫等所居謂之里，故以泛稱。《周禮·地官·載師》：“以廛里任國中之地，以場圃任園地。”漢佚名《三輔黄圖》卷二引漢張衡《西京賦》云：“參徐夷庭，街衢相經，廛里端正，甍宇齊平。”晋傅季友《爲宋公至洛陽謁陵表》：“廛里蕭條，雞犬罕音。”宋郭茂倩《樂府詩集》：“〔陸機〕命駕登北山，延佇望城郭。廛里一何盛，街巷紛漠漠。”清朱景英《海東札記》：“〔澎湖〕由西嶼頭外塹、内塹泊天后

澳，乘小舟登岸達天后宫前，廛里環列，爲澎湖正面。”

廟

舊時供祀聖賢、祖宗、神佛的屋舍。《詩·大雅·思齊》：“雝雝在宫，肅肅在廟。”《史記·魯周公世家》：“二年，以宋之賂鼎入於太廟，君子譏之。”《清史稿·太宗本紀二》：“崇德元年夏四月乙酉，祭告天地，行受尊號禮……遣官以建太廟，追尊列祖，祭告山陵。”

廠 [2]

露舍、棚屋。北魏賈思勰《齊民要術·養鷄》：“别築墻匡，開小門，作小廠，令鷄避雨日。”

齋

書房、學舍。《世説新語·言語》：“〔孫綽〕齋前種一株松，恒自手壅治之。”亦稱“齋舍”。唐韋應物《郡中西齋詩》：“似與塵境絶，蕭條齋舍秋。”

【齋舍】

即齋。此稱唐代已行用。見該文。

廬

房屋。《詩·小雅·信南山》：“中田有廬。”《周禮·地官·遺人》：“凡國野之道，十里有廬，廬有飲食。三十里有宿，宿有路室。”《荀子·禮論篇》：“齊衰，苴杖，居廬，食粥，席薪，枕塊，所以爲至痛飾也。”《漢書·金日磾傳》：“是時，上行幸林光宫，日磾小疾卧廬。”顏師古注曰：“殿中所止曰廬。”亦稱“屋”“廬舍”“倚廬”“齋屋”“屋廬”。《詩·秦風·小戎》：“在其板屋，亂我心曲。”《周禮·天官·宫正》：“大喪，則授廬舍，辨其親疏貴賤之居。”鄭玄注：“廬，倚廬也。舍，堊室也。親者貴者居倚

廬，疏者賤者居堲室。"《漢書·哀帝紀》："乃者河南、潁川郡水出，流殺人民，壞敗廬舍。"《漢書·食貨志上》："六尺爲步，步百爲畝，畝百爲夫，夫三爲屋，屋三爲井，井方一里，是爲九夫。八家共之，各受私田百畝，公田十畝，是爲八百八十畝，餘二十畝以爲廬舍。"顏師古注曰："廬，田中屋也。春夏居之，秋冬則去。"《後漢書·樊宏傳》："父重，字君雲，世善農稼，好貨殖……其所起廬舍，皆有重堂高閣，陂渠灌注。"《南齊書·王延之傳》："延之清貧，居宇穿漏。褚淵往候之，見其如此，具啓明帝，帝即敕材官爲起三間齋屋。"唐韓愈《示兒》：

"辛勤三十年，以有此屋廬。"

【屋】

即廬。此稱先秦時期已行用。見該文。

【廬舍】

即廬。此稱先秦時期已行用。見該文。

【倚廬】

即廬。此稱漢代已行用。見該文。

【齋屋】

即廬。此稱南北朝時期已行用。見該文。

【屋廬】

即廬。此稱唐代已行用。見該文。

第三節　場圃考

《説文·土部》："場，祭神道也（段玉裁注曰：'也'，《廣韻》作'處'）。一曰田不耕者。一曰治穀田也。"據此，所謂"田不耕者"是指以不耕種之荒地作爲祭祀神道之處；所謂"治穀田"是指穀物成熟後堆放莊稼或加工糧食之地。兩者所指用途本不相同，後世兼用兩意，其相同之處在於，兩者皆爲平坦而且開闊之地。《説文·口部》："圃，種菜曰圃。從口，甫聲。"段玉裁注："《齊風》毛傳曰：'圃，菜園也。'馬融《論語注》曰：'樹菜蔬曰圃。'《玄應》引《倉頡解詁》云：'種樹曰園，種菜曰圃。'"囗，圍的古體字。從囗的字往往表示某一個範圍或區域。圃，本義爲種植果木瓜菜的園地，周圍常有垣墻或籬笆。後世詞義擴大爲凡培育瓜果、樹苗、種植蔬菜之處皆謂之圃，如"苗圃"。

場圃，猶園場，爲平坦的空地，指農家秋季堆放、翻曬糧食及脫粒的地方。古之場圃至穀物收穫時方從田地中闢出；春夏時節用以種菜蔬，收穫時節方作翻曬糧食及脫粒的場地。今北方有些區域仍有其遺制。《詩·豳風·七月》："九月築場圃，十月納禾稼。"毛傳："春夏爲圃，秋冬爲場。"鄭玄箋："場、圃，同地。自物生之時，耕治之以種菜茹，至物盡成熟，築堅以爲場。而納禾稼，蓋自田而納之於場也。"《周禮·地官·場人》："場人，掌國之場圃，而樹之果蓏、珍異之物，以時斂而藏之。"賈公彥疏："場、圃連言，場圃同地耳。春夏爲圃，秋冬爲場。"

中國一直是以農業爲主的國家。根據考古發掘資料，可知新石器時代（相當於伏羲氏時代）的人們已經種植了黍、稷、粟、麻、麥、豆、稻等糧食作物。大體上黃河流域以黍、稷、粟、麻、麥、豆等旱作物爲主，長江流域以水稻爲主。它們都有八千年甚至一萬年以上的歷史。據此推測，用以對莊稼、脱粒、翻曬糧食的場地必然早已存在，《詩・豳風・七月》的詩句就可以作爲證明。同時，中國歷來被稱爲"禮儀之邦"，各種祭祀繁多，經書及史書中記載甚多，不必舉證，祭祀所用之祭場必然更是早已有之。

春秋時期，已産生獨立的園藝。《論語・子路》："樊遲請學稼，子曰吾不如老農；請學爲圃，曰吾不如老圃。"可見，"圃"與"農"至遲在春秋時代已經分立了。現在，"場圃"的含義已經有所改變，"圃"一般指種植蔬菜、瓜果、花木的園地，如菜圃、花圃、苗圃、果圃等，而農家堆放莊稼、翻曬糧食及脱粒的場所一般稱作"場院"。采用機械收割莊稼之後，農村已很少有場院。

井池

井口外備澆水用之淺地。前秦王嘉撰，南朝梁蕭綺録《拾遺記・前漢下》："曹曾，魯人也。本名平，慕曾參之行，改名爲曾。家財巨億，事親盡禮……時亢旱，井池皆竭。母思甘清之水，曾跪而操瓶，則甘泉自涌，清美於常。"《新唐書・孝友傳・宋思禮》："宋思禮，字過庭，事繼母徐爲聞孝。補蕭縣主簿。會大旱，井池涸，母羸疾，非泉水不適口，思禮憂懼且禱，忽有泉出諸庭，味甘寒，日不乏汲。縣人異之，尉柳晃爲刻石頌其感。"《醒世姻緣傳》第三四回："這株朽壞的花木不宜正衝了書房，移到他井池邊去，日日澆灌，或者還有生機。"

田圃

泛指田地和園圃。《韓非子・外儲説左上》："故中章、胥己仕，而中牟之民棄田圃而隨文學者邑之半。"唐儲光羲《田家雜興》詩之一："既念生子孫，方思廣田圃。"元李志常《長春真人西游記》卷六："居人常歲疏河灌田圃，至八日禾麥始熟，終不及天雨。"清顧祖禹《讀史方輿紀要・浙江五》："〔項山府〕又北四十里有鳳山，上極平曠，可治田圃，芝溪出焉，南流合於衢港。"亦稱"田園"。《史記・魏其武安侯列傳》："田園極膏腴，而市買郡縣器物相屬於道。"晉陶潛《歸去來兮辭》："歸去來兮，田園將蕪胡不歸！"宋曾鞏《上齊工部書》："鞏世家南豐，及大人謫官以還，無屋廬田園於南豐也。"明僧一然《三國遺事》卷四："〔善宗郎〕

捐妻息。捨田園爲亢寧寺，獨處幽險，不避狼虎，修枯骨觀。"

【田園】

即田圃。此稱漢代已行用。見該文。

瓜田

種瓜之田。晋陶潛《飲酒》詩："邵生瓜田中，寧似東陵時。"《北齊書·袁聿修傳》："聿修退絹不受，與邢書云：‘今日仰過，有異常行，瓜田李下，古人所慎，多言可畏，譬之防川，願得此心，不貽厚責。’"元虞堪勝伯《題子昂〈苕溪圖〉》："吳興公子玉堂仙，寫出苕溪似輞川。回首青山紅樹下，那無十畝種瓜田。"清徐崧、張大純《百城烟水》卷四："何時茆屋人同住，旋買瓜田手自鋤。寄語牧童休笑我，多緣錯讀半生書。"清孫承澤《天府廣記》卷三三："張潛，游學海內，精於周易，廉介不樂仕，五十始娶。鄉里皆慕其賢，有饋以瓜田者，辭不受。"

瓜疇

瓜圃。晋左思《蜀都賦》："其圃則有蒟蒻茱萸，瓜疇芋區。"宋范浚《課畦丁灌園》詩："瓜疇准擬狸頭大，草徑堤防馬齒繁。"清魏秀仁《花月痕》第二九回："〔荷生與采秋〕兩人一邊説話，一邊度上石橋，回望着瓜疇芋區，不勝感慨。"亦稱"瓜場"。宋陳傅良《再和前韻》詩："一飲今有待，喜更問瓜場。"明陳繼儒《山居春暮》詩："春淺復春寒，山坳雪未乾。吾將老是鄉，十畝種瓜場。"

【瓜場】

即瓜疇。此稱宋代已行用。見該文。

芝茜園

漢時種芝茜的園圃。梁任昉《述異記》：

"洛陽有芝茜園，漢官儀云，染園出芝茜，供染御服，是其處也。"參閱明董斯張《廣博物志·居處》。

花田

種花草的田地、園圃。宋葉適《送包通判兼寄滕季度詩》："燈市曉侵月，花田晚占春。"清李調元《南越筆記》卷一五："珠江南岸有村曰莊頭，周里許，悉種素馨，亦曰花田。"亦稱"花圃"。北魏楊衒之《洛陽伽藍記·城西》："京邑士子，至於良辰美日，休沐告歸，徵友命朋，來游此寺。雲車接軫，羽蓋成陰，或置酒林泉，題詩花圃，折藕浮瓜，以爲興適。"《宋史·河渠志七·東南諸水下》："緣柵寨門地，近爲有力者所得，遂築斷青溪水口，創爲花圃。"宋蘇軾《答楊濟甫二首》之一："都下春色已盛，但塊然獨處，無與爲樂。所居廳前有小花圃，課童種菜，亦少有佳趣。"

【花圃】

即花田。此稱南北朝時期已行用。見該文。

花園

種植花木供游玩休息的場所。《舊唐書·中宗睿宗本紀》："三月甲寅，幸臨渭亭修禊飲，賜群官柳棬以辟惡。丙辰，游宴桃花園。"宋朱熹《朱子語類》卷第一二七："先生曰：‘今此東百官宅，乃王醫師花園，

花　園
(《繪圖千家詩注釋》)

後來籍爲百官宅。'"《清史稿·職官志五·内務府條》："壽康宮、慈寧宮花園司員各二人。"《包待制智賺生金閣》："福童，你要學裏去，我與你這把鑰匙。你若尋我時，到花園裏來尋我便是。"

花壇

邊緣用磚石砌成的種植花卉的土臺子。唐李建勛《和判官喜雨》："高檻氣濃藏柳郭，小庭流擁没花壇。"唐元稹《同醉》："柏樹臺中推事人，杏花壇上鍊形真。心源一種閑如水，同醉櫻桃林下春。"元王冕《寄太素高士》："此時相見不作難，握手笑上松花壇。壇下十萬青琅玕，空陰漠漠常風寒。"《花陣綺言》："時守樸翁有名園，奇花異卉，怪石叢林……窗外有修竹數竿，竹外有花壇一座，其側有二亭，一曰晴暉，一曰萬綠。"《檮杌萃編》第九回："前天的戲子，今日的新娘艷香八姨太太出來，慢移蓮步，輕踏花壇，進了堂屋。"

苗圃

培育花果樹苗之地。元陳孚《安南即事》詩："短短桑苗圃，叢叢竹刺衢。"清鄭孝胥《鄭孝胥日記·庚申日記》："周梅泉來，示《薙露園》詩，甚佳：邀同出看殘雪，遂至公墓，縱眺久之，又繞至工部局苗圃、跑馬場，沿蘇州河而返。"《南平縣志·實業志第十五》："〔北路觀察使蔡鳳〕蔡觀察因闢爲建安道苗圃，成績之佳，屢邀省臺嘉獎。"清施景琛《鯤瀛日記》："〔壬子年正月十九日〕二時，參觀苗圃。圃爲養成適宜之樹苗而設，分給農民，概不取值，其經費由地方稅勸業費項下支辦。全島十五廳，均置苗圃，爲獎勵造林良法，嘉義其一也。"

青銅海

田圃的美稱。以其爲財源，故名。宋陶穀《清異録·地理·青銅海》："汴老圃紀，生一鉏芘，三十口，病篤，呼子孫，戒曰：'此二十畝地，便是青銅海也。'"參閱明謝肇淛《五雜俎·地部二》，明顧起元《説略》第三部分。

果園

種植果樹的園地。《史記·老子韓非列傳》："與君游果園，彌子食桃而甘，不盡而奉君。"漢班固《西都賦》："其陽則崇山隱天，幽林穹谷，陸海珍藏，藍田美玉，商、洛緣其隈，鄠、杜濱其足，源泉灌注，陂池交屬，竹林果園，芳草甘木，郊野之富，號爲近蜀。"《宋書·孔靈符傳》："靈符家本豐，產業甚廣，又於永興立墅，周迴三十三里，水陸地二百六十五頃，含帶二山，又有果園九處。"《清史稿·職官志五·内務府條》："會稽掌本府出納，凡果園地畝、户口徭役，歲終會核以聞。"

【果圃】

即果園。此稱元代已行用。元姚燧《牧庵集》卷二四："四年，換虎符，訟隨日決，曾不留獄。教民植業，桑疇、麥陂、稻塍、芡湖、果圃、苧區、水輪、步船，無有遺利。"

牧

牧地，牧場。《詩·小雅·出車》："我出我車，于彼牧矣。"毛傳："出車就馬於牧地。"《周禮·夏官·牧師》："孟春焚牧。"鄭玄注："焚牧地，以除陳生新草也。"《孟子·公孫丑下》："今有受人之牛羊而爲之牧之者，則必爲之求牧與芻矣；求牧與芻而不得，則反諸其人乎？抑亦立而視其死與？"趙岐注："牧，牧地。"

囿

有圍墻的園地，多用來蓄養禽獸以供田獵，并種植花菜、果木。《詩·大雅·靈臺》："王在靈囿，麀鹿攸伏。"《大戴禮記·夏小正》："囿有見韭。"又："囿有見杏。"亦稱"園囿"。《孟子·滕文公下》："棄田以爲園囿，使民不得衣食。"

【園囿】

即囿。此稱先秦時期已行用。見該文。

【苑囿】

即囿。此稱漢代已行用。《呂氏春秋·重己》："昔先聖王之爲苑囿園池也，足以觀望勞形而已矣。"高誘注："畜禽獸所，大曰苑，小曰囿。"《孟子·梁惠王上》："孟子見梁惠王。王立於沼上，顧鴻雁麋鹿，曰：'賢者亦樂此乎？'"趙岐注："沼，池也。王好廣苑囿、大池沼，與孟子游觀，乃顧視禽獸之衆多，其心以爲娛樂。"《史記·淮南衡山列傳》："〔淮南王〕從上入苑囿獵，與上同車，常謂上'大兄'。"《漢書·高帝紀上》："故秦苑囿園池，令民得田之。"顏師古注："養鳥獸曰苑，苑有垣曰囿，所以種植謂之園。"《晉書·江逌傳》："建靈臺，浚辟雍，立宮館，設苑囿，所以弘於皇之尊，彰臨下之義。"宋李光《讀易詳說》卷一："内有淫聲美色之蠱，外有臺池苑囿之觀，自非以道制欲，未有不荒怠者。"《清史稿·職官志五·奉宸院條》："卿掌苑囿禁令，以時修葺備臨幸。郎中以下各官掌分理苑囿河道。"

原囿

先秦鄭國畜禽獸用來狩獵的地方，在今河南鄭州中牟西。《左傳·僖公三十三年》："鄭之有原囿，猶秦之有具囿也。"北魏酈道元《水經注·濟水》："濟水又東逕原武縣故城南，《春秋》之原囿也。"唐李吉甫《元和郡縣圖志》卷八："囿田澤，一名原囿，縣西北七里。"《東周列國志》第四四回："使者回報，鄭伯大驚，乃使老大夫燭武，先見杞子、逢孫、楊孫，各以束帛爲贐，謂之曰：'吾子淹久於敝邑，敝邑以供給之故，原囿之麋鹿俱竭矣，今聞吾子戒嚴，意者有行色乎？孟明諸將在周滑之間，盍往從之？'"

囿田 [2]

種植菜蔬瓜果之田。元王禎《農書·農器圖譜集·田制門》："囿田，種蔬果之田也。"明徐光啓《農政全書·田制》："囿田，種蔬果之田也。《周禮》：'以場圃任園地。'注曰：'圃，樹果蓏之屬。'其田，繚以垣墻，或限以籬塹。負郭之間，但得十畝，足贍數口。若稍遠城市，可倍添田數，至半頃而止。結廬於上，外周以桑，課之蠶利。内皆種蔬，先作長生韭一二百畦，時新菜二三十種。唯務多取糞壤，以爲膏腴之本。慮有天旱，臨水爲上，否則量地鑿井，以備灌溉。地若稍廣，又可兼種麻苧果穀等物，比之常田，歲利數倍。此園夫之業，可以代耕。至於養素之士，亦可托爲隱所，因得供贍。又可宦游之家，若無別墅，就可栖身駐迹。"

場園

場園，園地。《墨子·天志下》："若今有人於此入人之場園，取人之桃、李、瓜、薑者，上得且罰之，衆聞則非之。"《册府元龜》卷四九二："自偽清泰元年終，已前場園官所欠，係省錢物……四月五日恩制，並與除放。"明楊健盛《自著年譜》："癸未年八月歲夏，即

場　圃
（明宋應星《天工開物》）

善牧牛，或宿於場圃，或宿於於瓜鋪。”亦作“唐園”。《管子·輕重甲》：“桓公憂北郭民之貧，召管子而問曰：‘北郭者，盡履縷之甿也，以唐園爲本利，爲此有道乎？’”漢桓寬《鹽鐵論·未通》：“丁者治其田里，老者修其唐園，儉力趣時，無饑寒之患。”馬非百注：“唐，‘場’假借。唐園，即場圃，菜地。”清翟灝《艮山雜志·地志》：“院後唐園，周以枳落，中鑿大池，貯功德水，曰滌月池。”

【唐園】
同“場圃”。此體先秦時期已行用。見該文。

菜園

種蔬菜的園子。《宋書·柳元景傳》：“南岸有數十畝菜園，守園人賣得錢二萬送還宅，元景曰：‘我立此園種菜，以供家中啖爾。乃復賣菜以取錢，奪百姓之利邪。’”《明史·劉大夏傳》：“其被逮也，方鋤菜園中，入室携數百錢，跨小驢就道。”《清史稿·魏裔介傳》：“正

陽門外菜園爲前朝嘉蔬圃地，久爲民居，部議入官。”亦稱“菜圃”。唐樊綽《蠻書·南蠻條教第九》：“南俗：務田農菜圃，戰鬥不分文武，無雜色役。”宋蘇軾《庚辰歲正月十二日天門冬酒熟予自漉之且漉且嘗遂以大醉二首》之一：“菜圃漸疏花漠漠，竹扉斜掩雨紛紛。擁裘睡覺知何處，吹面東風散纐紋。”《金史·石盞女魯歡傳》：“父老有言，北門之西一菜圃中時得古砲，云是唐張巡所埋，掘之得五千有奇，上有刻字或‘大吉’字者。”清王士禛《池北偶談·談藝一·錦秋亭辨》：“兩岸皆稻塍荷塘，籬落菜圃，與緯蕭交錯。”

【菜圃】
即菜園。此稱唐代已行用。見該文。

畦[2]

田園中劃分的有一定界限的長條田塊。《楚辭·招魂》：“倚沼畦瀛兮遥望博。”王逸注：“畦，猶區也。”《漢書·食貨志上》：“還廬樹桑，菜茹有畦。”顔師古注：“畦，區也。”宋王安石《書湖陰先生壁二首》之一：“茅檐長掃净無苔，花木成畦手自栽。”清魏源《吳農備荒議》：“畦廣丈許，中高傍下，畦間有溝。”亦泛指田園。《莊子·天地》：“〔子貢〕見一丈人，方將爲圃畦，鑿隧而入井，抱甕而出灌。”《文選·顔延之〈陶徵士誄序〉》：“灌畦鬻蔬，爲供魚菽之祭。”吕向注：“畦，園。”唐姚合《過李處士山居》詩：“閑居晝掩扉，門柳蔭蔬畦。”宋文天祥《沈顧家》詩：“斷岸行簪影，荒畦落履痕。”

場[1]

猶圃。瓜菜田。《詩·小雅·白駒》：“皎皎白駒，食我場苗。縶之維之，以永今朝。”朱

熹集傳：“場，圃也。”又《詩·豳風·七月》：“九月築場圃。”毛傳：“春夏爲圃，秋冬爲場。”南朝宋謝靈運《從游京口北固應詔》詩：“顧已枉維縶，撫志慚場苗。”

場院

農村堆放莊稼、將莊稼加工成糧食或晾曬糧食的堅硬、平坦、開闊的場地。或稱打穀場。此稱宋代已行用。宋袁采《袁氏世範·睦親·婦人年老宜善待》：“婦人以能動之手，勤于幫襯媳婦治家，洗衣做飯，打掃場院。等小夫妻下田勞動，便逗引孫子，其樂也融融。”《兒女英雄傳》第一四回：“〔安公子〕走了里許，好容易看見路南頭遠遠的一個小村落，村外一個大場院，堆着大高的糧食，一簇人像是在那裏揚場呢。”清允祿《滿洲祭神祭天典禮》卷一：“蒸餻與飯，捧至田間以祭，謂之祭田苗神；至於秋收後，蒸餻捧至場院以祭者，謂之祭場院。”如今采用機械收割莊稼之後，農村已很少再有場院。

場圃

場指空地，圃指菜園。後多指平坦的空地，農家堆放莊稼、翻曬糧食及脫粒的地方。古之場圃至穀物收穫時方從田地中闢出，春夏時節用以種菜蔬。今北方仍有其遺制。《説文·土部》：“場，祭神道也。一曰田不耕。一曰治穀田也。”其中後者便是指秋季之“場圃”而言。《説文·囗部》：“圃，種菜曰圃。”《詩·豳風·七月》：“九月築場圃，十月納禾稼。”毛傳：“春夏爲圃，秋冬爲場。”鄭玄箋：“場、圃，同地。自物生之時耕治之以種菜茹，至物盡成熟，築堅以爲而納禾稼，蓋自田而納之於場也。”《周禮·地官·場人》：“場人，掌

國之場圃，而樹之果蓏、珍異之物，以時斂而藏之。”賈公彥疏：“場圃連言，場圃同地耳。春夏爲圃，果園樹後。”唐孟浩然《過故人莊》詩：“開軒面場圃，把酒話桑麻。”清徐榮《嶺南勸農》詩之九：“降占行可取，場圃當預治。”

園圃

種植蔬菜、瓜果、花木的園地，周圍常有垣墻籬笆。《周禮·天官·大宰》：“以九職任萬民：一曰三農，生九穀；二曰園圃，毓草木。”鄭玄注：“樹果蓏曰圃，園其樊也。”賈公彥疏：“此圃，即《載師》所云‘場圃任園地’，謂在田畔樹菜蔬果木者，故云毓草木也。”《墨子·非攻上》：“今有一人，入人園圃，竊其桃李，衆聞則非之，上爲政者得則罰之。”漢桓寬《鹽鐵論》：“孝武皇帝平百越以爲園圃。”西晉皇甫謐《玄晏春秋》：“又好桑農種藏之事，且養雞鶩。園圃之事，勤不舍力焉。”南朝宋劉義慶《幽明錄》：“武宣程羈偏生未被舉，家常使種葱。後連理樹生於園圃。”亦稱“園”“圃”“井圃”。《詩·鄭風·將仲子》：“將仲子兮，無逾我園，無折我樹檀。”《説文·囗部》：“圃，種菜曰圃。”唐孟郊《立德新居》詩：“立德何亭亭，西南聳高隅。陽崖泄春意，井圃留冬蕪。”

【園】

即園圃。此稱先秦時期已行用。見該文。

【圃】

即園圃。此稱漢代已行用。見該文。

【井圃】

即園圃。此稱唐代已行用。見該文。

樊圃

有籬笆圍繞着的菜園。《詩·齊風·東方未明》：“折柳樊圃，狂夫瞿瞿。”傳：“柳，柔脆之木。樊，藩也。圃，菜園也。”唐白居易《有木詩八首》：“截枝扶爲杖，軟弱不自持。折條用樊圃，柔脆非其宜。”元虞學士《次韻太朴良友對何仙舟讀書山中見懷之作》：“得謝荷休澤，消摇在岩阿。結廬庇風雨，樊圃搴藤蘿。”

蔬圃

菜園。《周書·蕭大圜傳》：“果園在後，開窗以臨花卉；蔬圃居前，坐櫓而看灌畦。”唐趙㲄《漢陰庭樹》詩：“掘溝引水澆蔬圃，插竹爲籬護藥苗。”宋陸游《蔬圃》詩：“蔬圃依山脚，漁扉並水涯。”清李斗《揚州畫舫録·虹橋録上》：“陳允衡，字伯璣，御史本子，建昌人。工詩。東湖亂後，與劉遠公流寓鳩兹。晚歸東湖，葺雲卿蔬圃，故址居之。”亦作“疏圃”。《淮南子·覽冥訓》：“〔鳳凰〕還至其曾逝萬仞之上，翱翔四海之外，過崑崙之疏圃，飲砥柱之湍瀨……”晋左思《魏都賦》：“右則疏圃曲池，下畹高堂。”北魏酈道元《水經注·河水一》：“在昆侖閶闔之中，是其疏圃，疏圃之池，浸之黄水，黄水三周復其源，是謂丹水，飲之不死。”《紅樓春夢》第一一回：“真人指道：‘此是疏圃，再上去便是涼風山。山上玉樹皓如冰雪，覺得天風冷冷，其寒透骨。又上去許多丈便是懸圃，也有許多宮殿式的房子。’”

【疏圃】

同“蔬圃”。此體漢代已行用。見該文。

蘭畹

種植蘭草的田地，蘭圃。《楚辭·離騷》：“余既滋蘭之九畹兮，又樹蕙之百畝。”南朝梁江淹《金燈草賦》：“是以移馥蘭畹，徙色曲池。”唐杜牧《許七侍御棄官東歸瀟灑江南頗聞自適高秋企望題詩寄贈十韻》詩：“蘭畹晴香嫩，筠溪翠影疏。江山九秋後，風月六朝餘。”宋陳傅良《次韻奉酬徐一之送菊》詩：“桂叢蘭畹悄無譁，但有哀鴻天一涯。”清謝章鋌《賭棋山莊詞話·納蘭詞》：“納蘭容若成德深於情者也，固不必刻劃花間，俎豆蘭畹，而一聲河滿，輒令人悵惘欲涕。”

第四章　五金礦産説

第一節　五金考

在中國歷史上，金泛指各種金屬。《孟子・告子上》："金重於羽者。"明蔡清《四書蒙引》注："此金字，五金之總名。想帶鈎，有以白金爲者，有以黃金爲者，又有以赤金爲者。赤金，銅也。"五金，亦稱"五色金"，其名始見於漢代（見《説文・金部》《吳越春秋・闔閭内傳》）。以金、銀、銅、鉛、鐵爲五金，分別名之爲黃金、白金、赤金、青金、黑金（見《漢書・食貨志上》注），後世民間則易鉛爲錫，以金、銀、銅、鐵、錫爲五金（見《辭源》《辭海》）。如今"五金"一詞仍然使用，但其所包含之範圍更大，而且其中所指之金屬皆采用西方化學之標準，與中國歷史上所説之"五金"不盡相同。

金屬之冶煉與應用甚早。《周禮・考工記》云："凡攻木之工七，攻金之工六，攻皮之工五，設色之工五，刮摩之工五。"《管子・地數篇》云："而葛盧之山發而出水，金從之。蚩尤受而制之，以爲劍、鎧。"《國語・越下》："王命金工，以良金寫范蠡之狀而朝禮之。"此"金工"指以金屬鑄造器物的工人。冶銅業最初之冶煉爲紅銅，紅銅即純銅。1959 年河北省文物管理委員會《河北唐山市大城山遺址發掘報告》中稱，發現兩個呈梯形之銅牌，其時代爲距今至少四千餘年前之龍山文化時期。在相當於夏朝的二里頭文化第三期遺址（距今至少三千餘年前）中發現有少量青銅器，而商代已經有製作精緻、技藝高超之青銅器，且開始以青銅鑄造農具。《左傳·宣公三年》載：“貢金九牧，鑄鼎象物。”青銅乃純銅與錫之合金，在冶煉過程中，將所煉得之純銅再加入一定量之錫，故純錫亦應於當時已出現。從考古發現可知，商代中期已有鐵刃銅兵器，今人推測乃“用隕鐵鍛製”（王玉哲《中華遠古史》）。商代末期，“商人應該已知道使用鐵器”。直接用“鐵”之名者，首見於《左傳·昭公二十九年》：“遂賦晋國一鼓鐵，以鑄刑鼎。”然此前之春秋時代即有稱鐵爲“惡金”者（《國語·齊語》），是知鐵之有無，不能以“鐵”字之有無爲斷。西周時期，冶鐵技術已較高，從戰國時期大量文獻記載中可見，鐵器之使用已較普遍（見翦伯贊《先秦史》）。1976 年甘肅玉門火燒溝遺址墓中發現金飾品——耳環與鼻環，乃距今至少三千八百年之前遺物；1977 年鄭州商代城址 24 號祭祀坑中發現金片；甘肅張家川戰國時期墓葬中有精美金虎出土。據以上考古發現可推斷，黃金冶煉於商代已有。《書·禹貢》中有金、銀、銅爲“金三品”之説，《爾雅》中有“白金謂之銀”之説，故金銀至少在春秋戰國時代已出現，甚至可能在夏朝時期便已出現。鉛、錫熔點均較低，因此歷史上常將二者連帶提及，如《管子》曰：“上有陵石者，下有鉛錫赤銅。”晋張華《博物志》曰：“燒鉛錫成胡粉（胡粉即氧化鉛）。”《爾雅》説：“錫之善者曰鉛。”在商代的古墓中發現有鉛罐、鉛爵、鉛觚、鉛戈等，含鉛率達 97.5%，可見商代煉鉛技術已相當高超。

五金

中國歷史上以金、銀、銅、鉛、鐵爲五金，分別名之爲黃金、白金、赤金、青金、黑金。始見於漢代。《書·舜典》：“金作贖刑。”傳：“金，黃金。”明袁仁《尚書砭蔡編》：“孔氏傳云，黃金，銅也。《吕刑》‘其罰千鍰’，注曰‘黃鐵’，亦是銅。古之贖罪者皆用銅，漢始用黃金，但少其斤兩，令與銅相敵。按《金通》：‘五金，古者黃金謂之鐙，白金謂之銀，故以銅爲黃金，今宜直注曰銅。’”漢趙曄《吳越春秋·闔閭内傳》：“臣聞越王元常使歐冶子造劍五枚……一名湛盧，五金之英，太陽之精。”《漢書·食貨志上》：“金、刀、龜、貝。”顏師古注：“金謂五色之金也，黃者曰金，白者曰銀，赤者曰銅，青者曰鉛，黑者曰鐵。”《孟子·告子上》：“金重於羽者。”宋馮椅《厚齋易學·易外傳·説卦下》：“柴氏曰，柔附剛決，故夬曰決，而和其於地也爲剛鹵。五金之産，藏於地中，外柔而剛藏焉，故爲剛。陽在下爲剛，陰在上爲鹵。”元許謙《讀書叢説·泰誓

上》："辛，金氣之味，今於五金之器盛物，久
而後見。"元陳師凱《書蔡氏傳旁通‧洪範》：
"'八政者，人之所以因乎天。'……二曰貨，以
五金爲富，必因天地之所産，而人取以爲貨
焉。"明蔡清《四書蒙引》卷一四注："此金字，
五金之總名。想帶鈎，有以白金爲者，有以黄
金爲者，又有以赤金爲者。赤金，銅也。"清胡
渭《禹貢錐指》卷六："《周禮》，揚州曰，其
利金錫。《考工記》曰，吳粵之金錫，是錫亦揚
州之美利也，而《禹貢》無之，未詳何故。《説
文》，五色之金，黄爲長，青曰鉛，赤曰銅，白
曰銀，黑曰鐵，而錫則曰銀鉛之間，是爲五金
之間色矣。竊意五金之名，起自秦漢以後，唐
虞之世，鉛鐵自稱鉛鐵。《周禮》錫與金對言，
可見鉛鐵錫皆不名金，三品之中，不容有錫
也。"亦稱"五色金"。《説文‧金部》："金，五
色金也。黄爲之長，久埋不生衣，百煉不輕，
從革不違。西方之行。生於土，從土；左右注，
象金在土中形。"其中之"黄金"，或以爲指金，
或以爲指銅。後世民間則易鉛爲錫，以金、銀、
銅、鐵、錫爲五金（見《辭源》《辭海》）。如今
"五金"一詞仍然使用，但其所包含之範圍更大，
而且其中所指之金屬皆采用西方化學之標準，與
中國歷史上所説之"五金"不盡相同。

【五色金】

即五金。此稱漢代已行用。見該文。

黄金

貴重金屬，五金之一。中國發現黄金，已
有近四千年歷史。在中國古代，就其來源而言，
大抵分爲"水金""山金"兩類。1976 年甘肅
省玉門火燒溝遺址墓中發現金飾品——耳環與
鼻環，乃距今至少三千八百年之前遺物；1977

年鄭州商代城址 24 號祭祀坑中發現金片，金片
極薄，上槌出夔龍紋；甘肅張家川戰國時期墓
葬中有精美金虎出土。據以上考古發現可推斷，
黄金冶煉於商代已有。《易‧噬嗑》："六五，噬
乾肉，得黄金。"高誘注："噬乾肉得黄金，蓋
有人置黄金粒於乾肉之中，以謀害食者，食者
以齒嚼之，而發現黄金粒也。"《史記‧季布欒
布列傳》："得黄金百斤，不如得季布一諾。"
以今日西方科學言之，黄金，其色黄，具光
澤，耐腐蝕，化學性能穩定，易延展切割，比
重較大。中國歷史上，以其爲五金之首，故亦
可單名之爲"金"。《山海經‧南山經》："杻陽
之山……其陰多白金。"晋張華《博物志》卷
一："山有沙者生金。"亦稱"鐔"，其純者亦謂
之"鏐"，亦謂之"赤金"。《爾雅‧釋器》："黄

上：水金　下：山金
（明李時珍《本草綱目》）

金謂之鐾，其美者謂之鏐。”明曹昭《格古要論·珍寶論》引明王佐增：“古諺云：金怕石頭銀怕火。其色七青八黄九紫十赤，以赤爲足色金也。”《説岳全傳》第二一回：“中軍接在手中，竟道：‘輕飄飄的，就是赤金，也值不得幾何’。”因金居五金之首，故又有稱之爲“人間第一黄”者。宋陶穀《清異録·人間第一黄》：“僞唐贓臣褚仁規竊禄泰州刺史，惡政不可縷舉。有智民請儒爲二詩，皆隱語，凡寫數千幅，詣金陵粘貼，事乃上聞。詩曰：‘多求囊白昧蒼蒼，兼取人間第一黄’云云。‘白’‘黄’隱金銀字。”道家則稱之爲“太真”。清陳元龍《格致鏡原》卷三四：“陶隱居曰：仙方名金爲太真。”黄金亦作貨幣之用。春秋戰國時期，金已進入了貨幣領域。《管子·地數》：“珠玉爲上幣，黄金爲中幣，刀布爲下幣。”《史記·平準書》：“古者皮幣，諸侯以聘享。金有三等，黄金爲上，白金爲中，赤金爲下。”又：“更令民鑄錢，一黄金一斤。”《漢書·食貨志下》：“秦兼天下，幣爲二等：黄金以溢爲名，上幣；銅錢質如周錢，文曰‘半兩’，重如其文。而珠、玉、龜、貝、銀、錫之屬爲器飾寶臧，不爲幣，然各隨時而輕重無常。”

【金】[1]

“黄金”之單稱。原泛指金屬，後專指黄金。此稱先秦時期已行用。見該文。

【鐾】

即黄金。此稱先秦時期已行用。見該文。

【鏐】

即黄金。黄金之純者。此稱先秦時期已行用。見該文。

【赤金】[1]

即黄金。黄金之純者。此稱清代已行用。見該文。

【人間第一黄】

即黄金。此稱宋代已行用。見該文。

【太真】

即黄金。此稱清代已行用。見該文。

金屑

黄金之粉末。《晋書·后妃傳上》：“〔惠賈皇后〕至宫西，見謐屍，再舉聲而哭，遽止。倫乃矯詔遣尚書劉弘等，持節賫金屑酒，賜后死。”《舊五代史·周書·世宗本紀四》：“〔顯德四年〕辛酉，西京奏：伊陽山谷中有金屑，民淘取之。詔勿禁。”宋梅堯臣《妾薄命》詩：“曾聞清泠混金屑，誰謂飄揚逐路人。”《明史·劉中藻傳》：“劉中藻……移駐福安。大清兵破城，冠帶坐堂上，爲文自祭，吞金屑死。”清龔自珍《西域置行省議》：“戈壁無水草處，地方官踏看，有可簸采金屑之地。”

石唐

黄金之精。明董斯張《廣博物志·珍寶·金》：“黄金之精名石唐，狀如豚，居人家，使人不宜妻。白鼠，以昏時見於丘陵之間，視所出入中有金。”

瓜子金

沙金的一種。形如瓜子。宋司馬光《涑水紀聞》卷三：“時，兩浙王錢俶方遣使致書及海物十瓶於韓王（趙普），置在左廡下。會車駕至……即命啓之，皆滿貯瓜子金也。”宋周密《癸辛雜識續集·金紫銀青》：“廣西諸洞産生金……大者如甜瓜子，故世名瓜子金。”明張岱《夜航船·寶玩部·瓜子金》：“宋太祖幸趙普第，時吳越王俶方遣使遺普書及海錯十瓶，列廡下。上曰：'此海錯必佳。'命啓之，皆滿貯瓜子金。普惶恐，頓首謝曰：'臣實不知。'上笑曰：'彼謂國家事，皆由汝書生耳。'"《清宮十三朝演義》第七七回："同治帝從懷中掏出一把瓜子金來付給店夥，誰知那店夥是不認識瓜子金的，他却不要。"

印子金

有印文的金餅。宋俞琰《席上腐談》："壽州八公山側土中及溪澗間，往往得小金餅，世傳淮南王藥金，有印子篆文，謂印子金也。"實爲先秦楚國金幣。參閱宋沈括《夢溪筆談·異事》。

百鍊金

經多次鍛鍊之精金。漢劉歆《西京雜記》卷一："戚姬以百鍊金爲彄環，照見指骨。上惡之，以賜侍兒鳴玉、耀光等，各四枚。"唐白居易《哭崔常侍晦叔》詩："頑賤一拳石，精珍百鍊金。名價既相遠，交分何其深。"宋晁迥《法藏碎金錄》卷一："孔子云：富貴如可求，雖執鞭之士吾亦爲之；如不可求，從吾所好。予謂先聖所言外富貴耳。予之所求內富貴也。予欲得華嚴藏、百鍊金，以此爲富，又欲佩秘密王三昧印，以此爲貴，未知可求不可求？吾所好也。"宋梅堯臣《傳神悅躬上人》詩："握中一寸毫，寶匣百鍊金。鑒貌不鑒道，寫形寧寫心。"

成弼金

成弼，隋末唐初人，善煉金。所煉之金稱"成弼金"。亦稱"大唐金"。唐戴孚《廣異記》："隋末，有道者居太白山，煉丹沙得道。有成弼者給侍之，持白刃殺道者，得其丹，多化赤銅爲黃金。唐太宗召弼造金，凡數萬斤，所謂大唐金也。百煉益精。至今外國傳成弼金以爲寶貨。"按，當爲"百煉金"之一種。

【大唐金】

即成弼金。此稱唐代已行用。見該文。

回回金

產於西番之金。明曹昭《格古要論·珍寶論》："雲南葉子金，西番回回金，此熟金也。其性柔而重。色赤，足色者面有椒花鳳尾及紫霞。"

豆瓣金

黃金形如豆瓣者。清谷應泰《博物要覽·志金》："豆瓣金，產梁州土中，掘土十餘丈方見，形圓扁如豆瓣狀，足赤十成，土人鑄煉成鋌。每鋌重一兩、六七錢不等。"參閱《格致鏡原》卷三四。

金丸

金製之丸。漢劉歆《西京雜記》卷四："韓嫣好彈，常以金爲丸，所失者日有十餘。長安爲之語曰：'苦饑寒，逐金丸。'京師兒童，每聞嫣出彈，輒隨之；望丸之所落輒拾焉。"南朝梁庾肩吾《謝櫻桃啓》："同秦人之逐彈，似得金丸。"《舊唐書·拂菻傳》："第二門之樓中，懸一大金秤，以金丸十二枚屬於衡端，以候日之十二時焉。爲一金人，其大如人，立於側，每至一時，其金丸輒落，鏗然發聲……"

金箔

極薄金片。古時常以貼飾佛像或各種器物，俗稱"貼金"。中國爲生產、應用金箔最早國家之一，殷墟遺址中已見出土。北魏楊衒之《洛陽伽藍記·凝圓寺》："〔白象宮〕寺內佛事，皆是石象，莊嚴極麗，頭數甚多，通身金箔，眩耀人目。”《宋史·仁宗紀》：“八月戊戌，禁以金箔飾佛像。”明宋應星《天工開物·五金·黄金》：“凡造金箔，既成薄片後，包入烏金紙内，竭力揮椎打成。”清陳元龍《格致鏡原》卷三四：“明御府内帑有……女官庫金綫金箔。金箔有名‘净黄’者，因分濃淡二色。”亦稱“金葉”。唐羅虬《比紅兒詩》：“當時若遇東昏主，金葉蓮花是此人。”《宋史·徐積傳》：“嘗借人書笈，經宿還之，借者紿言中有金葉，積謝而不辯，賣衣償之。”

【金葉】

即金箔。此稱唐代已行用。見該文。

【貼金】

即金箔。此稱宋代已行用。《宋史·輿服志》：“自今金銀箔綫、貼金、銷金、泥金、蹙金綫裝貼什器土木玩用之物，並請禁斷，非命婦不得以爲首飾。”

泥金

將金粉和膠呈泥狀者。用於書畫和塗飾物、箋紙，雕刻髤漆等。甘肅安定文化館藏有西夏時泥金書西夏文佛經八頁。《舊唐書·禮儀志二》：“乾封二年……乃下昭：‘……檢玉泥金，升中告禪。’”《宣和書譜》卷五：“〔景審〕以泥金正書《黄庭經》一軸。”

炫金

亦稱“銷金”。器表上之金箔。《資治通鑑·宋太祖元嘉三十年》：“〔周朗上疏〕一體炫

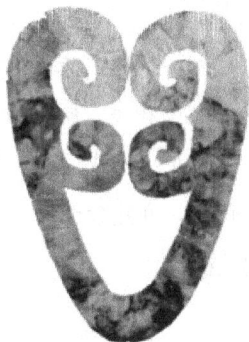
商周金人面像
（四川成都金沙遺址出土）

金，不及百兩，一歲美衣，不過數襲；而必收寶連櫝，集服累笥。”胡三省注：“炫金，今之銷金也。”宋陸游《老學庵筆記》卷五：“紹興中，有貴人好爲俳諧體詩及箋啓。詩云：‘綠樹帶雲山霢畫，斜陽入竹地銷金。’”

【銷金】

即炫金。此稱宋代已行用。見該文。

馬蹄金

亦稱“裹蹏”“裹蹄”。馬蹄形鑄金。《漢書·武帝紀》載太始二年詔：“今更黄金爲麟趾裹蹏，以協瑞焉。”顔師古注：“武帝欲表祥瑞，故普改鑄爲麟足馬蹏之形，以易舊法耳。今人往往於地中得馬蹄金，金甚精好，而形製巧妙。”宋秦觀《吊鑄鍾文》：“豈爲麟趾裹蹄之形，翕然玩於邦國乎？”清谷應泰《博物要覽·志金》：“馬蹄金産林邑國……鑿石取之，狀如馬蹄，每得必雙，每二蹄成一斤，足十二成，至難得。”因形如乾柿餅，故又俗名“柿子金”。宋沈括《夢溪筆談·異事》：“裹蹏作團餅，四邊無模範迹，似於平物上滴成，如今乾柿，土人謂之柿子金。”

【裹蹏】

即馬蹄金。此稱漢代已行用。見該文。

【裹蹄】

即馬蹄金。此稱宋代已行用。見該文。

【柿子金】

即馬蹄金。此稱宋代已行用。見該文。

辱金

出自丘冢或曾作釵釧、溲器等處之金，古人以爲不潔。唐段成式《酉陽雜俎·廣知》：“金曾經在丘冢及爲釵釧溲器，陶隱居（弘景）謂之辱金，不可合鍊。”宋董逌《廣川書跋》卷

三：《抱朴子》以辱金不可用以爲藥，且爲器皆有避，然擇吉金是慎其所養也。"清宣鼎《夜雨秋燈録·虎阜名姝與榕城生逸事》："若濤曰：'君遠客異鄉，阮囊之羞澀，可想而知。聊以此爲君客中買酒之資，想不以爲辱金而揮之不顧也。'"

胯子金

形如胯子之金。明李時珍《本草綱目·金石部·金》："〔集解〕《寶貨辨疑》云：馬蹄金象馬蹄，難得。橄欖金出荆湖嶺南；胯子金象帶胯，出湖南北；瓜子金大如瓜子，麩金如麩片，出湖南及高麗；沙金細如沙屑，出蜀中；葉子金出雲南。"清谷應泰《博物要覽·志金》："胯子金，産湖廣湖南北諸郡砂土中，像膁茶腰帶胯子。足赤十一成。"

晏子金

晏子城故址所出之金。明陳繼儒《太平清話》卷四："晏子城，安吉西北二十里。《吳地志》云：'晏子娶吳王女，築城於地。至今耕者得黃金，狀如菱角，中有齊字，名晏子金。'"

透骨金

傳説漢武帝用以使他物化金者，大如彈丸，凡物近之則呈金色。明周嘉胄《香乘·香品·檀香》引《拾遺記》："漢武帝有透骨金，大如彈丸，凡物近之便呈金色。帝試以檀香屑共裹一處，置李夫人枕旁，詰旦視之，香皆化爲金屑。"

兼金

價值倍於普通金之精金。《孟子·公孫丑下》："前日於齊，王饋兼金一百而不受。"趙岐注："兼金，好金也。其價兼倍於常者，故謂之兼金。"

麥顆金

尖如麥粒之金。清谷應泰《博物要覽·志金》："麥顆金，産梁州屬縣山石沙土中，形尖如麥。足赤十成。土人淘煉而成，小鋌重三錢，三四金。亦熟金也。"

陽邁金

亦作"楊邁金"，亦稱"紫磨金""摩勒"。精美之金子。北魏酈道元《水經注·温水》："華俗謂上金爲紫磨金，夷俗謂上金爲陽邁金。"《南齊書·東南夷傳》："南夷林邑國……楊邁初産，母夢人以金席藉之，光色奇麗，中國謂紫磨金，夷人謂之楊邁，故以爲名。"清陳元龍《格致鏡原》卷三四："《庶物異名疏》：南海扶南王陽邁，初在孕，其母夢生兒，有人以金席藉之，其色光麗。夷人因謂金之精者爲陽邁，若中國紫磨者。紫磨，華之上金也。"清郝懿行《宋瑣語·言詮》："摩勒，金之至美者也，即紫磨金。林邑謂之楊邁金。"

【紫磨金】

即陽邁金。此稱南北朝時期已行用。見該文。

【楊邁金】

同"陽邁金"。此體南北朝時期已行用。見該文。

【摩勒】

即陽邁金。此稱清代已行用。見該文。

葉子金

拍造成葉子形之金。明曹昭《格古要論·珍寶論》："雲南葉子金，西番回回金，此熟金也。其性柔而重。色赤，足色者面有椒花鳳尾及紫霞。"清谷應泰《博物要覽·志金》："葉子金，産雲南省城者爲道地，各店鋪户將雜色足赤金拍造葉子，有八色、九色，至九五色止，無十成者。亦熟金也。諸金中唯葉子金爲最下。"

紫膽

金錠上有凹處且呈紫色者。清陳元龍《格致鏡原》卷三四引《庶物異名疏》："趾腹、紫膽，皆金之形也……錠上凹處有紫色名紫膽。"

紫金

純美之金子，色紫。《後漢書·梁統傳》："冀大怒，乃告郡縣。認奮母爲其守臧婢，云盜白珠十斛，紫金千斤以叛，遂收考奮兄弟。"《舊唐書·憲宗本紀下》："乙丑，制以朝議郎、守御史中丞兼刑部侍郎、飛騎尉，賜紫金魚袋。"明孫瑴《古微書·禮斗威儀》："萬曆丙申冬，游南都，步謁孝陵，肅瞻寢廟，則見香案前二朱櫝，紫金盤龍不敢問也。有頃，守陵官監自内出，跪而發櫝，緋綿三尺裹一物，方圓八寸餘，視之龜，就之碧玉也，頭目爪甲，宛然如生，動而無琢斫痕，斯所謂玉龜非耶！"明曹昭《格古要論·珍寶論·紫金》："古云半兩錢即紫金。今人用赤銅和黄金爲之。然世人未嘗見真紫金也。"

絲金

生金之一種。宋朱輔《溪蠻叢笑》："絲金：沙中揀金，又出於石，碎石而取者，色視沙金爲勝。金有苗路，夫匠識之，名絲金。"宋史鑄《九華菊》詩："流芳千古傲霜英，剪玉絲金照眼明。若論駐顏功不小，仙丹端可與齊名。"《元史·百官志二》："尚方庫，提領一員，大使、副使各一員，掌出納絲金、顔料等物。"

渾金

未經冶煉的金礦石。唐白居易《除孔戣等官制》："渾金璞玉，方圭圓珠，雖性異質殊，皆國寶也。"亦稱"生金"。《資治通鑑·唐德宗貞元九年》："雲南王異牟尋遣使者三輩，一出戎州，一出黔州，一出安南，各齎生金、丹砂詣韋臯。"清陳元龍《格致鏡原》卷三四引《稗史類編》："生金出西南州峒生山谷田野沙土……既煉則是熟金。"又引《格古要論》："南番瓜子金，麩皮金，皆是生金也。"

【生金】[1]

即渾金。此稱宋代已行用。見該文。

蒜條金

形似蒜苗的金條。《水滸傳》第五六回："湯隆去包袱内取出兩錠蒜條金，重二十兩，送與徐寧。"

辟寒金

傳説金鳥所吐之金屑。狀如粟粒。當爲沙金之一種，爲鳥偶或誤食而吐。古人認爲以之作身飾可得專寵。晉王嘉《拾遺記》卷七："昆明國貢嗽金鳥……常吐金屑如粟，鑄之可以爲器……宫人爭以鳥吐之金用飾釵佩，謂之辟寒金。故宫人相嘲曰：'不服辟寒金，那得帝王心。'於是媚惑者亂爭此寶金爲身飾。"南朝梁任昉《述異記》卷下："三國時，昆明國貢魏嗽金鳥……至冬，此鳥即畏霜雪，魏帝乃起温室以處之，名曰辟寒臺，故謂吐此金爲辟寒金也。"亦稱"粟金"。唐王建《宫詞》三四："粟金腰帶象牙錐，散插紅翎玉突枝。"《宋史·趙師嶧列傳》："〔韓〕侂胄生日，百官爭貢珍異，師嶧最後至，出小合……啟之，乃粟金蒲萄小架，上綴大珠百餘。"

【粟金】

即辟寒金。此稱唐代已行用。見該文。

銑

有光澤之金。《爾雅·釋器》:"絕澤謂之銑。"《國語·晉語一》:"珙之以金銑者,寒之甚矣。"南朝梁江淹《檀超墓誌》:"唯金有銑,唯玉有瑤。"

餅金

餅狀金塊。亦稱"鈑"。《爾雅·釋器》:"餅金謂之鈑。"郭璞注:"《周禮》曰:'祭五帝即供金鈑'是也。"亦作"餅金"。《南史·褚彥回傳》:"有人求官,密袖中將一餅金,因求請間,出金示之,曰:'人無知者。'彥回曰:'卿自應得官,無假此物。'"

【鈑】

即餅金。此稱先秦時期已行用。見該文。

【餅金】

同"餅金"。此體南北朝時期已行用。見該文。

麩金

未經銷煉之碎金、細金,如麩狀。唐張鷟《朝野僉載》卷二:"〔陳懷卿〕於鴨欄中除糞,糞中有光燭燭然,以盆水沙汰之,得金十兩。乃鴲所食處,於舍後山足下,因鑿有麩金,銷得數十斤。"《太平廣記·雜傳記二》引唐許堯佐《柳氏傳》:"〔韓〕翊乃遣使間行求柳氏,以練囊盛麩金,題曰章臺柳。"清陳元龍《格致鏡原》卷三四:"《合璧事類》:麩金,即在江沙水中淘汰而得,其色淺黃。此等皆生金,得之皆當銷煉,麩金耗折少,塊金銷折多。"亦稱"金麩"。《新唐書·南詔傳上》:"麗水多金麩。"亦稱"沙金"。明李時珍《本草綱目·金石一·金》:"時珍曰,金有山金、沙金二種。"亦稱"麩片金"。清谷應泰《博物要覽·志金》:

"麩片金,產高麗國砂土中,土人淘瀝而出,如麥麩之片,足赤十成。土人鑄煉成小餅,每十七餅成一兩,乃熟金也。"

【金麩】

即麩金。此稱唐代已行用。見該文。

【沙金】

即麩金。此稱明代已行用。見該文。

【麩片金】

即麩金。此稱清代已行用。見該文。

橄欖金

形如橄欖果之黃金。清陳元龍《格致鏡原》卷三四:"《事物紺珠》:橄欖金出荊湖嶺南。"清谷應泰《博物要覽·志金》:"〔橄欖金〕形大如橄欖,兩頭皆尖,紅紫色。"

鴨嘴金

金名。宋俞琰《席上腐談》卷下:"王捷,汀洲沙人。得燒金術……其金以鐵為之。百餘兩為一餅,每餅輻解鑿為八片,謂鴨嘴金是也。上令尚方鑄為金龜、金牌,各數百。"

還丹金

含丹砂之金。清谷應泰《博物要覽·志金》:"熟金至良者,有丹穴之還丹金焉,金出丹穴中,體含丹砂,色猶鮮赤,和丹砂服之,稀世之寶也。"

螻頂金

金之上品。唐段成式《酉陽雜俎·物異》:"官金中,螻頂金最上,六兩為一埢,有臥螻蛄穴及水皋形。"其中凹陷處稱"趾腹"。清陳元龍《格致鏡原》卷三四:"《庶物異名疏》:'趾腹、紫膽,皆金之形也。'"

煉金

金礦石經冶煉後所得之金子。《韓非子·説

林下》：“荆王大悦，以煉金百鎰遺晋。”亦稱“熟金”。唐孫思邈《千金要方》中已有此稱。清陳元龍《格物鏡原》卷三四：“《稗史類編》：生金，出西南州峒，生山谷、田野、沙土……既煉，則是熟金。”

【熟金】

即煉金。此稱唐代已行用。見該文。

藥金

用藥物煉製之假金。多爲方士煉丹藥所用。《舊唐書·孟詵傳》：“孟詵，汝州梁人也……詵少好方術，嘗於鳳閣侍郎劉禕之家，見其敕賜金，謂禕之曰：‘此藥金也，若燒火其上，當有五色氣。’試之果然。”清陳元龍《格致鏡原》卷三四：“《財貨源流》：藥金，乃是水銀及銅鐵用藥煮成。”

蘇家金

金名。於蘇秦故宅發掘所得，故名。晋袁山松《郡國志》：“蘇秦宅在洛陽利仁里，後魏高顯業每夜見赤光，於光處掘得金百斤，銘曰‘蘇家金’。業爲之造寺。”

蘭金

金之一種。晋王嘉《拾遺記·前漢上》：“元封元年，浮忻國貢蘭金之泥。此金出湯泉，盛夏之時，水常沸涌，有若湯火，飛鳥不能過。國人常見水邊有人冶此金爲器，金狀混混若泥，如紫磨之色，百鑄其色變白，有光如銀，名曰銀燭。”

鑠金

美金。《史記·李斯列傳》：“鑠金百溢，盗跖不博。”司馬貞索隱：“《爾雅》：‘鑠，美也。’言百溢之美金在於地，雖有盗跖之行亦不取者，爲其財多而罪重也。”

麟趾

麟趾形鑄金。《漢書·武帝紀》：“〔太始二年詔〕今更黃金爲麟趾裛蹄，以協瑞焉。”宋沈括《夢溪筆談·異事》：“襄隨之間，故春陵、白水地，發土多得金麟趾、裛號。麟趾中空，四傍皆有文，刻極工巧。”

銀

亦稱“白金”。貴重金屬，五金之一。色白，性軟，有光澤。《書·禹貢》中有金、銀、銅爲“金三品”之説，《爾雅》中有“白金謂之銀”之説。《周禮·夏官下》：“正南曰荆州……其利丹、銀、齒、革。”《管子·地數》中記載：“上有鉛者其下有銀。”《山海經·南山經》：“又東三百七十里，曰杻陽之山，其陽多赤金，其陰多白金。”《漢書·食貨志下》：“於是天子與公卿議，更造錢幣以澹用，而摧浮淫並兼之徒。是時禁苑有白鹿而少府多銀、錫。”又：“朱提銀重八兩爲一流，直一千五百八十。”《漢書·百官公卿表上》：“御史大夫，秦官，位上卿，銀印青綬，掌副丞相。”明李時珍《本草綱目·金石一·銀》：“閩、浙、荆、湖、饒、信、廣、滇、貴州、交趾諸處，山中皆產銀。”銀作爲貨幣使用從漢代就開始了。《漢書·食貨志下》：“莽即真，以爲書‘劉’字有‘金刀’，乃罷錯刀、契刀及五銖錢，而更作金、銀、龜、貝、錢、布之品，名曰‘寶貨’。”至唐宋乃通行，至明朝由官方正式確定爲法定貨幣。銀亦廣泛用於裝飾器物中，成爲富貴的象徵。

【白金】

即銀。此稱先秦時期已行用。見該文。

【鋈】

即銀。此稱先秦時期已行用。《詩·秦

風·小戎》：“游環脅驅，陰靷鋈續。”鄭玄箋：“鋈續，白金飾續靷之環。”《説文·金部》：“鋈，白金也。”段玉裁注：“〔鋈，〕古本毛詩只作浂，浂即鐐之假借字。”按，鐐即白銀。

【鉛母】

即銀。此稱唐代已行用。唐吕巖《七言》：“飛龍九五已升天，次第還當赤帝權。喜遇汞珠凝正午，幸逢鉛母結重玄。”宋王道《古文龍虎經注疏·銀爲鉛母章第二十九》：“銀爲鉛母，母隱鉛中。鉛者銀子，子藏銀胞，真素渺邈，似有似無，灰池炎灼，鉛沉銀浮，潔白見寶，可造黄轝。”《蟫史》卷一〇：“彼所恃者，金銀銅鐵錫五魔，以其儦妃鳩盤弧領之。號曰鉛母，先不肯援艎邐，即五魔倡其説，而鳩立主之。”

【鐐】

銀之美者。此稱先秦時期已行用。《爾雅》：“白金謂之銀，其美者謂之鐐。”《説文·金部》：“鐐，白金也。”《詩·小雅·瞻彼洛矣》：“韠琫有珌。”毛傳：“大夫鐐琫而鐐珌。”三國魏何晏《景福殿賦》：“爰有遐狄，鐐質輪菌。”《新唐書·萬壽公主傳》：“舊制，車輿以鐐金扣飾，帝曰：‘我以儉率天下，宜自近始。’易以銅。”

白金元寶

銀錠。明王世貞《弇山堂别集·史乘考誤七》：“《震澤長語》謂，籍没劉瑾貨財，金二十四萬錠又零五萬七千八百兩，白金元寶五百八十萬錠又零一百五十八萬三千六百兩。”

銀黄

銀與金。此稱先秦時期已行用。《韓非子·解老》：“和氏之璧，不飾以五采；隋侯之珠，不飾以銀黄。”三國魏何晏《景福殿賦》：“點以銀黄，爍以琅玕。”或指銀印與金印。《漢書·楊僕傳》：“懷銀黄，垂三組。”抑或指銀印黄綬。南朝梁劉孝標（峻）《廣絶交論》：“早縮銀黄，夙昭民譽。”亦是一種金屬名。《山海經·西山經》：“皋塗之山……其陰多銀黄金。”明楊慎補注：“銀黄，漢代用以爲佩，唐太宗賜房玄齡銀黄帶，宋人小説云其物貴於黄金。”

黄白

金銀的連稱。亦泛指金錢。《史記·平準書》：“虞夏之幣，金爲三品，或黄，或白，或赤。”又《大宛列傳》：“及漢使亡，卒降，教鑄作他兵器。得漢黄白金，輒以爲器，不用爲幣。”《漢書·淮南衡山濟北王傳》：“又有中篇八卷，言神仙黄白之術。”顔師古注：“張晏曰：‘黄，黄金；白，白銀也。’”《新唐書·藩鎮魏博傳》：“天子使中人多出御服、良馬、黄白金萬計勞賚。”《喻世名言·張舜美燈宵得麗女》：“老尼遂取出黄白一包，付生曰：‘此乃小娘子平日所寄，今送還官人，以爲路資。’”

銅

五金之一，赤者曰銅。冶銅業最初爲冶煉紅銅，紅銅即純銅。1959年河北省文物管理委員會《河北唐山市大城山遺址發掘報告》稱，發現兩個梯形銅牌，其時代爲距今至少四千餘年前之龍山文化時期。亦稱“赤金”。《書·堯典》：“金作贖刑。”元吴澄《書纂言》卷一：“金，赤金，銅也。贖，贖其罪也。古者贖罪用銅，漢及後魏用黄金，唐宋復用銅。”《書·大誥》“赤刀大訓”清王夫之稗疏：“傳注謂赤刀爲赤削〔鞘〕。今按刀鞘施赤，不足爲寶，亦不可名爲赤刀。所謂赤者，赤金也。古以銅鑄兵，而赤銅脆甚，不任爲刀，此以赤金爲之，則其冶煉精良，固非恒物，亦上古物産未備時所爲，可以徵物始也。”亦稱“丹陽銅”。《説文·金部》：“銅，赤金也。從金，同聲。”段玉裁注：“孟康曰：赤金，丹陽銅也。按，丹陽銅即《吳王濞傳》章郡銅山。《貨殖傳》章山之銅也。”明方以智《物理小識·金石類》：“銅礦：銅托體鉛中銀中，亦有不雜銀鉛者。爐須傍通高低二孔，鉛先化，從上流；銅後化，從下出。煉托銀者，銀結於面，銅沈於下。日本方長板銅，漳人再煉取銀，而傾餅轉售是也。蒙山銅最下。宋奉新曰：‘赤銅以爐甘或倭鉛參和爲黃銅，以砒霜等藥製煉爲白銅，礬硝等藥製煉爲青銅，廣錫參和爲響銅。初質則紅而已。’”銅可用於冶煉、雕塑、器物、貨幣之用。《漢書·百官公卿表上》：“凡吏秩比二千石以上，皆銀印青綬，光禄大夫無。秩比六百石以上，皆銅印黑綬，大夫、博士、御史、謁者、郎無。”《漢書·食貨志下》：“秦兼天下，幣爲二等：黃金以溢爲名，上幣；銅錢質如周錢，文曰‘半兩’，重如其文。而珠、玉、龜、貝、銀、錫之屬爲器飾寶臧，不爲幣，然各隨時而輕重無常。”《後漢書·靈帝紀》：“復修玉堂殿，鑄銅人四。”《史記·秦始皇本紀》中記載：“金人十二，重各千石，置廷宮中。”《孔子家語·觀周》云：“遂

銅　礦
（明李時珍《本草綱目》）

入太祖后稷之廟，堂右階之前有金人焉，三緘其口，而銘其背曰：古之慎言人也。”這裏的金人即銅人。現存記録中最早的銅製人體針灸經絡穴位模型爲宋代王惟一於天聖五年（1027）所鑄。

【赤金】 [2]

　　即銅。此稱漢代已行用。見該文。

【丹陽銅】

　　即銅。此稱清代已行用。見該文。

【黃鐵】

　　即銅。此稱先秦時期已行用。《書·吕刑》：“墨辟疑赦，其罰百鍰。”孔安國傳：“六兩曰‘鍰’，鍰，黃鐵也。”孔穎達疏：“《舜典》云‘金作贖刑’，傳以‘金’爲黃金。此言黃鐵者，古者金、銀、銅、鐵，總號爲金，今別之以爲四名。此傳言黃鐵，《舜典》傳言黃金，皆是今之銅也。古人贖罪，悉皆用銅，而傳或稱黃金，或言黃鐵，謂銅爲金爲鐵爾。”

赤銅

　　純銅。色赤。此爲五金之中最早發現并應用之“金”。青銅之冶煉即以紅銅加錫而成合金。《山海經·西山經》：“女牀之山。其陽多赤銅，其陰多石涅。”《管子·地數》：“上有陵石者，下有鉛錫赤銅。”明李時珍《本草綱目·金石一·赤銅》中記載：“赤銅出川、廣、雲、貴等處，山中土人穴山采礦煉取之。白銅出雲南，青銅出南番。”亦稱“紅銅”。明宋應星《天工開物·治銅》對銅的冶煉做了詳細介紹：“凡紅銅升黃色爲錘鍛用者……每紅銅六斤，入倭鉛四斤，先後入罐鎔化。冷定取出，即成黃銅，唯人打造。”《清朝文獻通考·上貢一》：“福建省額解：紅銅四千六百二十二斤。”

【紅銅】

即赤銅。此稱明代已行用。見該文。

青銅

銅錫合金，因其以銅爲主，器表呈青色，故名。在二里頭文化第三期遺址（距今至少三千餘年前，相當於夏朝）中發現有少量青銅器，而商代已經有製作精緻、技藝高超之青銅器，且開始以青銅鑄造農具。《左傳·宣公三年》載："〔夏〕貢金九牧，鑄鼎象物。"在春秋戰國時代及以前，青銅曾極爲繁盛，鑄造技術以及模塑水平相當高超。秦漢時期，鐵器普遍應用，青銅地位方退居下位，基本退出現實生活。據明李時珍《本草綱目·金石一·赤銅》："銅有赤銅、白銅、青銅。赤銅出川、廣、雲、貴等諸處山中，山中土人穴山采礦煉取之。白銅出雲南，青銅出南番。"又曰："南番惟赤銅爲用最多，且可入藥。人以爐甘石煉爲黃銅，其色如金；砒石煉爲白銅；雜錫煉爲響銅。"《新唐書·地理志五》："〔揚州〕天寶元年更郡名，土貢：金銀銅器、青銅鏡……"《宋史·食貨志下二》："皮仲容議，采洛南縣紅崖山、虢州青水，冶青銅，置阜民、朱陽二監鑄錢。"《金史·劉焕傳》："代州錢監雜青銅鑄錢，錢色惡，類鐵錢，民間盜鑄，抵罪者衆，朝廷患之。"亦稱"美金"。《國語·齊語》："美金以鑄劍戟，試諸狗馬；惡金以鑄鉏、夷、斤、斸，試諸壞土。"

【美金】

即青銅。此稱先秦時期已行用。見該文。

自然銅

外表似銅，實爲硫化物類礦物黃鐵礦族黃鐵礦，主要包含二硫化鐵。表面亮淡黃色，有金屬光澤；亦有黃棕色或棕褐色，無金屬光澤。具條紋，條痕綠黑色或棕紅色。體重，質堅硬或稍脆，易砸碎。斷面黃白色，有金屬光澤；或斷面棕褐色，可見銀白色亮星。産於金屬礦脉中沉積巖與火成巖接觸帶，亦見於變質巖。自然銅之名，亦稱"石髓鉛"，首見於明代文獻。明方以智《物理小識·金石類》："銅鑛如薑如鍮，有銅星入爐，傍溢者爲自然銅，亦名石髓鉛。鑄錢加倭鉛，甚至鉛六銅四，則鑄色黑而墮即碎矣。"醫書及方志記載最多。《陝西通志·物産一》："自然銅：生曾青石綠穴中，狀如寒林草根，色紅膩，亦有墻壁。又一種似丹砂，光明堅硬，有棱，中含銅脉尤佳。又一種似木根，不紅膩，隨手碎爲粉，至爲精明。近銅之山有之，出信州（《本草綱目》），出金州（《明一統志》），出天橋崖（《府谷縣志》）。"《廣西通志·物産·南寧府》："自然銅，即石髓鉛，出山之巖石間，方員不定，其色青黃如銅。"《江南通志·輿地志·山川》："穹窿山，《續圖經》云，在縣西南六十里，兩嶺相趨，名曰同嶺，産自然銅。"亦稱"石髓鉛"。《佩文韻府》卷一六之九引《本草》："石髓鉛，自然銅名似乾銀泥，味微甘。"

【石髓鉛】

即自然銅。此稱明代已行用。見該文。

風磨銅

銅之一種。置之於通風處，光燦如火，俗謂能破風，故多用於建築物頂部。明陳仁錫《潛確類書》卷九三："鍮鉐，黃銅似金者。我明皇極殿頂名是風磨銅，更貴於金。一云：即鍮鉐也。"《通雅·金石》："金闕頂用風磨銅，價貴於金，或曰黃銀乎。"明吕震等《宣德鼎彝譜》卷二："今將裁減物料清册具奏如左：暹羅國風磨銅，原册三萬九千六百觔，今裁減七千九百二十觔，實該三萬一千六百八十觔，此銅作鑄造鼎彝諸器用。"

南金

南方所産之銅。後又指貴重之物或優秀人才。《詩·魯頌·泮水》："元龜象齒，大賂南金。"毛傳："南謂荆揚也。"鄭玄箋："荆揚之州，貢金三品。"孔穎達疏："金即銅也。"《後漢書·宦者列傳序》："南金、和寶、冰紈、霧縠之積，盈仞珍藏。嬙媛、侍兒、歌童、舞女之玩，充備綺室。"《晋書·食貨志》："就使當今沙礫化爲南金，瓦石變爲和玉，使百姓渴無所飲，饑無所食。"《晋書·虞潭顧衆傳》："顧實南金，虞惟東箭。"東方的竹箭、南方的銅，古時認爲是上品，故以此贊二人。唐韋應物《雜體五首》詩云："沈沈匣中鏡，爲此塵垢蝕。輝光何所如，月在雲中黑。南金既雕錯，鞶帶共輝飾。"唐元稹《春晚寄楊十二兼呈趙八》："寄之二君子，希見雙南金。"

黃銅

銅與鋅之合金，黃色亮麗。硬於純銅，不易生銹，延展性好。考古學家曾在山東膠州市挖掘出含鋅達20%的黃銅椎，屬於龍山文化時期。漢東方朔《神異經·中荒經》："西北有宫，黃銅爲墙，題曰地皇之宫。"唐以後對冶煉黃銅之法多有記載。明李時珍《本草綱目·金石一·赤銅》："人以爐甘石煉爲黃銅，其色如金。"明宋應星《天工開物·五金·冶銅》："每紅銅六斤，入倭鉛四斤，先後入罐鎔化，冷定取出，即成黃銅。"亦稱"鍮石""鍮"。《太平御覽》引三國鍾會《芻蕘論》："莠生似禾，

鍮石像金。"《隋書·西域傳·女國》："出鍮石、硃砂、麝香、氂牛、駿馬、蜀馬。"《新唐書·西域傳下·康》："縣地四千里，山周其外，土沃，産鍮、水精。"唐元稹《估客樂》詩云："鍮石打臂釧，糯米吹項瓔。婦來村中賣，敲作金玉聲。"宋程大昌《演繁露·黃銀》："世有鍮石者，質實爲銅，而色如黃金，特差淡耳。"《元史·輿服志一》："鍮石鉤挂十六，黃茸貫頂天心直下十字繩二，各長三丈。蓋下立朱漆柱四。"明賈仲名《對玉梳》第一折："生鐵勾搭背觔，鍮鑌杓剗眼輪。"

【鍮石】

即黃銅。此稱三國時期已行用。見該文。

【鍮】

即黃銅。此稱唐代已行用。見該文。

【鍮銅】

即黃銅。此稱金代已行用。《金史·食貨志三》："民間鍮銅器期以兩月送官給價。"

【黃銀】

即黃銅。此稱隋代已行用。《隋書·辛公義傳》："時山東霖雨，自陳、汝至於滄海，皆苦水災。境内犬牙，獨無所損。山出黃銀，獲之以獻。"《新唐書·杜如晦傳》："〔唐太宗〕賞賜〔房〕玄齡黃銀帶，曰：'如晦與公同輔朕，今獨見公。'泫然流淚曰：'世傳黃銀鬼神畏之。'"宋程大昌《演繁露·黃銀》："世有鍮石者，質實爲銅，而色如黃金，特差淡耳，則太宗之謂黃銀者，其殆鍮石也矣。"

膽銅

一種銅合金。因以膽水浸或用膽土煎煉而成，故稱。此法亦稱膽銅法。魏晋時已有，宋時更盛。《宋史·食貨志下》："崇寧元年，提舉

江淮等路銅事游經言：'信州膽銅古阬二：一爲膽水浸銅，工少利多，其水有限；一爲膽土煎銅，土無窮而利寡。'"宋李心傳《建炎以來朝野雜記·甲集·財賦》云："膽銅者，蓋以鐵爲片，浸之膽水中，後數十日，即成銅。"清陳元龍《格致鏡原》卷三四："《長編》：〔游經自言〕有膽水可以浸鐵成銅者，韶州岑水……池州銅山，凡十一處。"

響銅

一種合金，由銅、鉛、錫混合煉成，可製樂器。《續文獻通考·樂考》："王圻《續通考》曰：'……脚內施簧，簧用好響銅薄片。'"簧片多用響銅製作。清田雯《古歡堂集·黔書下》載有："長管之上冒以匏，短管之中置以簧，用響銅爲之，恒用火炙，亦古制也。"

銅落

亦稱"銅花""銅末""銅粉""銅砂""銅屑"。指銅屑，可以入藥。唐李賀《長平箭頭歌》詩："漆灰骨末丹水砂，淒淒古血生銅花。"宋吳文英《浣溪沙》詞："波面銅花冷不收，玉人垂釣理纖鈎。"明李時珍《本草綱目·金石一·赤銅》："〔釋名〕紅銅（《綱目》），赤金（弘景），屑名銅落，銅末，銅花，銅粉，銅砂。（時珍曰：銅與金同，故字從金同也。）"明江瓘《名醫類案》卷七："銅落四分。"注："紅銅清水淬末。"

【銅花】

即銅落。此稱唐代已行用。見該文。

【銅末】

即銅落。此稱明代已行用。見該文。

【銅粉】

即銅落。此稱明代已行用。見該文。

【銅砂】

即銅落。此稱明代已行用。見該文。

銅青

銅銹，以其色青，故名。可入藥。晋葛洪《抱朴子·内篇·金丹》曰："銅青塗脚，入水不腐，此是借銅之勁以悍其肉也。"唐段成式《酉陽雜俎·黥》："晋令：奴始亡，加銅青若墨，黥兩眼。"宋蘇軾《和王鞏六首並次韻》詩："君家玉臂貫銅青，下客何時見目成。"明李時珍《本草綱目·金石一·銅青》："銅青則是銅器上綠色者。"明沈榜《宛署雜記·經費上》："銅青七錢，價五厘。"亦稱"銅綠"。清陳元龍《格致鏡原》卷三四："《事物紺珠》：銅青、銅綠出右江有銅處，銅之苗也。"

【銅綠】

即銅青。此稱清代已行用。見該文。

五石銅

銅與五色藥石煉成之合金。《漢書·王莽傳下》："莽親之南郊，鑄作威斗。威斗者，以五石銅爲之，若北斗，長二尺五寸，欲以厭勝衆兵。"顏師古注："李奇曰：以五色藥石及銅爲之。"漢魏伯陽《參同契》卷上："鼓鑄五石銅，以之爲輔樞。雜性不同類，安肯同體居。"漢曹操《上獻器物表》："臣祖騰，有順帝賜器。今上四石銅鋗四枚，五石銅鋗一枚，御物有純銀粉銚一枚。"又《上雜物疏》："有容五石銅澡盤一枚。"

鉛

一種金屬。青灰色質軟而重，有延展性，易氧化。古人常稱之爲青金或錫。亦作"鈆"。《書·禹貢》："岱畎絲、枲、鉛、松、怪石。"孔穎達疏："鉛，錫也。"《漢書·地理志第八上》：“岱畎絲、枲、鈆、松、怪石。”顔師古注：“鈆，青金也。”亦稱“黑錫”“金公”“水中金”等。明李時珍《本草綱目·金石一·鉛》：“〔釋名〕青金，黑錫，金公，水中金。”鉛亦指鉛粉。五代馬縞《中華古今注·粉》：“自三代以鉛爲粉，秦穆公女弄玉，有容德，感仙人簫史，爲燒水銀，作粉與塗，亦名飛雲丹，傳以簫，曲終而同上升。”宋孫光憲《臨江仙》詞：“薄鉛殘黛稱花冠。含情無語，延佇倚闌杆。”元陶宗儀《露華賦碧桃》詞：“素臉暈鉛，巧把黛螺輕幕。”

【鈆】

同“鉛”。此體先秦時期已行用。見該文。

【黑錫】

即鉛。此稱明代已行用。見該文。

【金公】

即鉛。此稱明代已行用。見該文。

【水中金】

即鉛。此稱明代已行用。見該文。

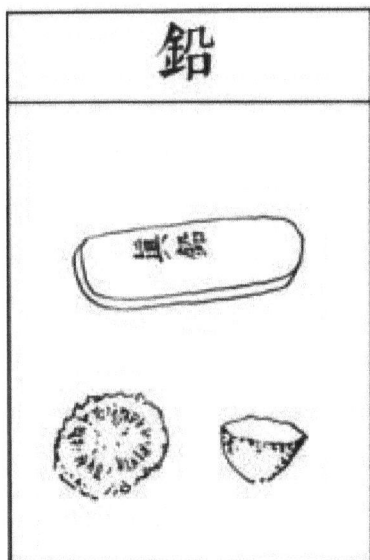

鉛
（明李時珍《本草綱目》）

【青金】

即鉛。此稱漢代已行用。《説文·金部》：“鉛，青金也。”商代古墓中曾出土鉛罐、鉛爵、鉛觚、鉛戈諸器物，據測試，其含鉛量達97.5%。清胡渭《禹貢錐指》卷四：“《説文》，鉛，青金也。《本草》鉛，一名黑錫，今泰山之下不聞有鉛。蘇頌曰，鉛生蜀郡平澤，今有銀坑處皆有之，蓋礦利漸開，不必以岱畎爲良，遂隱而不傳矣。鉛，不知其所用。案，胡粉、黃丹皆化鉛爲之。土宿真言：《本草》云，鉛乃五金之祖，變化最多，一變而成胡粉，再變而成黃丹是也。胡粉，一名白粉；黃丹，一名朱粉，可以代丹堊，故貢其材，使煉治之，以給繪畫塗飾之用也。”

鉛錫

鉛與錫皆軟，其色皆白，且熔點皆較低，故在歷史上往往對二者不加太多區分，常常連帶提及。鉛與錫的不同在於鉛在空氣中表面易氧化，變爲灰黑色，暗淡無光，鉛及其化合物皆有毒性，而錫則無毒，不易氧化。《管子·地數》：“上有丹沙者，下有黃金；上有慈石者，下有銅金；上有陵石者，下有鉛錫赤銅；上有赭者，下有鐵。”晋葛洪《抱朴子·論仙》：“夫班狄不能削瓦石爲芒針，歐冶不能鑄鉛錫爲干將。”《新唐書·食貨志》：“元和四年，京師用錢緡少二十及有鉛錫錢者捕之，非交易而錢行衢路者不問。”唐陸勛《集異記》：“石櫃既啓，有銅釜，可容一斛，釜口銅盤覆焉，用鉛錫錮護，仍以紫印九窠，迴旋印之。”宋曾鞏《本朝政要策》：“興國初，紬江南鐵錢，鑄農器以給流民。而於江東之地，始鑄銅錢，民便之，自樊若水始。其後以鉛錫雜鑄，雖歲增數倍，而錢始粗惡，自張齊賢始。”清毛奇齡《竟山樂錄》卷三：“明朝製鐘律式：凡淨銅極鍊不攙和鉛錫，謂之清銅。”

鉛丹

道家以鉛煉製的丹藥。五代時南唐譚峭《化書·鉛丹》：“術有火煉鉛丹以代穀食者，其必然也。”宋蘇轍《神水館寄子瞻兄四絶》詩：“少年病肺不禁寒，命出中朝敢避難。莫倚皂貂欺朔雪，更催靈火煮鉛丹。”《太平廣記》卷一三：“孔安國者，魯人也。常行氣服鉛丹，年三百歲，色如童子。”清彭孫遹《贈文治》詩：“玉塵風流冠講壇，仙葩五色散鉛丹。名從桂苑留仙籍，才是蘭苕振彩翰。”亦作“鈆丹”。《三國志·魏書·東夷傳》：“特賜汝紺地句文錦三匹，細班華罽五張，白絹五十匹，金八兩，五尺刀二口，銅鏡百枚，真珠、鈆丹各五十斤。皆裝封付難。”宋洪邁《容齋隨筆·宮室土木》：“虢州之鈆丹，信州之土黃，河南之胡粉。”宋沈氏《鬼董》卷二：“一夕，坐書室，有穴窗者，叱之，隨聲自隙入，妾也。鈆丹不施，雙鬟紛披，而態度愈明艷。”上述三則“鈆丹”指化妝所用之鉛粉和胭脂。其也指藥材。漢張仲景《傷寒論·柴胡加龍骨牡蠣湯方》：“半夏二合〔洗〕，大棗六枚，柴胡四兩，生薑一兩半，人參一兩半，龍骨一兩半，鉛丹一兩，桂枝一兩半〔去皮〕，茯苓一兩半，大黃二兩，牡蠣一兩半〔煨〕。”晋葛洪《肘後備急方·葛氏服藥取白方》：“女苑三分，鉛丹一分，末，以醋漿服一刀圭，日三服。”宋唐慎微《證類本草·玉石部下品·鉛丹》：“鉛丹：味辛微寒。主吐逆胃反，驚癇癲疾，除熱下氣，止小便利，除毒熱，臍攣，金瘡，溢血，煉化還成九光，久服

通神明。”明李時珍《本草綱目·金石一·鉛丹》：“〔集解〕時珍曰：‘按獨孤滔《丹房鑑源》云，炒鉛丹法：用鉛一斤，土硫黃十兩，消石一兩，鎔鉛成汁，下醋點之，滾沸時下硫一塊，少頃下消少許，沸定再點醋，依前下少許消黃，待為末，則成丹矣。’”

【鈆丹】

同“鉛丹”。此體三國時期已行用。見該文。

鉛汞

道家煉丹的兩種原料鉛和汞。宋蘇軾《真一酒歌引》：“鉛汞以為藥，策易以候火，不如天造之真也。”宋石泰《還原篇》：“鉛汞成真體，陰陽結太元。但知行二八，便可煉金丹。”元李好古《張生煮海》第三折：“你那裏得熬煎鉛汞山頭火？你那裏覓醫治相思海上方？”清李光地《榕村語錄·道釋》：“臣有一親戚，好道家說，臣嘗問之。云：鐵亦好物，可以定子午，道家總不貴重，只説丹砂鉛汞，豈以其為鑪鼎之用，烹煉大藥可以服食耶！”也指煉丹。唐白居易《同微之贈別郭虛舟煉師五十韻》：“專心在鉛汞，餘力工琴碁。”清先著、程洪《詞潔輯評·詞潔發凡》：“前人有言曰：鉛汞交煉而丹成，情景交煉而詞成。苟情景融洽則披文得貌，可探其蘊，亦不必一一有題。”清王韜《淞濱瑣話·倪幼蓉》：“女少長喜閱《道藏》書，且多妙解。於爐火鉛汞之事，獨不深信。”亦指先天元氣。《朱子語類·學三·論知行》：“物誠實在我方，可譬如修養家所謂鉛汞龍虎，皆是我身內之物，非在外也。”清趙翼《挽唐再可》詩：“丹元養鉛汞，胎息調龍虎。”

【鉛虎】

即鉛汞。丹道學用龍代表汞，用虎代表

鉛，故稱汞龍、鉛虎。"汞是青龍髓，鉛爲白虎脂。"此稱宋代已行用。宋石泰《還原篇》："姹女騎鉛虎，金翁跨汞龍，甲庚明正令，煉取一爐紅。"宋張炎《三姝媚·送舒亦山游越》詞："莫趁江湖鷗鷺。怕太乙爐荒，暗消鉛虎。"《韓湘子全傳》第四回："煉先天真一之氣，修金丹大藥，汞龍升，鉛虎降，凝結黍米之珠，則爲上品神仙、天仙。"又第八回："金丹者，先天一氣交結而成，爲母爲君，故謂之鉛虎。己之真氣，後天地而生，爲子爲臣，故謂之汞龍。"

鉛砂

用鉛汞煉製的丹砂。明唐順之《罷病歸訪王山人含真》詩："蘿薜窗中影，鉛砂枕上方。"明朱元璋《鍾子煉丹》："翠微高處渺青烟，知子機藏辟穀堅。丹鼎鉛砂勤火候，溪雲巖谷傲松年。"明余繼登《皇明典故紀聞》卷九："〔宣宗〕因謂尚書夏原吉曰：'朕料鉛砂之烹，所得無幾，若果有銀利，置冶烹煉，豈待今日。彼小民或竊取以求毫末之利，無足怪，朕已宥之不問。'"明高濂《遵生八箋·靈秘丹藥箋下》："先將柳木作槌，擂炒鉛砂成灰末，加藥六味，共爲末。鉛合收起，每日擦牙，烏鬚髮，堅齒牙，妙用莫述。"明王肯堂《證治準繩·七竅門·齒》："陰虛内熱者甘露飲，外用……土蒺藜散，黑鉛砂貼搽。"也指造假錢。《明史·食貨志·錢鈔》："自啓、禎新鑄出，舊錢悉棄置。然日以惡薄，大半雜鉛砂，百不盈寸，捽擲輒破碎。"

鉛紅

婦女所用化妝品中的鉛粉和胭脂。唐李白《經亂離後天恩流夜郎憶舊游書懷贈江夏韋太守良宰》詩："吳娃與越艷，窈窕誇鉛紅。呼來上雲梯，含笑出簾櫳。"宋方夔《接花》詩："枝頭信手奪春工，要借并州一割功，瓜柳皮粘混金碧，梅桃根換變鉛紅。"金元好問《應制狀元紅》詩："天上異恩深雨露，人間凡卉漫鉛紅。情知不逐春歸去，常在君王顧盼中。"也是藥名。金劉完素《宣明方論·風論》："鉛紅散：治風熱上攻陽明經絡，面鼻紫色，刺癮疹。"明王肯堂《證治準繩·類方·七竅門》："鉛紅散：治風熱上攻陽明經絡，面鼻紫赤，刺隱疹。俗呼肺風，以肺而淺在皮膚也。"

鉛粉

亦作"鈆粉"。以鉛製作的白色粉末，有毒。古代婦女用做搽臉的化妝品。《舊唐書·王鉷傳》："唐法沿於周、隋，妃嬪宮官，位有尊卑，亦隨其品而給授，以供衣服、鈆粉之費。以奉於宸極。"宋周去非《嶺外代答·香門》："鉛粉：西融州有鉛坑，鉛質極美，桂人用以製粉。澄之以桂水之清，故桂粉聲聞天下。"宋樂史《太平寰宇記·西戎二·判汗國》："從此國至西海，盡居土屋，衣羊皮、叠布。男子婦人皆著靴，婦人不飾鉛粉，以青黛塗眼而已。"明俞汝楫《禮部志稿·儀制司·定親禮物》："鉛粉二十袋，計一十兩重。"《山西通志·古迹二·潞安府》："白樓，古城内東北。《雲中郡志》：後魏明元帝姚後建樓以望秦，飾以鉛粉，故名。"清林慶銓《楹聯述錄·雜志》："佛山街衢，春聯或有佳者，如顏料店丹房製黃丹、鉛粉等物，其聯云：'雖是生涯多粉飾，原來世界重輝煌。'"

【鈆粉】

同"鉛粉"。此體唐代已行用。見該文。

【鉛華】

即鉛粉。亦作"鈆華""鉛花"。此稱漢代已行用。《文選·曹植〈洛神賦〉》："芳澤無加，鉛華弗御。"一本作"鈆華"。李善注引張衡《定情賦》："思在面爲鉛華兮，患離塵而無光。"唐劉長卿《戲贈干越尼子歌》："北客相逢疑姓秦，鉛華抛却仍青春。"宋龔鼎臣《東原録》："治平中，予守金陵，至止數月，因葺治所之西廡，掘地數尺得汞盈缶。詢其地，乃南唐宮人梳洗樓故基也，非棄鉛華之水積而致耶！"清柳眉卿《題壁》詩："鉛華不御鬢蓬鬆，消瘦形容鏡影中。"也指用鉛粉進行梳妝打扮。《北史·李謔傳》："豈容邊襪衰絰，强傅鉛華，泣辭靈几之前，送付他人之室。"宋陳造《田家謠》："中婦輟閑事鉛華，不比大婦能尤家。"錢鍾書注："二媳婦忙裏偷閑愛打扮。"明楊慎《墨池璅録》卷二："米元章評蔡襄書，如少年女子訪雲尋雨，體態妖嬈，行步緩慢，多飾鉛華。"亦指虛浮粉飾。《宣和書譜·歷代諸帝·唐則天順聖皇后》："武氏，諱曌，并州文水人。凜凜英斷，脱去鉛華脂韋氣味。乘高宗溺愛而窺覦竊起，遂能不出重闈深密之地，駕馭英雄，使人人各爲其用。"清戴名世《與劉言潔書》："君子之文，淡焉，泊焉，略其町畦，去其鉛華，無所有乃其所以無所不有者也。"也是中藥名。宋唐慎微《證類本草·玉石部下品·鈆丹》："鈆丹……一名鈆華，生於鈆，生蜀郡平澤。"明朱橚《普濟方·嬰孩一切癇門·驚癇》："孩子百日内驚癇驗方：黃梨汁和黃梨花，偏治驚癇力更加。牙硝入之一大分，亦須更著小鈆華。"《神農本草經·玉石部中品·水銀》："水銀，味辛寒有毒，主疥瘻痂瘍……"明繆希雍疏："神仙不死之說，必得鉛華相合，乃能收攝真氣，凝結爲丹，即道家所謂太陽流珠，常欲去人，卒得金華，轉而相因之旨也。"又《礵砂》："礵砂：味鹹苦。辛温有毒。不宜多服……"明繆希雍疏："〔礵砂〕去惡肉及惡瘡息肉、目翳弩肉，是其所長，亦須與真牛黃、龍腦、鉛華、象牙末等同用。"

【鈆華】

同"鉛華"。此體漢代已行用。見該文。

【鉛花】

同"鉛華"。此體唐代已行用。見該文。

【鉛白】

即鉛粉。此稱元代已行用。元伊世珍《嫏嬛記》卷上："黃帝鍊成金丹，鍊餘之藥汞，汞紅於赤霞，鉛白於素雪。宮人以汞點脣，則脣朱，以鉛敷面，則面白，洗之不復落。後世效之以施脂粉。"亦稱"白粉"。清尤怡纂注《金匱要略心典》卷下："白粉，即鉛白粉。"

【白粉】

即鉛白。此稱多行用於清代。見該文。

【胡粉】

即鉛粉。此稱晋代已行用。晋張華《博物志·物性》："燒鉛錫成胡粉，猶類也。燒丹朱成水銀，則不類。"《明一統志·外夷》："〔龜兹國〕土産：銅、鐵、鉛、雌黃、胡粉、馬、牦牛、孔雀……"《通雅·金石》："何子元曰：嵩陽産鉛，民業胡粉。其法：縣鉛塊於酒缸内，閉四十九日則鉛化粉矣。不白者炒爲黃丹，其渣爲蜜陀僧。然鉛氣甚毒，枵腹入其中必死。今業久之家，長幼多痿黃風攣。"《佩文韻府》卷一六之九引《參同契》注："胡粉，本鉛燒就，而再投火中，則其色變壞，復化爲鉛。"亦稱“韶粉”。明宋應星《天工開物·五金·鉛》：“凡造胡粉，每鉛百斤，鎔化，削成薄片，卷作筒，安木甑内，甑下甑中各安醋一瓶，外以鹽泥固濟，紙糊甑縫。安火四兩，養之七日。期足啓開，鉛片皆生霜粉，掃入水缸内。未生霜者，入甑依舊再養七日，再掃，以質盡爲度。其不盡者，留作黄丹料。每掃下霜一斤，入豆粉二兩、蛤粉四兩，缸内攪匀，澄去清水，用細灰按成溝，紙隔數層，置粉於上。將乾，截成瓦定形，或如磊塊。待乾收貨。此物古因辰、韶諸郡專造，故曰韶粉（俗誤朝粉）。今則各省直饒爲之矣。其質入丹青，則白不減；查婦人頰，能使本色轉青。胡粉投入炭爐中，仍還鎔化爲鉛，所謂色盡歸皂者。”亦稱“妝鉛”。宋佚名《林下詩談》：“〔北朝梁〕王淑英婦，劉孝綽之妹，淑英之官，劉不克從，寄語曰：‘妝鉛點黛拂輕紅，鳴環動珮出房櫳。看梅復看柳，淚滿春衫中。’時人傳誦之。”

【韶粉】

即鉛粉。此稱至遲明代已行用。見該文。

【妝鉛】

即胡粉。此稱宋代已行用。見該文。

【鉛澤】

即鉛粉。光澤好。此稱南北朝時期已行用。南朝梁江淹《扇上彩畫賦》：“飾以赤野之玉，文以紫山之金……粉則南陽鉛澤，墨則上黨松心。”宋楊萬里《夫人李氏墓誌銘》：“撫群幼，泣且誓之，死靡他。不御鉛澤，不服華侈，惟飭諸孤從師就學。”元戴表元《宋氏墓表》：“孫夫人年才三十六，襲姑之化，却鉛澤，服素縞，以嚴儉持家，終其身。”明王世貞《答吳瑞谷》：“足下盡削去鉛澤藻飾，而出其骨體天質。”清彭孫遹《題畫》詩：“素影珊珊迥出塵，未須鉛澤玩天真。無端獨自窺簾坐，不道嫦娥解笑人。”

【鉛霜】

即鉛粉。化妝用。此稱宋代已行用。宋周邦彦《大酺春雨》詞：“墻頭青玉旆，洗鉛霜都盡，嫩梢相觸。”元胡助《竹所次盛孔昭韻》：“浮掃莓苔聽翠雨，閑題詩句洗鉛霜。籜龍更放新梢出，相並梧桐宿鳳凰。”也指煉丹。宋周密《蘋洲漁笛譜·集外詞》：“月地無塵，珠宫不夜，翠籠誰煉鉛霜。南州路渺，仙子誤入唐昌。”金侯善淵《正統道藏·太玄部》：“滿目陰氛盡化陽，朱砂鼎裏發鉛霜。烏蛇倒吸蒼龍血，象適無形夜吐光。”元袁桷《送儒醫何大方歸信州》詩：“雙櫓鵝鳴野水高，天風落葉響林皋。空堂桂露流金乳，舊鼎鉛霜長玉膏。”明劉崧《賦金精橘和蕭漢高因呈李提舉》詩：“金精橘子舊傳名，仙女峰頭記漫生。十月鉛霜凝絳色，千年石乳結玄精。”亦爲藥名，可用於染黑髮鬚等。《顱顖經·火丹證治》：“取鉛霜法：將鉛來於石上，打令薄，掘地作坑，可鉛片大，以杵擣坑實，滿坑着醋，以鉛蓋定，經一宿去取，霜如珠子大，和藥使之，如煩渴，以後服解熱飲子。”亦作“鈆霜”。宋唐慎微《證類本草·玉石部下品·鈆霜》：“鈆霜：冷，無毒。消痰，止驚悸，解酒毒。療胸膈煩悶，中風，痰實，止渴。”明李時珍《本草綱目·金石一·鈆霜》〔修治〕引蘇頌曰：“鈆霜，用鈆雜水銀十五分之一合煉作片，置醋甕中密封，經久成霜。”又〔附方〕引《普濟方》：“梳髮令黑。鈆霜包梳，日日梳之，勝於染者。”

【鈆霜】

同"鉛霜"。此體宋代已行用。見該文。

鉛黃

亦作"鈆黃"。鉛粉和雌黃。婦女化妝用品。唐盧綸《皇帝感詞》："鉛黃艷河漢，笑語合笙鏞。""鉛"，另本作"鈆"。《錄窗新話》卷上："〔柳生與王生〕相與造長安，發崔氏所葬驗之，即江陵所施鉛黃如新，衣服肌肉，且無損敗，輕紅亦然。柳與王相誓却葬之。二人入終南訪道，遂不返。"也指錢。《梅喜緣》卷上："論起祖浪個家私，無不一萬，也有八千，不勒我嫖賭吃着，弄得個滑蹋精光。個兩日袋裏一個鉛黃邊阿無得，忒忒能介好勿難過。"也指丹。南朝梁陶弘景《真誥》卷一〇："先投朱砂，一熟研之於器中，次投雄黃，熟研之，次投雌黃，熟研之，次投鉛黃，合研之。良久成也。"

【鈆黃】

同"鉛黃"。此體唐代已行用。見該文。

鉛膏

化妝用的鉛粉和油膏。《新唐書·列女傳》："徐還鄉里，糲食，斥鉛膏，采絺不御。"宋梅堯臣《銅雀硯》詩："玉質先骨朽，松棟爲埃輕。築緊風雨剝，埏和鉛膏精。"元馮子振《蠟梅》詩："洗却鉛膏飾道裝，檀心淺露紫香囊。"《秦淮畫舫錄》卷上："素雲字藕香，姓張，年二十一二，吳中人。娕嫿幽静，屏謝鉛膏。或拈豆而按歌，或寫蘭而吮墨，均當放出一頭。"清陳球《燕山外史》卷三："衆鳥欣有托，孤雲獨無依。而乃髻謝盤龍，妝辭墮馬，鉛膏悉屏，薌澤俱捐。"亦爲染黑鬢髮的化妝品。宋蘇軾《正月十八日蔡州道上遇雪次子由韻》詩："鉛膏染髭鬢，旋露霜雪根。不如閉目坐，丹府夜自暾。"清趙執信《攬鏡見白髭一莖自題》詩："鉛膏坐覺輸青鬢，刀鑷歸應媚綠衣。鳳習吟拈今斷絶，從知四十二年非。"民國陶菊隱《政海軼聞》："小毛子殊無戚容，靚妝如故，時向侍者索鉛膏、菱鏡，求必應乃已，否則啼痕介面，如帶雨梨花，侍者不敢忤其意。"

鉛黛

化妝用品。婦女用於搽臉的鉛粉和畫眉用的黛墨。引伸爲婦女用粉黛化妝打扮。南朝齊王融《法樂辭》詩："昔余輕歲月，兹也重光陰。閨中屏鉛黛，闕下挂纓簪。"南朝梁劉勰《文心雕龍》卷七："鉛黛所以飾容。"宋沈氏《鬼董》卷二："其人曰：肩輿在門外矣。夜深不須治鉛黛，睡妝故自佳。"明劉基《玉潤和尚西湖圖》詩："重樓峻閣競鉛黛，媚柳嬌花使人愛。"清王士禛《香祖筆記》卷一二："然不如絶代之女，却鉛黛，曳縞紵，施帷幄，裴回微吟於高堂之上，使淫夫穴隙窺之，終不敢意其啓齒而一笑也。"

鉛藥

特指煉丹的原料和丹藥。宋曾慥《道樞》卷一一："經曰：鉛爲君，汞爲臣。鉛藥不真，其汞難親。鉛藥是真，不失家臣。"明孫一奎《赤水玄珠·虛怯虛損勞瘵門·製首經金鉛法》："凡服鉛藥，須存神定意，默固守中，如覺燥熱以乳解之。"明尹臺《有懷大茅道室因南郢往謁寓訊》："憶昔南游訪道群，幾昇元界拜元君。鼎窺未煮丹鉛藥，笥閱無名蝌蚪文。"《智囊·雜智部》："客入鉛藥，煉十餘日，密約一長髯突至。"亦用於製造假銀。《大清律例·邊外爲民·刑例》："用銅、鐵、錫、鉛藥煮，僞造假銀，騙人行使，爲首者繫民枷號兩個月，杖一百。”

鉛鐵

鉛和鐵。《漢書·食貨志下》：“法使天下公得顧租，鑄銅錫爲錢，敢雜以鉛鐵爲它巧者，其罪黥。”《資治通鑑·唐穆宗長慶元年》：“大曆以前淄青、太原、魏博貿易雜用鉛鐵，嶺南雜用金、銀、丹砂、象齒，今一用錢。”明于慎行《穀山筆塵》卷一二：“唐純用錢，開元、天寶間，天下錢鑄九十九爐，歲入百萬，至元和、長慶間，鑄才十餘爐，入方十五萬，盈虧之較可睹矣。其時兩河、太原雜用鉛鐵，嶺南雜用金銀、丹砂、象齒，他皆用錢，白金猶未多用也。”清《御批歷代通鑑輯覽·楚鑄鉛鐵錢》：“楚王殷不征商旅，由是四方商旅輻輳。湖南地多鉛鐵，殷用高郁策，鑄鉛鐵錢。商旅出境，無所用之，皆易他貨而去。”清黄宗羲《黄梨洲文集·序類》：“今之論詩者，誰不言本於性情。顧非烹煉使銀銅鉛鐵之盡去，則性情不出。”

鉛鑞

鉛錫合金。《魏書·食貨志》：“若入市之錢，重不五銖，或雖重五銖而多雜鉛鑞，並不聽用。”《欽定周官義疏·考工記之二》：“五分其金而錫居二，謂之削殺矢之齊；金錫半，謂之鑒燧之齊。”原書按：“《本草》鉛謂之黑錫。《寶藏論》東陽黑錫可以和銅，則六齊之錫即鉛也，鉛鑞通謂之錫。”

【錫】[1]

即鉛鑞。此稱南北朝時期已行用。見該文。

黄丹

一種由鉛所煉化之物。《舊唐書·盧南史傳》：“刺史姚驥劾奏南史以爲贓，又劾南史買鉛燒黄丹。”《續資治通鑑長編·宋神宗熙寧六年》：“〔宋神宗〕賜許州民賈士明錢五十萬。先是，修諸宮觀，皆用黄丹燒琉璃瓦。士明獻瓦法，代以黑錫，頗省費，故賞之。”明宋應星《天工開物·五金·鉛·附黄丹》：“凡炒鉛丹，用鉛一斤、土硫磺十兩、硝石一兩。鎔鉛成汁，下醋點之。滾沸時，下硫一塊；少頃，入硝少許；沸定，再點醋。依前漸下硝、黄。待爲末，則成丹矣。其胡粉殘剩者，用硝石、礬石炒成丹，不復用錯也。”亦稱“朱粉”。清胡渭《禹貢錐指》卷四：“黄丹，一名朱粉，可以代丹堊，故貢其材，使煉治之，以給繪畫、塗飾之用也。”

【朱粉】

即黄丹。此稱多於清代行用。見該文。

波斯鉛

古代波斯所産之鉛。《通雅·金石》：“《上宿真言》曰：鉛能伏五金而死八石，波斯鉛第二。”

草節鉛

鉛之一種。《通雅·金石》：“嘉州、利州出草節鉛。”亦稱“單鉛”。明宋應星《天工開物·五金·鉛》：“出單生鉛穴，取者穴山石，挾油燈尋脉，曲折如采銀礦。取出淘洗煎煉，名曰草節鉛。此鉛蜀中嘉、利等州爲盛。”明方以智《物理小識·金石類》曰：“單鉛曰草節鉛。”

【單鉛】

即草節鉛。此稱明代已行用。見該文。

銜銀鉛

鉛之一種。《佩文韻府》卷一六之九引《寶藏論》：“銜銀鉛，銀坑中之精也。”

樂平鉛

鉛之一種。今山東廣饒縣和樂平縣所産。清陳元龍《格致鏡原》卷三四引《寶藏論》："上饒樂平鉛次之。"

銀礦鉛

鉛之一種。明方以智《物理小識・金石類》："有銀礦鉛（滇中多）。"明宋應星《天工開物・五金・鉛》："一出銀礦中，包孕白銀，初煉和銀成團，再煉脱銀沉底，曰銀礦鉛。此鉛雲南爲盛。"按，本處銀礦鉛指與輝銀礦等共生之方鉛礦。

銅山鉛

鉛之一種。明方以智《物理小識・金石類》："銅山鉛（貴州多）。"明宋應星《天工開物・五金・鉛》："出銅礦中，入洪爐煉化，鉛先出，銅後隨，曰銅山鉛。此鉛貴州爲盛。"按，本處銅山鉛指含方鉛礦、閃鋅礦、黄銅礦等的多金屬礦。

釣脚鉛

鉛之一種。《通雅・金石》："雅州釣脚鉛亦可乾汞。"明曹學佺《蜀中廣記・方物記》："《本草》：雅州出釣脚鉛，形如皂子，又如蝌蚪子，黑色，生山澗沙中，可以乾汞。"

雜銅鉛

鉛之一種。明方以智《物理小識・金石類》："上饒樂平出雜銅鉛。"

陰平鉛

鉛之一種。明方以智《物理小識・金石類》："劍州出陰平鉛。"

倭鉛

金屬鋅。明胡我琨《錢通・正朔一統二》："奸豪盤聚其處，每銅商船至，則群擁邀截，高價强買，佯作倭鉛，點造黄銅器玩，而實則轉輸深僻之處，競鑄私錢。"《清朝通典・食貨八・賦税下》："七年，開采貴州畢節縣大雞倭鉛廠。"

紫背鉛

鉛之一種。《佩文韻府》卷一六之九："《本草》紫背鉛即熟鉛，鉛之精華也，有變化，能碎金剛鑽。"明方以智《物理小識・器用類》："紫背鉛能碎金剛鑽。"

鏈

鉛礦石。《説文・金部》："鏈，銅屬也。"意爲與銅一起使用者。亦作"連"。清桂馥《説文解字義證》："銅屬者，《廣韻》，鏈，鉛礦也，通作連。《史記・貨殖傳》，江南出金錫連；徐廣曰，連，鉛之未煉者。《漢書・食貨志》，鑄作錢布皆用銅，殽以連錫；孟康曰，連，錫之別名也；李奇曰，鉛，錫、璞名曰連；應劭曰，連似銅；顔師古曰，孟、李二説皆非也；許慎云，鏈，銅屬也；然則以連及錫雜銅而爲錢也。此下又云，能采金銀銅連錫，益知連非錫矣。"《通雅・金石》："《貨殖傳》：'江南出楠梓、薑桂、金錫連。'徐廣曰：連，鉛之未煉者。今《本草綱目》不載，連名亦一缺也。"

【連】

同"鏈"。此體漢代已行用。見該文。

鐵

五金之一，黑者曰鐵。鐵是最常見的金屬之一，鐵元素是地殼含量最高的金屬元素之一。中國是最早發現和掌握煉鐵技術的國家之一。1973 年在河北出土了一件商代鐵刃青銅鉞，表明三千三百多年以前中國人就掌握了鐵的鍛造；由於鐵堅硬，把它鑄在銅兵器的刃部，可以加強兵器的堅韌、鋒利性。《書·禹貢》："厥貢璆、鐵、銀、鏤、砮、磬、熊、羆、狐、狸、織皮。"《左傳·昭公二十九年》："遂賦晉國一鼓鐵，以鑄刑鼎。"亦稱"惡金"。西周時期，冶鐵技術已較高；從戰國時期大量文獻記載中可見，當時鐵器之使用已較普遍。煉鋼技術未發明之前，鐵之硬度不高而且粗劣，不能製作上等兵器，故稱之為"惡金"，而稱青銅為"美金"。《管子·小匡》："美金以鑄戈劍矛戟，試諸狗馬；惡金以鑄斤斧鉏夷鋸欘，試諸木土。"《國語·齊語》："美金以鑄劍戟，試諸狗馬；惡金以鑄鉏夷斤劚，試諸壤土。"亦稱"黑金"。《說文·金部》："鐵，黑金也。"清桂馥《說文解字義證》："黑金也者，《月令·孟冬》'駕鐵驪'，注云：'鐵驪，色如鐵。'《詩》：'駟鐵'，孔阜傳云：'鐵驪也。'《正義》云：'鐵者，言其黑色如鐵。'"亦稱"玄金""錯"。《淮南子·墜形訓》云："玄滮六百歲生玄金，玄金千歲生玄龍。"漢張衡《南都賦》："銅錫鉛錯。"

鐵
（明李時珍《本草綱目》）

《說文·金部》："九江謂鐵曰錯。"

【惡金】

　　即鐵。此稱先秦時期已行用。見該文。

【黑金】

　　即鐵。此稱漢代已行用。見該文。

【玄金】

　　即鐵。此稱漢代已行用。見該文。

【錯】[1]

　　即鐵。此稱漢代已行用。見該文。

【烏金】

　　即鐵。此稱漢代已行用。清張昭《光孝寺鐵塔文》："廣州府光孝寺有鐵塔一，乃劉銀所造，上有文曰：大漢皇帝以大寶十年丁卯歲，敕有司烏金鑄造千佛寶塔一所……"亦指一種合金。以銅百分，加入金一分至十分，熔和而成，呈黑紫色，故名。可作裝飾品。宋洪皓《松漠紀聞》卷一："回鶻……善造賓鐵、刀劍、烏金、銀器……"《江西通志》卷一三五有"西洋烏金器皿（本朝新制）"。《冊府元龜》卷九七："六年二月辛卯，以新及第進士高冕為右補闕，仍賜衣一襲，烏金帶一，銀器一百兩，衣着二百匹，銀鞍勒馬一匹。"或指煤炭。明于謙《咏煤炭》詩："鑿開混沌得烏金，藏蓄陽和意最深。"《淵鑑類函·鱗介部·龍》："《唐書》曰，貞觀中，汾州言青龍、白龍見，白龍吐物在空中，有光如火，至地，陷入二尺。掘之，則烏金也，形圓斜，廣尺餘，高六七寸。"按，此"烏金"當為隕鐵。

【鉅】

　　即鐵。堅硬之鐵，由熟鐵多次冶煉而成。此稱漢代已行用。亦稱"剛鐵"。《史記·禮書》："宛之鉅鐵施，鑽如蜂蠆。"張守節正義："鉅，剛鐵也。"《說文·金部》:"〔鉅〕大剛也,從金巨聲。"明李時珍《本草綱目·金石一·鐵》:"剛鐵,生西南瘴海中山石上,狀如紫石英,水火不能壞,穿珠切玉如土也。"

【剛鐵】[1]

即鉅。此稱唐代已行用。見該文。

【鑌鐵】

即鐵。精良之鐵。此稱南北朝時期已行用。《魏書·西域傳》:"〔波斯國〕多大真珠、頗梨、琉璃、水精、瑟瑟、金剛、火齊、鑌鐵、銅、錫、朱砂、水銀……"唐慧琳等《一切經音義》卷三五:"〔鑌鐵〕出罽賓等外國,以諸鐵和合,或極精利,鐵中之上是也。"明方以智《物理小識·金石類》:"徼外鑌鐵,則礦石中得者。"《水滸傳》第三一回:"孫二娘道:'二年前,有個頭陀打從這裏過……插着兩把雪花鑌鐵打成的戒刀。'"亦作"賓鐵"。宋洪皓《松漠紀聞》卷一:"回鶻……善造賓鐵、刀劍、烏金、銀器……"

【賓鐵】

同"鑌鐵"。此體宋代已行用。見該文。

【良鐵】

即鐵。優質鐵。此稱漢代已行用。《後漢書·鮮卑傳》:"關塞不嚴,禁網多漏,精金良鐵,皆爲賊有。"元王禎《鋸》詩:"百煉出鍛工,修薄見良鐵。"

【鐵英】

即鐵。鐵之精英。此稱漢代已行用。漢袁康《越絕書·外傳記·寶劍》:"乃令風胡子之吳,見歐冶子、干將,使之作鐵劍。歐冶子、干將鑿茨山,泄其溪,取鐵英,作爲鐵劍三枚,一曰龍淵,二曰泰阿,三曰工布。"明徐渭《自

浦城進延平》:"溪山孕鐵英,怪石穿水黑。"

土錠鐵

省稱"錠鐵"。未經煉製自然塊狀鐵礦石。明方以智《物理小識·金石類》:"鐵:土錠鐵,浮者可拾,或畊起而取。數寸者,畊後其塊日生。西北甘肅、東南尤溪,是錠鐵也。"明宋應星《天工開物·五金·鐵》:"凡鐵場,所在有之。其質淺浮土面,不生深穴,繁生平陽崗埠,不生峻嶺高山。質有土錠、碎砂數種。凡土錠鐵,土面浮出黑塊,形似秤錘,遙望宛然如鐵,撚〔拈〕之則碎土。若起冶煎煉,浮者拾之,又乘雨濕之後,牛耕起土,拾其數寸土內者。耕墾之後,其塊逐日生長,愈用不窮。西北甘肅,東南泉郡,皆錠鐵之藪也。"

【錠鐵】

"土錠鐵"之省稱。此稱明代已行用。見該文。

砂鐵

未經煉製如砂般不成塊之鐵礦石。明方以智《物理小識·金石類》:"燕京遵化、山西平陽,則砂鐵也。"明宋應星《天工開物·五金·鐵》:"燕京、遵化與山西平陽,則皆砂鐵之藪也。凡砂鐵,一拋土膜,即現其形,取來淘洗,入爐煎煉,鎔化之後,與錠鐵無二也。"

生鐵

未經煉製之鐵。《通雅·金石》:"陶弘景曰:生鐵是不破磠,鎗釜之類。"宋沈括《夢溪筆談·辨證》:"世間鍛鐵所謂'鋼鐵'者,用柔鐵屈盤之,乃以生鐵陷其間。"明宋應星《天工開物·五金·鐵》:"凡鐵分生、熟:出爐未炒則生,既炒則熟。生熟相和,煉成則鋼。"

又："凡鐵爐，用鹽做造，和泥砌成，其爐多傍山穴爲之，或用巨木匡圍。塑造鹽泥，窮月之力，不容造次。鹽泥有罅，盡棄全功。凡鐵一爐載土二千餘斤，或用硬木柴，或用煤炭，或用木炭，南北各從利便。扇爐風箱必用四人、六人帶拽。土化成鐵之後，從爐腰孔流出。爐孔先用泥塞。每旦晝六時，一時出鐵一陀。既出，即又泥塞，鼓風再鎔。凡造生鐵爲冶鑄用者，就此流成長條、圓塊，範内取用。"明方以智《物理小識·金石類》："凡鐵爐，用鹽和泥造成，出爐未炒爲生鐵，既炒則熟，生熟相煉則鋼。尤溪毛鐵，生也，豆腐鐵，熟也。"

熟鐵

經過煉製之鐵。明宋應星《天工開物·五金·鐵》："若造熟鐵，則生鐵流出時，相連數尺内，低下數寸，築一方塘，短墻抵之。其鐵流入塘内，數人執持柳木棍排立墻上，先以污潮泥曬乾。舂篩細羅如麵，一人疾手撒焰，衆人柳棍疾攪，即時炒成熟鐵。其柳棍每炒一次燒折二三寸，再用則又更之。炒過稍冷之時，或有就塘内斬劃成方塊者，或有提出揮椎打圓後貨者。若瀏陽諸冶，不知出此也。"明方以智《物理小識·金石類》："凡鐵爐，用鹽和泥造成，出爐未炒爲生鐵，既炒則熟，生熟相煉則鋼。尤溪毛鐵，生也；豆腐鐵，熟也。鎔流時，又作方塘留之，灑乾潮泥灰，而持柳棍疾攪則熟矣。"亦稱"鑐鐵""鍱"。明李時珍《本草綱目·金石一·鐵》引蘇頌曰："〔生鐵〕再三銷拍，可以作鍱者，爲鑐鐵。亦謂之熟鐵。"《通雅·金石》："鑐鐵，熟鍱也……蘇子容曰銷拍可以作鍱者爲鑐鐵，亦曰熟鐵。"

【鑐鐵】

即熟鐵。此稱宋代已行用。見該文。

【鍱】[1]

即熟鐵。此稱明代已行用。見該文。

鋼

精煉鍛打後之精鐵，今謂之鐵與碳之合金。鋼比生鐵堅韌，比熟鐵質硬。若出火而急冷之則堅脆，若緩冷之則軟而有彈性。《列子·湯問》："西戎獻錕鋙之劍……其劍長尺有咫，練鋼赤刃，用之切玉如泥焉。"宋沈括《夢溪筆談·辯證》："予出使至磁州鍛坊，觀煉鐵，方識真鋼。凡鐵之有鋼者，如麵中有筋，濯盡柔麵，則麵筋乃見。煉鋼亦然，但取精鐵鍛之百餘火，每鍛稱之，一鍛一輕，至累鍛而斤兩不減，則純鋼也，雖百煉不耗矣。此乃鐵之精純者。其色清明，磨塋之，則黯黯然青且黑，與常鐵迥異。"明宋應星《天工開物·五金·鐵》："凡鋼鐵煉法，用熟鐵打成薄片，如指頭闊，長寸半許，以鐵片束包尖緊，生鐵安置其上（廣南生鐵名墮子生鋼者妙甚），又用破草履蓋其上（黏帶泥土者，故不速化），泥塗其底下。洪爐鼓韝，火力到時，生鋼先化，滲淋熟鐵之中，兩情投合。取出加錘，再煉再錘，不一而足。俗名團鋼，亦曰灌鋼者是也。其倭夷刀劍，有百煉精純、置日光檐下則滿室輝曜者，不用生熟相和煉，又名此鋼爲下乘云。夷人又有以地溲淬刀劍者（地溲，乃石腦油之類，不產中國），云鋼可切玉，亦未之見也。"亦作"剛"。漢李尤《金馬書刀銘》："巧冶煉剛，金馬托形。"《北齊書·綦母懷文傳》："綦母懷文，不知何郡人……又造宿鐵刀，其法燒生鐵精以重柔鋌，數宿則成剛。"亦稱"剛鐵""鋼鐵""跳鐵"。《説文・金部》："鏤，剛鐵也。"《通雅・金石》："陶弘景曰……鋼鐵是雜煉生鑐……鋼鐵，一名跳鐵。《筆談》曰，世間用柔鐵屈盤，以生鐵陷其間，泥封煉之，鍛令相入，謂之團鋼、灌鋼，此乃僞鋼耳。余出使至磁州鍛坊識真鋼，鋼如麵中筋，鍛百餘火，一鍛一輕，至累鍛而斤兩不減則純鋼也。何孟春曰，鐵磓鍛金銀，百十年不壞，以椎皂角則一夕破。"

【剛】

同"鋼"。此體漢代已行用。見該文。

【剛鐵】 [2]

即鋼。此稱漢代已行用。見該文。

【鋼鐵】

即鋼。此稱南北朝時期已行用。見該文。

【跳鐵】

即鋼。此稱明代已行用。見該文。

劑鋼

鋼之一種，質地堅硬。宋沈括《夢溪筆談・器用》："古人以劑鋼爲刃，柔鐵爲莖幹；不爾則多斷折。劍之鋼者，刃多毀缺，巨闕是也。故不可純用劑鋼。"《御定子史精華・器物部二・軍器》："劑鋼柔鐵：沈括《夢溪筆談》古人以劑鋼爲刃，柔鐵爲莖幹。"

鐵石

鐵礦石。漢王充《論衡・率性》："夫鐵石天然，尚爲鍛煉者變易故質。"《後漢書・衞颯傳》："末陽縣出鐵石，他郡民庶，常依因聚會，私爲冶鑄。"《舊唐書・蜀王愔傳》："太宗怒曰：'禽獸調伏，可以馴擾於人，鐵石鑴煉，可爲方圓之器，至如愔者，曾不如禽獸鐵石乎？'"因鐵石堅硬，故常作喻。《隋書・敬肅傳》："心如鐵石，老而彌篤。"唐皮日休《宋璟集序》：

"〔宋廣平〕剛態毅狀，疑其鐵腸石心。"《宋史・王應麟傳》："帝欲易第七卷置其首。應麟讀之，乃頓首曰：'是卷古誼若龜鏡，忠肝如鐵石，臣敢爲得士賀。'"

鐵山

產鐵之山。《史記・貨殖列傳》："〔卓氏〕致之臨邛，大喜，即鐵山鼓鑄。"《新唐書・食貨志四》："凡銀、銅、鐵、錫之冶一百六十八。陝、宣、潤、饒、衢、信五州，銀冶五十八，銅冶九十六，鐵山五，錫山二，鉛山四。"清屈大均《廣東新語・貨語》："廣中產鐵之山，凡有黃水滲流，則知有鐵，掘之得大鐵礦一枚，其狀若牛，是鐵牛也。循其脉路，深入掘之，斯得多鐵矣。然產鐵之山，有林木方可開爐，山苟童然，雖多鐵亦無所用，此鐵山之所以不易得也。"

鏤

可供刻鏤的鋼鐵。《説文・金部》："鏤，剛鐵也，可以刻鏤。"《書・禹貢》："厥貢璆、鐵、銀、鏤、砮、磬、熊、羆、狐、狸、織皮。"孔安國傳："鏤，剛鐵。"

鐦 [2]

精鐵，白鐵。晉左思《吳都賦》："其琛略則琨瑤之阜，銅鐦之垠。"唐劉良注："鐦，白鐵也。"《通雅・金石》："鐦，精鐵，有白光也。鐦，好鐵也。《春秋傳》有'文之鐦'，《平子賦》'銅鐵錫鐦'，《太冲賦》'銅鐦之垠'。《説文》曰，九江謂鐵曰鐦，一曰白鐵也。"

鏷

未經冶煉的銅鐵礦石。亦作"樸"，亦稱"鏷"。《廣雅・釋器》："鐵樸謂之礦。"又："鏷，鋌也。"王念孫疏訂："《説文》：礦，銅鐵樸石也。"又："《説文》：鋌，銅鐵樸也。"晉張協《七命》："銷逾羊頭，鏷越鍛成。"李善注："鏷，或謂爲鏷。"

【樸】

同"鏷"。此體漢代已行用。見該文。

【鏷】[2]

即鏷。此稱三國時期已行用。見該文。

鋌

銅鐵礦石。《説文·金部》："鋌，銅鐵樸也。"漢桓寬《鹽鐵論》："干、越之鋌不厲，匹夫賤之。"漢王充《論衡·率性》："棠溪、魚腸之屬，龍泉、太阿之輩，其本鋌，山中之恒鐵也。冶工鍛煉，成爲銛利，豈利劍之鍛與煉，乃異質哉？"晉張協《七命》："邪溪之鋌，赤山之精。"

鐵葉

薄鐵片。因薄如樹葉，故稱。唐李綽《尚書故實》："人來覓書，並請題頭者如市，所居户限，爲之穿穴，乃用鐵葉裹之，人謂爲鐵門限。"《新唐書·食貨志四》："隋末行五銖白錢……私鑄錢行。千錢初重二斤，其後愈輕，不及一斤，鐵葉、皮紙皆以爲錢。"《韻府拾遺》卷一〇五："《西湖志餘》：吳越國治，在鳳凰山下，乃唐以前州治也。其子城南爲通越門，北爲雙門，皆金鋪鐵葉，用以禦侮。"

犁耳

鐵名。《資治通鑑·晉孝武帝太元五年》："秦征北將軍、幽州刺史行唐公洛，勇而多力，能坐製奔牛，射洞犁耳。"胡三省注："犁耳之鐵厚而堅。"清陳元龍《格致鏡原》卷三四："《庶物異名疏》：犁耳，鐵名。最厚而堅。"

鐵落

鐵屑，或水摻鐵銹。可以入藥。晉皇甫謐《鍼灸甲乙經·胸中寒發脉代》："曰：治之奈何？曰：衰其食即已。夫食入於陰，氣長於陽，故奪其食即已。使人服以生鐵落爲後飲。夫生鐵落者，下氣候也（《素問》候作疾）。"明朱橚《普濟方·傷寒門·傷寒發狂》："鐵落：用水淘出沙泥，取鐵粉四兩。"清程林《聖濟總錄纂要·咳嗽門·陽厥》"鐵落"注："即染皂鐵漿是也。"亦作"鐵洛"。《黄帝内經·素問·疾能論》："夫生鐵洛者，下氣疾也。"王冰注："鐵洛，味辛，微温平，主治下氣。方俗或爲鐵漿，非是生鐵液也。"亦稱"鐵漿""鐵液"。宋唐慎微《證類本草·玉石部中品·鐵漿》："鐵漿，鐵法中陶爲鐵落是鐵漿。蘇云，非也。按，鐵漿取諸鐵於器中，以水浸之，經久色青，沫出即堪染皂，兼解諸毒入腹，服之亦鎮心，主癲癇、發熱、急狂走、六畜癲狂。"又曰："鐵落，味辛甘平，無毒，主風熱、惡瘡、瘍疽、瘡痂、疥氣在皮膚中，除胸膈中熱氣，食不下，止煩，去黑子。一名鐵液，可以染皂。"

【鐵洛】

同"鐵落"。此體先秦時期已行用。見該文。

【鐵漿】

即鐵落。此稱宋代已行用。見該文。

【鐵液】

即鐵落。此稱宋代已行用。見該文。

鐵蛾

生鐵之屑相擊可生火花者。《通雅·金石》："鐵落、鐵蛾，即鐵化也。"明李時珍《本草綱目·金石一·鐵落》："鐵蛾，弘景曰鐵落，是染皂鐵漿也。恭曰，是鍛家燒鐵赤沸，砧上鍛之，皮甲落者。若以漿爲鐵落，則鋼浸之汁復謂何等落？是鐵皮滋液，黑於餘鐵，故又名鐵液。時珍曰，生鐵打鑄，皆有花出，如蘭如蛾，故俗謂之鐵蛾，今烟火家用之。鐵末浸醋，書字於紙背，後塗墨如碑字也。"明方以智《物理小識·器用類》："〔火藥〕入鐵蛾樟腦則成花，今名烟火。"

鐵銹

鐵在潮濕空氣中因氧化而在其表面形成的鱗片層，赤色。宋蘇軾《格物麤談·器用》："鐵銹以烰炭乾擦則快。"亦稱"鐵衣"。唐劉長卿《雜咏古劍》詩："鐵衣今正澀，寶刃猶可試。"清趙學敏《本草綱目拾遺·金石部·鐵銹》："鐵銹，釋名鐵衣。藏器曰：此鐵上赤衣也。"

【鐵衣】

即鐵銹。此稱唐代已行用。見該文。

錫 [2]

金屬之一種。本不在"五金"之中，然後世所言"五金"，常以"錫"代替"鉛"，將"金銀銅鐵錫"作爲"五金"。《説文·金部》："錫，銀鉛之間也。"清桂馥《説文解字義證》："胡渭曰，《説文》五色之金黄爲長，青曰鉛，赤曰銅，白曰銀，黑曰鐵，而錫則曰銀鉛之間，是爲五金之間色矣。"錫之應用，早於青銅。青銅乃純銅與錫之合金，在冶煉過程中，將所煉得之純銅再加入一定量之錫，即成青銅。錫之冶煉，以錫石（今稱二氧化錫）爲主要原料，將錫石與木炭放在一起燃燒，即可使之還原爲錫。《書·禹貢》："鉛松怪石。"《周禮·考工記·輈人》："金有六齊。六分其金（指銅）而錫居一，謂之鍾鼎之齊；五分其金而錫居一，謂之斧斤之齊；四分其金而錫居一，謂之戈戟之齊；參分其金而錫居一，謂之大刃之齊；五分其金而錫居二，謂之削殺矢之齊；金錫半，謂之鑑燧之齊。"可見，青銅製作過程中，因所鑄造器物之用不同，所加之錫亦有多少之不同，然皆不可缺少錫。在河南安陽小屯殷墟中已出土有成塊之錫。錫可以展成極薄片狀，且在常溫下不易氧化。殷墟出土之虎面銅盔中，有一具很完整的銅盔，其内爲紅銅而外鍍錫，由此可知當時已掌握鍍錫技術。據分析，歷史上必有錫器作爲生活器具和禮具，但因純錫製品在 13℃ 以下即會發生變化，至 -33℃ 時即自動成爲碎末，是以此類器物未能流傳下來。亦有稱錫爲"賀"者。明方以智《物理小識·金石類》："臨賀産錫，方書呼錫爲賀。南丹、河池二州最盛，衡、永次。滇錫則遠不致矣。"明宋應星《天工開物·五金·錫》："凡錫，中國偏出西南郡邑，東北寡生。古書名錫爲'賀'者，以臨賀郡産錫最盛而得名也。今衣被天下者，獨廣西南丹、河池二州，居其十八，衡、永則次之。大理、楚雄即産錫甚盛，道遠難致也。"鉛與錫，先秦之前常不細加分別。清徐文靖《禹貢會箋》卷三："按，《管子》曰：'山上有绿石者下有鉛錫。'蘇頌曰：鉛，一名黑錫。《周禮》：卝人掌金玉錫石之地。鄭注：錫，鈏也。《書》疏曰：錫，所以柔金也。《考工記》：攻金之工，掌執金錫之齊故也。"明宋應星《天工開物·五金·錫》載有煉錫之法："凡煉煎亦用洪爐。入砂數百斤，叢架木炭亦數百斤，鼓韝鎔化。火力已到，砂不即鎔，用鉛少許勾引，方始沛然流注。或有用人家炒錫剩灰勾引者。其爐底炭末、瓷灰鋪作平池，傍安鐵管小槽道，鎔時流出爐外低池。其質初出潔白，然過剛，承錘即坼裂。入鉛製柔，方充造器用。售者雜鉛太多，欲取净則鎔化，入醋淬八九度，鉛盡化灰而去。出錫唯此道。方書云馬齒莧取草錫者，妄言也。謂砒爲錫苗者，亦妄言也。"

【賀】

即錫[2]。此稱明代已行用。見該文。

【鈏】

即錫[2]。此稱先秦時期已行用。《爾雅·釋器》："錫謂之鈏。"疏："錫，今白鑞也，一名鈏。"

山錫

產於山中、陸地之錫礦。宋石介《寄弟會等》詩："視汝器磊磊，淳沆皆蚌螺。我有董山錫，欲鑄子太阿。"明宋應星《天工開物·五金·錫》："凡錫有山錫、水錫兩種。山錫中又有錫瓜、錫砂兩種。錫瓜塊大如小瓠，錫砂如豆粒，皆穴土不甚深而得之。間或土中生脉充牣，至山土自頹，恣人拾取者。"清趙起士《再懷黃疊韻》："寺門誰掃落花塵，松谷雲深澀不真。山錫黃名留帝迹，我吟白句向仙人。"

水錫

產於水泊、湖澤水中之錫礦。明宋應星《天工開物·五金·錫》："凡錫有山錫、水錫兩種……水錫，衡、永出溪中，廣西則出南丹州河內。其質黑色，粉碎如重羅麵。南丹河出者，居民旬前從南淘至北，旬後又從北淘至南，愈經淘取，其砂日長，百年不竭。但一日功勞，淘取煎煉，不過一斤。會計爐炭資本，所獲不多也。南丹出錫，出山之陰，其方無水淘洗，

則接連百竹爲梘，從山陽梘水淘洗土滓，然後入爐。"清陸廷燦《續茶經·四茶之器》："陶穀《清異録》：富貴湯，當以銀銚煮之，佳甚，銅銚煮水、錫壺注茶次之。"

斗錫

天然錫塊。《明史·外國六·滿剌加傳》："有山出泉流爲溪，土人淘沙取錫，煎成塊，曰斗錫。田瘠少收，民皆淘沙、捕魚爲業。"明方以智《物理小識·金石類》："《星槎勝覽》言，有不假煎煉之錫，曰斗錫。"《欽定大清一統志·蘇門答剌》："木香、丁香、降真香、斗錫、胡椒、蘇木。"

黃錫

錫之一種。明方以智《物理小識·金石類》："慶遠、賀縣、永州、興寧出錫，有馬蹄錫、蜈蚣錫、門限錫。作片有聲如銅，折之則響。若以青布煉之作器用，久則起橘皮文，嘉興黃錫是也。"又："又分瓜、砂。南丹河內黑色粉粹，淘取煎煉，日可一斤。其爐沙不即鎔，用鉛少許勾引，或以剩灰勾引。其流出潔白，而錘之即裂，必入鉛製，方充造器。其入鉛太多則鎔化，入醋淬八九度，鉛盡化灰而去。嘉興黃錫最精，必以青布濾費事矣。"清陸廷燦《續茶經·四茶之器》："吳中歸錫、嘉禾黃錫價皆最高。"

鑞

錫與鉛之合金。用以焊接金屬。《爾雅·釋器》："錫，謂之鈏。"晋郭璞注："白鑞。"《西廂記》第四本第二折："呸！你是個銀樣鑞槍頭。"亦稱"銀錫"。明方以智《物理小識·金石類》："鉛一斤，入石膏末一錢半，攪清亮，又入輕粉一錢半，傾平地上，便成白鑞。此

《漢書》所謂銀錫也。"

【銀錫】

即鑞。此稱漢代已行用。見該文。

齊

合金。古時錫的含量少者爲上齊，含量超過三分之一以上的合金爲下齊。《周禮·考工記·輈人》："金有六齊，六分其金而錫居一，謂之鍾鼎之齊；五分其金而錫居一，謂之斧斤之齊。"漢鄭玄注："目和金之品數。"清孫詒讓正義：《少儀》注云：'齊，和也。'"《周禮·考工記》："攻金之工，築氏執下齊，冶氏執上齊。"鄭玄注："多錫爲下齊……少錫爲上齊。"孫詒讓正義："錫多則金不純，故爲下齊。"

汞

金屬名。銀白色的流質體，有毒，可溶解多種金屬，亦可用來製藥品、儀器等。道家用之於醫藥、養生。晋葛洪《抱朴子·内篇·金丹第四》："又墨子丹法，用汞及五石液於銅器中，火熬之，以鐵匕撓之，十日，還爲丹，服之一刀圭，萬病去身，長服不死。"宋蘇軾《送陳睦知潭州》詩："白鹿泉頭山月出，寒光瀲眼如流汞。"亦稱"水銀""白澒"。《史記·秦始皇本紀》："葬始皇酈山……水銀爲百川江河。"《淮南子·墜形訓》："弱土之氣，御於白天，白天九百歲生白礜，白礜九百歲生白澒，白澒

九百歲生白金，白金千歲生白龍。"晋葛洪《神仙傳》曰："封君達者，隴西人也。服黃精五十餘年，又入烏鼠山，服煉水銀百餘歲。"唐施肩吾《夏雨後題青荷蘭若》詩："微風忽起吹蓮葉，青玉盤中瀉水銀。"

【水銀】

即汞。此稱漢代已行用。見該文。

【白澒】

即汞。此稱漢代已行用。見該文。

【澒】

同"汞"。此體三國時期已行用。《廣雅》曰："水銀謂之澒。"宋應星《天工開物·丹青》："上好硃砂，出辰錦與西川者，中即孕澒。"明李時珍《本草綱目·金石二·水銀》："水銀：〔釋名〕汞、澒靈液、姹女。"

浮金

金屬名。金色，輕於水。晋王嘉《拾遺記·顓頊》："有浮金之鍾，沈明之磬，以羽毛拂之，則聲振百里。"宋晁載之《續談助》卷一引漢郭憲《洞冥記》："元鼎元年，起招仙閣於甘泉宫西……其上懸浮金輕玉之磬。浮金者，色如金，自浮於水。"宋毛滂《點絳唇·月波樓重九作》："手撫歸鴻，坐臨烟雨簾旌潤。氣清天近，雲日温闌楯。壓玉浮金，一醉留青鬢。風光勝。淡妝人靚。眉黛生秋暈。"

第二節　礦産考

礦，也寫作"鑛"，舊音作"guǎng"。礦産，指埋藏於地下而具有開采使用價值之物

産，如銅礦、煤礦、雲母礦等；今或分爲能源礦產、金屬礦產和非金屬礦產三類。能源礦產包括煤、石油、天然氣、油頁巖、石煤、鈾釷以及地熱等可以直接或通過轉換而獲得光、熱以及動力能量之自然資源。金屬礦產包括黑色金屬礦產、有色金屬礦產、貴重金屬礦產、稀有金屬礦產、稀土金屬礦產，以及分散元素金屬礦產等。中國已探明儲量的金屬礦產有五十四種，即鐵礦、錳礦、鉻礦、鈦礦、釩礦、銅礦、鉛礦、鋅礦、鋁土礦、鎂礦、鎳礦、鈷礦、鎢礦、錫礦、鉍礦、鉬礦、汞礦、銻礦、鉑族金屬（鉑礦、鈀礦、銥礦、銠礦、鋨礦、釕礦）、金礦、銀礦、鈮礦、鉭礦、鈹礦、鋰礦、鋯礦、鍶礦、銣礦、銫礦、稀土元素（釔礦、釓礦、鋱礦、鏑礦、鈰礦、鑭礦、鐠礦、釹礦、釤礦、銪礦）、鍺礦、鎵礦、銦礦、鉈礦、鉿礦、錸礦、鎘礦、鈧礦、硒礦、碲礦，等等。非金屬礦產指除燃料礦產、金屬礦產外，在當前技術、經濟條件下，可供工業提取的非金屬化學元素、化合物，或可直接利用的巖石與礦物。中國已探明儲量的非金屬礦產有八十八種，主要爲金剛石、石墨、自然硫、硫鐵礦、水晶、剛玉、藍晶石、夕綫石、紅柱石、硅灰石、鈉硝石、滑石、石棉、藍石棉、雲母、長石、石榴籽石、葉蠟石、透輝石、透閃石、蛭石、沸石、明礬石、芒硝、石膏、重晶石、毒重石、天然鹼、方解石、冰洲石、菱鎂礦、螢石、寶石、玉石、瑪瑙、石灰巖、白堊、白雲巖、石英巖、砂巖、天然石英砂、脉石英、硅藻土、葉巖、高嶺土、陶瓷土、耐火黏土、凹凸棒石、海泡石、伊利石、累托石、膨潤土、輝長巖、大理巖、花崗巖、鹽礦、鉀鹽、鎂鹽、碘、溴、砷、硼礦、磷礦等。

礦產資源是地殼在其長期形成、發展與演變過程中的產物，是自然界礦物質在一定的地質條件下，經一定地質作用而聚積形成的。不同的地質作用可以形成不同類型的礦產。初步評估，中國礦產資源潛在總值居世界第三位，二十多種礦產在世界上具有優勢地位。可以説，中國是世界上少有的幾個資源總量大、配套程度較高的資源大國之一。中國礦產資源呈現優劣并存的基本態勢，主要表現在以下幾個方面：一、礦產資源總量豐富，人均資源相對不足；二、礦產品種齊全配套，資源分布不一；三、礦產質量貧富不均，貧礦多，富礦少；四、超大型礦床少，中小型礦床多；五、共生伴生礦多，單礦種礦床少。

中國對礦產的開采及利用極爲悠久。中國乃世界上發現、利用煤炭最早的國家之一，1973 年，考古學家在遼寧瀋陽市北陵地區發掘到新石器時代的煤製品。對礦產的大規模開采則在晚清之後，尤其是在中國受西方國家影響而大力發展工業之後。能源礦產、金屬礦產和非金屬礦產三類之中，能源礦產因與工業生產相關而得名。古代中國間或有以此爲燃料者，主要用於煉金石，因而非古代中國礦産之主項，亦未大量開采。金屬礦産之開采早在新石器時代已甚爲廣泛，參見本章"五金考"部分。非金屬礦産，在古代中國多作爲煉丹、入藥或生活日用之物，如雲母、丹砂、石英等，至遲在漢代之前已開采應用。

煤

一種礦産，固體形態，可燃。植物埋於地下後經漫長的變化轉化而成。我國乃世界上發現、利用煤炭最早的國家。1973 年，考古學家在遼寧瀋陽市北陵地區發掘到新石器時代的煤製品，在陝西周墓中，也發現過煤製品。古代曾稱煤爲"石涅"。《山海經·西山經》："女床之山，其陽多赤銅，其陰多石涅。"又《中山經》："岷山之首，曰女幾之山，其上多石涅"，"又東一百五十里，曰風雨之山，其上多白金，其下多石涅"。西漢至魏晉南北朝，出現了一定規模的煤井和相應的采煤技術。魏晉南北朝時稱煤爲"石墨"或"石炭"。北魏酈道元《水經注·濁漳水》中："石墨……亦謂之石炭。"《北史·王慧龍傳》："今温酒及炙肉，用石炭、木炭火、竹火、草火、麻荄火，氣味各不同。"亦稱"石煤"，是從"石涅"轉化而來的讀音；"涅"的古音與"泥"相似，後來轉化爲"煤"。元任士林《松鄉集·冰雪相看堂記》："玄教吳尊師，即崇真萬壽宮之右，築室三間，載綱載繆，西南其户，土榻陶春，石煤種燠，四方賓客，晏坐其中，題曰'冰雪相看'。凡京師之名能文者，咸賦之紀之。"明黃訓《名臣經濟録·兵部·丘濬〈守邊固圉之略〉》："京城軍民之家，皆以石煤代薪。"亦稱"煤炭""鐵碳""烏金石""焦石"。明李時珍《本草綱目·金石二·石炭》："〔釋名〕亦稱煤炭、石墨、鐵碳、烏金石、焦石。"隋、唐至元代，我國對煤的開發和利用更爲普遍。明宋應星《天工開物·煤炭》："凡煤炭普天皆生，以供鍛煉金石之用。南方秃山無草木者，下即有煤，北方勿論。煤有三種，有明煤、碎煤、末煤。"又，"炎高者曰飯炭，用以炊烹；炎平者曰鐵炭，用以冶鍛"；又"凡取煤經歷久者，從土面能辨有無之色，然後掘挖，深至五丈許，方始得煤"，詳細記述了煤的産地、種類、性質、用途及開采技術。

【石涅】

即煤。此稱先秦時期已行用。見該文。

【石墨】

即煤。此稱南北朝時期已行用。見該文。

【石炭】

即煤。此稱南北朝時期已行用。見該文。

【石煤】

即煤。此稱元代已行用。見該文。

【煤炭】

即煤。此稱明代已行用。見該文。

【鐵碳】

即煤。此稱明代已行用。見該文。

【烏金石】

即煤。此稱明代已行用。見該文。

【焦石】

即煤。此稱明代已行用。見該文。

墨井

亦稱"石墨井"。古稱產煤之礦井。晋左思《魏都賦》："墨井鹽池，玄滋素液。"唐李善注："鄴西高陵西伯陽城西有石墨井，井深八丈。"李周翰注："墨井，井中有石如墨。"唐王起《墨池賦》："耻魏國之沈沈，徒開墨井；笑昆山之浩浩，空設瑶池。"宋樂史《太平寰宇記·江南西道二·歙州》："石墨井，在縣南一十六里，其嶺上出石墨。土人采之以書。又有石墨井，云是昔人采墨之所，今爲懸水所淙，其井轉深。"

【石墨井】

即墨井。此稱唐代已行用。見該文。

石油

一種液態、可燃的埋藏於地下的自然混合物。其存在方式多樣。中國是世界上最早發現和利用石油的國家之一。"石油"之稱，最晚宋朝時已行用。宋沈括《夢溪筆談·雜志一》："鄜、延境内有石油。舊說高奴縣出脂水，即此也。"宋江少虞《事實類苑·石油墨》："鄜、延境内有石油。舊說高奴縣出脂水，即此也。生於水際沙石，與泉水相雜，惘惘而出。土人以雉尾裹之，乃采入缶中，頗似淳漆。然之如麻，但烟甚濃，所霑幄幕皆黑。"《元一統志·延安路》："石油，在延長縣南迎河，有鑿開石油一井，其油可燃，兼治六畜疥癬，歲納一百一十斤。"亦稱"石漆""石脂水""水膩"。晋張華《博物志》卷九："酒泉延壽縣南山出泉水，大如筥，注地爲溝，水有肥如肉汁，取著器中，始黃後黑，如凝膏，然之，極明，與膏無異。

不可食。膏車及碓缸甚佳，彼方謂之石漆。"唐段成式《酉陽雜俎·物異》："石漆，高奴縣石脂水，水膩，浮水上如漆，采以膏車及燃燈，極明。"唐李吉甫《元和郡縣志·玉門縣》："石脂水在縣南一百八十里，泉有苔，如肥肉，燃之極明，水上有黑脂，人以草盉取用，塗鴟夷酒囊及膏車，周武帝宣政中，突厥圍酒泉，取此脂燃火焚其攻具，得水逾明，酒泉賴以獲濟。"此記載描述了當時人對石油性質、特點和用途的認識。明楊慎《藝林伐山·石漆》："延州高奴縣有石脂水，水膩，浮水面如漆，采以膏車及炷燈，謂之石漆。宋時用以燒烟造墨，謂之延州石漆。"亦稱"雄黃油""硫黃油""石腦油""硫磺油"。明曹學佺《蜀中廣記·方物記第八·火井油井》："《通志》云：'國朝正德末年，嘉州開鹽井，偶得油水，可以照夜，其光加倍，沃之以水則焰彌甚，撲之以灰則滅，作雄硫氣，土人呼爲雄黃油，亦曰硫黃油。近復開出數井，官司主之，此是石油，但出於井爾。蓋由與産雄硫石脂諸處源脉相通，故有此物。'"明李時珍《本草綱目·金石二·石腦油》："嘉州開鹽井，偶得油水，可以照夜，其光加倍。沃之以水，則焰彌甚，撲之以灰則滅，作雄硫氣。土人呼爲雄黃油，亦曰硫磺油。"亦稱"水肥""石液""石燭""石脂"。《佩文韻府》卷五之二引晋張華《博物志》："酒泉延壽縣出泉水，有肥如肉汁，取著器中，黑如凝膏，方人謂之石漆，或曰水肥，又曰石液。"明楊慎《丹鉛總録·石燭》："石燭，一名水肥，一名石脂，一名石液，今之延安石油也，可熏烟爲墨。"亦稱"猛火油"。宋康與之《昨夢録》："西北邊城防城庫皆掘地作大池，縱橫丈餘以蓄

猛火油，不閱月，池上皆赤黄。又別爲池而徙
焉，不如是則火自屋柱延燒矣。猛火油者，聞
出於高麗之東數千里，日初出之時，因盛夏日
力烘，石極熱則出液，他物遇之即爲火，唯真
琉璃器可貯之。"《宋史·外國傳·占城》："周
顯德中……猛火油得水愈熾，皆貯以琉璃瓶。"
宋王得臣《麈史·朝制》："次道《東京記》説，
八作司之外，又有廣備攻城作。今東西廣備，
隸軍器監矣。其作凡一十目，所謂火藥、青窑、
猛火油、金、火、大小木、大小爐、皮作、麻
作、窟子作是也。"

【石漆】

即石油。此稱晉代已行用。見該文。

【石脂水】

即石油。此稱唐代已行用。見該文。

【水膩】

即石油。此稱明代已行用。見該文。

【雄黄油】

即石油。此稱明代已行用。見該文。

【硫黄油】

即石油。此稱明代已行用。見該文。

【石腦油】

即石油。此稱明代已行用。見該文。

【硫磺油】

即石油。此稱明代已行用。見該文。

【水肥】

即石油。此稱晉代已行用。見該文。

【石液】

即石油。此稱晉代已行用。見該文。

【石燭】

即石油。此稱明代已行用。見該文。

【石脂】

即石油。此稱明代已行用。見該文。

【猛火油】

即石油。此稱宋代已行用。見該文。

坑

特指礦穴，礦場。唐宋以後，開采五金的
礦場都稱爲"坑"，并設坑冶官。《舊唐書·食
貨志上》："其天下自五嶺以北，見采銀坑，并
宜禁斷。"又："得湖南院申、郴州平陽、高亭
兩縣界，有平陽冶及馬迹、曲木等古銅坑，約
二百八十餘井，差官檢覆，實有銅錫。"《宋
史·徽宗紀一》："庚申，令天下坑冶金銀，復
盡輸内藏。"

銅坑

産銅礦石之坑。《南齊書·劉悛傳》："平地
掘土深二尺，得銅，又有古掘銅坑，深二丈。"
《新唐書·地理志五》："〔滁州永陽郡〕有銅坑
二。"又《食貨志四》："鹽鐵使李巽以郴州平
陽銅坑二百八十餘，復置桂陽監，以兩爐日鑄
錢二十萬。"《續資治通鑑長編·宋仁宗慶曆四
年》："壬子，都官員外郎皮仲容提舉陝西路銀
銅坑鑄錢事。"《明史·食貨志五》："成化十七
年，封閉雲南路南州銅坑。"

生金 [2]

未經冶煉的金礦石。《資治通鑑·唐德宗
貞元九年》："雲南王異牟尋遣使者三輩，一出
戎州，一出黔州，一出安南，各賫生金、丹砂
詣韋臯。金以示堅，丹砂以示赤心，三分臯所
與書爲信，皆達成都。"唐王建《尋李山人不
遇》詩："生金有氣尋還遠，仙藥成窠見即移。"
生金爲藥材，入藥見於南北朝時期。明李時珍
《本草綱目·金石一·金》："毒金即生金，出交

廣山石內，赤而有大毒，殺人，煉十餘次，毒乃已。"又：《集解》引陶弘景曰：金之所生，處處皆有。梁、益、寧三州多有，出水沙中，作屑，謂之生金。"

硃砂

礦物名。色紅。故名。道家教用以煉丹，中醫用藥，亦可製顏料。亦稱"丹沙""丹砂""朱砂"。《管子·地數》："上有丹沙者，下有黃金。"晉葛洪《抱樸子·金丹》："凡草木燒之即燼，而丹砂燒之成水銀，積變又還成丹砂。"明李時珍《本草綱目·金石二·丹砂》："〔釋名〕朱砂。〔集解〕引《名醫別錄》曰：丹砂生符陵山谷，采無時，光色如雲母可拆者良。"《明史·食貨志五》："坑冶之課，金、銀、銅、鐵、鉛、汞、硃砂、青綠，而金、銀礦最爲民害，徐達下山東，近臣請開銀場。"

硃砂礦石

【丹沙】

即硃砂。此稱先秦時期已行用。見該文。

【丹砂】

即硃砂。此稱晉代已行用。見該文。

【朱砂】

即硃砂。此稱明代已行用。見該文。

丹窖

硃砂礦。宋陳起《雲峰寺》詩："泉出玉床疏作乳，火生丹窖結成芝。雲峰自有樵人徑，岣嶁尋碑誤退之。"元張雨《丹泉》詩："涵淳萬象一泓中，欲探靈源未易窮。丹窖久埋泉眼赤，珊瑚長浸石頭紅。"亦稱"丹穴"。《漢書·貨殖傳》："巴寡婦清，其先得丹穴，而擅其利數世。"顏師古注："丹，丹砂也。穴者，山谷之穴出丹也。"

【丹穴】

即丹窖。此稱漢代已行用。見該文。

五石

五種礦質石料。醫家以之入藥，道家以之煉丹。《春秋公羊傳·僖公十六年》："六鷁退飛，記見也，視之則六，察之則鷁，徐而察之則退飛。五石六鷁，何以書？記異也。"《史記·扁鵲公列傳》："齊王侍醫遂病，自煉五石服之。臣意往過之，遂謂意曰：'不肖有病，幸診遂也。'臣意即診之，告曰：'公病中熱。論曰中熱不溲者，不可服五石。石之爲藥精悍。'"晉葛洪《抱樸子·金丹》："五石者，丹砂、雄黃、白礬、曾青、慈石也。一石輒五轉而各成五色，五石而二十五色，色各一兩，而異器盛之。"清顧炎武《瓠》詩："未須驚五石，應信直千金。"

雲母

雲母族礦物之總稱。具有光澤，可分爲薄片。因其色不同，亦稱"雲精""雲華""雲

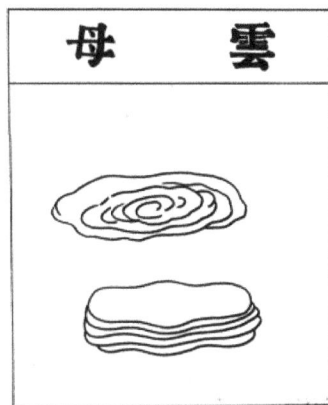

雲母
（明李時珍《本草綱目》）

英""雲珠""雲液""雲砂""磷石"等。《淮南子·墜形訓》："磁石上飛，雲母來水。土龍致雨，燕雁代飛。"漢楊孚《異物志》："雲母一曰雲精，入地萬歲不朽。"晉郭璞《江賦》："其下則金礦丹礫，雲精爛銀。"《新唐書·地理志二》："齊州濟南郡，上。本齊郡，天寶元年更名臨淄，五載又更名。土貢：絲、葛、絹、綿、防風、滑石、雲母。"明代李時珍詳細記載了雲母的名稱、出産、性質。《本草綱目·金石二·雲母》："〔釋名〕雲華、雲珠、雲英、雲液、雲砂、磷石，時珍曰：雲母以五色立名。"〔集解〕引《名醫別録》曰："雲母生太山山谷、齊山、盧山及琅琊北定山石間，二月采之。雲華五色具，雲英色多青，雲珠色多赤，雲液色多白，雲砂色青黄，磷石色正白。"雲母用途廣泛，古人早已認識到雲母的裝飾性和藥性。因雲母具有閃亮光澤，因而多用於貴族之裝飾。有雲母車、雲母幌、雲母扇、雲母屏風等物。雲母也可用於藥。晉葛洪《抱朴子·仙藥》云："雲母有五種……五色並具而多青者名雲英，宜以春服之；五色並具而多赤者名雲珠，宜以夏服之；五色並具而多白者名雲液，宜以秋服之；五色並具而多黑者名雲母，宜以冬服之；但有青黄二色者名雲沙，宜以季夏服之；皛皛純白名磷石，可以四時長服之也。"宋沈括《夢溪筆談·藥議》："古方言雲母粗服，則著人肝肺不可去，如枇杷、狗脊毛不可食，皆云射入肝肺。"

【雲精】

即雲母。此稱漢代已行用。見該文。

【雲珠】

即雲母。此稱晉代已行用。見該文。

【雲英】

即雲母。此稱晉代已行用。見該文。

【雲液】

即雲母。此稱晉代已行用。見該文。

【雲砂】

即雲母。此稱晉代已行用。見該文。

【磷石】

即雲母。此稱晉代已行用。見該文。

【雲華】

即雲母。此稱晉代已行用。見該文。

第五章　店鋪旅社説

第一節　店鋪考

店鋪，指在室内出售商品貨物的場所；起初，店鋪亦指旅館、客棧。今單列"店鋪考"一節以論之，所論"店鋪"僅指前一種。"店"，漢謂之"邸"，稱之爲"店"，初見於晋崔豹《古今注・都邑》："店，所以置貨鬻之物也。店，置也。"《南齊書・劉休傳》："〔明帝〕令休於宅後開小店，使王氏親賣掃帚、皂莢以辱之。""店""鋪"連用，則始見於唐朝。唐封演《封氏聞見記・飲茶》："自鄒、齊、滄、棣，漸至京邑城市，多開店鋪，煎茶賣之。"因"店"爲貨物交易場所，故亦稱之爲"肆"，如店肆、商肆、卜肆、市肆等；又因與場所有關，又以"邸""坊"稱之，如邸肆、坊店等；尚有稱之爲"庫""鋪"者，如官庫、寺庫、解點鋪等。

店鋪之産生，與商業的日漸增加并且有固定的房屋設施有關。《易・繫辭下》："神農氏作……日中爲市，致天下之民，聚天下之貨，交易而退，各得其所。"當時交易場所是否有固定的房屋，已無據可查，以理推測，未必無之。《周禮・天官・大宰》說："以九職任萬民……六曰商賈，阜通貨賄。"鄭玄注："行曰商，處曰賈。"《左傳》稱"商農工賈，不敗其業"（宣公十二年），又稱"商工皂隸，不知遷業"（襄公九年）。既有"坐售貨物"的"賈"，便必有固定之存貨及交易場所，因此，店鋪之存在當早於先秦時代已存在。

春秋戰國以前，工商主要由官府組織并管理。隨後，這一局面逐漸被打破，工商逐漸走向民營，店鋪因此而大量增加。宋灌圃耐得翁《都城紀勝》："自大内和寧門外、新路南北，早間珠玉珍異及花果、時新、海鮮、野味、奇器，天下所無者，悉集於此。以至朝天門、清河坊、中瓦前、壩頭、官巷口、棚心、衆安橋，食物店鋪，人烟浩穰。其夜市，除大内前後，諸處亦然，惟中瓦前最勝，撲賣奇巧器皿、百色物件，與日間無異。"明清以後，隨着資本主義生産方式的萌芽，店鋪的規模、種類、分布得到更進一步發展。近代以來，還出現了"徽商""晋商"等群體，他們在城鄉廣設店鋪，促進了中國工商業的發展。

店鋪的開立及經營，都需要一定的資金周轉。爲了滿足人們對資金的需要，社會上開始出現經營押物借錢的典當業。學者認爲，典當業起源於漢，到南北朝時已有較多當鋪出現。南朝之時，佛教興盛，佛寺衆多，寺廟僧人嘗以典當牟利，時稱之爲"寺庫"。唐代，典當業已普及民間，當鋪被稱爲"質庫"。在唐朝頒布的《唐六典》中，對典當利率有"收子不得逾五分"之規定，可見國家已重視對此行業之管理。宋代典當業更爲發達，同時期的金代官辦當鋪大興，稱"質典庫"，隸屬"流泉務"管轄，并出現了完整的當鋪法，同時規範了無序的民間當鋪。《金史·百官志三》："大定十三年，上謂宰臣曰：'聞民間質典，利息重者至五七分，或以利爲本，小民苦之。若官爲設庫務，十中取一爲息，以助官吏廪給之費，似可便民。卿等其議以聞。'有司奏於中都、南京、東平、真定等處並置質典庫，以流泉爲名，各設使、副（正使、副使）一員……大定二十八年十月，京府節度州添設流泉務，凡二十八所。"據此可知，當鋪在國計民生中具有不尋常地位，它既有利於普通百姓的日常生活，又增加了官府開支。金代同時又規定："凡典質物，使、副親評價直，許典七分，月利一分。不及一月者以日計之。經二周年外，又逾月不贖，即聽下架出賣。出帖子時，寫質物人姓名、物之名色、金銀等第分兩，及所典年月日錢貫、下架年月之類。若亡失者，收贖日勒合干人，驗元（原）典官本（本金）併合該利息，陪（賠）償入官外，更勒庫子，驗典物日上等時估價之，物雖故舊，依新價償。仍委運司佐貳幕官識漢字者一員提控，若有違犯則究治。每月具數，申報上司。"上述規定，詳盡而嚴格，對抵押品如何定值、收利、賣出及丟失後如何賠償等，都有十分明確的規定，這就爲後世典當業的監督管理提供了藉鑒。此後，典當業有了較快發展。清朝至民國，當鋪已十分普遍，對典當人剝削也最爲嚴重。

改革開放後，人們對當鋪有了比較客觀公正的認識。從歷史的觀點看，典當不過是一種經營方式。1987 年 12 月 30 日，成都市西御街 72 號"成都市華茂典當服務商行"開業，標志着當鋪恢復。其後，全國大中城市各種當鋪陸續開業，但其性質和辦法與舊時不同。

店鋪

商店。唐封演《封氏聞見記·飲茶》："自鄒、齊、滄、棣，漸至京邑城市，多開店鋪，煎茶賣之。"《舊唐書·食貨志上》："若一家內別有宅舍店鋪等，所貯錢並須計用在此數。"《宋史·食貨志上》："除質庫房廊、停塌店鋪、租牛、賃船等外，不得以猪羊雜色估計。"明凌濛初《初刻拍案驚奇》卷八："在門前開小小的一爿雜貨店鋪，往來交易。"《清史稿·黃爵滋傳》："通都大邑，往來客商，賣成店鋪，如有容留食烟之人，照窩藏匪類治罪。"

【店】[1]

即店鋪。漢謂之邸，晋以來始稱店。此稱晋代已行用。晋崔豹《古今注·都邑》："店，所以置貨鬻之物也。店，置也。"《唐律疏議·名例四·平贓者》："居物之處爲邸，沽賣之所爲店。"唐李白《金陵酒肆留別》詩："風吹柳花滿店香，吳姬壓酒喚客嘗。"《水滸傳》第二八回："李師師道：'小哥只在我家下，休去店中歇。'"清王摅《呂城病歸》詩："宿雨河橋橫酒旗，晚烟村店聚雞聲。"

【店肆】

即店鋪。此稱南北朝時期已行用。《魏書·蕭宗紀》："牧守妄立碑頌，輒興寺塔，第宅豐侈，店肆商販。"《隋書·裴矩傳》："〔帝〕又令三市店肆皆設帷帳，盛列酒食。"宋周密《武林舊事·冬至》："三日之內，店肆皆罷市，垂簾飲博，謂之'做節'。"宋郭茂倩《樂府詩集·讀曲歌》："家貧近店肆，出入引長事。"《明史·食貨志五》："宣德四年，以鈔法不通，由商居貨不稅，由是於京省商賈湊集地、市鎮、店肆、門攤稅課。"

【市肆】

即店鋪。此稱漢代已行用。漢賈誼《諫鑄錢疏》："市肆異用，錢文大亂。"《後漢書·王充傳》："常游洛陽市肆，閱所賣書，一見輒能誦憶，遂博通衆流百家之言。"南朝宋劉義慶《世說新語·文學》："康僧淵初過江，未有知者，恒周旋市肆，乞索以自營。"《資治通鑑·唐僖宗廣明元年》："居數日，各出大掠，焚市肆，殺人滿街，巢不能禁。"宋蘇軾《郭忠恕畫贊》："時與役夫小民入市肆飲食。"

【廛肆】

即店鋪。亦泛指街市。此稱南北朝時期已行用。《宋書·謝莊傳》："貴戚競利，興貨廛肆者，悉皆禁制。"《北史·齊本紀下》："廛肆遍於宮園，禽色荒於外內。"唐白行簡《李娃傳》："自秋徂冬，夜入於糞壤窟室，晝則周游廛肆。"《新唐書·食貨志五》："太學高第，諸州進士，拔十取五，猶有犯禁罹法者，況廛肆之人，苟得無耻，不可使其居職。"《聊齋志異·考弊司》："徘徊廛肆之間……進退不能自決。"

【肆】²

即店鋪。此稱先秦時期已行用。《論語·子張》："百工居肆以成其事，君子學以致其道。"宋葉適《吕君墓誌銘》："入其里，墙無閑地，陂無壞堤，肆無博徒，人無侈服。"《聊齋志異·黄英》："逾歲，春將半，始載南中異卉而歸，於都中設花肆。"

【市列】

即店鋪。亦稱"列肆"。此稱漢代已行用。《漢書·食貨志下》："縣官當食租衣税而已，今弘羊令吏坐市列，販物求利。"唐顏師古注："市列，謂列肆。"漢王符《潛夫論·勸將》："苟有市列，商賈可來也。"宋朱熹《留安溪三日按事未竟》詩："居民烟火少，市列無行次。"《明史·忽魯謨斯傳》："人多白晰豐偉，婦女出則以紗蔽面，市列廛肆，百物具備。"

【列肆】

即市列。此稱唐代已行用。見該文。

【列】

即店鋪。此稱漢代已行用。《漢書·食貨志上》："商賈大者積貯倍息，小者坐列販賣，操其奇贏，日游都市，乘上之急，所賣必倍。"顏師古注："列者，若今市中賣物行也。"又《劉向傳》："不改其列。"顏師古注引晋灼："列，肆也。"

坊肆

店鋪，多指書坊。《清實録·高宗乾隆三十七年壬辰春正月》："在坊肆者，或量爲給價。"清全祖望《亭林先生神道表》："或徑行

平原大野，無足留意，則於鞍上嘿誦諸經注疏，偶有遺忘，則即坊肆中發書而熟復之。"清平步青《霞外捃屑·斠書·雷司空著述》："予偶及司空各著，訪之豐城司空後人及省城坊肆，皆烏有。"亦稱"坊店"。宋陸游《梅雨初晴迓客東郊》詩："幼婦髻鬟簪早稻，近村坊店賣新醅。"

【坊店】

即坊肆。此稱宋代已行用。見該文。

邸

戰國、兩漢時諸侯、郡國爲朝見天子在京都設置的寓所。《史記·封禪書》："其後天子又朝諸侯甘泉，甘泉作諸侯邸。"後又指茶館、酒肆或客舍旅店。《梁書·武帝紀》："淫酗醤肆，酣歌壚邸。"《宋史·黄榦傳》："時大雪，既至而熹（朱熹）它出，榦因留客邸。"明徐弘祖《徐霞客游記·滇游日記五》："且日暮，急於問邸。"清陳維崧《減字木蘭花·廣陵游旅邸送三弟緯雲南歸》："一鞭春暮，重過竹西三日住。"

邸店¹

古代具備客舍、商店、貨棧性質的住所。《梁書·徐勉傳》："顯貴以來，將三十載，門人故舊，亟薦便宜，或使創闢田園，或勸興立邸店。"《唐律疏議·名例四·平贓者》："邸店者，居物之處爲邸，沽賣之所爲店。"《宋史·輿服志五》："臣庶之家……屋宇非邸店、樓閣臨街市之處……"亦單指客店。《警世通言·拗相公飲恨半山堂》："錯過邸店，特來借宿。"

【邸肆】

即邸店¹。此稱隋代已行用。《隋書·食貨志》："是時錢益濫惡，乃令有司，括天下邸肆見錢，非官鑄者，皆毀之，其銅入官。"

《新唐書·薛登傳》:"僧慧範怙太平公主勢,奪民邸肆,官不能直,登將治之。"《宋史·禮志十六》:"徙坊市邸肆,對列御道,百貨駢布,競以彩幄鏤版爲飾。"明盧熊《故文懿殷公行狀》:"其家設邸肆,在太倉闔市中,旦夕挾册歸。"

【商肆】

即邸店[1]。此稱唐代已行用。唐元稹《和樂天送客游嶺南二十韻》:"貢兼蛟女絹,俗重語兒巾。"原注:"南方去京華絕遠,冠冕不到,唯海路稍通。吳中商肆多榜云:此有語兒巾子。"明張國維《吳中水利全書·京口河渠考》:"蓋渠自江口行九里而達於城之南門,民居商肆,夾渠而列。"明楊慎《滇海曲》:"油窗洞户吳商肆,羅帕封頤僰婦粎。"清康有爲《大同書》庚部第九章:"且私工之所作,私商之所售,凡一工廠、商肆,小者十數人,大者千百人。"

【商號】

即邸店[1]。此稱清代已行用。《清史稿·烏喇特部傳》:"後遭馬賊之擾,不特纏金、牛壩商號不過數家,即後套左右亦只二百餘家。"《二十年目睹之怪現狀》第二回:"我父親從杭州商號裏寄信回來,説是身上有病,叫我到杭州去。"

店面[1]

商店的外觀。宋吳自牧《夢粱録·茶肆》:"今杭城茶肆亦如之,插四時花,挂名人畫,裝點店面。"《水滸傳》第三〇回:"自此重整店面,開張酒肆。"《醒世恒言·賣油郎獨占花魁》:"秦重自家又有二十餘兩本錢,重整店面,坐櫃賣油。"

浮鋪

不定點的鋪子。宋吳自牧《夢粱録·茶肆》:"夜市於大街有車擔設浮鋪,點茶湯,以便游觀之人。"《警世通言·福禄壽三星度世》:"我今日却用著這卦盤,可同顧一郎出去尋個浮鋪,算命起課,盡可度日。"亦作"浮舖"。《喻世明言·新橋市韓五賣春情》:"浮舖中見了這個美貌的婦人,如何不動心。"

【浮舖】

同"浮鋪"。此體明代已行用。見該文。

義鋪

臨時搭設的售貨攤。宋孟元老《東京夢華録·相國寺內萬姓交易》:"第二、三門皆動用什物,庭中設綵幙、露屋、義鋪,賣蒲合、簟席、屏幃、洗漱、鞍轡、弓劍、時果、脯臘之類。"

鋪面

店鋪,商店。明陳玉秀《律條公案·陳府尹判問惡僕謀主》:"〔進〕興曰:'你且歸家,别做買賣。我回不得,潛往金陵權開當鋪。我鋪面牌額上改號'九巘',你若通書問候,可尋當鋪招牌,定知下落。'"明張應俞《杜騙新書·乘鬧明竊店中布》:"揭行生意最大,四方買者極多,每日有幾拾兩銀交易。外開鋪面,裏藏各貨。"《水滸傳》第四三回:"〔朱貴〕便走到店裏,收拾包裹,交割鋪面與石勇、侯健,自奔沂州去了。"《西游記》第五四回:"一行前進,又見那市井上房屋齊整,鋪面軒昂。"《紅樓夢》第一二〇回:"花自芳的女人將親戚作媒,説的是城南蔣家的,現在有房有地,又有鋪面。"

酒舍

酒店。《史記・司馬相如列傳》:"相如與俱之臨邛,盡賣其車騎,買一酒舍酤酒,而令文君當鑪。"唐劉禹錫《堤上行》之三:"春堤繚繞水徘徊,酒舍旗亭次第開。"宋王千秋《念奴嬌・荷葉浦雪中作》詞:"映筱漁村,衡茅酒舍,淅瀝鳴飛雪。"亦稱"酒店""鑪邸"。《晋書・阮籍傳》:"常步行,以百錢挂杖頭,至酒店,便獨酣暢。"南朝梁武帝《移檄京邑》:"淫酗醟肆,酣歌鑪邸。"《南史・顏延之傳》:"文帝嘗召延之,傳詔頻不見,常日但酒店裸袒挽歌,了不應對,他日醉醒乃見。"唐賀朝《贈酒店胡姬》詩:"胡姬春酒店,弦管夜鏘鏘。"《水滸傳》第二三回:"望見前面有一個酒店,挑著一面招旗在門前,上頭寫着五個字道:'三碗不過岡。'"亦稱"酒家"。《史記・欒布季布列傳》:"賃傭於齊,爲酒人保。"南朝宋裴駰集解引《漢書音義》:"酒家作保傭也。"唐杜甫《飲中八仙歌》:"李白一斗詩百篇,長安市上酒家眠。"《水滸傳》第二三回:"酒家道:'我這酒叫做'透瓶香',又喚做'出門倒'。'"清沈復《浮生六記・閑情記趣》:"蘇城有南園、北園二處,菜花黄時,苦無酒家小飲。"亦稱"酒肆"。《史記・司馬相如列傳》:"相如與俱之臨邛,盡賣其車騎,買一酒舍酤酒,而令文君當鑪。"裴駰集解引韋昭曰:"鑪,酒肆也。"《舊唐書・李白傳》:"白既嗜酒,日與飲徒醉於酒肆。"《警世通言・杜十娘怒沉百寶箱》:"舟次無聊,欲同尊兄上岸,就酒肆中一酌,少領清誨,萬望不拒。"《聊齋志異・酒狂》:"對門一酒肆,往來頗夥。"亦稱"酒館"。宋汪夢斗《摸魚兒・過東平有感》:"曾一上飛雲,歌臺酒館,落日亂

鴉度。"元張昱《訪舊三竺次泐禪師雜興韻》:"酒館湖船盡有名,玉杯時得肆閑情。"《儒林外史》第二九回:"杜慎卿帶着這小小子同三人步出來,被他三人拉到聚升樓酒館裏。"亦稱"酒坊"。唐姚合《聽僧雲端講經》詩:"遠近持齋來諦聽,酒坊魚市盡無人。"宋蘇軾《錄進單鍔吳中水利書》:"至於酒坊,處在水鄉,沽賣不行,以致敗闕者,比年尤甚。"元張昱《塞上謠》:"玉貌當鑪坐酒坊,黄金飲器索人嘗。"《二刻拍案驚奇》卷三六:"臨安府市民沈一,以賣酒營生,家居官巷口,開著一個大酒坊。"

【酒店】

即酒舍。此稱晋代已行用。見該文。

【鑪邸】

即酒舍。此稱南北朝時期已行用。見該文。

【酒家】

即酒舍。此稱南北朝時期已行用。見該文。

【酒肆】

即酒舍。此稱南北朝時期已行用。見該文。

【酒館】

即酒舍。此稱宋代已行用。見該文。

【酒坊】 [2]

即酒舍。此稱唐代已行用。見該文。

【酒務】

即酒舍。此稱宋代已行用。宋王栐《燕翼詒謀錄》卷三:"余曩仕山陽,中元、下元,酒務張燈賣酒,豈北方遺俗猶有存者耶?"《宋史・李邈傳》:"初調安州司理,監潤州酒務。"《二刻拍案驚奇》卷五:"於是一日輪一個做主人,只揀隱僻酒務,便去暢飲。"亦稱"務場"。《宋史・孝宗本紀上》:"二年……癸未,降會子、交子於鎮江、建康務場,令江淮之人對換。"宋

李心傳《建炎以來繫年要録》卷一二："詔併真州榷貨務都茶場於揚州，以行在務場爲名。"

【務場】

即酒務。此稱宋代已行用。見該文。

【廳院】

即酒舍。此稱宋代已行用。宋吳自牧《夢粱録·酒肆》："裝飾廳院廊廡，花木森茂，酒座瀟灑。"宋灌圃耐得翁《都城紀勝·酒肆》："酒閣，名爲廳院，若樓上，則又或名爲山一、山二、山三之類。"

【正店】

即酒舍。宋朱弁《曲洧舊聞》卷七："中山園子正店千日春，銀王店延壽，蠻王園子正店玉漿。"宋蘇軾《議學校貢舉狀》："或言京師正店，議置監官，夔路深山，當行酒禁。"宋孟元老《東京夢華録·酒樓》："景靈宮東墻長慶樓，在京正店七十二户。此外不能遍數，其餘皆謂之脚店。"

子庫

官設的小酒店。宋吳自牧《夢粱録·酒肆》："大抵酒肆除官庫、子庫、脚店之外，其餘謂之拍户，兼賣諸般下酒食次，隨意索喚。"

官庫

官府設立的煮酒、賣酒的店鋪。宋灌圃耐得翁《都城紀勝·酒肆》："官庫則東酒庫曰大和樓；西酒庫曰金文庫，有樓曰西樓……"宋周密《武林舊事·酒樓》："和樂樓……西溪庫，以上並官庫，屬户部點檢所，每庫設官妓數十人，各有金銀酒器千兩，以供飲客之用。"宋吳自牧《夢粱録·酒肆》："大抵酒肆除官庫、子庫、脚店之外，其餘謂之拍户，兼賣諸般下酒食次，隨意索喚。"

拍户

宋時指私營的小酒店。宋灌圃耐得翁《都城紀勝·酒肆》："除官庫、子庫、脚店之外，其餘皆謂之拍户。"宋吳自牧《夢粱録·酒肆》："大抵酒肆除官庫、子庫、脚店之外，其餘謂之拍户，兼賣諸般下酒食次，隨意索喚。"宋周密《癸辛雜識别集上·沈次卿》："其法使拍户於本府入錢給由，詣諸庫打酒，仍使自擇所向。"

直賣店

祇零售酒而不賣食物的酒店。宋灌圃耐得翁《都城紀勝·酒肆》："直賣店，謂不賣食次也。"宋吳自牧《夢粱録·酒肆》："有一等直賣店，不賣食次下酒，謂之'角毬店'。零沽散賣，或百單四，七十七，五十二，三十八者是也。"

酒壚

賣酒處安置酒甕的砌臺。亦藉指酒店。壚，亦作"罏"。《漢書·食貨志下》："率開一盧以賣。"唐顏師古注引三國魏如淳曰："酒家開肆待客，設酒壚，故以壚名肆。"南朝宋劉義慶《世説新語·傷逝》："王濬冲爲尚書令，著公服，乘軺車，經黃公酒壚下過。"唐李商隱《寄蜀客》："君到臨邛問酒壚，近來還有長卿無。"宋汪元量《揚州》詩："人生聚散愁無盡，且小停鞭向酒壚。"明何景明《春日劉薛二子過》詩："未似高陽侣，垂鞭向酒壚。"省稱"盧""爐"。《史記·司馬相如列傳》："相如與俱之臨邛，盡賣其車騎，買一酒舍酤酒，而令文君當罏。"裴駰集解引韋昭曰："罏，酒肆也。以土爲墮，邊高似爐。"《漢書·司馬相如傳》："相如與俱之臨邛，盡賣車騎，買酒舍，乃令文君當盧。"王先謙補注："字當作壚……通作罏……盧則文省也。"

【酒罏】

同“酒壚”。此體漢代已行用。見該文。

【罏】

“酒壚”之省稱。此稱漢代已行用。見該文。

【壚】

“酒壚”之省稱。此稱漢代已行用。見該文。

酒窟

藏酒、飲酒的地方。唐馮贄《雲仙雜記・酒窟》：“蘇晉作曲室爲飲所，名酒窟。又地上每一塼鋪一甌酒，計甎約五萬枚。晉日率友朋次第飲之，取盡而已。”

太白酒樓

酒樓名。在山東省濟寧市南郊。傳爲李白居任城（今濟寧市）時飲酒處，後人建樓以紀念。元代重修。樓原在任城故城内，明洪武二十四年（1391）移於今址。宋耿時舉《喜遷鶯》詞：“桃葉渡船應在，太白酒樓依舊。”亦稱“太白樓”。金紇石烈遹《任題太白酒樓》詩：“太白樓空四百年，才名高似月横天。”明王圻等《三才圖會・地理》：“太白樓在濟寧州城。濟汶環遶，沃野漫衍，帆檣上下，樓閣掩映，頗稱登眺。昔賀知章爲令時，李白過之，飲酒於此，故名。當時碑刻具存。元著作郎陳儼重修。”

【太白樓】

即太白酒樓。此稱金代已行用。見該文。

月白風清樓

酒樓名。宋范成大《攬轡録》：“過相州市，有秦樓、翠樓、康樂樓、月白風清樓，皆旗亭也。”

秦樓

酒樓之別稱。宋范成大《攬轡録》：“過相州市，有秦樓、翠樓、康樂樓、月白風清樓，皆旗亭也。”《初刻拍案驚奇》卷三一：“昨宵賒酒秦樓醉，今日幫閑進李家。”清翟灝《湖山便覽》：“秦樓在斷橋旁。趙佃詩：秦樓直接段家橋。”清孫承澤《天府廣記》卷四二：“秦樓吟昔夜，南望祇悲君。一宦終退徵，千山隔旅墳。”孫殿起輯《琉璃廠小志・概述》：“琉璃廠廠甸，自元日至十五日，百貨雲集，萬燈齊上，圖書充棟，珍玩填街。香車寶馬所驅，歲不乏秦樓楚館之輩；商賈仕宦，群焉趨之。”

旗亭 [1]

酒樓名。懸旗爲酒招，故稱。唐薛用弱《集異記》：“一日天寒微雪，三詩人共詣旗亭，貰酒小飲。”宋周邦彦《瑣窗寒・寒食》詞：“旗亭唤酒，付與高陽儔侶。”《履園叢話・報應・德報》：“其人得金後，爲旗亭業，居數年，頗獲利。”《儒林外史》第一七回：“良朋相遇，豈可分途，何不到旗亭小飲三杯。”

翠樓

酒樓名。唐皎然《長安少年行》詩：“翠樓春酒蝦蟆陵，長安少年皆共矜。”宋范成大《攬轡録》：“過相州市，有秦樓、翠樓、康樂樓、月白風清樓，皆旗亭也。”清王闓運《三郎曲》：“翠樓明歲夢殘燈，瓊窗片片梨花雪。”

樊樓

宋代汴京（開封）的大酒樓。宋劉子翬《汴京紀事》詩：“憶得少年多樂事，夜深燈火上樊樓。”《古今小説・趙伯昇茶肆遇仁宗》：“將及半晌，見座酒樓，好不高峻！乃是有名的樊樓。”清趙翼《西湖咏古》之四：“三竺峰巒非艮嶽，兩隄燈火似樊樓。”亦稱“白礬樓”“礬樓”。宋吳曾《能改齋漫録・白礬樓》：“京師東華門外景明坊有酒樓，人謂之礬樓。或者以爲樓主之姓，非也。本商賈鬻礬於此，後爲酒樓。本名白礬樓。"

【白礬樓】

即樊樓。此稱宋代已行用。見該文。

【礬樓】

即樊樓。此稱宋代已行用。見該文。

茶坊

茶館。唐牛僧孺《玄怪録·掠剩使》："見元方若識，而急下馬避之，入茶坊，垂簾於小室中，其徒御散坐簾外。"宋賾藏《古尊宿語録·佛照禪師》："平生疏散無拘檢，酒肆茶坊任意游。"《西游記》第九一回："及至東關厢，見那兩邊茶坊酒肆喧嘩，米市油房熱鬧。"《警世通言·拗相公飲恨半山堂》："荆公暗暗傷感，步到一個茶坊，倒也潔净。"

【茶肆】

即茶館。此稱唐代已行用。《舊唐書·王涯傳》："涯等蒼惶步出，至永昌里茶肆，爲禁兵所擒，並其家屬奴婢，皆繫於獄。"《金史·食貨志四》："比歲上下競啜，農民尤甚，市井茶肆相屬。"明田汝成《西湖游覽志餘·帝王都會二》："一日至西陵橋茶肆，有陳生者，隸職御酒庫。"《警世通言·范鰍兒雙鏡重圓》："一日徐信同妻城外訪親回來，天色已晚，婦人口渴，徐信引到一個茶肆中喫茶。"

二葷鋪

北方簡陋的小飯館。亦稱"二葷館"。《三俠五義》第三回："包興不找那南北碗菜應時小賣的大館，單找那家常便飯的二葷鋪，説：'相公，咱爺兒倆在此吃飯罷。'"又第三二回："把顔生帶了二葷鋪裏去了。一來爲省事，二來爲

省錢。"《品花寶鑑》第三五回："有個夥計姓蔡，去年年底新來，向來認識。本在個二葷鋪打雜，因散了夥，情願來幫同灌園打更。"《舊京瑣記》卷九："曰二葷館者率爲平民果腹之地，其食品不離豚鷄，無烹鮮者。"

【二葷館】

即二葷鋪。此稱清代已行用。見該文。

五熟行

宋元時之食品店。因特指五種熟食，故稱。賣麵者稱爲湯熟，賣燒餅者稱爲火熟，賣鮓者稱爲醃熟，賣炊餅者稱爲氣熟，賣餛飩者稱爲油熟，總稱五熟行。《三遂平妖傳》第二七回："有一個經紀人，姓任名遷，排行第一，人都叫他做小大一哥，乃是五熟行裏人。"

五量店

零售油、鹽、醬、醋、酒的店鋪。因所售五種調味品都要用量器出售，故稱。《清平山堂話本·快嘴李翠蓮記》："當初祇説娶個良善女子，不想討了個五量店中過賣來家，終朝四言八句，弄嘴弄舌。"

熟食店

賣熟食的店鋪。宋吳自牧《夢粱録·茶肆》："汴京熟食店張挂名畫，所以勾引觀者，留連食客。"宋灌圃耐得翁《都城紀勝·茶坊》："大茶坊張挂名人書畫，在京師，祇熟食店挂畫，所以消遣久待也。"元孟漢卿《張孔目智勘魔合羅》第一折："〔後庭花〕俺家裏有一遭新板闥，住兩間高瓦屋。隔壁兒是個熟食店，對門兒是個生藥局。"

餅肆

賣餅食之商店。宋歐陽修《歸田録》卷上："因言庶幾與舉子於餅肆中作賦，以一餅熟成

一韻者爲勝。"《資治通鑑·唐順宗永貞元年》："客候見叔文、伾者，至宿其坊中餅肆、酒壚下。"《明史·葉宗人傳》："蛇即出，遣隸尾之，入餅肆爐下。"

澆店

一種經營應時食品的飯店。亦稱"食肆"。唐韋巨源《食譜·附張手美家》："閶闔門外通衢有食肆，人呼爲張手美家，水產陸販，隨需而供。每節則畢賣一物，遍京輻湊，號曰澆店。"宋陸游《老學庵筆記》卷二："耀州出青瓷器，謂之越器，似以其類餘姚縣秘色也。然極粗樸，不佳，唯食肆以其耐久，多用之。"《聊齋志異·樂仲》："有童子方八九歲，丐食肆中，貌不類乞兒。"

【食肆】

即澆店。此稱唐代已行用。見該文。

卜肆

靠占卜謀利的鋪子。《史記·日者列傳》："〔宋忠、賈誼〕二人即同輿而之市，游於卜肆中。"《宋書·王微傳》："今雖王道鴻豐，或有激朗於天表，必欲潛淵探寶，傾海求珠，自可卜肆巫祠之間，馬棧牛口之下，賞劇孟於博徒，拔卜式於芻牧。"唐岑參《嚴君平卜肆》詩："君平曾賣卜，卜肆荒已久。"《二刻拍案驚奇》卷二四："伯皋道：'這樁未完事，如何是了？'沒計奈何，巷口有一卜肆甚靈，即時去問卜一卦。"清方文《喜左又錞見訪即送其歸里》詩之二："懷人尋卜肆，附艇泊江幹。"亦稱"卦肆"。宋潛說友《咸淳臨安志》卷九三："西蜀費先生外甥寇保義卦肆。"元陶宗儀《南村輟耕錄》卷一三："至正三年九月內，來到察罕腦兒平易店安下，開張卦肆，與王弼相爭挾讎。"

【卦肆】

即卜肆。此稱宋代已行用。見該文。

牙行

古時市場上爲買賣雙方說合交易、評定貨物價格、從中抽取傭金的商行。亦指牙商的同業組織。唐宋以後帶有行會性質，承擔接待客商、代官府徵稅的責任。明清時規定，開設牙行要經官府批准，領取牙帖，繳納牙稅。另外通商港口經營對外貿易的商行，也稱牙行。《元典章新集·刑部·雜例》："局院站赤、百戶頭目、里正、主首、牙行人等，因而取要錢物，取訖招伏，斷罪追贓。"《醒世恒言·施潤澤灘闕遇友》："那大戶人家積得多的便不上市，都是牙行引客商上門來買。"《清史稿·世祖本紀二》："庚辰，免淮安六年、七年牙行逋稅。"

【牙儈】

即牙行。此稱宋代已行用。《宋史·食貨志下》："官所給錢，靡耗於公者，各色不一，給借保任，輸入視驗，皆牙儈主之，故費於牙儈者又不知幾何。"

【舶牙】

即牙行。此稱元代已行用。元完顏納丹等《通制條格·市舶》："舶商請給公據，照舊例召保舶牙人。"

印子鋪

古代專放高利貸獲利的店鋪。借債人可以分期償還，每還一次便在預立的摺子上加蓋一印爲記，故稱印子錢，則店鋪稱印子鋪。《金瓶梅詞話》第二三回："不料玳安正在印子鋪。"又第八三回："春梅走到前面，撮了一筐草，到印子鋪門首叫門。"《明憲宗實錄》卷二○九："近者京師內外強盜滋多，蓋因閭巷惡少與各處逋逃罪囚結聚黨類……往往聚徒開場賭博，博窮為盜，乃以所獲衣物質於印子鋪，低取錢緡，苟圖自給。”亦稱“印子房”。《金瓶梅詞話》第五〇回：“一家兒吃穿，全靠著奴身一個。到晚來，印子房錢逼的是我。”

【印子房】

即印子鋪。此稱明代已行用。見該文。

凶肆

古代出售喪葬物品的店鋪。始見於唐代。唐白行簡《李娃傳》：“生怨懣，絕食三日，遘疾甚篤，旬餘愈甚。邸主懼其不起，徙之於凶肆之中。”宋孟元老《東京夢華錄·雜賃》：“若凶事出殯，自上而下，凶肆各有體例。如方相、車輿、結絡、彩帛，皆有定價，不須勞力。”清昭槤《嘯亭續錄·褚筠心》：“任湖南學政歸，以宦囊開凶肆，以其利溥，人爭笑之。”

和肆

出售寶玉的店鋪。寶玉以和氏之璧為最，因以稱之。三國魏阮籍《與晉文王書薦盧播》：“懸黎和肆，垂棘所集。”《晉書·葛洪傳》：“推沙礫之賤質，索千金於和肆哉。”《宋書·周續之傳》：“臣聞恢爥和肆，必在兼城之寶。”

星貨鋪

猶雜貨鋪。唐李匡乂《資暇集》卷中：“肆有以筐以筥，或倚或垂，鱗其物以鬻者，曰星貨鋪，言其列貨叢雜，如星之繁。今俗呼為星火鋪，誤也。”宋陶穀《清異錄》：“清泰間，都下星貨鋪賣一冠子，銀為之，五朵平雲作三層安置。”清俞樾《茶香室叢鈔·小郎兒曲》：“近日是曲翻版數十家，遠及荒村僻巷之星貨鋪，所在皆有。”

書坊

舊時藏書的館院，校書、修史的處所，印刷并出售書籍的地方。《隋書·百官志中》：“典書坊，庶子四人，舍人二十八人。”宋朱熹《答胡季隨書》：“誤本之傳，不但書坊而已，黃州印本亦多有。”《明史·五行志二》：“十二月，建陽縣書坊火，古今書板皆燼。”《儒林外史》第一四回：“馬二先生上船，一直來到斷河頭，問文瀚樓的書坊。”

【書肆】

即書坊。此稱漢代已行用。漢揚雄《法言·吾子》：“好書而不要諸仲尼，書肆也。”李軌注：“賣書市肆，不能釋義。”《馬氏南唐書·廉隅傳第十三》：“崇範笑曰：‘墳典，天下公器，世亂藏於家，世治藏於國，其實一也。吾非書肆，何估直以償耶！’”宋徐夢莘《三朝北盟會編·靖康中帙》：“京師嘗有書肆赦，諸路繼雖收回，仍禁止在城藏本，然印賣傳播於外者，不啻數千百本。”明廖道南《殿閣詞林記·館學·弘文館學士封誠意伯劉基》：“初，基游燕京，見書肆有象緯占經，閱之，經夕談誦如流。”清厲鶚《遼史拾遺·道宗本紀一》引《澠水燕談錄》：“張芸叟奉使大遼，宿幽州館中，有題蘇子瞻《老人行》於壁者，聞范陽書肆，亦刻子瞻詩數十篇，謂之‘大蘇小集’。”清張自勛《綱目續麟·凡例》：“克寬按：書肆所刊綱目，如英布誤作黥布，狄道誤作秋道，劉裕至彭城戒嚴誤作解嚴之類，未可悉舉，今取其關於義例之切要者附考。”

【書林】

即書坊。此稱宋代已行用。宋呂大防《上英宗應詔論水災》：“祖宗臨御，往往非次，宣召臣僚，訪以政事，或行幸書林，接見儒臣。"
宋陳耆卿《赤城志・寧海》："書林在廳東，隆
興二年薛抗建。"雍正《江西通志・書院一・瑞
州府》："熊氏書院，在新昌縣北四都，宋糧
科院熊襄讀書處，元末廢，今其地土人名曰書
林。"明呂柟《河東書院記》："四教亭北，築閣
搆樓曰書林。"

【書堂】

即書坊。此稱宋代已行用。《宋史・選舉
志三》："四年，盡以錫慶院及朝集院西廡建講
書堂四。"《明史・禮志九》："諸王讀書儀，書
堂在皇極門右厢。"《明史・宦官傳》："永樂間
始初，太祖制，内臣不許讀書識字。後宣宗設
内書堂，選小内侍。"清《續通志・孝友傳・宋
陳兢傳》："伯宣子崇爲江州長史，益置田園，
爲家法戒子孫，擇群從掌其事，建書堂教誨
之。"

【書棚】

即書坊。此稱唐代已行用。唐韓維《西墅》
詩："書棚落幽蠹，佛幔掩餘香。釋子廬巖至，
清談殊未央。"宋魏了翁《次韻李參政（壁）秋
懷十絶》詩："書棚尚有送春詩，又見秋風滿範
圍。夜雨床頭多釀酒，天邊一舸有人歸。"元黄
復圭《題疏齋吳氏深静齋》詩："避地閑心遠，
入山塵事稀。書棚幽落蛀（一作蠹），賓阤密生
衣。"

【書鋪】

即書坊。此稱唐代已行用。唐張籍《送楊
少尹赴鳳翔》詩："得錢祇了還書鋪，借宅常時
事藥欄。"宋歐陽修《論雕印文字劄子》："臣伏
見朝廷累有指揮禁止雕印文字，非不嚴切，而
近日雕板尤多，蓋爲不曾條約書鋪販賣之人。"

《荷花蕩傳奇》卷七："不免在書鋪廊外，擺個
書攤，賺他幾貫何如？"

傾銀鋪

鎔鑄銀錠的店鋪。專爲顧客將大錠分成小
錠或將碎銀鎔成大錠。《醒世恒言・賣油郎獨占
花魁》："打個油傘，走到對門傾銀鋪裏，借天
平兑銀。"又《陸五漢硬留閤色鞋》："家中别無
銀兩，只得把那兩錠雪白樣的大銀，在一個傾
銀鋪裏去傾銷，指望加出些銀水。"

當所

宋官署名。全稱"抵當免行所"，屬太府
寺。掌以官錢放債給百姓以助其急需，收取利
息。《宋史・食貨下一》："京師商税、店宅務、
抵當所諸處雜收錢一百餘萬，三司以七百萬之
入，供一年之費。"《續資治通鑑長編・宋神宗
元豐六年》："開封府言：據司録司、抵當免行
所言，熙寧十年始立年額，其賞罰條約，依三
萬緡以上場務法。自元豐元年至五年併增，當
立新額。户部詳度欲酌中，用元豐二年三萬
九千七百緡爲新額，從之。"

【抵當免行所】

即當所。此稱宋代已行用。見該文。

小解

小抵押店。唐朝進京赴試的舉子由各地方
派專人護送，稱爲"解"，蓋因此而將物品送
到店鋪存放亦稱爲"解"。小解，蓋指民間規模
小、典當物品價值低的當鋪。宋何薳《春渚紀
聞》："吾之隣人有一子，稍長，因使之代掌小
解，不逾歲，偶誤質盗物，資本耗折殆盡。"

抵當庫

宋代設立的官辦當鋪。宋曹彦約《上丞相
論都城火災劄子》："出官錢百萬緡，於三十里

內，分置抵當庫數十所，應有衣服什物之類，即與抵當，免收息錢。"《宋史·食貨志十八》："建炎二年，言者以爲得不償費，遂罷之。而以其錢輸左藏庫，惟抵當庫仍舊。"乾隆《江南通志·職官志·名宦》："吳機，字子發，天台人。嘉定中，以運判兼知真州，創閱武亭，設抵當庫。"省稱"抵庫"。《宋史·牟子才傳》："又以緡錢二十六萬，創抵庫，歲收其息，以助糴本。"宋黃震《黃氏日鈔·提舉司差散本錢申乞省罷華亭分司狀》："每斛官給亭戶本錢，價十五貫。今亭戶無鹽，折納八十貫。亭戶既已絕少，官司坐下最高年分數目額，既未嘗不虧，則亦未嘗不折納，名曰抵當。"

【抵庫】

"抵當庫"之省稱。此稱宋代已行用。見該文。

典肆

既典當物品又放債的店鋪。清蒲松齡《聊齋志異·雲蘿公主》："夫人躬設典肆，垂簾納物而估其直。"又《牛成章》："偶趨典肆，見主肆者絕類其父。"清和邦額《夜譚隨録·袁翁》："一日窘甚，餓虛已數日矣，無如何，檢點破衣襦數事，至典肆，欲質錢若干。"

當鋪

收取動產作爲抵押，向對方發放貸款債的機構、店鋪。當鋪多由私人獨資或合夥經營。當戶大多是貧苦百姓。當價一般較低。贖當時須付利息。期滿不贖，由當鋪變賣。當鋪，其第一要素即典當，或稱質押。"典當""質押"作爲一種手段，春秋末年即已出現。如《左傳·哀公八年》："以王子姑曹當之，而後止。"杜預注："復求吳王之子以交質。"這就是所謂

的"人質"，傳文稱爲"當"，注文稱爲"質"。"典當"一詞，至遲東漢已出現，而且是"人質"之外的真正的典當活動。如《後漢書·劉虞傳》："虞所賚賞典當胡夷，瓚數抄奪之。"李賢注："當，音丁浪反。"可見"典""當"爲并列合成詞。至南北朝時，已有寺院經營以衣物等動產作抵押的放貸業務。稱爲"寺庫"。《南史·循吏·甄法崇傳》："法崇孫彬。彬有行業，鄉黨稱善，嘗以一束苧就州長沙寺庫質錢，後贖苧還，於苧束中得五兩金，以手巾裹之，彬得，送還寺庫。"唐代官僚貴族修店鋪，開邸店、質庫，從事商業和高利貸經營。"質庫"，即當鋪。《舊唐書·德宗本紀上》："少尹韋禎又取僦櫃、質庫法拷索之，才及二百萬。"宋吳曾《能改齋漫録·以物質錢爲解庫》："江北人謂以物質錢爲解庫，江南人謂爲質庫，然自南朝已如此。按齊陽玠《談藪》云：有甄彬者，有行業，以一束苧就荊州長沙寺庫質錢，後贖苧，於苧束中得金五兩云云。"明陳元素《贈錦衣衛經歷白超宗》詩："衣歸質庫仍留客，印閣閑床且校文。"清朱彝尊《曝書亭集·墓表·吏部驗封清吏司員外郎卜君墓表》："啓其篋無銖兩金錢，視其盎無升斗粟，發其笥唯朝衣一襲，餘皆以付質庫，其空乏如是，嗚呼！斯可謂廉也。"宋代以後，當鋪名稱不斷變化，出現了"長生庫"等新稱謂。宋陸游《老學庵筆記》卷六："今僧寺輒作庫質錢取利，謂之長生庫，至爲鄙惡。"宋陸九淵《象山集·書·與鄧文範》："忽有劫盜九人，劫南境村中軟堰寺長生庫，遲明爲烟火隊所捕。"元徐碩《至元嘉禾志·碑碣·本覺禪院記》："又明年，鼎新長生庫廬，捐衣鉢所有，以營子本之入始甃荷池，復蓮界

舊觀舟楫之敝且漏者。”如前所引，又有“解庫”一稱。宋李心傳《建炎以來繫年要録》卷一七一：“外逐軍雖有酒坊、解庫、房廊、鹽米等鋪，各和雇百姓開張，依市價出賣。”宋徐夢莘《三朝北盟會編·炎興下帙》：“〔王繼先〕又占臨安府從官宅二所，一所與其弟繼善，一作解庫，其罪不容誅也。”元楊瑀《山居新話》卷三：“緝聞一解庫中有典下白玉朝帶，取而磨之，此牌計直數萬定，事敗毀之，即以其珠物給主，蓋厥價尚未酬也。”清《世宗憲皇帝硃批諭旨》卷三一下：“襄陽道趙之均口稟，已將此項名色革除，其銀併入正項解庫。”金代爲平抑當鋪高息，政府設立“質典庫”，規定利息數量。《金史·百官志三》：“大定十三年，上謂宰臣曰：聞民間質典，利息重者至五七分，或以利爲本，小民苦之。若官爲設庫務，十中取一爲息，以助官吏廩給之費，似可便民。卿等其議以聞。有司奏於中都、南京、東平、真定等處並置質典庫，以流泉爲名，各設使、副一員。凡典質物，使、副親評價直，許典七分，月利一分，不及一月者以日計之。”元代稱之爲“解典鋪”或“解典庫”。元張國賓《相國寺公孫合汗衫》第一折：“老夫姓張名義，字文秀……俺在這竹杆巷馬行街居住，開着一座解典鋪，有金獅子爲號，人口順都喚我做金獅子張員外。”元《包龍圖智賺合同文字》第三折：“〔劉天祥

清天津楊柳青木版年畫

的渾家〕我這家私，火焰也似長將起來，開着個解典鋪。”元張國賓《相國寺公孫合汗衫》第二折：“兄弟索錢去了，我且在這解典庫中悶坐咱！”明朝從事典當業者人數較多，在名都大邑均開設典肆，有的專以典質爲業。這些商鋪使不少典當之家因典當而瀕臨破產。明高攀龍《高子遺書·罷商稅揭》：“鈔關當鋪皆令民怨，而天怒反致悖入，而悖出以奪民之財，非生財之道也。”明朝鄉鎮中還有“代當”，即鄉鎮小當鋪領用城市大當鋪的款作資本，押的物品再轉押給城市大當鋪。明王樵《方麓集·序·欽恤疏》：“馬鑾輪當總甲十日，將錢三百文雇戴隆代當……”明清以來，“當鋪”的名稱開始出現。《二刻拍案驚奇》卷三：“權翰林喜之如狂，一夜不睡。絕早起來，叫權忠到當鋪裏去質了一頂儒巾，一套儒衣，整備拜堂。”《紅樓夢》第八一回：“那個人叫做什麼潘三保，有一所房子，賣與斜對過當鋪裏。”清陳康祺《燕下鄉脞錄》卷七：“〔和珅〕通薊地方，當鋪、錢鋪資本十餘萬，與民争利。”徐珂《清稗類鈔·文學類·集四方名聯》：“高宗南巡，駕次順天之通州，曾出一聯以令侍臣屬對。聯曰：‘南通州，北通州，南北通州通南北。’凡十三字，以南北通州四字貫之。紀文達公昀對之曰：‘東當鋪，西當鋪，東西當鋪當東西。’”亦稱“典當”。清程趾祥《此中人語·張先生》：“近來業典當者最多徽人。”近代以來當鋪的招牌在全國各地隨處可見。

【寺庫】

即當鋪。此稱南北朝時期已行用。見該文。

【質庫】

即當鋪。此稱唐代已行用。見該文。

【長生庫】

即當鋪。此稱宋代已行用。見該文。

【解庫】

即當鋪。此稱宋代已行用。見該文。

【質典庫】

即當鋪。此稱金代已行用。見該文。

【解典鋪】

即當鋪。此稱元代已行用。見該文。

【解典庫】

即當鋪。此稱元代已行用。見該文。

【典當】

即當鋪。此稱清代已行用。見該文。

【質坊】

即當鋪。亦稱"質鋪"。此稱宋代已行用。宋洪皓《松漠紀聞》卷一："延壽院主有質坊二十八所，僧職有正副判録，或呼司空。"魯迅《〈呐喊〉自序》："我有四年多，曾經常常，幾乎是每天，出入於質鋪和藥店裏。"

【質鋪】

即質坊。此稱多行用於近現代。見該文。

【庫】[1]

即當鋪。此稱宋代已行用。《宋史·常楙傳》："兩浙及會稽、山陰死者暴露與貧而無以爲殮者，

廼以十萬楮置普惠庫，取息造棺以給之。"

【兑坊】

即當鋪。此稱明代已行用。《水滸傳》第二九回："東門外有一座市井，地名唤做快活林……有百十處大客店，三二十處賭坊、兑坊。"又第三〇回："自此施恩的買賣，比往常加增三五分利息。各店家並各賭坊、兑坊，加利倍送閑錢來與施恩。施恩得武松争了這口氣，把武松似爺娘一般敬重。"

【典庫】

即當鋪。此稱宋代已行用。宋李心傳《舊聞正誤》："有謀亂者，姓名凡數十人，内有一薛六郎者，居甜水巷，以典庫爲業。"元袁桷《延祐四明志》："介甫爲鄞令，訪義夫節婦，得三人。其一人可采，曰童判子，爲人掌典庫。"亦稱"典鋪"。元俞琰《席上腐談·卷下》："淮壩有一道人求乞，手持一鐵牛，高呼鐵牛道人。在浮光數月，忽一日入富家典庫乞錢。"明張景《補疑獄集》卷七："蕭大困逼，遂歸家。將家産盡賣，復往臨安。就蒸餅橋開典鋪，不復往娼家矣。"

【典鋪】

即典庫。此稱元代已行用。見該文。

第二節　旅舍考

旅舍，指旅客住宿之所。其物夏商時當已有之。先秦時多稱之爲"舍"或"館"。"旅舍"一詞，始見於北周庾信《哀江南賦》："旅舍無烟，巢禽無樹。"《易·復》："先王以至日閉關，商旅不行。"釋文："鄭〔玄〕云：資貨而行曰商；旅，客也。"舍，本爲客館，《周禮·天官·冢宰》："掌舍，掌王之會同之舍。"引申爲指供住宿之房舍。《禮記·曲禮

上》："將適舍，求毋固。"孔穎達疏："舍，主人家也。""旅""舍"連用，始見於《後漢書》。《後漢書·宦者傳·侯覽》："京兆尹袁逢於旅舍閱參車三百餘兩，皆金銀錦帛珍玩，不可勝數。"

從所接受的住宿者情況來說，接受官方官員或使者住宿之所多稱爲"館"，如大館、公館等。此類於先秦時代已有之。《左傳·昭公二年》已有尊稱別國賓館爲"大館"者。《禮記·曾子問》："《禮》曰：公館復，私館不復。"鄭玄注："公館，若今縣官宮也。"孔穎達疏："公館謂公家所造之館，與公所爲者與及也，謂公之所使爲命停舍之處。"接受來往商人住宿之所多稱爲"邸""店"，如邸舍、店家、店舍等，其功用不僅僅是住宿，亦兼及存放貨物、洽談交易等事務。此類名稱最晚於東晉、南北朝時已有之。《宋書·沈懷文傳》："子尚諸皇子皆置邸舍，逐什一之利，爲患遍天下。"接待一般性往來客人之所，多稱爲客舍，如客館、客店，等等。此類名稱於先秦時代已有之。《管子·輕重乙》："請以令爲諸侯之商賈立客舍，一乘者有食，三乘者有芻菽，五乘者有伍養。"然而，此種分類非盡然如此，畢竟任何一家旅舍所接受之住宿者并非皆嚴格分類，因此，本節概以"旅舍"總言之。

館

招待賓客居住的房舍。《詩·鄭風·緇衣》："適子之館兮。"孔穎達疏："館者，人所止舍。古爲舍也。"《左傳·襄公三十一年》："是以令吏人完客所館，高其閈閎，厚其墻垣。"杜預注："館，舍也。"宋歐陽修《踏莎行》詞："候

江蘇蘇州木瀆"聖旨館"

館梅殘，溪橋柳細，草熏風暖搖征轡。"清汪伋《事物原會》："《列子·黃帝二》：'黃帝即位十有五年……退而閑居大庭之館，齋心服形。'館名始此。《周禮》：'五十里有市，市有館，館有積，以待朝聘之官也。'"亦指非通途大道旁設驛站的房舍。唐李白《經亂離後天恩流夜郎憶舊游書懷贈江夏韋太守良宰》詩："徵樂昌樂館，開筵列壺觴。"王琦注："《元和郡縣志》：'魏州有昌樂縣。'《通典》：'三十里置一驛（其非通途大路，則曰館）'"唐竇常《奉使西還早發小澗館寄盧滁州邁》："野棠花覆地，山館夜來陰。"

大館

古代對別國賓館的敬稱，也指高等賓館。

《左傳·昭公二年》:"叔弓聘于齊,報宣子也……致館,辭曰:'寡君命下臣來繼舊好,好合使成,臣之禄也,敢辱大館。'"唐白居易《九日宴集醉題郡樓兼呈周殷二判官》詩:"自問有何才與政,高廳大館居中央。"

上舍

上等的客館。《戰國策·燕策三》:"靖郭君善齊貌辨。齊貌辨之爲人也多疵,門人弗説……於是舍之上舍,令長子御,日暮進食。"姚宏注:"上舍,上傳也。"《史記·春申君傳》:"趙平原君使人於春申君,春申君舍之於上舍。"唐劉禹錫《酬湖州崔郎中見寄》詩:"憑君虚上舍,待余乘興行。"《舊五代史·范延光傳》:"〔術士張生〕歷數鎮,嘗館於上舍,延光謂之曰:'余夢大蛇,自臍入腹,半而掣去之,是何祥也?'"亦稱"上宮"。《孟子·盡心下》:"孟子之滕,館於上宮。"趙岐注:"上宮,樓也。"焦循正義:"此'上宮'當如'上舍',謂上等之館舍也。"

【上宮】

即上舍。此稱先秦時期已行用。見該文。

公館

公家所造的館舍。《禮記·曾子問》:"《禮》曰:公館復,私館不復。"鄭玄注:"公館,若

江蘇蘇州楓橋接官廳

今縣官舍也。"孔穎達疏:"公館,謂公家所造之館,與公所爲者與及也,謂公之所使爲命停舍之處。"《孔子家語·賢君》:"齊景公來適魯,舍於公館。"《北史·黎景熙傳》:"自魏及周,公館不立,臣雖愚瞽,猶知其非。"唐高適《睢陽酬別暢大判官》詩:"清晝下公館,尺書忽相邀。留歡惜別離,畢景駐行鑣。"

外館

客舍。《孔子家語·六本》:"孔子在齊,舍於外館,景公造焉。"《新五代史·劉崇傳》:"郭崇幽縶於外館。"《宋史·謝絳傳》:"往者遭遘延燔,未遑中葺,或引兩省故事,別建外館,直舍卑喧,民櫩叢接。"《初刻拍案驚奇》卷二三:"妾處深閨,郎處外館。"

列觀

高大的客舍。北魏酈道元《水經注·濁漳水》:"基高五丈,列觀其上。石虎每講武於其下,升觀以望之。"唐柳宗元《嶺南節度饗軍堂記》:"其外更衣之次,膳食之宇,列觀以游目,偶亭以展聲,彌望極顧,莫究其往。"亦稱"列館"。《漢書·食貨志第四下》:"是時粤欲與漢用船戰逐,乃大修昆明池,列館環之。"宋曾鞏《亳州謝到任表》:"益起堅城,以强表海之勢;閎開列館,以待來廷之賓。"

【列館】

即列觀。此稱漢代已行用。見該文。

行館

舊時官員出行在外的臨時居所。宋佚名《張協狀元》第二四齣:"尊兄討行館了未?"《水滸傳》第三七回:"張順答道:'些小微物,何足挂齒。兄長食不了時,將回行館做下飯。'"明袁宏道《自從行別袁水部》詩:"我見行館沙

市傍，市上桃花照春浪。"清陳康祺《郎潛紀聞初筆》卷四："憂國焦勞，馳驅盡瘁，遂卒於廣寧行館。"

幸舍

原爲戰國時貴族供門下中等食客食宿的地方。客有上、中、下之分，舍也分傳舍、幸舍、代舍。《史記·孟嘗君列傳》："孟嘗君遷之幸舍，食有魚矣。"司馬貞索隱："按，傳舍、幸舍及代舍，並當上、中、下三等之客所舍之名耳。"亦泛指招待賓客之所。明無名氏《節俠記·圍獵》："客囊無憂羞澀，幸舍不致空虛。"《明史·文苑傳二·顧轔傳》："既歸，搆息園，大治幸舍居客，客常滿。"清錢謙益《富貴主人文》："願就幸舍，爲子持籌。主人聞之，閔默隱幾。"

【代舍】

原爲戰國時貴族供門下下等食客食宿的地方。《史記·孟嘗君列傳》："孟嘗君遷之幸舍，食有魚矣。"司馬貞索隱："按，傳舍、幸舍及代舍，並當上、中、下三等之客所舍之名耳。"

官舍 [2]

專門接待來往官員與賓客的館舍。《史記·韓信盧綰列傳》："豨常告歸過趙，趙相周昌見豨賓客隨之者千餘乘，邯鄲官舍皆滿。"《晉書·樂廣傳》："先是河南官舍多妖怪，前尹多不敢處正寢，廣居之不疑。"《二刻拍案驚奇》卷三九："懶龍聽在肚裏，既往無錫地方，晚間潛入官舍中，觀看動靜。"

昭靈

漢代公館名。《漢書·霍光傳》："起三出闕，築神道，北臨昭靈，南出承恩。"顏師古注引服虔曰："昭靈、承恩，皆館名也。"

郵館

迎賓之館舍。《舊唐書·張建封傳》："太守韓擇木具禮郊迎，置於郵館。"宋韓琦《重九與諸親會別陳橋驛》："郵館侵晨舉別觴，一時佳節遇重陽。"明王慎中《遵巖集·祭洪蓮浦公文》："某辱郡守君之交，既哭之於郵館，復效昔人隻雞絮酒遣力走致生芻之意，就几筵而奠焉。"亦稱"驛館"。《隋書·禮儀志三》："開皇四年正月，梁主蕭歸朝於京師，次於郊外。詔廣平王楊雄、吏部尚書韋世康，持節以迎衞尉，設次於驛館。"元王惲《儀封道中》："驛館殘紅曙色分，馬歇殘夢走踆踆。"《初刻拍案驚奇》卷一三："此後，除授東臺御史，奉詔出關，行次稠桑驛，驛館中先有敕使住下了，只得討個官房歇宿。"

【驛館】

即郵館。此稱隋代已行用。見該文。

連中

館名。《左傳·哀公二十六年》："冬十月，公游于空澤，辛巳，卒于連中。"杜預注："連中，館名。"沈欽韓補注引《名勝志》云："連中館在空澤後，遺址高二丈。"

候館

接待過往官員或外國使者的驛館。唐常建《泊舟盱眙》："平沙依雁宿，候館聽鷄鳴。"宋歐陽修《踏莎行》："候館梅殘，溪橋柳細，草熏風暖搖征轡。"《宋史·趙昌言傳》："詔書追及，昌言已至鳳州，留候館百餘日。"《清史稿·溫承惠傳》："槐復劾承惠濫禁無辜，以罪人充捕擾民，譴戍伊犁，其去也，國仁送於候館，居民洶洶罨之，不及送而歸。"

逍遙館

唐高太素隱居商山所建之館。宋陶穀《清異錄·天文》：“〔唐〕開元時，高太素隱商山，起六逍遙館：‘晴夏晚雲、中秋午月、冬日方出、春雪未融、暑簟清風、夜階急雨，各製一銘。’”元陶宗儀《南村輟耕錄·白醉》：“開元時，高太素隱商山，起六逍遙館，各製一銘，其三爲‘冬日初出’。”

廣成傳舍

館舍名。《史記·廉頗藺相如列傳》：“秦王度之，終不可強奪，遂許齋五日，舍相如廣成傳舍。”司馬貞索隱：“廣成，是傳舍之名。”晋左思《魏都賦》：“廣成之傳無以疇，槀街之邸不能及。”

磃氏館

漢宮苑館名，在上林苑中。《漢書·郊祀志上》：“是時上求神君，舍之上林中磃氏館。”省稱“磃”。《玉篇·石部》：“磃，宮名。”《廣韻·支韻》：“磃，館名。”《集韻·平支》：“磃，漢有上林磃氏館。”

【磃】

“磃氏館”之省稱。此稱南北朝時期已行用。見該文。

盤豆館

館名。坐落於河南靈寶。相傳漢武帝臨幸此館，當地父老以象牙盤獻豆，因以爲名。唐李商隱《出關宿盤豆館對叢蘆有感》：“蘆葉梢梢夏景深，郵亭暫欲灑塵襟。昔年曾是江南客，此日初爲關外心。”宋朱勝非《松窗錄·槐王》：“江叟夜宿閿鄉盤豆館中，古槐下聞有神來，呼槐王，槐應之也。”宋楊傑《和李義山盤豆館叢蘆有感》：“盤豆蒼瑠刻舊吟，清風自可滌煩襟。

庭蘆邂逅開青眼，澤國歸投是素心。”《太平廣記》卷四五四：“後坤應制，挈夭桃入京。至盤豆館，夭桃不樂，取筆題竹簡。”

謹舍

謹慎侍候、保衛之館舍。《資治通鑑·秦始皇九年》：“春申君大然之。乃出李園妹，謹舍而言諸楚王。”胡三省注：“謹舍者，別爲館舍以居之，奉衛甚謹也。”

蠻夷邸

漢代供來朝鄰族、鄰國使者所住的館舍。《漢書·元帝紀》：“〔建昭三年〕秋，使護西域騎都尉甘延壽、副校尉陳湯矯發戊己校尉屯田吏士及西域胡兵攻郅支單于。冬，斬其首，傳詣京師，懸蠻夷邸門。”顏師古注：“蠻夷邸，若今鴻臚客館。”《後漢書·焉耆傳》：“至永元六年，都護班超發諸國兵討焉耆、危須、尉黎、山國，遂斬焉耆、尉黎二王首，傳送京師，縣蠻夷邸。”《三輔黃圖》卷六：“蠻夷邸，在長安城內藁街。”省稱“蠻邸”。《梁書·陳伯之傳》：“況偽孽昏狡，自相夷戮，部落携離，酋豪猜貳，方當繫頸蠻邸，懸首藁街。”唐常充《賀白鼠表》：“方委貢於蠻邸，遂呈祥於甸邑。”宋郭若虛《圖書見聞志·謝元深》：“卉服鳥章，俱集蠻邸。”

【蠻邸】

“蠻夷邸”之省稱。此稱南北朝時期已行用。見該文。

下處

臨時歇息的地方。宋岳珂《寶真齋法書贊·劉武忠書簡帖》：“水路迂澀，想勞神用安。下處已有，俟公到修治也。”《西廂記》第五本第三折：“鄭恒哥哥在下處，不來見夫人，却喚我説話。"《水滸傳》第二回："魯提轄回到下處，急急捲了些衣服盤纏，細軟銀兩，但是舊衣粗重都棄了。"《紅樓夢》第四七回："等坐一坐，我先走，你隨後出來，跟到我下處，偺們索性喝一夜酒。"

邸舍 [2]

中國古代城市中供客商堆貨、寓居、洽談交易的場所。後演變爲行棧、貿易貨棧。早在東晉、南朝時就已出現，唐代更多。《晋書·匈奴傳》："呼韓邪感漢恩，來朝，漢因留之，賜其邸舍。"《舊五代史·張沆傳》："沆性儒雅，好釋氏，雖久居禄位，家無餘財。死之日，圖書之外，唯使郢之貲耳。嗣子尚幼，親友慮其耗散，上言於太祖，乃令三司差人主葬，餘資市邸舍，以贍其孤焉。"《元史·泰定帝紀》："丙寅，賜昌王八剌失里牛馬橐駝。税僧、道邸舍積貨。"《喻世明言·張舜美燈宵得麗女》："再説舜美在那店中，延醫調治，日漸平復，不肯回鄉，只在邸舍中温習經史。"清劉大櫆《吳蕊圃先生七十壽序》："問先生起居何似，則先生猶健飲，客於廬州邸舍猶未歸。"亦稱"邸店"。《南史·邵陵携王綸傳》："百姓並關閉邸店不出。"《梁書·徐勉傳》："所以顯貴以來，將三十載，門人故舊，亟薦便宜，或使創闢田園，或勸興立邸店。"《舊五代史·趙在禮傳》："在禮歷十餘鎮，善治生殖貨，積財鉅萬，兩京及所莅藩鎮，皆邸店羅列。"《警世通言·拗相公飲恨半山堂》："内有老嫗啓扉，江居亦告以游客貪路，錯過邸店，特來借宿，來早奉謝。"亦稱"邸閣"。《三國志·魏書·王基傳》："南頓有大邸閣，計足軍人四十日糧，保堅城，因積穀先人，有奪人之心，此平賊之要也。"《新

唐書·裴休傳》："時方鎮設邸閣，居茶取直。"清顧棟高《春秋大事表》卷六中："宿遷，本名宿豫，晋元帝督運軍儲，於此立邸閣，因名。安帝遂立宿豫縣。"

【邸店】 [2]

即邸舍 [2]。此稱南北朝時期已行用。見改文。

【邸閣】 [1]

即邸舍 [2]。此稱三國時期已行用。見該文。

塌房

宋以後寄存商旅貨物的場所。商人、軍隊、官員、寺觀均有開設，寄存者須向主人支付寄存和保管費用。宋吳自牧《夢粱録·塌房》："富豪内侍諸司等人家，於水次起造塌房數十所，爲屋數千間，專以假賃與市郭間鋪席宅舍，及客旅寄藏物貨，並動具等物。"《明史·食貨志五》："帝乃命於三山諸門外，瀕水爲屋，名塌房，以貯商貨。"清《續文獻通考·田賦考》："《英宗實録》載：正統六年三月，故太監劉順有莊田、塌房、果園、草場二十六所。"

庌舍

古時途中迎候賓客的館舍。《周禮·地官·遺人》："市有候館，候館有積。"賈公彦疏："漢時野路候迎賓客之處皆有庌舍，與廬相似。"明王志堅《表異録》卷四："《漢書》'庌舍'，庌者，迓也。漢時野路候迎賓客之所，皆有庌舍。"

店家

供旅客食宿之店鋪。唐王建《荆門行》詩："看炊紅米煮白魚，夜向雞鳴店家宿。"宋吳自牧《夢粱録·酒肆》："蓋因五代時郭高祖游幸汴京，茶樓酒肆俱如此裝飾，故至今店家傚傚成俗也。"《西游記》第八四回："至四更天就起

來，教店家安排了齋吃。"《二十年目睹之怪現狀》第四回："掛著一個紅底黑字的牌兒，像是個店家招牌。"省稱"店"。唐岑參《漢川山行呈成少尹》詩："山店雲迎客，江村犬吠船。"宋陸游《雙流旅社》："孤市人稀冷欲冰，昏昏一盞店家燈。"《西游記》第八四回："我喚做趙寡婦店。我店裏三樣兒待客。如今先小人，後君子，先把房錢講定後，好算帳。"《喻世明言·范巨卿雞黍死生交》："當日天晚，投店宿歇。"亦稱"店舍"。《隋書·李諤傳》："邳公蘇威以臨道店舍乃求利之徒，事業污雜，非敦本之義。遂奏高祖，約遣歸農。"唐元稹《連昌宮詞》："初過寒食一百六，店舍無烟宮樹緑。"宋范成大《暮春上塘道中》詩："店舍無烟野水寒，競船人醉鼓闌珊。"《喻世明言·范巨卿雞黍死生交》："夜宿店舍，雖夢中亦哭。"

【店】²

"店家"之省稱。此稱唐代已行用。見該文。

【店舍】

即店家。此稱隋代已行用。見該文。

茅店

用茅草蓋成的簡陋旅舍。唐温庭筠《商山早行》詩："雞聲茅店月，人跡板橋霜。"宋楊萬里《不寐》詩："忽思春雨宿茅店，最苦僕夫催去程。"宋辛棄疾《西江月》詞："舊時茅店社林邊，路轉溪橋忽見。"明沈鯨《雙珠記·轅門遇友》："暮宿月留茅店影，曉行雞弄竹窗聲。"

居停

寄居的處所。《舊唐書·食貨志上》："自今已後，有因交關用欠陌錢者，宜但令本行頭及居停主人、牙人等檢察送官。"明孫承恩《君子堂記》："居停主人若予淺陋，固不足當斯名。"清周亮工《書影》卷四："因即以石倉爲居停，名其詩曰《秋室篇》，取李長吉'秋室之中無俗聲'也。"《儒林外史》第三三回："少卿兄要尋居停，此時不能久談。"

夜店

旅館。宋陸游《俶裝》詩："絶物離人恨未能，聊爲旦過打包僧。寒驢渺渺秋山雨，孤榻昏昏夜店燈。"《太平廣記》卷三一四："月既望，夜店人將閉外户。忽有朱衣數人，僕馬甚盛，奄至户前，叱曰：'開門，吾將暫憩於此。'"明高啓《咏夢》詩："夜店嗟偏短，春閨想最多。"

店面²

泛指旅店。宋洪邁《夷堅志·夷堅三志·辛卷九》："〔天祐〕爲之燭燈終夕，坐而待旦。才盥洗畢，扣鄰房訪其人。乃下鎖不曾啓，初無人宿。徑下店面，招劉公喫茶。"元無名氏《盆兒鬼》第一折："單則是我家開座店面，在此招接往來客旅。"《花月痕》第四四回："士寬是就近租個店面，做個小買賣，正擬寄信太原，不想二十二夜，牛氏屋裏竟發起火。"清程省《測字秘牒·至理測法》："一人書'高'字間：'欲尋一店面，生理何如？'余曰：'極易！現今有一店面等租，店頭店底俱全，祇將中間人口搬出，讓兄卜居，掛個招牌便成店也。'"

亭

供旅客食宿的處所。《漢書·高帝紀上》："及壯，試吏，爲泗上亭長。"顏師古注："亭謂停留行旅宿食之館。"唐李白《菩薩蠻》詞："何處是歸程？長亭更短亭。"宋范仲淹《上時相議制舉書》："況唐虞舊域，風俗淳儉，獄無積訟，亭鮮過客。"《水滸傳》第一〇回："朱貴把水亭上窗子開了，取出一張鵲畫弓，搭上那一枝響箭，覷著對港敗蘆折葦裏面射將去。"

亭傳

古代供旅客和傳遞公文的人途中歇宿的處所。《後漢書・劉寬傳》："每行縣止息亭傳，輒引學官祭酒及處士諸生執經對講。"《三國志・魏書・張魯傳》："諸祭酒皆作義舍，如今之亭傳。"唐沈佺期《錢塘郎中洛陽令》："郊筵乘落景，亭傳理殘秋。"亦作"停傳"。《藝文類聚》卷二一三引漢徐幹《中論》："星言夙駕，送往迎來，停傳常滿。"

【停傳】

同"亭傳"。此體漢代已行用。見該文。

客館

接待賓客的處所。《左傳・僖公三十三年》："鄭穆公使視客館，則束載厲兵秣馬矣。"《漢書・公孫弘傳》："弘自見爲舉首，起徒步，數年至宰相封侯，於是起客館，開東閣以延賢人，與參謀議。"北魏酈道元《水經注・洧水》："余以景明中出宰兹郡，於南城西側脩立客館。"唐岑參《河西春暮憶秦中》詩："邊城細草出，客館梨花飛。"《水滸傳》第一九回："筵宴至晚席散，衆頭領送晁蓋等衆人關下客

山東臺兒莊軍營客棧

館內安歇，自有來的人伏侍。"亦稱"客舍"。《管子・輕重乙》："請以令爲諸侯之商賈立客舍，一乘者有食，三乘者有芻菽，五乘者有伍養。"《史記・商君列傳》："商君亡至關下，欲舍客舍。"南朝宋劉義慶《世說新語・文學》："鄭玄欲注《春秋傳》，尚未成，時行與服子慎遇，宿客舍。"唐王維《送元二使安西》詩："渭城朝雨浥輕塵，客舍青青柳色新。勸君更盡一杯酒，西出陽關無故人。"元方回《客舍讀書》詩："客舍何所爲，流光坐飛騰。"亦稱"客邸"。《魏書・崔道固傳》："初，道固之在客邸，與薛安都、畢衆敬鄰館。"唐唐彥謙《寄友》詩："別來客邸空翹首，細雨春風憶往年。"《宋史・黃榦傳》："時大雪，既至而熹（朱熹）它出，榦因留客邸，臥起一榻，不解衣者二月，而熹始歸。"明王世貞《鳴鳳記・鄒林會試》："我客邸怕添魂夢遠，你鏡裏休嗟形影分。"亦稱"客店"。唐白居易《閑夜咏懷因招周協律劉薛二秀才》詩："高置寒燈如客店，深藏夜火似僧爐。"宋孟元老《東京夢華録・大內前州橋東街巷》："沿城皆客店，南方官員商賈兵級，皆於此安泊。"《清平山堂話本・楊温攔路虎傳》："天色已晚，楊三官人同那妻子和當直，去客店解一房歇泊。"《老殘游記》第二回："到了小布政司街，覓了一家客店，名叫高陞店。"

【客舍】

即客館。此稱先秦時期已行用。見該文。

【客邸】

即客館。此稱南北朝時期已行用。見該文。

【客店】

即客館。此稱唐代已行用。見該文。

【客次】

客店，旅舍。指家宅内接待賓客之處所。此稱唐代已行用。《舊唐書·嚴挺之傳》："客次有《禮記》，蕭炅讀之曰：'蒸嘗伏獵。'炅早從官，無學術，不識'伏臘'之意，誤讀之。"《宋史·馬默傳》："縣爲郢治所，郢吏犯法不可捕，默趨府，取而杖之客次，閤府皆驚。"《新五代史·盧文紀傳》："進奏官至客次通名，勞以茶酒而不相見，相傳以爲故事。"《醒世姻緣傳》第二九回："狄周出來問，説齋已完備，在那邊吃？狄員外叫擺在客次裏邊。"

客房

客店中供旅客住宿的房間。宋蘇轍《約洞山文老夜話》："今夕客房應不睡，欲隨明月到林間。"元武漢臣《玉壺春》第二折："自家甚舍，正在客房閑坐，媽媽使人來請我。"《水滸傳》第一六回："當日飲酒至晚，各自去客房裏歇息。"《老殘游記》第一回："無非風餐露宿，不久便到了登州，就在蓬萊閣下覓了兩間客房，大家住下也。"

客郵

驛站的旅舍。宋沈遘《和仲甫新開湖》："渺渺清波百里浮，昔游曾是一扁舟。十年人事都如夢，猶識湖邊舊客郵。"明楊慎《海風行序》："予夕憩客郵，聞吼聲傍枕發。"

旅次

旅客暫居的地方。單稱"旅""次"。《易·旅》："旅，即次。"王弼注："次者可以安行旅之地也。"唐杜甫《毒熱寄簡崔評事》詩："老夫轉不樂，旅次兼百憂。"宋葉適《宋吏部侍郎鄒公墓亭記》："祖問皆坐貶，旅次不容榻。"《明史·列女傳一》："吳氏，潞州廩生盧清妻。舅姑殁於臨洺，寄瘞旅次。"清陳廷焯《白雨齋詞話》卷五："會於金陵旅次，暢論詞學源流。"

【旅】

"旅次"之單稱。此稱先秦時期已行用。見該文。

【次】

"旅次"之單稱。此稱先秦時期已行用。見該文。

旅舍

猶旅館。《後漢書·宦者傳·侯覽》："京兆尹袁逢於旅舍閲參車三百餘兩，皆金銀錦帛珍玩，不可勝數。"唐温庭筠《上首座相公啓》："行當杪歲，通津加嘆，旅舍傷懷。"《警世通言·金明池吳清逢愛愛》："時當暮春，崔生暫離旅舍，往城南郊外游賞。"清蒲松齡《聊齋志異·苗生》："赴試西安，憩於旅舍，沽酒自酌。"亦稱"旅館"。南朝宋謝靈運《曇隆法師誄並序》："矜物辭山，終息旅館。"又，《游南亭》詩："久痗昏墊苦，旅館眺郊歧。"唐王昌齡《潞府客亭寄崔鳳童》："蕭條郡城閉，旅館空寒烟。"《水滸傳》第一二回："三個在路，夜宿旅館，曉行驛道，不數日來到北京。"《清史稿·琉球傳》："自日本偕乘西京丸商輪船游上海，同寓日本東和旅館。"

【旅館】

即旅舍。此稱南北朝時期已行用。見該文。

【宿舍】

即旅舍。此稱漢代已行用。《史記·張儀列傳》："使人微隨張儀，與同宿舍。"宋陳鵠《耆舊續聞》卷六："〔施逵〕及出獄，略防送卒，使緩其行。買一獲（婢）自隨，所至宿舍，縱其通淫。"《明史·選舉志一》："堂宇宿舍，飲饌澡浴，俱有禁例。"

望鄉館

古館名。南朝梁任昉《述異記》卷下："晋永嘉亂，既已至江，諸公主不得隨去。安陽公主、平城公主奔入兩河界，悉爲民家妻，常怏怏不悦，有故鄉之思。村民感之，共築一臺以居之，謂之公主望鄉之館，至今巋然。王朗《懷舊賦》云：'將軍出塞之臺，公主望鄉之館。'"

會館

舊時同省、同府、同縣或同業的人在京城、省城或國内外大商埠設立的機構，主要以館址的房屋供同鄉、同業聚會或寄寓。明倪元璐《倪文貞集》卷一六有文，題爲《議建全浙會館册引》。明劉侗等《帝京景物略·稽山會館唐大士像》："嘗考會館之設於都中，古未有也，始嘉、隆間……用建會館，士紳是主。凡入出都門者，藉有稽，游有業，困有歸也。"清王端履《重論文齋筆録》卷八："吾邑於京師向無會館。士子會試者，咸寄寓客邸。"

山東聊城山陝會館

路室

客舍。《周禮·地官·遺人》："凡國野之道，十里有廬，廬有飲食，三十里有宿，宿有路室，路室有委。"賈公彦疏："路室，候迎賓客之處。"漢東方朔《七諫·怨世》："路室女之方桑兮，孔子過之以自侍。"漢王逸章句："路室，客舍也。"

傳舍

古時供行人休息住宿的處所。《戰國策·魏策四》："今鼻之入秦之傳舍，舍不足以舍之。"《史記·酈生陸賈列傳》："沛公至高陽傳舍，使人召酈生。"《三國志·魏書·陳群傳》："昔劉備自成都至白水，多作傳舍，興費人役。"元薩都剌《金陵道中題沈氏壁》詩："萬里關河成傳舍，五更風雨憶吾廬。"清錢陸燦《周亮工墓誌銘》："三仕三已，如傳舍接淅，不及有所裨益。"

義舍

無償供給行旅食宿的邸舍。《三國志·魏書·張魯傳》："諸祭酒皆作義舍，如今之亭傳。又置義米肉，懸於義舍，行路者量腹取足。"《三國演義》第三九回："又蓋義舍：舍内飯米、柴火、肉食齊備，許過往人量食多少，自取而食，多取者受天誅。"

脚店

供人臨時歇脚的小酒店。宋孟元老《東京夢華録·酒樓》："州東宋門外仁和店、姜店，州西宜城樓、藥張四店、班樓，金梁橋下劉樓，曹門蠻王家、乳酪張家，州北八仙樓，戴樓門張八家園宅正店，鄭門河王家，李七家正店，景靈宫東墻長慶樓。在京正店七十二户，此外不能遍數，其餘皆謂之'脚店'。"又《民俗》："其正酒店户，見脚店三兩次打酒，便敢借與三五百兩銀器。"宋李心傳《建炎以來繫年要録》卷一八八：“酒庫，元許置一所，俾助軍用。寶乃擅置兩大庫，又添置脚店百餘處。”

謁舍

客舍。《漢書·食貨志下》：“工匠、醫巫、卜祝及它方技、商販、賈人坐肆列里區謁舍。”顏師古注引如淳曰：“謁舍，今之客舍也。”《後漢書·陸續傳》：“使者問諸謁舍，續母果來，於是陰嘉之，上書説續行狀。”李賢注：“謁舍，謂所停主人之舍也。”《宣和畫譜·李成》：“成乃見前之所畫，張於謁舍中。”

蘧廬

古代驛站中供旅人歇宿的房舍。《莊子·天運》：“仁義，先王之蘧廬也，止可以一宿，而不可久處。”郭象注：“蘧廬，猶傳舍也。”唐劉禹錫《管城新驛記》：“蘧廬有甲乙，床帳有冬夏。”宋蘇軾《李杞寺丞見和篇復用元韻答之》：“人生何者非蘧廬，故山鶴怨秋猿孤。”金党懷英《村齋遺事》詩：“人生天地真蘧廬，外物擾擾吾何須。”清嚴復《原強》：“法制者，聖人之芻狗，先王之蘧廬也，一陳不可復用，一宿不可復留。”

第六章　貨物招幌說

第一節　貨物考

《說文·貝部》："貨，財也。从貝化聲。"可見，貨與財物相關。物有用於交易之物，有非用於交易之物。統而言之，兩者皆可謂之貨；別而言之，則用以交易之物爲貨之主體。《書·洪範》："八政：一曰食，二曰貨。"孔穎達疏曰："貨者，金玉布帛之總名。"此即從財物而言。若是以物易物，則雙方之物皆可謂之貨，《易·繫辭下》："庖犧氏没，神農氏作……日中爲市，致天下之民，聚天下之貨，交易而退，各得其所，蓋取諸《噬嗑》。"隨着社會經濟的發展，出現了貨幣，交易便成爲一方使用錢幣，而另一方使用貨物，錢幣作爲易物者，亦嘗被稱爲貨。如《漢書·叙傳》："貨自龜貝，至此五銖。"《宋書·劉秀之傳》："先是漢川悉以絹爲貨。"

貨物，即值錢之物品與可貿易之物品。先秦時已有之，見《周禮·秋官·大行人》。亦稱"貨財"。《管子·權修》："商賈在朝，則貨財上流。"或稱"貨賄"。《周禮·天官·大宰》："以九職任萬民……六曰商賈，阜通貨賄。"鄭玄注："金玉曰貨，布帛曰賄。"《左傳·文公十八年》："縉雲氏有不才子，貪於飲食，冒於貨賄，侵欲崇侈，不可盈厭，聚斂積實，不知紀極。”又稱“貨寶”。明何良俊《四友齋叢説·史三》：“内竪王敬挾臣采藥江南，横索貨寶，痛箠吏民，吳越大被其害。”

《史記·貨殖列傳》載：“太史公曰：夫神農以前，吾不知已。至若《詩》《書》所述虞夏以來，耳目欲極聲色之好，口欲窮芻豢之味，身安逸樂，而心誇矜勢能之榮，使俗之漸民久矣，雖户説以眇論，終不能化。故善者因之，其次利道之，其次教誨之，其次整齊之，最下者與之争。”又“《周書》曰：‘農不出則乏其食，工不出則乏其事，商不出則三寶絶，虞不出則財匱少。財匱少而山澤不辟矣。’此四者，民所衣食之原也。原大則饒，原小則鮮。上則富國，下則富家。貧富之道，莫之奪予，而巧者有餘，拙者不足。”是以華夏不避貨物之富利，不倡奢侈享受之逸樂。

貨物 [1]

值錢與可貿易之物品。《周禮·秋官·大行人》：“邦畿方千里，其外方五百里，謂之侯服，歲一見，其貢祀物；又其外方五百里，謂之甸服，二歲一見，其貢嬪物；又其外方五百里，謂之男服，三歲一見，其貢器物；又其外方五百里，謂之采服，四歲一見，其貢服物；又其外方五百里，謂之衞服，五歲一見，其貢材物；又其外方五百里，謂之要服，六歲一見，其貢貨物。”《史記·平準書》：“而桑弘羊爲大農丞，筦諸會計事，稍稍置均輸，以通貨物矣。”《三國志·魏書·公孫度傳》：“〔孫〕權遣使張彌、許晏等齎金玉珍寶立淵爲燕王。淵亦恐權遠不可恃，且貪貨物，誘致其使，悉斬送彌、晏等首。”明林希元《易經存疑》卷一一：“教民日中爲市，以物貨有無，互相交易，使天下之民但有貨物，各將赴市交易，而天下之貨無不集。是致天下之民，聚天下之貨也。以其所有，易其所無，此之謂交易也。”明黄佐《泰泉鄉禮》卷五：“凡鄉人放犬豕雞畜之屬，縱容男女，褻瀆壇所，及私停貨物者，直月舉出，執其人告於社，量情罰之。”亦稱“貨財”。《管子·權修》：“商賈在朝，則貨財上流。”晉杜預《春秋釋例》卷一：“車馬曰賵，貨財曰賻，衣服曰襚，珠玉曰唅，然而總謂之贈。”宋程頤《伊川易傳》卷三：“貨財而輕慢其藏，是教誨乎盜，使取之也；女子而夭冶其容，是教誨淫者，使暴之也；小人而乘君子之器，是招盜，使奪之也。皆自取之之謂也。”亦稱“貨賄”。《周禮·天官·大宰》：“以九職任萬民……六曰商賈，阜通貨賄。”鄭玄注：“金玉曰貨，布帛曰賄。”《左傳·文公十八年》：“縉雲氏有不才子，貪於飲食，冒於貨賄，侵欲崇侈，不可盈厭，聚斂積實，不知紀極。”宋馮椅《厚齋易學·易輯傳》：“李季辨曰，古者四民，商居其一。《洪範》八政，繼食以貨。蓋懋遷有無，阜通貨賄，亦有國者之先務也。”《元史·阿合馬傳》：“内通貨賄，外示威刑，廷中相視，無敢論列。”《明史·趙錦傳》：“自〔嚴〕嵩輔政以來，惟恩怨是酬，唯貨賄是斂。”亦稱“貨積”，

《後漢書・循吏傳・劉寵》："寵前後歷宰二郡，累登卿相，而清約省素，家無貨積。"亦稱"貨殖"。《史記》中出現《貨殖列傳》。晉葛洪《抱朴子・行品》："觀道義而如醉，聞貨殖而波擾者，穢人也。"宋王禹偁《送李巽序》："古者，設關所以禁末游，爲市所以通貨殖，後世因而有稅焉。"亦稱"貨産"。《魏書・恩倖傳・茹皓》："皓頗敏慧，折節下人，而潛自經營，陰有納受，貨産盈積。"《遼史・食貨志下》："太宗得燕，置南京，城北有市，百物山偫，命有司治其征；餘四京及它州縣貨産懋遷之地，置亦如之。"亦稱"貨器"。唐柳宗元《送薛存義序》："向使傭一夫於家，受若直，怠若事，又盜若貨器，則必甚怒而黜罰之矣。"亦稱"貨籍"。唐錢珝《授司封員外郎賜緋崔貽孫守兵部員外郎判戶部案制》："無謂司貨籍者，近乎俗吏。而忽於躬親，使滋其煩弊也。"亦稱"貨寶"。明何良俊《四友齋叢説・史三》："內豎王敬挾臣采藥江南，橫索貨寶，痛箠吏民，吳越大被其害。"亦稱"貨匭"。魯迅《集外集拾遺補編・中國地質略論》："況吾中國，亦爲孤兒，人得而撻楚魚肉之；而此孤兒，復昏昧乏識，不知其家之田宅貨匭，凡得幾許。"

【貨財】
　　即貨物[1]。此稱先秦時期已行用。見該文。

【貨賄】[1]
　　即貨物[1]。此稱先秦時期已行用。見該文。

【貨積】
　　即貨物[1]。此稱漢代已行用。見該文。

【貨殖】
　　即貨物[1]。此稱漢代已行用。見該文。

【貨産】
　　即貨物[1]。此稱南北朝時期已行用。見該文。

【貨器】
　　即貨物[1]。此稱唐代已行用。見該文。

【貨籍】
　　即貨物[1]。此稱唐代已行用。見該文。

【貨寶】
　　即貨物[1]。此稱明代已行用。見該文。

【貨匭】
　　即貨物[1]。此稱民國時期已行用。見該文。

【貨】
　　即貨物[1]。此稱先秦時期已行用。《書・洪範》："八政：一曰食，二曰貨。"《易・繫辭下傳》："日中爲市，致天下之民，聚天下之貨。"孔穎達疏："貨者，金玉布帛之總名。"《禮記・禮運》："天生時而地生財。"陳澔集説："四時本於天，百貨産於地。"《史記・平準書》："浮食奇民欲擅管山海之貨，以致富羨，役利細民。"胡樸安《中華全國風俗志》卷一〇："觀音市，三月十五日在蒼山下貿易，集各省之貨。"按，貨在古代亦有錢幣之意，不在本節考論範圍之內。

【行貨】
　　即貨物[1]。此稱先秦時期已行用。《左傳・昭公二十三年》："范獻子求貨于叔孫，使請冠焉。取其冠法，而與之兩冠，曰：'盡矣。'爲叔孫故，申豐以貨如晉。叔孫曰：'見我，吾告女所行貨。'"宋李心傳《建炎以來繫年要録》卷九六："仍每米一百石，許附帶別色行貨約計一百貫，沿路與免收稅錢三分。"元張國賓《合汗衫》第二折："元來他將着些價高的行貨。"又第三折："你倒省氣力，要混賴我的行貨，我告訴你家去。"《水滸傳》第三回："〔魯達〕見這市井鬧熱，人烟輳集，車馬駢馳，一百二十行經商買賣，諸物行貨都有，端的整齊。"康有爲《孔子改制考》卷四："人之壞自成也，不以人之卑自高也，不以遭時自利也。今周見殷之亂，而遽爲政，上謀而下行貨，阻兵而保威，割牲而盟以爲信，揚行以説衆，殺伐以要利，是推亂以易暴也。"

【物貨】

即貨物[1]。此稱先秦時期已行用。《古三墳·山墳（天皇伏羲氏）》："民臣力（民之使力，如君使臣也。）民物貨（四民之物貨爲本也。）民陰妻（民之有妻，以成家也。）民陽夫（女之從夫，以有歸也。）。"宋林之奇《尚書全解·甘誓》："關石和鈞，則物貨流通家給人足矣。"《元史·世祖紀十四》："唯泉州物貨三十取一，餘皆十五抽一。"元李士瞻《與燕平章書》："況今風汛在即，歸心如燎，上路物貨因此一阻，逮今未至，若此事少寧，即當揚颿北指，其於報效，不亦大乎。"明丘濬《大學衍義補·治國平天下之要·市糴之令》："熙寧五年，詔曰：'天下商旅物貨至京，多爲兼并之家所困，宜出内藏庫錢帛，選官於京師置市易務。'"

貨貝

古代用貝殼作貨幣。亦藉指財貨珍寶。《禮記·少儀》："君將適他，臣如致金玉貨貝於君，則曰致馬資於有司。"宋費衮《梁溪漫志》卷三："賈堅藏貨貝。"清程恩澤《粵東雜感》詩之一："香飛海舶關津裕，力走天涯貨貝通。"到了清代，貨貝亦指貨物或商品。清梁佩蘭《澄海樓》詩："名都貨貝街喧鬧，屬國臚琛驛交錯。"清歸莊《甘茂叔六十壽序》："〔南翔〕多大賈僑居，庫藏堅密，貨貝輻輳，不唯甲於諸鎮，抑城郭之中不如也。"

貨帛

貨物布帛。晋常璩《華陽國志》卷八："叡先詣特降，究觀虛實。特問城中，叡曰：'米穀已欲盡，但有貨帛耳。'因求省家，特與啓信。諸村悉從叡。"《通典·食貨八·錢幣上》："自神農列廛於國，以聚貨帛，日中爲市，以交有無。虞夏商之幣，金爲三品，或黄或白，或赤或錢，或布或刀，或龜貝。"宋王溥《唐會要·省號下·中書舍人》："凡金銀貨帛，皆出自生靈膏血，不可使無功之人濫霑賞賜。"《宋史·食貨志下二》："西北邊内屬戎人，多賣貨帛於秦、階州易銅錢出塞，銷鑄爲器。乃詔吏民闌出銅錢百已上論罪，至五貫以上送闕下。"明都穆《都公譚纂》卷上："一日經河南濟源，其神素稱靈異，貨帛財物有假貸者，隨出水面。"

貨利

貨物財利。《書·仲虺之誥》："唯王不邇聲色，不殖貨利。"孔傳："殖，生也。不生資貨財利，言不貪也。"漢劉向《説苑·至公》："彼人臣之公，治官事則不營私家，在公門則不言貨利，當公法則不阿親戚，奉公舉賢則不避仇讎，忠於事君，仁於利下，推之以恕道，行之以不黨，伊吕是也。"《舊唐書·王縉傳》："縉爲宰相，給中書符牒，令臺山僧數十人分行郡縣，聚徒講説，以求貨利。"宋張浚《紫巖易傳》卷二："遠聲色，輕貨利，捨一己之樂，先百姓之憂。"清戴名世《窮鬼傳》："聲勢貨利不足以動衆，磊落孤憤不足以諧俗。"

貨貢

金、玉、龜、貝等珍貴貢品。《周禮·天官·大宰》："以九貢致邦國之用……六曰貨貢。"鄭玄注："貨貢，金、玉、龜、貝也。"南朝梁劉潛《謝鄱陽王賜鉢啓》："珍窮貨貢，製極範金。"明丘濬《大學衍義補·貢賦之常》："《周禮》：太宰以九貢致邦國之用，一曰祀貢（犧牲、包茅之屬）……六曰貨貢（金玉、龜貝之屬），七曰服貢（絺紵之屬），八曰游貢（羽毛可以爲旌旄者），九曰物貢（所產雜物）。"明鄒守益《江西戊申同貢錄序》："貢之制，昉于夏後，而備於成周。犧牲青茅，以爲祠貢；絲枲絺紵，以爲嬪貢；丹漆笿磬，以爲器貢；玉馬皮帛，以爲幣貢；杶栝箘簵，以爲材貢；金錢龜貝，以爲貨貢；玄纁璣組，以爲服貢；羽毛夏翟，以爲游貢；魚鹽橘柚，以爲物貢。是以地無廢材，用無廢事。"雍正《廣西通志·藝文志》："懼貨貢之闕，至助之以家財，憫徭事之繁，至代之以私屬。"

貨力

財貨及人力。《禮記·禮運》："今大道既隱，天下爲家，各親其親，各子其子，貨力爲己。"孔穎達疏："貨力爲己者，藏貨爲身，出力贍己。"唐柳宗元《貞符》詩："不作兵革，不竭貨力。"明蔡清《四書蒙引·公孫丑章句上》："唯恐貨力之不充而已。"

貨賬

猶貨款。清胡式鈺《竇存·事實》："爰綴爲四歌，俾誦數過即憶，狂喜，後雖書錢貨賬面賣產等契，必用之。"《歧路燈》第四八回："王中道：'我所以說賣產還債，就是這個意思。這利息債銀，轉眼就是幾倍。如今不如把這一

大宗銀子索性兒全還了，王相公或讓或不讓，俱是小事，只求一筆勾消。餘下借欠、貨賬，畢竟有房租可以抵消，日後再作區處。這是一定主意。'"茅盾《林家鋪子》五："這鋪子開下去呢，眼見得是虧本的生意；不開呢，他一家三口兒簡直沒有生計，而且到底人家欠他的貨賬還有四五百，他一關門更難討取。"

貨居

貯物待售。藉指貨物，商品。《宋史·蠻夷傳三》："經略司初准朝旨，置馬鹽倉，貯鹽以易馬，歲給江上諸軍及御前投進，用銀鹽錦，悉與蠻互市。其永平砦所易交阯鹽，貨居民食，皆舊制也。況邊民素與蠻夷私相貿易，官不能制。今一切禁絕，非惟左江居民乏鹽，而蠻情亦叵測，恐致乖異也。"明丘濬《大學衍義補·治國平天下之要·市糴之令》："……富亦吾民也，彼之所有，孰非吾之所有哉？況物貨居之既多，則雖甚乏其價自然不至甚貴也哉。"章炳麟《中華民國解》："不知稼穡之艱難，閭閻之貧富，商賈之贏絀，貨居之滯流，而貿焉以議稅率，未知其可。"亦稱"化居"。化，古"貨"字。《書·益稷》："暨稷播，奏庶艱食鮮食，懋遷有無化居，烝民乃粒，萬邦作乂。"孫星衍疏："'化'即古文'貨'字。"劉逢祿集解："化居謂居貨爲賈。"唐陳子昂《臨邛縣令封君遺愛碑》："故公之化居也，貿遷有無，和其衆寡。"

【化居】

即貨居。此稱先秦時期已行用。見該文。

貨包

貨物包裹。清李圭《鴉片事略》卷上："中國國家應許此等貨包，在行銷洋藥地方開拆者，

如有應納税捐等項，或當時所徵，或日後所設，或由明收，或由暗取，均不得較土煙所納税捐等項格外加增，亦不得別立税課。"又，《鴉片事略》卷下："凡有此等運貨憑單之洋藥，運往内地之際，如貨包未經拆開，暨包上之海關印封、記號、碼數，均未擦損私改，即無須再完税捐等項。此等運貨憑單，只准華民持用，而洋人牟利於此項洋藥者，不許持用憑單運寄洋藥，不許押送洋藥同入内地。"清《道光朝實錄》卷一四六："楊遇春等奏……藏差人古竹巴即羅桑沃色爾等，於七月間行至通天河竹古拉山東溝地方，被四川果洛克番賊五六百人，將所有貨包牲畜鍋帳口糧。盡數强劫無遺……"王西彦《風雪》一："車子裏一共有五個乘客，集中坐在車子前面的貨包上。"

貨賣

賣貨物或買賣貨物的人。《南齊書·韓靈敏傳》："又會稽人陳氏，有三女，無男。祖父母年八九十，老耄無所知，父篤癃病，母不安其室。值歲饑，三女相率於西湖採菱蒓，更日至市貨賣，未嘗虧怠。鄉里稱爲義門，多欲取爲婦，長女自傷煢獨，誓不肯行。祖父母尋相繼卒，三女自營殯葬，爲菴舍墓側。"《魏書·夏侯道遷傳》："長子夬，字元廷。歷位前軍將軍、鎮遠將軍、南兗州大中正。夫性好酒，居喪不戚，醇醪肥鮮，不離於口。沽買飲噉，多所費用。父時田園，貨賣略盡，人間債負數猶千餘匹，穀食至常不足，弟妹不免饑寒。初，道遷知夬好酒，不欲傳授國封。"《隋書·食貨志》："晋自過江，凡貨賣奴婢馬牛田宅，有文券，率錢一萬，輸估四百入官，賣者三百，買者一百。無文券者，隨物所堪，亦百分收四，

名爲散估。歷宋齊梁陳，如此以爲常。"元施惠《幽閨記》："且喜兵火已平，民安盜息，不免叫貨賣出來，分付他仍舊開張鋪面。"明丘濬《大學衍義補·治國平天下之要·征榷之課》："臣按：民種五穀已納租税，無可再賦之理，非他竹木牲畜比也。竹木牲畜之類，原無征算，故商賈貨賣於關市也，官可税之，今民既納租於官倉矣，而關市又征其税，豈非重哉？此不獨非王政，亦非天理也。"

貨囊

猶貨擔。宋龍衮《江南野史》卷九："張翊，其先京兆人，世綿官緒。唐末授任番禺，屬劉隱將據交廣，棄官北還。至潭衡間，馬氏據有潭澧。遂挈家亡入江南。至盧陵禾川，見盧陵沃壤，乃貨琛囊以易産，敓而居焉。及翊兄弟長，力先業，能屬文。入廣陵先主輔政，以射策中第，授武騎尉。先主移鎮金陵，隨渡江。見知於宋齊丘，署府中從事。"宋王明清《揮麈三錄》卷二："一日午間，忽聞廟外有嗽咳之音，諸婦出矼中窺之，一男子坐於石上，即呼來，隔扉與之語。男子云：'我荷擔於此，所謂貨囊者。'婦各以實告，且祈哀以求生路，許以厚圖報謝。其人復云：'此距巡檢司才十餘里，吾當亟往告之，以營救若等。今夕必濟，幸無怖也，何用報乎。'"

貨底

賣剩的商品。《劫餘灰》第一二回："學農道："這個陳六皆，是我的老朋友，他所開的聚珍珠寶店，早已閉歇了，此刻帶了貨底到梧州去賣。前一向路過這裏，還在我家耽擱了幾天，動身還不多時……"趙樹理《三里灣·決心》："〔范登高〕又把自己搞小買賣剩下的貨底照本

轉給了供銷社。"

貨挑子

貨郎挑的雜貨擔。清胡林翼《啓孔廉訪》:"近日走偵探改作雜貨挑子,前往雷公山附近。"王安憶《小鮑莊》三三:"他把貨郎鼓往腰裏一插,挑起貨挑子走了。"亦稱"貨郎挑子"。趙傳霞《貨郎挑子》:"貨郎挑子——一座會走路的雜貨鋪……槐花飄香的午後,或蟲鳴滿地的清晨,一副貨郎挑子晃晃悠悠地蕩進村莊。悦耳的貨郎鼓,隨手拎出一團犬吠、一串人語、一包爛繩頭兒、一卷亂髮團兒……"

【貨郎挑子】

即貨郎挑。此稱近代已行用。見該文。

貨本

經商的本錢。《晋書·食貨志》:"是時不鑄錢既久,貨本不多,又更無增益,故穀賤無已。"《醒世恒言·徐老僕義憤成家》:"三娘同姑兒們,也做些活計,將就度日,不要動那貨本。"清魏源《海國圖志》卷五三:"臣等伏思逆夷兵船,半即商舟,人衆數萬,月費工資數十萬金,夷酋俸銀,夷衆口糧,軍裝火藥,月費亦數萬金。船本貨本,又數百萬,計犯順已逾二年,費亦不下二千萬。"

貨棧[1]

囤積貨物的倉庫或營業性質的堆放貨物的房屋或場地。清吳長元《宸垣識略》卷九:"東南斜出三里河大街,内有小蔣家胡同、冰窖胡同。此皆商賈匠作貨棧之地也。"《醉茶志怪》卷三:"道光丙午秋,邑針市街洋貨棧房,忽有男婦五六人登門乞錢。内一人將櫃上珠盤,略爲撥弄,隨即散去。鋪中人均不在意。至晚,開櫃取銀,封鎖如故,而銀烏有矣。殆行乞者

之妖術也。"清劉聲木《萇楚齋續筆》卷三:"所有該處房屋,自伍拾柒、伍拾玖……陸拾伍及北西藏路壹百肆拾伍號等門牌,各銀行、錢肆、貨棧,悉付一炬。被焚貨物,約值銀貳參百兆。該處皆各銀行、錢肆所立貨棧,堆積押進之貨。"清葛元煦《滬游雜記·租界》:"三國租界英居中,地廣人繁,洋行貨棧十居七八。"夏衍《泡》:"廠裏的兩部卡車,整日地從貨棧裏搬運着夏天銷剩的肥皂。"

貨節

古代商人通過關卡所用的憑證。《周禮·地官·司關》:"司關掌國貨之節。"漢鄭玄注:"貨節謂商本所發司市之璽節也。自外來者,則案其節,而書其貨之多少,通之國門,國門通之司市。自内出者,司市爲之璽節,通之國門,國門通之關門。參相聯以檢猾商。"清惠士奇《禮説》卷五:"出入於市爲璽節,出入於關爲貨節。"

貨單

登記貨物的清單。漢韓嬰《韓詩外傳》卷六:"事之以貨寶,則貨單而交不結;約契盟誓,則約定而反無日;割國之强乘以略之,則割定而欲無厭。"《初刻拍案驚奇》卷一:"元來波斯胡以利爲重,只看貨單上有奇珍異寶值得上萬者,就送在先席。餘者看貨輕重,挨次坐去,不論年紀,不論尊卑,一向做下的規矩。"清李汝珍《鏡花緣》第三二回:"林之洋道:聞得他們最喜纏足,無論大家小户,都以小脚爲貴;若講脂粉,更是不能缺的。幸虧俺生中原,若生這裏,也教俺裹脚,那纔坑殺人哩!因從懷中取出一張貨單道:妹夫!你看,上面貨物就是這裏賣的。"又第三三回:"國王十指尖尖,

拿着貨單，又把各樣價錢輕啓朱唇問了一遍，一面問話，一面只管細細上下打量。"

買物歷

賬本。宋洪邁《夷堅志·夷堅丁志·十二事》："蒙城高公泗師魯，紹興末，監平江市征。吳中羊價絶高，肉一斤爲錢九百。時郡守去官，浙漕林安宅居仁攝府事，其人介而嗇，意郡僚買羊肉食者必貪，將索買物歷驗之。"

土貨

本地出產的貨品，多指農產品。《魏書·食貨志六》："土貨既殊，貿鬻亦異。"《元史·食貨志二》："時客船自泉、福販土產之物者，其所徵亦與蕃貨等，上海市舶司提控王楠以爲言，於是定雙抽、單抽之制。雙抽者，蕃貨也；單抽者，土貨也。"明黄訓《名臣經濟録·臧鳳·正德十四年漕例奏》："正統三年，户部覆議，運糧官軍合遵敕諭，順帶土貨以爲盤費。"亦稱"土產"。《周書·柳敏傳》："〔敏〕及將還朝，夷夏士人感其惠政，並賚酒餚及土產，候之於路，敏乃從他道而還。"南朝宋邢昺《爾雅注疏》卷九："樂史《寰宇記》：湖州土產單梡子，予嘗問之州人，莫有識者。"《舊五代史·周書二·太祖紀一》："……如聞此等之物，雖皆出於土產，亦有取於民家，未免勞煩，率皆糜費，加之力役負荷，馳驅道途，積於有司之中，甚爲無用之物，今後並不須進奉。"清黄宗炎《周易象辭》卷一八："河有圖籍之可稽，洛有文書之可考，是天下之方物土產成形於地者，聖人繫於卦爻之辭而取則之。"清顧棟高《毛詩類釋·介圭》："圭爲公侯伯所執，侯國土產安得有此？"

【土產】

即土貨。此稱南北朝時期已行用。見該文。

山貨

山中所產之貨物。《太平御覽》卷九九五引《嶺表録異》曰："南土多野鹿藤，苗有大如鷄子，白者細於筋。採爲山貨，流布海内。儋臺瓊管百姓，皆製藤綾，編以爲幕。其妙者亦挑紋爲花藥魚鳥之狀，業此納官，以充賦税。"《文獻通考·四裔考·盤瓠種》："又傜人常以山貨、沙板、滑石之屬，竊與省民博鹽米。"雍正《廣西通志·諸蠻·狼》："亦有熟狼，居瓦屋，種稻田，嘗出市山貨，與民無異。"清阮葵生《茶餘客話》卷二〇："人參肥而短者，產興京以東諸山中，名東山貨。瘦而長者，產寧古塔諸山中，名北山貨。"清周亮工《書影》卷一："桌司有愛子，病篤，購以娱之，賈人籠之以獻。鸚鵡悲愁不食，自歌曰：'我本山貨店中鳥，不識臺司衙内尊；最是傷心懷舊主，難將巧語博新恩。'留之五日，苦口求歸，乃返之山貨店，垂頸氣盡。萬曆年間事也。"

小貨

小宗貨物。常指商店、洋行等的雇員乘經營之便自販的貨物。宋孟元老《東京夢華録·酒樓》："北去楊樓，以北穿馬行街，東西兩巷，謂之大小貨行，皆工作伎巧所居。小貨行通鷄兒巷妓館，大貨行通腰紙店，白礬樓後改爲豐樂樓，宣和間，更修三層相高。"明王同軌《耳談類增·史腃篇》："嘗在金陵見賣糖者，皆鳴大鑼，而鬻小貨者大傘，皆紅。以爲問，人曰：'昔高皇帝微行，見糖兒鑼小，召命之曰：必大鑼，内室始聞。又見鬻小貨者傘，召命之曰：你照朕傘若此大，始能覆數人。故皆奉詔，相沿至今。上傘紅，故油因之也。'"《儒林外史》第二三回："他做小司客的時候，極其停當，每年聚幾兩銀子，先帶小貨，後來就弄窩子。"《發財秘訣》第一〇回："我去年才薦他做一個洋布式拉夫，他一得了這件事，白手空拳的先就做了兩票小貨，居然叫他賺了一千多。"《商界現形記》第六回："那許多墨其掮客，並自己做點小貨的，不止十幾個。"

公貨

官方或衆人之公用財物。《逸周書·允文解》："公貨少多，賑賜窮士，救瘠補病，賦均田布。"《國語·楚語下》："公貨足以賓獻，家貨足以共用。"唐張彥遠《法書要錄》卷三："訪《黃庭經》真迹，或云張通儒將向幽州，莫知去處。侍御史、集賢直學士史惟則奉使晉州，推事所在，博訪書畫，懸爵賞待之。時趙城倉督隱没公貨極多，推案承伏，遂云'有好書，欲請贖罪'。"清解鑑《益智錄》卷八："漢章戴公，湖北人。以舉人大挑一等，分發四川。公貨産携眷赴川候補。年餘，始得授資州仁壽知縣事，甫一月而卒。"

文章貨

書法繪畫之類藝術品。唐馮贄《雲仙雜記·筆文章貨》引《龍鬚志》："羅隱喜筆工萇鳳，語之曰：'筆，文章貨也，吾以一物助子取高價。'即贈雁頭箋百幅。士夫聞之，懷金同價，或以采羅大組換之。"清梁同書《筆史》："予悼之云：'曾聞筆是文章貨，健銳圓齊製必良。可惜夏潘亡已久，一番抽管一悲涼。'"

外貨

來自外國的貨物。《韓非子·難二》："利商市關梁之行，能以所有致所無，客商歸之，外貨留之，儉於財用，節於衣食、宮室、器械，周於資用，不事玩好，則入多。"漢袁康《越絶書·越絶計倪内經》："其主能通習源流，以任賢使能，則轉轂千里，外貨可來也。"亦稱"外國之貨"。唐韓愈《送鄭尚書序》："若嶺南帥得其人，則一邊盡治，不相寇盜賊殺，無風魚之災，水旱癘毒之患，外國之貨日至。珠香象犀玳瑁奇物，溢於中國，不可勝用。"亦稱"蕃貨"。漢桓寬《鹽鐵論·本議》："故興鹽鐵，設酒榷，置均輸，蕃貨長財，以佐助邊費。"《宋史·職官志》："提舉市舶司掌蕃貨、海舶、征榷、貿易之事，以來遠人，通遠物。"《元史紀事本末》卷三："延祐元年九月，復以鐵木迭兒爲中書右丞相……鐵木迭兒奏言：往時，富民往諸蕃商販，率獲厚利，蕃貨日重，請遣官置綱，以征其貨，私往者没官。"亦稱"蠻貨"。宋蘇軾《送施喬州》詩："鷄號黑暗通蠻貨，蜂鬧黄連采蜜花。"宋楊億《章琮赴廣州東莞簿》詩："互市通蠻貨，公田入海濤。"亦稱"舶貨"。《宋史·食貨志七》："綱首蔡景芳招誘舶貨，收息錢九十八萬緡。"《元史·世祖紀九》："庚寅，定市舶抽分例，舶貨精者取十之一，粗者十之五。"又《食貨志二》："元自世祖定江南，凡鄰海諸郡與蕃國往還互易舶貨者，其貨以十分取一，粗者十五分取一。"清代之後亦稱之爲"進口貨""洋貨"。清《世宗憲皇帝硃批諭旨》卷二四下："會查得東省進口貨物，原止有紙張、磁器、布匹、棉花，出口貨物，亦止豆棗、醃豬、魚鮝居多，並無大商洋貨。"《清通典》卷八："徵收温州、瑞安、平陽等口進口貨物，百斤作六十斤。"清陳倫炯《海國聞見錄》卷上："有中國洋艘，載磚瓦往，易紅毛洋貨，以其本廉而利大。"

【外國之貨】

即外貨。此稱唐代已行用。見該文。

【蕃貨】

即外貨。此稱漢代已行用。見該文。

【蠻貨】

即外貨。此稱宋代已行用。見該文。

【舶貨】

即外貨。此稱宋代已行用。見該文。

【洋貨】

即外貨。此稱清代已行用。見該文。

【進口貨】

即外貨。此稱清代已行用。見該文。

【五洋雜貨】

即外貨。外國來的一些日用商品，如洋油、洋火、洋碱、洋蠟之類。亦泛指各種日用的零星貨物。此稱近代方行用。周而復《上海的早晨》第一部一二："五洋雜貨的利潤雖然不錯，比起西藥來，利潤還是薄的。"

百貨

各種貨物之總稱。《舊唐書·劉晏傳》："今舟車既通，商賈往來，百貨雜集，航海梯山，聖神輝光，漸近貞觀、永徽之盛。"《宋史·張耆傳》："家居爲曲闌，積百貨其中，與群婢相貿易。"宋沈該《易小傳》卷三上："聚天下異方之物，使百貨皆通，各得其所，莫大於爲市。"《明史·食貨志五》："山東巡按陳濟言：'淮安、濟寧、東昌、臨清、德州、直沽，商販所聚；今都北平，百貨倍往時，其商稅宜遣人監榷一年，以爲定額。'帝從之。"清朱鶴齡《禹貢長箋》卷一二："京師，聲名文物之所萃，四方百貨之所聚，其民易以棄本逐末。"

出口貨

由國內銷往國外之貨物。清《世宗憲皇帝硃批諭旨》卷二四下："臣等會查得東省進口貨物，原止有紙張、磁器、布匹、棉花，出口貨物，亦止豆棗、醃猪、魚鮝居多，並無大商洋貨。"《清通典》卷八："出口貨物，往本省百斤作八十斤。"《上古秘史·讓天下于巢父任許由州長》："所以國內出口貨，每年以鳥羽爲大宗，因此以善捕鸞鳥出名。"清宋玉卿《戊壬錄》："又於七月二十六日諭云：'刑部奏，代遞主事蕭文昭條陳一摺。中國出口貨，以絲、茶爲大宗。自通商以來，洋貨進口日多，漏巵鉅萬，恃此二項，尚堪抵制……'"

江貨

江河所産之水産品。唐王建《汴路即事》詩："草市迎江貨，津橋稅海商。"宋孫光憲《北夢瑣言》卷一二："西川衙前軍將李思益者，所着衣服莫非華焕纖麗。蜀先主左右羨而怪之，先主曰：'李思益一副衣裳大有所費，是要爲我光揚軍府，仰與江貨場勾當，俾其作衣裝也。'"明薛瑄《益陽咏古》詩："津頭客舫足江貨，岸畔人家多竹樓。"

私貨

私人之財物或家庭之財物。《禮記·內則》："子婦無私貨，無私畜，無私器，不敢私假，不敢私與。"衛湜集説："私貨，謂不請於舅姑而專有之者。"《孟子·梁惠王下》："孟子對曰：行王政者，莫善於文王。文王當日，雖未嘗稱王，而所行實皆王政。其治歧也，於耕者之田賦，則行九一之法，而斂從其薄；於仕者之子孫，則有世禄之典，而報從其厚；於關市，但稽察非類，而不徵其私貨；於澤梁，則任民取利，而不嚴爲禁令；於犯罪之人，法止及其本身，而不株連其妻子。文王養民之政可謂厚矣。"《宋史·呂溱傳》："〔呂〕溱豪侈自放，簡忽於事，與都轉運使李參不相能，還，判流內銓，參劾其借官麴作酒，以私貨往河東貿易。"《明史·職官志四》："禁通番，徵私貨，平交易，閑其出入，而慎館穀之具。"《清開國方略·太宗文皇帝》："崇德七年春正月丙子，禁與奴僕私貨。"

星貨

零星貨物。唐李匡乂《資暇集》卷中："星貨肆，有以筐、以筥，或倚或垂，鱗其物以鬻者，曰星貨鋪，言其列貨叢雜，如星之繁。今俗呼爲星火鋪，誤也。"元陶宗儀《說郛·清異錄》卷三："小樣雲：士人暑天不欲露髻，則頂矮冠。清泰間，都下星貨鋪賣一冠子，銀爲之，五朵平雲，作三層安置，計止是梁朝物，匠者遂依效，造小樣求售。"清李斗《揚州畫舫錄》卷九："至城下閒有星貨鋪，即散酒店、菴酒店之類，賣小八珍，皆不經烟火物……"《雪橋詩話餘集》卷五："堵觀雲路合，香襲綺叢毗。星貨排廛積，春書應節貽。鬧蛾攢繡纈，風鷂引晴絲。土稗鄜州樣，唐花浙水姿。"

國貨

本國所產之貨物。《周禮》："司關，掌國貨之節，以聯門市。"鄭玄注："貨節，謂商本所發司市之璽節也。自外來者，則案其節，而書其貨之多少，通之國門，國門通之司市；自內出者，司市爲之璽節，通之國門，國門通之關門，參相聯以檢猾商。"《孔叢子·陳士義》："〔魏〕王曰：寡人欲因而弱之，若與交市，分我國貨，散於夷狄，是強之也。可乎？"《宋史·宋仁宗二》："〔左司諫韓琦上疏〕夫弛刑網以貸頑悖之民，損國貨以奉游惰之輩，將欲召丕貺、感靈心，是猶却行以求前，揚湯而止沸，無益之驗，信昭然矣。"明張燮《東西洋考·西洋列國考》："若華人買彼國貨，下船則稅如故。"

家貨

家庭私有財物。《國語·楚語下》："公貨足以賓獻，家貨足以共用。"晉袁宏《後漢紀·孝章皇帝紀下》："南陽人大饑，〔朱〕暉盡其家貨分宗族故舊。"宋葉時《禮經會元·齒德》："日趨而市，百族爲主，以其家貨所出，而得賣買也。"明王鏊《震澤集·貴州鎮守公署記》："某乃能以家貨佽公役，遂去卑即高，去圮即安，推是志也，以從諸政，民其有弗靖者乎？"

海貨

海水中所產之物品。《舊五代史·梁書·太祖紀六》："進筒中蕉五百匹，龍腦、鬱金各五瓶，他海貨等有差。"宋梅堯臣《寄餘姚陳寺丞》詩："海貨通閭市，漁歌入縣樓。"宋李心傳《建炎以來朝野雜記·甲集·財賦二》："市舶司者，祖宗時有之，未廣也。神宗時始分閩廣浙三路，各置提舉官一員，本錢無慮千萬緡，海貨上供者山積。"元吳萊《韓蘄王花園老卒歌》："宮妝粉艷去醅酒，海貨珠瞇歸壓櫃。"雍正《浙江通志·鎮海縣》："或云，東夷以海貨來互市，必泊此山。"

異貨

珍奇罕見之貨物。漢王充《論衡》："人之游也必欲入都，都多奇觀也；入都必欲見市，市多異貨也。"《晉書·石季龍載記下》："金帛珠玉及外國珍奇異貨，不可勝紀，而猶以爲不足。"《舊唐書·王茂元傳》："茂元，幼有勇略，從父征伐知名。元和中，爲右神策將軍。太和中，檢校工部尚書、廣州刺史、嶺南節度使。在安南招懷蠻落，頗立政能。南中多異貨，茂元積聚家財鉅萬計。"《續資治通鑑長編·宋神宗元豐元年》："今大章賣直釣奇，得本司劄子，若得異貨，即具聞奏，用此排擊官長，於理未順。"元汪大淵《島夷志略》："地産粗降真、斗錫。貿易之貨，用赤金、青緞、花布、處瓷器、鐵鼎之類。蓋以山無美材，貢無異貨。以通泉州之貨易，皆剽竊之物也。"

【琛貨】

即異貨。珍奇之貨物。此稱宋代已行用。《通典·兵七·甘言厚幣乘懈襲之》："於是沈氏自將千人，皆藏短兵，步擔雜物，唱言琛貨。"《宋史·陳琰傳》："潛輸琛貨，私結要權，假息遷荒，冀移善地。"《翰苑新書前集·都大提舉茶馬》："琛貨溢王府。"注："《唐職林》：張公爲安南，習於海邦，奇琛良貨溢於王府。"

【瑰貨】

即異貨。珍奇物品。此稱漢代已行用。漢張衡《西京賦》："瑰貨方至，鳥集鱗萃。"《新唐書·李栖筠傳》："始，〔徐〕浩罷嶺南節度使，以瑰貨數十萬餉載，而濟方爲京兆，邑吏部侍郎，三人者，皆載所厚，栖筠並劾之。"清屈大均《廣東新語·木語》："每歲估人鬻者，水枝七之，山枝三四之，載以栲箱，束以黃白藤，與諸瑰貨向臺關而北、臘嶺而西北者，舟船弗絶也。然率以荔枝、龍眼爲正貨，挾諸瑰貨，必挾荔枝、龍眼，正爲表而奇爲裏，奇者曰細貨，不欲居其名，所謂深藏若虛也。"清曾國藩《廣東嘉應州知州劉君事狀》："大抵嶺以

南物産蕃阜，風氣殊於中土，諸洋互市，瑰貨日至。"亦稱"珍貨"。《後漢書·賈琮傳》："舊使交趾者，多貪其珍貨，明璣、翠羽、犀象、玳瑁之屬，故吏民怨叛，琮至，招撫無擾，百姓安之。"《三國志·吳書·孫權傳》："三月，遣舒、綜還，使太常張彌、執金吾許晏、將軍賀達等將兵萬人，金寶珍貨，九錫備物，乘海授淵。舉朝大臣，自丞相雍已下皆諫，以爲淵未可信，而寵待太厚，但可遣吏兵數百護送舒、綜，權終不聽。"《晋書·慕容暐載記》："暐遣其侍中蘭伊讓評曰：'王，高祖之子也，宜以宗廟社稷爲憂，奈何不務撫養勳勞，專以聚斂爲心乎！府藏之珍貨，朕豈與王愛之！若寇軍冒進，王持錢帛安所置也！皮之不存，毛將安傅！錢帛可散之三軍，以平寇凱旋爲先也。'"《宋書·樂志》："珍貨充庭，所見日新。"

【珍貨】

即瑰貨。此稱漢代已行用。見改文。

淫貨

來路不正的財物。《古三墳書·形墳·地皇軒轅氏》："政典曰：國無邪教，市無淫貨，地無荒土，官無濫士，邑無游民，山不童，澤不涸，其正道至矣。"宋王安石《慈溪縣學記》："而慈溪小邑，無珍産淫貨以來四方游販之民，田桑之美有以自足，無水旱之憂也。"《續資治通鑑長編·宋仁宗慶曆四年》："伏惟陛下近歲以來，每事思治，損節淫貨，放減後宮，絶斜封之官，無私謁之寵，此皆日來親行至美之事，安得更使外議籍籍如此？"

【宛貨】

即淫貨。來路不正的財物。此稱先秦時期已行用。《韓非子·難二》："李兌曰：'語言辨，

聽之說，不度於義，謂之宛言。無山林澤谷之利而入多者，謂之宛貨。君子不聽宛言，不受宛貨，子姑勉矣！'"陳奇猷集釋："宛貨者，淫貨也，淫貨者，不正當之貨也。"明門無子《韓子迂評》卷一五："夫曰言語辯聽之說不度於義者，必不誠之言也。人多之謂宛貨也，未可遠行也。"

落腳貨

賣剩下的貨物。《醒世姻緣傳》第二五回："這梭布行又沒有一些落腳貨，半尺幾寸都是賣得出錢來的。"《昇平寶筏》："〔悟能白〕一個儈相，又是這等落腳貨。"

資貨

資財、貨物。《老子》："朝甚除，田甚蕪，倉甚虛，服文采；帶利劍，厭飲食，資貨有餘；是謂盜竿，非道哉！"《晉書・孫盛傳》："〔孫〕盛出補長沙太守，以家貧，頗營資貨，部從事至郡，察知之，服其高名而不劾之。"漢史游《急就篇》卷二："資貨市贏匹幅全。"顏師古注："市，亦買也。言以資財賄貨市取贏餘之物，多積布帛，匹幅皆全，無虧損也。四丈曰匹，兩邊具曰幅。"漢徐幹《中論・修本》："故以歲之有凶穰而荒其稼穡者，非良農也；以利之有盈縮而棄其資貨者，非良賈也；以行之有禍福而改其善道者，非良士也。"《明史・淮靖王瞻墺傳》："夜入王宮，盜册寶資貨以出。"亦稱"貨資"。《韓非子・解老》："故服文采，帶利劍，厭飲食而貨資有餘者，是之謂盜竿矣。"亦作"訾貨"。《新唐書・崔玄暐傳》："若訾貨盈衍，惡也。"

【貨資】

即資貨。此稱先秦時期已行用。見該文。

【訾貨】

同"資貨"。此體唐代已行用。見該文。

輕貨

輕便易攜帶之財物。《韓非子・六反》："夫陳輕貨於幽隱，雖曾史可疑也；懸百金於市，雖大盜不取也。"《舊唐書・代宗本紀》："每道據合配防秋人數多少，都計錢數，市輕貨，送納上都，以備和糴，仍以秋收送畢。"又《食貨志上》："又有韋堅，規宇文融、楊慎矜之迹，乃請於江淮轉運租米，取州縣義倉粟，轉市輕貨，差富戶押船，若遲留損壞，皆征船戶。"《宋史・食貨志》："三司使吳充言，宜自明年減江淮漕米二百萬石，令發運司易輕貨二百萬緡，計五年所得，無慮緡錢千萬。"清秦蕙田《五禮通考・凶禮一・荒禮》："盜賊利在輕貨，不在粟麥。"

漕貨

漕運之貨物。《新唐書・竇易直傳》："時江淮旱，漕物淹積不能前，軍士聞易直饗言，其部將王國清指漕貨激衆謀亂，易直知之，械國清送獄。"清盛宣懷《致鄭官應函》："圖南、海晏、海定均已遣回，可裝漕貨。"

鹽貨

鹽類貨物。《舊五代史・晉書・高祖紀二》："其在京鹽貨，元是官場出糶，自今後並不禁斷。"宋熊克《中興小紀》卷八六："初，福建鹽貨轉運司，積於海倉，令上四州及屬縣取而鬻之以充歲用。"《宋史・李全傳下》："知縣陳遇踰城走，公私鹽貨皆沒於全。朝宗倉皇遣幹官王節入鹽城，懇全退師；又遣吏曾玠、李易入山陽，求楊氏裏言之助，皆不答。"《清朝文獻通考・征榷考二・鹽鐵》："七年，宣旨下，三司應有往來鹽貨悉税之，過每斤七文，住税每斤十文。"

信貨

大家都認爲可靠的貨物。《戰國策·西周策》："臣恐齊王之爲君，實立果而讓之於最，以嫁之齊也。君爲多巧，最爲多詐，君何不買信貨哉？奉養無有愛於最也，使天下見之。"鮑彪注："可信之貨，非獨知也。"明楊慎《書品·草書百韻歌》："信乎，僞物易售，信貨難市也。"清黃宗羲《黃梨洲文集·序類》："嘗見一巨子搆得僞譜，視爲信貨，據之以改舊本，不亦冤乎？夫世之爲巨子者多矣，然亦不始於近世也。"

鮝貨

乾魚，腌魚；腌臟食品。清錢泳《履園叢話·祥異·大黿》："太倉瀏河口有沈姓者，以鮝貨爲業。"按，徐珂《清稗類鈔·動物·瀏河巨黿》引作"以販售鮝貨爲業"。

頭排貨

上等的第一流的貨物。《揚州評話選·通天河》："多虧唐僧没有吃，不然就要糟糕了。這還是二排貨猪八戒，如頭排貨孫悟空來，更加厲害。"

田貨 [2]

田間所産物品。《東觀漢記·桓譚傳》："富商大賈，多收田貨，中家子爲之保役，受計上疏，趨走俯伏，譬若臣僕，坐而分利。"乾隆《貴州通志·藝文志》："〔鄭安民〕及長，登崇禎庚午鄉薦，以公父所置宅讓〔鄭〕澤民，自爲別業。凡田貨、奴婢如之。"

熟貨

加工製成的物品。《後官場現形記》第二回："農者何？自地土中生出天然品者是也。工者何？變生貨爲熟貨者也。商者何？將變換貨之方位而使其歸於有用者是也。"《施公案》第一五八回："二公差看看又是笑又是恨，叫聲：'馮第二的，那對眼睛兒！你還要喝雜銀去？連個熟貨也没見過。'"鄭振鐸《晚清文選》卷下："日本以商業抗歐洲，輸出數驟盈。皆製造品，不願以生貨供歐廠也。以生貨與人，而我失工之利。以熟貨與人，而我得分人之利。"梁啓超《新民説》一四："第四，用於熟貨之勞力。如製穀麥爲麵包，製木材爲家具……皆屬此類也。"

時貨

供日用的穀帛畜産等物。《管子·八觀》："時貨不遂，金玉雖多，謂之貧國也。"尹知章注："時貨，謂穀帛畜産也。"

食貨

糧食等食物和錢財、貨物。《漢書·叙傳下》："厥初生民，食貨惟先。"唐楊炯《益州温江縣令任君神道碑》："崇高在於寵禄，大欲存於食貨。"《尚書正義·洪範第六》："人不食則死，食於人最急，故食爲先也。有食又須衣，貨爲人之用，故'貨'爲二也。所以得食貨，乃是明靈祐之，人當敬事鬼神，故'祀'爲三也。"

生貨

農業、林業、畜牧業等産品。元《風雨像生貨郎旦》第四折："題目：抛家失業李彦和；正名：風雨像生貨郎旦。"《後官場現形記》第二回："農者何？自地土中生出天然品者是也。工者何？變生貨爲熟貨者也。商者何？將變換貨之方位而使其歸於有用者是也。合而言之，則農工變貨物之形狀者也，商變貨物之位置者也。"《市聲》第三四回："農民的生貨，都賣給他去製造，農民不是又得了利益麼？"梁啓超《新民說》一四："若以其生利之事業分之，則有六種……第三用於生貨之勞力。"原注："生貨謂物之未經製造者也。如農業、森林業、畜牧業是也。"

上貨

上等貨物。明劉基《誠意伯文集·虞孚》："吾常於吳商，知吳人尚飾，多漆工，漆於吳爲上貨。"清林則徐《信及錄》一卷："米國船並非因有別事抛泊尖沙嘴者，若到上貨不過一時而已，若抛泊在該處，或因天色不好，或因有別樣緊要故也。"清魏源《海國圖志》卷三八："向編香字號，由海關監督給照，凡二十五號。前數年，尚有一十六號，近年止十三號，二十餘年間，漂没殆半。澳番生計日絀，其夷目舶税，上貨抽加二，次加以五，又次加一。"

本貨

糧食。《管子·八觀》："悅商販而不務本貨，則民偷處而不事積聚。"明張燮《東西洋考·交易》："下港爲四通八達之衢，我舟到時，各州府未到，商人但將本貨兌換銀錢鉛錢。迨他國貨到，然後以銀鉛錢轉買貨物。華船開駕有早晚者，以延待他國故也。"清孫承澤《春明夢餘錄·工部一》："自至元十三年復立運司以來，至今官爲支用本貨，每歲約支三五百萬斤，况此時供給邊用，雖所費浩大，尚不能支絶，爲各處本貨積垜數多，其窺利之人用官司氣力收買，其價不及一半，當時既是設立提擧司煽煉本貨以備支用，除支外，止合存留積垜以備緩急。"

雜貨

各種日用零星貨物。《南史·臨川靖惠王宏傳》："帝與佗卿屈指計見錢三億餘萬，餘屋貯布絹、絲綿、漆、蜜、紵、蠟、朱沙、黄屑雜貨，但見滿庫，不知多少。"《舊唐書·張獻誠傳》："永泰二年正月，獻名馬二、絲絹雜貨共十萬匹。"《醒世恒言·賣油郎獨占花魁》："夫妻兩口，開個六陳鋪兒。雖則糶米爲生，一應麥豆茶酒油鹽雜貨，無所不備，家道頗頗得過。"

棧貨

已運到當地并進入倉庫的貨物。《二十年目睹之怪現狀》第六二回："委員問道：'你可會做煤麼？這是一票大生意呢。'我道：'會是會的。不知要棧貨，還是路貨？'旁邊一個寧波人接口道：'此地向來不用棧貨的，都是買路貨。'"清薛福成《出使英法義比四國日記續》卷二："華商恐日後鏹價昂貴，乘機置貨，因此存棧貨多，來歲銷場恐須滯塞。"徐兆瑋《徐兆瑋日記》第二部分："初七日癸丑（6月14日），晴。午後，唐清來内弟來，談良久而别。清來以典鋪二分起息，而額外尚多浮費……進當洋價較出當每元少三文，曰'進出錢'；當棧貨則每千亦扣七文，曰'地基錢'。"

餘貨

多餘的財物。唐皇甫枚《三水小牘》卷下："温鸑獄緩刑，納宗紹等金帶及餘貨，凡數千萬，事覺，飲酖而死。"宋梅堯臣《送滕監簿歸寧岳陽》詩："撫士無餘貨，吏以文結繩。"《明史·天方傳》："貢使既竣，即有餘貨，責令携歸。願入官者，禮官奏聞，給鈔。正德末，點番猾胥交關罔利，始有貿易餘貨令市儈評直、官給絹鈔之例。"清王之春《國朝柔遠記》卷四："棉花二船遭颶風傷損，飄至浙江定海縣境，總督大學士嵇曾筠等貲給衣糧，修整船桅、器具，交還餘貨，諮赴閩省附回。"

硬貨

實用價值很高的商品。清吳偉業《秣陵春傳奇》卷上："〔生〕蔡兄，你説起便是銅玉，這些硬貨易看，筭不得甚麼眼睛，畢竟有法書名畫，纔是收藏家。"《活地獄》第三九回："陳掌櫃的言已出口，只得把那二百吊錢雙手交給他，又再三求他包容。瞿老滑道：'我盡管答應你，銀錢是硬貨，我們賠墊不來的。'"洪深《香稻米》第二幕："我的價錢比人家高出兩角了；本來像米穀這樣硬貨，有兩角錢可以上落的麼！"

宴貨

古禮，宴賓時贈送財物。《左傳·昭公五年》："宴有好貨。"杜預注："宴飲以貨爲好，衣服車馬在客所無。"孔穎達疏："謂衣服車馬在客所無者與之也。"《國語·周語中》："於是乎有折俎加豆，酬幣宴貨，以示容合好，胡有孑然其效戎翟也？"韋昭注："其宴，束帛爲好，謂之宴貨也。"

滯貨[1]

積壓的貨物。《周禮·地官·廛人》："凡珍異之有滯者。"鄭玄注引漢鄭司農曰："謂滯貨不售者，官爲居之。"《宋史·職官志》："商有滯貨，則官爲斂之，復售於民，以平物價。"元張宇《感懷》詩："文字售人真滯貨，廉平養己似閑官。"明丘濬《大學衍義補·治國平天下之要·市糴之令》："王莽於長安及五都立五均官。馬端臨曰：古人立五均以均市價，立泉府以收滯貨，而時其買賣皆所以便民也。"

遲貨

滯銷的貨物。《永團圓·計定移星》："〔净〕：既如此，我尋一個丫環去便了。〔丑〕：這個使不得，倘然盤問起來，就要出醜了，那些腌臢遲貨，怎妝得金閨嬝娜？"《石點頭》第六卷："衆人喝采道：'好個聰明叫化丫頭，六言歌化作許多套數，胥老人是精遲貨了。'一時間也有投下銅錢的；也有解開銀包，拈一塊零碎銀子丢下的；也有……"清褚人穫《堅瓠六集·滯貨》："俗謂不合時宜者曰滯貨，出《世説注》。俗作遲貨。"《海烈婦百煉真傳》第八回："楊二道：'二爺平日誇盡偷情手段，若是這等説，原來一個遲貨，單出這張嘴。'顯瑞道：'我也千方百計，使盡心機，無奈好事難成，奇緣未偶。'"

【滯貨】[2]

即遲貨。此稱清代已行用。見該文。

賨貨

古代西南少數民族作爲賦税交納的貨物。往往是當地所出特産。《新唐書·張柬之傳》："今鹽布之税不供，珍奇之貢不入，戈戟之用不實於戎行，賨貨之資不輸於大國。"宋葛勝仲《丹陽集》卷一九："賨貨無山積，毛群欠穀量。"

重貨

指金銀等貴重財物。漢劉歆《西京雜記》卷五："錢，重貨也。"晋葛洪《抱朴子·自叙》："喪廉恥之操，興争競之端，相取重貨，密結怨隙。"《南史·郭祖深傳》："今宰多庸才，望風畏伏。於是斂户課，薦其筐篚，使人納重貨，許立空文。其百里微欲矯俗，則嚴科立至，自是所在恣意貪利，以事上官。"宋葉適《夫人陳氏墓誌銘》："有司索文書驗視，不酬。吏取重貨，持不肯決。"明丘濬《大學衍義補·治國平天下之要·四方夷落之情下》："諸夷國名凡十有五，而日本與焉，而於其下注曰：'日本國雖朝貢，時通奸臣，謀爲不軌，故絕之。'蓋以此國其人雖粗知文字，而心實狡詐，海外諸蕃如占城、真臘、閔婆之類皆未嘗爲邊境患，惟此一國居海之中，在勝國時許其互市，自四明航海而來，艨艟數十，戈矛劍戟莫不畢具，出其重貨貿易，即不滿所欲，燔炳城郭，抄掠居民，海道兵卒無以應之，往往爲海邊州郡害。"

捎貨

方言。謂銷路好的貨物。捎，同"俏"。章炳麟《新方言·釋言》："今江浙謂物之上選者爲捎貨。音如峭。"

貨件

包裝成件的貨物。清徐松《宋會要輯稿·市舶司》："榷場又開到申數客人單名物貨件段，牒付淮河渡，本渡憑公牒辨驗甲帖真僞，同榷場主管官並本軍所差官當面逐一點名搜檢隨身並應干行貨，若無夾帶禁物，方得過淮。"清魏源《海國圖志》卷六〇："進口貨價，自康熙四十年，共銀一百七十萬圓，乾隆三十四年……道光十一年一萬三百一十九萬圓，每年産物及製造貨件，共銀一萬五千萬圓，可觀其國豐盛矣。"《三春夢》第二三回："平南王自展開一看，歷來日子貨件，心中明白。"

貨品

貨物、商品。清俞揚《泰州舊事摭拾·史事》："孫源興號，南門著名之雜貨莊也。聯軍入城因搜索未遂，遂縱火焚燒，孫源興是亦及於難。而其所損失者乃爲最巨，器皿什物及一切貨品，無不成爲灰燼……聯軍駐各廟中，地方供給柴火數不在少，而兵士不守規則，乃將廟中椽板以充爨火者。"康有爲《大同書·庚部》："蓋貨品之所以貴賤不時，而人民受累者，由各地生養、造作、運送之不時，而私商滯貨居奇之所致也。"《商界現形記》第一一回："諸君休纏錯，這'來路'兩字，疑是東洋的來路貨品，其實是太陰國的來路呀！"孫殿起輯《琉璃廠小志·概述》："本公園東西新建平房五十九間，招集商家，臚列貨品，以興商業，而便游觀；其租額依照房屋等差，另表定之。"

第二節　招幌考

招幌，指招牌與幌子。招有招徠之意，幌有標志之意，其中或側重於宣傳告知，或側重於使人易於辨識記認，是中國傳統商業習俗之一。其物商周時當已有之。據《韓非子·外儲説右上》所述，戰國時已經出現了酒旗。游動商販，多以敲打某種響器替代叫賣聲，如不郎鼓、驚閨等。據《詩·周頌·豐年》"簫管備舉"鄭玄注可知，漢代已出現形如先秦簫形的器具，吹奏之以賣飴糖。清佚名《韻鶴軒雜著》："百工雜技，荷擔上街，每持器作聲，各爲記號。修脚者所摇折叠凳，曰‘對君坐’；剃頭擔所持響鐵，曰‘喚頭’；醫家所摇銅鐵圈，曰‘虎撑’（串鈴）；星家所敲小銅鑼，曰‘報君知’；磨鏡者所持鐵片，曰‘驚閨’；錫鐵匠所持鐵器，曰‘鬧街’；賣油者所鳴小鑼，曰‘厨房曉’；賣食者所敲小木梆，曰‘擊饞’；賣閨房雜貨所摇，曰‘喚嬌娘’；賣要貨者所持，曰‘引孩兒’。"地點相對固定之攤販，或以某物作爲出售之標志，如草標兒等；地點固定之店鋪，則多以招牌及幌子作爲標志，如酒旗、草稕、牌額等。宋張任國《柳梢青》詞云："挂起招牌，一聲喝采，舊店新開。"宋張擇端《清明上河圖》中店鋪商標便有"劉家上色沉檀楝香""趙太丞家""楊家應症"等。今所謂招幌，一般多指店鋪之招牌、標志。行業性招幌，一般約定俗成，具有相對穩定性，以便使人識認。而同一行業之中，又有各自凸顯其特性之招幌，樣式繁多，無以勝數。如宋代雜劇《眼藥酸》絹畫中，賣藥者脅下挂一布囊，上畫一巨大的眼睛，作爲醒目的招徠。這個畫有眼睛的布囊就可以看作圖畫招幌。

就招幌之形式而言，大體有兩類：一爲以有聲之響器招徠顧客及作爲標志者，此類多見於鄉村或城市中走街叫賣者，而今已漸少；二爲以無聲之物吸引顧客及作爲標志者，此類多見於店鋪商家，形式甚多，而今方興未艾。後者又有實物性招幌、模擬性招幌、象徵性招幌、規約性招幌、圖文性招幌之不同，但亦可交互使用。

實物性招幌，是將所貨賣之物中具有代表性者或與其行業直接相關之物展示於外，如篩子鋪懸挂鐵篩子於門前，下綴以幌綢；銅件鋪以三尺長之木板，上釘銅門環、銅拉手、銅合頁、銅包角立於門前；售花圈者懸挂花圈於門前，棺材鋪懸挂一個黑色小棺材而下面綴以紅綢；修車者將車子輪胎懸挂於門前，或支立於路旁。模擬性招幌，是模擬器物之形而製作一物，展示於門前作爲標志，如筆墨莊以模仿毛筆形狀所造之物陳列於店外；香蠟鋪則以木質紅漆龍抱柱形式的大蠟，立於店外。象徵性招幌，是以某種與其行業相關之物作爲象徵，如酒店懸挂酒葫蘆，下面繫綢；香油店挂錫質葫蘆，下邊有方形座，或挂有"亞"字形之錫器。規約性招幌，是根據約定俗成之物作爲標志，如東北一帶飯店門前懸挂的幌子，圓形筒下綴以布條，紅色布條者爲漢滿族人之飯店，藍色布條者爲朝鮮族之飯店，黑色布條者爲回族人之飯店；北京則以懸挂幌子的數量標志飯店、酒店之檔次，有一個幌、兩個幌、四個幌之分。圖文性招幌，是以圖畫或文字招牌、匾額作爲標志，如刀剪鋪門前挂兩塊木牌，上面繪有刀、剪圖案，最上角書寫字號；《日下舊聞考·風俗一》載，大都"酒槽坊門首多畫四公子：春申君、孟嘗君、平原君、信陵君，用紅漆闌干護之，上蓋巧細升斗若宮室之狀，兩旁大壁上並畫車馬、驛從、傘仗俱全，又間畫漢鍾離、唐吕洞賓爲門額"；南方酒店門前以一杆挑出一個"酒"字；醬園以二尺長木板塗以黑漆，以金色寫上"醬園"二字。

招牌

寫有商店字號或經營業務作爲商店標志的牌子。《警世通言·崔待詔生死冤家》上："只見車橋下一個人家，門前出着一面招牌，寫着'璩家裝裱古今書畫'。"宋張任國《柳梢青》詞："掛起招牌，一聲喝彩，舊店新開。"亦稱"招子"。宋孟元老《東京夢華錄》收南戲《宦門子弟錯立身》第四齣："今早挂了招子，不免叫孩兒出來，商量明日雜劇。"舊時招牌多爲一旗幡，故又稱"招旗"。《水滸傳》第二二回："武松在路上行了幾日，來到陽穀縣地面。此去離縣治還遠。當日晌午時分，走得肚中饑渴，望見前面有一個酒店，挑着一面招旗在門前，上頭寫着五個字道：'三碗不過岡。'"亦稱"招幟"，近現代用語。

【招子】

即招牌。此稱宋代已行用。見該文。

【招旗】

即招牌。此稱明代已行用。見該文。

【招幟】

即招旗。此稱近代已行用。見該文。

布牌

宋代每年造酒，以布匹書寫酒庫、商品之名，懸於長杆之上，謂之"布牌"。宋周密《武林舊事·迎新》："户部點檢所十三酒庫，例於四月初開煮，九月初開清，先至提領所呈樣品嘗，然後迎行至諸所隸官府而散。每庫各用匹正書庫名商品，以長竿懸之，謂之布牌。"宋吳自牧《夢粱錄》卷二："至期侵晨，各庫排列整肅，前往州府教場，伺候點呈。首以三丈餘高白布寫'某庫選到有名高手酒匠，醖造一色上等釀辣無比高酒，呈中第一'。謂之'布牌'。以大長竹掛起，三五人扶之而行。"布牌亦用於軍事方面。

花栲栳

宋時懸挂於絨綫鋪門前用作幌子之物。《金瓶梅詞話》第七七回："到房子内，吳二舅與來昭正挂着花栲栳兒發賣紬絹、絨線、絲綿。"《警世通言·小夫人金錢贈年少》："張勝看時，原來屋梁上掛着一個包，取將下來。道：'你爺養得你這等大，則是這件物事身上。'打開紙包看時，是個花栲栳兒。婆婆道：'你如今依先做這道路，習爺的生意，賣些胭脂絨線。'"《警世通言·小夫人金錢贈年少》："小夫人便從懷裏取出數珠遞與婆婆。燈光下婆婆看見，就留小夫人在家住。小夫人道：'來日剪顆來貨賣，開起胭脂絨線鋪，門前挂着花栲栳兒爲記。'"

草標

行業標志性用具。草標即草杆、草棒之類，插於物品之上，表示該物品出售。《水滸傳》第一二回："〔楊志〕當日將了寶刀，插了草標兒，上市去賣，走到馬行街内，立了兩個時辰，並無一個人問。"明楊爵《鬻子行》詩："眼中流淚口中乾，只得將兒入市鬻，市上紛紛草標待，賣者空多買者稀。"明朱國禎《湧幢小品》卷二七："萬曆九年、十年，山西連年大旱，百姓死亡。平涼、固原城外掘萬人大坑三五十處，處處都滿。有一富家女，父母餓死，頭插草標，上街自賣，被外來男子調戲一言，慚甚，自撞死。"清范咸纂輯《臺灣文獻叢刊·崇禎記聞錄》卷五："十七日，營兵令擄婦女手執草標，街市發買。"清李顒《二曲集》卷二七："崇禎十三年大饑，人相食。襄城縣南門外有賣人市，有錢者買活人以食。一男子扶其父至市，頭插草標自賣，語人曰：'父生我一場，不能養，自亦必不得活，不如賣錢數十文，充父一飯。'"

草標

行業標志性用具。鄉村酒店用作酒幌的草簾。元高文秀《黑旋風雙獻功》第二折："你覷那往來不斷，車馬相接。墻角畔滴溜溜草標兒挑，茅檐外疏刺刺布簾兒斜。"元楊顯之《鄭孔目風雪酷寒亭》第三折："曲律竿頭懸草標，綠楊影裏撥琵琶。高陽公子休空過，不比尋常賣酒家。"亦稱"草帚兒"。《水滸傳》第三回："遠遠地杏花深處，市梢盡頭，一家挑出個草帚兒來。〔魯〕智深走到那裏看時，却是個傍村小酒店。"

【草帚兒】

即草標。此稱明代已行用。見該文。

酒旗

酒店所用之標志物。其物最早見載於《韓非子·外儲説上》："宋人有酤酒者，升概甚平，遇客甚謹，爲酒甚美，懸幟甚高。"這裏

的"懸幟"，便是懸掛酒旗。"酒旗"的稱謂最早出現於唐代。唐劉禹錫《楊柳枝詞》："城外春風吹酒旗，行人揮袂日西時。"唐白居易《病起》詩："經年不上江樓醉，勞動春風颺酒旗。"唐陸龜蒙《江行》詩："酒旗菰葉外，樓影浪花中。"宋陸游《宿北錢清》詩："酒旗闌道出，風浪拍船鳴。"清杭世駿《訂訛類編》卷三："楊升庵云：杜牧詩'長空澹澹没孤鴻'，今妄改作孤鳥没，平仄亦拗矣。'十里鶯啼綠映紅'，今誤作千里。若千里，鶯啼誰人聽得，綠映紅誰人見得。唯十里，則鶯啼、綠紅之景，村郭、樓臺、僧寺、酒旗皆在其中矣。"亦稱"酒斾"。唐杜牧《代人寄遠》詩："河橋酒斾風軟，候館梅花雪嬌。"宋張鎡《行香子·題山水扇面》詞："佛寺雲邊，茅舍山前。樹陰中、酒斾低懸。"清孔尚任《紅橋》詩："酒斾時遮看竹路，畫船多繫種花門。"亦稱"野斾"。宋俞紫芝《水村閑望》："翡翠閑居眠藕葉，鴛鴦別業在蘆花。溪雲淡淡迷漁屋，野斾翩翩露酒家。"亦稱"杏簾"。《紅樓夢》第一七回："舊詩云：'紅杏梢頭掛酒旗。'如今莫若且題以'杏簾在望'四字。"亦稱"風簾"。金張建《答華陰宋先覺》詩："風簾搖曳橋南酒，烟樹溟濛渭北天。"因酒旗多用青色，故又稱"青酒旗"或省稱"青旗"。唐白居易《楊柳枝詞》："紅板江橋青酒旗，館娃宮暖日斜時。可憐雨歇東風定，萬樹千條各自垂。"又《杭州春望》詩："紅袖織綾誇柿蒂，青旗沽酒趁梨花。"酒旗如簾，故亦稱"酒簾"，而"青旗"即因此而稱"青簾"。南唐李中《江邊吟》詩："閃閃酒簾招醉客，深深綠柳隱啼鶯。"宋無名氏《女冠子》："亂飄僧舍，密灑歌樓，酒簾如故。"唐鄭谷《旅寓洛

陽村舍》詩："白鳥窺魚網，青簾認酒家。"宋葛立方《好事近》："青簾沽酒送春歸，莫惜萬金擲。屈指明年春事，有紅梅消息。"宋陸游《對酒》詩："街頭桑葚落，相喚指青簾。"酒旗爲招徠客人而設，欲人遠遠一望即知，故亦稱"酒望""酒望子"，或直接稱爲"望子"。《廣韻》："青簾，酒家望子。"宋孟元老《東京夢華録・中秋》："中秋節前，諸店皆賣新酒，重新結絡門面綵樓，花頭畫竿，醉仙錦旆，市人爭飲，至午未間，家家無酒，拽下望子。"元馬致遠《吕洞賓三醉岳陽樓》第一折："將酒望子挑起來，招過客。"元佚名《小孫屠》戲文第二齣："花深處，酒望垂，可惜解貂留佩。"酒旗以布做成，下垂如幔，故亦稱"酒幔"。唐王建《華清宮》詩："酒幔高樓一百家，宮前楊柳寺前花。内園分得温湯水，二月中旬已進瓜。"亦稱"酒標"。明何良俊《四友齋叢説・史十二》："初到臨清，三朝行香，偶酒家酒標掛低了，掣落其紗帽。"清洪昇《長生殿・疑讖》："我家酒鋪十分高，罰誓無賒掛酒標。"

【酒旆】

即酒旗。此稱唐代已行用。見該文。

【野旆】

即酒旗。此稱宋代已行用。見該文。

【杏簾】

即酒旗。此稱清代已行用。見該文。

【風簾】

即酒旗。此稱金代已行用。見該文。

【青酒旗】

即酒旗。此稱唐代已行用。見該文。

【青旗】

即酒旗。此稱唐代已行用。見該文。

【酒簾】

即酒旗。此稱五代時期已行用。見該文。

【青簾】

即酒旗。此稱唐代已行用。見該文。

【望子】

即酒旗。此稱宋代已行用。見該文。

【酒望子】

即酒旗。此稱元代已行用。見該文。

【酒望】

即酒旗。此稱元代已行用。見該文。

【酒幔】

即酒旗。此稱唐代已行用。見該文。

【酒標】

即酒旗。此稱明代已行用。見該文。

紙標

行業標志性用具。對出售物品所做之紙質標記。宋徐夢莘《三朝北盟會編・政宣上帙》："是歲燕山大饑，父母食其子，至有病死屍，插紙標於市人售之，以爲食錢。"宋曾慥《類説・松窗雜録・三司點胥》："胥携小女於東華門街，插紙標，曰爲陳省副請女客監厨，無錢陪備，今賣此女，要若干錢，潛結邏者以聞，陳竟罷職。"《續資治通鑑長編・宋仁宗景祐四年》："胥乃携十餘歲女子於東華門街，插紙標子於首，曰：'爲陳省副請女客，令監厨，無錢陪備，鬻此女子，要若干錢。'遂結皇城司密邏，俾潛以聞。"《水滸傳》第三回："地上攤着十數個膏藥，一盤子盛着，插把紙標兒在上面，却原來是江湖上使鎗棒賣藥的。"徐珂《清稗類鈔・物品類・酒簾》："簾，酒家旗也，以布爲之，懸示甚高，唐、宋時習用之，由來已久，南省罕見。光、宣間，北省猶有之，迎風招展，一望而知爲沽酒處。又有高懸紙標，形正圓而長，四週剪綵紙，粘之如綴旒者。"

報君知

響器名稱。用響器發出的響聲告知對方自己所在的位置。明宋應星《天工開物・舟車》："牛車以載芻糧，最盛晋地。路逢隘道則牛頸繫巨鈴，名曰報君知，猶之騾車群馬盡繫鈴聲也。"《喻世明言・蔣興哥重會珍珠衫》："〔暖雪〕忽聽得街上噹噹的敲響，响响的這件東西，喚做'報君知'，是瞎子賣卦的行頭。"清陳元龍《格致鏡原》卷四八："附雜具……《事物紺珠》報君知：員銅片，手提擊。"清沈太侔《東華瑣録》："尋常器物，無不有名。如賣藥之串鈴，曰'報君知'，售絨綫之摇，曰'喚嬌娘'。"清佚名《韻鶴軒雜著》："百工雜技，荷擔上街，每持器作聲，各爲記號。……星家所敲小銅鑼，曰'報君知'。"石繼昌《春明舊事・京華遥憶吆喝聲》："粘扇子换扇面的在其肩挎小木箱上綴以銅鈴，行走時起到'報君知'的作用，是無言的貨聲。"

幌子

本指帷幔、窗簾。唐代以後亦以此指酒店所用宣傳標志之物，今則可泛指商店、酒店、飯店及各種商業活動之宣傳標志。《太平廣記》引《野人閑話》，五代時，後蜀青城山一道士會幻術，在成都引誘富豪的妻妾及功臣貴族的後代，悄悄將她們引入山中，或者讓他們在幽静的宅院中灑水掃地焚香設榻，或者讓他們支張帷帳和幌子等，而他自己則單獨在室内作法。《金瓶梅》第一八回："一日，玳安騎馬打獅子街過，看見李瓶兒門首開個大生藥鋪，裏邊堆着許多生熟藥材。朱紅小櫃，油漆牌匾，吊着

幌子，甚是熱鬧。"清翟灝《通俗編》卷二六："望子：〔廣韻〕青簾、酒家望子。〔按〕今江以北，凡市賈所懸標識，悉呼望子，訛其音，乃云幌子。"清梁章鉅《浪迹續談》卷五："又按吾閩本有定風珠，相傳康熙間周櫟園先生爲閩藩時，出門日恰值大風，南門大街兩旁招牌幌子無不摇動，惟一棉花店前，所挂多年棉毯幌子，屹然不動，先生目而異之，不計價買歸，乃中有一大蜘蛛，腹藏大珠，屢試之風中，不小摇動，初亦貯之藩庫，後先生移任，携之去。"省稱爲"幌"。唐陸龜蒙《初冬偶作》詩："小壚低幌還遮掩，酒滴灰香似去年。"

【幌】

"幌子"之省稱。此稱唐代已行用。見該文。

牌額

店鋪門口上所懸挂之匾額。宋灌圃耐得翁《都城紀勝・酒肆》："酒閣名爲廳院，若樓上則又或名爲山……牌額寫過山，非特有山，謂酒力高遠也。"

不郎鼓

行業標志性用具。貨郎用來招徠顧客之響具，發出聲響代替叫賣聲。鼓身扁圓形，有柄，鼓的兩面蒙以皮革用以敲擊，鼓肚的兩側各挂懸槌，通過反復拈轉，懸槌敲擊鼓面而發聲。元關漢卿《四春園》第三折："自家是個貨郎兒，來到這接市上，我摇動不郎鼓兒，看有甚麽人來。"或因其柄串於鼓中而寫作"串鼓"。《水滸傳》第七四回："德青一手撚串鼓，一手打板，唱出貨郎太平歌，與山東人不差分毫來去，衆人又笑。"或因象其聲而作"不琅鼓""博浪鼓""撥浪鼓"。元無名氏《漁樵記・第三折》："這裏是劉二公家門首，摇動這

不琅鼓兒。"《金瓶梅詞話》第三二回："兩個青衣家人，戲金方盒拿了兩盒禮物：爛紅官段一疋，福壽康寧金銀錢四個，追金瀝粉丝畫壽星博浪鼓兒一個，銀八寶貳兩。"《紅樓夢》第四七回："只見薛蟠騎着一匹馬，遠遠地趕了來，張着嘴，瞪着眼，頭似撥浪鼓一般，不住左右亂瞧。"

【串鼓】

即不郎鼓。此稱明代已行用。見該文。

【不琅鼓】

即不郎鼓。此稱元代已行用。見該文。

【博浪鼓】

即不郎鼓。此稱明代已行用。見該文。

【撥浪鼓】

即不郎鼓。此稱清代已行用。見該文。

喚頭

行業標志性用具。剃頭匠在走街串巷時爲招徠顧客使用的一種響器。由兩根條鐵和一鐵棍組成。兩根條鐵一頭燒結成把，另一頭微張開，長尺餘。使用時，左手握把，右手用鐵棍從條鐵的縫隙中向上挑，發出的響亮的"嚓、嚓"聲來招攬生意。剃頭匠通過"喚頭"發出的聲響，從而代替了叫賣聲。清陳元龍《格致鏡原》卷四八："今篦頭者，手持之作聲名曰喚頭。"《醒世姻緣傳》第九三回："船上一個人，約有三十年紀，瞪着眼，朝着岸，左手拿着一個匣子篦頭傢夥，插着一個鐵喚頭……原來這人是剃頭的待詔。"清佚名《韻鶴軒雜著》卷上："百工雜技，荷擔上街，每持器作聲，各有記號。修脚者所搖折叠凳，曰'對君坐'；剃頭擔所持響鐵，曰'喚頭'……"

鉦

古樂器名。外形似狹長的鐘，銅質，有柄，擊之發聲。行軍時用以節止步伐。《詩·小雅·采藝》："鉦人伐鼓。"毛傳："鉦以静之，鼓以動之。"《漢書·平帝紀》："遣執金吾候陳茂，假以鉦鼓。"應劭注曰："鉦者鐃也，似鈴，柄中上下通。"另一種外形圓如銅鑼，懸而擊之。藝人用作行業標志性用具。《清史稿·樂志八》："鉦，範銅爲之，形如盤。面平，口徑八寸六分四厘，深一寸二分九厘八毫，邊闊八分六厘四毫。穿六孔，兩兩相比，周以木匡，亦穿孔，以黄絨紃聯屬之。左右銅鐶二，繫黄絨紃，懸於項而擊之。"

對君坐

行業標志性用具。走村串巷的小商販或小手藝人，以不同的物件來發出聲響來表示職業。對君坐，即有聲響的摺叠小凳兒。修脚者通過搖這種摺叠小凳發出的聲響招徠顧客，後世沿用之。清佚名《韵韻鶴軒雜著》："百工雜技，荷擔上街，每持器作聲，各爲記號。修脚者所搖摺叠凳，曰'對君坐'。"

擊饞

行業標志性用具。走村串巷的小商販或小手藝人，以不同的物件來發出聲響來表示職業。擊饞即賣熟食者所敲的一種小木梆。利用敲擊小木梆發出的聲響招徠食客，後世沿用之。清佚名《韻鶴軒雜著》："百工雜技，荷擔上街，每持器作聲，各爲記號……賣食者所敲小木梆，曰'擊饞'。"

簫

樂器名。漢代賣飴糖的商販利用吹簫招徠食客，從而成爲行業標志性用具，後世沿用之。《詩・周頌・豐年》："簫管備舉。"鄭玄注："簫，編竹管，如今賣餳者所吹也。"孔穎達疏："《風俗通》云……賣餳之人吹簫以自表也。"宋宋祁《寒食》詩曰："草色引開盤馬地，簫聲催暖賣餳天。"元吳萊《嚴陵應仲章自杭寄書至賦此答之》詩："花濃携酒榼，柳霽賣餳簫。"清范來宗《鑼鼓》詩："太平響徹家增樂，開道聲稀巷轉囂。取次春風催劈柳，賣餳時近又吹簫。"按，餳爲糖稀、飴糖之類食物。

驚閨

行業標志性用具。販賣針綫、脂粉等之貨郎或者磨刀剪、磨鏡子之匠人，走街串巷時用以召唤女顧客之響器。其形制多種，一種爲嵌有鈴、鑼之類響具的帶柄小鼓；一種爲由鐵片、銅片串連成一串，摇動作響；一種如小鉦，以手提擊者；一種爲小鞀上附以小鉦等。皆有使閨閣聞知而前來光顧之用意，故稱。《醒世恒言・勘皮靴單證二郎神》："冉貴却裝了一條雜貨擔兒，手執着一個玲瓏璫琅的東西，叫做個驚閨，一路摇着，徑奔二郎神廟中來。"清厲荃《事物異名録・漁獵・雜具》："驚閨，《齊東野語》：用鐵數片如拍板樣，磨鏡匠手持作聲，使閨閣知之，名曰驚閨。"徐珂《清稗類鈔・物品類・驚閨》："驚閨，販賣針綫脂粉之人所執之器也。形如鼗而附以小鉦，持柄摇之，則鉦鼓齊響鳴，以代唤賣。曰驚閨者，欲其聲之達於閨閣也。"亦稱"驚閨葉"。《金瓶梅詞話》第

五八回："正説着，只見遠遠一個老頭兒，斯琅琅摇着驚閨葉過來，潘金蓮便道：'磨鏡子的過來了。'"《野叟曝言》第一三回："只聽豁琅琅一片聲響，嚇了一跳，却是小厮把好磨鏡的幾片驚閨葉兒亂拍。"曲彦斌《中國傳統商業招徠市聲源流考略》："驚閨，先是宋代磨鏡匠用爲招徠響器，清末改銅鏡爲玻璃水銀鏡後，磨刀剪者則沿用下來。"亦用於代指職業。徐珂《清稗類鈔・物品類・驚閨》："〔謂吳三桂之妾陳圓圓〕爲江南陳驚閨之女是也。"

【驚閨葉】

即驚閨。此稱明代已行用。見該文。

【唤嬌娘】

即驚閨。此稱清代已行用。清佚名《韻鶴軒雜著》："百工雜技，荷擔小街，每持器作響，各爲記號……賣閨房雜貨者所摇，曰'唤嬌娘'。"清沈太侔《東華瑣録》："尋常器物，無不有名。如賣藥之串鈴，曰'報君知'，售絨綫之摇，曰'唤嬌娘'。"

【驚綉】

即驚閨。此稱清代已行用。驚閨用具多種，此爲手提式。清陳元龍《格致鏡原・諸雜具》："《事物紺珠》驚綉如小鉦而厚，手提擊。"清厲荃《事物異名録・漁獵・雜具》："驚綉如小鉦而厚，手提擊。按今街市賣零帛及花綫者，或摇小鑼，或摇小鼓，皆此類也。"

第七章　集市貿易説

第一節　集市考

中國的商業活動源遠流長，幾乎可以追溯到有文字記載的歷史的起點。據《易·繫辭下》載，神農氏時便"日中爲市，致天下之民，聚天下之貨，交易而退，各得其所"。又《書·益稷》載，大禹向帝舜彙報在治水過程中的作爲時，曾提到"懋遷有無化居"，表明夏朝時人們就很重視貿易活動。隨着社會生產力的提高，商品生產擴大，就有了商品交易市場，也有了商人和從商人中分離出的經紀商，隨着商品貿易活動的頻繁，便出現了集市。

"集"，《説文·雥部》："集，群鳥在木上也。"《爾雅·釋言》："集，會也。"本是衆鳥所止之意，引申爲人員聚集。《説文·冂部》："市，買賣所之也。"因此，集市是人們聚集在一起進行交易之場所，是定期或不定期進行商品交易活動相對固定的場所。

在我國，集市在周朝已有記載，從祇設於州縣治所逐漸普及到村鎮，集市數量由少漸多，至明、清有較大發展。雍正《武功縣志·建置志·鎮市》記載："市集見於前志者，縣集以外有三，今縣以外有八，足證我朝休養生息，戶口殷繁，視前朝有加矣。"我國的集市在不同地域的稱呼也有所不同，北方地區一般稱作"集"。明謝肇淛《五雜俎·地部一》：“〔市〕，山東人謂之集，每集則百貨俱陳，四遠競湊，大至騾、馬、羊、牛、奴婢、妻子，小至斗粟、尺布，必於其日聚焉，謂之趁集。”明談遷《北游録·紀聞上·都市》：“北方待期而市曰集。”兩廣、福建等地稱作“墟”或“圩”。明謝肇淛《五雜組·地部一》：“嶺南之市謂之虚，言滿時少虚時多也。”明徐弘祖《徐霞客游記·粤西游日記》：“是爲橋村墟，數十家之聚。時方趁墟，人聲沸然。”清蔡永兼《西山雜志·林鑾官》：“林鑾引蕃客以香料易紅柑，在柑市内坑，已成墟矣。”川、黔等地稱作“場”，雲南則稱“街”或“街子”。清佚名《燕京雜記》：“交易於市者，南方謂之趁墟，北方謂之趁集，又謂之趁會，京師則謂之趁廟。”道光《直隷定州志·地理志》：“南人曰市，北人曰集，販夫販婦之利也，亦民風民氣所由見。城鄉十餘集，殊期日，至期則迭肩駢迹，喧雷汗雨，民氣昌矣。其用物，唯鐮、鋤、筐、筐、盆、碗、布、枲、席，其食物，唯豆、麥、菽、粟、瓜、菜，其畜物，唯馬、牛、騾、驢、羊、豕、鷄、鶩。物之稚者弗鬻，器之窳且靡者尠所見也。”一般統稱作集市。

集市貿易在當今中國城鄉依然普遍存在。集市是農村商品交換的主要場所之一，交易的商品主要是農副產品、土特產品、日用品等，集市在農村經濟生活中起着重要的作用。

集市

定期的或臨時的交易市場。明屠隆《冥寥子游》卷下：“冥寥子潛之，乃呼集市人廣爲設法，闡菩提之果，論天人之福，拈三生之緣，指善惡之報，無住而修行，則爲大乘。”亦稱“市集”。金元好問《續夷堅志·鬼市》：“裴翰林擇之，陽武人。六七歲時，以大父馬上抱往縣東北莊。至外壕，見門南北有市集，人物皆二尺許，男女老幼，吏卒僧道，穰穰往來，市人買賣，負擔、驢馱、車載，無所不有。”元王惲《淇州創建故江淮都轉運使周府君祠堂碑銘》：“連甍表植左右閭，日中市集百貨俱。”《元史·刑法志三》：“諸在城及鄉村有市集之處，課稅有常法。”元范梈《至富屯》：

“承恩千里出江鄉，轉歷三關道路長。黃葉霧開山市集，見人鳧雁憶橫塘。”《明史·食貨志五》：“稅課司局，京城諸門及各府州縣市集多有之，凡四百餘所。”明談遷《甲馬營》詩：“村村趨市集，刻目凑輪蹄。”《海國春秋》第三二回：“凡山隈稍平坦處，俱市集；坡岡寬展處，則遷郡邑。”我國的集市在不同的地域稱呼也有所不同，北方地區一般稱作“集”。明謝肇淛《五雜組·地部一》：“〔市〕，山東人謂之集，每集則百貨俱陳，四遠競湊，大至騾、馬、羊、牛、奴婢、妻子，小至斗粟、尺布，必於其日聚焉，謂之趁集。”明談遷《北游録·紀聞上·都市》：“北方待期而市曰集。”乾隆《保德州志·市集》：“近邊鄙，富商大賈絶迹不到。

然麻縷棉絮之類，日用所必需，東溝立集，農民喜其便。"《醒世姻緣傳》第四八回："李九強自知寡不敵衆，將幾畝地仍照了原價賣與別人，把些糧食俱趕集賣了；腰裏扁着銀子，拿着火種，領了老婆，起了三更，走到陳柳門上，房上放上火，領着婆子一溜烟走了。"清梁紹壬《兩般秋雨盦隨筆·集虚》："鄉城聚衆貿易之處，北人曰'集'，從其聚而言之也。"南方地區一般稱作"市"。道光《直隸定州志·地理志》："南人曰市，北人曰集，販夫販婦之利也，亦民風民氣所由見。"南方不同地域的集市，名稱也有所不同。兩廣、福建等地稱作"虚"，亦作"墟"或"圩"。明謝肇淛《五雜俎·地部一》："嶺南之市謂之虚，言滿時少虚時多也。"清佚名《燕京雜記》："交易於市者，南方謂之趁墟，北方謂之趕集，又謂之趕會，京師則謂之趕廟。"清梁紹壬《兩般秋雨盦隨筆·集虚》："鄉城聚衆貿易之處……南人曰'虚'，指其散而言之也。"明徐弘祖《徐霞客游記·粵西游日記》："是爲橋村墟，數十家之聚。時方趁圩，人聲沸然。"清蔡永蒹《西山雜志·林鸞官》："林鸞引蕃客以香料易紅柑，在柑市内坑，已成墟矣。"川、黔等地稱作"亥"或"場"。明謝肇淛《五雜俎·地部一》："〔市〕，西蜀謂之亥。亥者，痎也。痎者，瘧也。言間日一作也。"亦稱"街""街子""務"。清劉獻廷《廣陽雜記》卷二："〔市〕蜀謂之場，滇謂之街，嶺南謂之務，河北謂之集。"明徐弘祖《徐霞客游記·滇游日記五》："飯於悉檀，同沈公及體極之侄同游街子。"

【市集】

即集市。此稱金代已行用。見該文。

【集】

"集市"之省稱。此稱明代已行用。見該文。

【虚】[1]

即集市。此稱明代已行用。見該文。

【墟】[1]

即集市。此稱清代已行用。見該文。

【場】[2]

即集市。此稱清代已行用。見該文。

【圩】

即集市。此稱明代已行用。見該文。

【亥】

即集市。此稱明代已行用。見該文。

【街】

即集市。此稱清代已行用。見該文。

【務】

即集市。此稱清代已行用。見該文。

【街子】

即集市。此稱明代已行用。見該文。

【集場】

即集市。此稱元代已行用。《元史·王思誠傳》："昏暮三人投宿，將詣集場，約同行，未夜半，趣行，至一家間，見數人如有宿約者，疑之，衆以爲盜告，不從，脅以白刃，驅之前，至一民家，衆皆入，獨留户外，遂潜奔赴縣，未及報而被收。"明顧岕《海槎餘録》："黎村貿易處，近城則曰市場，在鄉曰墟場，又曰集場。每三日早晚二次，會集物貨。四境婦女擔負接踵於路，男子則不出也。"明徐榜《濟南紀政·楊化記》："化陰約大郊去集場買貨，戴星而行。"乾隆《寶坻縣志·市集》："届期，凡近境者，披星戴月，絡繹畢至。集場約半里許，各賃坐地，陳貨於左右。一切食用所需具備，要皆村莊中出也。”《大清會典則例·雜賦下》：
“再有新開集場應設牙行者，酌定名數給發，亦
報部存案。”

【市】

即集市。買賣貨物的固定場所。此稱先秦
時期已行用。《易·繫辭下》：“日中爲市，致
天下之民，聚天下之貨，交易而退，各得其
所。”《孟子·滕文公上》：“從許子之道，則市
賈不貳，國中無僞，雖使五尺之童適市，莫之
或欺。”南朝宋劉義慶《幽明録·買粉兒》：“有
人家甚富，止有一男，寵恣過常。游市，見一
女子美麗，賣胡粉，愛之，無由自達，乃托買
粉，日往市得粉便去。”元周達觀《真臘風土
記·病癩》：“其患痢者十死八九，亦有貨藥於
市者，與中國不類，不知其爲何物。”清震鈞
《天咫偶聞·北城》：“地安門外大街最爲駢闐。
北至鼓樓，凡二里餘，每日中爲市，攘往熙來，
無物不有。”集市分類方式較多。因經營時間不
同，形成早市、夜市等；因來源不同，有瓦市、
廟會等；因經營類別不同，分化爲米麵市、肉
市、緞子市、皮帽市、鵝鴨市、珠子市、鐵器
市、柴炭市、窮漢市、花市、槐市、人市等；
因區域方言不同，命名爲集市、墟、場等。中
國古代，“市”通常由官府在州縣治所設置。西
周時，固定市場以“面朝後市”的布局設立在
王宮北面。唐代規定，“市”有一定區域，午時
擊鼓會集買賣衆人，日入前擊鉦而衆散。宋以
後，州縣治所之外的村鎮，也逐漸有了定期交
易的市。夏時對市場交易中的衡量物有明確規
定，《書·五子之歌》記載“關石和鈞，王府則
有”，規範了市場交易行爲。西周對市的管理相
當完善，《周禮·地官·司市》記載：“大市日

昃而市，百族爲主；朝市朝時而市，商賈爲主；
夕市夕時而市，販夫販婦爲主。”表明西周有大
市、朝市、夕市三種。各市有自己的交易物件、
交易場所，不得弄混：大市日中進行，在中間
的集市交易；朝市早晨進行，在東邊的集市交
易；夕市傍晚交易，在西邊的集市交易。秦漢
時期，居民的住宅區稱“閭里”，與政府設置的
商業區域“市”嚴格分開，市區四周都有垣墻，
稱爲“闠”，與“閭里”相隔。商品交易活動在
“市”内進行，商人和手工業者的店鋪、貨攤、
作坊祇能在市裏，買賣也必須在市内進行。市
門稱爲“闠”，由官府派監門市卒看守，按時開
閉。《太平御覽》卷七三九：“市買者當清旦而
行，日中交易所有，夕時便罷。”市中的店鋪、
貨攤稱爲“肆”，商肆均按貨物的種類集中排列
成行，稱爲“列”“列肆”。市内儲藏貨物的倉
庫稱爲“廛”。唐代市場可分爲三類：一是城市
中固定的商業區，即官市；一是鄉村中自發形
成的草市或集市；還有就是在邊境地區與周邊
少數民族或外國商人進行貿易的互市監。唐代
城市實行坊市制。坊是居民住宅區，市爲進行
商品交易的商業區，由官府規定設置，居民住
宅和商業區分別設置、管理。坊市制規定市民
們購買商品必須到市内，市外不准設店鋪。坊
和市之間以墻垣隔絶，坊門和市門按規定時間
開啓。夜間，市禁止商業活動，坊也不准居民
外出。《唐六典·大府寺·兩京諸市署》：“凡
市，以日午擊鼓三百聲而衆以會，日入前七刻
擊鉦三百聲而衆以散。”唐朝中期，一些城市坊
市制有所突破，出現了坊内開店的現象，工商
店鋪滲入坊内。而且唐朝中期市也突破了“夜
禁”限制。宋王讜《唐語林·政事下》記載了

唐憲宗元和年間的長安坊夜間開市的情景："長安坊中有夜欄街鋪設祠樂者，遲明未已。"宋宋敏求《長安志·崇仁坊》記載唐末長安崇仁坊，"一街輻輳，遂傾兩市，晝夜喧呼，燈火不絕，京中諸坊，莫之與比。"兩宋時期的商業發展更爲迅速，坊市制被徹底打破，商業區由市内延伸到坊内，進而擴展到城外，居民區内有店鋪，商業區内有住宅，已成爲普遍現象。都城東京，各種店鋪、茶肆、酒樓比比皆是，既有夜市，也有早市，鄉間商業集鎮蓬勃興起。宋政府還在西北邊沿地區和淮水流域設置官辦貿易場所，即"榷場"。明代經濟發達，市場交易繁榮，清代城鄉市場進一步發展，相互之間的聯繫進一步加强，全國各地形成了一個聯繫緊密的市場網絡。

【市井】

即集市。交易之所。古人"擇水岸而居"，"處商就市井"，市井因此成爲商品交易之所。此稱先秦時期已行用。《國語·齊語》："處工就官府，處商就市井，處農就田野。"《漢書·貨殖傳》："士相與言仁誼於閑宴，工相與議技巧於官府，商相與語財利於市井，農相與謀稼穡於田野，朝夕從事，不見異物而遷焉。"宋孟元老《東京夢華録·大内》："東華門外市井最盛，蓋禁中買賣在此。凡飲食時新花果、魚蝦鼈蟹、鶉兔脯臘、金玉珍玩衣著，無非天下之奇。"《三國演義》第六〇回："蜀爲西郡，古號益州。路有錦江之險，地連劍閣之雄。回還二百八程，縱横三萬餘里。鷄鳴犬吠相聞，市井間不斷。田肥地茂，歲無水旱之憂；國富民豐，時有管絃之樂。"《清史稿·曾紀澤傳》："是乃市井售物嘗試之術，非所以敦信義、取遠人也。"

【市朝】

即集市。交易之所。此稱先秦時期已行用。《論語·憲問》："夫子固有惑志於公伯寮，吾力猶能肆諸市朝。"漢桓寬《鹽鐵論·本議》："市朝以一其求；致士民，聚萬貨，農商工師，各得所欲，交易而退。"《魏書·崔浩傳》："夫王者之用刑，大則陳諸原野，小則肆之市朝。"宋王安石《自金陵至丹陽道中有感》詩："豪華只有諸陵在，往往黄金出市朝。"《醒世姻緣傳》第四回："一字無聞却戴巾，市朝出入號山人。搬挑口舌媒婆嘴，鞠聳腰臀妾婦身。"

【市聚】

即集市。交易之所。此稱漢代已行用。漢王褒《僮約》："楊氏池中擔荷，往來市聚，慎護奸偷。"《史記·天官書》："北一星曰擥。東北曲十二星曰旗。旗中四星曰天市；中六星曰市樓。"唐張守節正義："天市二十三星，在房、心東北，主國市聚交易之所，一曰天旗。"宋陸游《寄朱元晦提舉》詩："市聚蕭條極，村墟凍餒稠。勸分無積粟，告糴未通流。"

【市暨】

即集市。交易之所。此稱唐代已行用。唐杜甫《秋日夔府咏懷奉寄鄭監李賓客一百韻》詩："陣圖沙北岸，市暨瀼西巔。"明鍾惺《江行排體十二首》之八："土音偏不移鷄犬，市暨通行雜鈔錢。"

【商市】

即集市。交易之所。此稱先秦時期已行用。《韓非子·難二》："利商市關梁之行，能以所有致所無，客商歸之，外貨留之，儉於財用，節於衣食，宫室器械，周於資用，不事玩好，則入多。"《宋史·凌策傳》："饒州産金，嘗禁商市鬻，或有論告，逮繫滿獄。”明高啓《送錢氏兩甥度嶺》詩：“洞獠欺商市，山魈喚客名。”《清史稿·邵基傳》：“〔邵基〕巡中城，止司坊官饋遺商市月樁錢，厘積案，奸宄慴息。”

【廛市】

即集市。交易之所。此稱唐代已行用。《舊唐書·史德義傳》：“史德義，蘇州昆山人也。咸亨初，隱居武丘山，以琴書自適，或騎牛帶瓢，出入郊郭廛市，號爲逸人。”《新五代史·四夷附錄·契丹》：“漢城在炭山東南灤河上，有鹽鐵之利，乃後魏滑鹽縣也。其地可植五穀，阿保機率漢人耕種，爲治城郭、邑屋、廛市，如幽州制度，漢人安之，不復思歸。”《宋史·沈括傳》：“至鎮，悉以別賜錢爲酒，命廛市良家子馳射角勝，有軼群之能者，自起酌酒以勞之。”《清史稿·朱嶟傳》：“或謂錢收於上，則廛市一空，恐致錢荒。”

闤闠

街市，街道。藉指商業、市場。闤，市場的圍墙；闠，市場的大門。《説文新附·門部》：“闤，市垣也。”《説文·門部》：“闠，市外門也。”漢張衡《西京賦》：“爾乃廓開九市，通闤帶闠。”唐白居易《和櫛沐寄道友》詩：“始出里北閈，稍轉市西闤。”明袁宏道《人日自笑》詩：“倏而枯寂林，倏而喧囂闤。”“闤闠”藉指商品交易市場。晉左思《三都賦·吴都賦》：“開市朝而並納，橫闤闠而流溢，混品物而同廛，並都鄙而爲一。”唐劉叉《雪車》詩：“孰云潤澤在枯荄，闤闠餓民凍欲死。”《舊唐書·高祖本紀》：“妄爲剃度，託號出家，嗜欲無厭，營求不息。出入閭里，周旋闤闠，驅策田産，聚積貨物。”《金史·粘葛奴申傳》：“未

幾，聚流亡數十萬口，米一斛直白金四兩，市肆喧哄如汴之闤闠，京城危困之民望而歸者不絶，遂指以爲東南生路。”《明史·潘塤傳》：“任土作貢，皇店奚爲？闤闠駢闐，内市安用？”

市步

亦作“市埠”。步，通“埠”。碼頭上的集市。宋陸游《早春出游》詩：“酒壚日暮收青斾，市步人歸擁畫橈。”清夏燮《中西紀事·通番之始》：“西班牙等經營貿易，估帆所達，及於西南洋、東南洋，各開市埠。”清王之春《清朝柔遠記》卷二：“萬曆二十年，倭據朝鮮，暹羅請潛師直持日本。兵部石星主之，廣督蕭彦持不可，乃已。其西屬國舊有滿剌加、柔佛，正德中爲法蘭西所破，而葡萄牙、荷蘭叠據之立市埠。”

【市埠】

同“市步”。此體清代已行用。見該文。

市場

商鋪、商品交換活動集中之所。場，原指古代祭祀所用的平整場地。《説文·土部》：“場，祭神道也。一曰田不耕，一曰治穀田也。”段玉裁注：“《玉篇》引《國語》：屏攝之位曰壇，壇之所除地曰場。”《孟子·滕文公上》：“子貢反，築室於場，獨居三年，然後歸。”趙岐注：“場，孔子冢上祭祀壇場也。”後指從事各種活動之場所。市場，即商品交換活動集中之場所。唐白居易《白氏六帖事類集·市·羌互市格》：“《金部格》云，敕松、當、悉、維、翼等州熟羌，每年十月已後，即來彭州互市易，法時羌上佐一人於鬻崖關外，依市法致市場交易，勿令百姓與往還。”《遼史·食貨志下》：“又令有司諭諸行宫，布帛短狹不中尺度者，不鬻於市。明

年，詔以南、北府市場人少，宜率當部車百乘赴集。"明顧岕《海槎餘録》："黎村貿易處，近城則曰市場，在鄉曰墟場，又曰集場。每三日早晚二次，會集物貨，四境婦女擔負接踵於路，男子則不出也。"清蘭陵憂患生《京華百二竹枝詞》詩："新開各處市場寬，買物隨心不費難。"《清史稿·食貨志五》："厥後泰西諸國通商，茶務因之一變。其市場大者有三：曰漢口，曰上海，曰福州。"

【市曹】

即市場。此稱南北朝時期已行用。《魏書·元暉傳》："遷吏部尚書，納貨用官，皆有定價，大郡二千匹，次郡一千匹，下郡五百匹，其餘官職各有差，天下號曰'市曹'。"元關漢卿《竇娥冤》第二折："明日市曹中殺竇娥孩兒也，兀的不痛殺我也！"

【市頭】

即市場。此稱唐代已行用。唐元稹《酬樂天江樓夜吟稹詩因成三十韻》詩："纔從魚裏得，便向市頭懸。"唐施肩吾《途中逢少女》詩："市頭日賣千般鏡，知落誰家新匣中。"〔日〕圓仁《入唐求法巡禮行記》卷一："十四日，砂金大二兩，於市頭令交易。市頭秤定一大兩七錢，七錢準當大二分半，價九貫四百文。"宋灌圃耐得翁《都城紀勝·鋪席》："自融和坊到市南坊，謂之'珠子市頭'，如遇買賣，動以萬數。"明天啓《懷安府志》卷一八："嘗出，遇市頭，有夫鬻妻者，詢，以貧故，捐粟助贖完聚，衆羨義之。"

【市廛】

即市場。此稱三國時期已行用。《三國志·魏書·文帝紀》："昔堯葬穀林，通樹之，禹葬會稽，農不易畝，故葬於山林，則合乎山林。"裴松之注："《呂氏春秋》：堯葬於穀林，通樹之。舜葬於紀，市廛不變其肆。禹葬於會稽，不變人徒。"《宋史·職官志八》："今群官於半奉之中已是除陌，又於半奉三分之内，其二以他物給之，鬻於市廛十裁得其一二，曾餂口之不及，豈代耕之足云？"清李虹若《都市叢載》卷四："京師最尚繁華，市廛鋪户，妝飾富甲天下。"《清史稿·楊岳斌傳》："自武、漢爲賊踞，長江商旅皆絶。及水師駐新隄，流亡歸之，市廛始興，漸爲重鎮。"亦作"市鄽"。唐羅隱《題潤州妙善前石羊》詩："還有市鄽沽酒客，雀喧鳩聚話蹄涔。"

【市鄽】

同"市廛"。此體唐代已行用。見該文。

草市

古代鄉村中定期交易的場所，多分布於水陸交通的要衝。唐李嘉祐《登楚州城望驛路十餘里山村竹林相次交映》詩："草市多樵客，漁家足水禽。"唐王建《汴路即事》詩："草市迎江貨，津橋稅海商。"《舊五代史·食貨志》："今後除城郭草市内，仍舊禁法，其鄉村並許鹽貨通商。"《續資治通鑑長編·宋神宗熙寧十年》："戎瀘州沿邊地分蕃漢人户，所居去州縣遠，或無可取買食用鹽、茶、農具，人户願於本地分興置草市，招集人户住坐作業者，並先於本州縣投狀保明，申轉運司，差官相度經久可行以聞。"《平妖傳》第三一回："王則口裏不説，心下思量道：'這婦人不是我貝州人，想是在草市里住的。且隨到他家，用些錢，學得這件法術也好。'"草市原爲農村定期集市，居交通要道，逐漸發展爲居民點和工商業點。唐杜牧《上李太尉論江賊書》："凡江淮草市，盡近水際。富室大户，多居其間。"宋以後進一步發展，少數草市上升爲縣，升爲鎮者更多。明劉基《出越城至平水記》："泊於雲峰之下，曰平水市，即唐元微之所謂草市也。"緊連州縣城郭的草市則發展爲商業區，與舊城連爲一體，導致坊市制的破除。

【虚】²

即草市。此稱唐代已行用。唐柳宗元《童區寄傳》："二豪賊劫持反接，布囊其口，去逾四十里之墟所賣之。"亦作"墟"。宋范成大《馬當狀阻風居人云非五日或七日風不止謂之重陽信》詩："趁墟漁子晨爭渡，賽廟商人晚醉歸。"元周達觀《真臘風土記·貿易》："國人交易，皆婦人能之。所以唐人到彼，必先納一婦人者，兼亦利其能買賣故也。每日一墟，自卯至午即罷。無居鋪，但以蓬席之類鋪於地間，各有處。"清劉獻廷《廣陽雜記》卷二："後世市謂之墟，歸市曰趁墟；言有人則囂，無人則墟也。"

【墟】²

即虚²。此體宋代已行用。見該文。

【墟市】

即草市。此稱宋代已行用。宋范成大《清逸江》詩："晨興過墟市，喜有魚蝦賣。"清王世禎《池北偶談·談異·虚實》："今墟市之稱，義取朝實暮虚也。"道光《思南府續志·地理門·疆域》："墟市大小不等，五方聚集，每逢集期，沿集一二十里，村民摩肩交易。"亦作"虚市"。《宋書·王僧達傳》："逮賊長臨梟，餘薰就鞠，咸布辭獄牒，宣言虚市，猶欲隱忍，法爲情屈。"宋陸游《溪行》詩："冒雨牽何急，

争風力不餘。逢人問虚市，計日買薪蔬。"《宋史·食貨志下》："虚市有税，空舟有税，以食米爲酒米，以衣服爲布帛，皆有税。遇士夫行李則搜囊發篋，目以興販。甚者貧民貿易瑣細於村落，指爲漏税，輒加以罪。"

【虚市】

同"墟市"。此體南北朝時期已行用。見該文。

【墟場】

即草市。此稱明代已行用。明徐弘祖《徐霞客游記·滇游日記九》："從田中西北行一里餘，抵北山下，稍西復北，一里，逾其坳，有墟場。"清趙翼《土歌》："春二三月墟場好，蠻女紅妝趁墟翽。"《清史稿·楊廷璋傳》："客民編保甲，禁放債。黎民市易設墟場，熟黎令薙髮。民出入黎峒必譏，以杜後患。"

市鎮

集鎮，小商業城邑。《元史·刑法志二》："其鄉村市鎮，亦擇有學問德行，可爲師長者，於農隙之時，以教導民。"《明史·食貨志五》："宣德四年，以鈔法不通，由商居貨不税；由是於京省商賈凑集地、市鎮店肆、門攤税課，增舊凡五倍。"道光《留壩廳志·土地志·風俗》："市鎮貿易，花木、農器、粟米、酒脯。"《清史稿·聖祖本紀一》："秋七月戊午，前漕運總督吳維華請徵市鎮間架錢，洲田招民出錢佃種。"

商埠

舊時與外國通商的城市。清孫詒讓《周禮正義·朝議》："故各商埠租界，華洋之訟，華人跪而洋人立，已爲失禮。"《清史稿·德宗紀二》："丙申，命李鴻章爲通商大臣，考察商

埠。”又《地理志二》:“東北行由齊家店、公主屯赴昌圖，可至吉林長春。北邊衝要也。商埠，中日約開。”又《邦交志三》:“法人以江南爲新許商埠，欲早通商，請助剿粤賊，不許。”

市區

市中商業區。宋歐陽修《夷陵縣至喜堂記》:“景祐二年，尚書駕部員外郎朱公治是州，始樹木、增城柵、甓南北之街作市門市區。”宋蘇轍《東軒記》:“晝則坐市區鬻鹽、沽酒、税豚魚，與市人争尋尺以自效；暮歸，筋力疲廢，輒昏然就睡，不知夜之既旦。”宋范成大《驂鸞記》:“環廟皆市區，江浙廣衆貨之所聚，生人所須無不有。”《宋史・章楶傳》:“時方鑄崇寧大錢，令下，市區晝閉，人持錢買物，至日盱，皇皇無肯售。”明宋濂《送徐大年還淳安序》:“有如大賈行廢，舉術寶貨填溢市區，乃振鐸號諸人曰：‘我不售，我不售。’萬萬無有此理。”

市樓

市區内樓亭，隋唐以後多指市中酒樓。《史記・三代世表》:“臣爲郎時，與方士考功會旗亭下，爲臣言。豈不偉哉！”南朝宋裴駰集解引薛綜：“旗亭，市樓也。”唐許渾《郊居春日有懷府中諸公並柬王兵曹》詩：“僧舍覆棋清白日，市樓賒酒過青春。”宋周密《武林舊事・酒樓》:“已上皆市樓之表表者，每樓各分小閣十餘，酒器悉用銀，以競華侈。”《宋史・儀衛志二》:“士庶觀者，率隨扈從之人，夾道馳走，喧呼不禁。所過旗亭市樓，垂簾外蔽，士民凴高下瞰，莫爲嚴憚。”《金史・完顔奴申傳》:“百姓糧盡，殍者相望，縉紳士女多行乞於市，至有自食其妻子者，至於諸皮器物皆煮食之，貴家第宅、市樓肆館皆撤以爨。”

【旗亭】[2]

即市樓。此稱漢代已行用。見該文。

街市

貿易集中進行的街衢。《宋史・輿服志五》:“又屋宇非邸店、樓閣臨街市之處，毋得爲四鋪。”元關漢卿《包待制三勘蝴蝶夢》第一折：“老漢來到這長街市上，替三個孩兒買些紙筆，走的乏了，且坐一坐歇息咱。”《平妖傳》第二六回：“先生道：‘打四角酒來，有鷄回一隻與我們吃。’酒保道：‘街市遠，没回處。’”《明史・食貨志五》:“洪武初，命在京兵馬指揮領市司，每三日一校勘街市度量權衡，稽牙儈物價。”《鏡花緣》第三八回：“走進城來，街市雖有十數丈之寬，那些作買作賣，來來往往，仍是捱擠不動。”

街心

街市中心。宋孟元老《東京夢華録・七夕》:“皆於街心綵幕帳設出絡貨賣。”《醒世姻緣傳》第六九回：“再説又走了數十里，經過火爐地方，這火爐街上排門捱户都是賣油煠果子的人家。大凡香客經過，各店裏的過賣，都亂哄哄跑到街心，把那香頭的驢子狠命的拉住，往裏讓吃果子，希圖賣錢。”

瓦子

宋、元、明時都市中娱樂兼營商業的場所。宋孟元老《東京夢華録・七夕》:“七月七夕，潘樓街東宋門外瓦子、州西梁門外瓦子、北門外、南朱雀門外街及馬行街内，皆賣磨喝樂，乃小塑土偶耳。”又《中元節》:“潘樓並州東西瓦子亦如七夕。耍鬧處亦賣果食種生花果之類，及印賣《尊勝目連經》。”宋灌圃耐得翁《都城紀勝・市井》:“是時尚有京師流寓經紀人，市店遭遇者，如李婆婆羹、南瓦子張家櫃子。"《水滸傳》第二九回："正中間裝列着櫃身子，裏面坐着一個年紀小的婦人，正是蔣門神初來孟州新娶的妾，原是西瓦子裏唱説諸般宮調的頂老。""瓦子"中的"瓦"本指房頂如覆瓦形狀的建築物，是專供文化活動使用的場所，其作用是遮日曬、蔽風雨，故稱"瓦子"或"瓦舍"。後商人利用這種娛樂場所做生意，使之成爲娛樂與商貿合一的場所，故稱之爲"瓦肆"或"瓦市"。兩宋時城市繁榮，城市人口增加，商品經濟發展，市民對文化精神生活的需求提高。瓦子是城市商品經濟發展的產物，是適應市民體育、娛樂、休閑等需要而產生的游藝商業集散地。宋孟元老《東京夢華録·東角樓街巷》："瓦中多有貨藥、賣卦、喝故衣、探搏、飲食、剃剪、紙畫、令曲之類。"瓦子主要功能是休閑娛樂，在解決了藝人生活經濟來源的同時，也促進了當地經濟的繁榮與發展。宋王栐《燕翼詒謀録·東京相國寺》記載了瓦子的商品交易情況："東京相國寺乃瓦市也，僧房散處，而中庭兩廡可容萬人，凡商旅交易，皆萃其中，四方趨京師以貨物求售轉售他物者，必由於此。"瓦子亦具有文化傳播等多種社會功能。瓦子技藝萌芽於隋唐，興盛成熟於兩宋。北宋都城瓦子多，規模大。宋孟元老《東京夢華録·東角樓街巷》載北宋開封"街南桑家瓦子，近北則中瓦、次裏瓦，其中大小勾欄五十餘座。内中瓦子蓮花棚、牡丹棚，裏瓦子夜叉棚、象棚最大，可容數千人"。南宋臨安也一樣，宋西湖老人《西湖老人繁勝録·瓦市》記載了臨安有名的瓦子，有清冷橋畔的南瓦、三元樓的中瓦、衆安橋的北瓦、三橋街的大瓦等。

瓦舍藝人衆多，競爭激烈，技遜者被逼出京都。宋周密《武林舊事·瓦子勾欄》："不入勾欄，只在耍鬧寬闊之處做場者，謂之'打野呵'，此又藝之次者。"打野呵者流散到各地，各州縣也都出現了瓦子。

【瓦市】

即瓦子。此稱宋代已行用。宋孟元老《東京夢華録·酒樓》："大抵諸酒肆瓦市，不以風雨寒暑，白晝通夜，駢闐如此。"宋王栐《燕翼詒謀録·東京相國寺》："東京相國寺乃瓦市也，僧房散處，而中庭兩廡可容萬人，凡商旅交易皆萃其中，四方趨京師以貨物求售轉售他物者，必由於此。"元迺賢《河朔訪古記》卷上："左右挾二瓦市，優肆倡門，酒鑪茶竈，豪商大賈，並集於此。"明湯顯祖《牡丹亭·索元》："俺這一帶鋪子都没有，則瓦市王大姐家歇箇簡番鬼。"

【瓦舍】

即瓦子。此稱宋代已行用。宋吴自牧《夢粱録·瓦舍》："今貴家子弟郎君，因此蕩游破壞，尤甚於汴都也。甚杭之瓦舍，城内外不下十七處。"《水滸傳》第九〇回："燕青慌忙攔道：'李大哥，你怎地好村！構欄瓦舍，如何使的大驚小怪這等叫！'李逵道：'説到這裏，不由人不喝采。'"宋、元、明時期，都市中的妓院、茶樓、酒肆及其他娛樂場所也統稱作"三瓦兩舍"或"三瓦兩巷"，含有來時瓦合，去時瓦解，易聚易散之意。《醒世恒言》卷三："〔吴八公子〕平昔間也喜賭錢喫酒，三瓦兩舍走動。"《金瓶悔詞話》第一九回："平昔在三瓦兩巷行走耍子，搗子都認的。

【三瓦兩舍】

即瓦子。此稱明代已行用。見該文。

【三瓦兩巷】

即瓦子。此稱明代已行用。見該文。

【瓦肆】

即瓦子。此稱宋代已行用。宋孟元老《東京夢華録・京瓦伎藝》："崇、觀以來，在京瓦肆伎藝：張廷叟，孟子書，主張小唱：李師師、徐婆惜、封宜奴、孫三四等，誠其角者嘌唱。"明陶輔《邠亭宵會録》："九宮安瓦肆，八陣布鳴珂。"

【瓦】

即瓦子。此稱宋代已行用。宋孟元老《東京夢華録・東角樓街巷》："街南桑家瓦子，近北則中瓦，次裏瓦，其中大小勾欄五十餘座。"宋灌圃耐得翁《都城紀勝・市井》："其夜市除大内前外，諸處亦然，唯中瓦前最勝，撲賣奇巧器皿百色物件，與日間無異。"《喻世名言》卷一五："娘子看見他異相，認做兄弟；不教解去官司，倒養在家中，自好了。因去瓦裏看，殺了構欄裏的弟子，連夜逃走。"《水滸傳》第二一回："那厮唤做小張三，生得眉清目秀，齒白唇紅。平昔只愛去三瓦兩舍，飄蓬浮蕩，學得一身風流俊俏，更兼品竹彈絲，無有不會。"

勾肆

古代戲曲活動及其他藝伎的主要演出場所。肆，本爲陳列，《説文・長部》："肆，極陳也。"引申爲集市貿易之所。《周禮・天官・内宰》："凡建國，佐後立市，設其次，置其叙，正其肆，陳其貨賄。"宋孟元老《東京夢華録・馬行街鋪席》："處處擁門，各有茶坊酒店，勾肆飲食。"亦作"構肆"。宋孟元老《東京夢華録・中元節》："構肆樂人，自過七夕便般《目連經救母》雜劇，直至十五日止，觀者增倍。"

明朱權《太和正音譜・詞林須知》："構肆中戲房出入之所，謂之'鬼門道'。"明孟稱舜《嬌紅記・芳隕》："雖是我紅顔女，水性兒，怎做的嫁東風桃李枝。倚門賣俏閑構肆，直恁的無終始。休道申生不是那樣人，自嗟咨，便道郎心已改，我也只想望郎時。"

【構肆】

同"勾肆"。此體宋代已行用。見該文。

【勾欄】

即勾肆。勾欄，宋元時期專指集市瓦舍裏設置的演出棚，藉指勾肆。此稱宋代已行用。宋周密《武林舊事・瓦子勾欄》："外又有勾欄甚多，北瓦内勾欄十三座最盛。"亦作"勾闌"。闌，本爲門前的欄杆。《説文・門部》："闌，門遮也。"元陶宗儀《南村輟耕録》卷二七："胡仲彬，乃杭州勾闌中演説野史者，其妹亦能之。"《永樂大典・戲文・宦門子弟錯立身》："奴家今日身已不快，懶去勾闌裏去。"亦作"構欄"。宋江少虞《事實類苑》卷六六："〔黨進〕過市，見構欄爲戲者，駐馬問：'汝所誦何言？'優者曰：'説韓信。'進大怒曰：'汝對我説韓信，見韓信即當説我！此三頭兩面之人！'即令杖之。"《金瓶梅詞話》第六回："誰知姐姐有這段兒聰明！就是小人在構欄三街兩巷相交唱的，也没你這手好彈唱！"唐代勾欄已同歌舞有聯繫。宋代中國城市的戲曲劇場基本形成，稱作勾欄。宋代勾欄多同瓦舍有關，爲瓦舍的主要成分，大瓦舍可有多座；藝人表演，用勾欄將自己與觀衆隔開，故稱瓦舍裏的演出場地爲勾欄。勾欄規模大小不一，内部設有戲臺和觀衆席。戲臺一般高出地面，臺口圍以欄杆。戲臺前部爲表演區；後部爲"戲房"，是演員化裝、休息之所。由戲房通向前臺的上下場門，稱爲“鬼門道”。明朱權《太和正音譜·詞林須知》：“構欄中戲房出入之所，謂之‘鬼門道’。鬼者，言其所扮者，皆是已往昔人。”“鬼門”，一作“古門”。元楊顯之《瀟湘夜雨》：“做向古門閒科。”觀衆席設在戲臺對面的叫“神樓”，設在兩側的叫“腰棚”，其最上等的座位稱青龍頭，位於靠近戲臺左側的下場門附近。勾欄裏的演出内容主要是雜要、馴獸、歌舞等，多與市民日常生活緊密聯繫，很受百姓歡迎。勾欄歷經北宋、金、元、明前期四百餘年，是早期的城市戲曲劇場。瓦市勾欄的出現，對中國戲曲的形成，具有重要意義。明代以後，妓院也被稱作勾欄。

【勾闌】

同“勾欄”。此體宋代已行用。見該文。

【構欄】

同“勾欄”。此體宋代已行用。見該文。

【棚】

即勾欄。此稱宋代已行用。宋孟元老《東京夢華録·東角樓街巷》：“南街桑家瓦子，近北則中瓦，次裏瓦，其中大小勾欄五十餘座。内中瓦子蓮花棚、牡丹棚，裏瓦子夜叉棚、象棚最大，可容納數千人。”又《京瓦伎藝》：“〔京瓦伎藝〕不以風雨寒暑，諸棚看人，日日如是。”

九市

古代宮中買賣貨物之所。《漢書·東方朔傳》：“夫殷作九市之宮而諸侯畔，靈王起章華之臺而楚民散，秦興阿房之殿而天下亂。”漢班固《西都賦》：“内則街衢洞達，閭閻且千，九市開場，貨別隧分，人不得顧，車不得旋。”《舊唐書·李密傳》：“又廣召良家，充選宮掖，潛爲九市，親駕四驢自比商人，見要逆旅。”《太平御覽》卷八三：“宮中九市，車行酒，馬行炙。”元鄭光祖《輔成王周公攝政》第一折：“當此際紂君暴虐，廢天時殷道難行。寵妲己貪淫肆虐，信惡來濫法極刑。建鹿臺宮爲九市，奏淫歌夜至達明。”

坊場

古代由官府開設的專賣市場。宋蘇軾《上神宗皇帝書》：“又欲官賣所在坊場，以充衙前雇直，雖有長役，更無酬勞。”宋陸游《梅市》詩：“時平道路鈴聲少，歲樂坊場酒價低。”《宋史·王安石傳》：“又令民封狀增價以買坊場，又增茶鹽之額，又設措置河北糴便司，廣積糧穀於臨流州縣，以備饋運。”《金史·食貨志五》：“譬之酒酤，蓋先爲坊場，而後官榷也。”

地市

古代傳説中生人、死人之間進行交易的集市。漢辛氏《三秦記》：“驪山始皇陵作地市，生死人交易，市平不得欺死人。”《周書·庾信傳》：“渭水貫於天門，驪山回於地市。”《北史·高允傳》：“凡萬物之生，靡不有死，然葬者藏也，死者不可再見，故深藏之。昔堯葬穀林，農不易畝；舜葬蒼梧，市不改肆。秦始皇作爲地市，下錮三泉，死不旋踵，屍焚墓掘。”明徐應秋《玉芝堂談薈·番禺鬼市》：“又濟瀆廟神嘗與人交易，以券契投井，金銀輒如數浮出。牛馬百物皆可假借，趙州廉頗墓亦然，是鬼與人市也。秦始皇作地市，令生人不得欺死人，是人與鬼市也。”

七市

穀米市、衣服市、衆香市、飲食市、花鬘

市、工巧市、淫女市七種市場。泛指繁華的集市。《戰國策·東周策》："齊桓公宮中七市，女閭七百，國人非之；管仲故爲三歸之家，以掩桓公非，自傷於民也。"唐釋道世《法苑珠林》卷三："其中天上有其七市：第一穀米市，第二衣服市，第三衆香市，第四飲食市，第五華鬘市，第六工巧市，第七淫女市。處處並有市官。是諸市中，天子天女往來貿易，商量貴賤，求索增減，稱量斷數，具市廛法。"清黃遵憲《以蓮菊桃雜供一瓶作歌》詩："華如寶衣陳七市，美如瓊漿合天食。"清俞正燮《癸巳存稿》卷一四："《起世經》云：'天城七市，第七爲淫女市。有市官治之。'則各有習俗相沿也。"

小市

舊貨或雜物市場。清佚名《燕京雜記》："外城東有東小市，西有西小市，俱賣衣服、椅桌、玩器等物。而東市皮服尤多。"清吳長元《宸垣識略》卷九："東小市在半壁街南，隙地十餘畝，每日寅卯二時，貨舊物者交易於此，惟估衣最多。"清震鈞《天咫偶聞·外城東》："東小市、故衣市，均在藥王廟西。凡日用衣服、几筵篋笥、盤盂銅錫、瑣屑之物，皆於此取辦。"

布市

買賣布匹的市場。清《正陽縣志·物產志》："邑中種棉織布，大概有之。唯陡溝店獨盛，家家設機，男女操作，其業較精。商賈至者，每挾數千金。昧爽則市上張燈設燭，駢肩累迹，負載而來，所謂布市也。"《清史稿·王兀堂傳》："王杲既擒，張學顏行邊，王兀堂率諸部酋環跪馬前，謂徙堡塞道，不便行獵，請得納質子，通市易鹽、布。學顏以請，神宗許

之。開原、撫順、清河、靉陽、寬奠通布市自此始。"

羊角市

牲口交易市場的總稱，包括牛市、羊市、馬市、駱駝市、驢騾市等。元熊夢祥《析津志輯佚·城池街市》："又羊市、馬市、牛市、駱駝市、驢騾市，以上七處市，俱在羊角市一帶。"清朱一新《京師坊巷志稿·西馬市街》："人市在羊角市，市至今樓子尚存。此是至元後有司禁約，姑存此以爲鑒戒。"因交易牲口種類的不同，分別形成羊市、馬市、牛市等。明談遷《北游錄·紀聞下·人市》："順承門內大街騾馬市、牛市、羊市。"又《紀聞下·李應試》："李應試住外城馬市，爲大駔。事諸王貝勒等，得其歡。時漢官疏隔，冀通肺腑，並藉徑應試交關請托，勢傾一時。"清震鈞《天咫偶聞·東城》："每上元五夕，西馬市之東，東四牌樓下，有鐙棚數架。"

花市

古代每年春天舉辦的賣花、賞花的集市。唐韋莊《奉和左司郎中春物暗度感而成章》詩："錦江風散霏霏雨，花市香飄漠漠塵。"宋王觀《揚州芍藥譜》："揚之人與西洛不異，無貴賤皆喜戴花，故開明橋之間，方春之月，拂旦有花市焉。"宋邵伯溫《邵氏聞見錄》卷一七："都人士女載酒爭出……抵暮游花市，以筠籠賣花，雖貧者亦戴花飲酒相樂。"明李夢陽《汴中元夕》詩之二："細雨燒燈夜色新，酒樓花市不勝春。"清屈大均《廣東新語·地語·四市》："東粵有四市……一曰花市，在廣州七門。所賣止素馨，別無花。"

果子市

買賣水果的市場。《續資治通鑑長編·宋神宗元豐八年》："《政目》云罷萬木場、果子市、豬羊圈、垛麻場、麵市、肉行、西塌場。"明沈榜《宛署雜記》卷五："二鋪曰果子市大街、曰馬市橋街、曰姚家小胡同。"《濟公全傳》第一〇回："王老太：可叫他同我兒上果子市買點果子買賣，操練操練。"清震鈞《天咫偶聞·瑣記》："八月初三日，崇文門外祀竈君廟。十五日晚，祀月兒。童祀泥兔王爺，沿街市者極多。果子市賣諸鮮果。"

茶市

買賣茶葉的市場。《宋史·趙開傳》："改成都舊買賣茶場爲合同場買引所，仍於合同場置茶市，交易者必由市，引與茶必相隨。"明洪楩《清平山堂話本·簡貼和尚》："當日茶市方罷，已是日中，只見一個官人入來。"《明史·食貨志五》："明初，東有馬市，西有茶市，皆以馭邊，省戍守費。"

香市

買賣香料的市場。南朝梁任昉《述異記》卷下："日南有香市，商人交易諸香處。"明張岱《陶庵夢憶·西湖香市》："西湖香市，起於花朝，盡於端午。山東進香普陀者日至，嘉湖進香天竺者日至，至則與湖之人市焉，故曰香市。"香料主要進獻於佛寺，因而香市在佛寺進香季節逐漸發展成買賣香物、雜貨的集市。清屈大均《廣東新語·地語·四市》："東粵有四市……一曰香市。在東莞之寥步。凡東莞香生熟諸品皆聚焉。"

珠市

買賣珠寶的集市。南朝梁任昉《述異記》卷上："越俗以珠爲上寶，生女謂之珠娘，生男名珠兒。吳越間俗説'明珠一斛，貴如玉者。'合浦有珠市。"清屈大均《廣東新語·地語·四市》："東粵有四市……一曰珠市，在廉州城西賣魚橋畔。盛平時，蚌殼堆積，有如玉阜。"亦稱"珠子市"。元熊夢祥《析津志輯佚·城池街市》："珠子市，鐘樓前街西第一巷。"

【珠子市】

即珠市。此稱元代已行用。見該文。

桃符市

舊時出售年畫、門神的市場。宋趙抃《成都古今記》："正月燈市，二月花市，三月蠶市，四月錦市，五月扇市，六月香市，七月寶市，八月桂市，九月藥市，十月酒市，十一月梅市，十二月桃符市。"明謝肇淛《滇略·俗略》："滇民以市爲景，游人縱觀。正月燈市、二月花市、三月蠶市、四月綿市、五月扇市、六月香市、七月七寶市、八月桂市、九月藥市、十月酒市、十一月梅市、十二月桃符市。一歲凡十二市。"

菜市

買賣蔬菜的市場。元熊夢祥《析津志輯佚·城池街市》："菜市，麗正門三橋，哈達門丁字街。果市，和義門外。"《醒世姻緣傳》第八一回："説完，童奶奶方抽身進去，隨後端出四碟精緻果品，按酒小菜，肴饌湯飯，次第上來，極其豐潔；沽得松竹居的好酒，着實相讓。原來外邊説話，童奶奶已差了呂祥到菜市口買辦齊備。"清震鈞《天咫偶聞·瑣記》："京師百貨所聚，惟正陽門街、地安門街、東西安門外、東西四牌樓、東西單牌樓，暨外城之菜市、花市。"

酒市

買賣酒的市場。《漢書·萬章傳》："河平中，王尊爲京兆尹，捕擊豪俠，殺章及箭張回、酒市趙君都、賈子光，皆長安名豪，報仇怨養刺客者也。"北周庾信《周大將軍司馬裔神道碑》："程嬰之匿趙武，從役家臣；王成之藏李燮，爲傭酒市。"唐沈彬《結客少年場行》詩："片心惆悵清平世，酒市無人問布衣。"宋陳允平《紅林檎近》："望簾尋酒市，看釣認漁鄉。"宋佚名《宣和遺事·前集》："引高俅、楊戬私離禁闕，出後載門，留勘合與監門將軍郭建等，向汴京城裏穿長街，驀短檻，衹是歌臺、舞榭、酒市、花樓，極是繁華花錦田地。"

扇市

以出售扇子等夏季用品爲主的季節性市集，唐代中期出現。唐李淖《秦中歲時記》："端午前兩日東市謂之扇市，車馬特盛。"宋趙抃《成都古今記》："正月燈市，二月花市，三月蠶市，四月錦市，五月扇市，六月香市，七月寶市，八月桂市，九月藥市，十月酒市，十一月梅市，十二月桃符市。"明謝肇淛《滇略·俗略》："滇民以市爲景，游人縱觀。正月燈市、二月花市、三月蠶市、四月綿市、五月扇市、六月香市、七月七寶市、八月桂市、九月藥市、十月酒市、十一月梅市、十二月桃符市。一歲凡十二市。"

書市

圖書交易市場。宋嚴羽《滄浪詩話·詩證》："今書市集本，並不見有。"明胡應麟《少室山房筆叢·經籍會通四》："凡書市之中，無刻本則鈔本價十倍。刻本一出，則鈔本咸廢不售矣。"清法式善《陶廬雜錄》："若《古夫于亭雜錄》候慈仁書攤故事，久已絕響。惟琉璃廠、火神廟正月上旬猶有書市及賣熏花、零玉者。"

【槐市】

即書市。書籍在商周時期已經出現，《書·多士》："惟爾知惟殷先人，有冊有典，殷革夏命。"但此時書籍笨重，運輸不便，而且學術被上層統治集團壟斷。春秋戰國時期，百家爭鳴，私學興起，促進了學術發展，私人藏書也已出現。漢代隨着政治形勢趨於穩定，文化繁榮，對書籍的需求增強，書籍的交易市場也隨之發展起來。文獻記載槐市興於西漢末年，原是長安讀書人聚會之市，後來發展成爲圖書交易市場。這種文化集市因多槐而得名，史稱"槐市"。《漢書疏證·王莽傳》載，文化名人、士子學者"各持其郡所出貨物及經書傳記、笙磬樂器"，在長安城東南、太學附近的槐樹林裏"相與買賣，雍容揖讓，或論議"。"槐市"出現於漢代，其稱南北朝時期方行用。北周庾信《終南山義谷銘》："《黃圖》曰：元始中，起明堂，列槐樹數百行。朔望，諸生持經書及當郡所出物於此賣買，號槐市。"唐劉禹錫《秋螢引》詩："槐市諸生夜讀書，北窗分明辨魯魚。"唐羅隱《暇日感懷因寄同院吳蛻拾遺》詩："戲悲槐市便便笥，狂憶樟亭滿滿杯。"宋張炎《臺城路》："幾年槐市槐花冷，天風又還吹起。故篋重尋，閑書再整，猶記燈窗滋味。渾如夢裏。"《清史稿·樂志五》："集大昕，先鼓儆於庭。偕槐市，同瞻雲日，大哉言，著論千秋准。"

廟市

集市貿易形式之一，一般設在寺廟內或其附近的集市，在節日或規定的日子舉行。清吳長元《宸垣識略》卷六："每月之九、十兩日，有廟市，百貨駢闐，爲諸市冠，所居皆喇嘛。"清震鈞《天咫偶聞·東城》："廟市之物，昔爲諸市之最，今皆尋常日用，無復珍奇。余少時游之，尚多舊書古拓，字畫亦夥，價直不昂，今不復見。"亦稱"廟會"。徐珂《清稗類鈔·珠子王家》："京師隆福寺，每月九日，百貨雲集，謂之廟會。"清沈太侔《東華瑣錄》："京城歲時廟會，以游人填塞，故多草竊剪綹之事。剪綹亦曰白錢，又名小掠，蓋乘人不覺以剪竊物。其術百端，其徒極衆，且出没不時，雖有巡緝街市兵卒，每苦難以弋獲。"崇彝《道咸以來朝野雜記》："夏曆正月，自元旦起所開廟會甚多……唯琉璃廠廠甸之游，始終稱盛。其廟會約分三期：庚子以前重在窰廠及土地祠，今窰作闢爲公園，多注意於火神廟。庚子後移於香廠，不三數年又移回原處，則遍於南新華街，棚攤林立，有一度最繁華。火神廟中玉器攤尤炫奇爭勝，貴族婦女及富商外賈多趨之，然當場成交者甚少，皆看定貨色，廟期已過再交易。"原北平市政府秘書處編《舊都文物略·廟市》："廟市，俗稱廟會。舊京廟宇櫛比，設市者居其半數。"廟會的內容比集市要豐富，除商品交流外，還有宗教、文化、娛樂活動。廣義的廟會還包括燈會、燈市、花會等。因其一般總是在寺廟或祭祀場所內或附近舉行，與寺廟中的法事、齋會及種種宗教文化活動相結合，故稱爲"廟會"。寺院處在經濟、文化發達之地，因寺院中的宗教文化活動吸引人衆，商人趁機販鬻交易，形成廟市。早期廟會僅是一種隆重的祭祀活動，隨着經濟的發展和人們交流的需要，廟會在保持祭祀活動的同時，逐漸融入集市交易活動，這時的廟會又得名爲

"廟市"，成爲中國集市的一種重要形式。隨着人們的需要，又在廟會上增加娛樂性活動。我國廟市歷史悠久，唐代已很流行，宋代一些廟市規模盛大，廟市的日期、交易的場所、交易的內容都趨於定型，已經發展到相當成熟的階段。宋人筆記、稗史中有大量相關記載。宋王得臣《麈史》卷下："都城相國寺最據衝會，每月朔望三八日即開，伎巧百工列肆，罔有不集，四方珍異之物，悉萃其間。"記載了北宋東京相國寺繁榮景象。宋孟元老《東京夢華錄》有更詳盡的記載。目前，廟會在中國仍然普遍存在，是城鎮物資交流、文化娛樂的場所，也是促進地方旅游及經濟發展的一種方式。

【廟會】

即廟市。此稱清代已行用。見該文。

窮漢市 [1]

舊時城市貧民出賣勞動力的雇工市場，產生於元代。元熊夢祥《析津志輯佚·城池街市》："大悲閣南巷內有南城市、窮漢市、蒸餅市。"又："窮漢市，一在鐘鼓樓後，爲最。一在文明門外市橋；一在順承門南街邊；一在麗正門西；一在順承門裏草塔兒。"《劉公案》第七回："王三説：'他家住東門外，時常指着耍錢鬧鬼吃飯，終日不離窮漢市。'相爺點點頭，手提錢褡，徑奔窮漢市而來。"有的地方將"窮漢市"稱作"人市"，如清末鄭州東大街口的"窮漢市"後來改叫"人市"。清許楣《鈔幣論·通論七》："亭林謂民至豐年，賣其妻子，名曰人市。今幸官收其錢，易銀上庫，一旦徵其納鈔，則民將負錢走通大邑易銀。以易鈔而後輸官，吾恐人市之復興也。"明、清兩代北京的窮漢市即今前門外鋪陳市，一些破產農民及

無業游民每天聚集在這裏，等待招雇。出賣閑散勞動力的集市一直到解放初期還存在。

【人市】[1]

即窮漢市[1]。此稱清代已行用。見該文。

窮漢市[2]

售賣舊貨、雜貨的市場。因其玩者、看者、買者、賣者都是平民百姓，故稱。明劉侗、于奕正《帝京景物略・城隍廟市》："京師市各時日，朝前市者，大明門之左右，日日市，古居賈是也。燈市者，東華門外，歲燈節十日市，古賜舖是也。內市者，東華門內，月三日市，今移燈市張矣，猶稱內市也。窮漢市者，正陽橋，日昃市，古販夫販婦之夕市是也。"明談遷《北游錄・紀聞上・都市》："北方待期而市曰集。京師大明門兩旁曰朝前市，不論日。東華門外燈市，則元節前後十日。東華門內曰內市，則每月三日。正陽門之橋上曰窮漢市，則每日晡刻。"清佚名《燕京雜記》："東小市之西又有窮漢市，破衣爛帽至寒士所不堪者，亦重堆疊砌，其最便宜者割方韡爲鞋，價僅三十餘錢。官則不屑，商則不宜，隸則不敢，唯上不官下不隸而久留京邸者則甘之矣。西小市之西又有窮漢市，窮困小民日在道上所拾爛布溷紙，於五更垂盡時，往此鬻之，天乍曙即散去矣。"亦稱"窮市"。明談遷《北游錄・紀聞下・定水帶》："正陽門外曰窮市，蓋窶人子以瑣雜坐售，僅一席地，衣冠不往焉。"

【窮市】

即窮漢市。此稱清代已行用。見該文。

燈市

彩燈交易市場。唐代始，正月十五夜張燈，至宋代臻於極盛。自臘月末至正月初，民間已有各種奇巧燈彩應市，稱爲"燈市"。後世習俗相同。宋周密《武林舊事・元夕》："都城自舊歲孟冬駕回，已有乘肩小女鼓吹舞綰者數十家，以供貴邸豪家幕次之玩。而天街茶肆，漸已羅列燈毬等求售，謂之'燈市'。自此以後，每夕皆然。"明田汝成《西湖游覽志餘・熙朝樂事》："臘後春前，壽安坊而下至衆安橋，謂之燈市，出售各色華燈。其像生人物，則有老子、美人、鍾馗捉鬼、月明度妓、劉海戲蟾之屬，花草則有梔子、葡萄、楊梅、柿、橘之屬，禽蟲則有鹿、鶴、魚、蝦、走馬之屬，其奇巧則琉璃毬、雲母屏、水晶簾、萬眼羅、玻瓈瓶之屬。"明劉侗、于奕正《帝京景物略・春場》："八日至十八日，集東華門外，曰燈市。貴賤相遝，貧富相易貿。"清紀昀《閱微草堂筆記・灤陽續錄四》："四官今曰游燈市，買雜物若干。"明談遷《北游錄・紀聞上・都市》："北方待期而市曰集。京師大明門兩旁曰朝前市，不論日。東華門外燈市，則元節前後十日。"

藥市

出售藥材、藥品的市場。宋灌圃耐得翁《都城紀勝・井市》："其他街市，如此空隙地段，多有作場之人。如大瓦肉市、炭橋藥市、橘園亭書房、城東菜市、城北米市。"《宋史・地理志五》："地狹而腴，民勤耕作，無寸土之曠，歲三四收。其所獲多爲遨游之費，踏青、藥市之集尤盛焉，動至連月。"又《呂餘慶傳》："一日，藥市始集，街吏馳報有軍校被酒持刃奪賣人物。"清屈大均《廣東新語・地語・四市》："東粵有四市。一曰藥市，在羅浮冲虛觀左，亦曰洞天藥市，有搗藥禽，其聲玎璫如鐵杵曰相擊。"

綉市

出售錦緞刺綉的市場。宋陳允平《西麓繼周集》："買花問酒錦綉市。醉新亭、芳草千里。夢醒覺非今世。對三山、半落青天，數點白鷺，飛來西風裏。"清姚之駰《元明事類鈔·衣冠門·錦綺》："綉市：《元史·掖庭記》淑妃龍瑞嬌貪而且妬，帝賜鸞鳳、靈芝、五爪龍、萬壽字等段以巨萬數，乃開市於左掖門內。買者給帖令不相禁，由是京師四方豪貴爭買焉。時呼爲綉市，又號麗色多春之市。"

鹽市

食鹽交易市場。《宋史·趙開傳》："最後又變鹽法，其法實祖大觀東南、東北鹽鈔條約，置合同場鹽市，與茶法大抵相類。"宋熊克《宋中興紀事本末》卷二二："主管川陝馬趙開，做大觀東南北鹽法，置合同鹽市，驗視稱量封記發放，與茶法大抵相類。"宋陸游《出游》詩："綠樹魚鹽市，青蕪雉兔場。采桑村女集，入學幼童忙。"元郯韶《吳浦》詩："民近淮鹽市，門通海客航。行人敬風土，云是子游鄉。"

蠶市

買賣養蠶器具的市場。唐薛能《邊城寓題》詩："蠶市歸農醉，漁舟釣客醒。"宋黃休復《茅亭客話·鬻龍骨》："蜀有蠶市，每年正月至三月，州城及屬縣循環一十五處。"宋佚名《五國故事》卷上："蜀中每春三月爲蠶市，至時貨易畢集，闐闐填委，蜀人稱其繁盛。"宋張詠《張乘崖集》："二十三日，聖壽寺前蠶市。張公詠始即寺爲會，使民鬻農器。"明謝肇淛《滇略·俗略》："滇民以市爲景，游人縱觀。正月燈市、二月花市、三月蠶市、四月綿市、五月扇市、六月香市、七月七寶市、八月桂市、九月藥市、十月酒市、十一月梅市、十二月桃符市。一歲凡十二市。"

貨物 [2]

市場上出售的物品。《史記·平準書》："大農之諸官盡籠天下之貨物，貴即賣之，賤則買之。"《元史·刑法志三》："諸盜賊得財，用於酒肆倡優之家，不知情，止於本盜追徵；其所盜即官錢，雖不知情，於所用之家追徵；若用買貨物，還其貨物，徵元賊。"《平妖傳》第二一回："人都是要討便宜的，見買得賤，貨物又比別家的好，人便都來買。鋪裏貨物，件件賣得，員外不勝歡喜。"《醒世姻緣傳》第六八回："四月十八頂上奶奶的聖誕，比這白衣奶奶的聖誕更自齊整，這是哄動二十合屬的人烟，天下的貨物都來趕會，賣的衣服，首飾，瑪瑙，珍珠，甚麼是没有的。"《清史稿·食貨志四》："初與各國通商，違禁貨物，不許出入口，鹽其一也。"

【市物】

即貨物 [2]。此稱先秦時期已行用。《周禮·地官·質人》："掌稽市之書契。"鄭玄注："書契，取予市物之券也。"《史記·平準書》："而不軌逐利之民，蓄積餘業以稽市物，物踴騰糶，米至石萬錢，馬一匹則百金。"《宋史·食貨志下》："使審知市物之價，賤則增價市之，貴則損價糶之。"

市食

市場上出售的食物。《韓非子·難二》："晏子再拜而辭曰：且嬰家貧，待市食而朝暮趨之，不可以遠。"漢桓寬《鹽鐵論·散不足》："古者不粥飪，不市食。及其後，則有屠沽，沽酒市脯魚鹽而已。"宋灌圃耐得翁《都城紀勝·食店》："市食點心，凉暖之月，大概多賣。"宋周密《武林舊事・德壽宮起居注》："太上宣索市食，如李婆婆雜菜羹、賀四酪麵、臟三豬胰、胡餅、戈家甜食等數種。"清黃宗羲《宋元學案・艾軒學案》："市食挂錢於門，民當其物持錢而去。"

第二節　貿易考

貿，本指以錢財易物。《説文・貝部》："貿，易財也。"易，有交換之義。貿、易聯稱，始見於《墨子・號令》："募民欲財物粟米以貿易凡器者，卒以賈予。"貿易，分言之，以貨幣錢鈔購物爲貿，以物換物爲易。總言之，則買賣交易均爲貿易。《史記・貨殖列傳》："以物相貿，易腐敗而食之貨勿留，無敢居貴。"

貿易據其所涉及之範圍而言，可分爲國内貿易及海外貿易。今人一般以商業指稱國内貿易，而以海外貿易作爲貿易之主體。

國内貿易行爲可以追溯到神農氏時代。有貿易行爲，便有商。據《易・繫辭下》，神農氏時已有"日中爲市"之舉，因此，至遲在神農氏時代便已有貿易行爲，然是否有以錢鈔購物之行爲，是否有專職之商賈，則無據可證。以貝代物之前，衹有以物易物行爲，與今之商業行爲不同；當以貝代物作爲貨幣之後，有買有賣，方與今之商業有相似之處。當有專職商賈從事貿易之事，方有商業之興。或曰貨幣產生於神農時代、黃帝時代，或以爲產生於虞舜時代，至遲亦於夏代即有之，以此而計之，迄今亦有四千餘載。《史記・平準書》："農工商交易之路通，而龜貝金錢刀布之幣興焉。所從來久遠，自高辛氏之前尚矣，靡得而記云……虞夏之幣，金爲三品，或黃，或白，或赤；或錢，或布，或龜貝。"學術界已公認商朝便已有專業商人。

西周時期，工商業開始由官府調節管理。《周禮・地官・司市》："以商賈阜貨而行布。"《逸周書・大聚》："關市平，商賈歸之。"春秋戰國時期，官府失去威權，民間商賈大量涌現而且得以較充分發展，《詩・衞風・氓》："氓之蚩蚩，抱布貿絲。"毛傳："氓，民也。蚩蚩，敦厚之貌。布，幣也。"鄭玄箋云："幣者，所以貿買物也。季春始蠶，孟夏賣絲。"漢魏南北朝時期，商業活躍而南北交流不斷。隋唐時期，官方對工商之管理頗爲有效，呈現繁榮有序之態勢，但在安史之亂後，政治混亂，商業亦受到影響。北宋及南宋時期，相當富庶，工商行業普及，雖由官方管理而無壅滯之弊，商賈數量增加，商賈地位得以提升，城市規模及數量大幅度增加，瓦肆勾欄遍布各地，世上最早之紙幣——"交子"產生，有利於商業之繁榮興盛。元朝掌權者，其初重商而輕農，其後雖重農却亦不輕商，甚而鼓勵工商業，然其時官方對商業之控制程度超越以往朝代。明代初年，爲儘快恢復生産生活、解決國人衣食問題，曾有"重農抑商"之策；其後，尤其是明中葉之後，商業之興盛則遠勝於前朝，城鎮貿易甚繁榮昌盛。如明沈思孝《晋録》："平陽、澤、潞，豪商大賈甲天下，非數十萬不稱富，其居室之法善也。其人以行止相高，其合夥而商者，名曰'夥計'，一人出本，衆夥共而商之，雖不誓而無私藏。"在衆多商人之中，時以晋商與徽商最爲著名，晋商壟斷中國北部，徽商壟斷中國南部。與此同時，求利之風日熾，奢侈之習日盛。時至於清，商業益加興盛，朝廷放寬商業政策，商貿範圍遍及全國各地乃至邊遠地區，商人之數量、規模、幫會大幅度增加。然而，自乾隆至道光時期，掌權者的荒淫驕縱已産生巨大隱患，苛捐雜税增加，名目繁多，大官僚、大地主、大商人中飽私囊，貧富相差懸殊，商貿之基礎因此而極大削弱。朝廷之腐敗昏庸，官貴之奢侈荒淫，終致使社會風氣敗壞，民心喪失。清末之内憂，又遇外患。外患之産生，則源於西方國家重工商而必然産生牟利之欲望。鴉片戰争以及此後與西方列强之戰争，其主因即在於西方列强爲争利而殖民。貿易，本爲互通有無，富利民生，一旦轉爲以通商牟利爲目的，則見利忘義之風起。如此，則國内奢靡紛争而至於亡國，國際戰端肇啓而至於危及人類，是以華夏於"士農工商"之中，以商列於四民之末。傳統觀念認爲士爲遵道之主，農爲人生之本，工爲人生之助，商爲人生之佐，此序顛倒，則本末倒置，憂患必然頻仍。

西漢之時，張騫通西域，開闢陸路通商之要道——"絲綢之路"，中外貿易趨於興盛。東漢之時，海外貿易通道有二，一爲經雲南至緬甸出海，一爲自廣東經南海而至印度、斯里蘭卡。唐朝之前，中外貿易以絲綢之路爲主。自唐朝開始，從以陸路貿易爲主轉爲以海上貿易爲主，其路綫則由崇商之阿拉伯人開闢，自西亞而至於中國，人或稱之爲"海上絲綢之路"；宋代之對外貿易則由以往以絲綢爲主轉爲以陶瓷爲主，是以又稱之爲"海上絲瓷之路"。唐朝嘗於廣州設市舶使之官，主理海外貿易事項。宋朝海外貿易更趨頻繁，乃進而設置市舶司以管轄之。元朝初年，海外貿易依然興盛，旋因西亞之奧斯曼帝國興起，戰事頻繁，且對過境商客徵以高額利税，導致全球貿易衰落；元末又有倭寇騷擾中華邊境，海外貿易亦受其影響。明初於國内"重農抑商"，對外亦嘗於洪武年間及嘉靖年間實行海禁，然而其時間并不長久，且由官方主導之"朝貢貿易"逐漸興起，即以官方使節互贈禮物而達到貿易之目的，鄭和下西洋即此類。此前之海外貿易，雖有通商牟利之目的，然仍以互通有無爲主。

自明朝中後期開始，海外貿易有重大變化，主要表現爲西方殖民者開闢自西方至東方之航綫。嘉靖末年，倭寇基本平定，隆慶元年（1567）明廷接受福建巡撫涂澤民開海禁之請求，海外貿易又改爲以民間爲主。其間，以中華對外出口貿易爲主，而所出口商品以絲織品、陶瓷、糖類等生活用品爲主，中華因此而獲利頗豐，然與西方之殖民性、掠奪性"通商"截然相反。清朝海外貿易出現逆轉。清初，朝廷爲禁止并截斷東南沿海反清勢力與臺灣鄭成功部之聯繫，於順治十二年（1655）、十三年，康熙元年（1662）、五年、十四年五次頒布禁海令；并於順治十七年、康熙元年、十七年三次頒布"遷海令"，禁止出海貿易。康熙二十二年平定臺灣之後，康熙雖停止海禁，但仍不許與西方貿易。康熙嘗有口諭預料："海外如西洋等國，千百年後中國恐受其累。"（《熙朝紀政·紀市舶》）乾隆之後，全面閉關鎖國，由其初之四口通商而縮爲僅有廣州可以對外通商，而此時西方列强亦對與清之貿易嚴加限制。

英美等西方列强日漸强大，已完成其國内壓榨剥削性之"原始資本積纍"，此時無限之貪欲使其將牟利之欲望轉向國外，大規模地展開了殖民掠奪，將魔爪伸向海外。極度之貪欲之下，罪惡之鴉片終以槍炮利艦爲掩護，開始了大規模的"國際貿易"，意欲通過殖民掠奪獲得無限大之滿足。流風所及，列强紛紛效仿。列强魔爪分南、中、北三路伸向亞洲，南路之南亞、東南亞先受其荼毒，中路之西亞、中亞繼之，而北路之中國，先有俄國之侵害，後有英國鴉片之傾銷，終至於鴉片戰爭爆發，八國聯軍侵入北京，繼而日本又發動了侵華戰争。至此，"貿易"已成爲赤裸裸的商業掠奪，其表現形式雖异，而其實質則無別。

總之，尚利輕義之貿易，弊大於利；尚義而生利之貿易，利大於弊；互通有無以益生息之貿易，是人類社會所必需。

軍市

軍隊駐扎地或屯戍地臨時設立的市場。《商君書·墾令》："令軍市無有女子；而命其商，令人自給甲兵，使視軍興；又使軍市無得私輸糧者，則奸謀無所於伏，盜輸糧者不私稽，輕惰之民不游軍市。"《史記·張釋之馮唐列傳》："今臣竊聞魏尚爲雲中守，其軍市租盡以饗士卒，〔出〕私養錢，五日一椎牛，饗賓客軍吏舍人，是以匈奴遠避，不近雲中之塞。"宋文天祥《文山集·公牘》："方官軍之始至也，整齫精明，部分齊一，問寇則失之矣，無可蹤跡者。而秦之黨或爲平民，買賣於軍市之間。"明程敏政《新安文獻志》卷七三："自古備邊之道，代有不同。莫如我太祖皇帝，淵謀睿略，最爲盡善。蓋其要惟在於擇人而久任，故操術甚簡，而收功甚博。軍市之租，並賜諸將，不問出入，故無拘制，而不乏於用。以之養士，則足以得死力；以之用間，則足以得敵情。"《山西通志·唐裴倩神道碑銘》："其始受命也，寇劇橫屬，三川如燬，陰方出師，慕義助順。代宗焦勞念慮，命德宗以雍邸總戎。賦輿所會，征繕不給，有詔輟東方軍市之租，移用於中都，屬受鉞之臣。"中國軍市的起源很早，戰國時期已有記載，後歷代存在。軍市是一種特殊的市，軍市的税收在一定程度上對中國古代經濟，尤其是軍事經濟起到了補充和調節作用。

買市

古代官府或豪富設立的臨時集市，繁榮市場，以之作爲一種德政或善舉。宋周密《癸辛雜識·德壽買市》："孝宗冬月、正月孟享回，且就看燈買市。簾前堆垛見錢數萬貫，宣押市食，歌叫直一貫者，犒之二貫。"《水滸傳》第八二回："梁山泊義士宋江等，謹以大義布告四方。昨因哨聚山林，多擾四方百姓，今日幸天子寬仁厚德，特降詔敕，赦免本罪，招安歸降，朝暮朝覲，無以酬謝，就本身買市十日。倘蒙

不外，賫價前來，以報答，並無虛謬。特此告知，遠近居民，勿疑辭避，惠然光臨，不勝萬幸。"《喻世明言》卷一五："夫人放買市，這經紀人都來趕趁，街上便熱鬧。"許政揚注："富豪人家以買賣東西爲名，招徠小經紀人，給與犒賞，稱爲買市。"

互市

中國歷史上中央王朝與外國或异族之間貿易的通稱。唐白居易《白氏六帖事類集·市·羌互市格》："《金部格》云，敕松、當、悉、維、翼等州熟羌，每年十月已後，即來彭州互市易，法時羌上佐一人於疊崖關外，依市法致市場交易，勿令百姓與往還。"宋沈括《夢溪筆談·人事一》："聞其常往來互市中，瑋欲一識之，屢使人誘致之，不可得。"明梅國禎《再請罷榷税疏》："虜款以來，一應互市貨物，縑帛布疋則取諸吳越，狐皮水獺等物則取諸蘄黃，逐年給以帑銀，董以專官，皆跋涉數千里外，經年而後可至。"明談遷《從軍行》詩："和親絶遠嫁，邊城閉互市。"《清史稿·清佳砮傳》："明制，凡諸部互市，築墻規市場，謂之市圈。"互市盛衰與政治、軍事鬥争密切相關。我國歷史上不同民族或不同地方割據政權之間經濟貿易始於漢代。漢初曾同南越和匈奴通商貿易，隨着西域道路的暢通，商貿不斷發展，海上貿易也開始出現。隋唐以後，各王朝都設有專門的管理機構。宋、明時期同邊疆各族進行的茶馬互市也很頻繁。中國與外國之貿易，亦稱通商或通市。漢武帝時，張騫通西域，開始了與西域各國的貿易。漢代還在邊境關口設立市場，與少數民族進行貿易。魏、晉以後，設於邊境的市場稱"交市"。隋代在西北邊境設

交市監，掌互市事。唐貞觀六年（633）改稱互市監，沿邊設互市場，以馬市爲主。後設市舶使，掌管南海貿易。中唐以後，海上貿易超過陸上，廣州、交州、揚州、泉州成爲重要商港。唐文宗大和時，除敕准互市者外，普通人"不得輒與諸蕃客錢物交關"。五代時，設博易務。時互市皆處於政府嚴格控制下，對貿易物品多有限制。私貿興起，後周始許民與回鶻私市。宋、遼、金、元在邊境設榷場互市，海外通商更加重要。宋代於廣州、臨安、明州、泉州等地設市舶司，還於密州板橋鎮、上海鎮、華亭縣、青龍鎮、江陰、温州等處設舶務和舶場。元代則於泉州、廣州、杭州、慶元、温州、上海等地設市舶司。明代在海上僅准貢舶互市。清代與西北各少數民族及俄國、邊外各族的貿易，由理藩院和當地將軍、大臣及各旗札薩克管理稽查。內地商人領有理藩院票或當地該管衙門的執照，即可前往貿易。所倫諾爾、張家口、歸化城、肅州、哈密、庫侖、恰克圖、烏里雅蘇台、伊犁、塔爾巴哈台，以及喀什葛爾、葉爾羌、阿克蘇等處均爲重要的互市點。對外貿易方面，初有海禁，康熙二十三年（1684）開放海禁後，始於廣州、漳州、寧波、雲臺山設關，置監督，管理與西洋的通商貿易。乾隆二十二年（1757），重閉三關，僅留廣州一關互市。

關市

古代邊界關口附近的貿易場所。《逸周書·大聚》："關市平，商買歸之。"《呂氏春秋·仲夏紀》："門閭無閉，關市無索。"《淮南子·時則訓》："一度量，平權衡，正鈞石，角斗稱，理關市，來商旅，入貨財，以便民事。"南朝宋鮑照《觀圖人藝植》詩："善買笑鼉漁，

巧宦賤農牧。遠養遍關市，深利窮海陸。"《宋史·天文志四》："客星犯之，民多疾，關市不通；又曰諸侯不通，民相攻。"

早市

早間集市。唐白居易《食笋》詩："山夫折盈抱，抱來早市鬻。"宋灌圃耐得翁《都城紀勝·市井》："其餘坊巷市井，買賣關撲，酒樓歌館，直至四鼓後方静；而五鼓朝馬將動，其有趁賣早市者，復晨起開張。"宋吳自牧《夢粱錄》卷八："和寧門外紅杈子，早市買賣，市井最盛。蓋禁中諸閣分等位，宫娥早晚令黃院子收買食品下飯於此。"《水滸傳》第二一回："〔宋江〕却從縣前過，見一碗燈明，看時，却是賣湯藥的王公，來到縣前趕早市。"清翟灝《通俗編》卷二七："事件：〔又〕御街早市賣羊鵝事件，食次名件，有十色事件、糟鵝事件，其猪羊頭、蹄、肝、肺則稱四件，酒肆賣擷四件。"早市有賣粥飯點心的，也有賣洗臉水的，主要爲入城賣貨的農民和上朝的吏胥服務，天亮時即散。又宋孟元老《東京夢華錄·天曉諸人入市》："諸趨朝入市之人，聞此而起。諸門橋市井已開，如瓠羹店門首坐一小兒，叫饒骨頭，間有灌肺及炒肺。酒店多點燈燭沽賣，每分不過二十文，並粥飯點心。亦間或有賣洗面水，煎點湯茶藥者，直至天明。其殺猪羊作坊，每人檐猪羊及車子上市，動即百數。"有的向居民出售生活用品。又《魚行》："賣生魚則用淺抱桶，以柳葉間串清水中浸，或循街出賣，每日早惟新鄭門、西水門、萬勝門，如此生魚有數千擔入門。"

夜市

夜間集市。唐王建《夜看揚州市》詩："夜

市千燈照碧雲，高樓紅袖客紛紛。"宋孟元老《東京夢華録·中秋》："閭里兒童，連宵嬉戲，夜市駢闐，至於通曉。"元費著《歲華紀麗譜》："七月七日，晚宴大慈寺設廳，暮登寺門樓，觀錦江夜市，乞巧之物皆備焉。"明姚旅《露書·風篇中》："秣陵有夜市，在笪橋廊下。每五更，盜者以所盜物至，不舉燈，唯暗中度物，又不出聲，物值隨其所指即度錢，或價與物等，或得利數倍。"乾隆《黔陽縣志·鄉都·市鎮》："爲通寶慶便道，故設市於此。貨物日以繁富，貿遷者多就焉。開夜市燈火貿易，三更始罷。至日中之賣買反少，與別市大不同。"唐以後出現早市、夜市，打破了前代都城對商業活動的時間限制。宋都東京取消了宵禁，不僅白天市場的時間大爲延長，而且夜市和早市普遍出現。夜市從入夜開始，多設在酒樓、飯店、香藥鋪、茶館、商店等比較密集的街區。宋孟元老《東京夢華録·馬行街鋪席》："夜市直至三更盡，纔五更又復開張。如要鬧去處，通曉不絶。尋常四梢遠静去處，夜市亦有燋酸豏、豬胰、胡餅、和菜餅、獾兒、野狐肉、果木翹羹、灌腸、香糖、果子之類。冬月，雖大風雪陰雨，亦有夜市。"目前，"早市""夜市"依然活躍於當今我國的諸多大小城鎮，經營商品多與百姓的日常生活有關。

曉市

　　夜市的一種，拂曉前進行，多從事衣服、花環、領抹、圖畫、古董之類的交易。宋黄庭堅《次韻蓋郎中率郭郎中休官二首》詩之一："桃葉柳花明曉市，荻芽蒲笋上春洲。"宋項安世《二十八日行香即事》詩："曉市衆果集，枇杷盛滿箱。梅施一點赤，杏染十分黄。"明李東

陽《佩之饋石首魚有詩次韻奉謝》詩："夜網初收曉市開，黄魚無數一時來。"明申時行《吴山行》詩："隔浦晴沙歸雁鷺，沿溪曉市出魚蝦。"陳蓮痕《京華夢春録》："别有依陽曆之市集，一、四、七則正陽門大街，二、五、八西珠市口，三、六、九花市大街，率於晚間舉行，所謂夜市也。此外則宣武門外有黑市，崇文門外有曉市，皆市集之别開生面者。"曉市夜半開市，天明即散，故亦稱"鬼市""鬼市子"。宋孟元老《東京夢華録·潘樓東街巷》："潘樓東去十字街，謂之土市子，又謂之竹竿市。又東十字大街曰從行裹角茶坊，每五更點燈博易，買賣衣物、圖畫、花環、領抹之類，至曉即散，謂之'鬼市子'。"宋趙汝適《諸蕃志·志國·大秦國》："西海中有市，客主同和。我往則彼去，彼來則我歸。賣者陳之於前，買者酬之於後。皆以其直置諸物旁，待領直，然後收物，名曰鬼市。"金元好問《續夷堅志·鬼市》："裴翰林擇之，陽武人。六七歲時，以大父馬上抱往縣東北莊。至外壕，見門南北有市集，人物皆二尺許，男女老幼，吏卒僧道，穰穰往來，市人買賣，負擔、驢馱、車載，無所不有。"明謝肇淛《五雜俎·地部一》："《歲時記》：'務本坊西門有鬼市，冬夜嘗聞賣乾柴聲。'是鬼自爲市也。《番禺雜記》：'海邊時有鬼市，半夜而合，雞鳴而散。人與交易，多得異物。'又濟瀆廟神嘗與人交易，以契券投池中，金輒如數浮出，牛馬百物皆可假借。趙州廉頗墓亦然，是鬼與人市也。秦始皇作地市，令生人不得欺死人，是人與鬼市也。"清蘭陵憂患生《京華百二竹枝詞》自注："擺攤售賣故物，色色俱備，真贗雜陳，入其中者，極宜留心察視。黎明交易，早

九點收市，世俗或呼‘鬼市’。”鬼市晚間進行交易，暗中進行，許多貨物來歷不明，故亦稱“黑市”。清俞樾《茶香室叢鈔·鬼市子》：“按今京師有所謂黑市者，殆即宋時鬼市子乎。”清楊靜亭《道光都門紀略》：“黑市在虎坊橋一帶，無物不有，黎明即散。”《負曝閑談》第一〇回：“不要説別人，咱們帳房王老順的兒子，專好貪小便宜兒，上回上黑市去買東西，有一天買了一隻燒鴨子，剛想用刀片，誰知道是拿顔色紙糊的。”此外，“黑市”也指暗中進行非法買賣的市場。清張培仁《妙香室叢話·財運》：“京師黑市，大抵鼠竊輩，詐僞百出，貪賤購覓，往往被給，亦間有獲厚利者。”《舊京瑣記·市肆》：“又有所謂黑市者，在騾馬市一帶，夜四鼓而集，向明而散，其中詐僞百出。紀曉嵐筆記所云‘高麗紙綴爲裘，泥製醬鴨’，蓋自昔爲然，今已爲官廳禁止。”鬼市於宋代産生，經營物品主要是衣服、圖畫、花環、領抹之類的古董，直到清代仍然如此。原北平市政府秘書處編《舊都文物略·雜事略·市井瑣聞》：“每值鷄鳴，買賣者率集合於斯以交易焉。售品半爲骨董，半係舊貨，新者絶不加入，以其交易皆集於清晨，因名‘曉市’，或謂‘鬼市’，亦《點石齋畫報》中古董商圖喻其作夜交易耳。俗呼‘小市’，誤。舊傳此項市場，非官設，緣有世家中落，思以動産易米柴之資，復耻爲人見，因於凌晨，提携舊雜物，至僻處兜售，遂相沿成市。”

【鬼市】

即曉市。此稱宋代已行用。見該文。

【鬼市子】

即曉市。此稱宋代已行用。見該文。

【黑市】

即曉市。此稱清代已行用。見該文。

人市 [2]

舊時交換、買賣人口的集市。《明史·王宗沐傳》：“山西列郡俱荒，太原尤甚。三年於兹，百餘里不聞鷄聲。父子夫婦互易一飽，命曰‘人市’。”清顧炎武《錢糧論上》：“而民且相率賣其妻子，至徵糧之日，則村民畢出，謂之人市。”明談遷《北游録·紀聞下·人市》：“順承門内大街騾馬市、牛市、羊市，又有人市。旗下婦女欲售者叢焉，牙人或引至其家遞閲。”《清史稿·灾異志五》：“四十三年，全蜀大饑，立人市鬻子女。”又《姚立德傳》：“立德以廕生授主事，乾隆十二年，外授江寧通判，遷知直隸景州。州俗，有人市鬻奴婢，牽就牙儈估其值，如牲畜然。”

絲行

舊時江浙等地買賣生絲的交易場所。以絲産地湖州南潯（今浙江吴興東）一帶最多。名目很多。清汪曰楨《湖蠶述·賣絲》：“列肆購絲，謂之絲行……有招接廣東商人，及載往上海與夷商交易者，曰廣行，亦曰客行；專買鄉絲者，鄉絲行；買經造經者，曰經行。别有小行，買之以餉大行，曰劃莊。”

廛 [2]

存儲貨物或進行貿易之所。《周禮·地官·廛人》：“廛人，掌斂市絘布、總布、質布、罰布、廛布，而入於泉府。”《禮記·王制》：“市，廛而不税。”鄭玄注：“廛，市物邸舍。”《後漢書·班固傳》：“内則街衢洞達，閭閻且千，九市開場，貨别隧分，人不得顧，車不得旋，闐城溢郭，傍流百廛，紅塵四合，烟雲相連。"《金史·李偘傳》:"先是,郡縣街陌間聽民作廛舍,取其僦直。至是,罷收僦直,廛舍一切撤毁。"

廠 [3]

堆積貨物或進行貿易之所。《魏書·拓跋叉傳》:"又於千秋門外廠下施木闌檻,有時出入,止息其中,腹心防守,以備竊發,人物求見者,遥對之而已。"《明史·職官志一》:"凡物料儲偫,曰神木廠,曰大木廠,以蓄材木,曰黑窑廠,曰琉璃廠,以陶瓦器,曰臺基廠,以貯薪葦,皆籍其數以供修作之用。"清程嗣立《蔡鵬傳》:"設兩廠於營前,論居民商賈往來貿易。"

貨棧 [2]

營業性質的存放貨物的房屋或場地。清葛元煦《滬游雜記·租界》:"三國租界英居中,地廣人繁,洋行貨棧十居七八。"清李慶辰《醉茶志怪》卷三:"道光丙午秋,邑針市街洋貨棧房,忽有男婦五六人登門乞錢。"

和市

小規模的榷場。宋、遼、金、元時期,各政權在邊境地界設置的貿易市場。宋蘇轍《龍川別志》卷下:"雖夏人每入輒勝,而國小民貧,疾於點集,鹵獲之利不補所耗,而歲賜和市之利皆絶,一絹之直八九千錢。"宋杜大珪《名臣碑傳琬琰集》卷六:"虜仰吾和市,如嬰兒之待乳。"《宋史·孝武本紀》:"戊戌,蠲諸路逋負乾道元年二月和市、折帛、雜色錢。"《元史·泰定帝本紀》:"癸巳,和市牝馬有駒者萬匹,敕宿衛駞馬散牧民間者,歸官厩飼之。"《明史·土魯番傳》:"若曰來者不拒,取戎之常,盡略彼事之非,納求和之使,必將叨冒恩禮,飽饜賞饍,和市私販,滿載而歸。"

交市

魏、晋時不同民族或不同地方割據政權之間經濟貿易場所。《後漢書·西域傳》:"以金銀爲錢,銀錢十當金錢一。與安息、天竺交市於海中,利有十倍。"《三國志·魏書·鮮卑傳》:"明年,比能帥部落大人、小子、代郡烏丸、修武盧等三千餘騎,驅牛馬七萬餘口交市,遣魏人千餘家居上谷。"《晋書·馮跋載記》:"遣其游擊秦都率騎二千,送其女婦於蜾蠕。庫莫奚虞出庫真率三千餘落請交市,獻馬千匹,許之,處之於營丘。"《北史·裴矩傳》:"又令交市店肆皆設帷帳,盛酒食,遣掌蕃率蠻夷與人貿易,所至處悉令邀延就坐,醉飽而散。"明丘濬《大學衍義補·治國平天下之要·慎德懷遠之道》:"魏徵諫曰:'昔光武不聽西域送侍子、置都護,以爲不以蠻夷勞中國。前者文泰之來,緣道供億甚苦,若諸國皆來,將不勝其弊,姑聽其商賈往來與邊民交市則可矣,儻以賓客遇之,非中國之利也。'"

榷場

宋、遼、金、元時期,各政權在邊境地界設置的貿易市場。《舊唐書·食貨志上》:"鹽鐵使王播奏:'揚州、白沙兩處納榷場,請依舊爲院。'"宋李心傳《建炎以來朝野雜記·甲集·江茶》:"今東南茶皆自榷場轉入虜中,亦有私渡淮者,雖嚴爲稽禁而終不免於透漏焉。"宋周密《齊東野語》卷六:"後又於榷場購北方遺失之物,故紹興内府所藏,不減宣政。"《金史·西夏傳》:"先是,尚書奏:'夏國與陝西邊民私相越境,盜竊財畜,奸人托名榷場貿易,得以往來,恐爲邊患。使人入境與富商相易,亦可禁止。'於是,復罷綏德榷場,止存東勝、環州而已。"《元史·世祖本紀》:"〔世祖至元十四年〕置榷場於碉門、黎州,與吐蕃貿易。"

玉山古茶場

我國唯一的茶場與廟宇一體保存下來的古建築。位於浙江磐安玉山鎮馬塘村茶場山下。古茶場最早建於南宋年間。現存建築是乾隆辛丑年(1781)由當地名士周昌齋主持重修。1949年重修的。2005年被列爲第五批浙江省文物保護單位。2006年被列爲全國重點文物保護單位。主要包括茶場廟、茶場管理用房和茶場三部分。玉山古茶場與道教文化淵源甚深,與歷史上被奉爲真君大帝的許遜密不可分。相傳西晉許遜在得道成仙的修煉中,與茶結緣,謂之"茶禪"。許遜,字敬之,太康元年(280)舉孝廉,博通經史、天文地理、醫學、陰陽五行等學說,曾出任旌陽令。後辭官隱居,成爲淨明道派的創始人,道教四大天師之一。隱居期間,與方士、文學家郭璞結伴游歷名山大川。因見玉山巍峨,且物產豐饒,氣候温和,利於茶葉生長,但當地茶農缺乏茶葉加工技術,生

浙江玉山古茶場

活極度貧困,許遜遂利用道家茶葉精製之法,研製成"婺州東白茶",并派道徒四處布施,使此茶馨滿天下。四方茶商紛至沓來,茶場由此誕生。唐代李肇《國史補》記述各地"茶之名品",其中就有"婺州有東白"。清顧祖禹《讀史方輿紀要》引宋高似孫《剡録》:"山峻極崔嵬,吐雲納景,瀑布懸流,清被巖谷,仙茗生焉。"唐代茶神陸羽也把浙東"東陽縣東白山"之茶評爲名品。其所著《茶經·八之出》曰:"浙東:以越州上,明州、婺州次,台州下。"古茶場由"兩進、兩井、一門樓"組成。宋時,玉山古茶場成爲榷茶(即由官府控制和監管的茶的專賣)之地,歷代設官監之。

第八章　倉儲府庫説

第一節　倉儲考

　　“倉”之本義，是存放穀物之所。《説文·倉部》：“倉，穀藏也。倉黄取而藏之，故謂之倉。从食省，口像倉形。”段玉裁注：“穀藏者，謂穀所臧之處也。”《説文·广部》曰：“府，文書藏也……庫，兵車藏也……廥，芻稾藏也。”《荀子·富國》：“垣窌倉廩，財之末也。”注：“穀藏曰倉，米藏曰廩。”可見，在歷史上，對於倉、廩、府、庫等詞語分別相當清楚，其界限之混淆不清，乃是後世之事。本章即以初之區别而介紹倉儲、府庫。

　　無論是一個家庭，還是一個朝廷，糧食之儲備皆是極爲重要之事，是以各代對糧倉均極爲重視。先秦時期即有記載。《論語·堯曰》：“所重民食喪祭。”邢昺疏：“重民，國之本也。重食，民之命也。重喪，所以盡哀。重祭，所以致敬。”其中，“重食”雖在第二位，但正如梁皇侃《論語義疏》所説，“民以食爲活”。因此，就民之生存而言，糧食爲第一重要，無民則無國；就國家治理而言，以仁義誠信而得民心爲關鍵，若不得民心，雖有民而非其民。因此，《論語·顔淵》載：“子貢問‘政’。子曰：‘足食，足兵，民信之矣。’子貢曰：‘必不得已而去，於斯三者何先？’曰：‘去兵。’子貢曰：‘必不得已而去，於斯二者何先？’曰：‘去食。自古皆有死，民無信不立。’”欲得民心以治理國家，首先在於得民心；欲得民心，必須得到民之信任；欲使民信任，必須使民衣食無憂；欲使民衣食無憂，必須重視糧食之存儲。

糧倉之建立，自先秦時期已有。其作用首先在於“平準”。《漢書·食貨志》：“民有餘則輕之，故人君斂之以輕；民不足則重之，故人君散之以重。凡輕重斂散之以時，則準平。”顏師古注：“李奇曰：‘民輕之時，爲斂糴之；重之時，官爲散之。’”其次又有備灾荒之用。《禮記·王制》曰：“國無九年之蓄曰不足，無六年之蓄曰急，無三年之蓄曰國非其國也。”再次亦是俸禄、軍費之所出。《詩·小雅·甫田》：“乃求千斯倉，乃求萬斯箱。”《周禮·地官》：“倉人，掌粟入之藏，辨九穀之物，以待邦用。”倉人，相傳爲周代主管糧食之官。《商君書·去强》：“倉府兩實，國强。”《荀子·王制》：“并聚之於倉廩。”《禮記·月令》：“〔季春之月〕命有司發倉廩。”孔穎達疏：“穀藏曰倉，米藏曰廩。”不僅如此，倉之種類已分得極細。《周禮·考工記·匠人》：“囷、窌、倉、城，逆墻六分。”鄭玄注：“穿地曰窌。”《荀子·榮辱》：“餘刀布，有囷窌，然而衣不敢有絲帛。”楊倞注：“窌，窖也，地藏曰窖。”《詩·小雅·楚茨》：“我倉既盈，我庾維億。”毛傳：“露積曰庾。”可見，露天之倉爲庾，存儲穀物之倉爲倉，存儲米麥之倉爲廩；糧倉之大者爲倉，其小者爲囷；存儲於地上爲倉、囷、庾，存儲於地下爲窌（窖、窨）。

據王蘧常《秦史·職官考》，秦時即有治粟內史、治粟內史丞、治粟都尉，有太倉令、太倉丞、倉吏。漢代，賈誼嘗上《論積貯疏》奏言：《管子》曰：‘倉廩實而知禮節。’民不足而可治者，自古及今，未之嘗聞。古之人曰：‘一夫不耕，或受之饑；一女不織，或受之寒。’生之有時，而用之亡度，則物力必屈。古之治天下，至纖至悉也，故其畜積足恃。”晁錯《論貴粟疏》亦曰：“聖王在上，而民不凍飢者，非能耕而食之，織而衣之也，爲開其資財之道也。故堯、禹有九年之水，湯有七年之旱，而國無捐瘠者，以畜積多而備先具也。”漢之初建，即已營作“太倉”。《史記·高祖本紀》：“八年，高祖東擊韓王，信、餘反寇於東垣。蕭丞相營作未央宮，立東闕、北闕，前殿武庫、太倉。”其後，設立總管農業的大司農之職。不僅京城有太倉，各郡國亦有太倉。《史記·孝文本紀》：“五月，齊太倉令淳于公有罪當刑。”《史記·平準書》：“一歲之中，太倉、甘泉倉滿。”《漢書·百官公卿表》：“治粟內史：秦官掌穀貨，有兩丞；景帝后，元年更名大農令；武帝太初元年更名大司農，屬官有太倉、均輸、平準、都內籍田、五令丞。”逢灾則開倉以賑濟灾貧之民。

《史記·孝文本紀》："發倉庾以振貧民。"《漢書·宣帝紀》："大司農中丞耿壽昌奏設常平倉以給北邊。"《後漢書·何敞傳》："時竇氏專政，外戚奢侈，賞賜過制，倉帑爲虚。"漢明帝永平五年（62）作常平倉。《文獻通考·市糴考一》："常平起於孝宣之時。"又《國用考一》："東漢大司農掌諸錢穀金帛諸貨幣……部丞一人主帑藏，太倉令一人主受郡國傳漕穀。"

魏晋南北朝時期，《文獻通考·職官考十》："太倉署：周官有廪人、下大夫、上士。秦官有太倉令丞，漢因之，屬大司農。後漢令主受郡國傳漕穀，其滎陽敖倉官中興後屬河南尹，歷代並有之。北齊亦然。後周曰司倉，下大夫。隋有令二人、丞六人。唐有令三人、丞二人，掌倉廪出納。晋江左以來又有東倉、石頭倉丞各一人。"《文獻通考·市糴考一》："後周文帝創制六官，司倉掌辨九穀之物，以量國用，足蓄其餘以待凶荒，不足則止。餘用足則以粟貸人。春頒秋斂。"又："隋文帝開皇三年，衛州置黎陽倉，陝州置常平倉，華州置廣通倉……工部尚書長孫平奏：古者三年耕而餘一年之積，九年作而有三年之儲，雖水旱爲災，人無菜色，皆由勸導有方，蓄積先備。請令諸州百姓及軍人，勸課當社，共立義倉，收穫之日，隨其所得勸課，出粟及麥於當社，造倉窖貯之，即委社司執帳檢校，每年收積勿損敗。若時或不熟，當社有饑饉者，即以此穀賑給。"

唐代由國家支配的倉廪系統包括六種：正倉、轉運倉、太倉、軍倉、常平倉、義倉。唐代倉廪的職能可歸納爲四項：兵餉、官禄、平準、賑貸。六倉之用有所交錯。正倉乃常年直接受納正租之官倉，與軍倉一起供應兵餉，又與太倉一起供應官禄；常平倉負責平準糴糶；義倉負責賑貸救濟。其制度已較爲健全。《文獻通考·市糴考二》："唐制，凶荒則有社倉賑給，不足則徙民就食諸州。""其後，洛、相、幽、徐、齊、并、秦、蒲州，又置常平倉，粟藏九年，米藏五年，下濕之地粟藏五年，米藏三年，皆著於令。"又，《國用考三》："貞元初，關輔宿兵米斗千錢，太倉供天子六宫之膳，不及十日，禁中不能釀酒，以飛龍駝負永豐倉米給禁軍，陸運牛死殆盡。"五代時期，《文獻通考·市糴考一》："齊武帝永明中，天下米穀布帛賤。上欲立常平倉，市積爲儲。"

漢代首創常平倉，繼之隋代出現義倉，至南宋朱熹創設社倉而三倉趨於完備，沿用至清代仍不衰。在儲糧備荒之倉儲制度中，常平倉、義倉及社倉三者爲骨幹。南宋時期三倉并存，同有預防及救濟灾荒之用。常平倉和義倉均設於城邑，其功用往往祗及城市之民；社倉設於鄉村，澤惠遍及衆多的農家，功效所及範圍遠較常平倉和義倉。義倉雖設，然遇大災之時，亦取官倉以賑濟。《文獻通考·市糴考二》："〔宋太祖乾德三年〕義倉不足，當發公廩者，奏待報。"另外，又有"折中倉""船般倉""稅倉""中倉""惠民倉""豐儲倉"等各種名目。《文獻通考·市糴考二》："太宗端拱二年，置折中倉，許商人輸粟，優其價，令執券抵江淮給其茶鹽，每一百萬石爲一界。禄仕之家及形勢户，不得輒入粟。""真宗咸平二年，於福建置惠民倉。"《文獻通考·職官考十》："宋諸倉：京城有船般倉、稅倉、中倉，總二十五名監官，每界二人，以京朝官及三班使臣充。元豐後，二十五倉屬司農，官吏軍兵禄食凡綱運受納及封樁支用，月具報數，以報司農。中興後，又有豐儲倉。"

　　元代之倉儲，承前代制度，雖種類繁多，然亦不出唐朝時之六種類型範圍，仍以常平倉與義倉專爲備荒所用，合稱"常平義倉"。《元史·食貨志》稱："常平起於漢之耿壽昌，義倉起於唐之戴冑"。元姚燧《中書左丞李忠宣公行狀》："立社倉以虞水旱之歉，一權度以絶欺詐之攘。"但因吏治腐敗，管理制度不善，成效不佳，且呈屢興屢廢之勢。明易"太倉"之名爲"京通倉"，設於北京與通州，共有十九個大倉，是爲官倉。同時，又有官辦之"常平倉"（裕備倉）、民辦之"社倉"（或稱義倉）、各衛所及各王府所辦之"私倉"。靳學顏《明文海·講求財用疏》："一曰官倉，蓋發官銀以糴者，此必甚豐乃可以舉；一曰社倉，蓋收民穀以充者，此雖終歲皆可以行。臣知中原空虛，不但穀少而銀亦甚少，其官倉一節今歲已不能舉。又聞有災變，則社倉一節今歲亦不能行。但能以今歲始講求其條件，加意於積儲，即明歲舉而後歲效未晚也。此二倉者，社倉舉之甚易而效甚捷，然非官府主持於上，則其事終不能成矣。夫社倉即義倉也，蓋始於漢耿壽昌，而盛於隋長孫平、唐戴冑之徒。"明代朝廷對倉儲之管理較之前代更爲直接而且嚴格，然中期之後，則有倉儲空虛之嚴重問題。倉儲與百姓生活及朝廷興衰之關係極爲密切，是以清朝亦極爲重視倉儲。清李光地《己丑會試策問》："復以積貯爲生民大命。常平之外，又推行社倉之法，無非所以責成有司，加惠元元，廣蓄儲而豫賑救也。"《清文穎·七詢》："先時，備廩庾宜盈，本常平之良規，參社倉之遺軌，非綱紀之得人，徒名存而實詭。"時於各省會及各府州縣俱設常平倉或兼設裕備倉。與前代不同者，則有東三省之旗倉，近邊之營倉，瀕海之鹽義倉，或以便民，或以給軍。其中以常平倉爲主，以社倉輔之。然於農民而言，社倉之用更大。嘉、道以後，常平倉制度開始呈衰弱之勢；太平天國運動對某些地區的常平倉產生了毀滅性打擊。

囤

用竹子、荆條、席子等圍成的存儲穀物的器物。《玉篇·囗部》：“囤，小廩也。”《六書故·工事二》：“囤，困類，織竹規以貯穀也。”唐貫休《山居詩二十四首》之一七：“且爲小囤盛紅粟，別有珍禽勝白鷗。”《醒世姻緣傳》第五四回：“唯獨這尤聰令正，他除那舊規的勾當幹盡了不算，常把囤裏的糧食，不拘大米、小麥、緑豆、秋黍、黄豆、白豆，得空就偷，得偷就是一、二斗，偷去換簪換針、換糕換餅、換銅錢、賣銀子，日以爲常……”《清史稿·李湄傳》：“觀臺羡道，築堤穿河，方倉圓囤，矦甍輸粟，其形不一，概以從開立方除之何也？”亦作“笹”。漢史游《急就篇》卷三：“笹篅箯筥籅箄箕篝，筳箪箕帚筐篋籔。”顔師古注：“笹、篅，皆所以盛米穀也。”《淮南子·精神訓》：“今贛人敖倉，予人河水，飢而餐之，渴而飲之，其入腹者，不過簞食瓢漿，則身飽而敖倉不爲之減也，腹滿而河水不爲之竭也。有之不加飽，無之不爲之飢，與守其簞笹，有其井，一實也。”明徐光啓《農政全書·農器》：“今貯穀圓笹，泥塗其内，草苫於上。”

【笹】

同“囤”。此體漢代已行用。見該文。

兵厨

存儲美酒之所。因朝廷步兵厨善釀，故稱。《晋書·阮籍傳》：“籍聞步兵厨營人善釀，有貯酒三百斛，乃求爲步兵校尉。”宋吕頤浩《與程晋道書》：“自到此，每月釀四五斗，雖氣味濃香不逮兵厨，自有野醪真趣。”宋劉克莊《木蘭花慢·趙叟生日》詞之六：“欲舉一杯壽酒，却愁破費兵厨。”金元好問《月觀追和鄧州相公席上韻》：“緑泛兵厨酒，紅依幕府蓮。”

邸閣 [2]

囤積糧食物資之所。《三國志·魏書·王基傳》：“軍宜速進據南頓，南頓有大邸閣，計足軍人四十日糧。”《晋書·劉元海傳》：“是歲，離石大饑，遷於黎亭，以就邸閣穀，留其太尉劉宏、護軍馬景守離石，使大司農卜豫運糧以給之。”《魏書·食貨志》：“有司又請於水運之次，隨便置倉，乃於小平、石門、白馬津、漳涯、黑水、濟州、陳郡、大梁凡八所，各立邸閣，每軍國有須，應機漕引。自此費役微省。”《新唐書·裴休傳》：“時方鎮設邸閣居茶取直，因視商人它貨横賦之，道路苛擾。”《三國演義》第一五回：“張英領兵至牛渚，積糧十萬於邸閣。”

坨

存儲鹽的露天場地。《清史稿·食貨志四》：“商人之購鹽也，必請運司支單，亦曰照單，曰限單，曰皮票，持此購於場。得鹽則貯之官地，奉天謂之倉，長蘆謂之坨。”又《王鼎傳》：“近年商力疲乏，不能預買生鹽，存坨新鹽多鹵耗。”

囷

存儲糧食的圓倉。《説文·囗部》：“囷，廩之圓者。”《周禮·考工記·匠人》：“囷窌倉城，逆墻六分。”鄭玄注：“囷，圓曰囷。”《詩·魏風·伐檀》：“不稼不穡，胡取禾三百囷兮？”《新唐書·突厥傳下》：“蘇禄略人畜，發囷貯。”《三國演義》第二九回：“瑜爲居巢長之時，將數百人過臨淮，因乏糧，聞魯肅家有兩囷米，各三千斛，因往求助。”《醒世姻緣傳》第二四回：“茄子、南瓜、葫蘆、冬瓜、豆角、椿牙、

囷
（明王圻等《三才圖會》）

蕨菜、黃花，大囷子曬了乾，放着過冬。"

囷京

存儲穀物的糧倉，或圓或方。《管子·輕重丁》："成囷京者二家，君式璧而聘之，各顯於國中，國中莫不聞，是民上則無功顯名於百姓也，功立而名成，下則實其囷京，上以給上爲君，一舉而名實俱在也，民何爲也。"漢賈誼《新書·匈奴》："善廚處，大囷京。"唐柳宗元《非國語上·輕幣》："考《管子》之書，若通魚鹽，若賦金鐵；若作錢幣，若殺商賈；欲實囷京，則式璧也；欲傾魯、梁，則服綈也；欲致諸侯之寶，則多具石璧也；欲下代王之衆，則貴買狐白也。"元王禎《穀囤》詩："取制異囷京，初憑梓匠成。"亦稱"京囷"。宋王安石《閔旱》詩："平時溝洫今多廢，下戶京囷久已空。"

【京囷】

即囷京。此稱宋代已行用。見該文。

囷倉

存儲糧食的倉庫。《韓非子·初見秦》："今天下之府庫不盈，囷倉空虛，悉其士民，張軍數十百萬。"《韓詩外傳》卷九："君不見大澤中雉乎？五步一啄，終日乃飽；羽毛悅澤，光照於日月；奮翼爭鳴，聲響於陵澤者何？彼樂其志也。援置之囷倉中，常啖粱粟，不旦時而飽；然猶羽毛憔悴，志氣益下，低頭不鳴，夫食豈不善哉？"《史記·龜策列傳》："故曰田者不強，囷倉不盈；商賈不強，不得其贏；婦女不強，布帛不精；官御不強，其勢不成；大將不強，卒不使令；侯王不強，沒世無名。"《舊唐書·裴延齡傳》："故藏於天下者，天子之富也；藏於境内者，諸侯之富也；藏於囷倉篋櫝者，農夫商賈之富也。"《金史·太祖紀》："遼道宗時有五色雲氣屢出東方，大若二千斛囷倉之狀。"亦稱"倉囷"。《韓非子·難二》："管仲雪桓公之恥於小人，而生桓公之恥於君子矣。使桓公發倉囷而賜貧窮，論囹圄而出薄罪，非義也，不可以雪恥使之而義也。"《魏書·孝文帝紀》："三月壬午，詔諸倉囷穀麥充積者，出賜貧民。"唐白居易《初除戶曹喜而言志》詩："廩祿二百石，歲可盈倉囷。"

【倉囷】

即囷倉。此稱先秦時期已行用。見該文。

【倉窌】

即囷倉。此稱先秦時期已行用。《周禮·考工記·匠人》："囷、窌、倉、城，逆牆六分。"鄭玄注："穿地曰窌。"《呂氏春秋·季春》："天子布德行惠，命有司，發倉窌，賜貧窮，振乏絕，開府庫，出幣帛，周天下，勉諸侯，聘名士，禮賢者。"亦稱"倉窖"。《隋書·食貨志》："於是，奏令諸州百姓及軍人，勸課當社，共立義倉，收穫之日，隨其所得，勸課出粟及麥，於當社造倉窖貯之，即委社司，執帳檢校，每年收積，勿使損敗，若時或不熟，當社有饑饉者，即以此穀賑給。"《舊唐書·職官志三》："倉監掌倉窖儲積之事。"《通典·食貨六》："若無粟之鄉，輸稻麥，隨熟即輸，不拘此限。即納當州未入倉窖及外配未上道有身死者，並却還。應貯米處，折粟一斛，輸米六斗。"宋鄭樵《通志略·選舉略第二》："五年，工部尚書長孫平奏：'古者三年耕而餘一年之積，九年作而有三年之儲……收穫之日，隨其所得，勸課出粟及麥，於當社造倉窖貯之，即委社司，執帳檢校，每年收積，勿使損敗。若時或不熟，當社有饑饉者，即以此穀賑給。'"

【倉窖】

即倉窌。此稱隋代已行用。見該文。

困窌

糧倉地窖，泛指糧倉。《管子·輕重乙》："君直幣之輕重，以決其數，使無券契之責，則積藏困窌之粟皆歸於君矣，故九州無敵，竟上無患。"《荀子·富國》："今人之生也，方知畜鷄狗猪彘，又蓄牛羊，然而食不敢有酒肉；餘刀布，有困窌，然而衣不敢有絲帛；約者有筐篋之藏，然而行不敢有輿馬。"楊倞注："困，廩也。圜曰困，方曰廩。窌，窖也。地藏曰窌。"清顧炎武《郡縣論五》："夫使縣令得私其百里之地，則縣之人民，皆其子姓；縣之土地，皆其田疇；縣之城郭，皆其藩垣；縣之倉廩，皆其困窌。爲子姓，則必愛之而勿傷；爲田疇，則必治之而勿棄；爲藩垣困窌，則必繕之而勿損。"

【窌】

儲藏糧食物資的地穴。此稱先秦時期已行用。《周禮·考工記·匠人》："困、窌、倉、城，逆墻六分。"鄭玄注："穿地曰窌。"賈公彥疏："地上爲之方曰倉，圜曰困；穿地曰窌。"《管子·四時》："開久墳，發故屋，闢故窌，以假貸。"《荀子·議兵》："非貴我名聲也，非美我德行也，用貧求富，用飢求飽，虛腹張口，來歸我食。若是，則必發夫掌窌之粟以食之，委之財貨以富之，立良有司以接之，已期三年，然後民可信也。"清顧炎武《郡縣論五》："縣之倉廩，皆其困窌。"

【困窖】

即困窌。此稱唐代已行用。《新唐書·杜亞傳》："亞計窖，更舉軍帑錢與匈人，至秋取菽粟償息輸軍中，貧不能償者發困窖略盡，流亡過半。"《宋史·周仁美傳》："時牛耶泥族累歲爲寇，仁美與陳德玄、宋思恭往擊之，斬首三千級，獲牛羊三百餘，發戎族困窖以餉師。"《醒世姻緣傳》第二四回："籬落下，叢叢菊；困窖內，陳陳粟。"

困鹿

糧倉，或圓或方。《國語·吳語》："市無赤米，而困鹿空虛。"韋昭注："員曰困，方曰鹿。"亦作"困簏"。宋蘇軾《密州祭常山文》："自秋不雨，霜露殺菽。黃糜黑黍，不滿困簏。"清弘曆《順義縣行宮作》詩："困鹿戶有積，室家幸苟完。所見扶鳩翁，尚鮮怨祁寒。"

【困簏】

同"困鹿"。此體宋代已行用。見該文。

困庾

存儲糧食的倉庫。唐徐堅《初學記·府藏·敘事》："王者藏於天下，諸侯藏於百姓，農夫藏於困庾，商賈藏於篋匱。"《冊府元龜》卷一九八："使困庾內充，遺秉外秒，既富而教，茲焉攸在。"元王禎《圍田》詩："隨分了朝昏，無心富困庾。"明李東陽《松巖記》："予聞君敦孝強義，動多利濟，傾困庾，治橋道，費數千百計。"清黄六鴻《福惠全書‧錢穀‧催徵》："非有刑名，錢穀之司，困庾庫藏之守，可侵而竊也。"

【倉庾】

即困庾。《史記‧孝文本紀》："天下旱，蝗。帝加惠：令諸侯毋入貢，弛山澤，減諸服御狗馬，損郎吏員，發倉庾以振貧民，民得賣爵。"《三國志‧魏書‧杜襲傳》："時長吏皆斂民保城郭，不得農業。野荒民困，倉庾空虛。"宋王安石《感事》詩："州家閉倉庾，縣吏鞭租負。"《明史‧食貨志二》："自今凡歲饑，先發倉庾以貸，然後聞，著為令。"《清史稿‧河渠志二》："二十四年，侍讀學士瑞洵言南漕改折，有益無損，請每年提折價在津購米以實倉庾。"

困廩

存儲糧食的圓倉。北魏酈道元《水經注‧溫水》："晴朗無風之日，徑望諸崖州，如困廩大。"《舊五代史‧葛從周傳》："吾王命我護軍，志在攻取，今燕帥來赴，不可外戰，當縱其入壁，聚食困廩，力屈糧盡，必可取也。"宋梅堯臣《送張諷寺丞赴青州幕》詩："上無租賦逋，下有困廩蓄。"清錢謙益《敕封安人丁氏墳前石表辭》："鄉里洊饑，道殣相枕，指麾孤童，傾倒困廩。"

帑廥

國家存儲錢財、糧食的倉庫。《新唐書‧張文瓘傳》："時高宗造蓬萊、上陽、合璧等宮，復征討四夷，京師養厩馬萬匹，帑廥寖虛。"又《李絳傳》："會迪簡以帑廥匱竭，稍簡罷士之疲老者，人情不安，迪簡亦危，絳請斥禁帑絹十萬以濟事機。"唐盧恕《楚州新修吳太宰伍相神廟記》："及公之布德也，四時洽暢，千里醉歌，帑廥皆溢，庭無訟人。"

垣

存儲糧食的倉庫。《荀子‧富國》："故田野縣鄙者，財之本也；垣窌倉廩者，財之末也。"唐楊倞注："垣，築墙四周以藏穀也。"《三國志‧魏書‧袁渙傳》："〔袁渙〕居官數年卒，太祖為之流涕，賜穀二千斛，一教'以太倉穀千斛賜郎中令之家'，一教'以垣下穀千斛與曜卿家'，外不解其意。教曰：'乙太倉穀者，官法也；以垣下穀者，親舊也。'"梁簡文帝《昭明集序》："發私藏之銅鳧，散垣下之玉粒。"

倉

貯藏穀物之處所，後或泛指貯藏物品之處所。距今近萬年時之伏羲氏時代，即已種植穀麥。據考古發掘資料，早在八千年以前，人們已種植黍、稷、粟、麻、麥、豆、稻等糧食作物，糧食之儲備關涉人之生存，是以必與其時去不遠。甲骨文中本義為糧倉之字寫作"倉"，趙誠《甲骨文簡明詞典》："象倉廩之形，隸定當作亯，即廩之初形。卜辭用其本義即指糧倉。"《說文‧倉部》："倉，穀藏也。倉黄取而藏之，故謂之倉。從食省，口像倉形。"段玉裁注："穀藏者，謂穀所藏之處也。《广部》曰：府，文書藏；庫，兵車藏；廥，芻槀藏。"《荀子‧富國》："垣窌倉廩，財之末也。"注："穀藏曰倉，米藏曰廩。"《詩‧小雅‧楚茨》："我倉既盈，我庾維億。以為酒食，以享以祀。以妥以侑，以介景福。"後世沿用之。《明史‧食貨二》："〔洪武〕十七年，雲南以金銀、貝布、漆、丹砂、水銀代秋租，於是謂米麥為本色，而諸折納稅糧者謂之折色。越二年，又令戶部侍郎楊靖會計天下倉儲，存糧二年外，並收折色。"《清史稿·白鍾山傳》："河標兵駐濟寧，無倉儲，每稱貸貴糴。請以生息銀二千七百有奇買穀四千石，設倉存貯，春借秋收。"

太倉

朝廷設立并管理之糧倉。秦朝即開始設立，此後延續至清。據王蘧常《秦史·職官考》，秦時即有太倉令、太倉丞。《史記·高祖本紀》："八年，高祖東擊韓王，信、餘反寇於東垣。蕭丞相營作未央宫，立東闕、北闕，前殿武庫、太倉。"其後，設立總管農業的大司農之職。不僅京城有太倉，各郡國亦有太倉。《春秋·僖公二十九年》："夏六月，會王人、晋人、宋人、齊人、陳人、蔡人、秦人，盟于翟泉。"杜預注："翟泉，今洛陽城内太倉西南池水也。"《史記·平準書》："太倉之粟，陳陳相因，充溢露積於外，至腐敗不可食。"又："一歲之中，太倉、甘泉倉滿。"《後漢書·董卓傳》："帝使侍御史侯汶出太倉米豆爲飢人作糜，經日而死者無降。"宋戴溪《續吕氏家塾讀詩記》卷一："貪墨之臣，盜太倉之粟，與碩鼠何異？"《清史稿·食貨志一》："道、咸以降，海禁大開，國家多故。耗財之途廣，而生財之道滯。當軸者昧於中外大勢，召禍興戎，天府太倉之蓄，一旦蕩然，賠償兵費至四百餘兆。"亦作"大倉"。《莊子·秋水》："計中國之在海内，不似稊米之在大倉乎？"《漢書·王莽傳》："莽以天下穀貴，欲厭之，爲大倉。"

【大倉】

同"太倉"。此體先秦時期已行用。見該文。

墳倉

設在京城中的大糧倉。《韓非子·八姦》：

"其於德施也，縱禁財，發墳倉。"

含嘉倉

隋唐時期的著名糧倉。位於洛陽城北。《舊唐書·德宗本紀》："癸酉，出東都含嘉倉粟七萬石，開場糶以惠河南饑民。"《新唐書·食貨志》："初，江淮漕租米至東都輸含嘉倉，以車或馱陸運至陝。"

京

存儲穀物的方形大倉。《管子·輕重丁》："有新成囷京者二家。"尹知章注："大囷曰京。"《史記·扁鵲倉公列傳》："黄氏諸倩見建家京下方石，即弄之。"《急就篇》卷二〇："門户井竈廡囷京，椽椽槫櫨瓦屋梁。"顏師古注："京，方倉也。"元王禎《農書》卷一六："京，倉之方者。《廣雅》云：'字從广，㾕，倉也。'又謂'四起曰京'。今取其方而高大之義以名倉曰京，則其象也。"

京
（明王圻等《三才圖會》）

【㾕】

同"京"。此體三國時期已行用。見該文。

京庾

存儲糧米的大倉。三國魏何晏《景福殿

賦》："京庾之儲，無物不有。"唐柳宗元《非國語上 · 不藉》："京庾得其貯，老幼得其養。"《舊唐書 · 盧懷慎傳》："水旱成災，租税減入，水衡無貫朽之蓄，京庾闕流衍之儲；或疆場外守，兵車遠出，或收藏無歲，賑救在辰，此軍國之急務也，陛下將何以濟之乎？"

京倉 [1]

京郊存儲糧食的大倉。漢張衡《東京賦》："發京倉，散禁財。"《魏書 · 食貨志》："若不入京倉，入外州郡倉者，三千石，畿郡都統，依州格。"《舊唐書 · 食貨志三》："天寶中，歲以錢六十萬緡賦諸道和糴，斗增三錢，每歲短遞輸京倉者百餘萬斛。"《元史 · 仁宗紀》："壬辰，發京倉米，減價以糴，賑貧民。"

京倉 [2]

清朝設在北京的十三個糧倉的總稱。朝陽門內有祿米、南新、舊太、富新、興平五倉，東直門內有海運、北新二倉，朝陽門外有太平、萬安二倉，德勝門外有本裕、豐益二倉，東便門外有儲濟、裕豐二倉。《清史稿 · 穆宗紀》："庚子，諭勞崇光等籌濟京倉米穀，江蘇等省新漕徵收本色解京。"

官倉

官府的倉庫。《周書 · 張軌傳》："時穀糴涌貴，或有請貸官倉者。軌曰：'以私害公，非吾宿志。濟人之難，詎得相違。'乃賣所服衣物，糴粟以賑其乏。"唐曹鄴《官倉鼠》詩："官倉老鼠大如斗，見人開倉亦不走。"《金史 · 百官志四》："職官公田歲入有數，前此百姓各隨公宇就輸，而吏或貪冒，多取以傷民。宜送之官倉，均定其數，與月俸隨給。"明靳學顏《講求財用疏》："今徐、臨、德州皆有官倉，本爲寄

囷，至於存積幾何哉？"《清史稿 · 李殿圖傳》："常平倉穀積久弊生，民未受益，官倉已受其虧。"

神倉

存儲祭祀穀物的糧倉。《禮記 · 月令》："乃命冢宰，農事備收，舉五穀之要，藏帝藉之收於神倉，祗敬必飭。"《宋史 · 禮志一》："設牢預養，籍田舊地，種植粢盛，納於神倉，以待祭祀之用。"《明史 · 禮志三》："請以耤田所出，藏南郊圓廩神倉，以供圜丘、祈穀、先農、神祇壇、長陵等陵、歷代帝王及百神之祀。"《清史稿 · 禮志二》："其秋，年穀登，所司上聞，擇日貯神倉，備供粢盛。尋定先農歲祭遣府尹行，大興、宛平縣官陪祀。"

敖倉

秦代糧倉名。《漢書 · 翼奉傳》："臣願陛下徙都於成周，左據成皋，右阻黽池，前鄉崧高，後介大河，建滎陽，扶河東，南北千里以爲關，而入敖倉；地方百里者八九，足以自娛。"亦稱"敖庾"。《史記 · 黥布列傳》："東取吳，西取楚，併韓取魏，據敖庾之粟，塞成皋之口，勝敗之數未可知也。"《晉書 · 成帝紀》："凶徒既縱，神器阽危，京華無敖庾之資，宮室類咸陽之火。"

【敖庾】

即敖倉。此稱漢代已行用。見該文。

海陵之倉

漢代吳王劉濞所建之糧倉。《漢書 · 枚乘傳》："轉粟西鄉，陸行不絶，水行滿河，不如海陵之倉。"《梁書 · 元帝紀》："開海陵之倉，賑常平之米。"

營倉

清朝設於軍中之糧倉。《聖祖仁皇帝聖訓》卷八："著將熱河之倉及唐三營倉所貯之米發出，設立一廠，每石定價銀一兩，賣與隨駕官兵。"《世宗憲皇帝硃批諭旨》卷二〇九上："雖南澳鎮標設有營倉，存貯倉穀二千石，僅可接濟兵食，勢難兼及商民。"

常平倉

由朝廷設立并管理，用以穩定糧價、預防灾荒、供給君臣俸祿以及軍費開支之糧倉。其源頭可上溯到戰國時期魏國李悝所立"平糴法"，漢宣帝時始置，後世歷代皆有之。《漢書·宣帝紀》："大司農中丞耿壽昌奏設常平倉以給北邊。"《漢書·食貨志》："壽昌遂白，令邊郡皆築倉，以穀賤時增其賈而糴，以利農；穀貴時減賈而糶，名曰常平倉……元帝即位……二年，齊地饑，穀石三百餘，民多餓死，琅邪郡人相食。在位諸儒，多言鹽鐵官及北假田官、常平倉可罷，毋與民爭利。上從其議，皆罷之。"《後漢書·劉般傳》："帝嘗欲置常平倉，公卿議者多以爲便。般對以常平倉外有利民之名，而內實侵刻百姓，豪右因緣爲奸，小民不能得其平，置之不便。帝乃止。"《晋書·武帝紀》："丁未，起大倉於城東，常平倉於東西市。"《隋書·食貨志》："其倉：京都有龍首倉，即石頭津倉也。臺城內倉、南塘倉、常平倉、東西太倉、東宮倉，所貯總不過五十餘萬。在外有豫章倉、釣磯倉、錢塘倉，並是大貯備之處。"《北史·魏本紀》："戊辰，置常平倉。"《舊唐書·太宗本紀下》："詔於洛、相、幽、徐、齊、并、秦、蒲等州並置常平倉。"《宋史·太宗紀二》："辛卯，置常平倉。"《元

史·世祖紀一》："戊子，發常平倉，賑益都、濟南、濱棣饑民。"《明史·神宗紀二》："丙申，設邊鎮常平倉。"《清會典》卷一二："國家循古制，設常平倉，隨時糶穀，用資振貸。"

惠民倉

南北朝時北周所設之糧倉。《宋史·食貨志上四》："常平、義倉，漢、隋利民之良法。常平以平谷價，義倉以備凶災。周顯德中，又置惠民倉，以雜配錢分數折粟貯之，歲歉減價，出以惠民。宋兼存其法焉。"《宋史·真宗紀一》："戊午，置福建路惠民倉。"清秦蕙田《五禮通考·凶禮三》："委令佐糴米置惠民倉，乞比附常平法從之。"

禁倉

古代帝王的糧倉。《史記·三王世家》："虛御府之藏以賞元戎，開禁倉以振貧窮，減戍卒之半。"三國魏衛覬《受禪表》："擬陽春以播惠，開禁倉，散滯積。"

義倉

隋以後，由官方倡議、各地爲備荒而設置的糧倉。後世沿襲之。《隋書·長孫平傳》："開皇三年，徵拜度支尚書，平見天下州縣多罹水旱，百姓不給，奏令民間每秋家出粟麥一石，已下貧富差等，儲之閭巷，以備凶年，名曰義倉。"《舊唐書·太宗本紀上》："丙申，契丹內屬。初詔天下州縣並置義倉。"《宋史·楊紘傳》："江東饑，紘開義倉振之，吏持不可。紘曰：'義倉，爲民也，稍稽，人將殍矣。'"《醒世恒言》卷二〇："只苦得那些小百姓，若老若幼，餓死無數。官府看不過，開發義倉，賑濟百姓。"亦稱"義廩"。《新唐書·劉禹錫傳》："鄉爲義廩，斂發謹飭。"《宋史·理宗紀三》：

"詔發豐儲倉米並各州義廩振之。"因通常委里社中社司管理，故又名"社倉"。《隋書・食貨志》："十六年正月，又詔秦疊、成、康、武、文、芳、宕、旭、洮、岷、渭、紀、河、廓、幽、隴、涇、寧、原、敷、丹、延、綏、銀、扶等州社倉，並於當縣安置。"《新唐書・食貨志一》："其凶荒則有社倉賑給，不足則徙民就食諸州。"《宋史・常楙傳》："郡有水災，發社倉粟以活饑民，官吏難之，楙先發而後請專命之罪。"元姚燧《中書左丞李忠宣公行狀》："立社倉以虞水旱之歉，一權度以絕欺詐之攘。"《明史・宋纁傳》："山西連歲荒，賴社倉獲濟，纁請推行天下，以紙贖爲糴本，不足則勸富人，或令民輸粟給冠帶。"《清史稿・方觀承傳》："義倉與社倉同爲積貯，但社倉例惟借種，義倉則借與賑兼行，而尤重在賑。設倉宜在鄉不宜在城，積穀宜在民不宜在官。"

【義廩】

即義倉。此稱唐代已行用。見該文。

【社倉】

即義倉。此稱隋代已行用。見該文。

旗倉

清代所設專供八旗所用之糧倉。《盛京通志》卷九："户部奏駁盛京岫巖城旗倉糧價減少一折，若僅交該侍郎將軍府尹等查辦，難免彼此回護，仍不能得其底裏。"亦稱"八旗倉"。《清會典則例》卷五二："准江南鎮海將軍駐扎京口，並無豫備銀，設有調遣，無項料理，將八旗倉米折價銀兩，酌撥二萬兩存儲鎮江府，以備急需。"

【八旗倉】

即旗倉。此稱清代已行用。見該文。

倉囤

存儲糧食等的器物。《魏書・孝文帝紀》："三月壬午，詔諸倉囤穀麥充積者，出賜貧民。"唐貫休《鼓腹曲》詩："東鄰老人好吹笛，倉囤峨峨穀多赤。"清翟灝《艮山雜志・地志》："杭民瓶無儲粟，以列肆爲倉囤，於是有借箸議開天宗水門屯粟者。"清屈大均《廣東新語・食語》："糖户家家曬糖，以漏滴去水，倉囤貯之。"

倉府

貯存錢糧之處所，存糧者爲倉，存錢者爲府。《尉繚子・戰威》："王國富民，霸國富士，僅存之國富大夫，亡國富倉府。"《商君書・去強》："國好生粟於境内，則金粟兩生，倉府兩實，國强。"《漢書・卜式傳》："縣官費衆，倉府空，貧民大徙。"顏師古注："倉，粟所積也。府，錢所聚也。"《晋書・食貨志》："若夫因天而資五緯，因地而興五材，世屬升平，物流倉府，官闈增飾，服玩相輝，於是王君夫、武子、石崇等更相誇尚，興服鼎俎之盛，連衡帝室，布金埒之泉，粉珊瑚之樹。"

【倉帑】

即倉府。存儲糧食錢物的倉庫。此稱漢代已行用。《後漢書・何敞傳》："時竇氏專政，外戚奢侈，賞賜過制，倉帑爲虛。"《晋書・涼武昭王傳》："竊以諸事草創，倉帑未盈，故息兵按甲，務農養士。"《閩中理學淵源考・御史郭世重先生楠》："嘉靖元年，奉命稽核兩廣倉帑。"宋洪邁《夷堅志・乙志・十二事》："龍世清，建炎中爲處州鈐轄，暫攝州事。其後郡守梁頤吉至，以交承之故，凡倉帑事務，悉委之主領，又提舉公使庫。"清錢謙益《國初群雄事略》卷五："史官方孝孺贊曰……惜不能謹之於始，私家倍於公室，倉帑空虚，不能展其疆界，歷年雖不永，民至今感嘆焉。然不能以文詞盡其賢也。"

倉庫

儲藏穀物和兵車之處所。貯藏糧食之所爲倉，貯藏兵車之所爲庫。後亦以泛指貯存保管各種物品之建築物或場所。《國語·晋語九》："從者曰：邯鄲之倉庫實。"《史記·萬石張叔列傳》："城郭倉庫空虚，民多流亡，罪當伏斧質。"《後漢書·竇融傳》："勞鎮守邊五郡，兵馬精强，倉庫有蓄，民庶殷富，外則折挫羌胡，内則百姓蒙福。"《三國志·魏書·張魯傳》："左右欲悉燒寶貨倉庫，魯曰：'本欲歸命國家，而意未達。今之走，避鋭鋒，非有惡意。寶貨倉庫，國家之有。'"《清史稿·喀爾喀賽因諾顏部傳》："晋丕勒多爾濟劾福濟謬妄貽誤，自顧身命，將倉庫存項酬謝賊匪，眷屬皆係自盡，非爲賊所害。"

倉場 [1]

官家存儲糧食或其他物資的場所。唐韓愈《論變鹽法事宜狀》："請量閑劇，留官吏於倉場勾當要害守捉。"《宋史·食貨志下》："其日前已未支鹽鈔並爲舊鈔，期以一年持赴倉場支鹽，袋貼輸官會一十貫，出限更不行用。"《明史·李驥傳》："宣德五年巡視倉場，軍高祥盜倉粟，驥執而鞫之。"清鄭觀應《盛世危言·鐵路》："一有鐵路，則分期裝載，瞬抵倉場。"《清史稿·食貨志三》："如倉場不敷，得諮行户部支發。"清代户部另設京倉衙門，由倉場侍郎主管，負責掌握京倉（京城内外糧倉），通倉（通州糧倉）的政令。京倉十三，通倉二，各倉皆有監督，統由倉場侍郎總管，故又稱爲倉場總督。

倉場 [2]

百姓存儲糧食的倉房場院。宋蘇轍《春後望雪》詩："倉場久空竭，榆棗方伐賣。"

倉廒

存儲糧食的倉庫。元孔文卿《地藏王證東窗事犯》第四折："他不合倉廒中盜了糧，府庫中偷了銀；狠毒心一千般不依本分，更罷軍權屈殺了闉外將軍。"明楊士奇等《仁民》："又新倉廒、吏舍，民之仰食於公私者，日數萬人。"《三國演義》第八七回："又幸連年大熟，老幼鼓腹謳歌，凡遇差役，爭先早辦：因此軍需器械應用之餉，無不完備；米滿倉廒，財盈府庫。"《清史稿·聖祖紀》："米穀必有收貯之地，乃可經久。若無倉廒，積於空野，難免朽爛，況南方卑濕之地乎？"亦作"倉敖"。晋陸機《漢高祖功臣頌》："即倉敖庾，據險三塗。"《南齊書·沈文季傳》："江左以來，不暇遠策，王旅外出，未嘗宿飽，四郊嬰守，懼等松匊。縣兵所救，經歲引日，凌風泙水，轉漕艱長。傾窖底之儲，盡倉敖之粟，流馬木牛，尚深前弊，田積之要，唯在江淮。"宋袁文《甕牖閑評》六："敖乃地名。秦以敖地爲倉，故爾。今所在竟謂倉爲敖，蓋循習之誤。"亦作"倉廠"。宋司馬光《乞趁時收糴常平斛斗白劄子》："如闕少倉廠之處，以常平倉錢添。"《清史稿·食貨志二》："尋定州縣倉廒不修，致米穀黴爛者，照侵蝕科斷，並將虧空各州縣解任。"

【倉敖】

同"倉廒"。此體漢代已行用。見該文。

【倉廠】

同"倉廒"。此體宋代已行用。見該文。

倉廥

存儲糧草物資的倉庫。《史記・平準書》："山東被水菑，民多飢乏，於是天子遣使者虛郡國倉廥以振貧民。"《新唐書・宋慶禮傳》："開屯田八十餘所，追拔漁陽、淄青没户還舊田宅，又集商胡立邸肆。不數年，倉廥充，居人蕃輯。"清劉大櫆《乞里人共建義倉引》："朝廷遽下蠲租之詔，虛郡邑倉廥以賑之。"亦稱"廥倉"。《管子・度地》："當冬三月，天地閉藏，暑雨止，大寒起，萬物實熟，利以填塞空郤，繕邊城，塗郭術，平度量，正權衡，虛牢獄，實廥倉，君修樂，與神明相望，凡一年之事畢矣，舉有功，賞賢，罰有罪，遷有司之吏而第之。"唐崔敖《鹽池靈慶公碑》："乃滌場圃，乃完廥倉。"

【廥倉】

即倉廥。此稱先秦時期已行用。見該文。

倉廩

存儲糧食的倉庫。《禮記・月令》："〔季春之月〕命有司發倉廩。"孔穎達疏："穀藏曰倉，米藏曰廩。"《管子・治國》："今也倉廩虛而民無積，農夫以粥子者，上無術以均之也。"《商君書・農戰》："善爲國者，倉廩雖滿，不偷於農；國大民衆，不淫於言，則民樸一。"《三國志・魏書・司馬芝傳》："建安中，天下倉廩充實，百姓殷足。"《晉書・食貨志》："郡國列置田官，數年之中，所在積粟，倉廩皆滿。"《三國演義》第二二回："兵起連年，百姓疲弊，倉廩無積，不可復興大軍。"亦稱"廩倉"。《漢書・東方朔傳》："身處尊位，珍寶充内，外有廩倉，澤及後世，子孫長享。"《後漢書・五行志六》："十七年二月乙未晦，日有蝕之，在胃九度；胃爲廩倉。時諸郡新坐租之後，天下憂怖，以穀爲言，故示象。"《醒世姻緣傳》第四回："昨夜二更天氣，不知甚麽緣故，莊上前後火起，廳房樓屋草垛廩倉燒成一片白地，掀天的大風，人又拯救不得，火燒到别家，隨又折回，並不曾延燒别處。"

【廩倉】

即倉廩。此稱漢代已行用。見該文。

凌陰

存儲冰的地窖。《詩・豳風・七月》："二之日鑿冰冲冲，三之日納于凌陰。"《宋書・禮志二》："有司奏，季冬之月，冰壯之時，凌室長率山虞及輿隸取冰於深山窮谷涸陰冱寒之處，以納於凌陰。務令周密，無泄其氣。"《明史・禮志一》："二十一年增修壇壝，壇後樹松柏，外壝東南鑿池二十區，冬月伐冰藏凌陰，以供夏秋祭祀之用。"亦稱"凌室"。《漢書・惠帝紀》："秋七月乙亥，未央宫凌室災。"顔師古注："凌室，藏冰之室也。豳詩七月之篇曰'納於凌陰'。"《宋史・禮志六》："且開冰將以御至尊，當有桃弧、棘矢以禳除凶邪。設於神坐，則非禮也。當從孔氏説，出冰之時，置弓矢於凌室之户。"亦稱"冰室"。《北齊書・趙郡王睿傳》："於時盛夏六月，叡在途中，屏除蓋扇，親與軍人同其勞苦。而定州先有冰室，每歲藏冰，長史宋欽道以叡冒犯暑熱，遂遣輿冰，倍道追送。"

【凌室】

即凌陰。此稱漢代已行用。見該文。

【冰室】

即凌陰。此稱南北朝時期已行用。見該文。

庾

存儲糧食的方倉。《國語·吳語》："市無赤米，而囷鹿空虛。"韋昭注："員曰囷，方曰鹿。"亦作"廘"。南朝梁顧野王《玉篇·广部》："廘，庾也，倉也。"《廣雅·釋宮》："廘，倉也。"清王念孫《廣雅疏證》："廘，通作鹿。"

【廘】

同"鹿"。此體三國時期已行用。見該文。

庾

露天穀堆。《詩·小雅·楚茨》："我倉既盈，我庾維億。以爲酒食，以享以祀。以妥以侑，以介景福。"毛傳："露積曰庾。"《戰國策·魏策一》："粟糧漕庾，不下十萬。"《史記·孝文本紀》："發倉庾以振貧民。"裴駰集解引胡廣："在邑曰倉，在野曰庾。"《晉書·潘岳傳》："耨我公田，遂及我私。我簞斯盛，我篋斯齊。我倉如陵，我庾如坻。"唐杜牧《阿房宮賦》："釘頭磷磷，多於在庾之粟粒。"

庾
（明王圻等《三才圖會》）

窖

儲藏糧食物資的地穴，多爲方形。《禮記·月令》："是月也，可以築城郭，建都邑，穿竇窖，修囷倉。"鄭玄注："入地隋曰竇，方曰窖。"《宋書·檀道濟傳》："城內無食，乃開窖取久穀，窖深數丈，出穀作米，已經再宿。"《新唐書·田悅傳》："今若舉魏博，則王師北向，漳、滏勢危。誠能連營南旆，解田悅於倒縣，大夫之利也，豈特粟不出窖，馬不離厩，又有排危之義，聲滿天下。"《明史·焦芳傳》："大盜趙鐩入泌陽，火之，發窖多得其藏金。"《清史稿·劉錦棠傳》："錦棠周城徼循，誡各營警備。列燧如白晝，轟擊之，彈落爆藥窖，聲焘然，人馬碎裂。"

【地室】[2]

即窖。存儲物資的地下處所。此稱先秦時期已行用。《左傳·成公十二年》："子反相，爲地室而縣焉。"漢劉歆《甘泉宮賦》："軼陵陰之地室，過陽谷之秋城。"

【地窖】

即窖。此稱南北朝時期已行用。北魏賈思勰《齊民要術·造神曲並酒等》："地窖著酒，令酒土氣；唯連簷草屋中居之爲佳。"《北史·高熲傳》："又江南土薄，舍多竹茅，所有儲積，皆非地窖。"《宋史·任諒傳》："降人李訛哆知邊廩不繼，陰闕地窖粟而叛，遺西夏統軍書，稱定邊可唾手取。"《清史稿·尹泰傳》："關東風高土燥，請掘地窖藏存穀，以節建倉工費。"又《和珅傳》："夾墻藏金二萬六千餘兩，私庫藏金六千餘兩，地窖埋銀三百餘萬兩。"

【地窨】

即窖。此稱最遲至元代已行用。《七國春秋平話後集》卷上："却説孫子天晚出地窨來憑探，便行向屏風上，見和詩一首。"俗稱"地窨子"。元王禎《農書》卷二二："揀一色白苧麻，水潤，分成縷……以發過稀糊調細豆麵，刷過，更用油水刷之，於天氣濕潤時，不透風處或地窖子中，灑地令濕，經織爲佳。"《水滸傳》第二二回："板底下有條索頭。將索子頭只一拽，銅鈴一聲響，宋江從地窖子裏鑽將出來。"

【地窖子】

即地窖。此稱元代已行用。見該文。

【地藏】 [2]

即窖。此稱先秦時期已行用。《管子・度地》："冬作土功，發地藏，則夏多暴雨，秋霖不止。"《北齊書・皮景和傳》："又有陽平人鄭子饒，詐依佛道，設齋會，用米麵不多，供贍甚廣，密從地藏漸出餅飯，愚人以爲神力，見信於魏、衛之間。"

廒

存儲糧食的倉庫。《字彙・广部》："廒，倉廒。"唐許渾《漢水傷稼》詩："高下綠苗千頃盡，新陳紅粟萬廒空。"《二刻拍案驚奇》卷一："有一夥有家當囤米的財主，貪那貴價，從家裏廒中發出米去。"《茶餘客話》卷三："京師十有三倉。祿米倉五十七廒，南新倉七十六廒……均在朝陽門內。"

篅

存儲穀物的竹製或草製圓囤。《説文・竹部》："篅，以判竹，圜以盛穀也。"北魏賈思勰《齊民要術・水稻》："〔稻種〕漬經三宿，漉出，内草篅中裹之。"

篅笡

存儲穀物的容器。《淮南子・精神訓》："今贛人敖倉，予人河水，飢而餐之，渴而飲之，其入腹者，不過簞食瓢漿，則身飽而敖倉不爲之減也，腹滿而河水不爲之竭也。有之不加飽，無之不爲之飢，與守其篅笡，有其井，一實

也。"清袁枚《徵漕嘆》："富者車馬馱，貧者篅笡負。"

厨廩

厨房糧倉。唐王季友《寄韋子春》詩："雀鼠晝夜無，知我厨廩貧。"前蜀杜光庭《墉城集仙錄》卷六："將弟子行，所到山間，日暮以杖叩石，即石開，入其中，屋室床几、幃帳厨廩、供酒食如常。"《宋史・胡仲堯傳》："胡仲堯，洪州奉新人。累世聚居，至數百口。構學舍於華林山別墅，聚書萬卷，大設厨廩，以延四方游學之士。"元熊夢祥《析津志輯佚》卷一："又建祖師、聖賢二堂，鐘樓、寢居、門庶、厨廩，次第繕完。曾不數年，爲之一新，貴以鉅萬，不求他也。"亦稱"庖廩"。元陳樵《東陽縣學暉映樓賦》："庖廩具修，講堂雄峙。"元俞希魯《至順鎮江志》卷一一："講肄庖廩各有次。獨廟貌未稱，即鳩工度材，拓地建禮殿。"明李樂《見聞雜記》卷一〇："厥土燥剛，厥位面陽，厥材孔良，殿堂門廡黝堊丹漆，舉以法。故生師有舍，庖廩有次，百爾器備，並手偕作，工善吏勤，晨夜展力，越明年成。"

【庖廩】

即厨廩。此稱元代已行用。見該文。

廥 [1]

存儲糧食的倉庫。唐韓愈、孟郊《秋雨聯句》："貧薪不燭竈，富粟空填廥。"《新唐書・彦曾傳》："勛陷宿州，發廥錢募兵，亡命者從亂如歸，船千艘，與騎夾岸，噪而進。"《新唐書・渾鎬傳》："賊始亦畏，見鎬無斥候，乃潛師入定境，焚廥蓄，屠鄉聚，鎬軍遂搖。"

廥 [2]

存儲柴草的庫房。《韓非子・内儲説下》：

"故燒芻廥而中山罪，殺老儒而濟陽賞也。"《史記·趙世家》："十二年，邯鄲廥燒。"司馬貞索隱："廥，積蒭稿之所。"

廥廩

存儲糧草物資的倉庫。《新唐書·顏真卿傳》："安禄山逆狀牙蘗，真卿度必反，陽托霖雨，增陴浚隍，料才壯，儲廥廩。日與賓客泛舟飲酒，以紓禄山之疑。"宋王明清《揮麈後録》卷一〇："建炎四年庚戌春二月，金人首領四太子者，自明、越還師，由臨安府襲秀州，二十五日犯平江府，午漏未盡四刻，兵自盤門入，劫踐官府民居、廥廩積聚，虜掠子女金帛，乃縱火延燒，烟焰見二百里，凡五晝夜。"《明史·陳友定傳》："郡縣者，國家之土地；官司者，人主之臣役；而廥廩者，朝廷之外府也。"

廩

存儲糧食的倉庫。廩，本指藏米方倉。《周禮·廩人》："廩人掌九穀之數。"鄭玄注："盛米曰廩。"《荀子·榮辱》："又蓄牛羊，然而食不敢有酒肉；餘刀布，有囷窌，然而衣不敢有絲帛。"楊倞注："圓曰囷，方曰廩。"也泛指糧倉。《詩·周頌·豐年》："豐年多黍多稌，亦有高廩。"《孟子·萬章上》："父母使舜完廩，捐階，瞽瞍焚廩。"《韓非子·内儲說下》："韓昭侯之時，黍種嘗貴甚，昭侯令人覆廩，吏果竊黍種而糶之甚多。"唐皮日休《貧居秋月》詩："門小愧車馬，廩空慚雀鼠。"清紀昀《閱微草堂筆記·姑妄聽之四》："康熙、雍正間，歲頻歉，米價昂貴，閉廩不肯糶升合，冀價再增。鄉人病之，而無如之何。"

官廩

官府所設的糧倉。《三國志·吳書·陸凱傳》："伏聞織絡及諸徒坐，乃有千數，計其所長，不足爲國財，然坐食官廩，歲歲相承，此爲無益，願陛下料出賦嫁，給與無妻者。"《宋史·查道傳》："秋，蝗灾民歉，道不候報，出官廩米賑之，又設粥糜以救饑者，給州麥四千斛爲種於民，民賴以濟，所全活萬餘人。"《明史·范常傳》："常以簡易爲治，興學恤民。官廩有穀數千石，請給民乏種者，秋稔輸官，公私皆足。"《清史稿·陳慶門傳》："時川東多流民，官廩不給，遂釐剔腴田之被隱占者，爲義産以贍之，全活甚衆。"

廩庾

存儲糧食的露天倉庫。《史記·平準書》："漢興七十餘年之間，國家無事，非遇水旱之灾，民則人給家足，都鄙廩庾皆滿，而府庫餘貨財。"《新唐書·劉禹錫傳》："言者謂天下少士，而不知養材之道，鬱堙不揚，非天不生材也。是不耕而嘆廩庾之無餘，可乎？"《宋史·楊允恭傳》："先是，三路轉運使各領其職，或廩庾多積，而軍士舟楫不給，雖以官錢雇丁男挽舟，而土人憚其役，以是歲上供米，不過三百萬。"《明史·賀燦傳》："預備義倉，本以振貧民，乃豪猾多冒支不償，致廩庾空虚。"亦稱"庾廩"。《金史·胥鼎傳》："平陽歲再被兵，人户散亡，樓櫓修繕未完，衣甲器械極少，庾廩無兩月食。"

【庾廩】

即廩庾。此稱金代已行用。見該文。

藏

存儲財物的倉庫。《左傳·僖公二十四年》："晋侯之竪頭鬚，守藏者也。"《禮記·中庸》："寶藏興焉。"《列子·黄帝》："俄而范氏之藏大火。"

天藏

君主帝王存儲錢財物資的倉庫。《南齊書・張敬兒傳》：“聖明啓運，蒼生重造，普天率土，誰不歌抃，實是披心罄節、奉公忘私之日。而卿大收宮妓，劫奪天藏，器械金寶，必充私室，移易朝舊，布置私黨，被甲入殿，內外宮合管鑰，悉關家人。吾不知子孟、孔明遺訓如此？”

【禁藏】

即天藏。古代宮廷倉庫。此稱漢代已行用。《史記・平準書》：“而胡降者皆衣食縣官，縣官不給，天子乃損膳，解乘輿駟，出御府禁藏以贍之。”《新唐書・漢陽公主傳》：“元和後，數用兵，悉出禁藏纖麗物賞戰士，由是散於人間，內外相矜，忸以成風。”亦作“禁臧”。《漢書・食貨志下》：“而胡降者數萬人皆得厚賞，衣食仰給縣官，縣官不給，天子乃損膳，解乘輿駟，出御府禁臧以澹之。”

【禁臧】

同“禁藏”。此體漢代已行用。見該文。

糧廥

存儲糧草的倉庫。《新唐書・黑齒常之傳》：“永隆二年，贊婆營青海，常之馳掩其屯，破之，悉燒糧廥，獲羊、馬、甲首不貲。詔書勞賜。凡汭軍七年，吐蕃憚畏，不敢盜邊。封燕國公。”

麴室

儲藏酒的房間。唐皮日休《酒甕》詩：“移來近麴室，倒處臨糟床。”

竇

儲藏物品的地穴，多爲橢圓形。《左傳・襄公二十六年》：“遂襲我高魚，有大雨自其竇入，介於其庫，以登其城，克而取之。”《禮記・月令》：“是月也，可以築城郭，建都邑，穿竇窖，修囷倉。”鄭玄注：“入地隋曰竇，方曰窖。”

第二節　府庫考

府庫之名實，其由來久矣。別而言之，府爲貨幣、貨物存儲之所，庫爲藏兵甲、戰車之處。《禮記・曲禮下》：“在府言府，在庫言庫。”鄭玄注：“庫，謂車馬兵甲之處也。”《史記・大宛列傳》：“令外國客遍觀名［各］倉庫、府藏之積，見漢之廣大。”合而言之，府庫泛指官府儲存財物、兵甲及重要物資之地。《孟子・梁惠王下》：“凶年饑歲，君之民老弱轉乎溝壑，壯者散而之四方者幾千人矣，而君之倉廩實，府庫充。”漢張衡《東京賦》：“因秦宮室，據其府庫。”李善注：“府庫，謂官吏所止爲府，車馬器械所居曰庫。”《禮記・大學》：“未有府庫財，非其財者也。”今所言之府庫，其含義更爲廣泛，故本節不論及今義，但從中國歷史文獻所存之義論之。

然而，《説文》解“府”字曰：“文書藏也。从廣，付聲。”而未言貨幣財物。此當從《大學》之文以解之：“是故君子先慎乎德。有德此有人，有人此有土，有土此有財，有財此有用。德者本也，財者末也。外本内末，爭民施奪。是故財聚則民散，財散則民聚。是故言悖而出者，亦悖而入；貨悖而入者，亦悖而出。”文以載道，書以載文；道以導政，德以導民；依德理財，以財養民。廣者，因廣爲屋，雖有其疆，須廣且大也，自限則狹，自蔽則暗，自利則私也；付者，出納也，人字在前，手持物於後也，人而不仁，則私心持物，但能自利而未能利人也。”因此，《風俗通》曰：“府，聚也。公卿牧守、文書財賄所聚也。”《書·禹貢》：“六府孔修。”金履祥曰：“府，官府也。六府，水、火、金、木、土、穀之府也。立政百司庶府。”是以，朝廷六府之設，非爲牟利，乃爲行政也。《説文·广部》：“庫，兵車藏也。”《老子》曰：“雖有甲兵，無所陳之。”又曰：“用兵有言：‘吾不敢爲主而爲客，不敢進寸而退尺。’是謂行無行，攘無臂，扔無敵，執無兵。禍莫大於輕敵，輕敵幾喪吾寶。故抗兵相加，哀者勝矣。”《史記·周本紀》：“〔武王克商之後〕縱馬於華山之陽，牧牛於桃林之虛，偃干戈振兵釋旅，示天下不復用也。”府庫者，府掌財貨，庫掌車馬也，財貨足以民用，車馬足以保民，是以成國也。府庫者，府字在前，謂財貨爲先，庫字在後，謂兵甲在後也，財須通而兵須藏也。明乎此，方可言府庫。

先秦之時，府庫之名已繁，分類已細，通稱曰“府庫”“官府”。《周禮·天官·大府》：“凡萬民之貢，以充府庫。”《左傳·昭公十六年》：“宣子有環，其一在鄭商。宣子謁諸鄭伯，子産弗與曰：‘官府之守器也，寡君不知。’”別類則有九府、五庫。《文獻通考·錢幣考一》：“周制以商通貨，以買易物。太公又立九府圜法。”馬端臨注：“《周官》有太府、玉府、内府、外府、泉府、天府、職内、職幣、職金，皆掌財幣之官，故云九府。圜，謂均而通也。”《禮記·月令》所言府庫有五：“〔季春之月〕是月也，命工師、令百工審五庫之量。”孔穎達疏：“五庫者，熊氏云，各以類相從，金鐵爲一庫，皮革筋爲一庫，角齒爲一庫，羽箭杆爲一庫，脂膠丹漆爲一庫。”五庫指車庫、兵庫、祭器庫、樂庫和宴器庫等。宮内倉庫稱“内藏”“中府”。《公羊傳·僖公二年》：“請以屈産之乘與垂棘之白璧往，必可得也。則寶出之内藏，藏之外府，馬出之内厩，繫之外厩爾，君何喪焉！”

據《秦會要》，與府庫相關而秦朝承周制者，有太僕“掌輿馬”，下設中車府。秦所置者，有將作少府，"掌治宮室"；少府，"掌山海池澤之稅，以給共養"，下設御府令丞、尚方令、尚書令丞、尚冠、尚衣、尚食、尚沐、尚席、太官令丞、宦者令、中書謁者令丞、樂府令丞、太醫令丞、都水長丞、平準令佐弋；軍中有司馬、車司馬；另有鹽鐵官。漢代之後，多承周秦之制而略加變通，以庫官爲例，《周禮》有五庫之設，三國魏有庫部郎，晋宋因之；隋初爲庫部侍郎；唐置庫部郎中，爲兵部之屬司，掌軍器、儀仗及乘輿等；明稱武庫清吏司郎中；清因之，掌兵籍、武器、鄉會試武科及編發戍軍等事。參閱《通典·職官·兵部尚書》《歷代職官表·兵部表》，或有所增益，如漢代鹽鐵官之設。《文獻通考·征榷考二》："東漢，郡有鹽官、鐵官者，隨事廣狹置令長及丞。本注曰，凡郡縣出鹽多者置鹽官，主鹽稅；出鐵多者置鐵官，主鼓鑄。"

九府

《周禮》所載貯藏及管理國家財貨之九種府庫。《史記·貨殖列傳》載："其後齊中衰，管子修之，設輕重九府。"張守節正義："周有大府、玉府、內府、外府、泉府、天府、職內、職金、職幣，皆掌財幣之官，故云九府也。"《文獻通考·錢幣考一》："周制以商通貨，以買易物。太公又立九府圜法。"馬端臨注："《周官》有太府、玉府、內府、外府、泉府、天府、職內、職幣、職金，皆掌財幣之官，故云九府。圜，謂均而通也。"宋易袚《周官總義》卷五："周制，天下之財皆受令於大宰，而總於大府。大府一職雖爲主藏之長，而非有司出納之任，乃所以總有司之出納者也。何謂總有司之出納？玉府則專掌王之器物，內府則受財賄以待大用，外府則掌邦布之入出以共百物，至於司會、司書、職內、職歲、職幣，莫不各有其職，而其出內盡總於大府，然後大府以大宰之式法頒之受之，是大宰提其綱，大府總其目，而群有司共命於其下。大小有紀，本末有序，纖悉委曲，具有條理，此周制之良也。"

大府

大府爲周代受納、保管與頒發財幣的機構與府庫，後世襲用之。《周禮·天官·大府》載："大府掌九貢、九賦、九功之貳，以受其貨賄之入。頒其貨於受藏之府，頒其賄於受用之府。"亦作"太府"。《晋書·隱逸傳》："穆以瑀爲太府左長史、軍師將軍。"元黃鎮成《尚書通考》卷四："〔唐〕哲宗即位，鎮欲造樂獻之，乃先請致仕，得謝請太府銅爲之，逾年乃成。"《文獻通考·錢幣考一·歷代錢幣之制》："前凉張軌太府參軍索輔言於軌曰：古以金貝皮幣爲貨，息穀帛量度之耗；二漢制五銖錢，通易不滯……"

【太府】

同"大府"。此體晋代已行用。見該文。

玉府

周代掌管天子之金玉玩好、兵器等的府庫。《周禮·天官·玉府》載："玉府：掌王之金玉玩好兵器，凡良貨賄之藏。共王之服玉、佩玉、珠玉。王齊則共食玉。”賈公彥疏：“玉府以玉爲主，玉外所有美物，亦兼掌之。”清王夫之《尚書稗疏·周書泰誓上·玉食》：“按《周禮》，玉府，王齊則供食玉。鄭司農衆云，王齊當食玉屑。鄭康成云，玉是陽精之純者，食之以禦水氣，唯天子之齊則有之。然則玉食者，碾玉爲屑以供王之齊食，取其貴而非取其美。或疑玉剛堅刺齒，則亦如服藥然，非必飽餐之也。唯王爲有公侯，而下不得與焉，唯辟玉食之謂已。”

内府

内府掌管王室之庫藏，隨時備國家急需。《周禮·天官·内府》：“内府掌受九貢、九賦、九功之貨賄，良兵，良器，以待邦之大用。”此制後世沿用。《韓非子·十過》：“若受我幣而假我道，則是寶猶取之内府而藏之外府也。”漢桓寬《鹽鐵論·力耕》：“鼲韶、狐貉、采旄、文罽，充於内府。”唐杜甫《韋諷録事宅觀曹將軍畫馬圖歌》：“内府殷紅瑪瑙盤，婕妤傳詔才人索。”清龔自珍《重摹宋刻洛神賦九行跋尾》：“玉版則雍正中浚西湖得之，入内府，拓本遍杭州。”

外府

外府與王室内府庫藏相對，掌國内貨幣之出納。《周禮·天官·外府》：“外府掌邦布之入出，以共百物，而待邦之用。”《穀梁傳·僖公二年》：“如受吾幣而借吾道，則是我取之中府而藏之外府，取之中厩而置之外厩也。”此制後世沿用。漢劉向《説苑·奉使》：“君賜之外府之裘，則能勝之。”《宋書·武帝紀下》：“則帛皆在外府，内無私藏。”宋王安石《和吳御史汴渠》詩：“貨入空外府，租輸陳太倉。東南一百

年，寡老無殘糧。”

泉府

掌管國家稅收、收購與儲藏市上滯銷物資的機構與府庫。《周禮·地官·泉府》：“泉府掌以市之徵布、斂市之不售、貨之滯於民用者。”《漢書·食貨志下》：“周有泉府之官。”顏師古注：“司徒之屬官也。”明高攀龍《今日第一要務疏》：“臣觀古今善理財者，無如周公。而《周官》所立泉府，謂之曰：‘泉者，欲其如泉之流而不滯也。’”亦稱“帑藏”。《漢書·王莽傳》：“諸寶物名帑藏錢穀官，皆宦者領之。”唐司馬貞《史記索隱·匈奴列傳》：“爰自冒頓，尤聚控弦，雖空帑藏，未盡中權。”宋王與之《周禮訂義》卷一〇：“陳君舉曰：玉府、内庫，掌天子器用財賄燕私之物，及受貢獻以備賞賜。此帑藏之在宮中者，而列於太府之下，與凡治藏之官無異，以見王者以天下爲家，貢賦之入無彼此之殊。”《文獻通考·征榷考一》：“求利雖切，爲害方深。而有司上言，不識大體，徒欲益帑藏、助軍國，殊不知軍國益擾，帑藏愈空。”

【帑藏】

即泉府。此稱漢代已行用。見該文。

天府

周代掌管祖廟守藏的府庫，後因稱朝廷儲藏財物之處。《周禮·春官·天府》：“天府，掌祖廟之守藏與其禁令。”《荀子·大略》：“不知而問堯舜，無有而求天府。”《南齊書·顧欣傳》：“征賦有增於往，天府尤貧於昔。”《後漢書·蔡邕傳》：“前者乳母趙嬈，貴重天下，生則貲藏侔於天府，死則丘墓逾於園陵。”《舊唐書·韋皋傳》：“國賦散於權門，王稅不入天府，

褻慢無忌，高下在心，貨賄流聞，遷轉失序。"《清史稿·食貨志一》："道、咸以降，海禁大開，國家多故。耗財之途廣，而生財之道滯。當軸者昧於中外大勢，召禍興戎，天府太倉之蓄，一旦蕩然，賠償兵費至四百餘兆。"

職內

掌管國家賦稅收入的機構與府庫。《周禮》記載，其分別以各色各類的財物劃交政府各個部門，須有明細賬與總賬登錄；且收受各部門與地方所繳財物賬目的副本，以考核政府部門與諸侯各國賦稅的徵收與支用情況。《周禮·天官·職內》："職內掌邦之賦入，辨其財用之物，而執其總。以貳官府都鄙之財入之數，以逆邦國之賦用。凡受財者，受其貳令而書之。及會以逆職歲，與官府財用之出，而叙其財，以待邦之移用。"又："職內，上士二人，中士四人，府四人，史四人，徒二十人。"《宋史·輿服志五》："中郎將、京官內殿承旨，至借職內常侍減衣二事。"

職金

掌管金、玉、錫、石、丹青的檢驗與收藏，并掌受士之金罰、貨罰的機構與府庫。《周禮·秋官·職金》："職金掌凡金、玉、錫、石、丹青之戒令，受其入征者。辨其物之媺惡，與其數量，楬而璽之。入其金錫於爲兵器之府，入其玉石、丹青於守藏之府，入其要，掌受士之金罰、貨罰，入於司兵。旅於上帝，則共其金版，饗諸侯亦如之。凡國有大故，而用金石，則掌其令。"宋魏了翁《尚書要義·君牙》："唐虞之法，周禮職金掌受士之金罰、貨罰，入於司兵，則周亦有贖刑。"

職幣

掌管收取各政府部門與地方公用於某種特定事務費用的財物。《周禮·天官·職幣》："職幣掌式法以斂官府都鄙與凡用邦財者之幣，振掌事者之餘財，皆辨其物而奠其録。"《通典·職官八》："左右藏署，周官有職幣、上士、中士，掌邦財之幣。"清胡渭《洪範正論》卷三："而《周禮·冢宰》之屬，又有大府、內府、外府、職幣、典絲、典枲等職，蓋自古食貨之事皆掌於天官。"

三錢府

先秦時代管理赤金、白金、黃金三等金幣之府庫。亦稱"三錢之府"。《史記·越王勾踐世家》："王乃使使者封三錢之府。楚貴人驚告朱公長男曰：'王且赦。'"裴駰集解引賈逵曰："虞夏商周金幣三等，或赤，或白，或黃。黃爲上幣，銅鐵爲下幣。"宋平仲《蘇子由寄題小庵詩用元韻和》："宦身粗應三錢府，吏隱聊開一草庵。"明董說《七國考·美唐》："《呂氏春秋》：'齊人走莒，燕人爭金於美唐。'注：美唐，齊藏金之處；楚方府，三錢府之類也。"

【三錢之府】

即三錢府。此稱漢代已行用。見該文。

坊院

存儲貨物的水上庫房。南宋臨安富商建。《宋史·職官志·樞密院》："曰支馬房，掌行內外馬政並坊院監牧吏卒、牧馬、租課。"宋灌圃耐得翁《都城紀勝·坊院》："富家於水次起造塌坊十數所，每所爲屋千餘間，小者亦數百間，以寄藏都城店鋪及客旅物貨。四維皆水，亦可防避風燭，又免盜賊，甚爲都城富室之便。其他州郡無此。雖荆南、沙市、太平州、黃池，皆客商所聚，亦無此等坊院。"

府

儲藏錢財、貨物的處所。《説文·广部》："府，文書藏也。"《國語·越語下》："除民之害，以避天殃，田野開闢，府倉實，民衆殷。"韋昭注："貨財曰府，米粟曰倉。"《韓非子·外儲説右上》："告廩獻千石之粟，告府獻五百金，告驪私厩獻良馬固車二乘。"又《十過》："夕出令，明日，倉不容粟，府無積錢，庫不受甲兵，居五日而城郭已治，守備已具。"《史記·大宛列傳》："令外國客遍觀各倉庫府藏之積，見漢之廣大。"

王府

帝王收藏財貨、文書之府庫。《書·五子之歌》："明明我祖，萬邦之君；有典有則，貽厥子孫；關石和鈞，王府則有。"孔穎達疏："人既足用，王之府藏則皆有矣。"《國語·楚語上》："藏在王府。"後世沿用。宋蘇過《夷門蔡氏藏書目叙》："自書契三代以來，禮樂文章播在方冊，皆藏於王府。"亦稱"方府"，言納四方之貢賦，故稱。《戰國策·楚策四》："左州侯，右夏侯，輦從鄢陵君與壽陵君，飯封禄之粟，而載方府之金，與之馳騁乎雲夢之中，而不以天下國家爲事。"鮑彪注："方，四方。金，其所貢。"《藝文類聚》卷八四引南朝梁沈約《爲柳世隆上銅表》："盈金中藏，收功上苑。南楚陋其方府，西京鄙其部内。"亦稱"御府"。《史記·平準書》："而胡降者皆衣食縣官，縣官不給，天子乃損膳，解乘輿駟，出御府禁藏以贍之。"御府，言帝王之府庫，後世沿用。唐李頎《送李回》詩："歲發金錢供御府，晝看仙液注離宮。"又稱"天庫"，謂天子朝廷之府庫。唐王建《贈田將軍》詩："回殘正帛歸天庫，分好旌旗入禁營。"《醒世恒言·張廷秀逃生救父》："那人道：'我家住在專諸巷内天庫前，有名開玉器鋪的王家。'"亦稱"禁庫""内庫""宫庫""内帑"，皆謂宫禁所屬不可逾越之地。漢張衡《東京賦》："散禁財。"三國吴薛綜注："言天子散發禁庫之財，無問貴賤，皆賜及之。"《魏書·高祖紀下》："其御府衣服，金銀、珠玉、綾羅、錦绣，太官雜器，太僕乘具，内庫弓矢，出其太半，班賞百官及京師士庶。"《舊唐書·經籍志序》："内庫皆是太宗高宗先代舊書，常令宫人主掌。"《新唐書·劉文静傳》："晋陽士健馬强，宫庫饒豐，大事可舉也。"宋葉適《終論一》："陛下會計二年所罷之費爲六千萬緡，盡斥内帑封椿以補助之。"宋馬永卿《嬾真子》卷二："藝祖既平江南，詔以兵器盡納揚州，不得支動，號曰禁庫。"明沈德符《野獲編·詞林·翰林應制》："今上大婚以後，留意文史篇什。遇元旦、端陽、冬至，必命詞臣進對聯及詩詞之屬，間出内帑所藏書畫，令之題咏。"清龔自珍《古史鈎沉論四》："臣之籍，外臣也；燕私之游不從，宫庫之藏不問，世及之恩不預。"《紅樓夢》第四回："且家中有百萬之富，現領着内帑錢糧，采辦雜料。"又指國庫裏的錢財。宋葉適《寶漠閣侍制知隆興府·徐公墓誌銘》："内帑皆三朝恭儉之積，陛下幸圖之。"清陳康祺《郎潛紀聞》卷一二："洮告歸後，復入都，卒於旅舍，朝廷特給内帑賻之。"姚雪垠《李自成》第二卷第二九章："朕久聞祖幼時，孝寶太后運出内帑不少。"

【方府】

即王府。此稱先秦時期已行用。見該文。

【御府】

即王府。此稱漢代已行用。見該文。

【天庫】

即王府。此稱唐代已行用。見該文。

【禁庫】

即王府。此稱三國時期已行用。見該文。

【內庫】

即王府。此稱南北朝時期已行用。見該文。

【宮庫】

即王府。此稱宋代已行用。見該文。

【內帑】

即王府。此稱宋代已行用。見該文。

長府

春秋時魯國府藏名。《論語・先進》："魯人爲長府，閔子騫曰：'仍舊貫，如之何？何必改作？'"孔穎達正義："魯人爲長府者，藏財貨曰府，長其藏名也。"《左傳・昭公二十五年》："叔孫昭子如闞，公居於長府。九月戊戌，伐季氏，殺公之於門，遂入之。"明呂坤《呻吟語摘・外篇御集・聖賢》："費宰之辭，長府之止，看閔子議論，全是一個機軸，便見他和悅而静。處人論事之法，莫妙于閔于天生的一段中平之氣。"

東山之府

漢代吳王劉濞所建之府藏。《漢書・枚乘傳》："夫漢並二十四郡，十七諸侯，方輸錯出，運行數千里不絕於道，其珍怪不如東山之府。"晋左思《吳都賦》："窺東山之府，則瑰寶溢目；觀海陵之倉，則紅粟流衍。"《大唐司空開府儀同三司揚州荊州二大都督并州大總管上柱國襄邑恭王之碑銘》："尋其軌躅，矯如北唐之駕；窺其隩秘，焕若東山之府。"

困府

朝廷囤積糧食、物資的處所。《晏子春秋・外篇第七》："君不推此，而苟營内好私，使財貨偏有所聚，菽粟幣帛腐於困府，惠不遍加於百姓，公心不周乎萬國，則桀紂之所以亡也。"

官府

朝廷之府庫。《左傳・昭公十六年》："宣子有環，其一在鄭商。宣子謁諸鄭伯，子産弗與曰：'官府之守器也，寡君不知。'"唐韓愈《路公神道碑銘》："公之爲州，逢水旱，喜賤出與人，歲熟以其得收，常有盈利，故在所人不病饑，而官府畜積。"

軍府

儲藏軍用器械的府庫，亦用以囚禁俘虜。《左傳・成公七年》："晋人以鍾儀歸，囚諸軍府。"杜預注："軍藏府也。"漢焦贛《易林・師之蹇》："武庫軍府，甲兵所聚。"《晋書・樂志下》："雷霆震威曜，進退由鉦鼓。致禽祀祊，羽毛之用充軍府。"

珍府

存儲珍貴器物的庫房。《後漢書・邊讓傳》："於是遂作章華之臺，築乾溪之室，窮木土之技，單珍府之實，舉國營之，數年乃成。"唐陳子昂《上蜀川軍事》："臣伏見劍南諸州，緣通軌軍屯在松、潘等州，千里運糧百姓困弊，臣不自恤，竊爲國家惜之……又京都府庫，歲月珍貢，尚在其外，此誠蜀國之珍府。"

膳府

宮中貯藏食物的府庫。《周禮・地官・廩

人》："凡珍異之有滯者，斂而入於膳府。"《魏書·食貨志》："世祖即位，開拓四海，以五方之民各有其性，故修其教不改其俗，齊其政不易其宜，納其方貢以充倉廩，收其貨物以實庫藏，又於歲時取鳥獸之登於俎用者以牣膳府。"唐韋莊《和鄭拾遺秋日感事一百韻》詩："八珍羅膳府，五采鬥筐床。"

府庫

官府儲存財物兵甲之倉庫。《周禮·天官·大府》："凡萬民之貢，以充府庫。"《禮記·月令》："府庫，出幣帛。"《孟子·梁惠王下》："凶年饑歲，君之民老弱轉乎溝壑，壯者散而之四方者幾千人矣，而君之倉廩實，府庫充。"漢張衡《東京賦》："因秦宮室，據其府庫。"李善注："府庫，謂官吏所止爲府，車馬器械所居曰庫。"《禮記·大學》："未有府庫財，非其財者也。"《文獻通考·征榷考一》："〔漢〕武帝承文景富庶之後，即位甫一紀耳，征利已至於此，然則府庫之積，其可恃哉？興利之臣不知爲誰？"

周府

原指周王室中所設府庫，後用於泛指朝廷府庫。先秦至清朝皆沿襲之。《左傳·定公四年》："其載書云：'王若曰，晋重、魯申、衛武、蔡甲午、鄭捷、齊潘、宋王臣、莒期。'藏在周府，可覆視也。"孔穎達疏："言周家府藏之内有此載書在也。"《明史·五行志二》："十二月乙未，周府灾。"又《職官志四》："萬曆間，周府設宗正一人。"《明史紀事本末·壬午殉難》："監察御史魏冕……其族同邑鄒朴，建文初仕周府，諫王邪謀錮獄。"

五庫

古代貯藏材料的五種倉庫。《禮記·月令》："〔季春之月〕是月也，命工師、令百工審五庫之量。"孔穎達疏："五庫者，熊氏云，各以類相從，金鐵爲一庫，皮革筋爲一庫，角齒爲一庫，羽箭杆爲一庫，脂膠丹漆爲一庫。"《宋史·兵志十一》："又南北作坊及諸州別造兵幕、甲袋、梭衫等什物，以備軍行之用。京師所造，十日一進，謂之'旬課'。上親閱視，置五庫以貯之。"明丘濬《大學衍義補·治國平天下之要·工作之用》："陳澔曰：'工師，百工之長也。五庫者，金鐵爲一庫、皮革筋爲一庫、角齒爲一庫、羽箭干爲一庫、脂膠丹漆爲一庫。視諸物之善惡皆有舊法謂之量，一説多寡之數也，審而察之，故云審五庫之量也。此時百工各理治其造作之事，工師監臨之。'"

外庫

與宮内府庫相對應，指帝王宮外的府庫。《晋書·良吏·吳隱之傳》："帷帳器服皆付外庫。"《太平廣記》卷四引《仙傳拾異·王母使者》："漢武帝天漢三年，帝巡東海，祠恒山。王母遣使獻靈膠四兩，吉光毛裘。武帝以付外庫，不知膠裘二物之妙也。"《明史·禮志一》："天池一，又在外庫房之北。"

庫[2]

存儲錢財、物品的倉庫。《釋名·釋宮室》："庫，舍也。物所在之舍也。"唐韓愈《太原王公墓誌銘》："其蓄積，錢餘於庫，米餘於廩。"《訓世評話》卷上："楊和少失父，獨與母居，因貧窮不得孝養。有一日告母曰：'我到鄰里富家盜取金銀孝養。'母曰：'不可不可！'和不聽，造雲橋，逾垣墻入金銀庫内欲盜。"因存儲物品不同，分別有"土庫""衣庫""茶庫""銀庫"等。

土庫[1]

存儲財物的私人庫房。元張可久《落梅風·嘆世和劉時中》曲："土庫千年調，金瘡百戰功。"胡丹《明代宦官史料長編》卷一："内官監……并官内器用、首飾、食米、土庫、架閣文書、鹽倉冰窖。"

土庫[2]

明代荷蘭、法等國在我國設立的貿易站。《明史·外國傳五》："萬曆時，紅毛番築土庫於大澗東，佛郎機築於大澗西，歲歲互市。"又《外國傳六》："萬曆時，紅毛番强商其境，築土庫以居。其入彭湖互市者，所携乃大泥國文也。"

太倉庫

明代始設存儲銀的倉庫。《明史·食貨志三》："英宗時，始設太倉庫。初，歲賦不徵金銀，惟坑冶税有金銀，入内承運庫。"又《李長庚傳》："《會典》於《太倉庫則》云，嘉靖二十二年題准諸處京運錢糧，不拘金花籽粒，應解内府者悉解貯太倉庫，備各邊應用。"

皮庫

存放皮革的倉庫。清代設立，六大内務府之一。《清會典·内務府·廣儲司》："凡府庫有六，曰銀庫，曰段庫，曰衣庫，曰茶庫，曰皮庫，曰瓷器庫，各有專司。"清何剛德《春明夢録》卷下："京師十庫，余均查過。内庫、户部三庫之外，則有内務府六庫……因大雪天寒，不免有分班偷空時刻，則惜未能遍觀也。他如緞庫皮庫，記又有一顔料庫，皆視外庫爲優焉。"《京華碧血録》第十章："仲光曰：'連日聞東城虎衛軍有搶掠之信，其幸未至此者。斜街近皮庫營，地頗荒寒，賊或不留意耳。'"

行用庫

收兑破舊紙幣的機構，元明時設立。《元史·武宗紀》："隨路立平準行用庫，買賣金銀，倒换昏鈔。"《明史·食貨志二》："明初，嘗置行用庫於京城及諸府州縣，以收易昏爛之鈔，仁宗時罷。"又《食貨志五》："十三年，以鈔用久昏爛，立倒鈔法，令所在置行用庫，許軍民商買以昏鈔納庫易新鈔，量收工墨直。"

衣庫

存儲衣物服飾儀物之所。《南齊書·東昏侯紀》："潘氏服御，極選珍寶，主衣庫舊物，不復周用，貴市民間金銀寶物，價皆數倍。"《宋史·趙孚傳》："開寶中，初置衣庫，令孚主之。"《清史稿·食貨志二》："十八年，分設緞庫、銀庫、皮庫、衣庫。康熙十八年，增設茶庫、磁庫，合之爲六。"

茶庫

存儲茶葉的倉庫。《宋史·職官志五》："茶庫，掌受江、浙、荆湖、建、劍茶茗，以給翰林諸司及賞賚、出鬻。"《文獻通考·太府卿》："布庫。茶庫。雜物庫。糧料院（掌以法式批支諸司、諸軍之廩禄）。"明謝肇淛《五雜俎·事部四》："江西有驛官，以幹事自任……又一室曰茶庫，諸茗畢貯，復有神，問：'何神？'曰：'陸鴻漸。'刺史益喜。"《清會典·内務府·廣儲司》："凡府庫有六，曰銀庫，曰段庫，曰衣庫，曰茶庫，曰皮庫，曰瓷器庫，各有專司。"清昭槤《嘯亭雜録·内務府定制》："廣儲司凡庫有六，曰銀庫……曰茶庫，曰皮庫，曰瓷器庫，各有專司，惟茶庫兼收人參，爲六庫中之最要。"

酒庫

存儲酒的倉庫。《梁書・侯景傳》：“太宗知其將弒，乃大酺飲酒，既醉還寢。修纂以帊盛土加於腹，因崩焉。斂用法服，以薄棺密瘞於城北酒庫。”唐白居易《自題酒庫》詩：“此翁何處富？酒庫不曾空。”《元史・祭祀志上》：“内神厨五間，南向；祠祭局三間，北向；酒庫三間，西向。”清錢謙益《後飲酒》詩：“酒媪爲我言，君來苦不早。今年酒倍售，酒庫已如掃。”

瓷器庫

存儲瓷器的倉庫，清代内務府之一。清昭槤《嘯亭雜録・内務府定制》：“廣儲司凡庫有六：曰銀庫，曰緞匹，曰衣庫，曰茶庫，曰皮庫，曰瓷器庫。”《清會典・内務府・廣儲司》：“凡府庫有六，曰銀庫，曰段庫，曰衣庫，曰茶庫，曰皮庫，曰瓷器庫，各有專司。”亦稱“磁庫”。《清史稿・食貨志二》：“十八年，分設緞庫、銀庫、皮庫、衣庫。康熙十八年，增設茶庫、磁庫，合之爲六。”

【磁庫】

即瓷器庫。此稱清代已行用。見該文。

銀庫

存儲和出納國家資金的機構，清代設立，是六大内務府之一。清黄六鴻《福惠全書・保甲・防守》：“大堂銀庫仍撥老成小心兵丁防護。”清昭槤《嘯亭雜録・内務府定制》：“廣儲司凡庫有六：曰銀庫，曰緞匹，曰衣庫，曰茶庫，曰皮庫，曰瓷器庫。”《清會典・内務府・廣儲司》：“凡府庫有六，曰銀庫，曰段庫，曰衣庫，曰茶庫，曰皮庫，曰瓷器庫，各有專司。”

廥庫

存儲糧草物資的倉庫。唐鄭春子《北嶽廟碑》：“東生南長，西成北聚。廥庫開藏，爰及坻庾。”《明史・侯震暘傳》：“策撫臣者，謂宜責令還赴廣寧，聯屬西部；然而廥庫已竭，其能赤手效包胥乎？”

廩庫

存儲糧食的倉庫。《三國志・吳書・陸凱傳》：“當務息役養士，實其廩庫，以待天時。”唐元稹《贈左散騎常侍裴公墓誌銘》：“歲旱，廩庫空少，不數年皆羨溢。”《舊唐書・裴玢傳》：“玢歷二鎮，頗以公清苦節爲政，不交權倖，不務貢獻，蔬食敝衣，居處才避風雨，而廩庫饒實，三軍百姓安業，近代將帥無比焉。”《宋史・五行志二》：“乾德四年二月，岳州衙署、廩庫火，燔市肆、民舍殆盡，官吏逾城僅免。”

緞庫

存儲綢緞的倉庫，清代設立，是六大内務府之一。《清史稿・食貨志二》：“十八年，分設緞庫、銀庫、皮庫、衣庫。康熙十八年，增設茶庫、磁庫，合之爲六。”亦作“段庫”。《清會典・内務府・廣儲司》：“凡府庫有六，曰銀庫，曰段庫，曰衣庫，曰茶庫，曰皮庫，曰瓷器庫，各有專司。”

【段庫】

同“緞庫”。存儲綢緞的倉庫。此體清代已行用。見該文。

齋庫

存儲財物的倉庫。《南齊書・郁林王紀》：“期年之間，世祖齋庫儲錢數億垂盡。”《宋書・沈懷文傳》：“齋庫上絹，年調鉅萬匹，縣亦稱此。”

庫[3]

存儲武器戰車之所。《説文·广部》："庫，兵車藏也。"《左傳·哀公十六年》："焚庫，無聚，將何以守矣。"《禮·曲禮下》："在府言府，在庫言庫。"鄭玄注："庫，謂車馬兵甲之處也。"《商君書·賞刑》："湯武既破桀紂，海内無害，天下大定，築五庫，藏五兵，偃武事，行文教，倒載干戈，搢笏作爲樂以申其德。"

庫藏

存儲錢財、貨物的倉庫。《後漢書·張堪傳》："成都既拔，堪先入據其城，撿閱庫藏，收其珍寶，悉條列上言，秋毫無私。"《三國志·蜀書·鍾會傳》："使護軍胡烈等行前，攻破關城，得庫藏積穀。"《五代史平話·周史平話上》："威入滑州，取庫藏財帛支勞將士。"《水滸傳》第六七回："再説軍師吳用在城中傳下將令，一面出榜安民，一面救滅了火；梁中書、李成、聞達、王太守各家老小，殺的殺了，走的走了，也不來追究，便把大名府庫藏打開，應有金銀寶物，緞匹綾錦，都裝載上車子。"《清史稿·林起龍傳》："今誠抽練緑旗精兵二十萬，養以四十萬之餉，餉厚兵精，地方有警，戰守有人。不過十年，可使庫藏充溢。"

内藏

王侯宫中所屬。《公羊傳·僖公二年》："請以屈産之乘與垂棘之白璧往，必可得也。則寶出之内藏，藏之外府，馬出之内廐，繫之外廐爾，君何喪焉！"《漢書·酈通傳》："鋭氣挫於嶮塞，糧食盡於内藏，百姓罷極，無所歸命。"《南史·蕭藻傳》："初，鄧元起之在蜀也，崇於聚斂，財貨山積。金玉珍帛爲一室，名爲内藏；綺穀錦罽爲一室，號曰外府。"此處言鄧元起明顯有僭越行爲。《元史·世祖紀》："禁中出納分三庫：御用寶玉，遠方珍異隸内藏。"亦稱"中府"。《穀梁傳·僖公二年》："如受吾幣，而借吾道，則是我取之中府，而藏之外府。"《史記·田叔列傳》："魯王聞之大慚，發中府錢，使相償之。"張守節正義："王之財物所藏也。"宋梅堯臣《閔尚衣盜褲》詩："嗟嗟亦王官，奚自門閣污，中府中紋綾，袖之呼馬去。"典籍中更有"都内""大内""宫藏""禁倉""私府"諸稱，皆指帝王諸侯的内藏。《史記·平準書》："乃募豪民田南夷，入粟縣官，而内受錢於都内。"裴駰集解引服虔曰："入穀於外縣，受錢於内府也。"《漢書·賈捐之傳》："太倉之粟紅腐而不可食，都内之錢貫朽而不可校。"《史記·孝景本紀》："以大内爲二千石，置左右内官，屬大内。"裴駰集解引韋昭曰："大内，京師府藏。"《漢書·嚴助傳》："越人名爲藩臣，貢酌之奉，不輸大内，一卒之用不給上事。"顔師古注引應劭曰："大内，都内也，國家寶藏也。"《史記·孟嘗君列傳》："乃夜爲狗，以入秦宫藏中，取所獻狐白裘至。"又《三王世家》："虚御府之藏以賞元戎，開禁倉以振貧窮。"《漢書·路温舒傳》："上善其言，遷廣陽私府長。"顔師古注："藏錢之府，天子曰少府，諸侯曰私府。"又《孝成許皇后傳》："陛下見妾在椒房，終不肯給妾纖微内邪？若不私府小取，將安所仰乎？"

【中府】

即内藏。此稱先秦時期已行用。見該文。

【都内】

即内藏。此稱漢代已行用。見該文。

【大内】

　　即内藏。此稱漢代已行用。見該文。

【宫藏】

　　即内藏。此稱漢代已行用。見該文。

【禁倉】

　　即内藏。此稱漢代已行用。見該文。

【私府】

　　即内藏。此稱漢代已行用。見該文。

處舍

　　儲藏物資之處所。亦稱“營壘”。《荀子·議兵》：“處舍收藏，欲周以固。”楊倞注：“處舍，營壘也。”明于謙《預備邊務事》：“選出步隊精鋭官軍，并彼處舍餘民壯騎。”《周禮翼傳·握機經傳序》：“處舍不周，徙舉不當，是知存不知亡，棄吾民於敵也。故有營壘軍行之制焉。”

【營壘】

　　即處舍。此稱先秦時期已行用。見該文。

第九章　收支借貸、契約文書說

第一節　收支考

收支，指收入與支出兩方面，由此而形成財富的流通、運轉。有收入而後有支出，有支出而後再有收入，如此周而復始而能生生不息。收支要合法，這在中國文化中極爲重要。《禮記·大學》："貨悖而入者亦悖而出。"所以，"君子愛財，取之有道"，收支不可背離道義，都要以仁義爲前提。

收入，本指通過田地所獲得的財產，後泛指從各個領域獲得的物質性收益。古代人們一般分爲士、農、工、商四個階層。士泛指官吏，他們的基本收入是俸禄，也稱爲秩、俸錢、薪俸、清俸。他們的主要支出一般包括糧食、布匹和一定數目的錢。有些封建王朝對官吏比較優待，官吏除了領俸禄支付家庭主要支出之外，其他各種開銷幾乎國家都有補貼：買炭國家補貼炭錢，雇人國家補貼手力資，上任離任國家補貼路費，稱爲盤纏、盤費、川資；國家還在鹽稅中拿出一部分錢來撥給官吏以補貼他們的開銷，叫作鹽規；爲了防止官吏貪污，國家還按職務等級給官吏一部分錢，稱爲"養廉銀"。在太學、國子學等處讀書的學生，國家往往發給補貼，稱爲"餼廩"。除了這些正當收入以外，官吏還利用手中的權利謀取"灰色收入"，如"好看錢""偏手""事例錢"等。

農民的收入主要包括種地所收糧食和養蠶所得絲綢、種棉麻所得布匹。手工業者和失去田地的貧民，主要靠出賣手藝或勞動力取得收入。他們如果被政府雇用，進行某項工程建設，比如修建皇帝陵墓、治理河渠、運糧等，可以領取工錢、傭錢等。如果被祠堂等社會機構、商鋪或私人雇用，可以領取勞金，也稱爲酬勞銀、辛勞銀等。酒館等處有時實行輪流負責制，在其中工作的人，每人一天，保證經營場所的整潔、有秩序，如果不出差錯，他們還可以獲得日食錢。老師的工資來自學生的學費，叫束脩，也叫脩金、學貺。算卦先生獲得的報酬稱爲卦資。國家對士兵、歸降的人、内遷邊民等有時還發給置辦衣服的錢，稱爲裝錢。没有足够能力掙錢養活自己的孤兒、寡婦、老人等貧民，國家往往發給一定的生活補助，叫作餼廩。商人一般通過買賣貨物，賺取差價獲得收入。由於他們掌握大量的市場信息，有時還充當賣方的中介或代理人，幫他們介紹買方，再按比例收取一定的代理費，這種代理費叫作牙錢，也稱爲牙子錢、用錢、講錢。近代出現了郵局和銀行，人們爲了確保安全，從一個地方到另一個地方去，往往不再隨身携帶大量錢財，而是通過郵局、銀行等匯款，這樣就要付一定比例的手續費，稱爲匯水。國家進行大型工程，往往需要大量的車、船、牛、馬、驢等運輸工具，擁有這些運輸工具的農民、商人等，把它們租借給國家，可以獲得僦錢。出租房屋獲得的錢也稱爲僦錢。單計程車輛，獲得的錢稱爲車錢。國家運輸糧食、食鹽等重要物資所支出的錢稱爲運費，水路運輸的運費稱爲水脚錢，參與運輸的普通平民可以領取其中一部分。普通人在日常財物管理中，如果起了私心，偷偷窩藏起一些好處，這種不正當的錢財就稱爲偏手、偏錢，窩藏好處的行爲稱爲打偏手、落偏錢。這是普通人的灰色收入。人們外出，需要花路費。官吏的路費國家會補貼一些，平民的需要自己準備，這種路費又稱爲道費、果足、路用等。

收入與支出是相對的，一方的支出，往往就是另一方的收入。對付出的一方而言是支出，對接受的一方而言就是收入。因此收支常常是一回事，祇是因角度不同而名稱有异。

水脚錢

國家通過水路運輸糧食、食鹽等重要物品的費用。《宋史·趙開傳》："減錦州下户支移利州水脚錢十分之三。"《元史·食貨志五》："又如所設三十五綱監運綱司，專掌召募船户，照依隨場日煎月辦課額，官給水脚錢。"

【水脚】

即水脚錢。此稱宋代已行用。宋張方平《論京師軍儲事》："在京歲支馬料豆麥約六十萬石,近年計度多抛數下發運司起發,遂以大麥、黑豆粗色充數,每年常及三十萬石,計兵船、口食、水脚,爲費數倍。"《元史·食貨志五》:"不若仍舊令客商就場支給,既免綱運俸給水脚之費,又鹽法一新。"

【水脚銀】

即水脚錢。此稱清代已行用。清傅澤洪《行水金鑑·運河水》:"糧船至天津海口,水淺舟膠,澒用剝船轉運至壩,每百石給水脚銀二兩九錢。"清《欽定平定臺灣紀略·七月二十九日》:"再查,運送米糧等項定例:順水每百里每石應給水脚銀七厘。自重慶至漢口,計程二千九百七十里,每石應給水脚銀二錢七厘九毫。"

【駁費】

即水脚錢。此稱清代已行用。清魏源《籌鹺篇》:"計每引鹽四百斤,需成本銀八兩四錢四分,江西鹽價更少一兩,唯加到省駁費一錢五分,共成本銀七兩五錢九分。"《盛宣懷檔案資料》卷八:"可令酌加水脚,以貼駁費。"

工錢

古代手工業者、體力勞動者、軍士等被政府雇用進行某項工程建設所領的工資。宋李心傳《建炎以來繫年要錄》卷一六九:"轉運未見施行,可呼至都堂,傳旨催促,並要日近了畢。合用物料工錢,於御前請降,不得科敷。"《金史·河渠志》:"遂詔命去役所五百里州、府差顧,於不差夫之地均徵顧錢,驗物力科之。每工錢百五十文外,日支官錢五十文,米升半。

仍命彰化軍節度使内族裔、都水少監大齡壽提控五百人往來彈壓。"《元史·河渠志一》:"官吏俸給,軍民衣糧、工錢,醫藥、祭祀、賑恤,驛置馬乘,及運竹木、沉船、渡船、下椿等工,鐵、石、竹、木、繩索等匠傭資……"

【價錢】

即工錢。此稱唐代已行用。《舊唐書·穆宗本紀》:"楚爲山陵使,縱吏於鼛刻下,不給工徒價錢,積留錢十五萬貫爲羨餘以獻,故及於貶。"

【工價】

即工錢。此稱宋代已行用。《宋史·輿服志五》:"諸州寺觀有以金箔飾尊像者,擄申三司,聽自賣金銀工價,就文思院換給。"《元史·河渠志一》:"人日采石積方一尺,工價二兩五錢。"

【工銀】

即工錢。此稱明代已行用。《明史·班軍志》:"時積弊已久,軍士苦役甚,多愆期不至。故事,失班脱逃者,罰工銀,追月糈。其後額外多徵,軍益逃。"《明史·姜綰傳》:"分遣腹心,侵漁國課,罪五;按季收班匠工銀,罪六……"清孫承澤《春明夢餘錄·户部四·寶泉局》:"人給工銀五分,爐給炭價二錢。"

餼廩 [1]

工錢的一種。餼指乾糧,廩指糧食,餼廩往往以食品、糧食等形式領取。亦稱"既廩"。《禮記·中庸》:"時使薄斂,所以勸百姓也;日省月試,既廩稱事,所以勸百工也。"宋王安石《周官新義·天官四》:"餼廩稱事,然後能者勸,不能者勉。"《續資治通鑑長編·宋神宗熙寧八年》:"餼廩稱事,所以來百工。餼廩稱事，來之則無強役之理。且以天下之財，給天下之用，苟知所以理之，何憂不足而於此靳惜。"《明史‧劉健傳》："傳奉冗官之俸薪，內府工匠之餼廩，歲增月積，無有窮期，財安得不匱？"

【既廩】

即餼廩[1]。此稱先秦時期已行用。見該文。

【工糧】

即餼廩。一般以食品、糧食等形式發放。此稱宋代已行用。《宋史‧河渠志三》："自南京至泗州，概深三尺至五尺，惟虹縣以東有礓石三十里餘，不可疏浚。乞募民開修。詔檢計工糧以聞。"《元史‧河渠志一》："所用石鐵、石灰諸物，夫匠工糧，官爲供給，力省功多，可永無害。"元蒲道源《翻修城隍廟化疏》："木植磚瓦，未免更添；工糧貨財，豈容或缺。倘樂從而無恡，必陰相之有歸。"

【工餼】

即餼廩。往往以食品、糧食等形式領取。此稱清代已行用。清侯方域《豫省試策》之四："以治河爲名而取之民間者，本折、工餼、追呼、運轉之費，種種以什佰計。"清姚瑩《知鎮海縣事武昌李公德政碑》："其極召募者，覬覦工餼，希錄用。"

手力資

古代國家補貼給官員，幫助官員雇人處理私人事務的錢。《新唐書‧食貨志五》："建中三年，復減百官料錢以助軍。李泌爲相，又增百官及畿內官月俸，復置手力資，課歲給錢六十一萬六千餘緡。"宋王溥《唐會要‧朔望朝參》："其一司之中，有三人以上是參官，其日並不到者，本司長官請罰一月手力資錢，其一月內三度不到者，雖每度有罰，亦准前罰一月資錢。"《冊府元龜》卷五〇六："是年，通計京城諸司，每月給手力資錢凡四萬七千五百四十六貫四十文，並以天下青苗錢充。"

【手力錢】

即手力資，此稱唐代已行用。唐李翱《故河南府司錄參軍盧君墓誌銘》："司錄豈不自有手力錢耶，用此贓何爲？"

日食錢

實行輪流負責制的行業，當天的負責人如果沒出差錯，可以領到一定的補貼，這種補貼叫作日食錢。猶今之工資。《朱子語類》卷一三八："朝廷塑一顯仁皇后御容，三年不成，卻是一行人要希逐日食錢，所費不貲。"宋李光《乞罷營繕添支狀奏議》："今又添支逐日食錢，委是太優，竊慮緣此，妄作名目，多方遷延，未見了日。"省稱"食錢"，亦稱"日事錢"。《明會典‧兵部‧守衛軍士食錢》："諸司職掌：凡在京上十二衛守衛隨駕軍人，每名一直三日食錢，鈔三百文。"《警世通言‧俞仲舉題詩遇上皇》："解元借筆硯，莫不是要題詩賦？卻不可污了粉壁，本店自有詩牌，若是污了粉壁，小人今日當直，便折了這一日日事錢。"

【日事錢】

即日食錢。此稱明代已行用。見該文。

【食錢】

"日食錢"之省稱。此稱明代已行用。見該文。

牙錢

買賣中間人或代理人向賣方按比例收取的服務費。牙，指以收取買賣雙方佣金爲職業的人或商行。宋王之道《論和糴利害劄子》:"百姓尋常入市糴賣,其鋪户於糴糴名下,每斗各收牙錢一二十文,今聞官中收糴乃無種種之費,民情之喜,不問可知也。"宋朱熹《措置賑恤糴糴事件》:"尋常客人糴米,必經由牙人方敢糴,常被邀阻,多抽牙錢,是致不肯住糴。"清于成龍《弭盜安民條約》:"寫船者以船户之來蹤去迹,惟牙埠知之最詳,爲可倚而可托也。乃有等無賴船埠,只圖兜攬,多趁牙錢,竟不察詢船户來歷,輕爲攬載。"

【牙子錢】

即牙錢。此稱宋代已行用。宋吕陶《奏爲官場買茶虧損園户致有詞訴喧鬧事狀》:"去年時節,每斤賣得七八十文,今來只賣得五十文,除牙子錢了,收得四十七文。"

【用錢】

即牙錢。此稱元代已行用。元方回《新安文獻志》卷七九:"自四川破,十八界會子及關子用徽州紙,易破爛,聚於行都,每貫民間有貼會錢,官司受納,必欲好新楮。似道置局令百姓出用錢換新關子。"《初刻拍案驚奇》卷一:"寫畢,主人進内,先將銀一箱抬出來道:'我先交明白了用錢,還有説話。'"《警世通言·吕大郎還金完骨肉》:"〔布商〕知道吕玉買賣中通透,拉他同往山西脱貨,就帶絨貨轉來發賣,於中有些用錢相謝。"《金鍾傳》第三回:"剛出了院門,常近財趕出道:'你的銀子到手,我的用錢呢?'賀楊氏道:'多少用錢?'常近財道:'雖不能多要,也得按加三扣。'"

【講錢】

即牙錢。此稱清代已行用。清黄六鴻《福惠全書·錢穀·糧米派兑》:"明要糧户,懼彼神通,不得不争爲央托説合講錢,無論糧之多寡,人之貧富,俱難出其套中。"

好看錢

古代處理案件、看管監獄的官吏以照顧爲名向犯人或犯人家屬索要的錢財。《歷代名臣奏議·治道》引元鄭介夫奏章:"禁子在獄圍中,則有直監錢、燒紙錢、好看錢、遞飯錢,百端需求,囚人俯首聽命,莫敢誰何。"《水滸傳》第三六回:"取二十兩花銀,把來送與兩位都頭做好看錢。"《儒林外史》第二二回:"落後打的烏龜急了,在腰摸出三兩七錢碎銀子來送與兩位相公做好看錢,才罷了。"

束脩

古代學生交給老師的學費,也就是老師的酬金。束脩原指用作薄禮的十條乾肉。《論語·述而》:"子曰:'自行束脩以上,吾未嘗無悔焉。'"邢昺疏:"束脩,禮之薄者。"《晋書·慕容廆載記》:"平原劉贊儒學該通……其世子皝率國胄束脩受業焉。"五代王定保《唐摭言·兩監》:"龍朔二年九月……初入學,皆行束脩之禮。"《宋史·陳摶傳》:"以講習爲業,從學者衆,得束脩以養母。"《金史·王去非傳》:"督妻孥耕織以供伏臘,家居教授,束脩有餘,輒分惠人。"《元史·李謙傳》:"時教授無俸,郡斂儒户銀百兩備束脩。"《醒世姻緣傳》第九二回:"除宦家富室出得一錢束脩,便是極有體面。若是以下人家,一月出五分的,還叫是中等。"

【脩金】

即束脩。此稱明代已行用。《醉醒石》第一四回:"到了家中,周公子也會扣日算,只送得一半脩金。"《儒林外史》第三一回:"婁老伯除每年脩金四十兩，其餘並不沾一文。"《八洞天》卷六："到得清明節近，這些衆鄰果然各增了些束脩送來，只有晏敖只將脩金三錢相送。"

【學脩】

即束脩。此稱清代已行用。《醒世姻緣傳》第九二回："北邊的學脩甚是荒涼。除宦家富室出得一錢束脩，便是極有體面。若是以下人家，一月出五分的，還叫是中等。"《醒世姻緣傳》第三三回："若是東家致敬盡禮，情文交至，學生卻是甌皮，生鐵必難成金，化龍必是鰍鱔，使了東家的學脩，不見教導的功勞；目下不見超凡，已爲惶恐，日後墮爲異類，尋源更是羞人，這是較劣等的學了。"

車價

租車的費用。《明會典·窯冶·銅鐵》："成化十九年，令遵化鐵廠歲運京鐵，每車一輛裝鐵不得過一千七百斤，車價不得過三兩五錢，俱候農隙之時，領運交納。"清陳淑均《噶瑪蘭廳志》卷二下："班兵車價：汀州兵每名賞銀二錢五分。餘則一律賞銀一錢五分。"《招遠縣續志·賦役》："歷科舉人車價銀，三兩三錢捌分陸厘壹毫壹絲陸微柒纖伍沙。"《狄公案》第一三回："見狄公車輛已歇在門口，正在那裏解卸行李，當時搬入房內，開發了車價。早有小二送進茶水。"

事例錢

官吏徵收賦稅時，額外按比例多收的錢，一般歸官吏私人所有，是官吏剝削平民的一種手段。宋王讜《唐語林·補遺》："某每歲秋夏徵租，享六十千事例錢，苟無敗闕，終身優足，不審相公欲致何官耶？"《宋史·理宗紀六》："周福孫於鹽鈔茶引正官錢外，創增事例

錢四十二萬七千有奇入己。係監主詐欺，從自盜法，贓罪抵死。"

【市利錢】

即事例錢。此稱宋代已行用。《宋史·鄭俠傳》："是時免役法出，民商咸以爲苦。雖負水、捨髮、擔粥、提茶之屬，非納錢者不得販鬻。稅務索市利錢，其末或重於本。"宋李心傳《建炎以來繫年要錄》卷一六七："而官止收引息市利錢。每茶百斤爲一大引。"宋周應合《景定建康志·直臣傳·鄭俠》："市道門司商稅院並行倉法，專攔月賦食錢，每正稅百文外，收事例錢十文以給之，謂之市利錢。逮法之行，正稅不及十文者亦收市利十文。"

【市利頭子錢】

即事例錢。此稱宋代已行用。《宋史·食貨志下六》："重私商之禁，爲茶市以通交易，每斤引錢，春七十，夏五十，市利頭子錢不預焉。"

【搭頭事例錢】

即事例錢。正式賦稅之外，額外多收的錢。此稱元代已行用。《元史·食貨志五》："每引十張，除正納官課一百二十五兩外，又取要中統鈔二十五兩，名爲搭頭事例錢，以爲分司官吏饋餉之資。"

卦資

付給算卦先生的酬金。《于公案》第三回："連忙將卦資躬身奉過紋銀一錢。"《三俠劍》第五回："道爺，給少當家的算算吧，少當家的必然多給卦資。"

俸禄

古代官吏的工資。《韓詩外傳》卷九："田子爲相三年，歸休，得金百鎰，奉其母。母曰：'子安得此金？'對曰：'所受俸禄也。'"《前

漢紀·孝武皇帝紀一》："侏儒長三尺，臣朔長九尺三寸，俸祿正等侏儒。侏儒飽欲死，臣朔飢欲死。"《後漢書·左雄傳》："徵海内名儒爲博士，使公卿子弟爲諸生，有志操者，加其俸祿。"《三國志·吳書·朱桓傳》："愛養吏士，贍護六親，俸祿産業，皆與共分。"《晋書·胡威傳》："是吾俸祿之餘，以爲汝糧耳。"《梁書·武帝紀下》："百官俸祿，本有定數，前代以來，皆多評準。"

【奉禄】

同"俸祿"。此體漢代已行用。《史記·平津侯主父列傳》："弘位在三公，奉禄甚多，然爲布被，此詐也。"《史記·貨殖列傳》："皆非有爵邑奉禄，弄法犯姦而富。"《漢書·宣帝紀》："今小吏皆勤事而奉禄薄，欲其毋侵漁百姓，難矣。"《後漢書·伏湛傳》："乃共食粗糲，悉分奉禄以賑鄉里。"《三國志·魏書·楊阜傳》："又將吏奉禄，稍見折減，方之於昔，五分居一。"《晋書·王蒙傳》："事諸母甚謹，奉禄資産，常推厚居薄。"

【俸】

即俸祿。此稱漢代已行用。《史記·淮南衡山列傳》："長數與坐語飲食，爲家室。娶婦，以二千石俸奉之。"《後漢書·張陵傳》："冀請廷尉論罪，有詔以一歲俸贖，而百寮肅然。"《後漢書·第五倫傳》："受俸裁留一月糧，餘皆賤貿與民之貧羸者。"

【秩】

即俸祿。此稱先秦時期已行用。《周禮·天官·宫伯》："掌其政令，行其秩叙，作其徒役之事。"鄭玄注："秩，禄廪也。"《左傳·莊公十九年》："王奪子禽祝跪與詹父田，而收膳夫

之秩。"杜預注："秩，禄也。"

【秩禄】

即俸祿。此稱漢代已行用。《史記·衛將軍驃騎列傳》："定令：令驃騎將軍秩禄與大將軍等。"《後漢書·馮衍傳》："衍上書陳八事，其一曰顯文德，二曰褒武烈，三曰修舊功，四曰招俊傑，五曰明好惡，六曰簡法令，七曰差秩禄，八曰撫邊境。"《宋書·良吏傳·陸徽》："此前去官者，則一年秩禄皆入前人；此後去官者，則一年秩禄皆入後人。"

【俸錢】

即俸祿。往往以貨幣的形式領取。此稱南朝時期已行用。《梁書·王志傳》："志潛其義，以俸錢償焉。"又《伏暅傳》："田秩俸錢，並無所取。"《舊唐書·憲宗本紀上》："於是增置使額，厚請俸錢，故大曆中權臣月俸有至九十貫者。"《舊五代史·梁書·太祖紀五》："是歲，以所率官僚俸錢修文宣王廟。"《宋史·薛奎傳》："成都民婦訟其子不孝，詰之，乃曰：'貧，無以爲養。'奎出俸錢與之。"按月領的俸錢稱爲"月俸"，按年領的俸錢稱爲"歲俸"。

【薪俸】

即俸祿。此稱宋代已行用。宋陳亮《與林和叔侍郎》："丞相却念清貧，而計薪俸之厚薄，要非門下本志也。"明何孟春《何文簡疏議·地方疏》："建社倉以備歉，捐薪俸以修學。"明潘季馴《條議錢法疏》："查得江西錢糧，除一切解京之數不便收錢外，其存留銀兩，扣留鹽税、薪俸、工食等項，但係在於本省流轉支用。"清吳偉業《綏寇紀略·汴渠墊》："帝爲討賊，需餉歲百萬，民力大屈。有司捐薪俸，有紀録；

民入錢佐軍者，假清卿。”

【俸薪】

即俸禄。此稱宋代已行用。《明史·劉健傳》：“傳奉冗官之俸薪，內府工匠之餼廩，歲增月積，無有窮期，財安得不匱？”

【清俸】

即俸禄。強調是正當收入，并非貪污受賄所得。此稱唐代已行用。唐闕名《大唐傳載》：“杜河南兼常聚書至萬卷，每卷後必有自題云：‘清俸買來手自校，汝曹讀之知聖道，鬻及借人為不孝。’”宋岳珂《范碑詩跋》：“輟君清俸登堅瑉，可立懦夫羞佞臣。”宋洪邁《夷堅志·陳使君》：“此屋皆清俸之餘所建，神火其監之。”

偏手 [1]

具體辦事的人在處理事務的過程中偷偷窩藏的好處或占的便宜。一般與“打”連用，“打偏手”即偷偷窩藏好處或占便宜。《二刻拍案驚奇》卷一六：“他一母所生還有三個兄弟，年紀多幼小，只是他一個年級長成，獨掌家事。時常恐兄弟每大來，這家事須四分分開，要趁權在他手之時做個計較，打些偏手，討些便宜。”《西游記》第二五回：“八戒道：‘阿彌陀佛！既是偷了四個，怎麼只拿出三個來分，預先就打起一個偏手？’”《續西游記》第七八回：“八戒道：‘他打偏手的兩匹布，想是在此發脫賣鈔，這鈔還該分與我，不管閑事！’”

【偏錢】

即偏手。一般與“落”連用。此稱元代已行用。元無名氏《逞風流王煥百花亭》第一折：“你怕小人落了偏錢，你兩個自對主兒商量去。”

偏手錢

正式的辦事費用之外，給代辦人或提供服務一方的額外的好處費。亦作“遍手錢”。宋朱彧《萍洲可談》卷一：“近歲貴人，務以聲色為得意，妾價騰貴，至五千緡，不復論個數。既成券，父母親屬又誅求，謂之遍手錢。”《明史·劉綎傳》：“番恃强要索無已。其來堡也，有下馬上馬解渴過堡酒，及熱衣氣力偏手錢。”

【遍手錢】

同“偏手錢”。此體宋代已行用。見該文。

【偏手】 [2]

“偏手錢”之省稱。此稱明代已行用。明彭澤《題覆救偏補弊以期裕馬政事》：“有司視種馬為無用之物，里甲之馬多不查究，間復有貪污官吏，暗受偏手，故行賣放專一，將種馬輪流差撥，月無虛日，歲無虛月。”清毛奇齡《張推官勒石記》：“每下縣，而縣之添勾者構其間，設科圈。錢曰見面，曰常例，曰船飯，曰偏手。故理刑爪士，酷於虎衛，而越為尤甚。”《三遂平妖傳》第九回：“內中有個出尖的奸猾老兒，與主文先生私講，得了些偏手於中，一力擔當攛掇，抬回棺木方才清净，也費過百十兩銀子。”《醒世恒言·汪大尹火焚寶蓮寺》：“如出得二百兩與眾人，另外我要一百兩偏手，若肯出這數，即今就同你去。”《醒世姻緣傳》第一二回：“這五百是過付的，那二百是伍小川、邵次湖兩個的偏手，不在稟帖上。”

勞金

受雇於個人或機構而獲得的工資。《姑妄言》第二〇卷：“騰了幾閒房子，接了向惟仁一家過來，請他掌管當鋪。兑出十萬金來做本，一分行息，專當與窮民小户，每年送他勞金二百四十兩。”《紅樓複夢》第三二回：“竟是這樣罷，我也是最爽快的人，竟是一言為定，省得叫老主管費心。房子、花園以及內外鋪墊傢夥一切在內，我送十萬兩銀子去給太太。外有二千兩送老主管的勞金。"《紅樓夢補》第二八回："倘有虧折，許他聲明緣由，或因置貨、脫貨時價值長落不一，或因攬纏重大，利息微細，不夠開銷夥計勞金飯食費用，或有意外事故，此乃虧本有因，尚可原諒，許管事人仍舊，責成下次比較時，將盈補絀。"

【勞銀】

即勞金。此稱明代已行用。明談遷《國榷》卷八五："特命太監劉朝賫赴山海關督師行營，勞銀十萬，色蟒百五十匹。"清《彰化節孝冊·附錄·臺灣孝節錄》："達雖貧不憂，爲人傭役，粉骨齏身，僅得勞銀以給衣食。"

【辛勞銀】

即勞金。此稱清代已行用。清唐贊袞《臺陽見聞錄·文教·屯》："嘉慶十九年，復議歸官，設立佃首給串征租，按屯發餉，每佃首一名年給辛勞銀六十元。"清《彰化縣志·祀典志·祠廟》："按此店係嘉慶年間，廩生林中桂外戚王贊，與廩生王有慶互控，林家將此店充爲文昌祠香燈。此二租現交值年首事管收，以爲文昌祠廟祝工食。年給辛勞銀二十四元。"

【酬勞銀】

即勞金。此稱清代已行用。《老殘游記》第一九回："吳某倒藥水確係我親見的，情願作個乾證。事畢，某字型大小存酬勞銀一百兩，即歸我支用。"《續濟公傳》第二三三回："其餘自桂生起至豬仔止，共四十二名，每名酬勞銀十兩。"

運費

國家雇人和運輸工具運輸糧食、食鹽等重要物品所需的費用。一般由國家以賦稅的形式徵收上去，再在運輸過程中以傭錢等形式發給參與運輸的平民；但有時官吏也直接向賣東西的平民索要。《新唐書·裴耀卿傳》："於是置河陰、集津、三門倉，引天下租縣盟津泝河而西。三年，積七百萬石，省運費三十萬緡。"《宋史·食貨志下》："鹽已運至場務者，商人買之，加運費。如是則官鹽價平而商販通。"

【運錢】

即運費。此稱唐代已行用。《新唐書·齊澣傳》："澣徙漕路，縣京口埭，治伊婁渠以達揚子，歲無覆舟，減運錢數十萬。"

【運腳】

即運費。此稱唐代已行用。《舊唐書·食貨志上》："又江淮等苦變造之勞，河路增轉輸之弊，每計其運腳，數倍加錢。"宋宋敏求《唐大詔令集·典禮·乾符二年正月七日南郊赦》："江淮運米，本實關中，只緣徐州用軍，發遣全無次第，運腳價妄被占射，本色米空存簿書。"清靳輔《購辦柳束疏》："蓋歲修用柳少，止於附近采取，是以止給柳價；大工用柳多，必須鄰省遠購，是以又增運腳銀一分五厘也。"

【腳錢】

即運費。此稱唐代已行用。《舊唐書·食貨志下》："今若且置武牢、洛口等倉，江南船至河口即却還，本州更得其船充運，並取所減腳錢，更運江淮，變造義倉。"《宋史·孝宗紀二》："三月丁巳朔，詔趣修廬和二州城，已蠲成都府路民户歲輸對糴米腳錢三十五萬緡。"

【腳價】

即運費。此稱唐代已行用。《舊唐書·張建

封傳》：“及論價之高下者，率用直百錢物買人直數千物，仍索進奉門戶及腳價銀。人將物詣市，至有空手而歸者，名爲宮市。”《元史·食貨志一》：“凡運糧，每石有腳價鈔。至元二十一年，給中統鈔八兩五錢，其後遞減，至於六兩五錢。”《元史·食貨志五》：“押運監臨之官與夫司出納之吏，恣爲貪黷，腳價不以時給，收支不得其平，船戶貧乏耗損益甚。”

【雇直】

即運費。此稱宋代已行用。《宋史·食貨志上三》：“一夫雇直約三十千以上，一驢約八千。”又：“絳州運棗千石往麟府，每石止直四百，而雇直乃約費三十緡。”《宋史·職官志》：“排岸司四，掌水運綱船輸納雇直之事。”

【腳費】

即運費。此稱宋代已行用。《宋史·食貨志上二》：“間有移用，則貸民以所費多寡自擇，故或輸本色於支移之地，或輸腳費於所居之邑。”宋熊克《中興小紀》卷一九：“禮部尚書李光言：‘江浙爲根本之地，宜恤民而寬其力。今，漕司不任轉輸之職，而促辦於州縣。乞檢舊例，應上供及軍糧錢帛，令漕司自備腳費。’癸卯詔從之。”《欽定大清會典則例·戶部·錢法》：“旱路加腳費銀一錢，水路加腳費銀三分。由州縣交庫，以備解費之用。”

【解費】

即運費。此稱清代已行用。《湖廣通志·長沙府·潘之楫》：“詳請民收官解，每糧一石，徵銀二分六厘爲解費，民便之。”

道費

路費。《續資治通鑑長編·宋神宗元豐六年》：“聽蠻人二百九十四輸所貢兵械於思立寨，

本州支給賞賜及其道費。”宋翟繁《孫繁重刊翟氏公巽埋銘》：“軍士以事遠適者，必計道費，具藥物，審視遣之。”

【盤纏】

即路費。此稱宋代已行用。《宋史·兵志七》：“並依本府押送逃軍法，請於合破口券等外，更量支盤纏。詔每人支盤纏錢三百，衲襖一領。”元關漢卿《竇娥冤》第一折：“小生待上朝取應去。爭奈欠少盤纏。”《長生殿·彈詞》：“老漢來到江南地方，盤纏都使盡了。只得抱着這面琵琶，唱個曲兒糊口。”《狄公案》第四回：“我是單身過客，想在這鎮上做兩日生意，得點盤纏，若有單房最好。”

【盤費】

即路費。此稱宋代已行用。宋徐夢莘《三朝北盟會編》卷九八：“除虞部郎中，特賜金綺，厚支盤費，令燕人歸。”元高明《琵琶記·拐兒紿誤》：“這些碎銀，送與鄉親路上做盤費。”《大唐三藏取經詩話》：“更蒙珠米充盤費，願取經回報答恩。”明王恕《議御史馮玘圖治奏狀》：“土官衙門設在極邊地方，襲替往回，動經萬里，中間貧富不一，盤費艱難。”

【果足】

即路費。此稱元代已行用。《五代史平話·五代漢史平話》卷上：“知遠見說，人急計生，收拾些果足，待往太原府去投軍。”

【川資】

即路費。此稱清代已行用。《北東園筆錄四編·金陵曹氏》：“江寧曹某，少年隨父赴浙江，投親不遇，父沒於途，曹流爲乞丐。逢人痛哭，求給川資負父骸歸里。”《痴人說夢記》第二九回：“原來二人到湖北接賈希仙家眷，來回的川

資，都在裏面，因洋錢帶得不便，兌了十兩赤金來的，這一失落，不是大受其窘嗎？"《官場現形記》第五六回："老弟幾時動身？大約要多少川資？我這裏來拿就是了。"

【川費】

即路費。此稱清代已行用。《乾隆南巡記》第一〇回："小弟偶然經過貴境，缺少川費，故而略呈技藝，欲求各位見助一二，濟我窮乏之極，不意貴鎮雖大，並無好義之人，若以小弟拳技荒疏，不足觀賞，何妨請哪位兄臺，同弟一角，俾得領教何如？"《鄰女語》第七回："沈道臺思量打點川費，暫時逃往別處避禍。"

【路用】

即路費。此稱清代已行用。《飛龍全傳》第六回："這是黃金一百兩，白銀一千兩，些許薄物，聊作路用之資。你可一總兒收了。"《聊齋志異·阿纖》："君勿憚勞，先以尊乘運一囊去，叩門而告之，但道南村中古姥有數石粟，糶作路用，煩驅蹄躈一致之也。"《歧路燈》第七二回："外與盤費錢四千文，以充路用。"

賃

雇人做活，也指受雇人所獲得的報酬。《晏子春秋·內篇·雜上第五》："景公之時饑，晏子請爲民發粟，公不許。當爲路寢之臺，晏子令吏重其賃，遠其兆，徐其日而不趨，三年臺成而民振。"

【傭】

即賃。此稱唐代已行用。《舊唐書·食貨志下》："凡三年，運七百萬石，省陸運之傭四十萬貫。"又："晏始以鹽利爲漕傭，自江淮至渭橋，率十萬斛傭七千緡。"宋呂大防《上神宗答詔論彗星上三說九宜》："免役錢本率衆以給傭，

公家無所利其入。"

【傭錢】

即賃。此稱唐代已行用。《舊唐書·食貨志下》："舊制：東都含嘉倉積江淮之米，載以大輿而西至於陝，三百里率兩斛計傭錢十。此耀卿所省之數也。"《新唐書·令狐楚傳》："方營景陵，詔楚爲使，而親吏韋正牧、奉天令于皋等不償傭錢十五萬緡，楚獻以爲羨餘。怨訴繫路。"《宋史·食貨志上六》："兼官舊給傭錢，以募戶長及立保甲，則儲傭錢以助經費。"《明史·鍾羽正傳》："九邊壯士，日夜荷戈寢甲，弗獲一飽；慶陵工卒，負重乘高，暴炎風赤日中，求傭錢不得而獨內官。"

【傭直】

即賃。直，通"值"，即錢。此稱唐代已行用。《舊唐書·韋堅傳》："仍委韋堅具名錄奏，應役人夫等，雖各酬傭直，終使役日多。"《宋史·石守信傳》："募民輦瓦木，驅迫甚急，而傭直不給，人多苦之。"

貰錢

租金。元王惲《李擇善甫貰錢詩卷》："營營市井逐錐刀，戈戟相尋較一毫。焚券貰錢如棄屣，丘陵宜並泰山高。"《二刻拍案驚奇》卷二八："若是別件動用物事，又說道借用就還的，隨你奢遮寶貝，也用不得許多貰錢？"清彭孫遹《再次前韻·竹林舊墅久榛蕪》："薄俸已知營酒債，春衣還肯貰錢無。"

僦

原指租車、船、驢馬、房子，也指租車船、驢馬、房子所花費用或出租所得租金。《商子·墾令》："今送糧無取僦，無得反庸，車牛輿重，設必當名。然則往速來疾，則業不敗，

農業不敗，農則草必墾矣。"《後漢書·虞詡傳》："先是，運道艱險，舟車不通，驢馬負載，傭五致一。詡乃自將吏士，案行川谷，由沮至下辯數十里，皆燒石翦木，開漕船道，以人傭直雇借傭者。於是水運通利，歲省四千餘萬。"《南齊書·顧憲之傳》："尋始立牛埭之意，非苟逼傭以納税也，當以風濤迅險，人力不捷，屢致膠溺，濟急利物耳。既公私是樂，所以輸直無怨。"

【傭錢】

即傭。此稱宋代已行用。宋王安中《故贈昭化軍節度使楊應詢神道碑》："計司以邊食之乏，移粟於滄。公疏摘其謬，以雄一州，須十萬斛，科車括船，三年乃畢，豈惟民勞，而水陸傭費二萬一千餘緡，概之諸州，十倍此數。請均傭錢，增價以糴。詔立罷運。"《宋史·李用和傳》："病革，帝入見，卧內擢其次子珣爲閤門使，賜所居第，并日給官舍傭錢五千。"

【傭費】

即傭。租車船、驢馬的花費，因爲租車船、驢馬一般用來運輸，所以傭費一般即指運費。此稱漢代已行用。《史記·平準書》："弘羊以諸官各自市相與爭，物故騰躍，而天下賦輸，或不償其傭費。"司馬貞索隱引服虔曰："傭言所輸物不足償其雇載之費也。"宋孫洙《澶州靈津廟碑》："物或闕，供皆厚價；和市材，須徒運，皆官給傭費。"宋王安中《故贈昭化軍節度使楊應詢神道碑》："計司以邊食之乏，移粟於滄。公疏摘其謬，以雄一州，須十萬斛，科車括船，

三年乃畢，豈惟民勞，而水陸傭費二萬一千餘緡，概之諸州，十倍此數。請均傭錢，增價以糴。詔立罷運。"《湖廣通志·黄州府·劉采》："凡運艦至，計道里遠邇，分定便庾，以省諸傭費，戒主計者，剔室一切收蠹孔。"

【傭直】

即傭。此稱漢代已行用。《漢書·田延年傳》："初，大司農取民牛車三萬兩爲傭，載沙便橋下，送致方上。車直千錢。延年上簿，詐增傭直，車二千，凡六千萬，盜取其半。"《後漢書·虞詡傳》："先是，運道艱險，舟車不通，驢馬負載，傭五致一。詡乃自將吏士，案行川谷，由沮至下辯數十里，皆燒石翦木，開漕船道，以人傭直雇借傭者。於是水運通利，歲省四千餘萬。"《宋史·食貨志上五》："於官户、寺觀、單丁、女户，有屋產，月收傭直可及十五千，莊田中熟，所收及百石以上者，並隨貧富以差，出助役錢。"

匯水

在銀行或郵局匯款，按比例付的手續費。《糊塗世界》第五回："女的道：'銀子想已匯出去了。'曹來蘇道：'貴州匯水太重，我是自己帶着他。'"《人海潮》第三〇回："在那邊賺兩百塊一月，合上海銀元祇一百四十元，匯到上海來，一百塊錢匯水要十多塊錢，那便不合算了。"鄭觀應《盛世危言·銀行上》："提單票來自遠方，見票一二月利息連匯水統收，其未到期還銀者，回頭息祇付一半，其獲利之可知者五也。"

第二節　借貸考

借貸，後世指借方與貸方。在古代，"借"與"貸"爲同義詞。借貸最初是由於生活的艱辛和經商的需求而產生的。隨着社會的進步和經濟的發展，借貸關係越來越廣泛，越來越深入，規模也越來越大。不僅存在官方的借貸，民間的借貸亦較繁盛。借貸關係深入社會的各個階層，範圍和規模不斷擴大，制度不斷完善，在一定程度上影響了封建體制的運行。

有關借貸關係的記載早在春秋戰國時期已經出現。《廣雅·釋詁二》："貸，借也。"可以指"借入"一方。《左傳·文公十四年》："盡其家，貸于公，有司以繼之。"杜預注："家財盡，從公及國之有司富者貸。"《史記·平津侯主父列傳》："家貧，假貸無所得。"宋陸游《秋曉》詩："貸米未回愁竈冷，讀書有課待窗明。"亦可指"借出"一方。《左傳·昭公三年》："以家量貸，而以公量收之。"《遼史·食貨志上》："年穀不登，發倉以貸。"

借貸首先需要本錢。《説文·木部》："本，木下曰本。"本義爲植物的根部。《詩·大雅·蕩》："枝葉未有害，本實先撥。"《吕氏春秋·辯土》："是以晦廣以平，則不喪本。"高誘注："本，根也。"後引申指母金、本錢。唐韓愈《柳子厚墓誌銘》："其俗以男女質錢，約不時贖，子本相侔，則没爲奴婢。"元馬致遠《青衫淚》第一折："稍似間有些錢，抵死裏無多債，權做這場折本買賣。"用以經商或借貸的本錢亦可稱爲"母錢"。本錢爲母，利錢爲子。唐柳宗元《道州文宣王廟碑》："權其子母，贏而不竭。"舊注："母謂本，子謂利。"清顧炎武《天下郡國利病書·福建三鹽法》："故子錢所入，恒倍其母。"

晋代開本錢之先河，稱之爲"母錢"。晋干寶《搜神記》卷一三："南方有蟲……取其子，母即飛來，不以遠近。雖潜取其子，母必知處。以母血塗錢八十一文，以子血塗錢八十一文，每市物，或先用母錢，或先用子錢，皆復飛歸，輪轉無已。"後因以"母錢"指用來增殖的本錢。"本錢"（唐韓愈《處州孔子廟碑》），唐代至清代都非常流行這種稱呼。有的還叫作"本金""本資"。又有"錢本"（宋蘇軾《相度準備賑濟第二狀》）、"資本"（宋何薳《春渚紀聞·蘇劉互譃》）、"財本"（《綠窗新話·郭華買脂慕粉郎》）、"貨本"（《醒世恒言·徐老僕義憤成家》）、"本銀"（《警世通言·桂員外途窮懺悔》）、"本鈿"（甬劇《兩兄弟》）、"本頭錢"（湘劇《醉打山門》）等諸多叫法名目，可以看出社會的發展對本錢的影響之大。

在本錢基礎上產生借貸，利息應運而生。有本錢就有息，有母就有子。因此 "母子錢" 即本息，有本有利。不同的朝代對本息的稱呼也不一樣。息即去除本金以外所增加的利錢。漢代亦稱收取的利息爲 "受息" "貸子"。《漢書·食貨志下》："計所得受息，毋過歲什一。" 至唐時，或稱 "息利" "子錢"。宋代有稱 "利息" 爲 "子利" "利蘇"。明代 "利息" 還被稱作 "利錢" "花息" "債利"。近代亦稱 "息金"。茅盾《林家鋪子》："他早就估量到壽生一定是今天回來，而且是從栗市——收賬程式中預定的最後一處……都來預支息金；不但支息金，還想拔提一點存款呢。" 這些都説明，隨着時代的演進，對貨幣利息的稱呼也是不斷改變的。

唐代，國勢强大，經濟繁榮，放貸出舉，在短期内就能贏得厚利。因此，各代官府和貴族、官僚、商人、地主等，有不少人從事各種形式的舉貸營利活動。唐代官府以公廨本錢的名義放貸，攫取巨額利息。《新唐書·食貨志》記載："天下置公廨本錢，以典史主之，收贏十之七，以供佐史以下不賦粟者常食，餘爲百官俸料。" 據推算，開元十一年至十六年，全國州縣公廨本錢總數 "在一百萬貫左右"；唐官府出舉的公廨本錢的月利率很高，利息收入豐厚，是供給京内外官吏食料和俸祿的重要財產。唐朝貴族官僚用私錢舉貸取利，而商人地主則以放債取息。商人不僅在城鎮用私錢廣開質庫錢櫃，放債收利。隨着商業的發達，長安、揚州、益州、廣州的不少大商人憑藉雄厚的經濟財富在都市開設質庫，進行高利貸活動。

高利貸資本的活動形式大致可分爲兩類：一是抵押借貸，一是信用借貸。抵押物諸如衣物、首飾、穀物等，也有不動産，如房屋、土地等，甚至有拿人身抵押的。清林雲銘《挹奎樓遺稿》："徽民有資産者，多商於外。其在籍之人，强半貧無卓錐，往往有揭其蔽衣殘褲，暫質升合之米，以爲晨炊計者，最爲可憐。然巨典高門，錙銖弗屑，於是有短押小鋪，專收此等窮人微物，或以錢押，或以酒米押，隨質隨贖。" 可見當時典當業的旺盛。高利貸使用面廣，不僅有貧窮的農民和小手工業者，也有士兵、商人、地主，甚至有官員。對於下層百姓而言，在一切都很正常的生活條件下，維持簡單的生活都十分不易，沉重的租税和差役，使他們連最起碼的生活都難以維持，不得不靠借高利貸而活。明高拱《覆給事中戴鳳翔論巡撫海瑞書》記載："江南之民，其財易耗，耕桑之本，匪借不給；公私之用，匪借不周。故或資以贍口食；或資以足錢糧，是借貸之相濟亦久矣。" 商人在進行商業活動時，爲了擴大經營範圍，也往往借以高利貸。《明太宗實錄》卷二四載："〔山東諸城〕商人本錢未必皆其所有，有先捐數倍之利告假於富室。"明中葉以後，由於明王朝日益腐朽，吏治敗壞，賄賂公行，買官需要錢；當官以後，爲巴結上司和拉攏各方面的權勢人物也要錢；連新考中還未授官的進士，爲了酬謝座師同年，以及賞賜僕從與人，也處處要錢。故民衆往往以自己的信用借貸，而且相效成風，越來越講排場，花費也就越來越多。有些人一時無法籌措，就不得不借貸，這叫"放官吏債"，又叫"放京債"。

借貸，特別是高利貸，對封建社會產生了重要影響。高利貸的名稱日見繁多，如"子錢"（《史記・貨殖列傳》）、"京債"（《舊唐書・武宗本紀》）、"印頭錢"（明徐復祚《一文錢》）、"羊羔利"（元關漢卿《救風塵》）、"爺死錢"（元無名氏《冤家債主》）等，足見其影響與程度。一方面，廣泛的舉貸活動適應了商品經濟和貨幣關係發展的需要，逐漸削弱了封建人身隸屬關係的束縛，調動了小生產者的積極性，這是封建社會經濟文化空前繁榮的基礎之一。另一方面，高利貸剝削加速了小生產者的破產，激化了社會矛盾，使官私債務問題成爲一個嚴重的社會問題。《說文新附・人部》："債，債負也。"《史記・孟嘗君列傳》："問左右何人可使收債於薛者。"唐杜甫《曲江》詩之二："酒債尋常行處有，人生七十古來稀。"亦可指借貸關係。《管子・問》："邑之貧人債而食者幾何家？"尹知章注："債而食，謂從富者出息以供食。"

到了明朝，高利貸更加盛行，使得社會矛盾不斷激化，小生產者處境更加惡劣；但同時高利貸保證了生產的連續性，使得農民在青黃不接時能够度過難關。此外，它促進了明朝工商業的發展。明朝的徽商利用高利貸資本到處做生意，許多人因此而發財致富，由此促進了明朝商業的發展。有些以高利貸起家者聚積大量資本後，也往往投資於工商業，如明末常熟大地主、大資本家毛晉開即辦印書工廠。當然這種促進作用是有局限性的。商人因有利可圖往往以利爲目的，始終未能脫離中介、投機的性質，很少有機會將他們的資本直接投入於擴大再生產，從而影響了明代工商業的進一步發展。清朝前期，在一些商品經濟比較發達的地區，許多農民的借貸已經具有了商業性質。江南地區的棉紡織和蠶桑的商品生產有很大發展，許多農民就利用典當進行米、麥、棉、絲、豆等實物的質當，等到高價時再賣出，無疑具有經營活動的性質。

因此，本錢和利息隨着時代的發展而發展，同時也深刻地影響着時代的發展。本息在一定程度上反映了社會關係的情況。剝削被剝削的關係一般都能在金錢的往來中看出端倪，尤其是在借貸過程中本息的合理性上。不合理的息金說明社會的不合理程度之深。例如宋范祖禹《帝學》：“富民乘貧者乏無乏之際，出息錢以貸之，俟其收穫，責以穀麥。”明黃宗羲《明文海》：“治世之所不免今也，禁其貸償而官與之，貸償以利其息錢之入民，孰皆不雇募而自役哉？”利息與本錢的差距越大，剝削程度越高，百姓的苦難越深，很多百姓還得起本錢，却一輩子困苦在利息中。他們賣兒鬻女，很多情況下就是爲了償還債主的利息，這也是百姓苦難的根源之一，社會矛盾由此激化。

當然，社會的發展在一定程度上離不開借貸關係。剝削和貧困是不合理借貸關係的產物，祇要進行合理的引導和鼓勵，借貸關係就能健康發展，社會上的閑餘資金也能正確地利用起來，從而增加社會財富，繁榮經濟。

息錢

利息和本錢。《史記‧孟嘗君列傳》：“邑入不足以奉賓客，故出息錢於薛。”《後漢書‧陳重傳》：“有同署郎負息錢數十萬，責主日至，詭求無已，重乃密以錢代還。郎後覺知而厚辭謝之。”《舊唐書‧沈傳師傳》：“當今關輔大病，皆爲百司息錢，傷人破產，積於府縣。實思改革，以正本源。”《新唐書‧食貨志》：“十五年復置公廨本錢，以諸司令史主之，號‘捉錢令史’。每司九人，補於吏部，所主才五萬錢以下，市肆販易，月納息錢四千，歲滿受官。”《宋史‧真宗本紀》：“戊辰，詔誘人子弟析家產或潛舉息錢輒壞墳域者，令所在擒捕流配。”《宋史‧選舉志》：“歲賜緡錢至二萬五千，又取州縣田租屋課，息錢之類增爲學費。”《元史‧成宗本紀》：“辛丑，辰星犯牽牛，罷徐、邳爐冶所進息錢。”清《御定孝經衍義》卷三七：“民取息錢者，告富人縱予之，而待熟，官爲責其償。”唐代亦稱“息債”。唐李德裕《會昌一品集》卷一二：“又赴選官人多京債，到任填還，致其貪求，罔不由此。今年三銓，

於前件州府得官者，許連狀相保，戶部各借兩月加給料錢，至支給時除下。所冀初官到任，不帶息債，衣食稍足，可責清廉。”唐陸贄《均節賦稅恤百姓六條》：“每遇災荒，即以賑給，小歉則隨事借貸，大饑則錄奏分頒，許從便宜，務使周濟，循環斂散，遂以爲常。如此，則蓄財息債者，不能耗吾人；聚穀幸災者，無以牟大利。”亦有有息貸款的意思。《史記‧孟嘗君列傳》：“馮驩曰：‘諸辭行至薛，召取孟嘗君錢者，皆會得息錢十萬，乃多釀酒買肥牛，召諸取錢者，能與息者皆來。’”《新唐書‧宇文融傳》：“歲餘司農發融在汴州，紿隱官息錢巨萬，給事中馮紹烈深文推證，詔流於巖州。”宋范祖禹《帝學》：“富民乘貧者乏，無乏之際出息錢以貸之，俟其收穫責。”明黃宗羲《明文海》：“治世之所不免今也，禁其貸償而官與之，貸償以利其息錢之入民，孰皆不雇募而自役哉？”

【息債】

即息錢。此稱唐代已行用。見該文。

【子本】

即息錢。此稱唐代已行用。唐韓愈《柳子

厚墓志銘》："其俗以男女質錢，約不時贖，子本相侔，則没爲奴婢。"唐元稹《估客樂》詩："子本頻蕃息，貨販日兼併。"宋葉適《黃子耕墓志銘》："又別造安濟坊，以居病囚。凡此皆自有子本，使後不廢。"

【子母錢】

即息錢。猶言本利。子，利息；母，本金，即青蚨錢。此稱晉代已行用。晉干寶《搜神記》卷一三："南方有蟲……取其子，母即飛來，不以遠近。雖潛取其子，母必知處。以母血塗錢八十一文，以子血塗錢八十一文，每市物，或先用母錢，或先用子錢，皆復飛歸，輪轉無已。"唐許渾《贈王山人》詩："君臣藥在寧憂病，子母錢成豈患貧。"清惜秋旅生《維新夢·建路》："犀牙運費貴，螺貝郵資賤。多收子母錢，多收子母錢。"《萬花樓》："一住七年，是時西夏元昊興起，屢屢犯邊，老祖知武曲星的狄青報效國家的時候已到，就令其下山並賜子母錢，狄青雖不忍下山，但因思念母親也就聽從師命。"

本錢

用以辦事和營利、生息、賭博和增殖的錢財。晉代開本錢之先河，稱之爲"母錢"。晉干寶《搜神記》卷一三："南方有蟲……取其子，母即飛來，不以遠近。雖潛取其子，母必知處。以母血塗錢八十一文，以子血塗錢八十一文，每市物，或先用母錢，或先用子錢，皆復飛歸，輪轉無已。"後因以"母錢"指用來增殖的本錢。《舊唐書·德宗本紀》："江陵成都揚汴蘇洪等州署常平輕重，本錢上至百萬貫，下至十萬貫。"又《宣宗本紀》下："户部侍郎兼御史大夫判度支崔龜從奏應諸司場院官，請却

官本錢後，或有欺隱欠負徵理須足不得苟從恩蕩，以求放免。"宋吕中《宋大事記講義》卷一一："天聖元年三月，行貼射茶法。初，茶法屢更，然不能無弊。上詔二府大臣經度，乃命李諮更定其法，請罷三說法，官不給本錢，使商人與園户自相交易。"兩晉時，亦稱"貨本"。《晉書·食貨志》："至魏武爲相，於是罷之，還用五銖。是時不鑄錢既久，貨本不多，又更無增益，故穀賤無已。及黃初二年，魏文帝罷五銖錢，使百姓以穀帛爲市。"唐代亦稱"錢本"。《舊唐書·趙涓傳》："天寶十三載，敕鉛銅錫不許私家買賣貨易，蓋防私鑄錢本，亦不言燒鉛爲丹。"宋代亦稱"貲本"。貲，通"資"。宋陸游《渭南文集》卷二一："然出游三十年，蹭蹬不偶，異時知已零落且盡家貲本不薄。載叔常糞壤視之。"明祝允明《懷星堂集》卷一九："其業主總商賈貲本散之機杼家，而斂其端匹以歸於商計。"亦稱"財本"。宋袁采《袁氏世範》卷下："守幹人有貸財本興販者，須擇其淳厚愛惜家累方可付托蓋中産之。"明蔡清《虛齋集》卷一："蓋朝廷養兵本以制敵，而今多役於權要之門。朝廷給財本以養兵，而今多落於權要之手。"明時亦稱"本銀"。《明史·食貨志》："兩京銅價大高鑄錢，得不償費。宜采雲南銅運至岳州，鼓鑄費工本銀三十九萬，可得錢六千五百萬文，直銀九十三萬餘兩。"清宋犖《西陂類稿》卷三八："地方土豪率多串勾旗棍，乘其阽危索取重利，本銀則七折八折，利息則九分十分，或計日以加增，或按月而滾。"地方戲劇中亦稱"本鈿""本頭錢"。明曹漢昌《岳傳》第三一回："等到隊伍禮好，何元慶想，我剛剛弄得狼狽不堪，現在碰着了救兵，象做生意一

樣，又添了一批本鈿，我要擺點威風給岳飛看看。"五場山歌劇《魂斷六合彩》："強：〔唱〕先還大哥本頭錢，請他包涵莫怨言。再請父親家中住，安安樂樂享晚年。"省稱"本頭"。李準《不能走那條路》："有兩家中農雖然買得起，但也常常説自己窮，打量他們也不敢動這大本頭。"

【母錢】

即本錢。此稱晉代已行用。見該文。

【貨本】

即本錢。此稱晉代已行用。見該文。

【錢本】

即本錢。此稱唐代已行用。見該文。

【貲本】

即本錢。此稱宋代已行用。見該文。

【財本】

即本錢。此稱宋代已行用。見該文。

【本銀】

即本錢。此稱明代已行用。見該文。

【本鈿】

即本錢。此稱明代已行用。見該文。

【本頭錢】

即本錢。此稱近代方行用。見該文。

【本頭】

即本錢。此稱近代方行用。見該文。

血本

用來賺取利息的本錢。清《世宗憲皇帝硃批諭旨》卷四三上："其三十餘斤鴉片，若係犯法之物，即不應寬釋。既不違禁，何故貯存藩庫？此皆小民貿易血本，豈可將錯就錯，奪其生計？"清李漁《資治新書》卷一二："使民既喪血本，復以衙役索詐。"

【肉裏錢】

即血本。猶言心血錢，老本。《二刻拍案驚奇》卷八："到得贏骰過了，輸骰齊到，不知不覺的弄個罄净，却多是自家肉裏錢，旁邊的人不曾幫了他一文。所以只是輸的多，贏的少。"《何典》第五回："也有陪他賭心錢的，也有請他吃……誰知你枉做了漢子家，只曉得吃死飯，又不會賺些活路錢歸來養老婆囝大細，反要挖出肉裏錢去大擲大賭的輸落。"張國良評話《三國·火燒赤壁》第九回："是我的肉裏錢，怎麼也扔了呢！但是丟也丟了，又收不回來的，更不能向都督説明，只好摳心剜肉，自認倒楣。這筆進帳連諸葛亮都沒有算到，抬曹家的金銀還要收孫家的小費，那是萬萬沒有想到的。"

本資

糧食、布帛等基本生活資料。《管子·八觀》："本資少而末用多者，侈國之俗也。"尹知章注："本資，謂穀、帛。"

工本

製造器物所使用的成本。宋李心傳《建炎以來繫年要録》卷一六四："丁未，鎮江府駐扎御前諸軍都統制劉寶乞令民户識認軍莊營田者，每畝賞開耕工本錢五千五百。"《明史·食貨四·鹽法》："十三年給事中管懷理言：'……嘗考祖宗時，商人中鹽納價甚輕，而竈户煎鹽工本甚厚，今鹽價十倍於前，而工本不能十一，何以禁私鹽使不行也？'"清《欽定平定金川方略》卷二三："是日上又命軍機大臣等傳諭經略，大學士傅恒曰：'軍營所鑄二千餘斤銅砲，撤兵之後既未便委之番境，而崇山峻嶺運回亦覺艱難。不若鎔化銅斤，載歸四川省城。以供鼓鑄，搭放兵餉，縱少損工本，而化無用爲有用。"清藍鼎元《覆制軍論築城書》："蓋必粗沙如豆米顆粒及山間實土，方可和灰，非此處細粉沙泥可用，則工本浩大，與砌磚爲城相去無幾。"

子錢[1]

古錢幣術語。以母錢翻砂大批澆鑄出來的銅錢或鐵錢。一般正用品及傳世品均係"子錢"。亦指貸給他人取息之錢，猶高利貸。《新唐書・杜兼傳》："初，度支度六宮殯錢移司農司農，季一出付吏大吏，盡舉所給。於人權其子錢以給之。"《宋史・賀鑄傳》："家貧，貸子錢自給，有負者輒折券與之，秋毫不以丐人。"宋熊克《中興小紀》卷四〇："上念出戍官兵之勞，特捐内帑錢七萬緡，分犒其家。殿中侍御史杜莘老言：'諸軍負回，易子錢甚夥。'"《元史・塔本傳》："塔本始至，户止七百，不一二年，乃至萬户。出己馬以寬驛人，貸廉吏銀，其子錢不能償者，焚其券。"《元史・孔思晦傳》："三氏學舊有田三千畝，占於豪民。子思書院舊有營運錢萬緡，貸於民取子錢，以供祭祀。久之，民不輸子錢，並負其本。思晦皆理而復之。"《明史・孫忠傳》："忠家奴貸子錢於濱州民，規利數倍，有司望風奉行，民不堪，訴諸朝，言官交章劾之。命執家奴戍邊，忠不問。"

京債

一種高利貸，指京中的高利貸者放債給在京的新選官吏，待其到任後歸還。新任命的外官赴任前在京借的高利貸，主要用於置辦行裝等。始於唐朝。《舊唐書・武宗本紀》："又赴選官人多京債，到任填還，致其貪求，罔不由此。"《續資治通鑑長編・宋仁宗慶曆元年》：

"詔京朝官使臣選人久待闕京師，而近制不得取京債，廉士或至貧窶，不能自給。自今受差遣出外，聽私借錢五十千。"明王世貞《弇山堂別集・中官考五》："冬十一月，命給事中張繪、御史房瀛等查盤兩直隷各省錢糧。先是諸司官朝覲，至京，畏瑾虐焰，恐罹禍，各斂銀賂之。每省至二萬兩，往往貸於京師富豪。復任之日，取官庫貯倍償之，名曰：'京債'。"明胡世寧《胡端敏奏議》卷九："犍牛一隻，用銀二十餘兩；母牛一隻，用銀一十二兩；原牛不過賣銀一二兩，牛户只得揭借京債，重包利息。"《聖祖仁皇帝聖訓・康熙二十六年十月辛未》："又漢軍外官赴任，每借京債飾置行裝，且多帶家人爲伊等謀給衣食。勢必苛取於民，以資用度。親朋債主往往在任所，請托需索，是官雖一人，實數人爲之。以致朘削小民，民何以堪。"《清八旗通志》卷首之八："又漢軍外官赴任，每借京債，整飾行裝，務極奇麗，且多携僕從。致債主抵任，索逋復謀贍僕從衣食，勢必苛斂於民，以資用度。"亦稱"官吏債"。《世宗憲皇帝諭行旗務奏議》卷一："不耐催逼。又恐日久則利愈重，因將正帑那移償還以致錢糧虧空者，往往有之。仰請嗣後將借官吏債，及遣人到任所索債之事永行禁止等語。"

【官吏債】

即京債。此稱清代已行用。見該文。

印子錢

分期償還本息的一種高利貸形式。放債人發放貸款，本息到期一起計算，借款人分期歸還。放債人與借債人簽訂借約，稱折子。借債人每償還一期本息，放債人在折子上加蓋一印記，故名"印子錢"。明方以智《通雅・事制》：

《史記》與《錢通》，今放印子錢也。"清《世宗憲皇帝上諭》内閣卷五八："順承郡王錫保等折奏，賈富成私買甲米放印子錢，應交部治罪。"清湯斌《嚴禁營債盤剝重利以除民害告諭》："又有印子錢，名色通計本利，逐日抽取二分，公然開店鋪勾引鄉愚小民，一時費用無出。"清于成龍《興利除弊條約》："但地方無籍奸徒影射旗勢，或串同苦獨力營廝，狐假虎威，狼狽作奸，違禁取利及印子錢名色，盤算估折，稍不遂意，鞭撻橫加，小民無可如何，殊干法紀，今後如有此等奸徒，借旗盤債行凶虐民，即行呈報以憑，會同將軍嚴審。"清張燾《津門雜記·打印子》："印子錢者，晉人放債之名目也。每日登門索逋、還訖，蓋以印記，以是得名。"亦稱"印頭錢"。明陳與郊《袁氏義犬》第一齣："〔生〕不如張著大眼，開着闊口，尋個州縣退下積年書手，與他算計，揀某件事、某個人，上他娘一本。小吃虧，小便宜，大吃虧，大便宜。這是一生受用不盡的，比放印頭錢，還有利息哩。〔丑〕妙哉妙哉！我就去上本。〔生〕且住！我幾乎教差了。你開口便要便宜，必須有利無害才做哩。我且問你：你若論事，還是要緊的不要緊？論人，還是好人是不好人……"明徐復祚《一文錢》第一齣："今日閑暇無事，不免叫掌家出來，與他算些印頭錢。金穴錢山何在？〔内應〕收印錢去了。〔生〕既不在家，且坐坐待他回來。我想做人家千難萬難，比如我一錢不使，辛勤四十餘年，纔攢得這些家資，尚不滿千萬。"

【印頭錢】

即印子錢。此稱明代已行用。見該文。

【印錢】

"印子錢"之省稱。此稱清代已行用。清《世宗憲皇帝硃批諭旨》卷七〇："將軍令旗下官兵買備官馬，定價十九兩、二十兩不等，以致官兵嗟怨。又旗廝私放印錢，重利盤剝，民多怨累。"《小豆棚》卷一："抵京師，無所事。有賣布放印錢者，多山東人，薛與識，代其奔走勢。陝人梅某寓張相公廟，設局放錢，操印子者皆假梅以歸其息。"

合子錢

一本一利，即本利相等。元秦簡夫《東堂老》第三折："如今我要做買賣，無本錢，我各扎邦便覓合子錢。"《簪花髻》："我拿你的詩字去挖扎幫地覓個合子錢，今番若寫得好，有利息，我便與你做個主顧兒。"《明珠緣》："況且利錢又重，三月不還，就要轉頭，將近是個對合子錢。到是有好絨，我却要買件做衣服哩。"亦稱"合子利錢"。《三寶太監西洋記》："番王道：'若得他轉世，倒還是對合子利錢。'"《醒世姻緣傳》第三三回："但凡人家有賣甚麼柳樹、棗樹的，買了來，叫解匠鋸成薄板，叫木匠合了棺材，賣與小戶貧家，殯埋亡者，人說有合子利錢。"

【合子利錢】

即合子錢。此稱明代已行用。見該文。

羊羔利

元代盛行的一種高利貸。羊產羔時可本利對收，故名。《元史·史天澤傳》："時政煩賦重，貸錢於西北賈人以代輸，累倍其息，謂之羊羔利，民不能給。"元蘇天爵《元名臣事略》卷五："及所在官吏取借回鶻債銀，周年則倍之，次年則並息又倍之，謂之羊羔利。積而不已，往往破家散族至以妻子爲質，終不能償。"《元史・汪世顯傳》："甲午春正月，蔡破金主，自經死，天澤還真定時，政煩賦重貸錢於西北賈人以代輸，累倍其息，謂之羊羔利。"亦稱"羊羔息""羊羔兒利"。《元史・太宗本紀》："官民貸回鶻金償官者，歲加倍，名羊羔息。"清徐乾學《資治通鑑後編》卷一四二："蒙古官民貸回鶻金償官者歲加倍，名羊羔息。其害爲甚是。"《元史・耶律楚材傳》："先是，州郡長吏多借賈人銀以償官，息累數倍，曰羊羔兒利，至奴其妻子，猶不足償。楚材奏令本利相侔而止，永爲定制，民間所負者，官爲代償之。"

【羊羔息】

即羊羔利。此稱元代已行用。見該文。

【羊羔兒利】

即羊羔利。此稱元代已行用。見該文。

營債

封建時代軍營中一種高利貸。《宋史・兵志七》："其弊有六：一曰上下率斂，二曰舉放營債，三曰聚集賭博，四曰差使不均，五曰防送過遠，六曰單身無火。"清《世宗憲皇帝聖訓》卷一七："八月甲辰上諭兵部，凡兵丁等承應官差，養贍家口，專於糧餉是賴，乃有射利之鋪戶土豪人等交結隊目，廣放營債以取重利。兵丁墮其術中，借銀到手隨意花費，及至領餉之時不足以飽債主之溪壑，此實兵丁等暗中耗費以致窘乏之由也。"

利潤

盈利，利益。《魏書・高閭傳》："大魏應期紹祚，照臨萬方，九服既和，八表咸謐。二聖欽明文思，道冠百代，動遵禮式，稽考舊章，準百王不易之勝法，述前聖利世之高軌，置立鄉黨，班宣俸祿，事設令行，於今已久，苛慝不生，上下無怨，奸巧革慮，闚覦絕心，利潤之厚，同於天地。"《舊唐書・代宗本紀》："恐路遠往來增費，各委本道每年取當使諸色雜錢及回易利潤、贓贖錢等，每人計二十貫。"

利息

去除本金以外所增加的利錢。《漢書・谷永傳》："爲人起責，分利受謝。"唐顏師古注："言富賈有錢，假托其名，代之爲主，放與它人，以取利息而共分之。"漢代亦稱收取的利息爲"受息""貸子""息利"。《漢書・食貨志下》："計所得受息，毋過歲什一。"《周禮・天官・小宰》："四曰聽稱責以傅別。"漢鄭玄注引漢鄭衆曰："稱責謂貸子。"賈公彥疏："云責謂貸子者，謂貸而生子者。"漢焦贛《焦氏易林》卷三："中孚：破敝復完，危者得安，鄉善無損，商人有息，利來入門。"《通典・職官典》："百姓一年稅錢依舊令，高戶及典正等掌之，每月收息以充官俸。其後又以稅錢爲之，而罷其息利，凡京文武正官每歲供給俸食等錢總一十五萬三千七百二十貫。"《新唐書・食貨志》："凶荒不遑賑救人，小乏則取息利，大乏則鬻田廬斂獲。"唐代亦稱"子錢"。《新唐書・食貨志》："始詣學，詔宰相、常參官、六軍將軍悉集，京兆設食，內教坊出音樂俳倡侑宴，大臣子弟二百人，朱紫雜然爲附學生，列廡次。又賜錢千萬，取子錢供秩飯。"宋代稱"子利""課頭"。《宋史・高宗紀五》："五州絕户及官田荒廢者甚多，已便宜辟宗綱權屯田，使樊賓副使募人使耕，分收子利，詔以綱爲鎮，撫司措置營田。"宋范仲淹《范文正奏議·治體》："或遇災傷，並令檢災傷官員，依例檢覆的實分數減放子利。"宋王溥《五代會要·考功》："一應申校內外赴選官員考課頭，須具經考，已後課績不得重迭，計功其末考，須具得替年月日，比類升降。"明代還稱作"利錢""花息""債利"。《醒世姻緣傳》第一回："只要一分利錢，本銀足色紋銀，廣法大秤稱兑。"《二刻拍案驚奇》卷一六："此時毛烈若是個有本心的，就該想着出的本錢原輕，收他這幾年花息，便宜。"《二刻拍案驚奇》卷一六："大户人家做中做保，到多是用得他著的，分明是個沒頭髮的牙行。毛家債利出入，好些經他的手，就是做過幾件欺心……"近代亦稱"息金"。

【受息】

即利息。此稱漢代已行用。見該文。

【貸子】

即利息。此稱漢代已行用。見該文。

【息利】

即利息。此稱漢代已行用。見該文。

【子錢】 [2]

即利息。此稱唐代已行用。見該文。

【子利】

即利息。此稱宋代已行用。見該文。

【課頭】

即利息。此稱宋代已行用。見該文。

【利錢】

即利息。此稱明代已行用。見該文。

【花息】

即利息。此稱明代已行用。見該文。

【債利】

即利息。此稱明代已行用。見該文。

【息金】

即利息。此稱近代已行用。見該文。

月息

按月計算的利息。《宋史·食貨志八》："五月，乃詔章惇、曾孝寬即軍器監鞠布所究市易事，又令户房會財賦數，與布所陳異；而吕嘉問亦以雜買務多入月息不覺，皆從公坐有差。"《續資治通鑑長編·宋神宗元豐五年》："新知湖州鄭邱孝直言：'伏見在京置四抵當所，許以金帛質當，見錢月息一分，欲望推行於諸路州縣。其無市易官處，就委場務官兼監，以歲終得息多寡爲賞格。"《元史·盧世榮傳》："國家雖立平準，然無曉規運者，以致鈔法虚弊，諸物踊貴。宜令各路立平準周急庫。輕其月息，以貸貧民。如此，則貸者衆，而本且不失。"《大清律例·户律·錢債》："監臨官吏於所部內舉放錢債典當財物者，即非禁外多取餘利，亦按其所得月息，照將自己貨物散與部民。"亦稱"月利"。《金史·食貨志五》："國朝立法，舉財物者月利不過三分，積久至倍則止。今或不期月而息三倍，願明敕有司舉行舊法。"清《欽定康濟録·臨事之政計二十》："後之君子或挪常平米，或借府庫錢，或貸富豪錢，加其月利以作糴本，給與富商大賈，或差幹吏能員先往豐熟去處循環糴糶。"

【月利】

即月息。此稱金代已行用。見該文。

官本

官府向民户貸款所用的本錢。《舊五代史·唐書·莊宗紀四》："北京及河北先以袄祲未平，配買征馬，如有未請却官本錢，及買馬不逮者，可放免。"宋范仲淹《奏雪滕宗諒張亢》："臣在慶州日，亦借隨軍庫錢，回易得利息二萬餘貫，充隨軍公用支使外，却納足官本。今來宗諒所用錢數物料，必亦是借官本回易所得，將充公用。"《宋史・食貨志八》："元祐元年，内外監督市易及坊場净利錢，許以所入息並罰錢比計，若及官本者，並釋之。"《金史・百官志三》："凡典質物，使、副親評價直，許典七分，月利一分，不及一月者以日計之。經二周年外，又逾月不贖，即聽下架出賣。出帖子作寫質物人姓名，物之名色，金銀等第分兩，及所典年月日錢貫，下架年月之類。若亡失者，收贖日勒合千人，驗元典官本，併合該利息，賠償入官外，更勒庫子，驗典物日上等時估償之，物雖故舊，依新價償。"《元史・食貨志五》："看詳，既有積攢附餘鹽數，據至元五年額鹽，擬合照依天曆元年住煎正額五萬引，不給工本，將上項餘鹽五萬，准作正額，省官本鈔二萬錠，免致亭民重困。"

常平錢

官方預先儲備的供借貸的錢。在青黄不接之時，貸款給貧民。常平，經常進行調節、平衡。《舊唐書・宇文融傳》："今流户大來，王田載理，敉庚之務，瘤瘵所懷。其客户所稅錢，宜均充所在常平倉用，仍許預付價直，任粟麥兼貯。並舊常平錢粟，並委本道判官勾當處置，使斂散及時，務以矜恤。"《續資治通鑑長編・宋仁宗康定元年》："丙戌，詔司農寺以常平錢百萬緡助三司，給軍費。自景祐末不許移用，常平數年間有餘積矣。而兵食不足，故降是詔。"宋熊克《中興小紀》卷二七："宗正丞鄭鬲奏乞，以常平錢於民輸賦，未畢之時悉數和糴。"《宋史・仁宗紀》："八月甲戌，越州水，賜被溺民家錢有差。甲午，詔三司、轉運司毋借常平錢穀。"明程敏政《新安文獻志・行實・宋汪侍郎本傳》："願假常平錢為糴本，使得循環迭濟，又躬勸富民浚築塘堰、大興水利，饑者得食其力，全活甚衆。"清鄭方坤《全閩詩話・宋劉彝》："皇佑三年，以秘書郎來知剡事，連值歲祲，出常平錢糴米以活流民。"《大清盛世雍正四十三年第十二屆科舉考試試題・簡答題三》："蘇轍説：'自熙寧以來，民間出錢免役，又出常平錢。官庫之錢，貫朽而不可校，民間官錢，搜索殆盡。常平錢山積，而無救饑饉。積錢於官，無渲泄之道。'"

青苗錢

官府在青黄未接時發放的農業貸款。《舊唐書・敬宗本紀》："京畿夏青苗錢並放，秋青苗錢每貫放二百文。"《新唐書・食貨一》："大曆元年，詔流民還者，給復二年，田園盡，則授以逃田。天下苗一畝稅錢十五，市輕貨給百官手力課。以國用急，不及秋，方苗青即徵之，號'青苗錢'。又有'地頭錢'，每畝二十。通名為'青苗錢'。"《舊唐書・穆宗本紀》："王仲舒為洪州刺史御史中丞，充江西觀察使。己卯放京兆府，今年夏青苗錢八萬三千五百六十貫，宜委令狐楚。"《宋史・仁宗紀》："冬十月辛未，罷陝西青苗錢。"宋陳均《皇朝編年備要・神宗皇帝》："常平廣惠倉錢，依陝西青苗錢例取。"明林希元《易經存疑》："然弗損之益亦或有不正者，如梁惠王所移特民間之粟，漢桓帝令民鑄錢以賑饑，宋王安石散青苗錢之類如是。"清秦蕙田《五禮同考・凶禮一・荒禮》："神宗本紀：熙寧三年正月，詔諸路散青苗錢，禁抑配。五月詔並邊州郡毋給青苗錢。"

公廨錢

隋初官府用於放債收息的公款。《隋書·食貨志》："但判官本爲牧人，役力理出所部，請於所管户内，計户徵稅，帝從之。先是京官及諸州並給公廨錢，回易取利以給公用。"《新唐書·李泌傳》："帝雖不從，然因是不除諫官，唯用韓皋、歸登。泌因收其公廨錢，令二人寓食中書舍人署。凡三年，始以韋綬、梁肅爲左右補闕。"《舊唐書·玄宗本紀上》："十年春正月丁巳，幸東都。甲子，省王公已下視品官參佐及京三品已上官伏身職員。乙丑，停天下公廨錢，其官人料以稅户錢充，每月准舊分例數給。"《舊五代史·唐書·明宗紀一》："中書門下上言：''……州使公廨錢物，先被租庸院管繫，今據數却還州府，州府不得科率百姓。'"宋真德秀《西山文集·明道先生書堂記》："初，公又痛以廉儉自約飭，凡例所當得公廨錢悉輸之官。到罷挈家，當計庸受直，亦不取。"

逋城錢

欠交的修補城池的錢財。《通志·南齊紀·武帝》："癸酉詔免逋城錢，自今以後，申明舊制。初，晋、宋舊制，受官二十日，輒送修城錢二千。"元胡一桂《史纂通要·齊》："武帝頤當雲雷伊始，功參佐命，頗歷艱難，故其即政之明日，首免逋城錢，革宋氏之弊政，中外欣悦。"

官欠

欠官府的錢財。《通典·食貨十》："若閏月共計加一月，課隨月徵納任，以錢糧兼納。其銀兩别常以二百價爲估，其課依都數，納官欠即均徵竈户。"《宋史·食貨志上二》："二十九年，上聞江西盗賊，謂輔臣曰：'輕徭薄賦，所以息盗。歲之水旱所不能免，儻不寬恤，而唯務科督，豈使民不爲盗之意哉。'於是詔諸路州縣，紹興二十七年以前積欠官錢三百九十七萬餘緡及四等以下官欠，悉除之。"明章懋《與許知縣補之》："若會計各圖饑民該用賑濟稻穀若干，就令該圖里長領去糶賣，以代貧民辦納料銀若干，使民皆受其惠，則官欠易完，而免於豪滑冒支官穀之患。"清《八旗通志·土田志四》："交河、滄州、青縣荒地，前經奏明其土性稍爲瘠薄，實非鹽鹼。查其抛荒之故，因包攬交租之人於豐收之年貪圖餘潤，一遇荒歉，種地小户輒以交租有人逃避他處，包租之人無從取租即以逃亡具報。欲更招他户，則以現有官欠，又復相率觀望，不敢承認。積年既久，遂至抛荒。"

私債

私人所欠的債務。漢代作"私責"。責，同"債"。漢桓寬《鹽鐵論·取下》："高枕談卧，無叫號者，不知憂私責。"南北朝時期已有"私債"之名。《魏書·孝莊帝紀》："諸有公私債負，一錢以上巨萬以還，悉皆禁斷，不得徵責。"《周書·異域傳·高麗》："盗者，十餘倍徵贓。若貧不能備及負公私債者，皆聽評其子女爲奴婢以償之。"《舊唐書·薛訥傳》："薛訥，絳州萬泉人也，左武衛大將軍仁貴子也。爲藍田令，有富商倪氏於御史臺理其私債，中丞來俊臣受其貨財，斷出義倉米數千石以給之。訥曰：'義倉本備水旱，以爲儲蓄，安敢絶衆人之命以資一家之産。'竟報上不與。"唐皮日休《橡媪嘆》詩："狡吏不畏刑，貪官不避贓。農時作私債，農畢歸官倉。自冬及於春，橡實誑飢腸。"宋熊克《中興小紀》卷四四："是夏，金元帥府下令，諸欠公私債無可還者，没身及家屬爲奴婢以償之。"宋蘇軾《乞禁商旅過外國狀》："今浙中州縣所理私債，大半係欠官錢人户，官錢尚不賠足，私債更無由催。以此商旅不行，公私受害。"元謝應芳《龜巢稿·訟伯父墳地上縣宰啓》："貧富不等，借貸有之。舊制民間，私債月息三分，年月雖多不過一本一利，誠良法也。"明龔詡《野古集》："或因祭祀而增價直，以賣猪羊；或托興作而侵鄰地，以栽菽麥；或縱放畜産，以踐食田禾；或生放私債，以倍取計息。"清秦蕙田《五禮通考·凶禮五·荒禮》："成化二十一年詔：陝西、山西、河南災，傷軍民全家逃往鄰境……各該巡撫、巡按司、府州縣衛所官不許趕逐，務要善加撫恤，設法賑濟，安插得所。候麥熟，官爲應付口糧，復業免其糧差三年。本處不許科擾及追逼私債。"

【私責】

同"私債"。此體漢代已行用。見該文。

酒債

因賒飲所負的債。宋范鎮《張寺丞文蔚墓誌銘》："尤好飲酒，不得酒，輒不自聊。於是又賣田，以易一酒壚，以足其好。久之，負酒債者以巨萬計，皆折券不問。"元劉祁《歸潛志》卷三："又贈王清卿云：'長拖酒債杜工部，新有詩聲侯校書。'"明陸治《烹茶圖》詩："茗碗月團新破，竹爐活火初燃。門外全無酒債，山中唯有茶烟。"清吳任臣《十國春秋·後蜀十·僧可朋傳》："僧可朋，丹稜人。能詩好飲酒，貧無以償酒債，或作詩酬之，遂自號曰醉髡。"亦稱"酒逋"。明田汝成《西湖游覽志餘·香奩艷語》："其南有酒館曰花月樓，密邇

賽師之室。惡少日飲樓中，酒家因徵酒逋，至其所館……"明貢士達《郊行》詩："溪樹汀花接眼明，酒逋吟債此時增。"

【酒逋】

即酒債。此稱明代已行用。見該文。

宿債

積欠多年的債，舊債。《國語·晋語四》："棄責薄斂。"韋昭注："棄責，除宿責也。"《晋書·穆帝紀》："八月丁未，立皇后何氏，大赦，賜孝悌鰥寡米，人五斛。逋租宿債皆勿收，大酺三日。"《南齊書·武帝本紀》："赦南兗、兗、豫、司、徐五州，南豫州之歷陽、譙、臨江、廬江四郡，三調衆逋宿債，並同原除。"唐吳兢《貞觀政要·任賢第三》："徵曰：'陛下初即位，詔書曰逋私宿債欠負官物，並悉原免……'"宋黃公度《謝傅參議彦濟惠笋用山谷韻》："前身渭川侯，千畝償宿債。"元陳旅《安雅堂集·海鹽州儒學新修廟學記》："廟西有民宅將債，文饒以諸生請，遂買宅爲廨，計自營葺廟學，以至於爲此也，費亦殷矣。然宿債畢賡，士廩仍繼，弟子員增至五十人，皆食而教之。"明叢蘭《正德十四年漕例奏》："加米一節，先年屢嘗行之。雖宿債之多，不足以盡償一時之急，可以少濟。"唐代亦稱"罷錢"。《新唐書·王緯傳》："初，州縣有韓滉時罷錢未入者十八萬緡，府史請哀爲進奉，緯上疏願鐲以紓民，詔聽之。"宋代亦稱"冷債"。宋蘇軾《艾子雜説·冷債》："艾子曰：'近日却告得孟嘗君處，借得馮歡來，索得幾文冷債，是以饒足也。'"宋戴復古有《還冷債》詩："爲學日不足，毋勞課近功。聲名垂不朽，文字用無窮。草色朝朝碧，桃花歲歲紅。一機長運轉，造物與人同。"明朱曰藩

《霞石小稿序》："此來無別事，爲兄索射陂處冷債耳。"《十二樓》："要曉得報應的遲早，就與放債取利一般，早取一日，少取一日的子錢；多放一年，多生一年的利息。你望報之心愈急，他偏不與你銷繳，竟像没有報應的一般。等你望得心灰意懶，丟在肚皮外面，他倒忽然報應起來，猶如多年的冷債，主人都忘記了，平空白地送上門來，又有非常的利息，豈不比那現討現得的更加爽快！"清代又稱爲"陳欠"。清黄六鴻《福惠全書·蒞任·稟帳贅説》："將桑田節年陳欠，概行清追。"

【罷錢】

即宿債。此稱唐代已行用。見該文。

【冷債】

即宿債。此稱宋代已行用。見該文。

【陳欠】

即宿債。此稱清代已行用。見該文。

戲責

賭債。責，同"債"。宋吕本中《昨日晚歸戲成四絶呈子之兼煩轉示進道丈》之四："晁卿白髮風流在，肯伴香車作夜遨。借問典衣充戲責，何如沽酒唤吾曹。"清吴偉業《茸城行》詩："窟室飛觴傳箭催，博場戲責横刀索。"亦作"戲債"。《太平御覽》卷七五四："謝鯤埼股叡好撟蒲，奪其妹裝物以還戲債。"明楊慎《升庵集·荀或裴樞》："一夕，惡少賭博，欲薄取以償戲債，婦吝不與。"《聊齋志異·雲蘿公主》："可棄漸長，不喜讀，輒偷與無賴博賭，恒盜物償戲債。"

【戲債】

同"戲責"。此體宋代已行用。見該文。

藥券

藥債。宋陸游《衡門獨立》詩："宋清藥券貧來積，李賀詩囊病後空。"宋俞德鄰《臂疾示兒》："宋清藥券償未了，司業酒錢來便無。"元袁桷《翰林學士嘉議大夫知制誥同修國史趙公行狀》："有張生貰藥西關，一日過之，張死已數月矣。亟歸，視藥券，盡酬所負，其家人不知也，遂具以告而歸之。"元馬臻《贈梓山桑醫士三首》之二："扁鵲秦和久不聞，桑君百世有神孫。囊中羞澀胸中富，藥券如山總不論。"元倪瓚《寄鄭徵士》詩："兄病每書賒藥券，客來唯候煮茶烟。"明楊基《江村雜興二十首》之一九："病多賒藥券，貧乏買山錢。"清厲鶚《歲暮二咏·典衣》："半爲閨人償藥券，不愁老子乏詩材。"

第三節　契約文書考

契約，指雙方或多方共同協議訂立的條款、文書。《魏書·鹿悆傳》："契約既固，未旬，綜果降。"唐白居易《與執恭詔》："欲求契約，固合允從。""契"，《説文·大部》："大約也。从大从㓞。"《禮記·曲禮》："獻粟者執右契。"注："兩書一契，同而別之。"《易·繫辭下》："上古結繩而治，後世聖人易之以書契。""約"，《説文·糸部》："纏束也。

從糸勺聲。"段玉裁注："束者，縛也。"《周禮・春官・大史》："凡邦國都鄙，及萬民之有約劑者藏焉。"注："約劑，要盟之載辭。"《禮記・曲禮》："約信曰誓。"疏："共相約束，以爲信也。"契約，又特指有關買賣、借貸、委托等事項之文書字據，必是當事者雙方或多方共同商定而若合符契，然後做出書面之約定。凡買賣關係的確立，都要訂定契約；一式兩份，買賣雙方各執其一。宋司馬光《涑水記聞》卷九："武寧節度使王德用自陳所置馬得於馬商陳貴，契約具在。"茅盾《右第二章》四："舊職工應得的退職金，公司因爲困難而犧牲，不能按照原定契約付給了。"

現存最早的契約，是近三千年前鑄刻在青銅器皿上的周恭王三年（前 920）裘衛典田契等四件土地契。將契約文字鑄刻在器皿上，就是爲了使契文中規定的内容得到多方承認、信守，"萬年永寶用"。契約在周代稱爲"劑"。《説文・刀部》："劑，齊也。從刀從齊。"《周禮・大司寇》："以兩劑禁民獄。"注："今券書也。"《周禮・士師》："正之以傅別約劑。"注："各所持券也。"《周禮注疏・大司寇》："以兩劑禁民，獄入鈞金，三日，乃致於朝，然後聽之。"書契在賣買交易中又稱爲"質劑"。在使用簡牘書寫的時代，總是將交易内容一式二份同時寫在簡牘兩邊，然後從中間破別開來，兩家各得其一，檢驗時兩片驗之相合稱爲契合。這種書契長形者稱爲質，多用於大型交易；短形者稱爲劑，多用於小規模交易。如果當事人在契書上手書文字，或刻畫印痕以爲鑒證者，又稱爲"傅別""符別"，或稱之爲"莂"。

隨着官方契約制度的確立，民間也相應形成了一套鄉法民約。在吐魯番出土的一件唐代的文書中寫有"准鄉法和立私契"（《唐咸亨五年王文歡訴酒泉城人張尾仁貸錢不還辭》，《吐魯番出土文書》第六册，第 527 頁）。民間私人之間訂立私契，遵循"鄉法"。所謂"鄉法"，指民間世代承襲的習慣法，其中最核心的思想就是以誠信待人處事。從兩千多年來的中國民間各類契約看，其方式大致有下列幾個方面。

首先是立券契本身的防僞。最早的契約，較大型且重要者，常鑄刻於青銅器皿上，一旦成立，即難於作僞。在用簡牘作書寫材料的時代裏，人們想出將契約内容一式二份寫在同一簡上，并寫上一"同"字，從中剖開，交易雙方各執一半。當兩份合在一起時，"同"字的左半與右半是否完全相合，就成了驗證契書真僞的標志。如不寫"同"字，由當事人立契時另寫其他字，或在簡契上刻畫一些痕迹，然後一分爲二，驗證時將二契合在一起，符契相合就是真契。當書寫材料演進到紙質後，契約書便寫在紙上，仍采取一式二份的做法，然後將二契各摺叠一半，用兩契的背面相對接後，寫上“合同”，如此“合同”二字的右半在一契紙的背面，左半便在另一契紙的背面。祇有當兩契背面的“合同”字完全吻合，纔證明都是真契。近年在吐魯番出土的一件《高昌永康十二年張祖買胡奴券》券背，就留有“合同文”三字的左半（柳方《吐魯番新出的一件奴隸買賣文書》，《吐魯番學研究》2005 年第 1 期），這是實物的證明。這種方式一直到明清時期仍在繼續沿用，如《明景泰元年祁門縣方茂廣出夥山地合同》的款縫上，用大字寫有“今立合同貳本，各收壹本，日後爲照”諸字的左半（張傳璽《中國歷代契約會編考釋（下）》，北京大學出版社 1995 年版，第 1041 頁）。

其次是在契文上有當事人的“署名爲信”或“畫指爲驗”。在訂立契約時，雙方當事人均應該在契文中親自署名，或在契尾簽名方始有效。不會寫字的，也應在自己姓名位下親自畫上簽押，或畫上自己中指節印痕，有時還注明“手不解書，以指節爲明”（《唐西州高昌縣趙懷願買舍券》，《吐魯番出土文書》第二卷，第 84 頁），這些都是爲了證明此契的可信度。這種方式發展到近代，則由刻好的個人印章所替代，或按上自己的中指指紋印爲憑。

再次是訂立契約時，應有證人在場，而且必須在契約上寫明備案。如《西漢神爵二年廣漢縣節寬德賣布袍券》，在券簡尾就寫有“時在旁候史張子卿、戍卒杜忠知券約，沽旁二斗”（《中國歷代契約會編考釋〈上〉》，第 33 頁）。這是説，節寬德在訂立賣布袍券時，候史張子卿、戍卒杜忠都在場見證此事。“沽旁二斗”在有的券契上寫作“古酒旁二斗皆飲之”“沽酒各半”“沽各半”等，這是指契券訂立完成要沽酒酬謝在場者，交易雙方各承擔一半沽酒錢。漢魏以後，這些訂契約在場的旁人等，有了專門的稱呼，如“時人”“書券”等。在高昌王國時期，券尾的稱謂通常是“倩書”（書寫券契者）、“時見”（當時親見者）、“臨座”（面臨在座者）。到了唐代又有一些新變化，在契尾除了契約雙方主人簽名押署外，還有“知見人”或“見人”，另外還有“保人”。“保人”的作用不同於“知見人”，他不僅知見了券契的訂立，而且要擔保契約義務人履行自己的義務，否則就要承擔違約的連帶責任。這類保人，到了清代，常稱爲“中保人”，除了擔保責任外，還起從中介紹的作用，故有時又稱“中保説合人”。由上看來，無論訂立何種契約，除當事者外，總是要邀請證人到場，以證明契約的有效性。

第四，事先講明違約受罰的種種規定。在漢代簡牘式的券契中，還不大見有違約受罰的文字記載，在進入到十六國時期的紙質契約文書中，便有了違約加倍受罰的記載。如《前秦建元十三年七月廿五日趙伯龍買婢券》中以中氎七張買一名八歲幼婢，券文說："有人認名及反悔者，罰中氎十四張，入不悔者。"（《俄藏敦煌文獻》第一五册，第212頁）此後便成爲一種慣例，常常在券契中寫有："二主和同立券，券成之後，各不得反悔，悔者一罰二入不悔人。"雖然這是預防性文字，却是對契約出現非誠信行爲的一種警示。到了唐代，對於涉及錢財交易一類的契約關係，其違約懲罰性的追討是很嚴厲的。如《唐乾封三年張善熹於左憧熹邊舉錢契》，張向左借了銀錢二十文，契文中體現，債權人得到了舉債者家屬

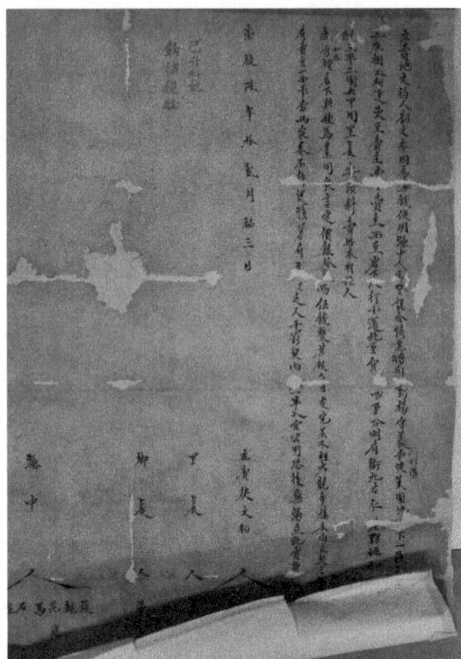

明劉文舉賣地契

和財物的雙重保證，由妻兒、保人還貸，或者以家財、菜園抵債。在古代的契約中，常常在契文中寫有"官有政法，人從私契，兩和立契，畫指爲信"。在大多數情况下，民間契約在鄉法民約的制約下，都能正常地運行。但是，靠單純道德性的鄉法來貫徹誠信原則，有時也顯得無能爲力。面對這種局限性，就必然要求用法律手段來制裁、懲罰違背契約者。例如法制比較完備的唐王朝，就有對"負債違契不償"者的法律懲治，其律文規定："諸負債違契不償，一匹以上，違二十日笞二十，二十日加一等，罪止杖六十；三十匹，加二等；百匹，又加三等。各令備償。"（《唐律疏議》卷二六《雜律》）對於"負債違契不償"一語，《唐律疏議》文解釋說："欠負公私財物，乃違約乖期不償者。"若是"負百匹之物，違契滿二十日，杖七十；百日不償，合徒一年"。

民國賣地契

　　法律既維護了債權人的權益，同時也維護了債務者的正當利益。如對掣奪家資抵債的行爲，唐律規定："諸負債不告官司，而强牽財物，過本契者，坐贓論。"針對此律，《唐律疏議》解釋説："公私債負，違契不償，應牽掣者，皆告官司聽斷。若不告官司而强牽掣財物，若奴婢、畜産，過本契者，坐贓論。"違契不償，用掣奪家資的辦法來抵債，官府并不反對，但必須報告官府，經官府判斷以後才可進行，否則，超過了契約中的財物數，就要對掣奪者以"强盗受贓罪"論處。按，明代有一賣地契："劉文舉因窮困無錢，由中人馬登説合，將菜園地三畝三分，内有井一眼，煤窑兩座，另有夥地七分共四畝，賣與本村康守禮名下，價銀十二兩五錢整，自立賣之後，如有親族人爭競，有賣主一面承擔當，立此賣契，永遠爲照。"契中有賣主、里長、鄉長及中人馬登等人中證畫押；契中紅戳記"已升料訖，補税驗"，應當是得到官方批准所蓋。

契約

　　雙方或多方共同議定并信守的文字條款。早在西周時，就有了對契約的界定，如《周禮・天官・小宰》："六曰聽取，予以書契。"這是説財物所有權的轉移，應以書契爲憑。《易・繫辭下》："上古結繩而治，後世聖人易之以書契，百官以治。"宋俞琰集説："夬下乾上兑外決而内明。後世聖人爲書契以代上古結繩之政，蓋取諸夬書文字也，載之於簡策者也，契約也，所以合同也，以刀刻其言於木者，予者執左，取者操右，彼此各有所據以爲驗也。"《魏書・鹿悆傳》："悆曰：'金墉湯池，衝甲彌巧，貴守以人，何論險害。'還軍於路，與梁話誓盟。契約既固，未旬，綜果降。"唐長孫無忌等《唐律・户婚中》："諸許嫁女已報婚書及有私約而輒悔者，杖六十。"長孫無忌等疏議曰："私有契約或報婚書如此之流不得輒悔，悔者杖六十，婚仍如約。"《舊唐書・張孝忠傳》："孝忠甚德滔之保薦，以其子茂和聘滔之女，契約甚密，遂合兵破惟岳之師於束鹿，惟岳遁歸恒州。"《宋史・輿服志六》："故每分屯軍馬之時，與主將密定字號，各掌一通，不令左右人知其義理，但於尋常公狀文移内，以此字私爲契約，有所施行，依此參驗，不得字有重叠及用凶惡嫌疑之語，每用文牒之上別行寫此字，驗訖，印其上發往如所。"我國現存最早的契約，是 1975 年陝西岐山出土的三千年前鑄刻在青銅器皿上的《衛盉銘文》，即西周恭王三年（前 920）裘衛典田契。在用簡牘作書寫材料的時代裏，人們將契約内容一式二份寫在同一簡上，并寫上一"同"字，或由當事人立契時另寫其他字，或在簡契上刻畫一些痕迹，然後從中剖開，交易雙方各執一半，當兩份合在一起時，看左半與右半是否完全相合，相合了就是真契。當書寫材料演進到紙質後，契約書便寫在紙上，仍采取一式二份的做法，然後將二契各摺叠一半，用兩契的背面相對接後，寫上"合同"，如此"合同"二字的右半在一契紙的背面，其左半便在另一契紙的背面。祇有當兩契背面的"合同"字完全吻合，纔證明皆是真契。2006年在吐魯番出土的《高昌永康十二年張祖買胡奴券》，券背就留有"合同文"三字的左半。這種做法一直沿用。契約必須由雙方當事人在契文中親自署名，或在契尾簽名方始有效。不會寫字的，也應在自己姓名位下簽押，或畫上自己中指節印痕，如《唐西州高昌縣趙懷願買舍券》就有"手不解書，以指節爲明"的記載。發展到近代，則由刻好的個人印章所替代，或按上自己的中指指紋爲憑。簽約時第三方人士在場，亦必須在契約上寫明備案，如《西漢神爵二年廣漢縣節寬德賣布袍券》，在券簡尾就寫有"時在旁候史張子卿、戍卒杜忠知券約，沽旁二斗"。漢魏以後，這些訂契約時在場的第三人等，都有了專門的稱呼，如"時人""書券"等。在高昌王國時期，券尾的稱謂通常是"倩書"（書寫券契者）、"時見"（當時親見者）、"臨座"（面臨在座者）。唐代，除了

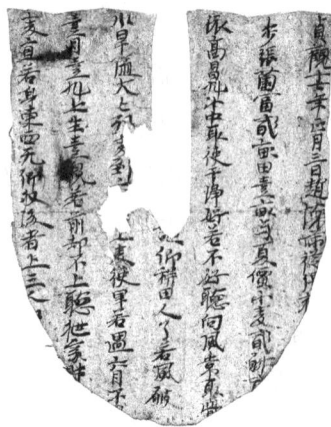

唐趙懷滿夏田契

契約雙方主人簽名押署外，還有"知見人"或"見人"，另外還有"保人"等不同稱謂。進入十六國時期，紙質契約文書有了違約倍罰的記載。如《前秦建元十三年七月廿五日趙伯龍買婢券》中以中氈七張買一名八歲幼婢，券文説："有人認名及反悔者，罰中氈十四張，入不悔者。"唐代又予立法，對違約者進行懲罰。《唐律疏議・雜律》："諸負債違契不償，一匹以上，違二十日笞二十，二十日加一等，罪止杖六十；三十匹，加二等；百匹，又加三等。各令備償。"又如《唐乾封三年張善熹於左憧熹邊舉錢契》，張向左借了銀錢二十文，契文中即體現了債權人對舉債者的雙重保證，由妻兒、保人還貸，或者以家財、菜園抵債。

【書契】

即契約。爲契約最早稱謂。此稱先秦時期已行用。《周禮・天官・小宰》："六曰聽取予以書契。"鄭玄注："書契，符書也。"宋王昭禹曰："民之通財不能無取予。取予者，謂彼有所取而此有所予也，利之所在而爭心存則，取予者不可無書契，載於簡牘謂之書，合而驗之謂之契。"宋王與之訂義："夫結繩作而有書契，以書契爲未足而有質劑，以質劑爲未足而有傅別。取予輕於賣買，賣買輕於稱責，此三者所用不同以有輕重也。"唐司馬貞《補史記・三皇本紀》："有聖德仰則觀象於天，俯則觀法於地，旁觀鳥獸之文與地之宜，近取諸身，遠取諸物，始畫八卦以通神明之德，以類萬物之情，造書契以代結繩之政，於是始制嫁娶以儷皮爲禮。"《漢書・古今人表》："自書契之作，先民可得而聞者，經傳所稱，唐、虞以上，帝王有號諡，輔佐不可得而稱矣。"《舊唐書・天文志

上》："凡此二事皆書契所未載也。"

【券要】

即契約。此稱漢代已行用。《禮記·曲禮上》曰："獻粟者執右契。"鄭玄注："契，券要也，右爲尊。"前秦竺佛念譯《長阿含經》卷一四："不畜田宅種殖五穀。不以手拳與人相加。不以斗秤欺誑於人。亦不販賣券要斷當。亦不取受牴債橫生無端。亦不陰謀面背有異。非時不行。"《雜譬喻經》卷上："我今入城視之，若得供辦者，當還白之。若無者亦當使知消息。於是衆許可。各各解住樹下。於是老母還舍啓長者婦。宜用數千錢。今我雖在此作使，願身自賣終身爲婢。可立券要。"宋葉適《忠翊郎致仕蔡君墓誌銘》："君感涕，累月不忍，田貨更推遜，迄不立券要。"

【券契】

即契約。此稱先秦時期已行用。《戰國策·齊策四》："於是約車治裝，載券契而行。"鮑彪注："券亦契，契別書之，以刀判其旁。"《晋書·王渾傳》："在秣陵諸軍凡二十萬衆，臣軍先至，爲土地之主，百姓之心，皆歸仰臣。臣切敕所領秋毫不犯，諸有市易皆有伍任證左，明從券契。有違犯者，凡斬十三人，皆吴人，所知也餘軍縱橫詐稱臣軍，而臣軍類皆蜀人，幸以此自別耳。"宋葉夢得《奏乞禁罷獻納借貸指揮狀》："入有常數，用無常限，人得爲市，高下在手，有上户釋而下户及者，有此色薄而彼色厚者，簿籍不足考，券契不足憑，所蠲之租、所償之期，尚安得而計哉。"《續資治通鑑長編·宋真宗天禧二年》："庚辰，上謂大臣曰：始聞河北薦饑，貧民請豪家息錢，未償納者即印券契，取其桑土，宜禁止之。"

【券約】

即契約。此稱宋代已行用。宋范成大《桂海虞衡志·雜志》："俗字：邊遠俗陋，牒訴券約專用土俗書，桂林諸邑皆然，今姑記，臨桂數字雖甚鄙野，而偏傍亦有依附。"元趙孟頫《杜氏新塋之碑》："元貞元年，孟頫蒙恩召至都下，耶律公希光爲孟頫言：'吾同里有杜伯榮者，重厚縝密，務實去華，事父兄孝，且弟篋中有券約百紙，皆其父以貲。'"元徐碩《至元嘉禾志·復學田記》："初，院僧誘鸝冠顧氏，取其田四百六畝，虚立賤買券約，已而，夏姓民稱其家質田居十之一，僧不應言買，詣縣請贖，令從之。"明胡儼《左侍郎劉公墓誌銘》："公即檄郡邑，勸富民出粟以貸飢者，蠲其役以當其息，官爲立券約，明年償本粟。由是富者樂從，飢者得食。"乾隆《江南通志·人物志·徽州府》："汪徽壽，歙人，好施予，濟貧窮，建橋梁，焚券約，義聞鄉曲。"

【契券】

即契約。此稱先秦時期已行用。《荀子·君道》："合符節，別契券者，所以爲信也。"《易·繫辭下》："上古結繩而治，後世聖人易之以書契，百官以治萬民，以察蓋取諸夬。"宋胡瑗口義："後世聖人易之以文書，成之以契券，文書所以取其信驗，契券所以取其要約，文書既立，契券既明，則百官之事皆得其治。"宋程大昌《禹貢論·碣石逆河》："凡天下事物，從其本同者，驗之如符節、契券，可剖可散行乎。"《周禮·秋官·司寇上》："以兩劑禁民獄，入鈞金，三日，乃致於朝然後聽之。"宋王與之訂義："鄭鍔曰：以罪相證必兩者皆有契券，然後可用，一有而一無，則無以斷其獄矣。"《宋史·食貨志上一》：“自今，凡民有契券，界至分明析，在州縣屯官隨即歸還，其有違戾，許民越訴重罪之。”

【券書】

即契約。此稱漢代已行用。《周禮·天官·小宰》：“四曰聽稱責以傅別。”漢鄭玄注：“傅別謂券書也。聽訟責者以券書決之。傅，傅著約束於文書；別，別爲兩，兩家各得一也。”又：“《孟子》交征利云：傅別，謂爲大手書於一札，中字別之。書契謂出予受入之，凡簿書之最目，獄訟之要辭，皆曰契。《春秋傳》曰：王叔氏不能舉其契。質劑，謂兩書一札，同而別之，長曰質，短曰劑。傅別、質劑皆今之券書也。事異異其名耳。”《史記·孟嘗君列傳》：“〔馮驩〕召取孟嘗君錢者皆會，得息錢十萬，乃多釀酒，買肥牛，召諸取錢者能與息者皆來，不能與息者亦來，皆持取錢之券書合之齊爲會日。殺牛置酒，酒酣乃持券如前合之，能與息者與爲期，貧不能與息者取其券而燒之。”《宋書·顧覬之傳》：“〔顧覬之曰〕凡諸券書皆何在？綽大喜，悉出諸文券一大厨與覬之。覬之悉焚燒，宣語遠近：負三郎責皆不須還，凡券書悉燒之矣。”《舊唐書·羅讓傳》：“有以女奴遺讓者，讓問其所因。曰：‘本某等家人兄姊九人，皆爲官所賣，其留者唯老母耳。’讓慘然，焚其券書，以女奴歸其母。”《金史·太宗本紀》：“七月甲午，賜宗翰券書，除反逆外，咸貰勿論，以石州戍將烏瑾棄城喪師杖之，削其官。”

【券證】

即契約。此稱南北朝時期已行用。《魏書·釋老志》：“如臣愚意，都城之中雖有標榜營造廳功事可改立者，請依先制，在於郭外任擇所便，其地若買得券證分明者，聽其轉之；若官地盜作，即令還官；若靈像既成……”宋釋覺範《潭州大潙山中興記》：“師云：此唐相國裴公施以飯，十方僧者橫目何德以堪之，不直而歸是陷人入泥犁，遣掌事執券證，諸官竟還二百畝，歲度一僧。”宋劉辰翁《印洲記》：“所居上下數洲田間，其一面而正圓，可二畝強，而名之曰印洲。求一言爲印洲記。余筆墨稍暇，不能爲是洲記也。君栖旅踵門，日急如爭地，待券證顧客之來者，所急不在此，寧獨取此，因客去慨然，就殘燭記之。”宋《州縣提綱·詳閱案牘》：“理斷公訟，必二競俱至，券證齊備，詳閱案牘。是非曲直，了然於胸次，然後剖決。”明倪嶽《大明故太子少保禮部尚書兼翰林學士贈資政大夫太子少傅諡文思彭公神道碑》：“公時方十五六，嘗過邑城，坐客有持故券證以爭產者，辯論不已。公齒坐下，獨抗聲曰：‘此贗也。’衆驚問故。公曰：‘券果出革除庚辰年，則當以建文三年書，乃云洪武三十三年，非贗而何！’爭者赧然而罷。”

【契據】

即契約。此稱宋代已行用。宋李心傳《建炎以來朝野·雜記·甲集·朝事·經界法》：“其法令民以所有田，各置坫基簿圖，田之形狀及其畝目、四至，土地所宜，永爲照應，即田不入簿者，雖有契據可執並拘入官。”宋羅濬等《寶慶四明志一·鄞縣志·渠堰碶閘》：“倘僉判石孝廣，知縣謝琳親至地所相攷，乃知故基爲碶，旁居民李、沈二家冒占爲屋、爲蔬畦。下其事於都廳索兩家契據，元無所憑。但云祖父以來相承，有此具伏侵冒，於是親督壕寨引繩度地碤，所不用者捐以予之，且厚所犒。"《金史·食貨志二》："又命招復梁山濼流民，官給以田，時人户有執契據指墳壠爲驗者，亦拘在官。先委恩州刺史奚晦招之，復遣安肅州刺史張國基驗實給之，如已撥係猛安，則償以官田。"明楊士奇等《歷代名臣奏議》卷二六〇："尚書省劄子節文，福州觀察使建康諸軍都統制郭剛劄子奏……自廢罷之後，州縣據憑人户契據識認，其間不無侵耕，歲月既久，遂同已業，若欲泛行根括，切慮州縣因而擾民，今相度欲乞從朝廷劄下淮西帥漕司。"清《世宗憲皇帝硃批諭旨·李玉鋐奏摺》："閩省械鬥訟端，大半起於阻葬，占墳人即糧明契據，買地葬親。而地旁數里之頑民劣衿，或指其地爲己産，或指其内有祖骸，不飽其欲即争競毆打甚至械鬥。"

【本券】

即契約。此稱晋代已行用。晋干寶《搜神記》卷一七："又買李幼一頭牛，本券在書篋中。"

【券劑】[1]

即契約。此稱唐代已行用。《新唐書·李絳傳》："嶺南之俗，鬻子爲業，可聽；非券劑取直者，如掠賣法，敕有司一切苛止。"清譚嗣同《〈仁學〉序》："何可不千一述之，爲流涕哀號，强聒不舍，以速其衝決網羅，留作券劑耶！"

【别券】

即契約。契據常分兩半，雙方各執一半，故稱。此稱先秦時期已行用。《管子·問》："問人之貸粟米，有别券者幾何家。"《周禮·秋官·朝士》："凡有責者，有判書以治，則聽。"鄭衆注："辨讀爲別，謂別券。"

【約契】

即契約。此稱先秦時期已行用。《戰國策·燕策三》："事所以不成者，乃欲以生劫之，必得約契以報太子也。"《易·繫辭下》："上古結繩而治，後世聖人易之以書契，百官以治，萬民以察，蓋取諸夬。"李璹傳注："《仲氏易》曰：結繩而治者，相事大小結繩以爲約，事大大其繩，事小小其繩，各執一端，以相考信。後易以書契。書者，以刀筆畫木簡爲文字以識也；契者，刻木爲一二三四之畫，而中分之，各執其一，以爲約契也。"《隋書·經籍志二》："《春秋傳》曰：吾視諸故府則其事也。周官御史掌治朝之法，太史掌萬民之約，契與質劑以逆邦國之治，然則百司庶府各藏其事，太史之職又總而掌之。"《宋史·刑法志二》："元豐元年……宣州民葉元，有同居兄亂其妻，縊殺之，又殺兄子，强其父與嫂爲約契不訟。鄰里發其事，州爲上請……"明歸有光《震川集別集·王天下有三重》："明其約契，正其會要，定其時日，通其言語，達其情志，天下不可一日無文也。"

質劑

契約之一。在使用簡牘書寫的時代，將交易内容一式二份同時寫在簡牘兩邊，然後從中間破開，兩家各執其一，檢驗時兩片驗之相合稱爲契合。這種書契長形者稱爲質，多用於大型交易；短形者稱爲劑，多用於小規模交易。在契約中，質劑起防止僞造的作用。《周禮·天官·小宰》："七曰聽賣買以質劑。"鄭玄注："質劑謂市中平賈，今時月平是也。"賈公彦疏："案質人云：大市以質，小市以劑。注云：大市人民牛馬之屬用長券，小市兵器珍異之物用短券。今鄭注："謂兩書一札同而別之者，蓋謂前後作二契，於中央破之，兩家各得其一，皆無手書字，故異於傅別也。有人爭此市事者，則以質劑聽之。"王氏詳説曰："傅別背有手書，而質劑則無手書。"宋王安石新義："聽賣買以質劑者，質人大市則以質，小市則以劑。質則有質其事者，若今市契立見也；劑則爲要書而已。"又《地官·司徒下》："以質劑結信而止訟。"宋朱申句解："質劑券書也，民有違約、失信而興訟者，則以券書結信而止其訟也。"元毛應龍集傳："賣買商賈之治，釋者曰：長曰質短曰劑。《地官·質人之職》曰：'大市以質，小市以劑。'案，質者立之佐而人爲之徵，劑者前後作二契，於中央破之，兩家各得其一，皆無手所書字，異於傅別也。夫結繩作而有書契，書契不足而有質劑，質劑不足而有傅別，此取予買賣稱責，三者所用有輕重，大概契憑書爲信，劑憑人爲質，別憑地爲傅也。"《宋史·食貨志下三》："會子、交子之法，蓋有取於唐之飛錢。真宗時張咏鎮蜀，患蜀人鐵錢重不便貿易，設質劑之法，一交一緡，以三年爲一界而換之。"《元史·食貨志一》："鈔始於唐之飛錢、宋之交會、金之交鈔。其法以物爲母，鈔爲子，子母相權而行，即周官質劑之意也。元初仿唐宋金之法，有行用鈔其制無文籍可考。世祖中統元年始造交鈔以絲爲本。"清惠士奇《禮説·天官上》："小宰八成有傅別、書契、質劑、要會之名。傅別故書作傅辨，杜子春讀爲傅別。案《荀子·性惡篇》，辨合符驗，愚謂辨猶別也，合猶傅也，傅別猶辨合也，蓋辨而別之爲兩合，而傅之爲一如符節。案質劑，左氏謂之質要，《荀子》謂之質律，《詩》謂之質成，言

可奉爲法律，而事由之要結而成也，不徒賣買用之，旅師平頒興積，斂之民而散之民，亦憑質劑以爲信焉。"又《地官二》："古之質劑，後世之文券也。"

【質要】

即質劑。此稱先秦時期已行用。《左傳·晋文公六年》："由質要，治舊污，本秩禮，續常職，出滯淹。"杜預注："由，用也；質要，券契也。"孔穎達疏："'由質要'者，謂斷争財之獄，用券契正定之也。"《後漢書·馬融傳》："方今大漢收功於道德之林，致獲於仁義之淵，忽蒐狩之禮，闕槃虞之佃。闇昧不睹日月之光，聾昏不聞雷霆之震，於今十二年，爲日久矣。亦方將刊禁臺之秘藏，發天府之官常，由質要之故業，率典刑之舊章。"《大金弔伐録·册大齊皇帝文》："凡有質要，悉同文約，既而官軍未退，夜集衆以犯營，誓墨纔乾，密傳檄而堅壁，私結人使，陰搆事端，以致再遣師徒，詰兹敗約。"

【質律】

即質劑。此稱先秦時期已行用。《荀子·王霸篇》："關市幾而不征，質律禁止而不偏。"楊倞注："質律，質劑也，可以爲法，故言質律也。禁止而不偏謂禁止，奸人不偏聽也。《周禮·小宰》聽賣買以質劑，鄭司農云：'質劑平市價，今之月平是也。'鄭康成云：'兩書一札同而別之，長曰質，短曰劑。皆今之券書也。'《左氏傳》曰：趙盾爲政，董逋逃，由質要，或曰質正也。"清惠士奇《禮説·天官一》："案質劑，左氏謂之質要，《荀子》謂之質律，《詩》謂之質成，言可奉爲法律，而事由之要結而成也，不徒賣買用之，旅師平頒興積，斂之民而

散之民，亦憑質劑以爲信焉。六鄉役民以上劑，六遂役民以下劑，劑者州里之役，要而司空之辟也，要者合要，故左氏謂之質，要辟者法律，故《荀子》謂之質律。"又"《地官二》："《荀子》謂之室律治市者平之。室律者，質律也，質人之律。"

傅別

契約之一。當事人在契書上手書文字，或刻畫印痕以爲鑒證者，稱之爲"傅別"，起防止僞造的作用。《周禮·天官·小宰》："四曰聽稱責以傅別。"鄭玄注："傅別謂券書也。聽訟責者以券書決之。傅，傅著約束於文書；別，別爲兩，兩家各得一也。"又"《孟子》交征利云：傅別謂爲大手書於一札，中字別之。書契，謂出予受入之，凡簿書之最目，獄訟之要辭，皆曰契。《春秋傳》曰：王叔氏不能舉其契。質劑，謂兩書一札，同而別之，長曰質，短曰劑。傅別、質劑皆今之券書也。事異異其名耳。"宋王與之訂義："劉迎曰：傅別乃地之券書；質有劑乃市之平賈……王氏詳説曰：'傅別背有手書，而質劑則無手書。'鄭氏之説似出臆説亦似近人情。夫結繩作而有書契，以書契爲未足而有質劑，以質劑爲未足而有傅別。取予輕於賣買，賣買輕於稱責，此三者所用不同以有輕重也。"宋王安石新義："以傅別者傅朝士所謂地傅也，責傅其事者，若今責契立保也。別朝士所謂判書也，判書稱責之要也，別謂人執其一，人執其一則書其所予之數，使責者執之書其所償之數，使稱者執之以其償責，或不能一而足故也。"宋王應麟《漢制考》卷二："傅別注：故書別爲辯，鄭司農云傅或爲符辯，讀爲風別之別，若今時市買爲券書以別之，各得其一，

訟則案券以正之。"明胡我琨《錢通·論策一》："按《周禮·小宰》聽稱責以傅別，特民間私相稱貸以爲符驗，公家未嘗爲之。"

【符別】

即傅別。此稱漢代已行用。《周禮·天官·小宰》："四曰聽稱責以傅別。"鄭玄注："故宰夫職曰：歲終則令群吏正歲，會月終則令正月要傅別，故書作傅辨。鄭大夫讀爲符別。杜子春讀爲傅別。"

【辨合】

即傅別。此稱先秦時期已行用。《荀子·性惡篇》："凡論者貴其有辨合，有符驗。"唐楊倞注："辨別也，《周禮·小宰》聽稱責以傅別。鄭司農云：別之爲兩，兩家各執其一，符以竹爲之，亦相合之，物言論議如別之合，如符之驗，然後可施行也。"清惠士奇《禮説·地官二》："辨合即稱責之傅別，蓋旅師以質劑頒斂泉府，以辨合賒貸，皆契券也。"又《天官一》："小宰八成有傅別、書契、質劑、要會之名。傅別故書作傅辨，杜子春讀爲傅別。案《荀子·性惡篇》辨合符驗，愚謂辨猶別也，合猶傅也，傅別猶辨合也，蓋辨而別之爲兩合，而傅之爲一如符節。"

【莂】

即傅別。此稱漢代已行用。《釋名·釋書契》："莂，別也。大書中央，中破別之也。"《康熙字典·申集上·艸》："莂……即今市井合同。"

牙契

古代由中間人經手爲賣買雙方簽訂的契約。《宋史·徐經孫傳》："徐經孫字中立，初名子柔，寶慶二年進士，授瀏陽主簿，潭守倅部牙

契錢至州。"《宋史・職官志》:"〔課利〕掌諸軍酒課,比較增虧知通等職位姓名,人户買撲鹽場酒務租額,酒息,賣田投納牙契。"

文券

晋朝時,買賣田宅牛馬,必須訂立文券,寫明價值,國家收百分之四的契税,由買賣雙方分擔。《隋書・食貨志》:"晋自過江,凡貨賣奴婢、馬、牛、田宅,有文券率錢一萬,輸估四百入官,賣者三百,買者一百。無文券者,隨物所堪,亦百分收四,名爲散估。"《南史・臨川靖惠王宏傳》:"宏都下有數十邸出懸錢立券,每以田宅邸店懸上文券,期訖便驅券主,奪其宅,都下東土百姓,失業非一。"《舊五代史・梁書・太祖紀四》:"自今後,州縣府鎮,凡使命經過,若不執敕文券,並不得妄差人驢及取索一物已上。"明徐光啓《農政全書・農事》:"自今伊始,凡有佃屯認糧者,取其合同文券,陳告管屯衙門,准給印信執照,仍置印信文簿,登記查考,民以所給印信文約,投本縣挂號,亦置文簿登記參核,俾民得安心開墾,儘力耕種。"清《世宗憲皇帝上諭八旗》卷六:"至若並無文券中保,只據一面之辭,遂令著落賠還,深爲悖謬。"

左券

古代契約分爲左右兩半,雙方各執其一。左半稱左券,右半叫右券。左半由債權人收執,作爲索償的憑據。券,契據。《商君書・定分》:"即以左券予吏之問法令者。"宋陸游《禽言》詩:"人生爲農最可願,得飽正如持左券。"亦稱"左契"。《新唐書・車服志》:"太極殿前刻漏所,亦以左契給之,右以授承天門,監門畫夜勘合,然後鳴鼓。"宋張九成《孟子傳》卷

一五:"如執左契以取賣於天下,豈非轉移造化之説乎?"清趙翼《偶書所見》詩:"皆自夙世來,徵驗若左契。"

【左契】

即左券。此稱唐代已行用。見該文。

右券

古代刻木爲契,分爲左右兩半,雙方各執其一,作爲憑信。右半由借債人收執,作爲欠債的依據。《商君書・定分》:"主法令之吏謹藏其右券木柙,以室藏之,封以法令之長印。"《史記・平原君虞卿列傳》:"且虞卿操其兩權,事成,操右券以責;事不成,以虚名德君。"宋王安石《次韻約之謝惠詩》:"左車公自迎,右券吾敢責。"亦稱"上券"。《史記・田敬仲完世家》:"公常執左券以責於秦韓。"唐張守節正義:"左券下,右券上也。蘇代説陳軫以上券,令秦韓不用兵得地。"

【上券】

即右券。此稱唐代已行用。見該文。

合同

各方執以爲憑的契約、文書。《周禮・秋官・朝士》:"凡有責者,有判書以治則聽。"賈公彦疏:"云判,半分而合者,即質劑、傅別、分支合同,兩家各得其一者也。"《舊五代史・晋書・少帝紀四》:"開運三年春,正月癸巳朔,帝御崇元殿受朝賀,仗衛如式,詔改鑄天下合同印書詔印,御前并以黄金爲之。"《續資治通鑑長編・宋太宗太平興國四年》:"改市買司爲雜買務。先是,内庭宣索及殿前賜賚移文庫務,未有專領其事者,於是始置合同憑由印,命左藏庫副使劉蒙正,供奉官郭延濬同掌焉。"《宋史・孝宗紀三》:"六年春正月戊辰,

振淮東饑民。庚午，復置内侍省合同憑由司。"
《宋史・職官志六》："合同憑由司監官二人，掌
禁中宣索之物，給其要驗，凡特旨賜予，皆具
名數憑由，付有司準給。"《金史・食貨志三》：
"初貞元間，既行鈔引法，遂設印造鈔引庫及交
鈔庫，皆設使副判各一員，都監一員。而交鈔
庫副，則專主書押搭印合同之事。"清翟灝《通
俗編》卷一〇："今人産業買賣，多於契背上作
一手大字，而於字中央破之，謂之合同文契。
商賈交易，則直言合同而不言契。其制度稱謂，
由來俱甚古矣。"老舍《二馬》第五段五："工
人們已經和電影廠簽了字，定了合同，沒法再
解約。"

判書

契約合同。指古代各自執一半的符契。《周
禮・秋官・朝士》："凡有責者，有判書以治則
聽。"鄭玄注："判，半分而合，故書判爲辨。"
賈公彥疏："即質劑、傅別，分支合同，兩家各
自得其一者也。"南朝梁劉勰《文心雕龍》書記
第二五："券者，束也。明白約束，以備情僞，
字形半分，故周稱判書。"《宋史・輿服志六》：
"屬縣則本使判書，用州印。"《文獻通考・刑考
一・刑制》："凡有責者，有判書以治則聽（判，
半分而合者，謂若今時辭訟，有券書者爲治
之）。"

約劑

用作憑據的契券文書。《周禮・春官・太
史》："凡邦國都鄙及萬民之有約劑者藏焉。"鄭
玄注："約劑，要盟之載辭及券書也。"又《秋
官・士師》："凡以財獄訟者，正之以傅別約
劑。"鄭玄注："傅別中別手書也；約劑各所持
券也；故書別爲辯。鄭司農云：'傅或爲付辨，

讀爲風別之別，若今時市買爲券書以別之，各
得其一，訟則案券以正之。'"元方回《續古今
考・約先定關中者王之》："《周禮・秋官》司約
掌邦國及萬民之約劑，治神、治民、治地、治
功、治器、治摯，凡六約。鄭康成注：劑謂券
書也。鄭鍔曰：約者以言而書其約者以劑，劑
如質劑之劑，蓋兩書一扎，合同而別之。買賣
之約，長曰質，短曰劑，此則名爲約劑，亦兩
書一扎也，然則兩書一扎曰契，豈非剖符之狀
歟。"《玉海》卷一三五："凡大約劑書於宗彝，
小約劑書於丹圖。"明盧柟《蠛蠓集・上魏安峯
明府辯冤書》："昔先人治土地若干畝，自柟下
理後，悉賣之豪家，而約劑者又竊與之通弊，
減畝數私價直，凡先人諸故物無不私市於人。"
明丘濬《大學衍義補・治國平天下之要・備規
制》："《周禮》司約小約劑書於丹圖。"注："鄭
玄曰：約劑，約也。丹圖者，雕器簠簋之屬有
圖象者歟。"

執照 [1]

官府頒發的文字憑據。元胡祇遹《革昏田

清代江啓叙捐銀封祖父母執照

地榜文》："凡經官斷定土地、房金、事業等事，隨即當官出結合同，公據執照，令各人收執。"明王守仁《釋放投首牌》："若果有投首真情……准與楊子橋等一例釋放，給與執照，各自復業當差。"清蔡世遠《再與總督滿公書》："内地遺親之民，不許有司擅給過臺執照。"

執照 [2]

憑據。元佚名《東平府》第四折："關勝云：'後面楊衙内領着人馬趕將來，俺與他當時打退，就擒了他每來，以爲執照。'"

牙帖

官府發給牙商牙行的營業執照。清《世宗憲皇帝聖訓》卷二三："諭内閣各省，商牙雜稅，額設牙帖，俱由藩司衙門頒發，不許州縣濫給，所以防增添之弊，不使貽累於商民也。近聞各省牙帖歲有增添，即如各集場中有雜貨小販向來無借牙行者，今概行給帖。而市井奸牙遂藉此把持，抽分利息，是集場多一牙户，即商民多一苦累，甚非平價通商之本意。著直省督撫飭令各該藩司，因地制宜，著爲定額，報部存案，不許有司任意增添。"《清會典則例》卷一八："惟估衣行給有牙帖，每年納有牙稅，應聽其安分營生，仍照五年編審例，清察換帖，毋許無籍之徒，往來市上，借名影射，左右觀望，覬覦分肥。"

引票

官府發給鹽商的運銷憑證。《大明會典·課程二·鹽法二》："隆慶二年題准，許竈丁多開小井，以補塌井。逃丁之數，不必加增。其保、寧、重、夔、嘉、潼等處寫遠，商人赴提舉司告給小票不便。亦令增加引票，酌定張數。分發五府州縣，就近告給。"《清史稿·食貨志·鹽法》："十七年，命鹽務歸巡撫管理，尋又議加二文。二十三年，停引票二成，以八成作總額，並停餘引。"又："其在山東，乾隆以來，引票正課徵銀十八萬九千八百八十餘兩，雜款共十萬一千八百餘兩。"清紀昀等《四庫全書總目提要·史部四十》："遂采其要約，綴入各款，令引票之損益，價值之低昂，課額之盈縮，徵解之緩急，商竈之疾苦，犁然具載。於浙中鹺務，紀錄頗詳。然多一時補苴之法，不盡經久之制也。"黃濬《花隨人聖庵摭憶》卷一："定自强軍的餉（裁減制兵，省銀二十萬，蕪湖新增米厘十二萬，蘇滬米厘停撥洋款騰出三十八萬，以充新軍的餉。公回任後，劉忠誠欲以自强軍歸湖北督練，而湖北無的餉，遂止）。請加鄂湘兩岸引票，以課厘凑解洋款，並統籌歸還之法（以上三事，同時並舉，爲江南立富强之基）。"

田契

買賣、租借田地時所立的契約或田地所有權的憑據。周恭王三年（前920）的青銅器刻辭中已有關涉田契的記載，距今已近三千年，祇是未見"田契"一詞而已。《宋史·楊戩傳》："有胥吏杜公才者獻策于戩，立法索民田契，自甲之乙，乙之丙，輾轉究尋，至無可證，則度地所出，增立賦租。"《明史·朱吾弼傳》："廣東稅使李鳳乾没，奸人王遇桂請江南田契，吾弼皆疏論其罪。"清袁枚《新齊諧·陰間中秋官不辦事》："凥上書：'爾等若不信，有螺螄灣田契一紙，當年因殁於館中，未得清付家中。'"《二十年目睹之怪現狀》第一○二回："一個拜匣裏，全是房契田契。"茅盾《子夜》四："〔曾滄海〕把大束的田契、借據、存摺，都往口袋裏塞。"亦稱"田券"。《宋史·侯可傳》:"富人有不占田籍而質人田券至萬畝,歲責其租。可晨馳至富家,發櫃出券歸其主。"清袁枚《隨園隨筆·雜記》:"邵康節宅券用温公戶名,田券用富公戶名。此事若在後人,必以爲托足權門矣。"

【田券】

即田契。此稱宋代已行用。見該文。

【地契】

即田契。其上載明土地的面積、價格等,并由當事人和見證人簽字畫押。繳納稅款并由官府蓋印的,稱爲"紅契",未蓋印的爲"白契"。此稱宋代已行用。《續資治通鑑長編·宋神宗元豐六年》:"詔朱信等罪,以赦除之。後又詣尚書省,自言家有古書可案,取視之,乃唐中和七年地契,後列趙氏族人,有名朗者,指以爲聖祖,其妄若此。"宋鄭剛中《論白契疏》:"買產之家,類非貧短,但契成則視田宅已爲己物,故吝惜官稅,自謂收藏白契,不過倍納而止。"《宋史·食貨志上二》:"初令諸州通判印賣田宅契紙,自今民間爭田,執白契者勿用。"又《宋史·食貨志上二》:"詔:'百姓白契,期三月自陳,再期百日輸稅,通判拘入總制帳,輸送及十一萬緡者,知通推賞,違期不首,及輸錢違期者,許人告,論如律。'"按,2013年7月,甘肅平涼莊浪縣博物館在當地水洛鎮何馬村西南永泉寺南60米處采集到一件北宋磚質買地券,該買地券呈正方形,邊長33.5厘米、厚5.5厘米,正面硃砂紅隱約可見,陰綫刻十一行,文字均陰文楷書,共計一百二十五字。券文明確記載北宋熙寧二年(1069)五月二日,"南瞻部州大宋國德順軍水洛城百姓女弟子毛氏買到西北山下墓田一所"。

【紅契】

"地契"之一種。繳納稅款并由官府蓋印的地契。見該文。

【白契】

"地契"之一種。未由官府蓋印的地契。見該文。

印券

蓋有官印的憑證。《宋史·楊戩傳》:"〔李〕彦天資狠愎,密與王黼表裏,置局汝州,臨事愈劇。凡民間美田,使他人投牒告陳,皆指爲天荒,雖執印券皆不省。"《元史·鐵木兒塔識傳》:"細民糴於官倉,出印券,月給之者,其直三百文,謂之紅貼米。"《續資治通鑑·元順帝至正六年》:"舊法,細民糴於官倉,出印券月給之者,其直三百文,謂之'紅帖米'。"《清史稿·食貨志一》:"凡民人赴回疆領地,皆官給印券,自賣以行。"

印契

古代買賣田宅時經納稅後取得官府蓋印的合法契據。《宋史·職官志七》:"於是亨伯收民間印契及鬻糟醋之類爲錢凡七色。是後州縣有所謂經制錢,自亨伯始。"《康熙字典·子集下·几字部》:"《小宰疏》:'凡要亦是簿書,如今印契,其凡目所最處印之。'"

印票

古代官方頒發的用來租種土地的證券。清計六奇《明季北略·崇禎二年己巳》:"四月十八日,浙江巡撫張延登奏曰:自去歲閩寇闖入浙中……賊先匿大陳山等處山中爲巢穴,僞立頭目,刊成印票,以船之大小爲輸銀之多寡,或五十兩，或三十、二十兩不等，貨未發，結票謂之報水。"《清史稿·宋德宜傳》："又疏言：'沿海居民，以漁爲生，佐賦稅，備灾荒，而利用通商，又立市舶之制。本朝以海氛未靖，立禁甚嚴，近者日就蕩平，宜及此時招携撫恤。沿海居民，以捕魚爲業，商人通販海島，皆許其造船出海，官給印票，仿舊例輸稅，人口商貨，往來出入，咸稽核之。'"清萬維翰《幕學舉要·灾賑》："領賑須預給印票，赴倉領米，驗明即發。"

宅券

房屋所有權的憑證。《新五代史·李崧傳》："〔李〕崧又以宅券獻逢吉。"《宋史·陶穀傳》："初，〔李〕崧從契丹以北，高祖入京師，以崧第賜蘇逢吉，而崧別有田宅在西京，逢吉皆取之。崧自北還，因以宅券獻逢吉，逢吉不悦，而崧子弟數出怨言。"金田錫《故縣別業》詩："九折驅車夢易驚，一廛老計喜初成。園蔬不借將軍地，宅券何勞宰相名。"後世多稱"房契。"《清通典·食貨八》："〔康熙〕十七年增定山東等省房契稅。"

【房契】

即宅券。此稱清代已行用。見該文。

券帖

賬薄、收據之類。《南史·循吏傳·范述曾》："後有吳興丘師施，亦廉潔稱。罷臨安縣還，唯有二十籠簿書，並是倉庫券帖。當時以比述曾。位至臺郎。"宋洪邁《夷堅志》卷一三："後半月，有自天臺來，言提轄者死幾月矣。走卒乃丞相所遣至李氏者，道死於嵊縣。縣人檢屍得其券帖，獨不見丞相書。是日，蓋李得書日也。死卒能致生人書，亦異矣。"宋蘇

舜欽《檢書》："幼辭反知進，故句時自愜。墜亡多玩愛，存聚必券帖。"清李光暎《金石文考略》卷一四："馬券帖，是蘇黃二公爲方叔區處其窮者，讀其券，真有令人愧死處。今時風土偷薄，豈徒朋友道淪落如兄弟骨肉，以財勢欺凌者，何限况兩姓人耶。"《續金瓶梅》第四七回："叫了劉癩來，立了一退親出家的券帖。看個吉日，把金桂削髮，起個法名曰蓮净。"

券給

古代發給服役士卒的一種補助憑證。可據此領取錢物等。《續資治通鑑長編·宋哲宗元祐元年》："每歲春，官司預以券給借錢糧，必以牙儈保任之，及輸入之日驗引交稱。"宋李昴英《再論史丞相疏》："給諫宰掾，朋分雜布，以障蔽人主之耳目，以竊弄人主之威柄，是爲擅國之强臣。科抑太繁而民怨，券給不均而兵怨，扼遏摧沮之過甚而士大夫怨，是爲誤國之奸臣。"《宋史·汪綱傳》："豈若土兵生長邊地，墳墓室家人自爲守邪！當精擇伉壯，廣其尺籍，悉隸御前軍額，分擘券給以助州郡衣糧之功。"又《陳希亮傳》："郴州竹場，有僞爲券給，輸户送官者，事覺，輸户當死；希亮察其非辜，出之，已而果得其造僞者。"

券劑 [2]

契據、憑證。《新唐書·李絳傳》："時江淮大旱，帝下赦令有所蠲弛，絳言：'江淮流亡，所貸未廣，而宫人猥積，有怨曠之思，當大出之，以省經費。嶺南之俗，鬻子爲業，可聽；非券劑取直者，如掠賣法，敕有司一切苛止。'帝皆順納。"宋晁說之《宋故朝請大夫管句舒州靈仙觀騎都尉段公墓誌銘》："公獨閑暇，先會其大數若干，而前期枚處以待之，彼執券

劑，譁然聲軍法來者，乃拱手有德色而去。猗氏之政尚嚴，而終不失古良吏之風。"宋魏了翁《知靈泉縣奉議郎致仕高君載行狀》："凡有涉於爲宰者，輯爲書實，諸坐隅視事窮晨夜受輸者，立得券劑以歸，無復他日所謂寄廊攬納之弊。"元李治《敬齋古今黈》卷六："蓋古法意謂賣者得錢，故輸多；買者已費錢，故輸少。殊不知賣者爲不足，且無所事券劑，故不當輸。而買者爲有餘，且文契須在手，故當輸。至其買賣而無文書，匿物不税，則自是賣者之罪，此豈不爲緻密而詳盡於古乎。"清譚嗣同《仁學》序："爲流涕哀號，强聒不舍，以速其衝决網羅，留作券劑耶！"

散估

古代買賣田宅、牛馬以外的其他物品時，可不立文券，但也須交税百分之四，稱之爲散估。《隋書·食貨志》："晋自過江，凡貨賣奴婢、馬、牛、田宅，有文券率錢一萬，輸估四百入官，賣者三百，買者一百。無文券者，隨物所堪，亦百分收四，名爲散估。歷宋、齊、梁、陳如此以爲常。"明王阳明《再議崇義縣治疏》："縣丞舒富遵照支散估修外。"

當票

亦作"當票子"。當鋪所開的載明抵押物品、抵押銀錢數目、期限的票據。押款人在期限內可憑之贖取抵押品。《紅樓夢》第五七回："你且回去把那當票叫丫頭送來，我那裏悄悄的取出來，晚上再悄悄的送給你去。"清昭槤《嘯亭雜録·阿爾薩》："居官清介，籍没時，其家唯黄連數十斤，當票數紙而已。"《紅樓夢》第五七回："薛姨媽忙説：'那必定是那個媽媽的當票子失落了，回來急的他們找。那里得的？'

湘雲道：'什麼是當票子？'衆人都笑道：'真真是個呆子，連個當票子也不知道。'"曹禺《日出》第四幕："我家没有一個大錢，我口袋裏盡是當票，我用不着小心！"

【當票子】

即當票。此稱清代已行用。見該文。

【質票】

即當票。此稱清代已行用。清紀昀《閲微草堂筆記·灤陽消夏録四》："又失一狐皮半臂，而篋中得質票一紙，題錢二千。"清劉廷璣《在園雜志》卷二："〔佟圖南〕不意一病不起，卒後無以爲殮，唯敝衣數件，質票數紙而已。"

債券

借錢的字據。今稱爲借據。《通志·循吏傳》："師徒還歸，遂焚債券。"元蘇天爵《元朝名臣事略·平章武寧正憲王》："蓋棺之日，稽其家，褚緡不滿二百，而債券積多至十萬。"亦稱"逋券"。《新唐書·裴度傳》："坊使楊朝汶……又獲盧大夫逋券，捕盧坦家客責償；久乃悟盧群券。"宋周密《癸辛雜識别集·安劉》："其人仕至信州李曹，會農寺有逋券四千緡，正在秋廳，安以爲奇貨。"清程恩澤《粵東雜感》詩："五都水旱多逋券，群賈雍容内乏財。"亦稱"賒券"。《金史·毛碩傳》："或爲奸吏盗有實錢，而以賒券輸官，故河東有積負至四百餘萬貫，公私苦之。"

【逋券】

即債券。此稱唐代已行用。見該文。

【賒券】

即債券。此稱金代已行用。見該文。

遺券

前人遺留下來的憑證。宋王君玉《國老談

苑》卷二："張咏鎮杭州，有訴者曰：'某家素多藏，某二歲而父母死，有甲氏贅於某家，父將死，手券以與之，曰："吾家之財，七分當主於甲，三分吾子得之。"某既成立，甲氏執遺券以析之。數理於官，咸是其遺言而見抑。'咏嗟賞之，謂曰：'爾父大能，微彼券，則爲爾患在乳臭中矣。'遂命反其券而歸其資。"《宋史·李周傳》："民有世絶而官録其産者，其族晚得遺券，周（李周）取以還之。"清姚承緒《吳趨訪古録·太倉（鎮洋附）》："國朝錢陛別業。陛字如卿，家世貴盛，謙謹如布衣。兄給諫增没，撫其子如己子。父卒，焚遺券萬金，謂諸昆曰：'吾家所不足者非財也。'及諸子貴，益以盈滿爲戒。"

鈔引

宋代茶、鹽、礬等物的生産運銷由政府管制，政府發給特許商人支領和運銷這類産品的證券，名茶引、鹽引、礬引，統稱"鈔引"。《宋史·食貨志下三》："高宗紹興元年，有司因婺州屯兵，請椿辦合用錢，而路不通舟，錢重難致。乃造關子付婺州，召商人入中，執關於榷貨務請錢，願得茶、鹽、香貨鈔引者聽。"又《職官志七》："茶鹽司置官提舉，本以給賣鈔引，通商阜財，時詣所部州縣巡歷覺察，禁止私販，按劾不法。"宋灌圃耐得翁《都城紀勝·鋪席》："自五間樓北，至官巷南街，兩行多是上户金銀鈔引交易鋪僅百餘家。"《金史·食貨志》："上遂命寶坻、山東、滄鹽每斤減爲三十文，已發鈔引未支者準新價足之，餘從所請。"清魏源《聖武記》卷一四："然鈔引，止憑以取茶鹽香貨。"

茶引

官府發給茶商准許販運、經銷的執照，相當於"賣茶許可證"。始於宋。北宋末到南宋時期，茶引發生了從販運憑證到專賣稅的轉變。茶引鈔面的内容，代表了茶商爲獲取茶葉專賣權而付出的金錢，以及在茶葉銷售中所賺取的利潤。所以，茶引也就具有價值符號的作用，因而可以轉讓、饋贈、買賣，甚至可以代替貨幣。清咸豐以後，茶引制漸廢，爲增加稅收，官府向茶商發行茶票，以票代引，按票納稅。民國時期，由於茶葉生意的繁榮，逐漸衍生了"茶莊"和中國絲茶銀行。宋李心傳《建炎以來朝野雜記甲集·財賦·總論東南茶法》："乃創引法，即汴京置都茶場，印賣茶引，許商人赴官算請，就園户市茶，赴所在合同場秤發。"《宋史·趙開傳》："於是大更茶馬之法，官買官賣茶並罷，參酌政和二年東京都茶務所創條約，印給茶引，使茶商執引與茶户自相貿易。"《元史·食貨志》："春首發賣茶由，至於夏秋，茶由盡絶，民間闕用。以此考之，茶由數少課輕，便於民用而不敷，茶引課重數多，止於商旅興販，年終尚有停閑未賣者。"《明史·食貨志四》："初，太祖令商人於産茶地買茶，納錢請引。引茶百斤，輸錢二百，不及引曰畸零，別置由帖給之。無由、引及茶引相離者，人得告捕，置茶局批驗所，稱較茶引不相當，即爲私茶。"《清史稿·食貨志五》："凡僞造茶引，或作假茶興販，及私與外國人買賣者，皆按律科罪。"

茶由

官府發給茶葉零售商的官方憑證。《元史·食貨志二》："每茶商貨茶，必令賣引，無引者與私茶同。引之外，又有茶由，以給賣零茶者。"《明史·食貨志四》："後又定茶引一道，輸錢一千文，照茶一百斤；茶由一道，輸錢六百文，照茶六十斤。"

鹽引

官府發給鹽商准許經銷官鹽的執照。初名"鹽鈔"。《宋史·食貨志下五》："今朝廷更不降鹽鈔，只令漕司認發歲額，則漕司自獲鹽息，折米招糴之弊皆去矣。"《宋史·蔡京傳》："盡更鹽鈔法，凡舊鈔皆弗用，富商巨賈嘗齎持數十萬緡，一旦化爲流丐，甚者至赴水及縊死。"宋政和三年（1113）宰相蔡京改行引法，改稱"鹽引"，元、明、清沿用。《元史·刑法志三》："諸僞造鹽引者斬，家產付告人充賞。失覺察者，鄰佑不首告，杖一百。商賈販鹽，到處不呈引發賣，及鹽引數外夾帶，鹽引不相隨，並同私鹽法。鹽已賣，五日內不赴司縣批納引目，杖六十，徒一年，因而轉用者同賣私鹽法。"《清史稿·李渭傳》："乾隆九年，擢山東鹽運使，時議增鹽引，渭以增引則商不能賠，必增鹽價，商、民且兩病，持不可。"

【鹽鈔】

即鹽引。此稱宋代已行用。見該文。

鹽票

清代由地方官府發給鹽商的運銷官鹽的憑證。雍正《陝西通志·鹽法》："榆林府所屬魚河一堡，綏德州一州，并所屬米脂一縣，歲額領鹽票共貳萬零陸百陸拾肆張，每票鹽壹百斤。"雍正《四川通志·鹽法》："今雖暫行鹽票，商民甚爲相安，總無虧於正稅。"

懸券

以物抵押貸款的文券。《南史·臨川靖惠王宏傳》："帝後知，制懸券不得復驅奪，自此後貧庶不復失居業。"清袁枚《寄答存齊先生一百韻》："懸券逢簫薄，傭書敵闕迁。"

手模

按在契券、供狀及其他文書上的指紋印。宋趙明誠《金石錄》卷二〇："元祐間，余侍親官徐州時，故郎官趙竦被旨開呂梁洪，挈此石隨行。已斷裂，用木爲匣貯之，竦尤珍惜，親舊有求墨本者，必手模以遺之。竦殁，今遂不知所在。"元馬致遠《任風子》第三折："將手帕鋪在田地，就着這水渠中，插手在青泥內，打與你個泥手模，便當休離。"《元史·刑法志·戶婚》："諸出妻妾，須約以書契，聽其改嫁，以手模爲徵者，禁之。"

存摺

銀行發給存款人作爲憑證的小本子。據文獻記載，我國歷史上最早的信用機構是南北朝時期由僧侶經營的"質庫"，是後來典當行的雛形。到了唐朝中葉出現了"櫃坊"等，憑證有相互約定的實物，爲單紙或摺紙式的單筆往來的記錄，這就是"存摺"的前身。錢莊摺叠式的存摺，大小如同現在的公交本票。比較精緻的外加硬紙板做的抽插式封套，套子外邊還用各色布料包貼裝飾得很美觀。有的封面上運用了燙金工藝。展開存摺可以看到右上角由發證一方交付粘貼的每枚壹至貳角的印花稅票，還有從右到左縱式排列用工整秀麗的毛筆字體記載的存取日期和款項。這就是中國傳統的書寫工具和約定俗成的書寫形式。拉開來看，那齊整勻稱的摺叠形式，讓人很自然便產生意會，故稱其爲"存摺"。在早期的銀行裏面，銀行櫃員會用手寫下交易的日期和款項、最新的存款結餘，并簽下記號或印章。隨着金融市場化，存摺普及得如同貨幣一般，而根據用途不同，存摺的種類也是多種多樣，如活期存摺、定期存摺、醫保存摺，等等。客户則可通過自動櫃員機、自助印表機（類似自動櫃員機），或直接到銀行分行利用小型點陣印表機或噴墨印表機來更新銀行存摺。《二十年目睹之怪現狀》第二回："好歹你親自到南京走一遭，取了存摺，支了利錢寄回來。"鄭觀應《盛世危言・開源三・銀行上》："得一元則存一元，餘兩元則存兩元，該銀行予以存摺，隨時可支。"曹禺《北京人》第二幕："這是思懿天天想偷看的銀行存摺。"

飛錢

唐憲宗時，商業雖然發達，但由於錢幣缺乏，各地政令禁錢出境。因此各地在京師的商人，便將所得之錢，交付各地駐京的進奏院及各軍、各使等機構，或交各地設有聯號的富商，由機構、商號發給半聯票券，另半聯寄往在各道的有關機構及商號。商人回到本地後，合對票券取錢，此種票券稱爲"飛錢"。《舊唐書・食貨志下》："又奏，商人於户部、度支、鹽鐵三司飛錢，謂之'便换'。"宋戴表元《辛卯除夜》詩："碧玉千壺喧坐次，紅牙六博鬥飛錢。頭顱雪白心情在，聽説承平一惘然。"《元史・食貨志一》："鈔法：鈔始於唐之飛錢、宋之交會、金之交鈔。其法以物爲母，鈔爲子，子母相權而行，即《周官》質劑之意也。"《文獻通考・錢幣考一》："自是河東錫錢皆廢。自京師禁飛錢，家有滯藏，物價頓輕。"明丘濬《大學衍義補・制國用・銅楮之幣（下）》："唐憲宗時，令商賈至京師委錢諸路進奏院及諸軍諸使，

富家以輕裝趨四方，合券乃取之，號'飛錢'。"

【會票】

即飛錢。此稱明代已行用。《崇禎實録》卷一六："户部尚書倪元璐上言：'内發鈔式，命臣詳議鈔法。度一歲有五十萬之入，籌國長計，孰便於斯！或以久廢乍復，人則駭之；不知此即民間之會票也。宋時，謂之錢引。終元之世，錢法不行，尚爾用之不匱。况復化裁通變，稽古宜民乎！'"明黄宗羲《明夷待訪録・財計二》："按鈔起於唐之飛錢，猶今民間之會票也，至宋而始官制行之。"清顧炎武《日知録》卷一一："鈔法之興，因於前代未以銀爲幣，而患錢之重，乃立此法。唐憲宗之飛錢，即如今之會票也。"清馮桂芬《用錢不廢銀議》："今山西錢賈，一家輒分十數鋪，散布各省。會票出入，處處可通。何妨仿唐宋遺意，令西商轉换，則輕賚更捷，而無官爲置務之繁。此亦一法也。"亦稱"匯票"。清李鴻章《接濟臺防要餉片奏摺》："據葉文瀾電復：可派夥潛度携帶匯票向臺北各商收繳劉銘傳營中濟用。"清惲毓鼎《澄齋日記》："接延平信並銀元匯票，兩次合銀五百兩，項節婦存款也。"清李宏齡《山西票商成敗記・成都票幫公啓》："今幸京都各位發起提倡開設山西銀行，真是急不待緩之事，成都同人再三研究……至總理公舉渠楚南京卿，人品、財産合格之至。匯票一業，關係我全晋命脉，如此趁此向幫名譽全美之時提倡，况大清銀行尚在萌芽幼稚，再若遲遲誤過，追悔莫及，若不設法維持，誠恐日後江河日下。"清鄭孝胥《癸巳日記・光緒十九年》："晨，發詞訟月報及荃臺、秋樵書。仲絜來，交匯票與之。"《活地獄》第二二回："所餘的官囊，亦早由錢莊上，

托了周家口的匯票莊匯了回去。家眷並無多人，就是一位太太，亦是久已回去的了。"

【匯票】

同 "會票"。此體清代已行用。見該文。

莊票

舊時載有一定金額并可兑現的信用票據，由錢莊、銀行或金融業的商户、當鋪、地方商會等機構發行。流通範圍僅限於發行者所在地的某一狹小範圍。少數大錢莊發行的莊票可跨區域流通。莊票分即期莊票和遠期莊票，即期莊票見票即付款，遠期莊票未到期時可流通，與現金無异，亦可到錢莊貼現，到期總能付現。莊票采用無記名式，可代替現金在市面流通。莊票長約六寸，寬約四寸。紙上印有淺緑或黄色花紋；正中寫面額，既可寫銀兩，亦可寫銀元；右行寫莊票的號數；左行寫兑付的日期。箝口印（騎縫章）蓋在正中留底騎縫處。年份花章蓋在左上角。莊章蓋在面額上。有的莊票蓋有匯劃圖章，表示這張莊票衹能由同業當日匯劃。莊票的萌芽約出現在北宋大中祥符年間，形成於清代前期，高峰出現在民國時期，中華人民共和國成立後，莊票逐漸退出流通領域。清許楣《鈔幣論》："鈔始於唐之飛錢，仿於宋之交子。皆以紙取錢。皆良法也……故宋之交子，莊票之始也。一變而爲會子，失信後時之票也。再變而爲元之孤鈔，存母取子而歲易之票也。至明而爲廢票矣。毁其廢票，效其廢票，則貧子之票也。明效之而不行。今而效之，是亦貧子之票而已矣。"《二十年目睹之怪現狀》第七回："我接來順手拆開，抽出來一看，還没看見信上的字，先見一張一千兩銀子的莊票，蓋在上面。"《市聲》第二五回："〔陳

太史與步青〕彼此約定，告别。一時步青送到二千銀子莊票。陳太史馬上就到常宫保公館，告知此事。"《海上花列傳》第六回："仲英乃一古腦兒，論定價值，先付莊票一紙，再寫個字條，叫洋行内把所買物件送至後馬路德大匯劃莊，即去收清所該價值。"民國蔣芷儕《都門識小録摘録》："某京員以一萬金莊票賄某貴族，許調優差，該票已送某貴族之妻收入矣。"

票號

晚清時由山西人經營的介於錢莊與銀行之間的金融組織。總號般設於北京，分號遍於各省市。以匯兑爲主要業務，所發莊票隨處皆可匯付。後期也進行存放款等業務。由於西方銀行模式引入中國，各票號總號的股東決策失誤，再加上辛亥革命爆發，以公款業務爲支柱的票號生意頓時斷流，成爲殉葬品。1914 年 10 月，票號界鼻祖的日昇昌宣告破産。緊接着山西二十二家票號，除大德通、大德恒、三晋源、大盛川等四家票號外相繼倒閉。這四家票號，在延續了二三十年後，也最終倒閉。1915 年 6 月，陳光甫在上海創辦的第一家與國際金融慣例全面接軌的 "上海商業儲蓄銀行" 誕生。清《福建省例・船政例・酌定商船購運浙省多餘豆石回閩售賣章程》："應請嗣後責令鄞縣將慎給過船商姓名、票號、豆數及行伴居址、互保各結、出口日期、運往處所，按月造册五套，同結送司，詳諮閩省，並請責令閩省地方官將船商繳到本司所頒聯票戳角開册，按月繳送閩省撫憲諮浙查銷。"徐珂《清稗類鈔・農商類・京師錢市之沿革》："至宣統時，銀圓之勢力，幾駕現銀而上之。至於錢票，則因上述之弊端，且當政府濫鑄銅圓，日漸消滅。銅圓既充塞於

市，大個兒錢、沙巴兒錢亦歸淘汰。致票號之銀票，雖有關兌匯，不能掃除，然既有銀行之鈔票，則其範圍亦自縮小矣。是時也，可稱銀圓與生銀、鈔票與票號銀票消滅之時代也。"又《山西票號之沿革》："山西票號雖創於明季，乾嘉以後始漸發達，同、光間則爲鼎盛時代。宣統以前姑置勿論，在宣統時票號凡二十二，此中有天順祥者其主人爲雲南幫，餘二十一皆山西幫，二十一家之中又分爲三幫，三幫者祁、太、平是也。"又："日昇昌爲票號中之創設最先者，最初營業爲顏料行，西幫人名之曰西綠，其在漢口、重慶等處者尚售西綠，買賣批發，不忘本也。道光初改匯兌業，至同、光間營業遂爲同行之冠，設立分號有二十四處之多，各省幾無不有日昇昌招牌，其中堅在漢口，蓋亦經營於南而不於北也。"

【票莊】

即票號。此稱清代已行用。清陳恒慶《諫書稀庵筆記》："有史松泉者，家貲數十萬。其取利之法，每月外省解餉，必有費，兼有解匯票莊銀券者，則仍暗存票莊生利。經承一任六年，則富甚。"清李宏齡《山西票商成敗記》："宏自幼肄業票莊，目睹時局至此，非改組銀行，無以收權利平等之效。"清诞叟《檮杌萃編》第一六回："賈端甫因爲有點宦囊，也同任天然一樣想在上海存放存放，日昇昌是他老交易的票莊，在席上就同袁子仁約略說了句：'且明日奉訪，有事商量。'"瞿兌之《人物風俗制度叢談》："值洪楊亂起，南七省用兵籌餉，急如星火，而道路梗塞，轉運艱難，國家以票行可靠，於是軍餉丁糧胥由匯兌，亦多歸票莊承辦。"徐一士《近代筆記過眼錄》："以故外官任優缺者，歲時饋送京官，曰'冰敬'，曰'炭敬'。陛見後出京者，尚留別敬。致送者多由匯銀之票莊，按門呈交。故京官一見票莊商人名片投謁，則倒屣相迎。"

【匯兌莊】

即票號。此稱清代已行用。夏仁虎《舊京瑣記》卷九："匯兌莊亦曰票莊，皆山西人，交游仕宦，最爲闊綽。有外放官吏，百計營圖以放款，即京官之有外任資格者亦以奇貨居之，不惜預爲接濟，然失敗者亦往往而有。"《官場現形記》第三四回："銀子可以由匯兌莊匯去，棉襖棉褲不能不自己帶去。好在沿途都有地方官派人照料。"《文明小史》第二六回："書童呆了一呆，不知他少爺是何意見，朝外便走。濟川隨後走出，果然是匯兌莊上的夥計。當下問明了濟川名號，與信面合符，然後交出。"《海上花列傳》第三回："〔洪〕善卿出了公陽里，往東轉至南畫錦里中祥發呂宋票店，只見管賬胡竹山正站在門口觀望。"吳越注：呂宋票店，票店，也叫"票號""票莊""錢莊"或"匯兌莊"，是當時銀行業興起之前的一種信用機構，主要經營匯兌、存款、放款業務。"呂宋"在當時有兩種意義：一指菲律賓的呂宋島，一指西班牙。呂宋票店，可能是字型大小叫"呂宋"的票號，也可能是資金、業務跟菲律賓或西班牙有關的票號。

錢莊

在中國數千年的社會發展中，長期存在着多元化貨幣制和多種貨幣混合流通的狀況。貨幣兌換業務早在春秋戰國時期已經存在，但正式的兌換業務則自西漢開始出現，到唐宋始由金銀店、櫃坊等兼營之。元及明初，政府欲專行紙鈔，而民間仍用銀錠和銅錢，這樣以來，銀、錢、鈔三品并行，由多種公私機構、商號兼營兑換業務。明正統年間，大明寶鈔貶值，政府放鬆用銀禁令，銀錢始公開流通。此後，由於私錢龐雜，銅錢輕重不一、成色各異，制錢、私錢、白錢等錢幣名類繁多，比價差異大，變動多，這就促使了兑換業務的發達，於是出現多種公私機構、商號專營貨幣兑換的金融組織，稱爲錢莊。嘉靖八年（1529），朝廷下令禁止販賣銅錢，這就導致了經營貨幣兑換業務的錢莊"私相結約，各閉錢市，以致物價翔踊"。明萬曆五年（1577），皇帝批准設立錢莊，是爲錢莊法定之始。至明末，錢莊已發展成爲一種獨立經營的金融組織，是後期銀行的雛形。明代建成的錢莊，延續到清代。清以銀兩爲主，兼用制錢，晚期加上了銀元、銅元和紙幣。這五大類貨幣之間及其本身就有多種成色、版別、折價、鑒定、公估、兑換行情及地區差價等的計算行用，可謂複雜多變。清初四朝，錢莊除包攬兑換外，還做存放匯和保管保證等業務，并發行錢票和其他票券，成爲該期的主要金融機構。嘉慶、道光年間，清廷内憂外患，財政困難，市場不佳，錢莊多有倒閉。咸豐年間，京滬多地錢莊大批倒閉。清末民初，在外國銀行扶植下纔又興盛起來，成爲外商銀行勢力進入内地的工具。民國初年，在沿海地區，特别在五口通商地區，錢莊、外國銀行、本國銀行成三足鼎立之勢。隨着錢莊地位的下降，特别是1933年實行廢斤兩改元角後，錢莊在業務上的好處所剩無幾，到全面抗戰時期已奄奄一息。1945年抗戰勝利後，錢業又重燃發展起來。1947年10月16日，上海、南京兩地錢業發起

"民國錢商業同業公會聯合會"成立大會，但隨着内戰的爆發，錢莊每况愈下，除在中小城市和農村還有信用活動外，在大城市僅能苟延殘喘。中華人民共和國成立後，錢莊多數停業。上海少數未停業的錢莊則與私營銀行、信托公司等一起組成公私合營銀行。錢莊從明朝中葉開始設立，先後歷經五百餘年，直到1952年結束。它以上海爲中心，江浙爲兩翼，長江中下游地區爲基地，兼及平津、閩廣、川陝等地區。其主要業務爲吸收存款，代收票據，經營放款，發行兑換券、莊票、銀錢票，憑票兑換貨幣，承兑兩地聯號匯兑的會票，經營金銀買賣，鑒定金銀、核定其價格，進行證券、公債、花紗布投機，等等。錢莊對中國金融業的發展具有重要影響。宋程公許《借東溪巷錢莊寓居》："蕩蕩青天隔九門，携孥飄泊此江村。漁蓑且當青綾被，賜酒何如老瓦盆。"清袁枚《續子不語·温元帥顯靈》："陽湖令潘本智之太翁用夫開錢莊，忽失銀千金，仁和令李公學禮親爲踏勘，於灰中查出六百金……"清李鴻章《論維持招商局（光緒三年九月二十九日）》："其計固甚狡毒，而我局欠找旗昌尾款，挪借錢莊各項，爲數尚鉅。"《商界現形記》第六回："却説周子言周三，别過了崇茂錢莊的第一天接手的擋手杜筱岑，心裏一百二十分的高興，想道：氣運紅起來，只這樣的順溜。"民國翊勛《蔣黨内幕》："在上海金融界（錢莊業），有四幫：江蘇的蘇州幫與鎮江幫，浙江的寧波幫與紹興幫。從錢莊發展到銀行，鎮江幫勢力較大，在大錢莊中（匯劃莊）則寧波幫居優勢。"

【錢鋪】

即錢莊。此稱宋代已行用。宋韋驤《算錢

鋪》詩：“里名勝母曾車止，邑號朝歌墨取還。我領漕權來此坐，不唯自哂且賴顏。”《金瓶梅》第九三回：“馮金寶收淚道：‘……昨日聽見陳三兒說你在這裏開錢鋪，要見你一見。不期你今日在此樓上吃酒會見一面。可不想殺我也！’”雍正《浙江通志·錢法》：“上諭：錢爲國寶，固貴流通，以利民然，必權衡輕重……曉諭之後，仍有出於一千文之外者，即將錢鋪之人查出治罪。”《清朝文獻通考·錢幣考四》：“蓋因兌換之柄操於錢鋪之手，而官不司其事，故奸商得任意高昂以圖厚利。”清翁同龢《翁文恭軍機處日記·1883年》：“寄步軍、順天、五城：錢鋪關閉日多，懷塔布請嚴互保，恩麟請飭限開發，着查明妥辦。”

【錢號】

即錢莊。此稱清代已行用。清黃以周等《續資治通鑑長編拾補·徽宗》：“蔡京夤緣交結閹寺，遂致超顯，招權怙勢，氣焰可炙，出入禁闥無時而衛士莫敢呵止，侵移內帑無數而有司不得會計。其所請錢號，爲收買花石進奉之物，其實盡以入己，自初至今，不知其幾千萬數。”

【兌店】

即錢莊。此稱明代已行用。明范濂《雲間據目鈔》卷二：“行使假銀，民間大害，而莫如近年爲甚……昔猶潛蹤滅迹，今則肆然無忌矣。甚至投靠勢豪，廣開兌店，地方不敢舉，官府不能禁。此萬姓之所切齒也。”民國郁慕俠《上海鱗爪》：“各銀行和各錢莊也都裝上柵子，不過他們的裝柵有兩層意思……且銀行、錢莊所裝之柵，或用燦爛發光的黃銅，或用黝亮雅致的古銅，和烟兌店等黑越越的鐵柵則又截然不相同了。”

【錢肆】

即錢莊。此稱唐代已行用。唐楊嗣復《論龐勛贓罪議》：“龐勛贓貨之數，爲錢肆百餘千，其間大半是枉法。據贓定罪，合處極刑。雖經赦恩，不在原免。伏以近日贓吏，皆蒙小有矜寬。類例之間，慮須貸死。”宋岳珂《鄂國金佗續編·天定別錄卷二》：“當司除已承都統制司摽撥錢肆阡貫文，委官建立廟宇外，須至公文，牒請照會。”明陸粲《庚巳編》卷二：“解庫中失金首飾，美人指令於城西黃牛坊錢肆中尋之，盜者以易錢若干去矣。”清富察敦崇《燕京歲時記·十二月·紅票兒》：“錢肆，取錢之帖謂之票子。每屆歲除，凡富貴之家以銀易錢者，皆用彩箋書寫，謂之紅票兒。亦取其華美吉祥之意。”清俞樾《右臺仙館筆記》卷四：“漢口一錢肆中，以錢一千置錢版上，轉瞬間並版失之。時無他人，唯一婦在櫃前小立而去。乃使數人分東西追尋，果遇之於隘巷，方傾錢入袖中，猶未盡也。即拉之歸，盡取其錢。”

【錢桌】

即錢莊。此稱清代已行用。清計六奇《明季北略·崇禎十六年癸未》：“搗錢造鈔：從來京師錢價，紋銀一兩，買錢六百，其貴賤只在零十與二十之間。自崇禎踐祚，與日俱遷。至十六年，賣至二千矣。夏秋間二千幾百矣。宣問賤之所由來，云私錢摻入過多。乃於九門特點御史九員督理其事，街衢錢桌，有私錢一文笞，二文徒，三文遣，四文外斬矣。其價限定一兩六百，多一文亦斬。”《醒世姻緣傳》第一〇回：“兩個把與晁大舍看了，只得一一應承，差了人各處當鋪錢桌，分頭尋覓足色足數金銀，分文不少，托得二人交付進去。”《歧路燈》第六〇回：“夏逢若開了抽斗，取了銀子，到老郭錢桌上換了制錢，分成六分兒，夏逢若一分，房子一分，夏母一分，其餘貂鼠皮、白鴿嘴、細皮鏈各得一分。"

【錢攤】

即錢莊。此稱清代已行用。清翁同龢《翁文恭軍機處日記·1884 年》："方學伊奏嚴禁錢攤並將地面官參處等處，著查禁。"清《咸豐朝實錄》卷三五五："於獲案後，加等治罪。仍嚴禁販錢出城，並查拏私設錢攤之人，以重圜法而利民用。"《冷眼觀》第一一回："那山西人咬牙切齒的嚷道：'咱們同他是甚麼好朋好友？被這混帳行子，弄甚麼廣東抓錢攤，騙掉了幾百個洋錢，還把咱們的生意鬧丟了。今天咱們遇見面，非進巡捕房不可！'"

【錢店】

即錢莊。此稱清代已行用。清《光緒朝實錄》卷一四九："鄴都縣知縣何詒孫，縱門丁趙二開設錢店茶館，爲通賄之路。用林標爲九輪總役，遇案勒錢，致大堂縊死一人。於條糧擡高銀價，兩年浮收萬金。"清李岳瑞《悔逸齋筆乘》："戊午科場案後，又有官錢店虧空一案。肅順方長戶部，主窮治曹郎，多入獄者。"清梁恭辰《北東園筆錄·雷州太守》："羅茗香曰：道光九年在京師閱邸抄，有部選雷州知府某，行至高郵，遇雷震死，滿洲人，禮部司員出身。因詢之，禮部主事劉申甫丈據云：'此人係同僚，死晚矣。初選知府時，唯挈妻出都，而置瞽母於京師。托言資斧不足，俟到任即遣人迎養。且言所住屋已給房租三年，並有經折可向某錢店按月取錢數千，爲養贍。其瞽母無如何，亦遂聽之。乃去甫一月，而房東即來催租，某錢店亦不復發錢，始知房租僅給過一月而錢店亦止存錢數千也。其母飢寒交迫，晝夜哭泣，此等逆子不死，尚有天理乎？'"

【銀號】

即錢莊。華北、東北各地習慣於稱錢莊爲銀號，在長江中下游及東南各地，則錢莊、銀號兩種名稱都有。此稱清代已行用。清丁日昌《奏請將辦理臺灣輪路經費移辦鐵甲船一案歸南北洋大臣督辦摺》："臺灣既無承辦鐵甲船之洋商，亦無匯兌出洋之銀號。現甫舉辦陸電綫，與海電綫亦不相通。"清薛福成《庸庵筆記》卷三："然和珅花園及其珠玉寶玩等類，亦最爲精華所萃，當時尚無估價，再合之地畝八千餘頃，及隨後查出當鋪銀號之資本，其數亦已不貲，豈實有數萬萬兩之多，而薩彬圖尚以爲少耶。"清佚名《清代之竹頭木屑》："後某公至津，一日忽出銀票一紙凡千金，遍覓其取銀之肆不得，托人詢之，人視之，乃不著名之小銀號也。"《三俠劍》第二回："侯爺說道：'估衣鋪，新衣莊，銀號等全都有，這乃是省城。'"

第十章 錢糧賦税説

第一節 錢款名類考

　　中國是世界上最早使用錢幣的國家之一，使用錢幣的歷史長達五千年之久。錢，本農具名，古代可用以交易，故最早曾仿其形狀鑄爲貨幣。《説文·金部》："錢，銚也。古田器。从金戔聲。《詩》曰：'庤乃錢鎛。'"錢，在古代亦稱"泉"，取其流動之意。《集韻》："貨，泉也。其藏曰泉，其行曰布。取其流行無不遍也。"朱駿聲《説文通訓定聲·乾部》："古者貨貝而寶龜，周太公立九府圜法，乃有泉；至秦廢貝行錢。"又《周禮·地官·泉府注》："泉，或作錢。"因此，古代的錢亦稱"貨泉"。王莽時期，"貨泉"便成爲錢幣的名稱。《漢書·食貨志下》："天鳳元年，復申下金銀龜貝之貨，頗增減其賈直。而罷大小錢，改作貨布……直貨泉二十五。貨泉徑一寸，重五銖，文右曰'貨'，左曰'泉'，枚直一，與貨布二品並行。"《晉書·食貨志》："日中爲市，總天下之隸，先諸布帛，繼以貨泉，貿遷有無，各得其所。"唐陸贄《均節賦税恤百姓六條》："先王懼物之貴賤失平，而人之交易難準，又立貨泉之法，以節輕重之宜。"《遼史·食貨志下》："遼之方盛，貨泉流衍，國用以殷。"清許光治《黿鼃人》曲："榆筴賒春驕貨泉，柳帶禁寒貪乞棉。"

貨幣一般由金、銀、銅、鐵等金屬充當。古代金銀一般
形狀和重量并不固定，成色和純度也不統一，使用時要臨時
稱量和估價，因此使用起來并不方便。普通人日常所用的一
般是銅、鐵等金屬鑄成的、形狀和重量都統一的貨幣，這種
貨幣是一般意義上的錢。金銀價值很大，一般衹用於買貴重
的東西，如用於日常消費，則一般須先換成銅錢或鐵錢再使
用。銅錢或鐵錢價值較小，買價值比較大的東西時，用的錢
很多，單枚的錢數起來不方便，因此人們往往用繩每百枚串
成一串，每串作爲一個計量單位。有時一串錢不够一百枚，
也當一整串錢使用，這樣的一串錢稱爲“短陌”或“短錢”，
相應的，數目够一百的，就稱爲“長錢”。

楚布幣

歷代以來錢有很多的名稱，如“鍰”“鎈”“錒”“賿”“金錢”等，强調錢是由金屬鑄
成的；“財幣”“金財”“財貨”“錢幣”等，强調錢可以購買其他東西，是財富的象徵。

錢在使用過程中總是有磨損，天長日久，錢的重量就不够標準了，但這樣的錢往往也
當作足重的錢使用。後來，國家鑄錢有時有意地鑄造不足重的錢，尤其是一個王朝的末
期，統治者想從百姓身上搜刮財富時，往往這樣做，而也往往造成物價的劇烈波動。因
此，很多時候，百姓并不信任錢的購買力。當物價劇烈波動時，百姓一般用糧食、紡織品
等日用品作臨時貨幣進行商品交換。其中，帛是一種常見的絲織品，以價值大、重量輕、
携帶方便，兼具實用價值，成爲臨時貨幣的代表，即使物價不劇烈波動，它也可以和錢并
行使用。因此，帛有時也用來泛指財物，如“錢帛”“財帛”。

根據使用領域不同，錢可以分爲很多種。國家以賦税的形式收上去，儲存在國庫中，
用於軍隊、官員俸禄、賑灾等的錢，稱爲“官帑”；收入皇宫中，主要由皇帝支配的錢，
稱爲“禁財”；運送糧草時，運輸途中的損耗、民工的運費官府以糧支付，部分糧食折價
成銀兩，叫作“輕賷銀”；百姓手中的閑錢，稱爲“長錢”；用於買酒的錢，稱爲“杖頭
錢”等。

金錢

本指金屬鑄成的貨幣。後泛指一切形式的貨幣。《管子·輕重戊》："彼金錢，人之所重也。"《史記·吳王濞傳》："寡人金錢在天下者，往往而有。"省稱"金""錢"。《國語·周語下》："景王二十一年，將鑄大錢。"韋昭注："錢者，金幣之名，所以貿買物通財用者也。古曰泉，後轉曰錢。賈侍中云，虞夏商周金幣三等，或赤、或白、或黃，黃爲上幣，銅鐵爲下幣。大錢者，大於舊，其賈重也。"《漢書·淮陽憲王傳》："復使人願尚女，聘金二百斤。"亦稱"財幣"。《漢書·司馬相如傳》："夫使諸侯納貢者，非爲財幣所以述職也。"《後漢書·高句驪傳》："生子長大然後將還。便稍營送終之，具金、銀、財幣，盡於厚葬，積石爲封。"

明魯荒王墓出土金幣

【金】[2]

即金錢。此稱漢代已行用。見該文。

【錢】

即金錢。此稱漢代已行用。見該文。

【財幣】

即金錢。此稱漢代已行用。見該文。

【泉金】

即金錢。此稱先秦時期已行用。《管子·輕重丁》："故君謹守泉金之謝物，且爲之舉。"又，"功臣之家，人民百姓皆獻其穀、菽、粟、泉金歸。其財物以佐君之大事，此謂乘天菑而求民，鄰財之道也。"漢印有"富貴成，泉金盈，賈市利，日將贏"之句。

【鍰】

即金錢。此稱宋代已行用。《廣韻·平刪》："鍰，錢也。"清倪模《古今錢略·古幣》："鍰亦訓錢。"亦稱"鎈""錻"。《廣韻·平麻》："鎈，錢異名。"《龍龕手鑑·金部》："錻，錢也。"明徐渭《論中四》："夫論媒者貴許婚，勸貸者貴出錻。"清錢泳《履園叢話·景賢·書周孝子事》："檢隨身物，凡值一錢半錻者，悉付質庫，得錢一千餘文。"亦稱"膠"。《廣韻·平肴》："膠，謎語云錢。"《類篇·貝部》："膠，廋語謂錢曰膠。"

【鎈】

即鍰。此稱宋代已行用。見該文。

【錻】

即鍰。此稱宋代已行用。見該文。

【膠】

即鍰。此稱宋代已行用。見該文。

【錢幣】

即金錢。此稱漢代已行用。《漢書·食貨志下》："於是天子與公卿議，更造錢幣以澹用。"《魏書·高崇傳》："鹽鐵既興，錢幣屢改，少府遂豐。"明蔡清《四書蒙引·告子章句上》："幣帛，大抵凡綾羅絹緞之類，及銅錢貨物皆幣也。故又謂之錢幣。又曰公卿議錢幣，錢幣蓋通名，帛只是其一端。錢自太公九府圜法便有。"清黃宗炎《周易象辭·尋門餘論》："昔爲田舍翁者，樂其有錢幣。"

公幣

公有錢幣，貯藏於國庫中。《管子·輕重七》："然後調立環乘之幣。田軌之有餘於其人食者，謹置公幣焉。"宋王十朋《論韓仲通俞良弼劄子》："及治四明，最無善狀，專用公幣交結。"亦稱"公帑"。《新唐書·薛仁貴傳》："城中兵寡，平悉公帑、家貲募鋭卒二千迎戰。"《明史·沈鯉傳》："外城陵垣多所繕治，費皆取公帑。"

【公帑】

即公幣。此稱唐代已行用。見該文。

【府帑】

即公幣。此稱漢代已行用。《漢書·匈奴傳下》："上由是難之，以問公卿，亦以爲虛費府帑，可且勿許。"顏師古注："府，物之所聚也；帑，藏金帛之所也。"《後漢書·杜篤傳》："是時孝武因其餘財府帑之蓄，始有鉤深圖遠之意。"《太平御覽》卷二三二引《唐書·官品志》曰："太府卿位視宗正，掌金帛、府帑，統右藏令。"亦稱"府幣"。宋陳祥道《禮書·幣帛》："凡賓客贊祼、凡受幣之事大，府幣餘之賦以待賜予。"《欽定大清會典》卷三二："逾百歲者，賞銀十兩，内府幣一。百有十歲者倍之，百二十歲以上者請旨加賞。"

【府幣】

即府帑。此稱宋代已行用。見該文。

杖頭錢

因常將錢用繩串起挂於杖頭故名。唐賀知章《行路難》詩："但願親友長含笑，相逢莫乏杖頭錢。寒夜邀歡須秉燭，豈得容思花柳年。"唐岑參《卜肆》詩："君平曾賣卜，卜肆蕪已久。至今杖頭錢，時時地上有。"元許有壬《代書寄可行弟》詩："漢川雲夢有租田，今歲應逢大有年。約束諸僮公出納，羨餘留糴杖頭錢。"亦稱"杖頭資"。明劉永澄《臘月四日（家大父

生辰）》詩："湖鄉臘月轉春姿，繞膝斑衣映壽眉。帝寵漫論車後載，家貧差給杖頭資。定開竹徑延諸老，笑對梅花遣一卮。客散酒闌燈下坐，分甘心應對天涯。"清趙曾望《江南趙氏楹聯叢話》卷下："裱褙工成，遣棧傭捧送山寺。秋崖顧之色喜，犒以青蚨百翼，作杖頭資焉。"清俞樾《右臺仙館筆記》卷三："士子讀書，當知義命，萬無夤緣幸進之理。承惠銀兩，暫充杖頭資。願此後努力下帷，以求上進，勿圖僥倖，致犯刑章。"《儒林外史》第一八回："謹擇本月十五日西湖宴集，分韻賦詩。每位各出杖頭資二星。"省稱"杖錢"。明顧夢游《社集天界循公房》詩："杖錢曾不繫，隨意乞香厨。"

【杖頭資】

即杖頭錢。此稱明代已行用。見該文。

【杖錢】

"杖頭錢"之省稱。此稱明代已行用。見該文。

長錢

閑錢。"長"，多餘之意。晋葛洪《抱朴子·微旨》："取人長錢，還人短陌。"《隋書·食貨志》："京師以九十爲百，名曰長錢。"《宣和遺事》前集："徽宗遂入茶坊坐定，將金篋内取出七十足百長錢，撒在那桌子上。"亦稱"荒銀"。明周履靖《錦箋記·草奏》："荒銀五兩，聊充路費。"

【荒銀】

即長錢。此稱明代已行用。見該文。

典錢

通過典當物品換來的錢財。唐白居易《雪中晏起》詩："窮陰蒼蒼雪雰雰，雪深没脛泥埋輪。東家典錢歸碾夜，南家糴米出凌晨。"《舊

唐書·職官志》："臺省要職以加位爲榮，亦有遺主典錢帛者。"宋朱熹《二程遺書·楊遵道錄》："先生在講筵，嘗典錢使。諸公因問，必是俸給大段不足，後乃知到任不曾請俸。"

金財

多指金錢財貨。後亦作貨幣的泛稱。《管子·制分》："聰耳明目，不爲愛金財。"《三國志·蜀書·先主傳》："中山大商張世平、蘇雙等，貲累千金，販馬周旋於涿郡，見而異之，乃多與之金財。"亦稱"金資"。唐韓愈《送惠師》："囊無一金資，翻謂富者貧。"元潘省元《起坐嘆》："丈夫七尺軀，而無一金資。内懷千年意，外有萬里思。"清吳偉業《綏寇紀略·通城擊》："以五十金資之，西人築樓櫓爲守望。"

渤海國遺址出土隋五銖錢

【金資】

即金財。此稱唐代已行用。見該文。

挑錢 [1]

指人死後，挂於門外出喪牌上用黃紙剪成的錢。根據死者年齡每歲一張。明沈榜《宛署雜記》卷一七："初喪三日，出喪牌挂錢門外，計死者之壽，歲一張，曰挑錢。"

挑錢 [2]

付給幫忙搬運貨物及行李者的錢。《文明小史》第三九回："外面挑夫吵起來道：'快快付挑錢，我們還要去趕生意哩。'逢之只得出去，開發了挑錢，車夫只是爭多論少，說：'你的箱子這般沉沉的，内中銀子不少，我們的氣力都使盡了，要多賞幾個才是。'逢之無奈，每人給他三角洋錢，方才去了。"《風月夢》第二五回："鳳林下轎，賈銘用帶去鑰匙將大門上的鐵鎖、木鎖開了。鳳林進内。賈銘開發過轎錢，挑夫將行囊、物件挑進房來，堆在地板上，拿了挑錢走了。"

財帛

泛指錢財。財指金錢財物，帛指布帛。《史記·大宛列傳》："散財帛以賞賜。"《後漢書·南匈奴傳》："匈奴聞漢購求盧芳，貪得財帛，乃遣芳還降，望得其賞。"《晋書·王恭傳》："令百代之下知有王恭耳，家無財帛，唯書籍而已。"《宋史·王旦傳》："陛下富有天下，財帛不足憂；所慮者政令賞罰之不當。"亦稱"錢帛"。《史記·東方朔列傳》："徒用所賜錢帛，取少婦於長安中。"《陳書·蕭允傳》："唯允與尚書僕射謝伷辭以老疾，隋文帝義之，並厚賜錢帛。"宋熊克《中興小紀》卷七："癸巳……命户部郎官李承造往台州刷錢帛。"

【錢帛】

即財帛。此稱漢代已行用。見該文。

財貨

錢財貨物。《老子》："服文采，帶利劍，厭飲食，財貨有餘。"《史記·項羽本紀》："項羽曰：沛公居山東時，貪於財貨，好美姬。今入關，財物無所取，婦女無所幸，此其志不在小。"宋李昉等《文苑英華·元稹〈錢貨議〉》："百姓國家之百姓也，財貨國家之財貨也，不足則取之，有餘則捨之，在我而已。"宋王霆震

《古文集成》卷三三："〔朋黨論〕小人所好者禄利也，所貪者財貨也。"

恩養錢

舊時出賣兒女買方所付錢財的婉稱，也指對曾收養自己兒女的人給予的報酬。元陳以仁《雁門關存孝打虎》第二折："〔鄧大戶云〕元帥，唤老漢那厢使用？〔李克用云〕鄧大戶，這安敬思多虧了你恩養，他如今與我做了義兒，是朝廷的人了，將十錠金、十錠銀與你作恩養錢。"元《看錢奴買冤家債主》第二折："〔陳德甫云〕哎呀，他怎麽肯去？員外還不曾與他恩養錢哩。〔賈仁云〕甚麽恩養錢？隨他與我些便罷。〔陳德甫云〕這個員外，他爲無錢才賣這個小的，怎麽倒要他恩養錢那？〔賈仁云〕陳德甫，你好没分曉！他因爲無飯的養活兒子，才賣與我。如今要在我家吃飯，我不問他要恩養錢，他倒問我要恩養錢？"元《看錢奴買冤家債主》第二折："〔正末云〕先生説的是，將紙筆來。〔旦兒云〕秀才，咱這恩養錢可曾議定多少？你且慢寫着。〔正末云〕大嫂，恰才先生不説來，他是個巨富的財主，他那指甲裏彈出來的，俺每也吃不了，則管裏問他多少怎的？"

庫錢

國庫裏的錢。《後漢書·鍾離意傳》："顯宗即位，徵爲尚書。時交阯太守張恢，坐臧……帝嗟嘆曰：'清乎尚書之言！'乃更以庫錢三十萬賜意。轉爲尚書僕射。車駕數幸廣成苑，意以爲從禽廢政，常當年陳諫般樂游田之事，天子即時還宫。"《晋書·陶侃傳》："王貢復挑戰，侃遥謂之曰：'杜弢爲益州吏，盗用庫錢，父死不奔喪。卿本佳人，何爲隨之也？天下寧有白頭賊乎！'"《北史·盧玄傳》："每居官，多被譴辱。後以擅用庫錢，免歸家。嘗於蓟北，悵然感慨，爲五言詩見意，世以爲工。後爲給事黄門侍郎，待詔文林館。"《新編五代史平話·唐史平話》卷上："晋王怒，頗詬駡承業。承業作色而言曰：'僕老敕使耳，惜此庫錢，欲佐大王成霸業也。大王既不愛惜，可自取之，何必問老僕？只恐怕財盡人散，無所成就耳！'"明施顯卿《奇聞類記·五行紀》："國朝洪武乙卯年，庫錢忽飛。一日，南臺民家屋皆有錢竪立在瓦上，家家各以竹穿其孔中貫之，或得一二十文，始知皆庫錢也。内庫飛錢，異亦甚矣。"

酒息錢

古代放貸方式之一。古代朝廷投資酒業以收取利息。興於北宋，元代猶有沿襲。宋李心傳《建炎雜記甲集·財賦二·常平苗役之制》："酒折估者，取四路場務坊店酒息錢而供此折色也。故又以折估名之。"宋廖剛《論預借酒息錢劄子》："臣聞楊沂中乞，預借三年酒息錢三十萬貫，及别借二十萬貫相兼回易契，勘諸軍衣糧目，今各不闕，不知多要此錢欲作何用？"《續資治通鑑長編·宋真宗乾興元年》："置杭州清酒務指揮四百人，以隸酒官。酒官舊增取賣酒息錢二十緡，雇民充役，於是改募兵士。"《文獻通考·征榷四》："七年正月二十二日，令諸州增置户部贍軍酒庫一所，以其息錢三分留本州充本，餘錢應副大軍月椿，無月椿處起發，是爲七分酒息錢。"宋真德秀《西山文集·知慶元縣承議張公墓誌銘》："公謂：兵事未息，白使者請罷之。民逋酒息錢以數十萬，械繫至死不能償。"元袁桷《延祐四明志·學校考》："劉公既捐公帑以爲助，又歲減酒息錢，乃得請鄉

先生定正席皋比，與鄉之人士日藏修游息於
其間。"

短錢

不足一百而當百錢使用之錢。《宋書・晋平
刺王休祐傳》："〔休祐〕哀刻所在，多營財貨。
以短錢一百賦民，田登，就求白米一斛，米粒
皆令徹白，若有破折者，悉删簡不受。"亦稱
"短陌"。陌，通"百"。晋葛洪《抱朴子・微
旨》："取人長錢，還人短陌。"宋樓鑰《北行日
錄上》："有舊親事官，自言月得粟二斗，錢二
貫短陌，日供重役，不堪其勞。"清金和《印子
錢》詩："或有短陌情近欺，計錢千九十有奇。"

【短陌】

即短錢。此稱晋代已行用。見該文。

禁財

皇宫中的錢財。禁，禁地，指宫禁。《韓非
子・八姦》："其於德施也，縱禁財，發墳倉，
利於民者，必出於君，不使人臣私其德。"漢張
衡《東京賦》："發京倉，散禁財，賚皇寮，逮
輿臺。"

輕賚[1]

少量銀兩、錢財。《宋史・食貨志下二》：
"以一夫而負八十千，小車載四百千，錢既爲
輕賚之物。"

【輕資】

即輕賚[1]。此稱漢代已行用。《漢書・食
貨志》："此令臣輕背其主而民易去，其鄉盜賊
有所勸，亡逃者得輕資也。"《晋書・食貨志》：
"貧弱困於荒年而國無備，豪人富商挾輕資蘊
重積以管其利，故農夫苦其業而末作，不可禁
也。"《晋書・桓玄傳》："以卞範之爲尚書僕射，
其餘職多用輕資。"宋蘇軾《書傳・夏書・田第
八賦第三》："故使此州之國，不以大小，但致
貢其名數，而準其物，易以輕資，致之京師，
重勞人也。"

輕賚銀

元、明以來，在運送糧草時，運輸途中損
耗、民工的運費，官府以糧支付，此糧曰"輕
賚"，部分輕賚糧折爲銀兩支付，這部分銀兩
曰"輕賚銀"。《明史・食貨志》："輕賚銀者，
憲宗以諸倉改兑，給路費，始各有耗米；兑運
米，俱一平一銳，故有銳米。自隨船給運四斗
外，餘折銀。謂之輕賚。"《明史紀事・河漕轉
運》："世宗嘉靖七年，通惠河成，糧運從河入，
省輕賚銀一十一萬，詔給軍三之一，並令三歲
後，量減加耗以寬民。初，弘治中，議定折耗
銀曰輕賚，凡輕賚之銀官給之。大抵米以備遠
涉及顯加之耗，銀以備傭儓鋪墊之用。"《大清
律例・户律・倉庫下》："地方居民有能覺察告
首督運官司，查實，給賞輕賚銀十兩；官軍侵
盜至六百石者，擬斬。"封越健《明代漕船管理
述略》："但經常需雇用民船，隨船所帶輕賚銀
就是備雇船剥淺之用的。"

【輕賚】[2]

"輕賚銀"之省稱。此稱明代已行用。見該
文。

稱提錢

南宋時爲防止紙幣（交子和會子）貶值而
采取的一種金融措施，用以維持紙幣的購買
力。宋李心傳《建炎雜記甲集・財賦二・稱提
錢》："稱提錢者，鄭亨仲改四川宣撫副使之
歲。〔紹興十四年〕，始命益、梓、利三路茶、
鹽、酒課及租佃官田應輸錢引者，每千別輸
三十錢爲鑄本，於是三路每歲共得錢四十三萬

一千六百九十道二百九十一文，以其二十四萬
七千緡爲鑄本。又，得其贏餘十八萬緡有奇，
以助軍食之用。至今不減。”又《財賦三·省莊
田》：“省莊田者，今蜀中有之，號官田，自二
税外，仍科租，應大小麥、豆、糙白米、穀、
桑、麻、蕎、芋之數十有八種，無不畢取之。
既高估其直，又每引別輸稱提錢，民甚苦之。”
《宋史·高宗紀七》：“是歲，四川宣撫司始取
民户稱提錢歲四十萬緡，以備軍費。”明胡我
琨《錢通》卷四：“紹興十五年，鄭重爲四川宣
撫使，始即利鑄錢歲十萬緡以救錢引之弊，率
費二千而得千錢，置官六人，兵匠五百人，歲
用鹽官錢七萬緡，四路稱提錢十四萬緡爲鑄本，
其後增至十五萬。”明宋濂《跋何道夫所著撫鄭
公墓銘》：“置官六人，兵匠五百人，歲用鹽官
錢七萬緡。四路稱提錢十四萬緡爲鑄本，其後
增至十五萬，蜀中因此優裕。宣總所椿，積錢
五千餘萬緡，其餘苛賦，一切裁削，志中所謂
‘減科斂至七百萬緡’是也。”按，交子和會子
爲宋代紙幣名。南宋時爲防止紙幣貶值而采取
的金融措施包括：朝廷及時以金屬幣收兑跌價
的紙幣，限制紙幣的發行量，規定紙幣使用界
限以及按期調換，等等。

麯引錢

　　古代盤剝民財的一種方法，即預交錢幣購
買麯引，方可釀酒。麯引，買麯之憑證。宋李
心傳《建炎雜記甲集·財賦二·麯引錢》：“麯
引錢者，湖南路有之。紹興間鄉村有吉凶聚會
者，聽人户納錢買引，於鄰近酒户寄造酒麯，
不得非理抑配，法非不善也。然時方用兵，而
敷大軍月椿錢於諸路，湖南諸郡兵火之餘，賦
入鮮少，所椿不能供十之二。其劉獬者，知衡

陽縣，始令人户買麯引以助月椿，自是旁郡邑
皆效之。”《續資治通鑑長編·宋哲宗元祐元
年》：“蠲蔡州汝陽等十縣並汝州潁橋鎮人户酒
課、麯引錢，從京西路轉運司請也。”《宋史·食
貨志上二》：“湖南有土户錢、折絁錢、醋息錢、
麯引錢，名色不一。”《文獻通考·征榷六》：
“江浙轉運趙汝愚上言：‘臣伏自到任以來……
諸縣措置月椿錢物。其間名色類多違法，最爲
一方細民之害。臣試舉其大者，則有曰麯引錢、
白納醋錢、賣紙錢、户長甲帖錢、保正牌限錢、
折納牛皮筋角錢，兩訟，不勝則有罰錢，既勝
則令納歡喜錢。殊名異目，在處非一。’”

關子錢

　　南宋時犒賞戰士之紙幣。因戰士衆多，金
屬幣重而難致，故用“關子”。宋岳珂《絲綸傳
信録》卷三：“‘郾城斬賊將阿李朵孛菫，大獲
勝捷，賜詔獎諭，仍降關子錢犒賞戰士。’又
敕：‘念兹鋒鏑之交，重有傷夷之苦，俾爾至此，
時予之辜。惟虜勢之已窮，而吾軍之力振，尚效
功名之志，亟聞殄滅之期。載想忠勤，彌深嘉
嘆，降關子錢二十萬貫，犒賞戰士。故兹獎諭，
想宜知悉。’”宋李綱《應詔條陳七事奏狀》：
“始時，民間唯患交子，恐難行用。今朝廷既
改交子之法以爲關子，即與見錢無異，自可通
行。”按，“交子”“關子”爲宋代發行的紙幣。

辭役錢

　　宋制規定，凡應服勞役者可輸錢免役。因
而，鄉里的保正向縣吏繳納此一錢款，稱“辭
役錢”。《宋史全文續通鑑·孝宗三》：“辛丑，
臣僚言：州縣被差執役者，率中下之户，産業
微薄，一爲保正，鮮不破家壞産。昔之所管者，
不過烟火盗賊而已。今乃至於承文引、督租賦

焉；昔之所勞者，不過橋梁、道路而已，今乃至於備修造、供役使焉。方其始參也，饋諸吏則謂之‘辭役錢’，知縣迎送儌夫脚則謂之‘地理錢’，節朔參賀則謂之‘節料錢’，官員下鄉則謂之‘過都錢’，月認醋額則謂之‘醋息錢’。復有所謂‘承差人’，專一承受差使，又有所謂‘傳帖人’，各在諸廳白直，實不曾承傳文帖，亦令就例而占破。伏望申嚴州縣，今後，如敢令保正副出備上件名色錢物，官員坐以贓私，公吏重行決配，如充役之家不願親身祇應，止許雇承差人一名，餘所謂傳帖之類，並行住罷。”參閱《續資治通鑑·宋孝宗乾道八年》。

第二節　錢物考

中國講究“禮尚往來”，親戚朋友之間經常互相贈送錢物，有時用於幫忙，有時表示祝賀，有時則是用於聯絡感情。喪事和婚事是中國人生活中最大的兩件事。家中有喪事，親戚朋友要送“奠”“賵”“賻”等，臣子家中有喪事，國君也會送“賻錢”“賻賜”等；婚事過程中，男方要送聘禮，女方要帶陪嫁，親迎時男方還要送開門錢；親戚朋友第一次見面，長輩、年紀大的要送小輩、年紀小的見面錢；有人要遠行，親戚朋友要贈送“贐”等。臣子向國君進貢的禮物也稱爲“贐”，還稱爲“贐贄”“琛”“方賄”“酎金”等，國君送給臣子的禮物有“賞賜”“包子”等。官員之間也贈送財物，稱爲“私賄”“饋賂”等；官府中按照慣例準備的安置到任官員或打發離任官員的財物稱爲“送迎錢”；官員聚會一般安排酒席，有的地方不安排，而是分給各位官員一些錢來代替，這樣的錢稱爲“潤家錢”。

官員之間、平民對官員的私人贈送如果超出了互相幫助或聯絡感情的範圍，贈送者的目的是藉助對方的權力爲自己謀取一定的利益，那就變成了賄賂。漫長的中國歷史中，賄賂一直存在，而且具有了非常多的名稱，如“苞苴”“賄”“賂”“賕”等。官吏們不僅受賄，而且如果覺得錢太少，還會以各種名目索賄，名目有“謝錢”“鋪墊”“見面錢”“賀印錢”“到任規”“草鞋錢”等。另外，官吏貪污的財物和收受賄賂的財物很難區分開，一般總稱爲“肥”“貪囊”“贓銀”“贓私”“贓貨”等，送給皇帝個人而不收入國庫的財物稱爲“導行費”。武官在戰爭中擄掠平民的財物據爲己有，稱爲“財鹵”。“宰相門前三品官”，官吏的看門人肯不肯把來訪的客人通報給官吏，往往能夠決定有求於官吏的人能不能見到或能不能及時見到官吏，因此看門人也能收到賄賂，叫“門包”。

平民也會有來路不正的財物。所有來路不正的財物總稱爲"不義之財""枉物"，所有昧着良心獲得的錢財或用於不道德途徑的錢財總稱爲"昧心錢"。來路不正或會引起灾禍的錢稱爲"業錢"，官員貪污受賄、盗賊搶劫偷盗的財物總稱爲"贓"，盗賊搶劫、偷盗的財物則是"盗贓""賊贓"，通過騙、蹭、敲詐等手段不勞而獲的錢稱爲"白錢""浮頭食"，等等。

總的來説，平民手中没有權力，很少能够獲得來路不正的錢財，大部分人還是要靠自己的雙手挣錢。向官府舉報犯罪案件或罪犯可以獲得"賞銀""購賞"，官府或個人懸賞時，提供綫索也可以獲得"信賞錢"，在軍隊中立功的將士獲得的獎勵稱爲"軍賞"。平民給他人提供服務，往往不是正式地拿工錢，而是以拿小費的方式獲得錢財。替别人服差役得到的錢財稱爲"差錢"，替别人跑腿或搬運東西得到的錢財稱爲"草鞋錢""脚步錢"，算卦的、唱戲的、傳送消息的人得到的報酬稱爲"賞封"，轎夫得到的錢財稱爲"轎封"，和尚、道士等爲人念經、做法事得到的錢財稱爲"襯錢"。形式上這些錢都是小費，因此提供服務的人所獲得財物的多少往往取决於接受服務的人，而與提供服務數量的多少不完全一致。有時平民確實可以得到一些小費。如妓院中的僕人得到的小費稱爲"下脚"；看門人得到的小費稱爲"撞門紅"；主人收到禮物時，跟隨的僕人往往也能得到一份數量較少的"隨包"；家中來了客人，負責接待的僕人可以得到"賞封"；人們去佛寺道觀上香，或者請巫師舉行某種巫術儀式，送給佛寺道觀或巫師的錢稱爲"香錢""香金""香分"；大户人家去上香，佛寺道觀的人往往會特别接待，因此大户人家要另外給他們"賞封"。一個人全部的財産包括奴隸稱爲"資從"。

下脚

賞給妓院中僕人的小費。《負曝閑談》第一八回："其實一古腦兒還不到一臺花酒的下脚。"《海上塵天影》第二八回："豈有此理！我們來開發下脚，你們就有多少人來討賞了。"

包子

皇帝慶祝公主、皇子出生時，賞賜給臣下的財物。宋司馬光《上仁宗論理財三事乞置總計使》："如曩者皇女初生，所散包子之類費用不可勝紀。"宋王栐《燕翼詒謀録》卷三："大中祥符八年二月丁酉，值仁宗皇帝誕生之日，真宗皇帝喜甚，宰臣以下稱賀，宫中出包子以賜臣下，其中皆金珠也。"宋蔡絛《鐵圍山叢談》卷四："祖宗故事：誕育王子、公主，每侈其慶，則有浴兒包子，並賚巨臣戚里。包子者，皆金銀、大小錢、金果、塗金果、犀玉、錢犀、玉方勝之屬。"

見面錢 [1]

第一次見面時贈送的財物，一般是老給幼，長輩給小輩。《二刻拍案驚奇》第五卷："妃嬪每要奉承娘娘，亦且喜歡孩子，爭先將出寶玩、金珠、釧鐲等類來做見面錢，多塞在他小袖子裏。"《官場現形記》第三八回："但是他要收個乾女兒，爲什麼不收個年輕的，倒收個老太婆？真正叫人不明白。但是他如此一片至誠，九姨太衹得出來同他謙了一回，受了他一禮，讓他坐下，彼此寒暄了一回。瞿太太又把孝敬的禮物送上，九姨太也送了五十塊洋錢的見面錢。"

見面錢 [2]

嫖客第一次見面時給妓女的錢財、禮物。元馬致遠《江州司馬青衫淚》："大姐拜揖，小子久慕大名，拿着三千引茶來與大姐焙脚，先送白銀五十兩做見面錢。"

軍賞

軍隊中獎勵給立功將士的財物、奴隸。《漢書・陳湯傳》："《司馬法》曰：'軍賞不逾月。'欲民速得爲善之利也。"《三國志・魏書・和洽傳》："太祖建立洪業，奉師徒之費，供軍賞之用，吏士豐於資食，倉府衍於穀帛。"《晋書・五行志中》："玄之宮女及逆黨之家子女妓妾悉爲軍賞。"《宋史・仁宗紀四》："二月甲申，出内庫絹五十萬，下河北、陜西、河東路以備軍賞。"

黃榜錢

宋時朝廷給臨安百姓的優厚體例。此指皇帝在大節日或有大事時，賞給臨安百姓的錢。宋周密《武林舊事・驕民》："都民素驕，非惟風俗所致，蓋生長輦下，勢使之然。若住屋則動蠲公私房賃，或終歲不償一鐶。諸務稅息，亦多蠲放，有連年不收一孔者，皆朝廷自行抱認。諸項棄名，恩賞則有黃榜錢，雪降則有雪寒錢，久雨久晴則又有賑恤錢米，大家富室則又隨時有所資給，大官拜命則有所謂搶節錢，病者則有施藥局，童幼不能自育者則有慈幼局，貧而無依者則有養濟院，死而無殮者則有漏澤園。民生何其幸歟！"《西湖二集》卷二："高宗直活到八十一歲，受孝宗之養共是二十四年，始終如一日。高宗雖然游豫湖山，却都是與民同樂。那時臨安百姓極其安適，諸務稅息每多蠲免，如有貧窮之民連年不納錢賦者，朝廷自行抱認。還有各項恩賞：有黃榜錢，雪降之時便有雪寒錢，久雨久晴便有賑恤錢米，大官拜命便有搶節錢，病的便有施藥局，童幼無人養育的便有慈幼局，貧而無倚的便有養濟院，死而無殮的便有漏澤園。那時百姓歡悦，家家饒裕。唯與民同樂，所以還有一百五十年天下，不然，與李後主、陳後主又何以異乎？"

雪寒錢

宋時朝廷給官員及臨安百姓的優厚體例。立冬後如遇瑞雪降臨，預示來年豐收。每逢此日，朝廷將會依功過品階給文武百官、臨安百姓發放雪寒錢，以示憐惜。宋周密《武林舊事・驕民》："都民素驕，非惟風俗所致，蓋生長輦下，勢使之然。若住屋則動蠲公私房賃，或終歲不償一鐶。諸務稅息，亦多蠲放，有連年不收一孔者，皆朝廷自行抱認。諸項棄名，恩賞則有黃榜錢，雪降則有雪寒錢，久雨久晴則又有賑恤錢米，大家富室則又隨時有所資給，大官拜命則有所謂搶節錢，病者則有施藥局，童幼不能自育者則有慈幼局，貧而無依者則有養濟院，死而無殤者則有漏澤園。民生何其幸歟！"宋吳自牧《夢粱錄·立冬》："立冬之後，如遇瑞雪應序，朝廷支給雪寒錢。關會二十萬以賜軍民，官放公私質錢五七十以示優恤。"宋韓淲《雪寒錢》詩："加賜雪寒錢，歡聲禁旅傳。妻孥應盼盼，兒女定蹕蹕。醉熟千家酒，炊香萬竈烟。何須談挾纊，王道本通天。"《宋史·高宗紀二》："己丑，帝乘樓船次定海縣，給行在諸軍雪寒錢。"《西湖二集》卷二："高宗雖然游豫湖山，却都是與民同樂。那時臨安百姓極其安適，諸務稅息每多蠲免，如有貧窮之民連年不納錢賦者，朝廷自行抱認。還有各項恩賞：有黄榜錢，雪降之時便有雪寒錢，久雨久晴便有賑恤錢米，大官拜命便有搶節錢，病的便有施藥局，童幼無人養育的便有慈幼局，貧而無倚的便有養濟院，死而無殤的便有漏澤園。那時百姓歡悦，家家饒裕。唯與民同樂，所以還有一百五十年天下，不然，與李後主、陳後主又何以異乎？"

搶節錢

宋時朝廷給臨安百姓的優厚體例。大官上任後，發送居民的賞錢。宋周密《武林舊事·驕民》："都民素驕，非惟風俗所致，蓋生長輦下，勢使之然。若住屋則動蠲公私房賃，或終歲不償一鐶。諸務稅息，亦多蠲放，有連年不收一孔者，皆朝廷自行抱認。諸項窠名，恩賞則有黄榜錢，雪降則有雪寒錢，久雨久晴則又有賑恤錢米，大家富室則又隨時有所資給，大官拜命則有所謂搶節錢，病者則有施藥局，童幼不能自育者則有慈幼局，貧而無依者則有養濟院，死而無殤者則有漏澤園。民生何

其幸歟！"《西湖二集》卷二："高宗雖然游豫湖山，却都是與民同樂。那時臨安百姓極其安適，諸務稅息每多蠲免，如有貧窮之民連年不納錢賦者，朝廷自行抱認。還有各項恩賞：有黄榜錢，雪降之時便有雪寒錢，久雨久晴便有賑恤錢米，大官拜命便有搶節錢，病的便有施藥局，童幼無人養育的便有慈幼局，貧而無倚的便有養濟院，死而無殤的便有漏澤園。那時百姓歡悦，家家饒裕。唯與民同樂，所以還有一百五十年天下，不然，與李後主、陳後主又何以異乎？"

裝錢

國家發給歸降人員、士兵、享受特殊待遇人員的置辦衣服的錢。《後漢書·光武帝紀》："發遣邊民在中國者，布還諸縣，皆賜以裝錢，轉輸給食。"《晉書·石勒載記下》："賜車馬、衣服，裝錢三百萬，以勵貪俗。"《宋史·真宗紀三》："辛巳，詔嶺南戍兵代還日，人給裝錢五百。"宋江少虞《皇朝事實類苑》卷四二："宋維翰爲陝西轉運使，表薦之，太宗令本州給裝錢三萬，遣赴闕，量其才收用。"明丘濬《大學衍義補》卷一一一："淳化元年，令刑部定置詳覆官六員，專閱天下所上案牘……若諸州有大獄則乘傳就鞫獄，辭日上必臨遣諭旨曰'無滋蔓，無留滯'，或賜以裝錢，還必召見，問以所推事狀，著爲定令。"

【辦裝錢】

即裝錢。此稱漢代已行用。《後漢書·劉平傳》："書奏，有詔徵平等，特賜辦裝錢。"宋宋庠《送孫刑部領漕并部》："百舍星文動使軒，漢家初賜辦裝錢。"

節料錢

宋時朝廷給屬下的優厚體例。此指逢時過節分送的供娛樂用的錢。宋周必大《淳熙玉堂雜記》卷下："南渡以來，朝臣遇節序賜，予多權停。今經筵，寒食、重午、冬至尚賜節料錢酒，其他侍從則三大節客省簽賜羊酒米麵，而學士院官若侍從以上兼領。"《文獻通考·職役二》："募人不管於雇役之家，非理需索，或憑藉官司之勢，奸害善人，斷罪外，坐募之者以保伍有犯，知而不糾之罰。且保正、副所職，在於烟火、盜賊、橋梁、道路，今或使之督賦租，備修造，供役使，皆非所役，而執役者每患參役有錢，知縣到罷有地理錢，時節參賀有節料錢，官員過都、醋庫月息皆於是而取之；抑有弓兵月巡之擾，透漏禁物之責，捕盜出限之罰，催科填代之費，承判追呼之勞；至於州縣官吏收買公私食用及土産所有，皆其所甚懼也。若夫戶長所職，催夏稅則先期借絹，催秋稅則先期借米，坍溪落江之田……"《續資治通鑑·宋孝宗乾道八年》："辛丑，臣僚言：州縣被差執役者，率中下之戶，産業微薄，一爲保正，鮮不破家。昔之所管者，不過烟火、盜賊而已，今乃至於承文引，督租賦焉；昔之所勞者，不過橋梁、道路而已，今乃至於備修造，供役使焉。方其始參也，饋諸吏則謂之'辭役錢'，知縣迎送僦夫脚則謂之'地理錢'，節朔參贊則謂之'節料錢'，官員下鄉則謂之'過都錢'，月認醋額則謂之'醋息錢'。復有所謂'承差人'，專一承受差使，又有所謂'傳帖人'，各在諸廳白直，實不曾承傳文帖，亦令就顧而占破……"省稱"節料"。宋蔡絛《鐵圍山叢談》卷一："今七夕節在近，錢三貫與娘娘充作劇錢，千五與皇后、七百與妌子充節料。"

【節料】

"節料錢"之省稱。此稱宋代已行用。見該文。

賑恤錢

宋時朝廷給臨安百姓的優厚體例。此指臨安百姓在久雨久晴後，可以得到政府賑濟撫恤的錢糧。宋周密《武林舊事·驕民》："都民素驕，非惟風俗所致，蓋生長輦下，勢使之然。若住屋則動蠲公私房賃，或終歲不償一鐶。諸務稅息，亦多蠲放，有連年不收一孔者，皆朝廷自行抱認。諸項稟名，恩賞則有黃榜錢，雪降則有雪寒錢，久雨久晴則又有賑恤錢米，大家富室則又隨時有所資給，大官拜命則有所謂搶節錢，病者則有施藥局，童幼不能自育者則有慈幼局，貧而無依者則有養濟院，死而無殮者則有漏澤園。民生何其幸歟！"《西湖二集》卷二："高宗雖然游豫湖山，却都是與民同樂。那時臨安百姓極其安適，諸務稅息每多蠲免，如有貧窮之民連年不納錢賦者，朝廷自行抱認。還有各項恩賞：有黃榜錢，雪降之時便有雪寒錢，久雨、久晴便有賑恤錢米，大官拜命便有搶節錢，病的便有施藥局，童幼無人養育的便有慈幼局，貧而無倚的便有養濟院，死而無殮的便有漏澤園。那時百姓歡悅，家家饒裕。唯與民同樂，所以還有一百五十年天下，不然，與李後主、陳後主又何以異乎？"

節錢

明代朝廷、官員的優厚體例錢。此指舊俗過節時給屬下的賞錢。明余繼登《皇明典故紀聞》卷一四："祖宗以來，凡遇聖節、正旦、冬至，皆賜群臣宴。官卑祿薄者免宴，賜以鈔，謂之節錢。俾均惠其家屬。自正統以來，內臣用事者畏侍宴上立，遂罷宴。皆給以鈔，因而成例。”《明史·禮志七》：“永樂元年，以郊祀禮成，大宴。十九年，以北京郊社、宗廟及宮殿成，大宴。宣德、正統間，朝官不與者，給賜節錢。凡立春、元宵、四月八日、端午、重陽、臘八日，永樂間，俱於奉天門賜百官宴，用樂。”

養廉銀

清代爲了防止官吏貪污，規定官吏除正式俸祿外，每年按職務等級另外領一部分錢，稱爲“養廉銀”，省稱“養廉”。文職始於雍正五年（1727），武職始於乾隆四十年（1775）。清黃輔辰《戴經堂日鈔》：“户部擬款八條……提各省裁減文武養廉銀。”清陳康祺《郎潛紀聞》卷二：“雍正間，耗羨歸公，定直省各官養廉，由世宗之獨申睿斷，因時制宜。”清佚名《伊江集載》：“道光八年加增各項官員養廉銀四千六百六十兩。”清那桐《那桐日記·光緒三十四年歲次戊申》：“軍機大臣面奉諭旨：步軍統領、兩翼總兵應得養廉銀兩均著加恩，按照十成發給。欽此。”清梁章鉅、朱智《樞垣記略·規制二》：“謹查，現在本處每年五月，內領銀庫養廉銀六百六十六兩六錢零，又領內務府浸價銀四千五百兩；八月內領銀庫養廉銀六百六十六兩六錢零……”

【養廉】

“養廉銀”之省稱。此稱清代已行用。見該文。

餼廩 [2]

古代國家發放給老、幼、寡婦等没有足够勞動能力的人的生活補貼，往往以糧食的形式，也指發放補貼這種行爲。《周禮·地官·遺人》：“遺人掌邦之委積以待施惠，鄉里之委積以恤民之囏厄，門關之委積以養老孤，郊里之委積以待賓客，野鄙之委積以待羇旅，縣都之委積以待凶荒。”鄭玄注：“門關以養老孤，人所出入，易以取餼廩也。”亦作“既廩”。《宋史·韓琦傳》：“士死攻戰則賞賻其家，籍其孤嫠既廩之。”

【既廩】

同“餼廩[2]”。此體宋代已行用。見該文。

餼廩 [3]

古代國家發放給國立學校學生的生活補貼。《梁書·儒林傳序》：“於是以平原明山賓、吳興沈峻、建平嚴植之、會稽賀瑒補博士，各主一館，館有數百生，給其餼廩，其射策通明者，即除爲吏。”《元史·選舉志一》：“元貞元年，命有司割地給諸路蒙古學生員餼廩。”

鹽規

古代國家徵收的鹽稅中，按一定比例撥給地方官以備各項開銷的錢。《明史·董應舉傳》：“應舉至揚州，疏請厘正鹽規，議商人補行積引，增輸銀視正引之半，爲部議所格。”《欽定大清會典事例·户部·俸餉》：“又兼管織造。例應支給鹽規銀一千六百兩內。以一半例解內務府飯食等項外，實支鹽規銀八百兩。”清陳其元《庸閑齋筆記·不輕裁陋規之用意》：“同時帥仙舟中丞承瀛官浙撫，解任後，以鹽規二萬留爲書院經費。”

隨包

除了正式贈送給對方的財物，另外送給對方僕人的錢財。清翟灝《通俗編·貨財》：“《後漢書·宦者傳》：‘每郡國貢獻，先輸中署爲導行費。'注云:'貢獻外別有所入,以爲所獻物之導引也。'按:世俗所謂隨包,昉此。"清郭琇《華野疏稿·奏報起程疏》:"本年二月傳各州縣,限初九日早,齊至諭話,當面吩咐,錢糧每兩要加耗五分,再三懇減,每百兩勒銀三兩,一年實征銀五萬三千一百零,共勒銀一千五百九十三兩,又勒隨包小封銀一百五十九兩⋯⋯"清李鵬年等《六部成語》:"隨包:民人交納正項錢之外,仍有應交火耗雜項,另作小封以交納,小封之外,隨有小包數分以充使費,曰隨包。"

【隨封】

即隨包。此稱清代已行用。清《世宗憲皇帝硃批諭旨·雍正九年三月二十九日》:"今戴瀚於文武新生,每名仍勒送贄錢二千文,另加隨封二百文。"《續紅樓夢新編》第一三回:"先送門儀四十金,倘邀憲允,並備隨封一數。"《宦海升沉錄》第一回:"老哥究有些隨封好意送給門上沒有呢?"《金石緣》第三回:"縣丞不允,必要十六金,隨封在外。"

導行費

正式進貢給朝廷的物品之外,送給皇帝個人的財物。《後漢書·呂強傳》:"時帝多蓄私臧,收天下之珍。每郡國貢獻,先輸中署,名爲導行費。"李賢注:"貢獻外別有所入,以爲所獻,希之導引也。"宋任廣《書敘指南·賄賂關節》:"貢外私獻曰導行費。"明于慎行《穀山筆麈》卷六:"德宗宮市既賤買人物,仍索進奉門戶及腳價錢。門戶者,進奉所經門戶皆有費用,漢靈帝時謂之導行費,即今之門單也。宦官之弊,自古如此。"清趙翼《廿二史劄記》卷五:"呂強盡忠奉公,上疏力陳宦官之亂政,及

後宮綵女之多,河間解瀆館不宜築,蔡邕對策切直,不宜罪,郡國貢獻,不宜索導行費。"

撞門紅

進門時送給守門者的賞錢。明湯顯祖《牡丹亭·聞喜》:"明朝金闕,討你幅撞門紅去了也。"《月上重火》上:"雪芝塞了撞門紅給他,他才爲難地讓她進去。"

賞封[1]

獲得服務之後,送給算卦的、唱戲的等市井中人的錢,名義上是賞錢,其實是工錢。《初刻拍案驚奇》卷五:"叫管事人封個賞封,謝了去。"《鼓掌絕塵》第四回:"杜開先著聾子拿三錢一個賞封送他,稱謝而去。"《檮杌閑評》第三回:"復又拿着賞封,送到簾外。"

賞封[2]

去別人家做客時,送給主人家僕人的賞錢。此稱明代已行用。《醒世恒言·錢秀才錯占鳳凰儔》:"錢青教小乙把賞封給散,起身作別。"《金瓶梅詞話》第五五回:"〔西門慶〕便重整管帶,預先叫玳安封下許多賞封,做一拜匣盛了,跟隨着四個小廝,乘轎望太師府來。"《紅樓夢》第一五回:"外面旺兒預備賞封,賞了那莊戶人家。"

賞封[3]

有錢人家去佛寺、道觀上香時,送給和尚、道士的賞錢。《紅樓夢》第二九回:"只說咱們娘兒們來閒逛逛,人家只當咱們大擺齋壇的來送禮。都是老太太鬧的!這又不得預備賞封兒。"《紅樓復夢》第六回:"早飯後,差陸賓先至寺中知會說明日要去拈香,吩咐芙蓉預備檀香素燭、香金賞封等物。"

賞銀

官府在破案或抓住逃犯之後，獎勵給提供綫索的人錢財。官府、個人爲了破案、追緝逃犯、尋人、尋物，許諾給提供綫索的人一定數量的錢財，這樣的錢財亦稱爲賞銀。《包龍圖判百家公案·烏盆子》："王老告首得實，官給賞銀二十兩。"《禪真逸史》第一三回："昨日方得賞銀入手，又止得三分之一，害得我通宵不睡。"《初刻拍案驚奇》卷八："又各處粉墙上貼了招子，許出賞銀二十兩。"

【信賞錢】

即賞銀。此稱明代已行用。《今古奇觀》卷六一："便叫家童唤捕人來，出信賞錢，各處緝獲康宣、秋香，杳無影響。"《醒世恒言·盧太學詩酒傲王侯》："乃出百金爲信賞錢，立限與捕役要拿盧才。"

賞賜

國君或皇帝贈送或獎勵給大臣、附屬國的財物、奴隸。《周禮·春官·小宗伯》："掌衣服、車旗、宮室之賞賜。"鄭玄注："王以賞賜有功者。《書》曰：'車服以庸。'"《詩·小雅·六月》："吉甫燕喜，既多受祉。"孔穎達箋："吉甫既伐玁狁而歸，天子以燕禮樂之則歡喜矣，又多受賞賜也。"《史記·建元以來侯者年表》："今見魯王，亦史氏外孫也。外家有親以故貴，數得賞賜。"《三國志·魏書·田豫傳》："豫清約儉素，賞賜皆散之。"《舊唐書·玄宗本紀下》："九月辛卯，上御花萼樓，出宮女讌毗伽可汗妻可登及男女等，賞賜不可勝紀。"

【賞賚】

即賞賜。此稱漢代已行用。《後漢書·朱祐傳》："以有舊恩，數蒙賞賚。"《晉書·天文志上》："張六星，主珍寶、宗廟所用及衣服，又主天厨飲食、賞賚之事。"《魏書·劉芳傳》："於是禮遇日隆，賞賚豐渥。"

潤家錢

古代南漢地區組織官員聚會，不設酒宴，分給官員錢以代替酒宴，所分給的錢稱爲潤家錢。宋陶穀《清異録·潤家錢》："南漢地狹力弱，事例卑猥，州縣時會僚屬，不設席而分饋阿堵，號潤家錢。"

鋪墊

賄賂主管皇宮內事務官吏的財物，太監往往以此爲名索要財物。《明史·食貨志六》："時中官進納索賂，名鋪墊錢，費不訾，所支不足相抵，民不堪命，相率避匿。"明王世貞《弇山堂別集·中官考十》："六年正月初，南京御馬監太監牛宣以需索解户鋪墊銀，被劾。"明高攀龍《與徐玄仗二》："只守成法，事必躬親，亦無難處。惟內官索行户鋪墊，弊不能革，但力爲主持，使行户有所恃而不盡與品物交足。"

賵

贈送給助治喪人的財物，也指贈送財物助人治喪的行爲。《玉篇·貝部》："賵，以財助喪也。"《春秋公羊傳·隱公元年》："車馬曰賵，貨財曰賻，衣被曰襚。"《儀禮·既夕禮》："兄弟賵奠可也，所知，則賵而不奠，知死者贈，知生者賵。"《周禮·天官·小宰》："凡邦之弔事，掌其戒令，與其幣器財用凡所共者。"鄭玄注："弔事，弔諸侯諸臣。幣所用，賵也；器所致，明器也。凡喪，始死，弔而含襚，葬而賵贈，其間加恩厚則有賻焉。"《周禮·秋官·小行人》："若國札喪則令賻補之；若國凶荒則令賙委之；若國師役則令槁檜之；若國有福事則令慶賀之；若國有禍栽則令哀吊之。"鄭玄注引鄭司農云；"賻補之，謂賻喪家，補助其不足也，若今時一室二屍則官與之棺也。"《公羊傳·隱公三年》："夏四月辛卯，君氏卒。秋，武氏子來求賻。"《史記·魯仲連鄒陽列傳》："鄒魯之臣，生則不得事養，死則不得賻襚。"《漢書·朱建傳》："列侯貴人以辟陽侯故，往賻凡五百金。"《魏書·序紀》："是歲慕容儁死，子暐立，遣使致賻。"清《欽定儀禮義疏》："案：賵、奠、贈，主人皆不出，而獨爲賻出，蓋賻不施於死者，則賓固不入至柩車之前致命也，主人豈得不出廟門而受之乎？"按，"賻""贈""賵"本是在葬禮中用途不同的財物，後世合稱"賻贈""贈賻""賻賵""賵賻"，也是"賻"的意思。

【賻布】

即賻。布是古代的貨幣，因此賻布主要以錢的形式出現在葬禮上。此稱先秦時期已行用。《禮記·檀弓上》："既喪，子碩欲以賻布之餘具祭器。"《新唐書·崔敦禮傳》："卒年六十一，高宗爲舉哀，東雲龍門賻布、秘器尤厚，贈開府儀同三司、并州大都督，諡曰昭。"宋陳祥道《論語全解》卷三："昔人有歸四布，君子不以爲廉；有以賻布頒兄弟之貧者，君子以爲善。則不歸四布，義也；頒兄弟，仁也。孔子止思之辭，是亦仁義而已矣。"

【賻賵】

即賻。此稱漢代已行用。《漢書·叙傳》："旃之卒也，修緦麻，賻賵甚厚。"《周書·韋敻傳》："武帝遣使祭，賻賵有加。"

【賻錢】

即賻。主要以錢的形式出現。此稱漢代已

行用。《後漢書·匽皇后紀》："在位三年，元嘉二年崩……使司徒持節，大長秋奉吊祠，賻錢四千萬，布四萬匹，中謁者僕射典護喪事，侍御史護大駕鹵簿。"《晉書·周虓傳》："贈龍驤將軍、益州刺史，賻錢二十萬，布百匹。"《梁書·席闡文傳》："視事二年，以清白著稱，卒於官。詔賻錢三萬，布五十匹。諡曰威。"《宋史·何承矩傳》："至郡裁七日，卒，年六十一。特贈相州觀察使，賻錢五十萬，絹五百匹。"

【賻送】

即賻。此稱漢代已行用。《後漢書·竇融傳》："會融卒，時年七十八，諡曰戴侯，賻送甚厚。"《梁書·始興忠武王憺傳》："憺聞喪，自投於地，席槀，哭泣不飲不食者數日，傾財產賻送，部伍小大皆取足焉。"

【賻助】

即賻。此稱漢代已行用。《後漢書·王丹傳》："時河南太守同郡陳遵，關西之大俠也，其友人喪親，遵爲護喪事，賻助甚厚。"《南史·劉瓛傳》："袁粲誅，瓛微服往哭，並致賻助。"

【賻贈】

即賻。此稱晉代已行用。《晉書·宗室傳·義陽成王望》："泰始七年薨，時年六十七，賻贈有加。"《南史·王曇首傳》："普通四年，志改葬，武帝厚賻贈之，諡曰安。"宋范純仁《許駕部墓誌銘》："成都尹趙公抃尤深嗟惜，爲之厚加賻贈。"

【賵賻】

即賻。此稱晉代已行用。《晉書·魏舒傳》："太熙元年薨，時年八十二。帝甚傷悼，賵賻優厚，諡曰康。"《隋書·房暉遠傳》："仁壽中卒官，時年七十二。朝廷嗟惜焉，賵賻甚厚，贈員外散騎常侍。"《宋史·侯延廣傳》："言訖而卒，年五十。上聞之，爲出涕，賵賻甚厚。"

【賻賜】

即賻。主要指皇帝賜給臣子用於治喪的錢物。此稱晉代已行用。《晉書·賈充傳》："自充薨至葬，賻賜二千萬。"《宋書·吳喜傳》："及喜死，發詔賻賜。子徽民襲爵，齊受禪國除。"《新唐書·百濟傳》："十五年璋死。使者素服奉表曰：'君外臣百濟王扶餘璋卒。'帝爲舉哀玄武門，贈光禄大夫，賻賜甚厚。"宋王安石《太子太傅致仕田公墓誌銘》："以八年二月乙酉薨於第，享年五十九……詔贈公太子太保，而賻賜之甚厚。"

【贈賻】

即賻。此稱南北朝時期已行用。《南齊書·魏虜傳》："虜即收奉君，誅之。殯斂，僧朗送喪，隨靈誕等南歸，厚加贈賻。"《舊唐書·李正己傳》："年三十四，薨於位，廢朝三日，贈賻有差。"《宋史·李神祐傳》："自寢疾，惟以公家之務爲念，遺奏求免贈賻。"《明史·萬貴傳》："成化十年卒，贈賻祭葬有加。"

【賻物】

即賻。主要以絲織品等物品的形式出現。此稱南北朝時期已行用。《北齊書·盧文偉傳》："武定二年卒，年三十二……賻物之外，別賜布絹四千匹，贈司空、冀州刺史，諡曰武貞侯。"《隋書·于義傳》："數月卒，時年五十。贈豫州刺史，諡曰剛，賻物千段，粟米五百石。"

【賻遺】

即賻。此稱唐代已行用。唐權德輿《翰苑集序》："四方賻遺數百萬，公一無所取。"《通志·杜僧明傳》："慶之壯其節，厚加賻遺而遣之。"明文徵明《先君行略》："時屬縣賻遺千金，公悉却之。"

【賻賷】

即賻。此稱唐代已行用。《舊唐書·田承嗣傳》："〔田緒〕貞元十二年四月暴卒，時年三十三。贈司空，賻賷加等。"《宋史·交阯國傳》："贈德政爲侍中、南越王，賻賷甚厚。"

購賞

皇帝、官府爲了捉拿盜賊、招降敵軍、收集典籍或解決其他難題，許諾給提供幫助的人一定數量的財物，也指皇帝、官府許諾提供的財物。《史記·韓信盧綰列傳》："王黄、曼丘臣其麾下受購賞之，皆生得，以故陳豨軍遂敗。"《漢書·王莽傳中》："宜罷兵屯田，明設購賞。"《後漢書·臧宮傳》："帝召公卿諸侯王問方略，皆曰宜重其購賞。"《北史·牛弘傳》："王府所無，私家乃有。若猥發明詔，兼開購賞，則異典必致，觀閣斯集。"《舊唐書·于休烈傳》："有人別收得國史實録，如送官司，重加購賞；若是史館收得，仍赦其罪。"

謝禮

答謝幫助者的錢財。《舊唐書·迴紇傳》："燕然副都護元禮臣遣人給烏紇云：'將奏而爲都督，替吐迷度也。'烏紇輕騎至禮臣所，跪拜，致謝禮，臣擒而斬之，以聞太宗。"明徐應秋《玉芝堂談薈·拆字言禍福》："其人果左脚不良，後旬日，爲人作媒，頗獲謝禮。"清孫承澤《春明夢餘録·刑部·明刑》："凡進退文武官，先於瑾處計議，允行，方許進。本内有今日陞職，若謝禮微薄，明日黜退，或令致仕，賄賂一通，又即起用。"

【謝儀】

即謝禮。此稱五代時期已行用。《舊五代史·唐書·莊宗紀七》："先皇帝早在并門，將興霸業，彼既會馳書幣，此亦復展謝儀，後又特發使人，專持聘禮。"明張永明《乞停額外加徵第二疏》："該伊王具奏：知府張柱等索要謝儀，僉事林騰蛟扶同添捏，及稱各官私造囚車扭鎖、逼死人命等項，但辭出一面，恐涉遮飾，必須差官再勘。"明溫純《糾劾有司官員以備考察疏》："造解黃冊、請換印信、清丈田糧，事事不肯輕放；童生進學、鄉飲延賓、旌善給匾，人人皆送謝儀。"

【謝錢】

即謝禮。接受幫助後，答謝幫助者的金錢，貪官污吏往往以此爲名向人索要財物。此稱漢代已行用。《漢書·陳湯傳》："弘農太守張匡坐臧百萬以上，狡猾不道有詔即訊，恐下獄，使人報湯，湯爲訟罪，得踰冬月，許謝錢二百萬。皆此類也。"《新唐書·李義府傳》："又遣子津召長孫延，謂曰：'吾爲子得一官。'居五日，延拜司津監，索謝錢七十萬。"《宋史·方信孺傳》："信孺曰：'歲幣不可再增，故代以通謝錢，今得此求彼，吾有隕首而已。'"

轎封

給轎夫的工錢。《負曝閑談》第二○回："胡先生說，請封是每趟二十塊，轎封每趟是四塊，但是多過一重門檻，要多加兩塊洋錢，要是上樓還得加倍。"

【脚步錢】[1]

即轎封。此稱明代已行用。《初刻拍案驚奇》卷二七："只見兩個轎夫來討錢道：'我等打轎去接夫人，夫人已先來了。我等雖不抬得，却要賃轎錢與脚步錢。'"清李漁《新刻綉像批評金瓶梅》第九一回："每人賞了一兩銀子，做脚步錢。"

襯錢

亦作"嚫錢"，指布施給僧道的錢財。梵語中"施與"是"嚫"，所以布施給僧道的財物叫作"嚫錢"或"襯錢"。後蜀杜光庭《謝新殿修金籙道場表》："宣賜襯錢、銀器、匹段等，澤深溟海，恩重嵩衡。"宋施宿《會稽志》卷七："遇特設齋道士襯錢自三十千至三百，率無虛月，靖康內禪始稍減削。"《醒世恒言·呂洞賓飛劍斬黃龍》："支襯錢五百文。"清世宗皇帝御選《御選語録·機緣》："云：'再加一分嚫錢。'進云：'也不得將別人家物作人情。'"

【嚫錢】

同"襯錢"。此體宋代已行用。見該文。

【襯資】

即襯錢。此稱宋代已行用。宋釋文瑩《湘山野録》卷下："僕遽失之，凡山中尋三日，竟迷舊路，歸視襯資，乃金錢一百，皆良金也。"

【襯施錢】

即襯錢。此稱宋代已行用。宋陳均《九朝編年備要·戊戌重和元年》："貧下之人多買青布幅巾以赴，日得一飱餐而襯施錢三百，謂之'千道會'云。"

賮[1]

贈送給遠行人的錢和物。亦作"賮"。《玉篇·貝部》："賮，才刃切，財貨也。"《古今韻會舉要》："賮，會禮之財也，又送行財幣也。或作賮。"《孟子·公孫丑下》："當在宋也，予將有遠行，行者必以賮，辭曰饋賮。予何爲不受。"趙岐注："賮，送行者贈賄之禮也，時人謂之贐。"《新唐書·杜暹傳》:"秩滿,歸,吏以紙萬番贐之,暹爲受百番。"《宋史·太祖紀一》:"有老僧善術,數顧曰:'吾厚贐汝,北往則有遇矣。'"又,《燕王德昭傳》:"初,趙鼎之子汾歸,過衢,令衿贐之。"

【賮】[1]

同"贐[1]"。此體南北朝時期已行用。見該文。

【饋贐】

即贐[1]。此稱先秦時期已行用。《孟子·公孫丑下》:"當在宋也,予將有遠行,行者必以贐,辭曰饋贐,予何爲不受?"《宋史·吕溱傳》:"銓參劾其借官麴作酒、以私貨往河東貿易及違式受饋贐事,下大理議。溱乃未嘗受,而外廷紛然謂溱有死罪。"

【奉錢】

即贐[1]。此稱漢代已行用。《史記·蕭相國世家》:"高祖以吏繇咸陽,吏皆送奉錢三,何獨以五。"

【資送】[1]

即贐[1]。此稱晋代已行用。《晋書·周訪傳》:"負荷數千,始得來至,即以資送還其舊壠。"

【贐送】[1]

即贐[1]。此稱南北朝時期已行用。《梁書·楊公則傳》:"四年,徵中護軍,代至,乘一舸便發,贐送一無所取。"明張岱《夜航船》卷六:"明府下車以來,狗不夜吠,民不識吏。今當遷去,聊爲贐送。"

【贐錢】

即贐[1]。此稱唐代已行用。《新唐書·逆臣傳·高尚》:"李齊物爲新平太守,薦諸朝,贐錢三萬介之。"明田汝成《西湖游覽志餘·賢達高風》:"蘇人杜瓊贈以詩云:'南還依舊一寒

甄,又却吴民饋贐錢。任使此生貧到骨,只留清節與人傳。'"清谷應泰《明史紀事本末·中原群盜》:"降賊獨頭虎見大兵之來,已出韓城,潼關道臣胡其俊猶追贐錢九十萬。"

【贐禮】

即贐[1]。此稱宋代已行用。《宋史·程松傳》:"至重慶,以書抵曦,勾贐禮買舟,稱曦爲蜀王。"《遼史·興宗本紀》:"九月戊辰,宋以親征夏國,遣余靖致贐禮。壬申,會大軍於九十九泉。"明耿定向《先進遺風》卷上:"戒行還京,有司具腆贐贈之,固辭弗受。或曰:'行以贐禮也,奈何拒之?'"

【贐資】

即贐[1]。此稱宋代已行用。宋周密《癸辛雜識續集·朱宣慰詩》:"朱老欣然曰:'朱清果是賣蘆柴出身,和尚説得我著。'遂饋贐資五錠酬之。"明周紹濂《鴛渚志餘雪窗談異》:"潘因招飲,以贐資十緡,贈之而別。"

【贐儀】

即贐[1]。此稱宋代已行用。《宋史·禮二十二》:"臨安府書送贐儀,復遣執政官就驛賜宴。"元劉一清《錢塘遺事·趙方威名》:"方初登第作尉時,嘗訪辛稼軒,留三日,劇談方略。辛喜之,謂其夫人曰:'近得一佳士,惜無可爲贈。'夫人曰:'我有絹十端,尚在稼軒。'遂將添作贐儀,且奉以數書。"

【路贐】

即贐[1]。此稱明代已行用。《鼓掌絕塵》第八回:"你可快進去與玉娘商量,趁早打迭齊備,我且走到各處,相與人家作别一聲。倘又送得些路贐,可不是落得的。"《兩粤夢游記》:"劉總改調南寧,留家眷在全托爲照管。又囑

家中措置路賮五十金相贈。"《二刻拍案驚奇》卷七:"下官且到成都往回一番。待此行所得諸臺及諸郡饋遺路賮之物,悉將來爲此女的嫁資。"

不義之財

用不合法或不合道德的手段取得的錢財。漢劉向《列女傳·母儀傳·齊田稷母》:"夫爲人臣不忠,是爲人子不孝也。不義之財非吾有也,不孝之子非吾子也。"宋周密《癸辛雜識·別集·楊髡髮陵》:"天長聞僧者既得志,且富不義之財,復倚楊髡之勢,豪奪鄉人之產。"元陶宗儀《説郛》引宋李昌齡《樂善錄·陰德》:"蓋彼所聚之財,取之多不義,取不義之財而廣布施、設齋供,故謂之作業福,非積陰德者也。"

【枉物】

即不義之財。此稱元代已行用。元關漢卿《山神廟裴度還帶》第三折:"'不義而富且貴,於我如浮雲!'取不義之財呵枉物難消。"元武漢臣《散家財天賜老生兒》第二折:"元來是父親行請過了孩兒又要,您怎麼不尋思枉物難消。"《醒世恒言·馬當神風送滕王閣》:"老叟道:'汝不知殿上之錢,皆是貪利酷求之人,害物私心之輩,損人益己,克衆成家,偶一過此,妄求非禍,神不危而心自危之,所以求獻於廟。此乃枉物,譬如吾之贓矣,焉敢用哉!'"

昧心錢

來源、用途不合法或不道德的錢財。元岳伯川《呂洞賓度鐵拐李嶽》第一折:"想前日解來強盜,都只爲昧心錢買轉了這管紫霜毫。"《風流奇案》第四一回:"春芳即收拾行李,帶了銀子,假作晋京,叫了一隻大船,竟自逃回

紹興,不再管錫彤的死活。誰知天網恢恢,路上遇見了大批海盜,把春芳賺下的昧心錢劫個乾净。"《無聲戲·鬼輸錢活人還賭債》:"上不欠官糧,下不放私債,不想昧心錢,不做欺公事。"《紅樓夢》第六五回:"究竟賈珍等何曾隨意了一日,反花了許多昧心錢。"

【昧心財】

即昧心錢。此稱近代行用。曹禺《雷雨》第二幕:"姓周的,你發的是絕子絕孫的昧心財。"

人情錢

元代官吏勒索百姓錢財的名目之一,藉人情交往時相互贈與勒索百姓錢財。宋周必大《岳陽軍節度使韓公裔遇辛巳明堂赦封贈三代》:"承節郎於誠,爲建康府差監造床榻,受板木牙人人情錢,特降一官。"明葉子奇《草木子·雜俎篇》:"元朝末年,官貪吏污,始因蒙古、色目人罔然不知廉耻之爲何物,其間人討錢,各有名目。所屬始參曰拜見錢,無事白要曰撒花錢,逢節曰追節錢,生辰曰生日錢,管事而索曰常例錢,送迎曰人情錢,勾追曰賫發錢,論訴曰公事錢。覓得錢多曰得手,除得州美曰好地分,補得職近曰好窠窟。漫不知忠君愛民之爲何事也。"《水滸傳》第九回:"滄州牢城營内收管林沖,發在單身房裏聽候點視。却有那一般的罪人,都來看覰他。對林沖説道:'此間管營、差撥,十分害人。只是要詐人錢物。若有人情錢物送與他時,便覰的你好。若是無錢,將你撇在土牢裏,求生不生,求死不死。若得了人情,入門便不打你一百殺威棒。'"清陳鼎《東林列傳·馮琦傳》:"元之末年,皆用蒙古色目人,罔然不知廉耻爲何物。其間人討錢各有

名目：下屬始參曰見面錢，無事白要曰撒花錢，逢節索貢曰追節錢，上元曰花燈錢，端陽曰蒲粽錢，中秋曰月餅錢，重陽曰萸糕錢，冬至曰餛飩錢，除夕曰壓歲錢，每事需索曰常例錢，出巡而經其道曰過山錢，下郡縣曰長夫錢，初到任曰墊衙錢，勾追曰齎發錢，獄訟曰公事錢，坐衙審斷曰鋪堂錢，吏胥需索曰東道錢、轎馬錢、舟楫錢、飯食錢、供應錢，開手曰紙筆錢，管家曰幇襯錢，轉桶曰利市錢，覓得錢多曰得手，除得缺美曰好地分，補得職肥曰好窩子。漫不知忠君愛國之爲何事。”

公事錢

古代官吏收錢的名目之一。指打官司所要繳納的費用。明郎瑛《七修類稿·辯證類》：“如取錢之言，初見官府曰拜見錢，白手取人曰撒花錢，逢節送禮曰追節錢，管一事而索錢曰常例錢，迎送諸事曰人情錢，覓得錢多曰得手，但公事錢多因論訴而命名，則與今不同也。”明葉子奇《草木子·雜俎篇》：“元朝末年，官貪吏污，始因蒙古、色目人罔然不知廉恥之爲何物，其間人討錢，各有名目。所屬始參曰拜見錢，無事白要曰撒花錢，逢節曰追節錢，生辰曰生日錢，管事而索曰常例錢，送迎曰人情錢，勾追曰齎發錢，論訴曰公事錢。覓得錢多曰得手，除得州美曰好地分，補得職近曰好窠窟。漫不知忠君愛民之爲何事也。”清陳鼎《東林列傳·馮琦傳》：“如元之末年，所用多非讀書人，罔然不知廉恥爲何物。其間人討錢，各有名目。下屬始參曰見面錢，無事白要曰撒花錢，逢年過節索貢曰追節錢，上元曰花燈錢，端陽曰蒲粽錢，中秋曰月餅錢，重陽曰萸糕錢，冬至曰餛飩錢，除夕曰壓歲錢，每事需索曰常例錢，

出巡而經其道曰過山錢，下郡縣曰長夫錢，初到任曰墊衙錢，勾追曰齎發錢，獄訟曰公事錢，坐衙審斷曰鋪堂錢，胥吏需索曰東道錢……漫不知忠君愛國之爲何事。”

田四廂錢

宋代官吏勒索百姓錢財的名目之一。高宗時，四川右護軍統制田晟所部調駐臨安府，隸屬侍衛馬軍司，但是此軍的軍費仍要四川人變賣綢、絹、綿等物來繳納，還要交到鄂州總領司，運費也極大。因爲田晟有龍、神衛四廂都指揮使銜，蜀人稱此錢爲田四廂錢。宋李心傳《建炎以來朝野雜記甲集·財賦二·田四廂錢》：“田四廂錢者，自紹興十三年春，以右護軍統制田晟所部人馬，隸馬司，明年有旨，令四川歲撥總制錢一百七十三萬餘緡，綢絹四萬七千餘匹，綿五萬四千餘兩赴鄂州。蓋此錢本供晟軍費故也。”宋李心傳《建炎以來繫年要錄》卷一五一：“戊戌初，令四川都轉運司歲撥總制錢一百七十三萬餘緡，市輕賚並細絹四萬七千餘匹，綿四千五萬餘疋赴鄂州總領司樁管，自去秋以右護軍統制田晟所部隸馬司，故取其贍軍錢帛，至今蜀中號田四廂錢。”按，龍、神衛四廂都指揮使爲宋代軍職。北宋侍衛司騎兵龍衛軍和步兵神衛軍各分左、右二廂，宋太宗時設立龍、神衛四廂都指揮使。北宋中期以後，此職成爲武將虛銜。

生日錢

元朝官吏勒索、收錢的名目之一。官吏過生日向下屬索取的錢曰生日錢。明葉子奇《草木子·雜俎篇》：“元朝末年，官貪吏污，始因蒙古、色目人罔然不知廉恥之爲何物，其間人討錢，各有名目。所屬始參曰拜見錢，無事白

要曰撒花錢，逢節曰追節錢，生辰曰生日錢，管事而索曰常例錢，送迎曰人情錢，勾追曰賫發錢，論訴曰公事錢。覓得錢多曰得手，除得州美曰好地分，補得職近曰好窠窟。漫不知忠君愛民之爲何事也。"清翟灝《通俗編》卷二三："拜見錢、追節錢：〔《草木子》〕元末、官吏貪污，其間人討錢，各有名目，所屬始參，曰拜見錢；逢節，曰追節錢；生辰，曰生日錢；管事，曰常例錢；送迎，曰人情錢；論訴，曰公事錢；覓得錢多，曰得手；除得州美、曰好地分。漫不知忠君愛國爲何事也。"

白錢

通過騙、蹭、敲詐等手段而獲得的錢財。《醒世恒言・賣油郎獨占花魁》："平昔是個游手游食，不守本分，慣喫白食，用白錢的主兒，人都稱他是卜大郎。"《濟公全傳》第一二三回："我和尚不要白錢，我和尚專會相面……"

【浮頭食】

即白錢。此稱清代已行用。《蕩寇志》第三回："高俅喜歡他，提拔他做到推官之職。他却不去就任，只在高俅府裏串打些浮頭食，詐些油水過日子。"《蕩寇志》第二五回："那紀二吃鐵算盤趕了出來，只得東奔西走，鬼混了幾時浮頭食，不上半年，漸漸有些出頭。"

地理錢

古代官吏收錢名目之一。此指縣官迎送時勒索的所謂脚力費用。《宋史全文續通鑑・宋孝宗三》："饋諸吏則謂之辭役錢，知縣迎送儳夫脚則謂之地理錢，節朔參賀則謂之節料錢，官員下鄉則謂之過都錢，月認醋額則謂之醋息錢。"《文獻通考・職役二》："募人不管於雇役之家，非理需索，或憑藉官司之勢，奸害善人，

斷罪外，坐募之者以保伍有犯，知而不糾之罰。且保正、副所職，在於烟火、盜賊、橋梁、道路，今或使之督賦租，備修造，供役使，皆非所役，而執役者每患參役有錢，知縣到罷有地理錢，時節參賀有節料錢，官員過都、醋庫月息皆於是而取之；抑有弓兵月巡之擾，透漏禁物之責，捕盜出限之罰，催科填代之費，承月追呼之勞；至於州縣官吏收買公私食用及土產所有，皆其所甚懼也。若夫户長所職，催夏稅則先期借絹，催秋稅則先期借米。"《續資治通鑑・宋孝宗乾道八年》："辛丑，臣僚言：州縣被差執役者，率中下之户，產業微薄……饋諸吏則謂之'辭役錢'，知縣迎送儳夫脚則謂之'地理錢'，節朔參贊則謂之'節料錢'，官員下鄉則謂之'過都錢'，月認醋額則謂之'醋息錢'。復有所謂'承差人'，專一承受差使，又有所謂'傳帖人'，各在諸廳白直，實不曾承傳文帖，亦令就顧而占破……"

見面錢 [3]

新官上任後，下屬第一次參見時，官員向下屬索取的錢財。明沈鍊《邊詞》詩其五："垂老軍人髮墜肩，焚香夜夜告蒼天。願留守將多年歲，省得重科見面錢。"清陳鼎《東林列傳・馮琦傳》："元之末年，皆用蒙古色目人，罔然不知廉恥爲何物，其間人討錢，各有名目：下屬始參曰見面錢，無事白要曰撒花錢，逢節索貢曰追節錢，上元曰花燈錢，端陽曰蒲粽錢，中秋曰月餅錢，重陽曰萸糕錢，冬至曰餛飩錢，除夕曰壓歲錢，每事需索曰常例錢，出巡而經其道曰過山錢，下郡縣曰長夫錢，初到任曰墊衙錢，勾追曰賫發錢，獄訟曰公事錢，坐衙審斷曰鋪堂錢，吏胥需索曰東道錢、

轎馬錢、舟楫錢、飯食錢、供應錢，開手曰紙筆錢，管家曰幫襯錢，轉桶曰利市錢。覓得錢多曰得手，除得缺美曰好地分，補得職肥曰好窩子。"

私賄

私人贈送的財物。官吏私下贈送財物常有賄賂的性質，因此私賄既可能是正當的私人贈送，也可能是賄賂。《左傳·成公二年》："告慶之禮，降於卿禮一等。王以鞏伯宴而私賄之，使相告之曰：'非禮也，勿籍。'"《新唐書·南蠻傳》："師望利專制，諱不言，衷積無厭，私賄以百萬計。"《廣西通志·名宦·明胡世寧》："世寧絕其私賄，禮接之。"清孫承澤《春明夢餘錄·戶部·輕賫》："時各總運官多出其門，牽引爲害，蓋借公物以爲私賄，希求寵庇。"

【饋賂】

即私賄。此稱先秦時期已行用。《左傳·哀公十一年》："吳將伐齊，越子率其衆以朝焉，王及列士皆有饋賂。"晉袁宏《後漢紀·孝靈皇帝紀》："是時權邪怙寵，政以賄成，郡國貢獻，皆先饋賂，然後得行。"《新五代史·唐太祖家人傳·神閔敬皇后》："宮中貨賄山積，惟寫佛書，饋賂僧尼，而莊宗由此亦佞佛。"宋謝逸《溪堂集·辨·佛齋辨》："今國家北與契丹講和，饋賂之費，歲至數萬。"

【禮賂】

即私賄。此稱漢代已行用。《後漢書·竇武傳》："在位多辟名士，清身疾惡，禮賂不通，妻子衣食裁充足而已。"晉葛洪《抱朴子·審舉》："今若遝邇一例，明考課試，則必多負笈千里以尋師友，轉其禮賂之費，以買記籍者，不俟終日矣。"晉陶潛《搜神後記》卷六："翼

之以其女嫁北鄉嚴齊息，寒門也。豐其禮賂。"明董斯張《廣博物志·服飾》："秦護清廉不受禮賂，家貧，衣服單露。"

【餼賂】

即私賄。一般是食物的形式。此稱唐代已行用。唐韓愈《贈張童子序》："自朝之聞人以及五都之伯長群吏，皆厚其餼賂，或作歌詩以嘉童子。"明楊慎《祭黔國恭熙公文》："憶曩追昔，殊遇蒙祇；折簡問奇，餼賂豐祇；招提曲宴，情豐茸祇。"

【遺賂】

即私賄。此稱唐代已行用。《舊唐書·李晟傳》："苛官苛細，好將迎遺賂，故急於聚斂，窮極侈欲。"宋王君玉《國老談苑》卷一："范質性儉約，不受四方遺賂。"

【賂遺】

即私賄。此稱漢代已行用。漢董仲舒《春秋繁露·五行相生第五十九》："至清廉平，賂遺不受，請謁不聽……孔子是也。"宋費樞《廉吏傳·杜軫》："秩滿將歸，群蠻追送，賂遺甚多，軫一無所受，去如初至。"

分肥

肥，原是肥沃豐盛的意思，後常與"分"連用，指不正當的收入。清來保《欽定平定金川方略·乾隆十四年三月十四日至十五年十二月十二日》："若明知此舉之多費錢糧、無濟實用而倡議製造，則是有意希冀開銷，從中侵冒分肥，其居心固不可問。"清靳輔《生財裕餉第一疏》："近來乞匄大半皆屬壯夫，手齎穢毒之物以窘良民，而總屬之者，更有匄頭。其孤貧口糧，俱係匄頭領出，與蠹役分肥，不得充實在孤貧之腹。"清《欽定大清會典則例·吏

部・考功清吏司・科場》："知縣有賄薦，案首及各官效勞分肥，提鎮等官說情，並學臣扶同，事發皆照例治罪。"

門包

賄賂官吏守門人的財物。清《欽定平定臺灣紀略・六月二十三日》："若督撫前往，則各州縣備辦供應，及家人胥役需索門包，所費又復不貲。"清顧炎武《日知錄・閣人》："《後漢書・梁冀傳》：冀壽共乘輦車，游觀第内，鳴鐘吹管，或連繼日夜，客到門不得通，皆請謝門者，門者累千金。今日所謂門包，殆昉於此。"《清朝文獻通考・刑考八・刑制》："禁革督撫家人收受門包，並押席陋規。"《大清律例・刑律・受臟》："凡出差巡察之員，所到州縣地方，如有收受門包，與者照鑽營請托例治罪，受者照婪臟納賄例治罪，該督撫不行查察交部議處。"

到任規

官員到任後，下屬按照慣例必須送的錢財。《清朝文獻通考・征榷考三・鹽》："又如巡鹽到任規費，如過所稱掣鹽勘，如到任預借息銀。"《官場現行記》第四七回："〔萬太尊〕到任之後，就把從前的積蓄以及新收的到任規費等，先拿出一萬銀子，叫賬房替他存在莊上。"清褚瑛《州縣初仕小補・鹽當規禮》："到任時，各屬鹽當皆有到任規禮，若係向章不可不要，至於燒鍋、炭場、鐵廠亦各有規禮例，並防其隱瞞；倘推諉不送，即着號房差役催問或托巡典轉，催恐一次不交即成爲例，落後任之怨。"

草鞋錢 [1]

舊時公差衙役以替人辦事爲名向當事人勒索的錢財。元無名氏《包待制陳州糶米》第三折："我過去誑他一誑，吃他幾鍾酒，討些草鞋錢兒。"《清實錄・宣宗成皇帝實錄・道光十四年》："該員又復親自下鄉，以催徵錢糧爲詞，隨帶書役多人，按户索錢，謂之過山禮，復縱令夫役勒索錢財，謂之草鞋錢。稍不遂欲，即遭銷拏等語。"

【草鞋費】

即草鞋錢 [1]。此稱宋代已行用。宋范成大《催租行》詩："不堪與君成一醉，聊復償君草鞋費。"清朱樟《黑丁行》詩："排管私償草鞋費，樹皮不充口。"

【腳步錢】 [2]

即草鞋錢 [1]。此稱明代已行用。《繡像金瓶梅詞話》第二六回："我打了一場屈官司，身上分文没有，寸布皆無。要湊些腳步錢與二位，無處所湊。"

草鞋錢 [2]

買草鞋的錢，也比喻跑腿費，即當事人給代辦人或僕役的錢財。宋釋普濟《五燈會元・馬祖一禪師法嗣》："漿水錢且置，草鞋錢教阿誰還？"元無名氏《張協狀元》第四〇齣："〔净〕食錢？〔生〕一日各二貫。〔丑〕酒錢？〔生〕一日各一貫。〔净〕草鞋錢？〔生〕各支十文。〔丑〕犒勞錢？〔生〕到一市井，各五貫。"《連城璧外編》卷四："那些挑葱賣菜的看了，都想做起風流事來，每日要省一雙草鞋錢，每夜要做一個花魁夢。"

【腳步錢】 [3]

即草鞋錢 [2]。此稱明代已行用。《三遂平妖傳》第二二回："員外取出二兩銀子來，道：'權與你二人做腳步錢。若親事成時，自當重重相謝。'"《初刻拍案驚奇》卷二九："袖中摸出詞來，並越州太守所送贓禮一兩，轉送與楊老媽做脚步錢。"

拜見錢 [1]

古代官吏收錢名目之一。爲元代官吏向初次來參見的下屬所索取的錢財。元楊瑀《山居新話》卷四："江南有新官來任者，巨室須遠接，以拜見錢與之，叩之則答以穿鼻了。如江西、浙西數大郡長官，非千定不可。間有一二能者，詐及三千定者，佐貳各等第，皆有定價。或有於都下應付盤纏同出，就與之管事，名之曰'苗兒頭'。余切恨臟污之徒要拜見錢，與因一事取受者，大不相侔。按律文反有終非因事取受之條，失之遠矣。且以江西蕭劉、松江朱管、嘉興王氏，皆遭顯戮，非拜見錢而致之，何以得此？所謂負國害民，以致於天下不寧，詎可言哉？"明梁辰魚《浣紗記·養馬》："前日發來的兩個男子，一個婆娘，都是大模大樣的，一些也不睬人在眼裏。〔净〕每常間犯人到此，送些拜見錢。他如今不但不來見我，土儀也不見一些。可惱可惱。"明馬文升《馬端肅公奏議·一清軍丁以杜勾擾》："因見兵部發册，清勾難於主張，只得依文解去查理原籍。抛下田地無人耕種，遺下糧差無人辦納，又累里甲僉點大户管解，及到衛所投文官吏，又要拜見錢物，旗甲索取，饋送土宜，彼既有丁只得放回，往回數千餘里，動經半年之上，破家蕩產，甚可哀憐。"

拜見錢 [2]

初次見面時，尊長給卑幼者的錢物。元康進之《梁山泊李逵負荆》第二折："〔正末云〕學究哥哥，喏，帽兒光光，今日做個新郎，袖兒窄窄，今日做個嬌客。俺宋公明在那裏？請

出來和俺拜兩拜，俺有些零碎金銀在這裏，送與嫂嫂做拜見錢。〔宋江云〕這廝好無禮也。與學究哥哥施禮，不與我施禮。這廝胡言亂語的，有甚麼説話。"《金瓶梅詞話》第二〇回："俺們都拿著拜見錢在這裏，不白教他出來見。"

追節錢

古代官吏收錢名目之一。指官員每逢過節時，向下屬索取賄賂的錢。此稱明代已行用。明葉子奇《草木子·雜俎篇》："元朝末年，官貪吏污，始因蒙古、色目人罔然不知廉耻之爲何物，其間人討錢，各有名目。所屬始參曰拜見錢，無事白要曰撒花錢，逢節曰追節錢，生辰曰生日錢，管事而索曰常例錢，送迎曰人情錢，勾追曰賫發錢，論訴曰公事錢。覓得錢多曰得手，除得州美曰好地分，補得職近曰好窠窟。漫不知忠君愛民之爲何事也"清翟灝《通俗編》卷二三："拜見錢、追節錢：〔草木子〕元末、官吏貪污，其間人討錢，各有名目，所屬始參，曰拜見錢；逢節，曰追節錢；生辰，曰生日錢；管事，曰常例錢；送迎，曰人情錢；論訴，曰公事錢；覓得錢多，曰得手；除得州美，曰好地分。漫不知忠君愛國爲何事也。"清陳鼎《東林列傳·馮琦傳》："元之末年，皆用蒙古色目人，罔然不知廉耻爲何物。其間人討錢各有名目：下屬始參曰見面錢，無事白要曰撒花錢，逢節索貢曰追節錢，上元曰花燈錢，端陽曰蒲粽錢，中秋曰月餅錢，重陽曰茰糕錢，冬至曰餛飩錢，除夕曰壓歲錢，每事需索曰常例錢，出巡而經其道曰過山錢，下郡縣曰長夫錢，初到任曰墊衙錢，勾追曰賫發錢，獄訟曰公事錢，坐衙審斷曰鋪堂錢，吏胥需索曰東道錢、轎馬錢、舟楫錢、飯食錢、供

應錢，開手曰紙筆錢，管家曰幫襯錢，轉桶曰利市錢，覓得錢多曰得手，除得缺美曰好地分，補得職肥曰好窩子。漫不知忠君愛國之為何事。"

差錢

當事人給代辦人的工錢，官府衙役常以此為名向人索要錢財。明王樵《方麓集·欽恤疏》："馬鑾輪當總甲十日，將錢三百文雇戴隆代當，初八日戴隆復派父黃船夫錢，前來取討。祿回稱：'我父不在家，你要差錢，明日來罷。'"《檮杌閑評》第四回："這牛三敲詐人也多，叫你本官多取他些不妨，不可輕易放過他。你們也多取他這些差錢。"清黃六鴻《福惠全書》卷三："至於上司號件未完，差舍守催經承每日供給肥肉大酒，喚唱包娼，及其臨行，需索差錢路費，非五十金百金不止。"《清朝文獻通考·職役考四》："凡有差票到手，視為奇貨可居，登門肆橫，索酒飯，講差錢，稍不遂意，百般恐嚇。"

送迎錢

官府中儲備的安置到任官員或贈送給離任官員的錢財。《晉書·鄧攸傳》："後稱疾去職，郡常有送迎錢數百萬，攸去郡，不受一錢。"《兩晉秘史》第一一九回："〔鄧〕攸載米至郡，俸祿無所受，惟飲吳水而已，在郡刑政清明，百姓歡悅，為吳太守。因稱疾辭職歸。郡有常例，凡太守辭職旨，送迎錢至數百萬，因此吏民以其錢送攸。攸不受一錢，於是百姓數千人，不忍其去，乃留牽攸船，船不得行，攸乃少停，至夜中密發遁去。"

財鹵

通過擄掠得到的財物。《漢書·晁錯傳》："戰勝守固則有拜爵之賞，攻城屠邑則得其財鹵以富家室。"明熊過《贈王晉叔兵備平陽序》："諸所往，乃或攻破城府，放囚徒，取財鹵。"亦作"財虜"。《螢窗異草》三編卷一："里人有顧二者，舊曾貿易於京，因與偕往。生意在得婦，每事斂束，無少縱。顧怪之，叩曰：'若素豪爽，今何拘拘若守財虜。豈真以慈命為重耶。'生腼然對曰：'否，否。予母將以此金為余娶婦，而慮其不敷，故遣余賈，以勸其好事。'"

【財虜】

同"財鹵"。此體清代已行用。見該文。

過都錢

古代官吏收錢名目之一。指官員以下鄉的名義勒索的費用。宋林景熙《霽山文集·白石稿二·故太府少卿錢公墓誌銘》："公始至某都，喚里正久不至。問故，曰：為辦過都錢。未登問數幾何，曰：例一千六百緡，半歸核官。公笑曰今所歷八十六都盡然為富翁矣。即力革前弊。"《宋史全文續通鑑·孝宗三》："饋諸吏則謂之辭役錢，知縣迎送儌夫腳則謂之地理錢，節朔參賀則謂之節料錢，官員下鄉則謂之過都錢，月認醋額則謂之醋息錢。"元王惲《題米元暉楚江清曉圖》："江邊墟落靜荒烟，林陰依然井臼全。若比石壕更瀟灑，入山多避過都錢。"《文獻通考·職役二》："募人不管於雇役之家，非理需索，或憑藉官司之勢，奸害善人，斷罪外，坐募之者以保伍有犯，知而不糾之罰。且保正、副所職，在於烟火、盜賊、橋梁、道路，今或使之督賦租，備修造，供役使，皆非所役，而執役者每患參役有錢，知縣到罷有地理錢，時節參賀有節料錢，官員過都、醋庫月息皆於是而取之；抑有弓兵月巡之擾，透漏禁物之責，捕盜出限之罰，催科填代之費，承判追呼之勞；至於州縣官吏收買公私食用及土產所有，皆其所甚懼也。若夫戶長所職，催夏稅則先期借絹，催秋稅則先期借米……"《續資治通鑑·宋孝宗乾道八年》："辛丑，臣僚言：州縣被差執役者，率中下之戶，產業微薄，一爲保正，鮮不破家。昔之所管者，不過烟火、盜賊而已，今乃至於承文引，督租賦焉；昔之所勞者，不過橋梁、道路而已，今乃至於備修造，供役使焉。方其始參也，饋諸吏則謂之'辭役錢'，知縣迎送儌夫脚則謂之'地理錢'，節朔參贊則謂之'節料錢'，官員下鄉則謂之'過都錢'，月認醋額則謂之'醋息錢'。復有所謂'承差人'，專一承受差使，又有所謂'傳帖人'，各在諸廳白直，實不曾承傳文帖，亦令就顧而占破……"

常例錢

舊時官吏勒索、收錢的名目之一。爲各級衙門中管事官吏索要的一種例金。其索要與被動接受，乃一事之正反二相，皆當視作常例錢。南宋佚名《名公書判清明集》卷一一："本司錫匣累行追逮，拒而不出，方且酣飲娼樓，揚揚自得。既有無名錢，又有自寄錢，又有比呈展限錢，又有保正每月常例錢，敲鎚骨髓，怨聲徹天。"《宋史·食貨志下五》："八年，福建市舶陳峴言……紹興初，趙不已嘗措置鈔法，而終不可行者，蓋漕司則藉鹽綱爲增鹽錢，州縣則籍鹽綱以爲歲計，官員則有賣鹽食錢、廩費錢，胥吏則有發遣交納常例錢，公私齟齬，無怪乎不可行也。'"明葉子奇《草木子·雜俎篇》："元朝末年，官貪吏污，始因蒙古、色目

人罔然不知廉耻之爲何物，其問人討錢，各有名目。所屬始參曰拜見錢，無事白要曰撒花錢，逢節曰追節錢，生辰曰生日錢，管事而索曰常例錢，送迎曰人情錢，勾追曰賫發錢，論訴曰公事錢。覓得錢多曰得手，除得州美曰好地分，補得職近曰好窠窟。漫不知忠君愛民之爲何事也。"清黃宗羲《明文海·記十四·浙江按察司獄記》："天下之獄未有慘於此者：始入，獄卒導罪人至獄司前索金，故事，罪人入見獄吏，無輕重皆輸金；卒如之，又推罪人有貲爲牢頭者主進焉，而後掠其私，謂之常例錢。金多者雖重罪處净室或自搆精舍以居。"亦省稱"常例"。宋黃震《黃氏日鈔·申明二·權長洲縣申修齊王尚書乞免再造帳册》："縱使今來開申細名，即是向來混申細名，既不要放苗米，又不再散賑濟，不知關防州縣欺瞞，何事而多事若此？一言以蔽之，不過上司公吏欲得納帳册常例錢耳。"《京本通俗小說·拗相公》："若或洩漏風聲，必是汝等索需地方常例，詐害民財。"《二刻拍案驚奇》卷二六："舊規但是老爹們來，只在省城住下，寫個諭帖，來知會我們開本花名册子送來，秀才廩糧中，扣出一個常例，一同送到。"《說岳全傳》第七回："他們可有常例送來麼？"

【常例】

"常例錢"之省稱。此稱宋代已行用。見該文。

貪囊

官吏的貪污受賄所得，也指官吏貪污受賄的行爲。清熊賜履《諭陳言疏》："閭閻之膏液有盡，而猾胥之貪囊無底。愚氓之皮骨僅存，而有司之欲壑無厭。"清弘曆《紀事》詩：

"三百茲僅存，不聞郵政廢。奚獨飽貪囊，不爲節用計。"清宣鼎《夜雨秋燈錄・東鄰墓》："〔金生告儒生解必昌曰〕我游戲人間，不過破貪囊，取污財耳。頃亦蟬蛻羽化，如郭璞、謝靈運諸公，非真遭戮也。而吾弟當日床頭人敢於饒舌，誠不能恕。"清《同治朝實錄》卷九三："慶昀奏、寧夏回匪。不宜議撫等語……從前回漢互疑，兩相仇殺，原可官爲調處。今則戕官踞城，逆回叛迹昭著。若再議撫，任令起滅自由，勢必目無法紀，益肆狂悖。且該逆貪囊已飽，正恐大軍前往剿洗。此時一意主撫，適足墮其緩兵詭計。"

賀印錢

以祝賀新官到任爲名向新上任官員索取的錢財。《明史・姜洪傳》："正德二年遷山西布政使，劉瑾索賀印錢，不應。"明焦竑《國朝獻征錄・都察院右副都御史姜洪傳》："姜洪，字希範，直隸廣德州人，成化戊戌進士，初授盧氏縣知縣……所屬古田縣久猺獞侵擾，洪奏調兵討平之，民賴以安，屢擢雲南左參政，山西右布政使。逆瑾方擅政諸省，有賀印錢，山西獨無。瑾中以法矯詔罷歸，復罰令輸粟于邊瑾……"

盜贓

盜賊搶劫、偷盜所得的財物。《宋書・王弘傳》："左丞江奧議：士人犯盜贓不及棄市者，刑竟，自在贓污淫盜之目，清議終身，經赦不原。"《舊唐書・宣宗本紀》："據會昌元年三月二十六日敕，竊盜贓至一貫文，處死。"《舊五代史・太祖紀一》："今後應犯竊盜贓及和奸者，並依晉天福元年已前條制施行。"

【賊贓】

即盜贓。此稱晉代已行用。《晉書・刑法志》："賊燔人廬舍積聚，盜賊贓五匹以上，棄市。"《宋史・食貨志下六》："且盜賊贓及二貫，止徒一年，出賞五千；今民有以錢八百私買茶四十斤者，輒徒一年，賞三十千。"

賄賂

爲達到某種私利而以不正當的途徑贈送給官吏或國君的財物。《後漢書・馮緄傳》："緄性烈直，不行賄賂，懼爲所中……"《晉書・良吏傳論》："而帝寬厚足以君人，明威未能厲俗，政刑以之私謁，賄賂於此公行，結綬者以放濁爲通，彈冠者以苟得爲貴，流遁忘反，寖以爲常。"《宋史・選舉志六》："元祐以來屢行屢止，蓋處心公明則得以用其所知，固爲良法。苟循私昧理，則才不爲用，請屬賄賂無所不有矣。"《明史・選舉志三》："自永樂後，新官免試，舊官即比試，賄賂無不中，此軍職所以日濫也。"

【賂】

即賄賂。此稱先秦時期已行用。《左傳・僖公十五年》："晉侯許賂中大夫，既而皆背之；賂秦伯以河外列城五，東盡虢略，南及華山，内及解梁城，既而不與。"《史記・秦始皇本紀》："願大王毋愛財物，賂其豪臣，以亂其謀，不過亡三十萬金，則諸侯可盡。"

【苞苴】

即賄賂。此稱先秦時期已行用。《荀子・大略》："湯旱而禱曰：'……苞苴行與？讒夫興與？何以不雨至斯極也！'"楊倞注："貨賄必以物苞裹，故總謂之苞苴。"《後漢書・隗囂傳》："增重賦斂，刻剝百姓，厚自奉養，苞苴流行，財入公輔。"《南齊書·倖臣傳論》："坐歸聲勢，臥震都鄙，賄賂日積，苞苴歲通，富擬公侯，威行州郡。"《舊唐書·韋貫之傳》："貫之自布衣至貴位，居室無改易，歷重位二十年，苞苴寶玉不敢到門。"《宋史·高宗紀八》："壬午，詔監司守臣禁羨餘，罷權攝，戢苞苴，節宴飲。"

【賄】

即賄賂。此稱漢代已行用。《後漢書·五行志二》："官非其人，政以賄成，內嬖鴻都，並受封爵。"

【賂獻】

即賄賂。此稱漢代已行用。《史記·晉世家》："晉侯二十八年，齊桓公始霸。曲沃武公伐晉侯緡，滅之，盡以其寶器賂獻於周釐王，釐王命曲沃武公爲晉君，列爲諸侯。"宋蘇轍《古史·魏世家》："梗陽人有獄，以女樂賂獻，子將受之。"明王慎中《儒林郎順天府推官易愧虛先生行狀》："中丞某入朝，郡縣厚其賂獻，先生入謁，持在邑所刻虛齋圖解數册而已。"

【賂遺】

即賄賂。此稱漢代已行用。《史記·孝文本紀》："群臣如張武等受賂遺金錢，覺，上乃發御府金錢賜之，以愧其心。"《漢書·昭帝紀》："大將軍不聽，而懷怨望，與燕王通謀，置驛往來，相約結燕王，遣壽西長、孫縱之等賂遺長公主。"《三國志·魏書·高貴鄉公髦傳》："吾語大將軍：不可不廢之。前後數次，此兒具聞，自知罪重，便圖爲弒逆，賂遺吾左右人，令因吾服藥，密行酖毒。"

【貨賄】[2]

即賄賂。此稱漢代已行用。《史記·五帝本紀》："縉雲氏有不才子，貪於飲食，冒於貨賄，天下謂之饕餮。"《後漢書·朱浮傳》："浮密奏寵遣吏迎妻而不迎其母，又受貨賄，殺害友人，多聚兵穀，意計難量。"《隋書·煬帝紀下》："敎學之道，既所不習，政事之方，故亦無取。是非暗於在己，威福專於下吏，貪冒貨賄，不知紀極。"

【財賄】

即賄賂。此稱漢代已行用。《後漢書·橋玄傳》："時太中大夫蓋升與帝有舊恩，前爲南陽太守，臧數億以上。玄奏免升，禁錮，没入財賄。帝不從，而遷升侍中。"《梁書·徐文盛傳》："先是，州在僻遠，所管群蠻，不識教義，貪欲財賄，劫簒相尋，前後刺史莫能制。"《舊唐書·元載傳》："〔李氏〕又縱弟妹女尼等廣納財賄，貪猥之迹，如市買焉。"

【賕】

即賄賂。此稱漢代已行用。《史記·灌嬰傳列》："元光三年，天子封灌嬰孫賢爲臨汝侯，續灌氏後。八歲，坐行賕有罪，國除。"《漢書·薛宣傳》："縣所舉廉吏獄掾王立，家私受賕而立不知，殺身以自明。"

【賕賂】

即賄賂。此稱漢代已行用。《漢書·王莽傳》："郡縣賦斂，遞相賕賂，白黑紛然。"《後漢書·劉瑜傳》："州郡官府，各自考事，奸情賕賂，皆爲吏餌，民愁鬱結，起入賊黨。"《後漢書·張讓傳》："凡詔所徵求，皆令西園騶密約敕，號曰中使，恐動州郡，多受賕賂。"《後漢書·許楊傳》："遂共譖楊受取賕賂，晨遂收楊下獄，而械輒自解。"

【貨賕】

即賄賂。此稱晋代已行用。《晋書・高光傳》:"光爲廷尉時,韜受貨賕,有司奏案之,而光不知。"《南史・王洪軌傳》:"建武初爲青、冀二州刺史,悔爲晋壽時貨賕所敗,更勵清節。"

【臟賄】

即賄賂。此稱南北朝時期已行用。《南齊書・王融傳》:"格取亡叛,不限僋楚,狡弄聲勢,應有形迹。專行權利,又無臟賄。"《梁書・丘仲孚傳》:"齊末政亂,頗有臟賄,爲有司所舉,將收之。仲孚竊逃,逕還京師。"

【賄謝】

即賄賂。此稱唐代已行用。《新唐書・崔祐甫傳》:"元載用事,非賄謝不與官,剗塞公路,綱紀大壞。"《新唐書・宋申錫傳》:"初申錫以清節進,疾要位者納賕餉、敗風俗,故自爲近臣,凡四方賄謝,一不受。"《宋史・張景憲傳》:"王逵居鄆,專持吏短長求請賄謝,如所欲。景憲上其惡,編置宿州。"

【賕貨】

即賄賂。此稱南北朝時期已行用。《梁書・袁昂傳》:"時尚書令王晏弟詡爲廣州,多納賕貨,昂依事劾奏,不憚權豪。"宋李昭玘《樂靜集・録張祐詩》:"唐自元和以後,士人多以辭章游王公之門,謂之投卷。所幸者,大則薦聞於朝,小則資以賕貨。士之急於人知,無甚於此時也。"

【賂賄】

即賄賂。此稱唐代已行用。唐張鷟《朝野僉載》卷三:"未處分間,有告文智詐受賂賄,愍遂斬之。"宋宇文懋昭《大金國志》卷六:"既至東平,則分遞諸郡,以取願狀而已,故豫得僭位,酹慶裔,賂賄不可勝計。"明王世貞《弇山堂別集》卷九五:"瑾引用憸邪,布列中外,或交通賂賄,或憑藉權勢,或阿意奉行。"

【賄遺】

即賄賂。此稱唐代已行用。唐李絳《論裴均進銀器狀》:"外以進入爲名,内以賄遺爲計,厚斂於下,半入其家。"宋費樞《廉吏傳・宋申錫》:"且申錫激節守正,却謝賄遺,帝嘗察其忠厚可任,固爲得人矣。"《明史・胡松傳》:"巡撫史道、總兵官王陞等備御無素,待其壓境,始以求貢上聞,又陰致賄遺,令勿侵已分地,冀嫁禍他境。"

【賂謝】

即賄賂。此稱唐代已行用。《新唐書・李吉甫傳》:"〔史滑涣〕迎附群意,即爲文書宰相,至有不及知者。由是通四方賂謝。"《宋史・王老志傳》:"王老志,濮州臨泉人,事親以孝聞,爲轉運小吏,不受賂謝。"

【賕遺】

即賄賂。此稱唐代已行用。《新唐書・薛仁貴傳》:"仁貴亦取所部爲妾,多納賕遺,爲有司劾奏,以功見原。"宋張方平《樂全集・芻蕘論・吏爲奸臟》:"臣比見敗吏率以其惡子弟,外交匪人,引入賕遺。"

【賕餉】

即賄賂。此稱唐代已行用。《新唐書・盧懷慎傳》:"竊見内外官有賕餉狼籍、剽剥蒸人,雖坐流黜,俄而遷復,還爲牧宰。"《新唐書・宋申錫傳》:"初申錫以清節進,疾要位者納賕餉、敗風俗,故自爲近臣,凡四方賄謝,一不受。"宋余靖《武溪集·雜文·清箴》:"幽有鬼神,明有斧鉞,貪彼賕餉,過乎豪奪,罪盈於貫,陽誅陰罰,何如砥礪清名不滅?"明王世貞《明徵仕郎睢州判官約齋錢君墓誌銘》:"行部而挾重者風君有所賕餉,君佯不悟曰:'邑無餉倅故事也。'"

【賄財】

即賄賂。此稱唐代已行用。《太平廣記》卷一二一引唐張鷟《朝野僉載·李昭德》:"昭德先受孫萬榮賄財,奏與三品。"宋宋敏求《唐大詔令集·典禮·乾符二年正月七日南郊赦》:"其刑部郎中員外切須選擇,亦不得輒其奉使,以望賄財,有文案則併送對廳,行貨財則獨收私第。"宋王溥《唐會要·斷屠釣》:"鼓刀者坐獲厚利,糾察者皆受賄財,比來人情共知此弊。"清汪琬《堯峰詩文鈔·復讎議》:"其上或壓於勢力,其次或格於賄財,苟有復讎之心,不得不乘間伺便以圖之。"

雅賄

所謂優雅式賄賂,是賄賂方式的變種。行賄人不再送官員真金白銀、皮袍人參、香車豪宅和有價證券,改而送名人字畫、古玩玉器等,將金錢交易遮蔽在貌似文人雅趣中,變成了一種似乎很文雅、很有品味的往來關係,此即所謂雅賄。在中國歷史上早有其事而迄無其名。如唐宋時期,貪腐之風漸起,雅賄亦成爲賄賂上司官員的手段。新舊《唐書》、《宋史》所載之"賄遺""賄謝"中,已不乏雅賄者。至明代,雅賄蔚然成風。因爲明代書畫是可以充當俸銀的,故書畫成爲交際上官的利器。明沈德符《萬曆野獲編·權臣籍没怪事》:"嘉靖間籍没嚴分宜〔分宜,嚴嵩號〕,則碧玉、白玉圍棋

數百副,金、銀象棋亦數百副,若對局用之,最爲滯重不堪,藏之則又無謂,真是長物。然收藏法書、名畫最多,至以《清明上河圖》特起大獄而終不得,則貪殘中,又帶雅趣。較之領軍鞋一屋,似差勝之。"《情史·情豪類》:"嚴世蕃吐唾,皆美婢以口承之,方發聲,婢口已巧就,謂之香唾盂。尚書王天華取媚世蕃,用錦屬織成點位,曰雙陸圖;別飾美人三十二,衣裝緇素各半,曰肉雙陸,以進。每對打,美人聞聲,該在某點位,則自趨站之。及嚴氏籍没時,郡司某奉臺使檄往,見榻下堆棄新白綾汗巾無數,不省其故,袖其一出以咨衆。有知者掩口曰:'此穢巾,每與婦人合,輒棄其一,歲終數之,爲淫籌焉。'"明顧起元《客座贅語》卷八:"張擇端《清明上河圖》,舊云在南京一質庫,後入魏公家;或云在王守溪相公公子處。嘉靖中,一貴人以重價購送嚴世蕃者,乃時人昆山王彪從王公子處私臨本也。世蕃喜甚,裝潢人湯姓號北川者,索賂不得,指言其僞。世蕃大怒,卒以陷貴人云。"

業錢

來路不正當或會引起灾禍的錢。元武漢臣《散家財天賜老生兒》楔子:"則怕久後爲這幾文業錢,著孩兒日後生了別心。"《初刻拍案驚奇》卷三八:"我沒有這幾貫業錢,安知不已有了兒子?"

橫財

通過非正常途徑獲得的錢財。《太平廣記》卷一六五引唐李冗《獨異志》:"理固不同。冥司有三十爐,日夕爲説鼓鑄橫財,我無一焉,惡可並哉!"元張國賓《相國寺公孫合汗衫》第三折:"人無橫財不富,馬無野草不肥。"明

韓雍《先考行實》："先妣淑人亦贊之曰：'橫財折福，却之誠宜。'"

撒花錢

官吏勒索、收錢的名目之一。撒花，本爲胡人拜見至尊時所獻重禮，其後凡平白無故所收的錢即曰撒花錢。宋樂雷發《送史主簿之鄂就辟》："宦途捷徑在三邊，且駐吟船贈馬鞭。壯士苦無橫槊志，將軍還用撒花錢。"明郎瑛《七修類稿・辯證類》："三佛齊國來朝貢時，跪於殿陛，先撒金錢花，次真珠龍腦，謂之'撒花'，蓋胡人至重禮也。後北兵犯闕，索民財與之，謂之'撒花錢'，以重禮媚胡耳。"明葉子奇《草木子・雜俎篇》："元朝末年，官貪吏污，始因蒙古、色目人罔然不知廉恥之爲何物，其問人討錢，各有名目。所屬始參曰拜見錢，無事白要曰撒花錢，逢節曰追節錢，生辰曰生日錢，管事而索曰常例錢，送迎曰人情錢，勾追曰齎發錢，論訴曰公事錢。覓得錢多曰得手，除得州美曰好地分，補得職近曰好窠窟。漫不知忠君愛民之爲何事也。"清翟灝《通俗編》卷二三："撒花錢：《心史》元兵犯宋，凡得州縣鄉村，排門脅索金銀，曰撒花。《元典章》中統庚申詔，凡拜見、撒花等物，並行禁絕，又官司收捕草賊，賊有降者，將劫擄財物，於收捕官處，作撒花錢，並宜禁斷。"

贓

通過盜竊、搶劫、貪污、受賄等非法途徑獲得的財物，也指盜竊、搶劫、貪污、受賄等行爲。《廣韻・平唐》："納賄曰贓。"《列子・天瑞》："向氏大喜，喻其爲盜之言，而不喻其爲盜之道，遂逾垣鑿室，手目所及，亡不探也。未及時，以贓獲罪，没其先居之財。"《史

記・張丞相列傳》："顯爲吏至太僕，坐官耗亂，身及子男有奸贓，免爲庶人。"《晉書・呂光載記》："臣張掖郡小吏，案校諸縣，而丘池令尹興贓狀狼藉，懼臣言之，殺臣投於南亭空井中。"《魏書・恭宗紀》："所在虜掠，贓各千萬，計並斬之。"《南齊書・高帝紀下》："有犯鄉論、清議、贓污、淫盜，一皆蕩滌洗除。"

【贓物】

即贓。此稱三國時期已行用。《三國志・魏書・司馬芝傳》："芝曰：'夫刑罪之失，失在苛暴。今贓物先得而後訊其辭。若不勝掠，或至誣服。'"《隋書・韋鼎傳》："有人客游，通主家之妾。及其還去，妾盜珍物於夜逃亡，尋於草中爲人所殺。主家知客與妾通，因告客殺之。縣司鞫問，具得奸狀，因斷客死。獄成，上於鼎，鼎覽之曰：'此客實奸，而殺非也，乃某寺僧誘妾盜物，令奴殺之，贓在某處。'即放此客，遣掩僧，並獲贓物。"

贓銀

官吏貪污、受賄所得的錢財。《明史・韓爌傳》："廷弼之死，由逆奄欲殺楊漣，魏大中誣以行賄，因盡殺漣等，復懸坐廷弼贓銀十七萬，刑及妻孥，冤之甚者。"明王世貞《弇山堂別集・中官考四》："太監蔣琮言：芳等邪術害正，假造寺觀塔廟，府庫贓銀，不可勝紀，罪大罰輕故也。"清傅恒《平定準噶爾方略前編・雍正十年十一月庚子至十一年二月丙子》："至於伊歷來貪贓不法之案漸次敗露者，朕皆暗中爲之消弭，其應追之贓銀數萬兩，又復降旨悉行寬免。"

【贓私】

即贓銀。《宋書・劉懷肅傳》："〔方明〕

歷潁川、南平昌太守，皆坐贓私免官。"《宋
書·吳喜傳》："及平荆州，恣意剽虜，贓私萬
計。"《南齊書·沈憲傳》："劉道濟取府州五十
人役自給，又役子明，左右及船仗贓私百萬，
爲有司所奏。"

【贓貨】

即贓銀。此稱南北朝時期已行用。《宋
書·劉式之傳》："〔劉式之〕在任贓貨狼藉。揚
州刺史王弘遣從事檢校。從事呼攝吏民，欲加
辯覆。式之召從事謂曰：'治所還白使君：劉
式之於國家粗有微分，偷數百萬錢何有，況
不偷邪？'"又："坐在雝州營私，蓄取贓貨
二百四十五萬。"《魏書·崔孝芬傳》："又孝芬
爲廷尉之日，章武王融以贓貨被劾，孝芬按以
重法。"《隋書·韋世康傳》："時王綱不振，朝
士多贓貨，唯調清素守常，爲時所美。"

【贓利】

即贓銀。此稱南北朝時期已行用。《南齊
書·江斆傳》："還除太子中庶子，領驍騎將
軍。未拜，門客通贓利，世祖遣信撿覈。"《元
史·烏古孫澤傳》："海北元帥薛赤干贓利事覺，
行省檄澤驗治。澤馳至雷州，盡發其奸贓。"明
徐三重《采芹錄》卷三："是後淫藝一事，遂重
爲官刑物議，迫今士大夫畏慎名檢，鮮或敢蹈
之者。惟贓利，因有曖昧，上下不無假借，監
司論劾，動列收受滿紙，而議者每從寬涵，恐
於懲警之義有所未盡。"

【私贓】

即贓銀。此稱金代已行用。《金史·食貨志
四》："九年，大興縣官以廣陽鎮務虧課，而懼
奪其俸，乃以酒散部民，使輸其稅大理寺。以
財非入已，請以贖論。上曰：'雖非私贓，而貧

民亦被其害，若止從贖，何以懲後。'"明康海
《武功縣志·官師志》："孫昌爲令，時進以私
贓。舉發，已逃去。"

【贓金】

即贓銀。此稱元代已行用。元吳澄《魯國
元獻公神道碑》："明年，江南大饑，遣屬驛聞，
請以十道贓金罰鍰賑濟。"明倪元璐《周來玉先
生傳》："又歸追贓金五百，其又二年，郭鞏以
事被逮云。"

賫發錢

元朝官吏勒索、收錢的名目之一。賫發即
贈送、資助之意。在此指拘留逮捕犯人，追贓
款贓物趁機勒索的錢。明葉子奇《草木子·雜
俎篇》："元朝末年，官貪吏污，始因蒙古、色
目人罔然不知廉恥之爲何物，其間人討錢，各
有名目。所屬始參曰拜見錢，無事白要曰撒花
錢，逢節曰追節錢，生辰曰生日錢，管事而索
曰常例錢，送迎曰人情錢，勾追曰賫發錢，論
訴曰公事錢。覓得錢多曰得手，除得州美曰好
地分，補得職近曰好窠窟。漫不知忠君愛民之
爲何事也。"清陳鼎《東林列傳·馮琦傳》："元
之末年，皆用蒙古色目人，罔然不知廉恥爲何
物。其間人討錢各有名目：下屬始參曰見面錢，
無事白要曰撒花錢，逢節索貢曰追節錢，上元
曰花燈錢，端陽曰蒲粽錢，中秋曰月餅錢，重
陽曰萸糕錢，冬至曰餛飩錢，除夕曰壓歲錢，
每事需索曰常例錢，出巡而經其道曰過山錢，
下郡縣曰長夫錢，初到任曰墊衙錢，勾追曰賫
發錢，獄訟曰公事錢，坐衙審斷曰鋪堂錢，吏
胥需索曰東道錢、轎馬錢、舟楫錢、飯食錢、
供應錢，開手曰紙筆錢，管家曰幫襯錢，轉桶
曰利市錢，覓得錢多曰得手，除得缺美曰好地

分，補得職肥曰好窩子。漫不知忠君愛國之爲
何事。"

方賄

地方特產，某一地方具有特別意義的財
物，主要用於向國君或皇帝進貢。《逸周書·明
堂解》："制禮作樂，頒度量而天下大服，萬國
各致其方賄，七年致位於成王。"《國語·晉語
六》："夫王者成其德，而遠人以其方賄歸之，
故無憂。"韋昭注："方，所在之方；賄，財
也。"《史記·孔子世家》："昔武王克商，通道
九夷百蠻，使各以其方賄來貢，使無忘職業。"
裴駰集解引王肅曰："各以其方面所有之財賄而
來貢。"唐豆盧詵《嶺南節度判官宗公神道碑》：
"所謂不戰而勝者也，乃大貢方賄，丕叙庶績，
朝議嘉焉。"唐李商隱《爲滎陽公進賀正銀狀》：
"敢以元正，式陳方賄。"

私養錢

私人贍養親眷之錢。《史記·張釋之馮唐列
傳》："今臣竊聞魏尚爲雲中守，其軍市租盡以
饗士卒，出私養錢，五日一椎牛，饗賓客軍吏
舍人，是以匈奴遠避，不近雲中之塞。"裴駰集
解引服虔曰："私廩假錢。"明陸深《停驂録摘
鈔》卷二："山西三關比諸邊爲弱，一被虜患，
當事者皆甘心得罪，勢不得不然也。若蒙恬之
累土爲山，植榆爲塞，因地形制險，最爲上策。
近有栽柳之法，尤便易於榆。按：古人之成法
可用於三邊者，若趙充國之屯田；李牧用軍市
之租，日椎牛享士；趙奢爲將所得賞賜，盡與
軍吏；魏尚守雲中，出私養錢以享賓客、軍吏，
皆要策也。夫謂之賓客所該甚廣，凡游説探諜
之人，皆是宋田錫，亦謂厚賜將帥使之賞用足
充供億。若在今日，能使將帥不剋減軍士，抑

亦可矣。"

故舊錢

指親朋往來間的人情錢。《梁書·范述曾
傳》："在郡勵志清白，不受饋遺，明帝聞甚
嘉之，下詔褒美焉。徵爲游擊將軍。郡送故舊
錢二十餘萬，述曾一無所受。"元胡祗遹《雜
著·折獄雜條》："凡引干證人，便先窮問與元
告被論人有無親戚故舊錢物交往，因何兩家指
爲干證，則情過半矣。干證情實見，則事可立
决。"

香錢

寺廟中向進香信徒收取的費用和進香信徒
捐贈的費用，用於寺院的日常開銷和寺院原有
建築的維修以及擴建、新建等。《中本起經》卷
下："佛爲説法，書心不忘。施訖還宮，過肆
過修敬。减省香錢，合集寄聚，便行飯佛及比
丘僧。"宋歐陽修《歸田録》卷下："每歲乾元
節，釀錢飯僧，進香合以祝聖壽，謂之香錢。"
《宋史·趙子畫傳》："建炎四年，遷吏部員外
郎……兼權貨務，歲收茶、鹽、香錢六百九萬
餘緡，以功進秩一階。"元佚名《通制條格》卷
三〇："至元二十九年三月，中書省。御史臺
呈：'近爲東嶽廟宇荒廢不曾修理，合從朝省選
差年高有德清潔道士主管祠事，仍與本處官司，
一同收管每歲香錢，公支使用，其餘污濫道衆，
悉皆遣退。行據集賢院備道教所呈：除差廉幹
道官充提點，及將不應道士遣退外，據香錢一
節，累奉聖旨節該，令本廟住持提點道官管領，
就用增修廟宇。'"《明史·石天柱傳》："泰山有
碧霞元君祠，中官黎鑑請收香錢爲修繕費。天
柱言祀典唯有東嶽神，無所謂碧霞元君者。淫
祀非禮，不可許。"亦指宋時三班院在乾元節爲

飯僧進香盒以祝聖壽所湊聚的錢。宋曾慥《類説·三班吃香》：“三班院所領使臣八千餘人，莅事於外，其罷而在院者常數百人。每歲乾元節，斂錢飯僧進香，合以祝聖壽，謂之香錢。京師語云‘三班吃香’。”

【香火錢】

即香錢。此稱金代已行用。《大金集禮·嶽鎮海瀆·雜録》：“〔大定〕二十二年二月，兵部擬呈嶽廟殿廊共八百五十四間，各設兵士三十人。依舊清衛指揮名稱常穿日夜巡防，如有修造便充夫役，蒙批降據請受錢糧招置分例，並於香火錢内支遣，餘並准行。”明許浩《復齋日記》上卷：“繼有乘馬者及門而墜，傷手痛甚，不能上馬。老夫扶入，令捫虎足，衆爲撫摩，須臾少止，上馬而去。共以爲神。鄰巷斂錢致奠，人遂輳集。一日收香火錢千餘。三日之後，門巷填塞擠排，墻覆壓死二人。兵馬司以聞，有旨‘取入大内留三日’。”清袁枚《子不語》卷一二：“霍夜又夢張來曰：‘我左耳聾，有來通誠者，須向右耳告我。’於是，次日人來祈禱者，聽霍之言，多向棺右致祭，叫呼似有應聲答者。材民奉之若狂，呼爲‘靈棺材’。霍家取香火錢，因以致富。”《靖江寶卷·大聖寶卷》：“大聖菩薩是泗洲人氏，泗洲地方來的香客，狼山上的和尚稱他們是大聖老爺的娘家人，和尚對他們格外親熱厚待，替泗洲人點燭焚香，件件送到佛前，而且不收香火錢。”《斯文變相》：“説揚州城外，有個地方，叫做宜陵鎮。這宜陵鎮的東邊，有一座小小古廟，叫做斷雲庵，庵内住了一個不僧不俗的道人叫做冷眼道人……每逢本地一班施主到庵瞧他，或是帶些香火錢布施他，他只笑嘻嘻的，坐在藤床上，略略的

點一點頭，彎一彎身子，略起右手，道一聲上坐。”

【香金】

即香錢。此稱清代已行用。《紅樓復夢》第六回：“早飯後，差陸賓先至寺中知會説明日要去拈香，吩咐芙蓉預備檀香素燭、香金賞封等物。”《春秋配》第一二回：“本院路途收得一鳴冤女子，寄在庵中。本院到南陽府，差人送香金於你，你好好看顧她。”《官場現形記》第二四回：“賈大少爺隨手在身上摸了一錠銀子送與老尼，作爲香金，方才拱手出門，匆匆上車而去。”

【香分】

即香錢。此稱清代已行用。《紅樓夢》第八一回：“櫃子裏無數紙人兒。底下幾篇小帳，上面記着某家驗過，應找銀若干。得人家油錢香分也不計其數。”

酎金

漢代八月間，皇帝以酎酒祭祀時，各地諸侯獻給朝廷以資助祭的貢金。漢文帝時創立酎金制度。《史記·絳侯周勃世家》：“〔周堅〕後十九年卒，謚爲共侯，子建德代侯，十三年爲太子太傅，坐酎金不善，元鼎五年有罪國除。”宋吕祖謙《大事記解題》：“顔師古曰：‘酎，三重釀醇酒也。’服虔曰：‘八月獻酎，祭宗廟，諸侯各獻金來助祭也。’”宋王應麟《玉海·詔令·律·漢酎金律》注引丁孚《漢儀》：“酎金律，文帝所加，以正月旦作酒，八月成，名酎酒，因令諸侯助祭貢金。”

陪嫁

女子出嫁時帶到夫家去的財物、奴婢。元劉唐卿《白兔記·説計》：“我想起來，妹子

自嫁你没有陪嫁裝奩。"元關漢卿《中吕·朝天子·書所見》曲:"鬢鴉,臉霞,屈殺將陪嫁。規模全是大人家,不在紅娘下。笑眼偷瞧,文談回話,真如解語花。若咱得他,倒了葡萄架。"《西游記》第一一回:〔唐王〕即將御妹的妝奩、衣物、首飾,盡賞賜了劉全,就如陪嫁一般。"清毛奇齡《沈氏放生池碑記》:"崇禎七年,沈澤民先生捨其池爲放生池,而曰:'此池非他,吾母袁宜人陪嫁産也。'"按,"奩"本指女子盛化妝用品的盒子,或女子的化妝用品,因爲女子出嫁"奩"往往一并帶往夫家,所以它又可代指女子的陪嫁,稱爲"奩幣""妝奩""奩房""嫁奩""奩贈""陪奩"。

【資送】[2]

即陪嫁。此稱晋代已行用。《晋書·紀瞻傳》:"與陸機兄弟親善。及機被誅,瞻恤其家周至,及嫁機女,資送同於所生。"《舊唐書·長孫皇后傳》:"后所生長樂公主,太宗特所鍾愛,及將出降,敕所司資送倍於長公主。"

【資從】[1]

即陪嫁。此稱唐代已行用。《説郛》卷三六上引唐劉餗《隋唐嘉話》:"素覽之欣然,以妾與之,并資從數十萬。"《舊五代史·周書·太祖紀一》:"初聖穆皇后嬪於帝。帝方匱乏,而后多資從。"元陶宗儀《説郛》卷四五下引宋韓元吉《桐陰舊話》:"趙公遣人送女至京師,資從甚鮮華。"

【奩幣】

即陪嫁。此稱宋代已行用。宋張鎡《仕學規範·陰德》:"及笄,擇一壻,亦頗良,具奩幣歸之。"

【妝奩】

即陪嫁。此稱元代已行用。元無名氏《張協狀元》第五三齣:"相公出百萬貫妝奩,嫁取張狀元。"明李賢《孫恭憲公夫人董氏合墳神道碑銘》:"有遺女無依者,備妝奩以嫁。"

【奩房】

即陪嫁。此稱元代已行用。元王實甫《吕蒙正風雪破窑記》第一折:"梅香,將他的衣服頭面,都與我取下來,也無那奩房斷送。"元關漢卿《包待制智斬魯齋郎》第二折:"今日個妻嫁人、夫做媒,自取些奩房斷送陪隨。"

【嫁奩】

即陪嫁。此稱明代已行用。明楊慎《詞品·江西烈女詞》:"妻宛曲解之,盡以嫁奩贈之。"《東西晋演義·拓跋力微霸長川》:"竇龍等曰:'吾替汝王取北川相贈,以爲嫁奩之資。'"乾隆《江南通志·人物志·列女》:"蘇敏妻沈氏,石埭人,敏病劇,氏刲股和藥,弗愈。敏亡,氏出嫁奩分給家人,乘間自縊。"

【奩贈】

即陪嫁。此稱清代已行用。乾隆《江南通志·雜類志·紀聞》:"用先以其年與熊女相若而其文又佳,遂厚其奩贈,以女歸之。"清袁枚《尹六公子花燭詩》:"要看崔盧好奩贈,十三經壓女兒箱。"

【陪奩】

即陪嫁。此稱清代已行用。《蘭花夢》第五一回:"夫人的陪奩,早已齊備,也是一千頃田,四房家人媳婦,紫雲、緑雲、紅玉之外,又選二十四個美女。"清宣鼎《夜雨秋燈録二集·木孩童》:"親迎之日,陪奩極豐。"

琛

珍寶，一般用於進貢。自南朝宋起，泛指臣子或附屬國進獻給皇帝的財物。《詩·魯頌·泮水》："憬彼淮夷，來獻其琛。"毛傳："琛，寶也。"《後漢書·周黃徐姜申屠傳贊》："琛寶可懷，貞期難對。"《宋書·武帝紀中》："是以絶域獻琛，遐夷納貢。"《舊五代史·唐書·明宗紀三》："梯航之道路才通，琛賮之貢輸已至。"《宋史·蠻夷傳·瀘州蠻》："參考古今，辨其封域，以見琛贐之自至，梯航之所及者。"

奠

祭祀死者的儀式，亦特指祭祀死者所用的財物。《玉篇·丌部》："奠，大見切，定也，薦也。"《儀禮·既夕》："兄弟賵奠可也，所知則賵而不奠，知死者贈，知生者賻。"鄭玄注："兄弟有服親者可且賵且奠，許其厚也……所知，通問相知也，降於兄弟，奠施於死者爲多，故不奠。"《史記·孔子世家》："夏人殯於東階，周人於西階，殷人兩柱間。昨暮，予夢坐奠兩柱之間，予殆殷人也。"元敖繼公《儀禮集説》："奠謂致可以爲葬奠之物也。"明柯尚遷《周禮全經釋原》："喪有賵賻含襚贈奠之禮。"

奠儀

祭祀死者儀式上所用的財物。元柯丹邱《荆釵記·時祀》："免愁煩回辭奠儀，拜馮夷多加護持。"《三國演義》第一〇五回："權遂取金鈚箭一枝折之，設誓曰：'朕若負前盟，子孫絶滅！'又命使賫香帛奠儀，入川致祭。"《綉像金瓶梅詞話》第六三回："月娘見他抬了八盤餅饊，三牲湯飯來祭奠，連忙討了一匹整絹孝裙與他。吴銀兒與李桂姐都是三錢奠儀。"

開門錢

古代迎娶新娘時，男方爲了使女方開門放轎子入内而贈送的錢財。《緑牡丹·奸臣代子娶煞星》："我等切不可早發新人，只推山東有此規矩：要開門錢。看他來時，即將大門關閉，向他要大大的開門錢；聽憑多少，只叫他左添右添，三次四次，只管要他添錢。"《儒林外史》第一〇回："到了魯宅門口，開門錢送了幾封。只見重門洞開，裏面一派樂聲迎了出來。"

聘禮

男家向女家求婚所送的禮物。先秦時期，婚禮分爲納采、問名、納吉、納徵、請期、親迎六個步驟，其中納采與問名可以一次完成，納采、納吉、納徵、請期、亲迎都要送禮物。據《儀禮·士昏禮》，"下達納采用雁""納吉用雁""納徵玄纁束帛儷皮""請期用雁"。後世禮物的具體種類和數量有所不同，如《後漢書·梁皇后紀》："聘黄金二萬斤，納采、雁、璧、乘馬、束帛一如舊典。"從漢代起，所有的禮物、錢財總稱爲"聘禮"。漢荀悦《漢紀·孝宣一》："以江都王建女細君爲公主，妻烏孫昆彌。昆彌以馬千匹爲聘禮。"《晋書·趙王倫傳》："會年二十，爲射聲校尉，尚帝女河東公主。公主母喪未朞。便納聘禮。"《隋書·禮儀志四》："後齊聘禮一曰納采，二曰問名，三曰納吉，四曰納徵，五曰請期，六曰親迎，皆用羔羊一口、雁一隻、酒黍稷稻米麵各一斛。"《舊唐書·王元逵傳》："開成二年，詔以壽安公主出降，加駙馬都尉。元逵遣叚氏姑詣闕納聘禮。"《宋史·李神祐傳》："太祖將納孝章皇后，命神祐奉聘禮於華州。"宋代及以後，也稱爲"財禮"，清代也稱"彩禮"。

【財禮】

即聘禮。此稱宋代已行用。宋王溥《唐會要・悉立國》："婚姻簡略，不行財禮。"宋孫光憲《北夢瑣言》卷一："唐大中年兗州奏：先差赴慶州行營押官鄭神佐陣沒，其室女年二十四，先，亡父未行營已前許嫁右驍雄軍健李玄慶，未受財禮。"元陶宗儀《南村輟耕録・妓妾守節》："訥乃遣媒妁、備財禮娶之。"《明會典・戶部・明令》："若已訂婚，未及成親而男女或有身故者，不追財禮。"

【彩禮】

即聘禮。此稱清代已行用。《紅樓夢》第五六回："賈璉笑道：'這也容易。憑你説是誰就是誰，一應彩禮都有我們置辦，母親也不用操心。'"《歧路燈》第五〇回："二人相見坐下，夏逢若便道：'那事我已前後説明，女家情願，婆子家也情願。彩禮是五十兩。我特來與賢弟送信。'"

資從 [2]

一個人全部的財産、奴婢。《北史・房法壽傳》："景先字光胄，幼孤貧，無資從，師其母，自授《毛詩》《曲禮》。"

賵

贈送給治喪人助其治喪的車馬。《玉篇・貝部》："賵，贈死也。"《春秋公羊傳・隱公元年》："車馬曰賵，貨財曰賻，衣被曰襚。"《儀禮・既夕》："兄弟賵奠可也，所知則賵而不奠，知死者贈，知生者賻。"《周禮・天官・小宰之職》："凡邦之吊事，掌其戒令，與其幣器財用凡所共者。"鄭玄注："吊事，吊諸侯諸臣。幣所用，賵也；器所致，明器也。凡喪，始死，吊而含襚，葬而賵贈，其間加恩厚則有賻

焉。"《隋書・李穆傳》："開皇六年薨於第，年七十七……詔遣黃門侍郎監護喪事，賵馬四匹，粟麥二千斛，布絹一千匹。"後泛指贈送給治喪人的財物或助人治喪的行爲。《後漢書・羊續傳》："會卒，時年四十八，遺言薄斂，不受賵遺。"《舊唐書・李澄傳》："〔貞元〕二年卒，年五十四。廢朝一日，贈司空，賵布帛粟有差。"

學課錢

給教師的酬金。元喬孟記《李太白匹配金錢記》第二折："〔倘秀才〕謝個賀知章舉賢的這薦賢，便是這韓飛卿榮遷也那驟遷。你著我在桃源洞收拾些學課錢。著宋玉爲師範，巫娥女做生員，小生也樂然。"元關漢卿《狀元堂陳母教子》第四折："〔水仙子〕學的他那有仁有義連天，使了我那無岸無邊學課錢。甘心兒抬的我親朝見，尚兀自我身軀兒有些困倦。把不住眼暈頭旋，不覺的撞着兜轎，雖不曾跨着駿騘，尚兀自報答不的我乳哺三年。"元武漢臣《散家財天賜老生兒・楔子》："這孩兒好是命毒也！我那兄弟早年間亡化過了，有兄弟媳婦兒寧氏，是蔡州人。爲這妯娌兩個不和，我那兄弟媳婦兒要領着孩兒，到他那爺娘家裏守服去了。一來依仗着他爺娘家，二來與人家縫破補綻，洗衣刮裳，覓的些東西，來與這孩兒做學課錢。隨後不想兄弟媳婦兒可也亡化過了，單留下這孩兒……"

賮 [2]

臣子或附屬國進獻給皇帝的財物。亦作"贐"。《廣韻・去眞》："賮……財貨會禮也。"《古今韻會舉要》："賮，會禮之財，又送行財幣也。或作贐。"《南齊書・王融傳》："許其膜拜之誠，納裘之賮。"《隋書・西域傳・高昌國》：

"忘阻奉賣，來庭觀禮。"《舊五代史·唐書·明宗紀三》："梯航之道路才通，琛賣之貢輸已至。"《宋史·蠻夷傳》："參考古今，辨其封域，以見琛賮之自至，梯航之所及者。"

【賣】[2]

同"賮[2]"。此體南北朝時期已行用。見該文。

【賮贄】

即賮[2]。此稱晉代已行用。晉左思《魏都賦》："於是東鯷即序，西傾順軌，荊南懷憓，

朔北思讎，綿綿迥塗，驟山驟水，繈負賣贄，重譯貢篚。"元楊維楨《鎬京賦》："九夷之長，八蠻之主，賣贄聯絡，膜拜傴僂。"

【賮送】[2]

即賮[2]。此稱遼代已行用。《遼史·禮志五》："〔皇帝納后〕又翼日，皇帝御殿賜后族及賮送后者，各有差。"又："〔公主下嫁〕翼日，尚主之家以公主及婿率其族入見，致宴於皇帝皇后，獻賮送者。禮物訖，朝辭。"

第三節　錢糧考

古時國家徵收田賦時，既徵糧食，又徵銀錢，總稱錢糧。自唐德宗用楊炎"兩税法"始，改變祇徵實物（粟帛）的辦法，規定錢糧并徵，以後就把田賦叫作錢糧。宋、元、明、清各代，或折徵銀錢，或徵收糧食，但一直沿用錢糧的名稱。宋司馬光《涑水記聞》卷六："陳恕爲三司使，上命其以中外錢糧大數以聞，恕諾而不進。"清顧炎武《日知録·錢糧論》："今之言賦，必曰錢糧。夫錢，錢也；糧，糧也。"清代地方官員聘用專管田賦收解的幕客，俗稱錢糧師爺。

錢糧，乃國家生存的根本，因其關係國家的生死存亡，歷朝歷代皆很重視。錢糧在各個朝代都有自己的名稱，隨着朝代的更替，錢糧的叫法也隨着改變。如，國家儲備的糧食，先秦叫"國粟""國穀"（《春秋闕如編》），晉代稱"府粟"（《晉書·禿髮利鹿孤傳》）。再如，錢財和糧食的叫法，先秦叫"財食""錢粟"（《韓非子·十過》），明代稱"錢漕"（明余繼登《淡然軒集》）。即使同一時代也有不同的叫法，如先秦稱錢財和糧食爲"財食""錢粟""財穀""資糧""財糧""錢糧"。不同的用途，名稱也不同。如，國家儲備的糧食叫"國粟"（《管子·地數》）；一般倉庫中存備的叫"倉米"（《晉書·庾翼傳》）；國家給百姓的糧食叫"口糧"和"牢直"，每月支給災區百姓的米糧叫"月米"（唐陸贄《請邊城貯備米粟等狀》）。同是賦税，名稱也是多種多樣，有"錢穀"之稱（《周禮訂義》卷一一）；有"額徵"之稱（《周官義疏·地官·司徒》）；有"身丁米"之稱（《宋

史·高宗本紀》); 有"白糧"之稱(《五禮通考·荒禮》); 有"莊課"之稱 (唐李商隱《雜纂·謾人語》)。

因爲錢糧承載着時代的政治、經濟、文化、藝術等信息,被喻爲"社會化石",我們可藉以窺視當時社會發展的情況和面貌。

口糧

按人口配給和給予的糧食。《新唐書·陸贄傳》:"屯繕完器具至者,家給牛一耕,耨水火之器畢具,一歲給二口糧,賜種子勸之。播蒔須一年。"《元史·世祖本紀》:"是歲,賜皇子皇孫、諸王藩戚、禁衛邊庭將士等鈔四十六萬六千七百十三錠,給軍士畸零口糧五千五百二十三石,賑其乏者爲鈔三十六萬八千四百二十八錠。"《明史·西域傳一》:"凡番人散處甘、凉者,令悉還其地。給以牛具口糧。若陝巴未還,不必索取,我不急,陝巴彼將自還也。"亦稱"常餼"。《周易口義·上經》:"阜豐其財,使鰥寡孤獨皆有常餼。此所以成天地化育之道。輔相天地所生之宜,以扶助天下之民而至於安泰也。"唐代亦稱"口食米"。宋李心傳《建炎以來繫年要錄》卷一九〇:"衣糧不過歲番五千人者,給口食米。耳每兵月計七斗五升,歲用米四萬五千石。"

【常餼】

即口糧。此稱先秦時期已行用。見該文。

【口食米】

即口糧。此稱唐代已行用。見該文。

月米

每月支給受灾百姓的米糧。《宋史·兵志十一》:"又於諸道增二千九百餘,本券外復增。

給日錢百七十,月米七斗半。於是内庫累歲,兵械山積而諸軍悉除戎器。"《元史·別兒怯不花傳》:"疾馳赴鎮,即下令,録被灾者二萬三千餘户。户給鈔一錠,焚死者亦如之人,給月米二斗。"清范承謨《請改折漕糧疏》:"行月安家等銀三萬七千餘兩,運軍行月米四萬五千餘石,統計扣存銀米一十二萬有奇。"

月糧

每月支給兵丁的口糧。《明史·西域傳》:"甘肅守臣言:北寇屢犯沙州,殺掠人畜,又值歲飢,人思流竄。已發粟五百石。令布種,仍乞人給月糧振之。"

水通糧

通過水道可以將糧草運至目的地。《戰國策·趙策》:"且秦以牛田水通糧,其死士皆列之於上地,令嚴政行,不可與戰,王自圖之。"鮑彪注:"正曰:牛耕積穀,水漕通糧,秦於渭水漕運入河洛。"《史記·趙世家》:"且夫秦以牛田之水通糧蠶食,上乘倍戰者,裂上國之地,其政行,不可與爲難,必勿受也。"張守節正義:"秦從渭水漕糧,東入河洛,軍擊韓上黨也。"明楊慎《丹鉛續録·經説》:"古者治野夫間有遂,遂上有徑,十夫有溝,溝上有畛,百夫有洫,洫上有涂,千夫有澮,澮上有道,萬夫有川,川上有路,無事則正疆界而備旱潦,有事則可以通糧運而給軍需。《戰國策》所謂牛田水通糧也。"

白糧

向江南五府徵收的粳米、糯米，爲專供宮廷和百官用的額外漕糧。《五禮通考·凶禮》："雖止七分以上，姑念疲邑，准將該年應解南京光禄寺，白糧每石折銀八錢。"《元史·食貨志》："稻穀每石八兩，黑豆每石依糙白糧例給。"《明史·王恕傳》："周行振貸，全活二百餘萬口。江南歲輸白糧，民多至破産。"《明史·周延儒傳》："延儒慨然曰：'吾當鋭意行之，以謝諸公。'既入朝，悉反體仁輩弊政，首請釋漕糧白糧欠户，躪民間積逋。"清錢儀吉《碑傳集·范忠貞公承謨傳》："有奇南解江寧，北解户部，運費不貲。公請悉交杭州織造局，又得請嘉湖應輸白糧六萬六千餘石。"

出界糧

兵馬越過地界、邊界後，政府所給的糧食。唐李肇《唐國史補》："貞元十五年，討吳少誠，始令度支供諸道出界糧。元和十年，又加其數矣。"唐李德裕《會昌一品集·驅逐回鶻事宜狀》："幽州兵馬望且令於本界屯集，待候處分。入太原界後即須供出界糧，未有用處，日費殊廣，恐度支物力供饋不辦。"《舊唐書·德宗本紀上》："凡諸道之軍出境仰給於度支，謂之食出界糧，月費錢一百三十萬貫。"《新唐書·食貨志》："是時諸道討賊兵在外者，度支給出界糧，每軍以臺省官一人爲糧料，使主供億，士卒出境則給酒肉，一卒出境兼三人之費，將士利之，逾境而屯。"《續資治通鑑長編·宋神宗元豐五年》："比及出界，糧食已乏，逃亡者半，

乃妄言苦寒所致，以規免乏軍之罪。"

身丁米

古代對軍民按人口繳納的錢財，以米折合。《宋史·高宗紀》："各舉可守郡者。甲午，蠲郴、道、永三州，桂陽軍民身丁米。"宋蔡襄《乞減放漳泉州興化軍人户自丁米劄子》："臣伏見泉州、漳州、興化軍人户每年輸納身丁米七斗五升，年二十至六十免。"

牢直

省稱"牢"。亦稱"牢稟"。官方發給的糧食。《玉篇·牛部》："牢，廩倉食也。"《後漢書·應劭傳》："多其牢賞。"又《董卓傳》："牢直不畢，稟賜斷絶。"李賢注引《前書音義》："牢，稟食也。古者名稟爲牢。"又《西羌傳》："是歲，十餘年間，費用八十餘億。諸將多斷盜牢稟，私自潤入。"胡三省注："牢，價直也。稟，給也。"《古音駢字續編》："牢廩，食也。又作勞賞功也。"《南齊書·吕文度傳》："若徵兵動衆，大興民役，行留之儀，請托在手，斷割牢稟，賣弄文符，捕叛追亡，長戍遠讁。軍有千齡之壽，室無百年之鬼。害政傷民，於此爲蠹，況乎主幼時昏，其爲讒慝，亦何可勝紀也？"

【牢】

"牢直"的省稱。此稱漢代已行用。見該文。

【牢稟】

即牢直。此稱漢代已行用。見該文。

肴糧

蔬菜和糧食。《後漢書·竇武傳》："兩宮賞賜悉散與太學諸生，及載肴糧於路，匄施貧民。"三國魏嵇康《黃門郎向子期難養生論一首》："肴糧入體不逾旬而充此自然之符，宜生

之驗也。"晋葛洪《抱朴子・外篇・辭義》："春華不爲肴糧之用，茞蕙不救冰寒之急。"南朝梁陶弘景《授陸敬游十賷文》："爾澡形潔藏，肴糧既去，宣導松術，實資芳醑。"

軍糧

軍隊的糧餉。《管子・問》："城粟軍糧，其可以行幾何年也。"《史記・衛將軍驃騎列傳》："天子嘉驃騎之功曰：驃騎將軍去病，率師攻匈奴，西域王渾邪王及厥衆萌咸相犇，率以軍糧接食，并將控弦萬有餘人誅獷猂。"《晋書・穆帝紀》："三年春，三月甲辰詔，以比年出軍糧，運不繼，王公已下十三户借一人，一年助運。"《隋書・王辯傳》："王辯，字警略，馮翊蒲城人也。祖訓以行商致富。魏世出粟助給軍糧。爲假清河太守。辯少習兵書，尤善騎射，慷慨有大志，在周以軍功授帥都督。"《三國演義》第一〇一回："今孔明長驅大進，必將割隴西小麥，以資軍糧。"

皇糧

供皇族食用的糧食。清《康濟錄・安流民以免顛沛》："'《秀州錄事》洪皓見民田盡爲水没，饑民塞路，倉庫空虛，白郡守以荒政自任，悉籍境内之粟留一年食，發其餘耀於城之四隅。'謹案：洪公之活民也，始則心傷餓殍竭力何辭，繼則米盡官民雖死勿恤，故遣吏鎖栅，强遏皇糧，當斯時也。"《清朝文獻通考・市糴四》："仍勒令里甲押運，又有令胥役家人、幕客收放者，始而勒買，繼而勒借。陝省百姓竟呼此項穀麥爲皇糧，其所以然者，只以因民所利之。"

莊課

田莊向佃户所收的租糧。唐李商隱《雜纂・謾人語》："説所入莊課。"宋吳處厚《青箱雜記》："公有第在京城北，家法尤嚴。凡子孫在京守官者，俸錢皆不得私用，與饒陽莊課併輸宅庫，月均給之，故孤遺房分，皆獲沾濟，世所難及也。"明程敏政《承事郎譚君墓誌銘》："然君亦不自侈，愛居山，莊課家人樹藝爲樂，因號玉泉居士。"

荷糧

舊時苛捐雜税之一。高玉寶《高玉寶》第一章："出的荷糧一回比一回重！"

財糧

錢糧。《後漢書・盧植傳》："願得將能書生二人，共詣東觀，就官財糧，專心研精。"《新唐書・伊慎傳》："天子在梁州，包佶轉東南財糧次蘄口，賊遣驍將杜少誠以兵萬人遏江道不得西，慎選士七千列三屯相望，偃旗以待。"《續資治通鑑長編・宋神宗元豐五年》："上批：昨據李憲奏，進置堡障以爲駐兵討賊之地，近李舜舉奏財糧未備，朝廷以舜舉所言忠實，可聽信，已罷深入攻取之策，若賊犯邊，自當應敵掩擊。"宋文彦博《乞戒勵諸路將帥》："所須財糧常須計會，運司計置有備，仍須體認邊儲難得豐備，不得非理妄用。"《宋史・孫抃傳》："今北敵桀慢，而河朔將佐之良愚，中兵之善窳，道路之夷險，城壘之堅弊，軍政之是否，財糧之多少，在兩府輔臣實未有知之者。"

倉米

倉庫中儲存的糧食。《晋書・五行志上》："六月大旱，灾火燒數千家，延及山陰倉米數百萬斛，炎烟蔽天不可撲滅。"《宋書・孝武帝紀》："去歲，東境偏旱，田畝失收，使命來者多至乏絶，或下窮流穴，頓伏街巷。朕甚閔之，可出倉米付建康秣陵。"

【粟積】

即倉米。此稱先秦時期已行用。《孟子·梁惠王上》:"以此罪民,蓋我實有以致之也。凶年饑歲,斯民轉徙流散,而君之粟積於倉,財積於庫,有司莫以告而發之。"《舊唐書·盧藏用傳》:"勝之辰人事苟修,何往不濟?至若環城自守,接陣重圍,無闕地形,不乖天道。若兵强將智,粟積城堅。"

【敖粟】

即倉米。此稱唐代已行用。《新唐書·裴耀卿傳》:"往貞觀、永徽時,祿廩者少,歲漕粟二十萬略足;今用度寖廣,運數倍且不支,故數東幸以就敖粟。"宋李至《上太宗諫親征》:"國家士馬精强,戈甲犀利,府庫羨饒,敖粟紅腐。"

【倉糧】

即倉米。此稱唐代已行用。《禹貢錐指》卷六:"田賦者,自唐楊炎兩税之法行,始以錢當租庸之歲入矣,亦未有以銀準錢而爲賦者。自明正統末,倉糧折輸變賣無不以銀而錢,遂不行於上矣。"郭沫若《中國史稿》第三編第九章:"懷荒鎮兵民要求鎮將發給倉糧,於景拒絕,引起群衆的憤怒。"

芻糧

餵養牲口之草料。《舊唐書·李晟傳》:"乃令檢校户部郎中張彧,假京兆少尹擇官吏以賦,渭北畿縣不旬日芻糧皆足。"《新唐書·李可舉傳》:"復取易州,全忠遁還,盡失芻糧仗鎧,懼得罪,乃裒餘衆反攻幽州,可舉度不支,引其族登樓自燔死。"《舊五代史·唐書·莊宗紀三》:"王師不能拒,引師而退,鎮人壞其營壘,

取其芻糧者累日。"《宋史·真宗本紀一》:"夏四月壬申詔,陝西民挽送緣邊芻糧者,賜租之半。"《明史·方逢時傳》:"方庚午以前,三軍暴骨,萬姓流離,城郭邱墟,芻糧耗竭,邊臣首領不保。"

春糧

用杵臼搗去穀物的皮殼。《莊子·内篇·逍遙游第一》:"適百里者宿春糧,適千里者三月聚糧。"宋陳起《農桑》:"婦饁夫耕日尚長,碓聲嗚咽宿春糧。尋思一飯何時飽,秧種青青麥未黃。"宋徐夢莘《三朝北盟會編·政宣上帙》:"自過咸州至混同江以北,不種穀麥,所種止稗子。春糧旋炊硬飯,遇阿固達聚諸將共食。"宋梅應發、劉錫同《喜雨》:"已卜晚青催出穗,且將早赤急春糧。"清弘曆《讀冀遂傳》:"設曰售他方道遠春糧,宿以鄰國爲壑,亦非王政。"

黃糧

指黃米。唐曹鄴《翠孤至渚宮寄座主相公》:"其下有孤姪,其上有孀嫂。黃糧賤於土,一飯常不飽。"宋盧秉《題汴河驛中》:"青衫白髮病參軍,旋糶黃糧買酒尊。但得有錢留客醉,也勝騎馬傍人門。"《金史·張玄素傳》:"世宗即位,玄素來見於東京。玄素在東京希海陵旨,言世宗嘗取在官黃糧及摭其數事,至是來見。"元耶律楚材《和冲霄韻》:"濁酒三年渾未試,黃糧九月得初嘗。龍沙且喜身强健,南望幽人天一方。"明沈野《秋日寄豫誠》:"黃糧春北舍,紅葉繞東籬。正是登高候,無由共酒厄。"亦指黃粱夢。明史叔考《普天樂·閨情》套曲:"愁邊信渺茫,夢裏人來往,怎能做一個不醒黃糧,和他睡足芙蓉帳。"明王燧《白雲窩》:"偶來假榻雲窗卧,滿屋白雲寒欲墮。橫江孤鶴一

聲秋，枕上黃糧忽驚破。"

國粟

國家儲備的糧食。《管子・輕重甲》："困窮之民聞而糴之……國粟之賈……"亦稱"國穀"。《通典・食貨》："管子對曰：'士受資以幣，大夫受邑以幣，人馬受食以幣，則一國穀貲在上，幣貲在下，國穀什倍數也。'"今稱"儲備糧"，《紅旗》1965年第1期："這一年，售糧，儲備糧，社員口糧，都是歷史上最高的。"

【國穀】

即國粟。此稱先秦時期已行用。見該文。

【儲備糧】

即國粟。此稱近代行用。見該文。

脯糧

肉乾和食糧。《通志・李孚傳》："孚自選溫信者三人，不語所之，皆敕使具脯糧，不得持兵仗，各給快馬，遂辭尚來南。"《太平御覽》卷二六二引《桓階別傳》曰："詔曰：昔子文清儉，朝不謀夕而有脯糧之秩，宣子守約，簞食魚飧而有加粱之賜，豈況光光大魏，富有四海，棟宇大臣而有蔬食，非吾所以禮賢之意也，其賜射鹿師二人並給媒。"亦稱"脯資"。《左傳・鄭穆公使視客館》："吾子淹久于敝邑，唯是脯資餼牽竭矣。"元陳孚《陳剛中詩集附錄・元史傳》："且自下車以來，唯是脯資餼牽所以辱候人者多矣，屬厭而已。"明彭大翼《山堂肆考》卷二三五："餼牽：《左傳》：'吾子淹久于敝邑，唯是脯資餼牽竭矣。'按乾肉曰脯，糧食曰資，腥物曰餼，牛羊豕曰牽。"《皇朝通典・職官三》："凡貢使就館，率大使庀治屋宇稽其出入互市之事，視其脯資餼牽，毋有不給，若朝見及。"清儲大文《陽曲醇行振公張先生墓

誌銘》："何先生笑曰：'予之來淛以錢塘名勝甲天下，非爲脯資也。'挈囊輒行。"

【脯資】

即脯糧。此稱先秦時期已行用。見該文。

栖糧

囤放、囤積糧食。《南齊書・樂志》："俾栖糧，唯萬箱，皇情暢，景命昌。"宋宋祁《和道卿舍人承祀出郊過西苑馬上有作》："飛廉披苑路，南斗抱城隅。填塹時休獵，栖糧户免租。"宋程浩《相州公宴堂記》："保厘於東、建節於鄴也。時兵不滿百，馬唯數駟，府微栖糧，家僅餘堵。公乃掃除粃政，濟活人命，一年而墻宇興，二年而耕稼盛。"明莫止《訓泉翁喜晴》："林稀落葉風初定，畝剩栖糧歲不貧。笑語平生諸故舊，衰年容有未閑人。"清弘曆《村行》："高下山田總報穰，腰鐮無暇畝栖糧。野農那識歌綏屢，但喜崇墉婦子康。"

程糧

旅途中所需要的糧食。唐《郭子儀都統諸道兵馬收范陽制》："恐路次難爲供應，仍備六十日程糧，十馱遣發馬畜草料。所在量事支供不得妄有煩擾百姓。仍委子儀即遣人，先於諸道計會分數次進發。"《舊唐書・王晙傳》："望至秋冬之際，令朔方軍盛陳兵馬，告其禍福，啗以繒帛之利，示以麋鹿之饒，說其魚米之鄉，陳其畜牧之地，並分配淮南、河南寬鄉安置，仍給程糧，送至配所。雖復一時勞弊，必得久長安穩。"《新唐書・百官志》："西南蕃使還者，給入海程糧。西北諸蕃則給度磧程糧。"《册府元龜》卷四八六："其應還家而貧乏不能致者，乃給程糧，使達本貫。"《清朝文獻通考・刑考七》："凡役男子入於蔬圃，女子入

於厨饍，流移人在道疾病，婦人免乳，祖父母、父母喪男女，奴婢死，皆給假授程糧。"

御糧

人們出於對帝王的敬畏，因而對其所作所爲及所用之物，冠以"御"稱。帝王所食用的糧食，即稱御糧。《晋書·天文志上》："天困十三星在胃南，困倉廩之屬也，主給御糧也。"唐瞿曇悉達《大唐開元占經·石氏外官占四》："黃帝占曰：天困主御糧，百庫之藏也。"書中注："在野曰困，在國曰倉。一曰圓曰困，方曰倉。"宋王應麟《玉海·食貨·倉庾》："天庾積厨粟之所，天困十三星主御糧。"清谷應泰《明史紀事本末·親征漠北》："勒銘曰：於鑠六師，禁暴止侮。山高水清，永彰我武。會軍士乏食，上令以所儲供御糧鈔散給之，下令軍中糧鈔多者許借貸，還京倍酬其直。"

就糧

移兵至糧多的地區取得給養。此稱漢代已行用。三國吳陸璣《毛詩草木鳥獸蟲魚疏·維魴及鱮》："東梁水魴，特肥而厚，尤美於中國魴，故其鄉語：居就糧，梁水魴。"《後漢書·鄧禹傳》："上郡北地安定，三郡土廣人稀，饒穀多畜。吾且休兵北道，就糧養士，以觀其弊，乃可圖也。"《宋史·兵志》："嘉祐四年，乃詔荆南、江寧府、揚廬、洪潭、福州募就糧軍，號威果。各營於本州又益遣禁軍駐泊。"清秦蕙田《五禮通考·軍禮四·軍制》："就糧者，本京師兵而使廪食於外，故聽携家往，其邊防要郡須兵屯守，即遣自京師，故有駐泊屯。"清《續通志·金紀·哀宗》："二月丙子朔，魚山總領張巀殺元帥完顏呼圖。巀尋爲從宜嚴禄所誅，括歸德城中糧，留元帥官努忠孝軍四百五十人、

都尉馬用軍二百八十餘人，餘發赴宿徐陳三州就糧。"

路糧

旅途中備用的糧食。《宋書·孔覬傳》："覬呼吏謂之曰：我在彼三載，去官之日不辦有路糧。二郎至彼未幾，那能便得此米！？'"《北史·河南王曜傳》："齊人饑饉，平原以私米三千餘斛爲粥，以全人命。北州戍卒一千餘人還者，皆給路糧。百姓咸稱咏之。"《續資治通鑑長編·宋真宗大中祥符二年》："十一月壬子朔，知鄧州張知白言：'陝西流民相續入境，有欲還本貫而無路糧者，臣誘勸豪民出粟數千斛，計口給之，以半月爲準。'"宋曹勛《北狩見聞錄》："院內人各下車取水負薪，而從自後稍得，趁明造飯，飯罷即支散路糧。"《元史·順帝紀四》："夏四月丁卯，大都流民，官給路糧遣其還鄉。是月汴梁、濟南、邠州、瑞州等處民饑賑之。"

禄糧

古代官員俸禄常以粟米計稱，禄糧即用作俸禄的粟米。《新唐書·百官志》："倉部郎中、員外郎各一人，掌天下軍儲、出納、租税、禄糧、倉廩之事。"明張永明《乞處補禄糧疏》："欽差巡撫河南等處地方，都察院右副都御史臣張永明謹題，爲歲支原額不敷，並灾傷減免，以致禄糧缺欠數多，懇乞天恩俯賜處補，以濟宗藩，以安地方事。"明王鏊《震澤長語》曰："正德以來，天下親王三十，郡王二百十五，鎮國將軍至中尉二千七百，郡文職二萬四百餘員，武職十萬餘員，衛所七百七十二，旗軍八十九萬六千餘，廪膳生員三萬五千八百，吏五萬五千餘，各項禄糧約數千萬。"《明史·食貨志四》："崇禎中，鳳翔、漢中二府，亦改食靈州

鹽，歲入太倉銀四千餘兩。給宣府鎮及大同代府祿糧，抵補山西民糧銀共十九萬兩有奇。"

嘉糧

五穀總稱。漢焦贛《焦氏易林·姤之離》卷四："吾有黍稷，委積外場，有角服箱，運致我藏，富於嘉糧。"

匱糧

缺少糧食。《列子·湯問》："秦青顧謂其友曰：昔韓娥東之齊，匱糧過雍門，鬻歌假食既去，而餘音繞梁欐三日不絕。"宋徐夢莘《三朝北盟會編·炎興下帙》："若謂敵人乏糧忽遽而歸，臣又竊以爲過矣。何以言之，金人構難幾十年矣，初未嘗匱糧矣。"《冊府元龜》卷一九九："乃謂脣云：秦兵驍猛難與爭銳，衆軍若集，吾便直指漢江，截其後路。凡千里匱糧尚有饑色，況賊越數千里者乎。此孫臏克龐涓時也。"明王守仁《奏報田州思恩平復疏》："計今梧州倉庫所餘銀不滿五萬，米不滿一萬矣。兵連不息而財匱糧絕，其患二也。"《清八旗通志·達都傳》："上曰：當賊匱糧之際，大兵速取海澄要害之處，則賊失所憑依，全閩可定。夫師行既繁，民力重困，若能一舉滅賊，地方速平，大兵無野處之苦，民困自此甦矣。"

輕齎 [3]

指少量的糧食。《史記·衛將軍驃騎列傳》："驃騎將軍去病，率師躬將所獲葷粥之士，約輕齎，絕大幕，涉獲章渠。"《漢書·衛青霍去病傳》："約輕齎絕大幕。"顏師古注："輕齎者，不以輜重自隨而所齎糧食少也。一曰齎字與資同，謂資裝也。"

【齎糧】

即輕齎。亦作"齎糧"。此稱漢代已行用。

《漢書·李廣利傳》："驢橐駝以萬數齎糧。"《舊唐書·太宗本紀》："是歲，斷死刑二十九人，幾致刑措。東至於海，南至於嶺，皆外戶不閉，行旅不齎糧焉。"唐吳兢《貞觀政要·政體》："商旅野次，無復盜賊，圄圂常空，馬牛布野，外戶不閉。又頻致豐稔，米斗三四錢。行旅自京師至於嶺表，自山東至於滄海，皆不齎糧，取給於路。"

【齎糧】

同"齎糧"。此體唐代已行用。見該文。

輕齎 [4]

運送糧草時，途中的損耗、民工的運費官府以糧支付，此糧曰"輕齎"。宋李心傳《建炎以來繫年要錄》卷七："詔以京師乏糧……既用李綱議，營南陽，於是截留四川輕齎。"《元典章新集·戶部·錢糧》："諸人告發倉官人等結攬輕齎，飛走官糧。"清孫承澤《春明夢餘錄·戶部三·輕齎》："糧運輕齎，所謂一六、二六、三六者，即耗甦也。"

賜糧

賞賜的糧食。《宋書·文帝本紀》："是歲諸州郡水旱傷稼，民大饑，遣使開倉賑恤給賜糧種。"宋熊克《中興小紀》卷一二："統制官范溫收繫其使，至是以聞且乞賜糧船，自誘商人販米從之，詔以溫爲遙郡團練使。"《遼史·景宗本紀一》："丁未，漢以宋軍復至，掠其軍儲來告，且乞賜糧爲助。"明解縉等《古今列女傳·國朝》："帝即命月賜糧給其家以爲常。"清《續通志·金吳僧格傳》："衆苦乏食，僧格乞賜糧十五萬斛。"

遺糧

指餘糧。唐楊相如《陳便宜疏》："於時天

下晏如，遺糧在畝，盛德洽如人心，而祥風游乎海内矣。"明胡世寧《貢賦之常膚見》："人之田，小民儘刀耕種，不穀辦糧，事窮急迫，多作民田，出賣遺糧，在户賠納不起，多致逃竄，負累里甲。"明海瑞《啓史方齋瓊州知府》："自入仕至今未南歸，俸金所入僅僅足用，餘無分文可積、可貨。田業止祖遺糧一石二斗，外未增一畝一升，有以二事呼瑞衝進狀者，皆詐僞也，乞臺下一查治之。"《明史・陳逸傳》："至元己卯春，世傑與元兵戰，師大潰，士卒多溺死。王幸脱死達岸，與一二同行者，累石支破釜煮遺糧以療饑，已而絶糧，同行者聞山有死馬，將共烹食之。"清李鴻章《同治七年覆楊紹銘書》："鹽、慶、南、滄之間，野無遺糧，防有重兵，當難久擾。"亦指缺少食糧。晋張華《博物志》卷八："昔韓娥東之齊，遺糧，過雍門，鬻歌假食而去，餘響遶梁三日不絶。"

糗糧

炒熟的糧食，乾糧等。《史記・魯周公世家》："魯人三郊三隧，峙爾芻茭、糗糧、楨榦，無敢不逮。我甲戌築而征徐戎，無敢不及，有大刑。作此肸誓，遂平徐戎，定魯。"《舊唐書・齊映傳》："映奏曰：'戎狄亂華，臣之罪也。今人情恟懼，謂陛下理裝具糗糧，臣聞大福不再，奈何不與臣等熟計之？'"《舊五代史・梁書・太祖紀二》："十二月乙丑，帝以文武常參官，每月一五九日赴朝，奏請備廊飡詔，從之。遂自長蘆班師以寨内，糗糧山積，帝命焚之。"《清八旗通志・敕諭二・康熙三十年》："既無遠徙之苦，亦不致需用糗糧矣。"

積實

穀粟財貨等。《周禮・周官集注・地官司徒》第二："廩税少廣以禦冪積，方圓商功以禦功程，積實均輸以禦遠近，勞費贏朒以禦隱雜，互見方程以禦錯糅，正負勾股以禦廣遠高深。"《左傳紀事本末・列卿嗣世》："其弟曰：'楚其亡乎？不然令尹其不免乎？吾見令尹。令尹問蓄聚積實，如餓豺狼焉，殆必亡者也。'"《三國志・魏書・王基傳》："議者多欲將軍持重。將軍持重，是也；停車不進，非也；持重非不行之謂也，進而不可犯耳。今據堅城保壁壘以積實資虜，縣運軍糧，甚非計也。"

學糧

求學的費用和辦學經費。五代王定保《唐摭言・氣義》："郭代公年十六，入太學，與薛稷、趙彦昭爲友。時有家信至，寄錢四十萬，以爲學糧。"宋顧臨《湖學田記》："轉運使賢樂聞其請，遂用貸錢六十萬得田七頃，其田當沃壤，舊無暵潦之患，以二年之入償貸錢，然後率爲學糧，歲可以食百員。"宋衛湜《禮記集説・學記》："古之教者家有塾，黨有庠，術有序，國有學。新安朱氏曰：或問古者庶人子弟入學者，亦皆有以養之否？答曰不然，古者教士其比閭之學，則鄉老坐於門而察其出入，其來學也……未聞上之人復有以養之也。夫既給之以百畝之地矣，又給之以學糧，亦安得許多糧給之邪？周禮自有士田可考。"《金史・選舉志一》："〔御史中丞巴古喇〕謂監試官左丞高汝礪曰：養士學糧歲稍豐熟，即以本色給之，不然此科且廢矣。"《清朝文獻通考・學校七》："神宗熙寧四年詔……選薦京朝官有學行可爲人師者，堂除逐路官令，兼所任州教授，州給田十頃爲學糧，仍置小學教授。"

廩糧

公家發給的糧食。亦指科舉時代給予學生的糧食。《後漢書・王望傳》："是時州郡災旱，百姓窮荒，望行部，道見饑者裸行草食五百餘人，愍然哀之，因以便宜出所在布粟，給其廩糧，爲作褐衣。"《晋書・江統傳》："而秦地之人，得其半穀，此爲濟行者以廩糧遺居者，以積倉寬關中之逼，去盜賊之原，除旦夕之損，建終年之益。"宋樂史《太平寰宇記・北狄五・鮮卑》："兵强而敵不戒，國富而人不勞。比於優優隊伍坐食廩糧者，不可同年而校矣。"《宋史・宋庠傳》："天下廂軍，不擇屏小尫弱而悉刺之，才圖供役，本不知兵，又且月支廩糧，歲費庫帛，數口之家不能自庇，多去而爲盜賊，雖廣募之無益也。"明沈德符《萬曆野獲編・禮部・廩生追糧》："今後武生考劣等，俱宜追所食廩糧，以警其餘。"《明史・選舉志》："生員入學十年，學無所成者，及有大過者，俱送部充吏，追奪廩糧。至正統十四年，申明其制而稍更之。"

餱糧

乾糧，食糧。《晋書・食貨志》："唯以野棗園菜以爲餱糧。自此長安城中盡空，並皆四散。"注："善曰，毛詩曰：乃裹餱糧；毛萇曰，餱糧，食也。今曰：餱，乾食也。"《舊唐書・僖宗本紀》："諸道發遣將士同共討除。日月漸深，烟塵未息，蓋以遞相觀望，虛費餱糧，州縣罄於供承，鄉村泣於侵暴。"《宋書・劉湛傳》："臣伏尋晋文王征淮南，淹師出二百日，方能制寇。今誕餱糧垂竭，背逆者多。"元張理《大易象數鈎深圖》卷中："初九與上六同乎。坎水將飛，而翼垂將行，而餱糧不繼，豈欲拯之？而力不能如伯夷叔齊之徒乎？"清黄宗炎《周易象辭》卷一五："歸，諧聲，言人所歸之處必有積聚如餱糧之類是也。"

【裹餱糧】

即餱糧。指携帶熟食乾糧，以備出征或遠行所用。此稱先秦時期已行用。《詩・大雅・公劉》："乃裹餱糧，於橐於囊。"朱熹集傳："餱食，糧糗也。"《文選・晋干寶〈晋紀總論〉》："至於公劉遭狄人之亂，去邠之豳，身服厥勞。其詩曰：'乃裹餱糧，於橐於囊。''陟則在巘，復降在原，以處其民。'以至於太王爲戎、翟所逼，而不忍百姓之命，杖策而去之。"李善注曰："鄭玄曰：爲狄人所迫逐，不忍鬥其民，裹糧橐囊之中，棄其餘而去。向曰：公劉，后稷曾孫也。狄人侵邠，不忍使與鬥，乃棄邠之豳。豳，戎狄地名。大曰橐，小曰囊，皆盛糧食之器也。"元馬鍊師臻《汶上即事》詩："戍兵自裹餱糧送，津吏遥迎傳驛眠。一夜南風吹汶水，古榆深巷已聞蟬。"明吴瀚《題爲任情方命妨悮邊機事》："夫何一籌莫展，百事無成，乃裹餱糧徒栖，遲於士馬未遺巾幗，終貽笑於婦人。"

【裹餱】

"裹餱糧"之省稱。此稱宋代已行用。宋崔佰易《感山賦》："南方諸山，非復昔時，材不愛而木不蕃，畋不時而獸不滋，迨有千里不毛，裹餱莫支，是天地陰陽晝夜長養，猶不能以充其欲。"元虞集《橐駝圖贊》："裹餱啓行，致祚八百，史臣作雅，稽古允若。"

【裹糧】

"裹餱糧"之省稱。此稱三國時已行用。《三國志・魏書・辛毗傳》："兵革敗於外，謀臣誅於內，兄弟讒鬩，國分爲二，連年戰伐而介胄生蟣虱，加以旱蝗，饑饉並臻，國無困倉，行無裹糧。天災應於上，人事困於下，民無愚智，皆知土崩瓦解，此乃天亡尚之時也。”《晋書·石勒載記上》：“元帝慮勒南寇，使王導率衆討勒。勒軍糧不接，死疫太半。納張賓之策，乃焚輜重，裹糧卷甲，渡沔寇江。”《北齊書·樊遜傳》：“今三臺令子六郡良家，蓄鋭須時裹糧待詔，未若龍駕虎服先收隴右之民，電轉雷驚因取荆南之地。”《隋書·文學傳》：“郗超初入幕，王粲始從軍。裹糧楚山際，被甲吴江濱。吴江一浩蕩，楚山何糾紛。驚波上濺日，喬木下臨雲。”《明史·盧象昇傳》：“明公誠從愚計，移軍廣順召集義師，三郡子弟喜公之來，皆以昔非公死賊，今非公死兵，同心戮力，一呼而裹糧從者可十萬，孰與只臂無援立而就死哉！”

齋糧

供僧、道用的糧食。唐張守節《史記正義·大宛列傳》：“赦囚徒材官，益發惡少年及邊騎，歲餘而出燉煌者六萬人，負私從者不與，牛十萬，馬三萬餘匹，驢騾橐它以萬數，多齋糧，兵弩甚設。”唐嚴維《送桃巖成上人歸本寺》詩：“道具門人捧，齋糧穀鳥銜。”《續資治通鑑長編·宋仁宗慶曆四年》：“癸亥，賜出箭頭僧方諫齋糧月錢四千。”明錢文通《定西侯涇國武勇蔣公神道碑》：“遣禮部尚書胡淡等諭，祭前後十四壇，及賜齋糧、孝布、明器等物。”《明史·趙璜傳》：“河灘地數百里，賦流民墾而除其租，番僧乞徵以充齋糧。”

糧草

軍隊所需的糧食和草料。《舊唐書·裴延齡傳》：“延齡遽上疏曰：陸贄、李充等失權，心懷怨望，今專大言於衆曰：天下炎旱，人庶流亡，度支多欠闕諸軍糧草，以激怒群情。後數日上又幸苑中，適會神策軍人，訴度支欠厩馬芻草。”《舊五代史·晋書·盧文進傳》：“軍屯涿州，每歲運糧自瓦橋至幽州，勁兵猛將援遞糧草，然猶爲契丹所鈔，奔命不暇，皆文進導之也。”《宋史·食貨志》：“河東助軍糧草支移，毋得踰三百里，灾傷五分以上者免折變。”《金史·完顏斡魯古傳》：“劾里保、雙古等告斡魯古不法事：遼帝在中京可追襲而不追襲，咸州糧草豐足而奏數不以實，攻顯州，獲生口財畜，多自取。”《明史·叢蘭傳》：“六年，陝西巡撫都御史藍章，以四月寇亂移駐漢中，會河套有警，乃命蘭兼管固靖等處軍務。蘭上言：陝西起運糧草，數爲大戶侵牟，請委官押送，每鎮請發内帑銀數萬預買糧草。”

糧食

古時行道曰糧，止居曰食。後將供食用的穀類、豆類、薯類等原糧和成品糧通稱爲糧食。《周禮·地官·廩人》：“凡邦有會同師役之事，則治其糧與其食。”鄭玄注：“行道糧，謂糒也，止居曰食，謂米也。”《左傳·襄公八年》：“楚師遼遠，糧食將盡。”《三國志·魏書·武帝紀》：“〔袁紹〕土地雖廣，糧食雖豐，適足以爲吾奉也。”宋李燾《六朝通鑑博議·魏人再取河南》：“乙亥，魏安頡自委粟津濟河攻金墉，金墉城不治既久，又無糧食，杜驥遂南遁。”宋范祖禹《唐鑑·太宗四》：“爲吾計者，莫若頓兵不戰，曠日持久，分遣奇兵斷其運道。糧食既盡，求戰不得，欲歸無路，乃可勝也。”

【糧石】

即糧食。糧食以石計量，故稱。此稱明代

已行用。明沈榜《宛署雜記・聖諭》："九月，說與百姓每秋成後，須要積蓄多餘糧石，以備荒歉。"明馬文升《處置銀兩以濟邊餉事》："臣誠恐邊餉不敷，設法分派腹裏人民轉運，訪得每糧石除本色外，用腳價銀二三兩；每草一束，除本色外用腳價銀一錢二三分，方得轉運到邊里。"清《平定金川方略》卷二："經由瓦寺地界，糧運亦即於此路尾隨，今熱籠圍解，運道已通，但計算止雜穀鬧一路轉運，恐糧石不敷支給，且防將來雨水阻滯。"清《平定準噶爾方略前編》卷五："請於平羣寧夏等處各倉所貯糧石撥米四萬石，豌豆六萬石，運至蘭州莊浪以備軍需。"清俞森《荒政叢書・附錄上・三詳賑濟流民》："請轉飭所屬鄰近陝省州縣各官，如遇秦民來彼糴買糧石，令其照常行走，公平交易，不許盤禁阻撓，使陝省災民得免饑餒之。"《清朝文獻通考・四裔》："於是擊倭國，得千餘家，徙至秦水，上令捕魚，以助糧石。"

【糧斛】

即糧食。糧食以斛計量，故稱。此稱宋代已行用。宋岳飛《畫守襄陽等郡札略》："且以正兵六萬爲固守之計，就撥江西、湖南糧斛。"《續資治通鑑長編・宋仁宗皇祐三年》："朝廷昨遣使命安撫賑貸以救其弊，而東南歲運上供米六百萬石，近雖減一百萬石，緣逐路租稅盡已蠲復，則糧斛從何而出？"《宋史・食貨志》："政和七年，立東南六路州軍知州、通判裝發上供糧斛任滿賞格，自一萬石至四十萬石，升名次減年有差。"《元史・百官志一》："二十四年，內外分立兩運司，而京畿都漕運司之額如舊，止領在京諸倉出納糧斛及新運糧。"清《續通志・宋李寶傳》："俘大漢軍三千餘人，斬其

帥完顏鄭嘉奴等六人，禽倪詢等上於朝，獲其統軍符印與文書、器甲、糧斛以萬計。餘物衆不能舉者，悉焚之，火四晝夜不滅。"

【糧糒】

即糧食。此稱先秦時期已行用。《周禮・地官・廩人》："凡邦有會同師役之事，則治其糧與其食。"李鍾倫注："行道曰糧糒也，止居曰食米也。"唐岑參《田家雜興》："糧糒常共飯，兒孫每更抱。忘此耕耨勞，媿彼風雨好。"《舊唐書・職官志》："凡諸道迴兵糧糒之物，衣資之費，皆令所在州縣而分給之。"《新唐書・百官志》："行軍司馬掌弼戎政居，則習蒐狩，有役則申戰守之法，器械、糧糒、軍籍，賜予皆專焉。"宋袁樞《通鑑紀事本末・朱溫纂唐》："更召朱全忠以討之。連兵圍城，再罹寒暑，御膳不足於糧糒，王侯斃踣於飢寒，然後全海就誅，乘輿東出，翦滅其黨，靡有孑遺，而唐之廟社因以丘墟矣。"

【糧糗】

即糧食。此稱南北朝時期已行用。《南史・南郡王義宣傳》："魯秀北走，義宣不復自立，欲隨秀去。乃於內戎服，盛糧糗，帶背刀，携息悟及所愛妾五人，皆著男子服相隨。"《舊唐書・肅宗本紀》："庚子，至烏氏驛，彭原太守李遵謁見，率兵士奉迎，仍進衣服糧糗。"《宋史・吳挺傳》："紹興二年，水暴發入城，挺既振被水者，復增築長隄，民賴以安。詔問備邊急務，即建增儲之策，由是糧糗不乏。"《明史・陸震傳》："震言於總督，令毋聽樵舟，官具糧糗，以次續食，兵行肅然。督捕永豐、新淦賊，以功受賞。"清《續通志・昆蟲草木略二》："甘藷出交廣，有二種：一曰番藷，一曰

山藷，又名朱藷。其根似芋，亦有巨魁，大者如鵝卵，小者如鴨卵。初時甚甜，經久得風稍淡泊也。《南方草木狀》云：珠崖之不業耕者，唯種此，蒸切曬收以充糧糗。名藷糧。”

【糧廩】

即糧食。此稱晋代已行用。《晋書·食貨志》：“帝於是始疑有司盗其糧廩，乃親於御前自加臨給，飢者人皆泣曰：‘今始得耳。’”《舊唐書·職官志一》：“曹参軍二人掌糧廩、公廨、田園、厨膳、過所等。”《宋史·刑法志二》：“楊安國曰：‘緩刑者乃過誤之民耳，當歲歉則赦之，憫其窮也。今衆持兵杖、劫糧廩，一切寬之恐不足以禁奸。’”《資治通鑑·齊武帝永明五年》：“秋七月己丑，詔有司開倉賑貸，聽民出關就食，遣使者造籍，分遣去留，所過給糧廩，所至三長贍養之。”《清朝文獻通考·市糴二》：“三年以上，不經糴即回充糧廩，別以新粟充數。”

糧料

料，俸禄以外的物品。糧料即朝廷發給官員的俸禄，及俸禄以外的食料、口糧等。唐韓愈《論變鹽法事宜狀》：“請量閑劇，留官吏於倉場，勾當要害，守捉少置人數，優恤糧料，嚴加把捉。”《舊唐書·憲宗本紀上》：“二月乙未朔，以度支郎中寬敬爲山劍行營糧料使。嚴礪奏收劍州。”《舊五代史·唐書·安重誨傳》：“西諸侯聞之莫不惶駭，所在錢帛、糧料星夜輦運。”《宋史·輿服志六》：“仁宗景祐三年，少府監言：得篆文官王文盛狀，在京三司糧料院，頻有人僞造印記，印成旁歷，盗請官物，欲乞鑄造圓印。”《明史·食貨志六》：“寧夏主兵屯糧料十四萬八千余石。”

糧秣

軍隊所需的糧食和飼料。宋徐夢莘《三朝北盟會編·靖康中帙》：“當於京城四面十里間各屯兵數萬，築高塹，開深溝，據要害之利以堅守，別馳騎以援之，又清野以斷糧秣，使敵進不敢攻，伺其隙以兵擊之。”李瑛《通往前沿的路》詩：“呵，僞裝網下是什麽——糧秣，彈藥，當然還有人民的叮囑！”

貯糧臺

沿行軍路綫所設立的管理軍糧的機構、倉貯。宋樂史《太平寰宇記·河南道·陳州》：“貯糧臺在縣南二十里，古老傳云伐陳於此築臺以貯糧，北臨蔡水，下通江淮之利。”《大清一統志·陳州府》：“貯糧臺：在淮寧縣東南二十里。相傳魏將伐陳於此築臺以貯糗糧。北臨蔡水，本名貯糧臺。俗呼爲平糧冢。其高二丈，大頃餘，有四門林木鬱然。”亦稱“糧臺”。清《欽定平定金川方略》卷四：“壬午紀山奏言：‘秋氣漸深，凡會城得雨之時，番地每即降雪，是以川西草坡一路糧臺已准督。’”清《欽定石峰堡紀略》卷二○：“且設有軍需之事，早則數日遲或半月，自當安設糧臺。若每兵裹帶一月口糧計，一人携帶三十斤，以千人合計即有三萬斤。”

【糧臺】

即貯糧臺。此稱清代已行用。見該文。

糧餉

發給軍隊官兵的口糧和薪資。《史記·太史公自序》：“楚漢相距鞏洛，而韓信爲填潁川，盧綰絶籍糧餉。”《漢書·主父偃傳》：“男子疾耕不足於糧餉，女子紡績不足於帷幕，百姓靡敝，孤寡老弱不能相養，道死者相望，蓋天下始叛也。"師古曰："餉亦饟字。"《三國志・魏書・王基傳》："姜維因洮上之利，輕兵深入，糧餉不繼，軍覆上邦。夫大捷之後，上下輕敵，輕敵則慮難不深，今賊新敗於外，又内患未弭，是其修備設慮之時也。"《舊唐書・來俊臣傳》："臣每鞫囚，無問輕重，多以醋灌鼻，禁地牢中，或盛之甕中，以火圍遶炙之，並絕其糧餉，至有抽衣絮以噉之者。"《明史・河渠志五》："永樂元年，瀋陽軍士唐順言：衛河抵直沽入海，南距黃河陸路才五十里，若開衛河而距黃河百步，置倉廠，受南運糧餉至衛河交運，公私兩便。"周馥《周馥自著年譜》卷上："軍械糧餉，轉運採買萃於一身。"

【糧饟】

同"糧餉"。此體漢代已行用。《史記・平準書》："漢興，接秦之弊，丈夫從軍旅，老弱轉糧饟，作業劇而財匱，自天子不能具鈞駟。"宋倪思《班馬異同》卷二五："男子疾耕不足於糧饟，女子紡績不足於帷幕。"《宋史・真德秀傳》："數年之後積儲充實，邊民父子爭欲自保，因其什伍勒以兵法，不待糧饟皆爲精兵。"

【餉糧】

即糧餉。此稱唐代已行用。《新唐書・田令孜傳》："帝不及省，且詔重榮餉糧十五萬斛給行在，重榮以令孜在，不奉命。"《宋史・張覺平傳》："金人以納叛爲責，且求餉糧，凡攻擊數月，州民數千潰圍走，莫肯降。"清藍鼎元《論舊兵停餉撤回内地書》："昔日勿爲收伍，彼自垂頭去矣，收伍之後，依然官兵月給餉糧，養家贍口。今一旦盡爲革除，失其生計，仰事俯育，將何所資怨。"《清朝文獻通考・田賦考》："近例投誠兵隨標者，月給餉糧歲費金

錢八十餘萬，與其糜費養兵之資，何如使開荒蕪之地，行之三年，照田起科，既有兵餉，又增屯賦，三便也。"

額支

在一定時間内定額支出的錢糧。《舊唐書・權德輿傳》："今謹略舉所聞，多云：以常賦正額支，用未盡者，便爲剩利以爲己功。"清黃六鴻《福惠全書・蒞任・看須知》："本縣官役俸工，額支若干。"

額徵

特定時間内定額徵收的錢糧。明黃宗羲編《明文海》："兩省直額徵，歲修之費可以隨便動支，要以三年爲期，勿以欲速見效，事靳於集。"清方苞："既無財賦而又曰不收地，守地職者，蓋盡免九職之額徵，而其他守政中應出之材器地，職中應共之材物，亦不收耳。"《清八旗通志・土田志》："族長等照例治罪，至每年額徵租銀，如有應行蠲免者，即於分賞租銀。"

餽糧

轉運給將士的糧食。《孫子・作戰》："帶甲十萬，千里餽糧。"《史記・平準書》："當是時，漢通西南夷道，作者數萬人，千里負擔餽糧，率十餘鍾致一石，散幣於邛僰以集之。"《後漢書・王符傳》："或連日累月更相瞻視，或轉請鄰里餽糧應對，歲功既虧，天下豈無受其饑者乎。"《晉書・王羲之傳》："夫廟算決勝必宜審量彼我萬全而後動，功就之日便當因其衆而即其實，今功未可期，而遺黎殲盡萬不餘一，且千里餽糧自古爲難，況今轉運供繼，西輸許洛，北入黃河，雖秦政之弊未至於此。"《舊五代史・唐書・王瓚傳》："十二

月邏騎報，汴之饋糧千計，沿河而下，可掩而取之。莊宗遣徒兵五千設伏以待之。”宋熊克《中興小紀》卷四：“是月，燕山府人劉立芸，聚衆攻破城邑。立芸諭衆曰：‘吾欲致南北太平，所至不殺掠，但令饋糧。’於是邊上之民歸者甚衆。”

【餽糧】

同“饋糧”。此體漢代已行用。《史記·平準書》：“中國繕道餽糧，遠者三千，近者千餘里，皆仰給大農。”《漢書·韓信傳》：“千里餽糧，士有饑色，樵蘇後爨，師不宿飽。”顔師古曰：“言難繼也。餽字與饋同。”《魏書·侯淵傳》：“南青州刺史茹懷朗遣兵助之。時青州城人餽糧者首尾相繼，淵親率騎夜趣青州，詐餽糧人曰：‘臺軍已至，殺戮都盡。我是世子，下人今已走還城，汝何爲復去也？’人信其言，棄糧奔走。”《元史·太不花傳》：“昔漢韓信行軍，蕭何餽糧。方今措畫，無如丞相。”

【糧饋】

即饋糧。此稱漢代已行用。《後漢書·堅鐔傳》：“漢時萬修病卒，鐔獨孤絶，南拒鄧奉，北當董欣。一年間道路隔塞，糧饋不至。鐔食蔬菜，與士卒共勞苦，每急輒先當矢石，身被三創，以此能全。”《梁書·王僧辯傳》：“王命僧辯假節，總督舟師一萬，兼糧饋赴援。才至京都，宫城陷没，天子蒙塵。僧辯與柳仲禮兄弟及趙伯超等，先屈膝於景，然後入朝。景悉收其軍實而厚加綏撫。”唐《李衛公問對》卷中：“陛下置此都護，臣請收漢戍卒處之，内地減省糧饋，兵家所謂治力之法也。”宋張維《永濟行宫記》：“宋熙寧丙辰歲交，賊犯順皇，師致討甲兵、糧饋之運，舟尾相繼，未嘗有風波之虞。”《册府元龜》卷一二三：“李佑所統兵馬至多既逼德州，自是本道糧饋不乏，進取已深，宜依前當處守禦。”

【糧餽】

即饋糧。此稱漢代已行用。《漢書·伍被傳》：“當是之時，男子疾耕不足於糧餽，女子紡績不足於蓋形。”顔師古曰：“餽亦饋字也。”《舊唐書·韋挺傳》：“軍至寅識迦河，與吐蕃合戰，初勝後敗，又屬天寒凍雪，師人多死，糧餽又不支給，乃旋師弓月頓於高昌。”《宋史·張美傳》：“世宗連歲征討，糧餽不乏，深委賴焉。”《金史·太祖本紀》：“群臣諫曰：‘地遠時暑、車馬罷乏，若深入敵境，糧餽乏絶，恐有後艱。’上從之，乃班師。”

贏糧

原指多餘的糧食。引申爲携帶的糧食。《史記·秦始皇本紀》：“倔起什伯之中，率罷散之卒，將數百之衆，而轉攻秦。斬木爲兵，揭杆爲旗，天下雲集響應，贏糧而景從，山東豪俊遂並起而亡秦族矣。”亦指糧食有餘。《史記·孫子吴起列傳》：“〔魏文侯以吴起爲將擊秦〕起之爲將，與士卒最下者同衣食，卧不設席，行不騎乘，親裹贏糧與士卒分勞苦，卒有病疽者，起爲吮之。”宋《歷代名賢確論·通論·匈奴》：“蒙恬將四十萬衆，北築長城，因以逐胡，取其河南之地七百餘里。當時燕齊海岳贏糧給費，徭役煩苦，人以不堪，故長城未畢。”清王原祁《萬壽盛典初集》卷一一〇：“皇上不能却天地萬物之……或重譯而馳郵，或挈類而携族，或贏糧而裹餱，或束縢而躡屩，或扶藜而杖鳩，悉入覲而來會。”《雲南通志·清鄧渼〈請巡撫兼制東川疏〉》：“兵聚則賊散，兵散而賊又復聚矣，且奈之何？將贏糧除糗，深入其阻，一舉而殲乎？則林箐深密重關峻嶺，彼逸我勞，有害無利，而此時兵餉匱竭，司庫如洗，萬萬不能爲。”雍正《廣西通志・宋熊詢〈重建灌陽儒學大成殿記〉》：“范侯躍然而起曰：‘吾徒居此，皆贏糧而相從，非資於官也。舊學有殿，請以餘貲徙於此，可乎？’”

第四節　賦稅考

賦稅，又稱租稅、捐稅或稅收，爲田賦和捐稅的合稱，是社會經濟和政治發展到一定階段的產物。《說文・貝部》：“賦，斂也。”《廣雅》：“賦，稅也。”最初對於軍事、戰爭的徵用爲“賦”，與後代的田賦是兩回事。後來的“一條鞭法”“攤丁（兵役）入地”，將“賦”按人、户計徵，改爲按土地田畝計徵，形成後代的田賦制度。《說文・禾部》：“稅，租也。”古代實物稅賦主要爲從土地收穫的穀物。《孟子・梁惠王上》：“省刑罰，薄稅斂。”因此，《漢書・刑法志》曰：“有稅有賦，稅以足食，賦以足兵。”

《史記・夏本紀》：“自虞、夏時，貢賦備矣。”可見，我國的稅收起源可追溯至高辛氏時代。高辛氏即帝嚳，約在公元前26世紀至前21世紀之間。據《中國歷代食貨典・賦役部》記載，上古時代賦役二則，其中之一就是“帝嚳高辛氏正畛均賦”；將“均賦”列入“賦役部”，可見帝嚳時代就有稅收的雛形，距今已逾四千多年。

夏、商、周時代的貢、助、徹，是我國稅收的雛形。《孟子・滕文公上》記載：“夏后氏五十而貢，殷人七十而助，周人百畝而徹，其實皆什一也。”夏王朝的貢賦分爲兩種：一種是王室對其所屬部落，以及用武力征服的部落所强制徵收的土貢；另一種是平民因耕種土地而向貴族或王室的貢納。到了商代，貢法演變爲助法，後者是與井田制相聯係的一種力役課稅制度。及至周代，助法進一步演變爲徹法，每户農奴或平民耕種的土地，在收穫之後，要將其中一定的產量交納給王室。國家以貢、助、徹形式徵收土地產物，既有稅的因素，又有租的成分，具有租稅不分的性質。

春秋時期，隨着奴隸制的崩潰，各諸侯國相繼實行“履畝而稅”的田賦制度。如齊國的“相地而衰徵”，按土地品質等級和年景的好壞向土地占有者徵收賦稅；晉國“作轅田”“作州兵”，就是把土地賞給實際占有者，按占有土地的多少負擔軍需兵器；魯國的“初稅畝”，按私人占有土地面積計畝徵收稅、軍賦、田賦等，是我國徵收土地稅的開始；

楚國的"量入修賦"，進行私有土地的登記，根據收入的多少和土地的等級來確定賦税；鄭國的"作丘賦"，按田畝徵發軍賦，承認土地占有的現實。春秋時期的賦税制度改革促進了社會經濟的發展，也帶動了其他相關制度的改革。

戰國時期，由於戰爭頻繁，開支巨大，各國爭相進行賦税制度的改革。井田制爲中心的土地所有制被廢除，封建田賦制度確立。當時田賦徵收有"税地"和"税人"之説。把土地與粟作爲田賦徵收依據。各國田賦的徵收税率不完全相同，徵收管理也逐漸走向法制化，按田課税逐漸向田租、口賦、户賦、力役制轉化。

秦統一六國後，在原有賦税制度的基礎上，對賦税制度進行了改進。田租、賦税是國家的重要財産來源。除按地收租外，還論户取賦，也就是所謂的口賦，即人頭税。農民户數的多少直接影響户賦收入，所以早在商鞅變法時期就明確規定："農民有二男以上不分異者，倍其賦。"秦《倉律》還規定了莊稼成熟後，國家收取多少地租，史稱"收泰半之賦"（《史記·淮南王傳》），意即收取三分之二的租賦，實際上承襲了六國的舊制。秦時的賦税除上述兩項外，還有徭役制度，就是無償徵取力役之課，是秦賦役制度的重要部分。

漢代國家把農民編爲户籍，作爲徵收賦税徭役的根據，史稱"編户齊民"。清人沈家本在《漢律撫遺》曾就漢時的賦税制度説"目無可考，其事以賦役爲重要"，他考其内容有算賦、減算、勿算、不加賦、口賦、更賦、軍賦、復除、户籍、灾害、官奉等。所以漢代的賦税除上述最主要的税種——田租外，還有一項重要的税源就是口賦，這是承襲秦的税制。漢代成年人交納的口賦稱爲"算賦"或"算錢"，即人頭税。此外，漢代還有户賦，它是在封君食邑區内對民户徵收的一種税，供封君列侯享用，不直接列爲國家財政收入。田賦和人頭税之外，另有名目繁多的工商和山木産品雜税。如對商人手中積存的現金與貨物徵收"算緡錢"；對車船所有者徵收"算車船"；對馬牛羊等牲畜徵收牲畜税；徵收鹽、鐵、酒税（或專賣）等；屬於流轉税性質的有貨物通過税即關税，以及對市肆商品營業額徵收市租。

秦漢時期建立了較完備的税收法制和管理制度。秦代的成文法典稱《秦律》，其中有關財政税收的法律有《田律》《厩苑律》《金布律》《關市律》《倉律》《工律》《徭律》等。對徵税的對象、品目、税率、納税人、處罰等都有明確規定。漢代法律比秦律又進了一步。到漢武帝時，由於徵發煩瑣，百姓貧耗，犯法者多，於是任用張湯、趙禹等人，制定法令，法禁逐漸緝密，當時制定的律令有三百五十九章，死罪事例一萬三千四百七十二事。法制日嚴，人民因此而獲罪者不少。不僅如此，西漢對執法犯法的官吏，也按法加以制裁。

魏晉南北朝田賦制度的特點是，由政府將因長期戰亂造成的無主荒地分配給流民耕種（曹魏行屯田，兩晉行占田，北魏行均田），在此基礎上實行田賦制度的改革，廢除秦漢以來的田租、口賦制度，推行田租、户調制。如曹魏正式頒布法令，實行計畝而稅、計户而徵的賦稅制；晉武帝於咸寧六年（280）頒布《占田令》；北魏孝文帝太和九年（485）頒布《均田令》；等等。這一時期對鹽、鐵一般實行由國家專營專賣；對酒一般實行課稅，有的也設官專賣；市稅分爲對行商徵收的入市稅和對坐商徵收的店鋪稅；對交易行爲徵收佐稅；等等。

隋及唐前期的賦稅制度均是以均田制爲基礎的租庸調制，即以人丁爲基本依據和計量單位。唐高祖武德七年（624）頒布《租庸調法》，規定受田丁男應繳納的田租、調賦和應服的徭役，實現"有田則有租，有户則有調，有身則有庸"。這一賦稅制度，對唐王朝的興盛及農業生產的發展起了一定的推動作用。

唐中期安史之亂以後，均田制遭到破壞，租庸調制失去了存在的基礎。建中元年（780），宰相楊炎實行兩稅法，首開了中國費改稅之先河。兩稅法以户爲單位，按土地、財產多少分別徵收地稅和户稅兩項。祇要在當地有資產、土地，就算當地人，需上籍徵稅。同時不再按照丁、中的原則徵租、庸、調，而是按貧富等級徵財產稅及土地稅。這是中國土地制度和賦稅制度的一大變化。從此以後，再沒有一個由國家規定的土地兼并限額（畔限），同時徵稅對象不再以人丁爲主，而以財產、土地爲主，而且愈來愈以土地爲主。兩稅法有利於稅收的負擔均衡，是符合當時實際的措施。執行的結果是朝廷的稅收有明顯增加，對穩定唐王朝的統治起了一定的作用。唐中後期，由於國家財政困難，唐政府采納大臣建議，實行鹽專賣，始對茶、酒徵稅，同時沿襲前朝舊制，繼續徵收商稅和關稅。

此外，唐代後期還恢復契稅。契稅起於東晉南朝的"估稅"，隋朝時取消，唐末五代時又恢復，祇是限於田房交易，并爲防止交易作弊，規定凡田房交易的契約都必須經由官府審查，加蓋官印。從此，稅契及印契成爲土地房屋買賣的法定程式。

宋代田制分爲民田與官田兩類，仍沿用兩稅法，一般按每畝年納一斗，江南等地每畝年納三斗。兩稅之外，復有丁錢與徭役，還有名目繁多的田賦附加稅，主要的有頭子錢、義倉稅、農器稅、牛革筋角稅、進際稅、蠶鹽錢、麴引錢、市例錢，等等。宋初頒布《商稅則例》，規定了應稅物的名目和住稅 20%、過稅 30% 的稅率；沒有各種貨物稅錢的名目，此時商稅負擔較輕。北宋列入"榷貨"的物品範圍較之以前有所擴大，除鹽、茶、酒外，還有醋、礬和香，并且是在政府直接控制之下由商人經營購銷；鹽實行民制、官收、官方經營的制度。宋中葉，土地兼并劇烈，諸多農民傾家破產，流離失所，迫使統治集團進行改革。王安石變法與賦稅制度有關的法令有"方田均稅法"和"募役法"。

宋開始實行鈔鹽法，商人向政府交錢領取鈔鹽券，憑券買鹽銷售。鹽稅是國家主要財政收入。《宋史》載，北宋至道三年（997），鹽課收入爲七十二萬八千餘貫，末鹽一百六十三萬三千餘貫；皇祐三年（1051），鹽課收入爲二百二十一萬；四年爲二百一十五萬；慶曆二年（1042），六百四十七萬，助邊費十分之八。另外，宋代還對出海貿易的商舶及海外諸國來華貿易的商舶徵稅。

元政權占有中原的時間先後不同，各地原來的法制也有差異，形成元朝田賦法的不統一。南北稅制不同，稅賦不一，素有"南重於糧，北重於役"之説。北方有"稅糧"與"科差"兩種。稅糧又有丁稅和地稅之別，丁多地少的納丁稅，地多丁少的納地稅。科差又分爲"絲科"和"包銀"兩種。在南方沿用南宋稅制，實行"稅從地出"，秋稅徵糧，夏稅徵木綿、布絹、絲絹等物。

明初也仿行兩稅法，核定天下田賦，夏稅秋糧均以麥爲納稅標準，稱爲"本色"；按值折納他物稱爲"折色"。明中葉以後，由於賦稅沉重，百姓逃亡嚴重，原有的賦稅制度日漸失效，嚴重影響財政收入。爲此，自嘉靖十年（1531）起，首輔張居正推行"一條鞭法"賦役改革，將各種賦役儘可能歸并爲幾項貨幣稅，以徵收貨幣代替徵收實物和徵發差役。其主要内容是以土地爲主要徵稅對象，以徵收白銀代替徵收實物；以縣爲單位統計差役、雜役所需人力、物力的總額，平攤到全縣土地稅中，作爲土地稅一起徵收白銀；另外將各種"均徭"改爲按人丁數徵收白銀，稱爲"丁銀"，由官府自行徵收解運代替原來的"民收民解"。

"一條鞭法"是繼唐代"兩稅法"實施八百年後又一次較大的稅費改革。"一條鞭法"以貨幣稅代替實物稅，結束了歷代以來以徵守實物爲主的國家稅收方式，廢除了古老的直接役使農民人身自由的賦役制度，使人身依附關係有所鬆弛；以資產計稅爲主代替原來以人頭爲主的稅收制度，有利於稅賦的合理分擔。該法的推行反映了明商品經濟發展的要求，反過來又促進了商品經濟的發展。

　　清初以來，隨着經濟的發展，人口的增加，土地買賣的放開，將人口與土地綁縛在一起已經没有意義了。康熙五十一年（1712）上諭宣布："盛世滋生人丁，永不加賦。"雍正元年（1723），實行"攤丁入畝"的辦法，廢止人丁税，實行地丁合一的制度。地丁合一，使得土地的開墾和人口的增加達到了歷史空前水平，對中國社會的發展有深遠影響。至乾隆中期，人口已達三億以上。康熙五十二年，户部遵旨議准地丁合一的政策爲定例，雍正三年，正式將其作爲條例纂入《大清律例集解附例》，使得這項關係國計民生的決策更加有了法律保證。

　　清朝前期仍沿用明代的鹽法，以綱法爲主，即政府頒發鹽引（行鹽憑證）給特許的鹽商，按鹽引徵收鹽課，商人納課後依鹽引在指定的鹽場購鹽，再運到指定地點銷售。清鹽税徵收項目主要分爲場課和引課兩類。其中場課有灘課、電課、鍋課、井課等；引課有正課、包課、雜課三項。場課是以生産場地或製鹽户爲基本單位徵收的生産税。引課是按照鹽引以運商爲徵課對象而徵收的税，是鹽税的主要部分。清後期，鹽税的項目主要有鹽税正課、鹽厘、鹽斤加價三種。清代前期的鹽税實行從量定額徵收，并根據不同産地生産成本的差别規定鹽户和運商高低不同的税額。

　　清代對茶管理仍是承襲明制，分爲：官茶，儲邊易馬；商茶，給引徵税；貢茶，送宫廷之用。清茶税法與鹽税法相似，茶税的徵收亦漸成定制。雍正八年（1730），定川茶徵税例，開始徵税。由户部頒發茶引與各地方官，鑄造銅版，刊上引目、價格、茶商姓名，鈐蓋部印。茶商納課領引後纔能在去産茶地購茶，否則即爲私茶。乾隆二十九年（1764），施行引厘法。凡産茶州縣在産茶期，給牙行户迴圈引簿，逐項載明收茶人姓名、籍貫、引茶數目、經過關卡、販賣地點，憑簿查驗放行。運銷完畢，茶商將迴圈簿送官，造册送藩司衙門考核。引厘規定春茶每引不過五十錢，子茶（夏錢）不過三錢，商人持引呈驗放行。後又有以票代引法、厘金法等。

　　除鹽茶徵税外，清廷還徵收其他税種，諸如礦税、牙税和當税、常關税和海關税等。清初對礦税采取抽課法，換算爲銀兩課徵，成爲變價銀。牙税是專門對牙行徵收的税。凡設立行號，處於供求之間，代客買貨物，介紹説合，以抽取傭費爲業者，叫作牙行。當税是對經營典當行業徵收的税，其性質同牙行的貼費類似。清常關税成爲内地關税，也就是歷代以來的關市税。清沿襲明朝的鈔關制度，在水路、陸路、海路徵收貨物通過税和船税，統稱關税。海關税分貨税和船税兩部分。貨税徵收没有定制，除徵收正税外，還徵收各項規定銀及附加。一般徵稅較輕，但附加稅很重。另外，清廷徵收的雜賦還有諸如官房地租、蘆課、漁課、契稅、落地稅，等等。

從夏、商、周三代迄鴉片戰爭以前，我國的社會經濟基本上是自給自足的農業經濟，商品生產和商品交換一直處於緩慢發展的狀態之中。與這一社會經濟基礎相適應，我國古代長期實行以土地稅（包括依附於土地的戶稅與丁稅）爲主，以商稅（包括關稅與市稅）爲輔的稅收制度。但是，自鴉片戰爭開始，到民國時期爲止，受商品經濟的衝擊，以及近代民族工商業的形成和發展的影響，稅收制度逐漸發生了明顯的改變。先是對城市工商業課徵的間接稅超過歷史上的田賦，逐漸上升爲主要的稅收。國民黨政府的間接稅，除了關稅、鹽稅以外，還對捲烟、麵粉、棉紗、火柴、水泥等各種商品徵收。據統計，20世紀30年代國民政府的關、鹽、統三大間接稅占當時財政收入的比重已達到60%～70%。

這一時期從外國引進了近代直接稅。近代直接稅於18世紀末的英國首先創立，19世紀在資本主義各國普遍推行。在我國，則從20世紀30年代至40年代纔開始實行。當時國民政府財政部曾經爲此專設了直接稅署，起先是於1936年10月首次開徵所得稅，繼之於1939年1月開徵過分利得稅，後又於1940年7月開徵遺產稅。以所得稅爲例，規定的徵收範圍包括五類所得：營利事業所得、薪給報酬所得、證券存款所得、財產租賃所得和一時所得。對營利事業所得和一時所得，采用全額纍進稅率徵收；對薪給報酬所得和財產租賃所得，采用超額纍進稅率徵收；對證券存款所得，則采用比例稅率徵收。由於這些稅種的引進，我國稅收在田賦和對工商業課徵的間接稅以外，又增加了新的直接稅體系。

1949年中華人民共和國建立，統一全國稅收，建立新稅制，經歷半個世紀的發展後，形成了整套適應國情的稅收制度。

賦稅

古代政府財政部門爲了維持國家的統治而無償、强制地向人民徵收的貨幣和實物的總稱。秦漢以前，賦與稅有明顯的區別。《漢書·刑法志》："有稅有賦，稅以足食，賦以足兵。"《漢書·食貨志》："有賦有稅，稅謂公田什一及工商衡虞之入也；賦共（供）車馬甲士徒之役，充實府庫賜予之用；稅給郊宗廟百神之祀，天子奉養百官禄食庶事之費。"意即先秦時賦稅有各自的收支範圍。稅指田稅、工商稅、山澤稅，用於祭祀支出、王室費用、俸禄支出和行政費用。賦指兵車、戰馬、兵器、兵役的徵發，戰時用於軍事支出和賞賜支出，平時作爲儲備。秦漢以後，這種區別不再存在，賦稅合一，專指政府的實物和貨幣收入，賦中的兵役內容，構成封建徭役制度的一個組成部分。賦稅合一以後，各代賦稅的徵收依據常有變化，或以戶、丁、資財，或以田畝、土地、行爲，具體名稱有田租、田賦、工商稅、口賦、戶賦、算賦、更賦、算緡錢、戶調、估稅、礦課、稅契、過稅、住稅、丁稅等，徵收面遍及工、農、商各業，是財政收入的主要來源。古代賦稅是現在"稅收"一詞的同義詞。

貢[1]

夏代的田賦制度。貢，貢獻，獻納。不完全是自願，具有強制性。夏禹時期出於"家天下"的需要，加強了賦稅的徵收管理。其徵稅辦法：按照不同的貢賦等級、應向國家貢納的物產，以及貢納的途徑，規定"五服制度"，即按各地諸侯的土地距離王城的遠近，劃分"甸、侯、綏、要、荒"五服，分別進行納貢。因年成有好壞，國家將相鄰幾年的收穫，求出一個平均數，以其平均收穫量的十分之一，作爲貢賦定額；不分凶年、豐年，都要繳納規定數量的農產品和土特產品，用於滿足國家政治、軍事、經濟等方面的需要。《禹貢》是中國古代最早關於的賦稅文章。《書·夏書》："禹之王以是功。"孔安國傳："禹制九州貢法。"孔穎達疏："禹制貢法，故以'禹貢'名篇。貢賦之法其來久矣，治水之後更復改新，言此篇貢法是禹所制，非禹始爲貢也。"宋夏僎詳解："〔禹貢〕其書之所載事雖不一，實以任土作貢爲主，故特以貢名焉。然禹貢之書有賦有貢，不以賦名篇而特以貢名篇者，或謂《禹貢》之所謂賦者出於田，所謂貢者乃其土地之所有；賦則一州得以專而用之，貢則所以貢於天子。此書之作正

以貢法告於天子，故以貢名篇。"《孟子·滕文公上》："夏后氏五十而貢。"宋朱熹集注："夏時一夫受田五十畝，而每夫計其五畝之入以爲貢……其實皆什一者，貢法固以十分之一爲常數。"《史記·夏本紀第二》："禹乃行相地宜所有以貢。"《通典·食貨志四》："禹定九州，量遠近制五服，任土作貢，分田定稅，十一而賦，萬國以康。故天子之國內五百里甸服（爲天子服甸田）：百里賦納總（禾稾曰總，供飼馬），二百里納銍（所銍刈謂禾穗），三百里納秸服（秸稾也，服稾役），四百里粟，五百里米（所納精者少，粗者多）。其外五百里曰侯服（侯，候也，斥候而服事）：百里采（供王事，不主一），二百里男邦（男，任也），三百里諸侯（同爲王者斥候）。又其外五百里曰綏服（服王者政教）：三百里揆文教（度王者文教而行之），二百里奮武衛（奮武衛，天子所以安也）。又其外五百里曰要服（要束以文教）：三百里夷（守平常之教），二百里蔡（蔡，法也，法三百里而差簡）。又其外五百里曰荒服（言荒又簡略）：三百里蠻（以文德蠻來之不制以法），二百里流（流，移也，言政教隨其俗）。"亦稱"貢法"。《論語·顏淵第十二》："周人畿內用夏之貢法，邦國用殷之助法也。"宋葉時《禮經會元·內政》："周制畿內用貢法，邦國用助法。夫貢者使耕其田而自輸其稅……以畿內獨用貢法乎，方里而井，井九百畝，其中爲公田，八家皆私百畝，同養公田。此言助有公田也。周詩云：'雨我公田，遂及我私。'"元梁益《詩傳旁通·周頌清廟之什》："溝洫用貢法。（王厚齋曰：《周禮》遂人治野乃鄉遂公邑之制，匠人溝洫乃采地之制。鄭康成云：周制畿內用夏之

貢法税夫無公田，邦國用殷之助法制公田不税夫。朱文公亦云：溝洫以十爲數，井田以九爲數，井田溝洫決不可合。）"明王應電《周禮翼傳·冬官司空補義》："凡十一之制，有十之内取其一者，貢法是也。有十之外取其一者。公田二十畝爲廬舍，民所耕田共一百一十畝是也。有九分而取其一者，公田無廬舍，官皆取之。九百畝中取一百畝是也，大約不出十之上下，故總謂之十一。"

【貢法】

即貢[1]。此稱先秦時期已行用。見該文。

桑税

起源於夏代所徵的繭税。《禮記·月令》："蠶事畢，后妃獻繭，乃收繭税，以桑爲均，貴賤長幼如一，以給郊廟之服。"由於夏代桑樹屬國家公有，因而應獻蠶繭的數量根據個人所用桑葉的數量來均攤。春秋戰國以後，土地日趨私有化，公桑制度下的"繭税"消失。其後賦税制度一直是重人丁、輕資産。儘管絹帛始終爲主要課税物品，但均依據"丁"或"户"來徵收。唐兩税法實行後，出現了與絹帛有關的税如"縑税""絲税"等。唐元和四年（809），户税錢折絹的估價得以確定，從而使户税在一些地區變成徵收固定數量的絹。由於絹帛的生産來源於桑蠶，因而桑樹自然成爲税絹的參照對象。對於桑樹種植比較集中的土地，國家便試圖采用新的税收方式使税收收益最大化。於是，桑地便從糧地中被剥離出來，單獨税絹，桑税便應運而生。《續資治通鑑長編·宋太宗太平興國二年》："六月乙未，磁州言保安等縣有黑蟲群飛，夜出晝隱，食桑葉殆盡，詔免其桑税。"宋田錫《上太宗條奏事宜》："且如州縣徵科農桑税賦，年豐則未聞加納，歲歉則許之倚徵，自然理得其中。民知所措何以言之，民生於利亦猶魚生於水也，民困於利又如水涸於魚也。"《册府元龜》卷六三二："七月中書舍人盧詹上言曰：一同分土，五等命官，所以字彼黎民，司其輿賦，至於田租桑税，夏斂秋徵，或旨限不愆，或簡量增羨，殊非異政，乃是茸程。"明沈周《東園》："輸官不敢逋桑税，款客猶能薦韭齏。風月獨追司馬樂，笙歌偏笑闞疆迷。"

【桑課】

即桑税。此稱宋代已行用。《册府元龜》卷五〇六《邦計部俸禄第二》："〔唐玄宗〕天寶元年六月敕，如聞河東、河北官人職田既納地租，仍收桑課、田樹兼税，人何以堪！自今已後，官人及公廨職田有桑，一切不得更徵絲課。"元王禎《農書·農器圖譜一·田制門》："圃田種蔬果之田也。周禮以場圃任園地。注曰：圃樹果蓏之屬，其田繚以垣墻，或限以籬塹負郭之間，但得十畝足贍數口。若稍遠城市，可倍添田數至半頃而止。結廬於上，外周以桑課之蠶利，内皆種蔬。"元司農司《農桑輯要·先賢務農》："杜畿爲河東，勸耕、桑課、民畜、牸牛、草馬，下逮鷄豚，皆有章程，家家豐實。然後興學校，舉孝悌，河東遂安。"明葉春及《惠安政書·圖籍問》："閏月有加爲課，自糧鈔各課外有桑課，其匹有鹽課，其引有匠課。其役今桑徵於税。"

【絲課】

即桑税。此稱唐代已行用。《新唐書·食貨志》："是時河南北職田兼税桑，有詔，公廨職田有桑者毋督絲課。"宋李心傳《建炎以來繫年要録》卷一一四："尚書省令諸路以桑木多寡定絲課，鄉民自伐者甚衆。"宋歐陽修《論礬務利害狀》："今年自正月一日至六月，終收到入絲課利錢一千九百五十九貫有零。"

助

商代的田賦税。商朝實行"井田制"。把土地依"井"字劃分九個區，其中外八區稱爲私田，分給八户農民耕種，收穫歸這些農民私有。中區爲公田，由八户農民共同義務耕種，公田所獲全部歸奴隸主和國家所有。這種以勞役代税的賦税制度稱爲"助法"。商代統治者通過强迫農民無償提供勞役，用以解決國家和各級奴隸主官員的經費支出，因而，助法非單純的地租。《孟子·滕文公上》："夏后氏五十而貢，殷人七十而助，周人百畝而徹，其實皆什一也。"《詩·小雅·甫田》："倬彼甫田，歲取十千。"孔穎達疏："周制畿内用夏之貢法，税夫無公田；邦國用殷之助法，制公田不税夫。貢者自治其所受田，貢其税穀；助者借民之力以治公田，又使收斂焉。諸侯謂之徹者，通其率以什一爲正。"《書·禹貢》："厥土惟白壤，厥賦惟上上錯。"宋林之奇全解："一夫受田五十畝而以五畝爲税，就其五畝之中，校數歲之中以爲常，此夏後氏之貢法也。一夫受田七十畝以七畝爲公田，借民力而耕公田，隨其多寡而取之，此商之助法也。一夫受田百畝，畿内用夏之貢法，税民無公田；邦國用商之助法，制公田不税，此周之徹法也。"宋陳祥道《禮書》卷二八："其貢法以年上下則異乎夏，然夏之民耕五十畝而以五畝貢，商之民耕七十畝而以七畝助，皆什内之一。周之民耕百畝以公田十畝徹什外之一，《孟子》言其實皆什一者，以其法少

異而其實不離什一也。《孟子》曰請野九一而助，國中什一使自賦，九一自地言之也，什一自物言之也。"

九賦

周代所徵收的九種賦税名。一、邦中之賦。邦中指城郭以内，即國都中的土地。此指國都中的土地包括住宅、果園、菜園等所收賦税。主要用作宴請賓客之費。邦中之賦由六鄉之吏、閭師、場人徵收。二、四郊之賦。指距王城一百里以内的四郊六鄉所收賦税，地域包括近郊的宅田、士田、賈田和遠郊的官田、牛田、賞田、牧田。主要供飼養牛馬與家畜之費。四郊之賦由六鄉四郊之吏和閭師徵收。三、邦甸之賦。邦甸是六遂所在，指距王城一百里到二百里地帶的六遂公邑的地税。主要供工匠製作物品之費用。邦甸之賦由六遂之吏和縣師徵收。四、家削之賦。指距王城三百里的地帶，有公邑和采地所收賦税。主要供王賞賜諸侯百官物品之用。家削之賦由縣師徵收。五、邦縣之賦。指距王城四百里的地帶，有公邑和采地所收賦税。主要供出使諸侯致送禮物之費用。邦縣之賦由縣師徵收。六、邦都之賦。指距王城五百里的地帶，有公邑和采地所收賦税。主要供祭祀之用。邦都之賦由縣師徵收。七、關市之賦。是對商人徵收的賦税。主要供國王及其家庭膳食衣服之費用。關市之賦由司市、司關徵收。八、山澤之賦。對山澤之民徵收的實物税。供喪禮與救荒之用。山澤之賦由山虞、澤虞、川衡、林衡來徵收。九、幣餘之賦。是對政府機關法定用款的餘額徵收的賦税。主要供國王平時賞賜或搜集玩物、珍品之用。由職幣來徵收。這九種賦税收支對口，專款專用，

既限制財政支出無限膨脹，又避免王室過度浪費，保證收支平衡，財政有餘，體現了周代量入爲出的理財觀。《周禮·天官·大府》："大府掌九貢、九賦、九功之貳……凡頒財，以式法授之。關市之賦，以待王之膳服；邦中之賦，以待賓客；四郊之賦，以待稍秣；家削之賦，以待匪頒；邦甸之賦，以待工事；邦縣之賦，以待幣帛；邦都之賦，以待祭祀；山澤之賦，以待喪紀；幣餘之賦，以待賜予；凡邦國之貢，以待吊用；凡萬民之貢，以充府庫；凡式貢之餘財，以共玩好之用。凡邦之賦用取具焉。歲終，則以貨賄之入出會之。"又《天官·大宰》："以九賦斂財賄：一曰邦中之賦，二曰四郊之賦，三曰邦甸之賦，四曰家削之賦，五曰邦縣之賦，六曰邦都之賦，七曰關市之賦，八曰山澤之賦，九曰幣餘之賦。以九式均節財用：一曰祭祀之式，二曰賓客之式，三曰喪荒之式，四曰羞服之式，五曰工事之式，六曰幣帛之式，七曰芻秣之式，八曰匪頒之式，九曰好用之式。"鄭玄注："邦中在城郭者，四郊去國百里，邦甸二百里，家削三百里，邦縣四百里，邦都五百里，此平民也。關市、山澤謂占會百物，幣餘謂占賣國中之斥幣，皆末作當增賦者。"宋葉時《禮經會元·財計》："王金陵謂《周禮》一書，理財居其半。今觀周官貨賄之，入不過太宰九職九賦九貢之目，爾民職所貢有常額，地職所斂有常制，侯貢所致有常法，尚何待於理乎。"元汪克寬《經禮補逸·宗禮》："大宗伯夏見曰，宗大行人夏宗以陳天下之謨司會，以九貢之法致邦國之財用，以九賦之法令田野之財用，以九功之法令民職之財用，以九式之法均節邦之財用，以周知四國之治。"

山澤之賦

周代對山、林、江湖、園圃、池澤等自然資源所出產品課徵賦稅的統稱。爲我國古代最早礦業稅、漁業稅、林業稅的文字記載。夏朝和商朝，對山林、川、澤設官管理，并按時進貢指定產品，山林藪澤之利，官府、百姓共同享用，國家不收稅。周代後期設立管理山林川澤的官吏，禁止隨意采伐漁獵，開始對采伐山澤礦產的樵夫、漁民徵實物稅，稱爲"山澤之賦"。所徵收的賦稅主要用作喪禮與救荒之費。山澤之賦的徵收，由山虞、澤虞，川衡、林衡來完成。《周禮·天官·大宰》："以九賦斂財賄：一曰邦中之賦，二曰四郊之賦，三曰邦甸之賦，四曰家削之賦，五曰邦縣之賦，六曰邦都之賦，七曰關市之賦，八曰山澤之賦，九曰幣餘之賦。以九式均節財用：一曰祭祀之式，二曰賓客之式，三曰喪荒之式，四曰羞服之式，五曰工事之式，六曰幣帛之式，七曰芻秣之式，八曰匪頒之式，九曰好用之式。"宋葉時《禮經會元·賦斂》："山澤之賦：如山虞澤虞之地，使角羽人斂齒角骨物羽翮於山澤之，農以當邦賦是也。"《清朝文獻通考·封建二》："春秋以來，諸侯土地各有財賦，皆足以用其民而戰其力，其山澤之賦，列國亦自擅而有之，無復君十卿祿之制。而於卿大夫祿地多逾古制，一時諸侯皆任己意以行私賞，故多強宗大族爲國生患。"《大清會典·戶部·雜賦》："《周禮》山澤之賦供之大府，金玉錫石之地礦人守之，絘布、總布、質布廛人斂之，蓋利用通財而薄徵之，以便民也。前代以來雜賦繁重。"

邦國之貢

周代賦稅徵收制度。名爲諸侯所貢，實爲

各諸侯國奴隸主通過向人民徵斂，然後將其一部分繳納給天子，以待公用。邦國之貢有九種：一、祀貢，供祭祀所用之包茅、純色牲畜（犧牲）等物品；二、嬪貢，指諸侯貢獻給國王接待賓客所用之物，一般爲絲帛之類物品；三、器貢，指宗廟器具之類的物品，如銀、鐵（梁州貢）、漆（兖州貢）、石（砥礪）、磬（徐州貢）等類；四、幣貢，指玉馬、皮帛之類物品；五、材貢，指木類，包括杶杆、栝柏、篠簜之類；六、貨貢，指金、玉、龜、貝之類物品；七、服貢，祭服，即絺紵及織縞之類，也有説服貢不是制成的衣服，而是服材；八、斿貢，指燕斿之物，一説貢羽毛之類；九、物貢，指各地方物、特產可供貢獻者，如肅慎氏貢矢之類，一説是貢魚、鹽、橘、柚之類。亦稱“九貢”。《周禮・大宰》：“以九貢致邦國之用：一曰祀貢，二曰嬪貢，三曰器貢，四曰幣貢，五曰材貢，六曰貨貢，七曰服貢，八曰斿貢，九曰物貢。”又《大府》：“凡邦國之貢以待吊用。”鄭玄注：“此九貢之財所給也，給吊用給凶禮之五事。”元吴澄《書纂言・夏書》：“東陽馬氏曰：《周官・九貢》一曰祀貢，菁茅是也。二曰嬪貢，絲枲是也。三曰器貢，浮磬是也。四曰幣貢，琨瑶、皮革是也。五曰材貢，杶榦、栝柏、篠簜是也。六曰貨貢，龜貝、金珠是也。七曰服貢，絺紵、織縞是也。八曰斿貢，羽毛是也，斿旗之有旄垂下者。九曰物貢，魚鹽、橘柚是也。”清惠士奇《禮説・地官三》：“貢之言供也。書曰庶邦維正之供邦國之貢也。萬民唯正之供都鄙之貢也。言文王無淫逸游田之費，故邦國都鄙之貢，各得其正。司書合九貢九賦而立九正之名，蓋取諸此。正猶貞也。”

【貢】 [2]

即邦國之貢。此稱先秦時期已行用。見該文。

軍賦

周代徭役之一。賦即周代時期，王室和諸侯國君對所徵用的兵車、兵器、衣甲等軍用品的稱謂。周代實行的是兵農合一，田制和兵制結合，人民服兵役和繳納軍賦相結合的制度。周制規定：七家出一人服兵役，定期輪換；軍事首領多由貴族承當。徵用的軍賦與井田相關，即一丘之地（十六井）出戎馬一匹、牛三頭；一甸（四丘）出戎馬四匹，兵車一乘，牛十二頭，甲士三人，卒七十二人，干戈武器由自己準備。軍賦是在戰争時期開始徵收的臨時性税收。《周禮・夏官・都司馬》：“都司馬，每都上士二人。”鄭玄注：“司馬主其軍賦。”漢荀悦《前漢紀・孝文二》：“因井田而制軍賦。地方一里爲井，井十爲通；通十爲成，成方十里。成十爲衆，衆十爲同，同方百里。同十爲封，封十爲畿，畿方千里。故四井爲邑，邑四爲丘，丘十六井，有戎馬一匹，牛三頭。四丘爲甸，甸六十四井，有戎馬四匹，兵車一乘，牛十二頭，甲士三人，步卒七十二人，干戈備具，是謂司馬之法。”宋袁燮《絜齋家塾書鈔・夏書》：“‘厥賦下上上錯’。《禹貢》一篇有三事焉：賦一也，貢一也，篚一也。其所以取於天下者，不過此三等。賦亦有二焉，田賦一也，兵賦一也。古者什一之法，八家皆私百畝，同養公田，以其十分之一歸於公上，此田賦也。兵賦亦在其中，如所謂甸出長轂一乘，此兵賦也。古者因井田而起軍賦。孔子謂仲由曰，千乘之國可使治其賦，則是兵，亦謂之賦也。”宋葉時

《禮經會元·內政》：“軍賦：案大司馬制軍，天子王畿六軍，公大國三軍，侯伯次國二軍，子男小國一軍，此制軍六等也。萬二千五百家爲鄉，萬二千五百人爲軍。家起一人爲軍則六鄉爲六軍矣。六遂亦七萬五千家合，六遂六鄉則可制十二軍。”明王樵《尚書日記·甘誓》：“蓋古者專用車戰，步卒亦以供車，非若後世騎步之不相爲用也。故言兵者，皆以乘計，曰百乘，曰千乘，曰萬乘，皆軍賦之名也。”

萬民之貢

周代的物產稅。即按萬民之職，貢獻不同的物品。包括三農貢九穀，園圃貢草木，虞衡貢山澤之材，藪牧養蕃鳥獸以貢，百工飭化材，貢器物，商賈阜通貨賄以貢，嬪婦貢布綿，臣妾聚斂疏材，閑民無常職轉移執事等。此外還要負擔額外的獻納。《周禮·天官·大府》：“凡邦國之貢以待吊用。凡萬民之貢以充府庫。凡式貢之餘財以共玩好之用。”宋徐自明《宋宰輔編年錄·徽宗大觀元年》：“請創置式貢司於宣和庫。張官置吏，又分六庫，以括四方錢幣、萬民之貢，又欲空府庫之所有以實之。違典式，興聚斂，紬國用，啓私藏，可特落職。”《清朝文獻通考·國用一》：“先公曰：周官天下之財只有三項，九貢是邦國之貢，據經以待吊用；九賦是畿內之賦，以給九式之用；九職萬民之貢，以充府庫。三者餘財以供玩好。雖然邦國之貢多矣，吊用之費幾何？愚恐其有餘。畿內之賦有限矣，九式之費何廣也！愚恐其不足。”清胡渭《禹貢錐指》卷二：“周王畿千里之內亦有貢，一是九職所稅，太府謂之萬民之貢。其目則具於閭師，農貢九穀，圃貢草木，工貢器物，商貢貨賄，牧貢鳥獸，嬪貢布帛，衡虞各貢其物是也。”

廛布

周代的房產稅。廛指房舍，布指貨幣。廛布即市邸房舍所納之稅。這是我國最早的房產稅。《周禮·地官·廛人》：“廛人掌斂市絘布、總布、質布、罰布、廛布而入於泉府。”鄭玄注：“廛布者，貨賄諸物邸舍之稅也。”賈公彥疏：“廛布者，貨賄諸物邸舍之稅者，謂在行肆官有邸舍，人有置物於中，使之出稅，故云廛布也。”宋葉時《禮經會元·市治》：“王安石亦以周禮變而爲新法，其害尤甚：絘布變而爲房廊錢，廛布變而爲白地錢，質布變而爲搭罰錢，總布變而爲不係行錢。”明柯尚遷《周禮全經釋原》卷四：“孟子曰，市廛而不徵，法而不廛。謂貨物藏貯於市中而不租稅也。愚謂市宅也，公家所立爲市之宅，故有廛布之稅。而廛人主斂諸布，蓋斂市租之官，非止管市宅而已，司市、質人、廛人三官，乃命官胥師以下則給役也。”

徹

周代的田賦稅。周代，社會生產力有了較大發展，井田之外的開荒地陸續出現，人們對耕種公田已不感興趣，國家收入不能保證，因此就出現了“徹”這一新的財政辦法。即把九百畝大小的一塊田地，分爲九塊，每塊一百畝，每夫授田一塊。每年終了，按百畝的實際收穫量徵收實物，稅率大概爲十分之一。不分公田私田，對土田的收穫物統按十一稅率徵收實物，即徹法。《孟子·滕文公上》：“夏后氏五十而貢，殷人七十而助，周人百畝而徹，其實皆什一也。”《詩·小雅·甫田》：“倬彼甫田，歲取十千。”孔穎達疏：“周制畿內用夏之貢法，稅夫無公田；邦國用殷之助法，制公田不税夫。貢者自治其所受田，貢其税穀；助者借民之力以治公田，又使收斂焉。諸侯謂之徹者，通其率以什一爲正。"《書·禹貢》："厥土惟白壤，厥賦惟上上錯。"宋林之奇全解："一夫受田五十畝而以五畝爲税，就其五畝之中，校數歲之中以爲常，此夏後氏之貢法也。一夫受田七十畝以七畝爲公田，借民力而耕公田，隨其多寡而取之，此商之助法也。一夫受田百畝，畿内用夏之貢法，税民無公田；邦國用商之助法，制公田不税，此周之徹法也。"元黃鎮成《尚書通考·五禮》："税周之徹法最爲盡善，度其隰原，徹田爲糧，蓋自公劉已然，後特遵而守之耳。"明季本《詩説解頤》卷二四："公劉商時之諸侯也。觀徹田爲糧一語，則徹即商之助法也。"按，對周代的"徹"，歷代學者有不同的理解，主要有以下幾種解釋：一、認爲"徹"是收取的意思。以東漢經學家趙岐爲代表。他認爲夏民耕種五十畝而貢五畝，殷人耕七十畝而助耕七畝，周人耕百畝而徵取十畝爲賦，税率都是十分之一，所以説，徹是收取的意思。但這種解釋看不出貢、助、徹三種税制的區別。二、認爲"徹"是"通"的意思。以宋代哲學家朱熹爲代表。他認爲，在井田的基礎上，耕的時候，通力合作，收的時候，按畝分配，這就是徹。但這種解釋忽視了每家勞力有多少，强弱、勤惰也不相同，按畝分配也可能不盡合理。三、"徹"是貢、助并行説。以東漢經學家鄭玄爲代表。他認爲，在周代，王畿之内用貢法，按夫納税，夫公田；各諸侯國的土地用助法。行貢法地區，按率交納實物，行助法地區，以公田收入爲税。"徹"即不論行貢法、助法，都按十一税率徵收。

夏、商、周田賦税比較

田賦税名	朝代	耕種田畝數	税率	納税形式
貢	夏	五十	十分之一	按不同的貢賦等級，實物定額納貢
助	商	七十	十分之一	以夫助耕公田，以公田收入爲税
徹	周	一百	十分之一	按實際收穫量，實物納税

關市之賦

周代中央政府徵收賦税之一。國家規定貨物通過邊境的"關"和國内的"市"，要進行檢查和徵收賦税。這就是我國歷史上最早的關税，所徵税金直接歸王室使用。雖然在春秋時期就出現了關税，但最早的海關却直到清初纔出現。康熙二十四年（1685），爲加强對外貿易管理，清政府在廣東、福建、浙江、江蘇四個貿易口岸設置海關，以管理來往商船，負責徵收賦税。由於西方殖民者的違法貿易，乾隆二十二年（1757），清政府決定撤銷其他口岸及海關，祇設粤海關，使之成爲一百多年來中國唯一的海關，爲中國海關制度奠定了基礎。《周禮·天官·九賦》："七曰關市之賦。"王昭禹詳解："關以徵其貨之出入，市以徵其貨之所在，然則關市之賦出於商賈之民也。"《商子·墾令》："重關市之賦則農惡商，商有疑惰之心。農惡商，商疑惰，則草必墾矣。"《續資治通鑑長編·宋神宗元豐元年》："御邇英閣，講官沈季長進講《周禮·九賦》，上曰：'或言關市之賦，或言關市之徵，何也？'"宋黃裳《雜説》："凡邦國之貢以待吊用。凡萬民之貢以充府庫，然而九式之用，特用九賦之所入者，九賦之所待，關市之賦，以待王之膳服，邦都之賦以待祭祀，然而賓客之用特用邦中之所入者，亦有義乎。”明唐順之《武編前集·軍需》：“秦孝公行墾草之令，使商不得耀廢逆旅於山澤，貴酒肉之價，重關市之賦，使農逸而商勞，行數年而倉廩實，人知禮義。至於始皇以爲之資，東向併吞諸侯，此謂力富於内而兵强於外也，故知伯王之業非智不戰，非農不贍，過此以往而致富强，未之有也。”亦稱“關市之徵”。《孟子·滕文公上》：“請損之，月攘一鷄，以待來年然後已。”孫奭疏：“戴盈之曰：‘什一去關市之徵，今兹未能請輕之，以待來年然後已何如。’”《朱子集注》：“盈之亦宋大夫也，什一井田之法也，關市之徵商買之税也。”日本山井鼎、物觀《孟子考文補遺》卷一八九：“孟子曰：‘尊賢使能至未之有也。’”補遺：“七曰關市之徵，徵作賦。”清徐乾學《資治通鑑後編·元順帝紀》：“閏月丁丑，吳處州翼總制胡琛言：‘關市之徵舊例二十取一，今令鹽貨十取其一，税額太重。商人不復販鬻則鹽貨壅滯，軍儲缺乏，且使江西、浙東之民艱於食用。’”清《御定淵鑑類函·産業部三·商賈三》：“關市之徵，素封之富。”書注：“《周禮》司關，掌國貨之節以聯門市，故有關市之徵。注謂税商也。史諸富者無秩禄爵邑之人與封君比者命曰素封。”亦稱“關市之税”。《周禮·天官·冢宰下》：“總謂簿書之種，別與大凡官府之有財入若關市之屬。”賈公彦疏：“凡所税入者，種類不同，須分别之。而執其總者，總謂税入多少總要簿書。又云：‘以貳官府都鄙之財入之數者，官府財入，謂若關市之税、都鄙之財入。都鄙謂三等采地，采地之税四之一。’”《孟子·滕文公下》：“請損之，月

攘一鷄，以待來年然後已。”趙岐注：“孟子以此爲喻，知攘之惡當即止，何可損少月取一鷄，待來年乃止乎。謂盈之之言，若此類者也。”孫奭疏：“今子如知宋君取關市之税爲非義，若此攘鷄之非道，斯可速而止之耳，何可待來年然後已乎？此孟子所以告之是耳。”《舊唐書·崔融傳》：“夫關市之税者，謂市及國門，關門者也，唯斂出入之商賈，不税來往之行人。”日本山井鼎、物觀《孟子考文補遺》卷一九○：“孟子致爲臣而歸至自此賤丈夫始矣。”補遺：“《周禮》有關市之徵也。徵作税，足利本作賊，謹按：賊，賦之誤。”

【關市之徵】

即關市之賦。此稱先秦時期已行用。見該文。

【關市之税】

即關市之賦。此稱唐代已行用。見該文。

户税

以户爲單位按資産徵收的税名。戰國時齊國是按户徵收户籍税最早的國家。那時的户籍税叫“邦布”。《管子·山至數·輕重九》：“重邦布之籍，終歲十錢。”秦國在商鞅變法後亦推行按户徵税，名曰“户賦”。《秦律》：“匿户……弗令出户賦之謂也。”漢代户賦祇向封邑内的民户徵收，其收入屬於封君所有。《史記·貨殖列傳》：“封者食租税，歲率户二百，千户之君則二十萬，朝覲聘享出其中。”唐武德六年（623），將全國民户按其資産分爲三等。貞觀九年（635），將三等户中的每等分爲上、中、下，成爲九等，按户等繳納不同的税錢，且成爲定制，三年一大税，每年一小税。税收主要用於官員俸禄、軍費、傳驛等。建中元年（780），實行兩税法，户税即成爲其重要組成部分。《舊

唐書·代宗本紀》："戊寅詔定京兆府戶稅。夏稅：上田畝稅六升，下田四升。秋稅：上田畝五升，下田三升。荒田開墾者二升。"又《食貨志上》："其見官，一品準上上戶，九品準下下戶，餘品並準依此戶等稅。若一戶數處任官，亦每處依品納稅。其內外官，仍據正員及占額內闕者稅。其試及同正員文武官，不在稅限。其百姓有邸店行鋪及爐冶，應準式合加本戶二等稅者，依此稅數勘責徵納。其寄莊戶，準舊例從八等戶稅，寄住戶從九等戶稅，比類百姓，事恐不均，宜各遞加一等稅。其諸色浮客及權時寄住戶等，無問有官無官，各所在爲兩等收稅。稍殷有者準八等戶，餘準九等戶。如數處有莊田，亦每處稅。諸道將士莊田，既緣防禦勤勞，不可同百姓例，並一切從九等輸稅。"《新唐書·懿宗本紀》："七月辛卯朔，日有食之。免安南戶稅、丁錢二歲，弛廉州珠池禁。"《金史·食貨志二》："〔世宗大定〕十七年六月，邢州男子趙迪簡言：隨路不附籍官田及河灘地皆爲豪強所占，而貧民土瘠稅重，乞遣官拘籍冒佃者，定立租課，復量減人戶稅數，庶得輕重均平。"清《續通志·元世祖紀四》："己卯，以高麗國王王睶復爲征東行尚書省。左丞相以江南站戶貧富不均，命有司料簡合戶稅至七十石當馬一匹，並免雜徭。"

【邦布】

即戶稅。此稱先秦時期已行用。見該文。

【戶賦】

即戶稅。此稱先秦時期已行用。見該文。

市租

商業稅。《晏子春秋·雜下》："使吏致千金與市租。"《史記·齊悼惠王世家》："齊臨菑十萬戶，市租千金，人眾殷富，巨於長安。"唐劉禹錫《武陵觀火詩》詩："下令蠲里布，指期輕市租。"《山堂肆考》卷七〇："擊牛饗士：趙李牧居代雁門備，匈奴市租皆入幕府爲士卒費。"

作丘甲

春秋時期魯國實行的按丘徵發軍賦，即按丘出車馬兵甲的制度。魯成公元年（前590），即初稅畝實行後的四年，"作丘甲"。軍賦徵收，以前是以一甸爲單位，作丘甲則改爲以一丘爲單位。一丘田爲十六井，一甸田爲六十四井，現在一丘田要承擔過去一甸田的軍賦，意味着負擔爲原來的四倍。魯昭公四年（前538），鄭國子產作丘賦，是在鄭國改革田制的基礎上實行的軍事改革與財政改革，即按土地數目徵收軍賦。到魯哀公十二年（前483），魯國進一步采取"用田賦"的辦法，將軍賦由按丘計算改爲按田畝數徵收。《左傳·成公元年》："元年春王正月，公即位。二月辛酉，葬我君宣公。無冰。三月，作丘甲。"《穀梁傳·成公元年》："三月，作丘甲。作，爲也。丘爲甲也。丘甲，國之事也。丘作甲，非正也。丘作甲之爲非正何也？古者立國家，百官具，農工皆有職以事上。古者有四民，有士民，有商民，有農民，有工民。夫甲，非人人之所能爲也。丘作甲，非正也。"

初稅畝

先秦時期的農業稅。魯宣公十五年（前594），魯國取消按井田徵收賦稅的制度，實行"初稅畝"，即不分公田、私田，凡占有土地者均須按畝繳納土地稅。從此，井田之外的私田也開始納稅，這是我國歷史上徵收農業稅的最早記載。《公羊傳·宣公十五年》："初稅畝。初者何？始也。税畝者何？履畝而税也。初税畝何以書？譏。何譏爾？譏始履畝而税也。”《穀梁傳·宣公十五年》：“初税畝。初者始也。古者什一，藉而不税。初税畝，非正也。古者三百步爲里，名曰井田。井田者，九百畝，公田居一。私田稼不善，則非吏；公田稼不善，則非民。初税畝者，非公之去公田而履畝十取一也，以公之與民爲已悉矣。古者公田爲居，井竈葱韭盡取焉。”《漢書·食貨志第四》：“周室既衰，暴君污吏慢其經界，繇役横作，政令不信，上下相詐，公田不治，故魯宣公初税畝，春秋譏焉。”《隋書·食貨志》：“於是東周遷洛，諸侯不軌，魯宣初税畝。”宋吕祖謙《宋文鑑》卷一〇〇引孔文仲《制科策》：“凡賦斂之於民，古人貴其損之而不貴其益。《春秋》書宣公初税畝，成公作丘甲，哀公用田賦，以爲益之不已，則勢窮力弊，必至於變。”

繭税

　　先秦所徵收的有關蠶繭的賦税。由於桑樹尚屬國家公有，因而應獻蠶繭的多少根據個人所用桑葉的數量來攤派。春秋戰國以後，土地日趨私有化，賦税制度亦隨之嬗變，公桑制度下的“繭税”消失。《禮記·月令第六》：“蠶事畢，后妃獻繭，乃收繭税，以桑爲均，貴賤長幼如一，以給郊廟之服。后妃獻繭者，內命婦獻繭於后妃。收繭税者，收於外命婦。外命婦雖就公桑蠶室而蠶，其夫亦當有祭服以助祭，收以近郊之税耳。”唐白居易原本宋孔傳續《白孔六帖·繭税》：“孟夏蠶事既登，后妃獻繭乃收繭税，以桑爲均，貴賤長幼如一，以給郊廟之服（繭税十取一也，以桑爲均者隨桑多少而税，貴賤長幼如一，各以桑爲平，不以貴賤爲

差）。”宋夏竦《均賦斂》：“或地廣而税鮮，賦多而田寡，或不腴受沃衍之徵，上腴當淳鹵之賦，植稻粱而課菽麥，無桑柘而責繭税，官府由是生奸豪右於焉。”《宋史·陳居仁傳》：“進焕章閣待制，移建寧府。歲饑，出儲粟平其價，弛逋負以巨萬計，代輸畸零繭税。”清惠士奇《禮説·春官二》：“梁子曰：衣服不修不可以祭，大夫士助祭之，服受之於君，月令收繭税以共造云。”

口賦

　　漢代人口税。有算賦、口賦之分。口賦指七歲至十四歲，每人每年出二十錢，以供天子。武帝時增三錢，計二十三錢，以補車騎馬匹之費。後歷代或因其名但規定各異。漢董仲舒《又言限民名田》：“古者税民不過什一……一歲屯戍，一歲力役，三十倍於古，田租口賦、鹽鐵之利三十倍於古，或耕豪民之田，見税什五，故貧民常衣牛馬之衣，而食犬彘之食，重以貪暴之吏，刑戮妄加，民愁無聊，亡逃山林，轉爲盜賊。”明王樵《春秋輯傳·哀公》：“‘十有二年春用田賦’：今按賦之本義，專爲出車計丘而出兵車賦之常法。今計田而出故曰田賦。漢計口而出，則曰口賦。蓋春秋諸侯會盟禮繁、兵戈事廣，不能復守先王之籍，故魯用不足則初税畝，益兵則作丘甲，至哀公，遠事彊吳，事充政重，二猶不足，復用田賦。蓋托以軍用加斂於田，計田而出貨財也。繇役煩，賦税多。”清朱鶴齡《禹貢長箋》卷一：“漢制三十税一似甚輕，然田賦之外有口賦（民年三歲出口錢，二十至十四而止）；有算賦（十五歲出算錢，百二十至五十六而止）。武帝征伐四夷又增口爲二十三，而更賦代錢月二千，已非文景之

舊矣。"亦稱"口錢""馬口錢"。《漢書·昭帝紀》："賜中二千石以下及天下民爵。毋收四年、五年口賦。"顏師古注引如淳曰："《漢儀注》民年七歲至十四出口賦錢，人二十三。二十錢以食天子，其三錢者，武帝加口錢，以補車騎馬也。"宋吳仁傑《兩漢刊誤補遺·馬口錢》："元狩四年以來，中國車騎馬乏，又縣官錢少買馬難得，於是有馬者籍之且於口賦之外增三錢，以爲補車騎馬之用，所謂馬口錢者此也。"

【口錢】

即口賦。此稱唐代已行用。見該文。

【馬口錢】

即口賦。此稱宋代已行用。見該文。

更賦

漢代役稅名。即以納錢來代更役的賦稅。男子年二十三歲至五十六歲，按規定應輪番戍邊服兵役曰更。不能行者，可以出錢入官，雇役以代。《漢書·昭帝紀》："三年以前逋更賦未入者，皆勿收。"顏師古注引如淳曰："更有三品：有卒更，有踐更，有過更。古者正卒無常人，皆當迭爲之，一月一更，是謂卒更也。貧者欲得顧更錢者，次直者出錢顧之，月二千，是謂踐更也。天下人皆直戍邊三日，亦名爲更，律所謂繇戍也。雖丞相子亦在戍邊之調。不可人人自行三日戍；又行者當自戍三日，不可往便還，因便住，一歲一更。諸不行者，出錢三百入官，官以給戍者，是謂過更也。律說卒踐更者，居也，居更縣中五月乃更也，後從尉律，卒踐更一月，休十一月也。《食貨志》曰：'月爲更卒，已復爲正，一歲屯戍，一歲力役，三十倍於古。'此漢初因秦法而行之也。後遂改易，有謫乃戍邊一歲耳。"《後漢書·明帝紀》：

"又所發天水三千人，亦復是歲更賦。"李賢注："更謂戍卒更相代也，賦謂雇更之錢也。"《漢書·食貨志上》："減輕田租三十而稅一，常有更賦，罷癃咸出。"明王禕《大事記續編》卷一三："〔漢孝安皇帝永初七年〕詔除三輔田租、更賦、口算三歲。"《通志·後漢紀第六上》："〔孝和皇帝十四年〕七月甲寅詔，復象林縣更賦、田租芻槁二歲。"明楊士奇等《歷代名臣奏議·仁民》："理宗淳祐八年，監察御史兼崇政殿說書陳求魯奏曰：'漢賦有三：口賦以食天子；算賦以治庫兵車馬；更賦，以給戍邊。'"

告緡錢

漢代對逃稅漏稅的罰款，以及對檢舉者的獎賞。爲解決算緡錢實行後出現逃稅漏稅現象，於公布算緡錢後的第三年，號召人們揭發檢舉瞞財逃算者，對檢舉者給予重賞，稱爲告緡錢。如是告發者，遍及全國，國庫財富大增。漢武帝憑這些錢把匈奴打出狼居胥山。《史記·平準書》："初，大農筦鹽鐵官布多，置水衡，欲以主鹽鐵；及楊可告緡錢，上林財物衆，乃令水衡主上林。上林既充滿，益廣。是時越欲與漢用船戰逐，乃大修昆明池，列觀環之。治樓船，高十餘丈，旗幟加其上，甚壯。於是天子感之，乃作柏梁臺，高數十丈。宮室之修，由此日麗。"《漢書·食貨志下》："天子既下緡錢令而尊卜式，百姓終莫分財佐縣官，於是告緡錢縱矣。"《文獻通考·征榷六》："天子乃超拜式中郎，賜爵左庶長，田十頃，布告天下，以風百姓，而百姓終莫分財佐縣官，於是告緡錢縱矣（縱，放也，放令告言）。楊可告緡遍天下（如淳曰：'告緡令楊可所告言也。'師古曰：'此說非也。楊可據令而發動之，故天下皆被告。'），中家以上大抵皆遇告，杜周治之，獄少反者。"清吕祖謙《考古論·漢文帝》："桑弘羊之徒算舟車，告緡錢，以罔天下之財（武帝元光六年初算商車。元狩四年用度不足初算緡錢。元鼎三年令民告緡者，以其半予之）。其心以文帝之所以不能取，自我始取之也。"

捐納

賣官鬻爵。秦漢以後向有錢人出售一定級別的官職和爵位以取得收入的一種辦法。《史記·秦始皇本紀》："始皇四年，百姓納粟千石，拜爵一級。"所得粟用來賑濟蝗災，這是捐納制度的開始。《漢書·惠帝紀》載，漢惠帝六年（前189），冬十月，"令民得買爵"。爲了籌集糧餉，抵禦匈奴入侵，漢文帝采納晁錯賣虛爵的建議。漢武帝元朔元年（前128），開始賣可以補實官的實職。六年，賣十七級武功爵，購買者支付黃金，可以入官，政府收入三十餘萬金。西晋時，賣官收入歸入皇帝私庫。兩宋時，規定官員得到封贈或任命的官階的，政府要收告緡錢，是一種規費，同時，授予婦女某種封號，也要收一定的現金和糧食。清朝初期屢次用捐納籌措軍餉。清朝後期對捐納大肆推行，咸豐元年（1851），清政府頒布《籌餉事例條款》，廣開捐例，規定京官自郎中以下，外官自道臺以下，均可捐納，按道光六年（1826）的九折收捐。捐納收入在清政府財政收入中一般占到10%，最高年份占48%。從秦漢開始，捐納逐漸由臨時性收入演變爲經常性收入、重點收入，吏治更加腐敗，加重了對人民的剝削。

租銖

漢代政府對珠寶金銀徵收的一種特別交易稅。漢代在珠寶和貴金屬交易時，其重量用銖（二十四銖爲一兩）來計算。政府對珠寶和貴金屬課稅也須按銖計算徵收，簡稱爲"租銖"。漢代貢禹認爲租銖是市稅的一種；唐代顔師古認爲租銖或租銖律是漢代政府規定以錢代替交納實物的市租，即以交易金額爲徵稅依據，以貨幣繳納的市稅。歷史上對上述兩種理解都不乏贊同者。《漢書·食貨志》："除其販賣租銖之律。租稅、禄、賜皆以布帛及谷，使百姓壹意農桑。"顔師古曰："租銖，謂計其所賣物價，平其錙銖而收租也。"

租調

租指田租，調指户調。租調法始於三國時期。建安九年（204），曹魏政權正式實行租調制，其核心内容爲按土地徵收田租，按户徵收絹綿。租調之外，不得以其他名目擅自徵稅。租調法的實行，安定了社會，恢復了經濟，抑制了豪强。後沿用之。《三國志·魏書·牽招傳》："大軍欲征吳，召招還，至，值軍罷，拜右中郎將，出爲雁門太守。郡在邊陲，雖有候望之備，而寇鈔不斷。招既教民戰陳，又表復烏丸五百餘家租調，使備鞍馬，遠遣偵候。"《後漢書·明帝紀》："秋九月，燒當羌寇隴西，敗郡兵於允街。赦隴西囚徒，減罪一等，勿收今年租調。"唐寒山《詩三百三首》："朝朝爲衣食，歲歲愁租調。千個爭一錢，聚頭亡命叫。"《新唐書·高宗本紀》："六年正月壬申，拜昭陵，赦醴泉及行從免縣今歲租調。陵所宿衞進爵一級。"明丘濬《大學衍義補·治國平天下之要·過盜之機中》："孝明時，盜賊日滋，征討不息，國用耗竭，豫徵六年租調猶不足，乃罷百官所給酒肉，又稅入市者人一錢，及邸店皆有稅，百姓嗟怨。"

【租調法】

即租調。此稱宋代已行用。宋黃震《古今紀要・北朝・齊》："武成帝：文定租調法。"《文獻通考・田賦三》："然陸贄稱租調法曰：'不校閱而衆寡可知，是故一丁之授田，決不可令輸兩丁之賦。非若兩稅，鄉司能開闔走弄於其間也。'"《群書會元截江網》卷一四引《長編》："神宗熙寧二年，上問府兵之制曰：府兵與租調法相須？安石曰："上番者，即以米糧給之則無貧富，皆可入衞出戍，雖未有租調法亦可爲也。"

貰貸稅

漢朝對高利貸者貸放金錢、糧食所取得的利息課徵的收益稅。漢初，手工業和商業迅速發展，出現了一些頗有實力的工商業者，如販運商人、子錢家等等，財富益愈積聚於這些人手中，在以本守末、購置土地以外，放高利貸成爲當時很重要的一種行業。高利貸的規模很大，利息也很高，年息甚至100％，這不僅使一般借貸者常常無力償還以致賣妻鬻子，甚至一些達官貴族也要求助於高利貸者。財富過分集中於少數人手中，勢必成爲社會不穩定和統治不穩固的因素。景帝末年，開始對高利貸放貸利息加以限制，規定年息不得超過20％，同時對所獲利息徵收6％的收益稅。武帝時期頒行算緡令後，貰貸稅遂并入緡錢稅，課徵標準改按本金計算，即按高利貸本金的6％徵稅後算緡廢止，而貰貸稅繼續推行至漢末。貰貸稅目的在於限制財富過分集中，抑制高利貸對百姓的盤剝。《漢書・王子侯表》："〔旁光侯殷〕坐貸子錢不占租，取息過律，會赦，免。""占租"是向官府申報課稅。

假稅

租賃之稅。漢代統治者曾假民公田，徵收假稅。假稅分爲兩種：一種爲高額假稅，主要歸大司農徵收；一種爲低額假稅，主要歸少府徵收。漢桓寬《鹽鐵論》卷三："先帝之開苑囿、池籞，可賦歸之於民，縣官租稅而已。假稅殊名，其實一也。"《後漢書・孝和孝殤帝紀第四》："六月，蝗、旱。戊辰，詔：'今年秋稼爲蝗蟲所傷，皆勿收租、更、芻稿；若有所損失，以實除之，餘當收租者亦半入。其山林饒利，陂池漁采，以贍元元，勿收假稅。'"晉袁宏《後漢紀・孝和皇帝紀下》："十一年春三月，遣使行郡國，水旱災、貧不能自存者廩貸穀食，令山林池澤勿收假稅。"

訾算

漢代的財產稅名。訾、貲，一般指資財。訾算徵收對象爲商賈以外的一般民衆。按民戶的家訾徵稅，計訾範圍既包括貨幣財富，也包括馬牛驢車、糧食、布帛、六畜、奴婢、房屋及珍寶等實物財富，動產、不動產都包括在內。由民戶家長向官方呈報其家訾的總數，進行登記注冊；如有不實，則以隱匿的罪名處罰。中央通過地方官員進行核算和"評訾"，按家訾多少，評定戶等，再以戶等高下爲差次，攤派賦額，收取訾產稅。家訾不滿錢兩萬、三萬的貧民，在某些條件下可獲得寬免。西漢時期實行有訾一萬錢納稅，一算即一百二十錢。王莽時期增至"三十取一"的訾算率。東漢又恢復原來制度。漢代授官也是以訾算多少爲依據，凡交納訾算十算，即擁有十萬資財以上的人"乃得宦"。有市籍的商人即使符合這一標準也不得爲仕。後來考慮到沒有家訾的優秀人士的困難，改爲"訾算四得宦"，即擁有四萬資財的人就可以入仕。《漢書·景帝紀第五》："五月詔曰：'人不患其不知，患其爲詐也；不患其不勇，患其爲暴也；不患其不富，患其亡厭也。其唯廉士，寡欲易足。今訾算十以上乃得官，廉士算不必衆。有市籍不得官，無訾又不得官，朕甚湣之。訾算四得官，亡令廉士久失職，貪夫長利。'"宋徐天麟《西漢會要》卷四五："孝景後二年，詔曰，今訾算十以上乃得官。（服虔曰，訾萬錢算百二十七也，應劭曰，十算十萬也，賈人有財不得爲吏，廉士無訾，又不得官，故減至四算得官矣。訾與貲同。）"《文獻通考·選舉考八》："按：漢初，限訾富者乃得官，蓋恐其家貧而爲吏則必貪故也。然致富者多買人，而買人又不得爲吏（有市籍即買人也），然則訾不及算與及算而爲買人者，皆不可以爲官，則所限者衆矣。故景帝詔減作訾算四乃得官云。"

榷酒酤

西漢官府實行的酒類專賣制度。起源於武帝天漢三年（前98）春二月。其目的是壟斷酒的產銷，將酒業的利益與稅收全部歸爲國家所有。這是我國歷代酒類專賣和徵收酒稅的起源。後歷代沿用之，或由政府專賣，或加徵酒稅，或將榷酒錢勻配按地畝徵收等，其目的在於增加政府財政收入。漢初出於對保障政治及糧食安全的考慮，繼承了周代及秦代的制度，采取禁酒的方式，後由於與民休息政策的實施、經濟的發展，對酒的政策有所放鬆。漢武帝時，由於軍費開支需廣開財源而實行"榷酒酤"。由官府控制酒的生產和流通，獨占酒利，不許私人自由釀酤。始元六年（前81）改徵酒稅。東漢再行稅酒政策。兩晉至南北朝時期，主要是

徵稅。隋代免去酒的專稅。唐中葉後重新實行榷酤，并在專賣形式上有所發展。五代、兩宋、遼金對酒類亦行專賣。元代榷酤之重更甚於前代。明代取消專賣，衹收酒稅。清初期酒稅從輕，後期稅加重，白酒生產采取特許制度，嚴禁私自造酒。《漢書·武帝紀》："三年春二月，御史大夫王卿有罪自殺。初榷酒酤。"應劭注："縣官自酤榷，賣酒小民不復得酤也。"韋昭注："以木渡水曰榷。謂禁民酤釀，獨官開置，如道路設木爲榷，獨取利也。"顏師古注："榷者，步渡橋，《爾雅》謂之石杠，今之略彴是也。禁閉其事，總利入官，而下無由以得，有若渡水之榷，因立名焉。"《漢書·西域傳》："及路遺贈送，萬里相奉，師旅之費，不可勝計。至於用度不足，乃榷酒酤，管鹽鐵，鑄白金，造皮幣，算至車船，租及六畜。民力屈，財用竭，因之以凶年，寇盜並起，道路不通，直指之使始出，衣繡杖斧，斷斬於郡國，然後勝之。"《新唐書·吐蕃傳》："於是邨候亭燧出長城數千里，傾府庫，殫士馬，行人使者歲月不絕，至作皮幣，算緡法，稅舟車，榷酒酤。夫豈不懷，爲長久計然也！"宋王應麟《困學紀聞·周禮》："《萍氏》幾酒，猶妹土之誥也。禹惡旨酒，易未濟之，終以濡首爲戒；曷嘗導民以飲而罔其利哉；初榷酒酤書於《漢武紀》，其流害萬世甚於魯之初稅畝。"《金史·梁肅傳》："肅奏曰：'明君用人，必器使之。旭儒士，優於治民，若使坐列肆，榷酒酤，非所能也。臣愚以爲諸道鹽鐵使依舊文武參注，其酒稅使副以右選三差俱最者爲之。'"亦稱"榷酒"。《魏書·高崇傳》："於是草萊之臣，出財助國；興利之計，納稅廟堂。市列榷酒之官，邑有告緡

之令。鹽鐵既興，錢幣屢改，少府遂豐，上林饒積。"《舊唐書·德宗本紀上》："辛卯，罷天下榷酒。"宋蘇轍《次韻張耒見寄》："洛陽榷酒味如水，百錢一角空滿盂。"明丘濬《大學衍義補·治國平天下之要·征榷之課》："臣按：前此榷酒官自釀以賣也，至是以賢良文學言罷榷酤官，然猶聽民自釀以賣，而官定其價，每升四錢，隱度其所賣之多寡以定其稅，此即胡氏所謂使民自爲之而量取其利也，後世稅民酒始此。"亦稱"酒榷"。《漢書·循吏傳》："至於始元、元鳳之間，匈奴鄉化，百姓益富，舉賢良文學，問民所疾苦，於是罷酒榷而議鹽鐵矣。"《通志·食貨略第二》："孝昭元始六年，令郡國舉賢良文學之士，問以民所疾苦，教化之要。皆對曰：願罷鹽鐵、酒榷、均輸官，無與天下爭利，示以儉節，然後教化可興。"《宋史·理宗本紀二》："乙卯詔，四川諸州縣鹽、酒榷額，自明年始更減免三年。"清毛奇齡《送陶丞之官》："驛亭無酒榷，留醉便門前。"

【榷酒】

即榷酒酤。此稱南北朝時期已行用。見該文。

【酒榷】

即榷酒酤。此稱漢代已行用。見該文。

算商車

我國最早徵收的車船稅。漢武帝時期，連年征戰，國庫空虛，大量財富聚集在富商大賈手中。爲解決經濟困難，漢王朝決定開徵新稅。由於車和船是秦漢時期陸地和水上主要交通工具，漢武帝元光六年（前129），頒布了算商車的規定，決定對私人擁有的車輛和舟船徵稅。課稅對象僅限於載貨的商船和商車。元狩

四年（前119），開始把非商業性的車、船也列入徵稅範圍。由於大工商業主、高利貸者和車船主大多隱瞞財產，偷稅漏稅嚴重，元鼎四年（前114），號召百姓對偷逃財產稅者進行告發和舉報，并對告發者予以獎勵。西漢王朝因算車、算船等，沉重地打擊了富豪、不法商人和高利貸者，縮小了社會貧富懸殊和消除了社會財產分配不公，緩和了階級矛盾，充裕了國家財富，推動了社會生產力向前發展，因而被後代封建統治階級所沿用或仿效。漢荀悅《前漢紀·孝武皇帝紀三》："元光六年冬，初算商車，春，穿漕渠通渭。"《通典·食貨十一》："孝武元光六年冬，初算商車。（始稅商賈船車，令出算也。）"《文獻通考·征榷一》："非吏比者、三老、北邊騎士，輕車以一算（凡民不爲吏，不爲三老、騎士，苟有輕車，皆出一算）；商賈軺車二算（商賈則重其賦也）。已上算車之法（元光隻算商車，至是，民庶皆不免）。"宋王應麟《通鑑答問·武帝·置鹽鐵官》："或問武帝紀書，初算商車，初算緡錢，初榷酒酤，與春秋初稅畝同，所以志變法之始也。置鹽鐵官不言初，何歟？曰：鹽鐵之稅始於齊之管仲，計口食鹽，計人用鐵，山海之利作俑於此然。"清毛奇齡《奉贈南關徐水部榷使君》詩："冬官分榷並河渠，載得龍門平準書。自聽猨啼懷木客，還懸豹尾算商車。"

算賦

漢代人口稅。有算賦、口賦之分。算賦指十五歲至五十六歲，每人每年出一百二十錢，以治庫兵車馬。歷代或因其名但規定各異。漢荀悅《前漢紀·高祖三》："八月初爲算賦。令軍士死者吏爲衣衾棺斂，傳送其家，四方歸心

焉。"《漢書·高帝紀第一上》："八月初爲算賦。"顏師古注引如淳曰："《漢儀注》：民年十五以上至五十六出賦錢，人百二十爲一算，爲治庫兵車馬。"元方回《續古今考》卷一九："漢高祖四年爲算賦，歲人錢百二十爲一算。前已書。賈人奴婢倍算，然又有口賦。惠帝女子年十五以上至三十不嫁五算。如此則女子年十五以上亦與男子同一算。惠帝欲其早嫁而人民繁育故有五算之徵。文帝人賦四十，可謂寬厚，減三分之二，丁男三年而一事，亦是免徭役三之二。"明楊士奇等《歷代名臣奏議·仁民》："理宗淳祐八年，監察御史兼崇政殿説書陳求魯奏曰：'漢賦有三：口賦以食天子；算賦以治庫兵車馬；更賦以給戍邊。'"《清朝文獻通考·户口一》："'漢高祖四年八月初爲算賦。'按，户口之賦始於此。古之治民者，有田則税之，有身則役之，未有税其身者也。漢法民年十五而算出口賦，至五十六而除。二十而傅給徭役，亦五十六而除，是且税之且役之也。"

算緡錢

西漢政府對商人、手工業者、高利貸者和車船所有者徵收的財産税。課税對象爲商品或資産。漢武帝時期，連年征戰，國庫空虛，大量財富聚集在富商大賈手中。爲解決經濟困難，漢王朝決定對工商業者開徵新税。元光六年（前129），對商人用以運輸貨物的車船開始徵税。元狩四年（前119），頒布算緡令，開始對商人、高利貸者和手工業者徵税。由於算緡錢的消極作用，在開徵五年後被廢止。《漢書·武帝紀第六》："四年冬，有司言關東貧民徙隴西、北地、西河、上郡、會稽凡七十二萬五千口，

縣官衣食振業，用度不足，請收銀、錫造白金及皮幣以足用。初算緡錢。"《續資治通鑑長編·宋仁宗寶元二年》："至於武帝，務勤征伐，始算緡錢榷酤以助軍旅之給，而天下蕭然矣。"《文獻通考·征榷一》："公卿請令諸賈人末作各以其物自占，率緡錢二千而一算（此謂儷緡錢者也，隨其用所施，施於利重者，其算益多）。諸作有租及鑄（以手力所作而賣之），率緡錢四千一算（手作者得利差輕，故算亦輕）。已上皆算緡錢之法……按：算緡錢之法，其初亦只爲商賈居貨者設，至其後，告緡遍天下，則凡不爲商賈而有蓄積者皆被害矣。"《宋史·食貨志十八》："天聖以來，國用浸廣，有請算緡錢以助經費者。仁宗曰：'貨泉之利，欲流天下通有無，何可算也？'一日，内出蜀羅一端，爲印朱所漬者數重，因詔天下税務，毋輒污壞商人物帛。"明丘濬《大學衍義補·治國平天下之要·鬻算之失》："漢武帝元狩四年，初算緡錢。匿不自占，占不悉，戍邊一歲，没入緡錢。有能告者，以其半畀之。"按，"緡"爲貨幣和計税單位，一緡爲一貫，一貫爲一千錢，一算爲一百二十錢。緡錢亦指用繩串連成串的錢。

賨布

古代湖南、四川一帶少數民族巴人作爲人頭税交納的麻布。古代巴人稱賦爲賨。漢代在武陵蠻地區（今湖南西部、湖北西南等地）交納的麻布曰賨布。在板楯蠻地區（今四川東部），除羅、朴、督、鄂、度、夕、龔七姓以外，餘户每口每年交納四十錢，是爲賨錢。賨布之例始於此。《後漢書·南蠻傳》："歲令大人輸布一匹，小口二丈，是謂賨布。"《晋書·食貨志》："又制户調之式，丁男之户歲輸絹三匹、

綿三斤，女及次丁男爲户者半輸，其諸邊郡或三分之二，遠者三分之一。夷人輸賣布户一匹，遠者或一丈。"宋洪适《是邦雄桀碑》："其中又有君將出征及賣布字，亦是破賊之事。碑今在西州，字畫類李翊碑。"《御定淵鑑類函》卷三六六引《唐六典》曰："勝、寧等州出女稽布，濟州出賣布，海州出楚布。"

獻費

漢代初期以貢獻科目在全國徵收的人頭稅。《漢書·高帝紀下》："〔詔〕令諸侯王、通侯常以十月朝獻，及郡各以其口數率，人歲六十三錢，以給獻費。"郭沫若《中國史稿》第三編第四章第二節："按西漢政府的規定，在諸王列侯的封國裏，田租、算賦和口賦由諸王列侯徵收，但要交一部分給皇帝作爲獻費或祭祀宗廟的酎金。"按，課稅對象包括所有人丁。漢文帝以後開始削弱諸侯王的勢力，獻費是否存在，不詳。

鹽稅

在製鹽、運鹽、售鹽過程中收繳的稅款。由於鹽對人類生存的重要性，早在夏、商、周代時期，政府就注重了對鹽的開采、加工和管理，并對鹽徵收鹽稅。最早的鹽稅記載見於《書》。《書·禹貢》："〔青州〕厥貢鹽絺，海物惟錯。岱畎絲、枲、鉛、松、怪石。"在周代所徵收的九種賦稅中的"山澤之賦"中，就已包含了對煮鹽課徵的賦稅。彼時的鹽貢爲鹽稅的原生形態。春秋戰國時期，齊相管仲在齊國推行了食鹽專賣，以專賣收入取代了稅收收入。其他各國開始設官掌管鹽政并徵收鹽稅，此後鹽稅就形成了一個獨立的稅種。秦朝，鹽稅仍實行專賣。西漢時期開始在全國範圍内實施鹽鐵官營（這項制度僅在隋朝到唐朝初的一百

多年間被取消，此後幾乎不間斷地施行到了清末），全部官運官銷。漢光武帝時改用徵稅。由於隋朝財政收入富足，取消了鹽稅，直到唐開元年間開始復徵鹽稅。唐朝的後期，改革鹽鐵制度，開始食鹽專賣。宋代鹽法不一。北宋初期實行鹽稅法，後改行鈔鹽法，規定商人凡納錢四千八百文，售予一票，可領鹽二百斤，任期限運銷，并設置都鹽院，作爲鹽價調節機關，平衡鹽價，使鹽有常價，鈔有定數。到神宗熙寧時，發售鹽引，使鹽商專賣。南宋時，恢復鈔鹽法，設置合同場，收引稅錢。元代的鹽稅實行專賣制，也稱"引岸制"，即鹽商想要運鹽，必須先買鹽引，取得公開運鹽的權利，成爲專商。憑引赴場領鹽，所繳引價名"鹽課"。明代實行鹽政，苛捐雜稅，聚資斂財，對鹽民盤剝嚴重。清初，免除各種鹽稅附加，推行綱法：官督商銷，由政府給引票於商人，按引購鹽，販賣到特定區域（引地）；官運官銷，即政府運鹽到棧，自行買賣，寓稅於價；官運商銷，即鹽場生產出來的鹽，由政府統一收購，儲運於官設的鹽棧，由商人購買運銷，鹽課含於價内或於購運時交納；對一些偏僻的産鹽地區，還允許民間自製自用，政府徵收鹽稅。《後漢書·百官志五》："凡郡縣出鹽多者置鹽官，主鹽稅。"《舊唐書·僖宗本紀》："三司轉運無調發之所，度支唯以關畿稅賦支給，不充賞勞，不時軍情，諸怨舊日安邑、解縣兩池榷鹽稅課鹽鐵使，特置鹽官以總其事。"《續資治通鑑長編·宋真宗天禧二年》："戊午，補下溪州招降蠻人彭仕漢爲右班殿直，儒霸、儒聰並爲三班借職監，許陳鄭州鹽稅，各賜衣冠緡帛。"《宋史·食貨志四》："鹽稅舊額五分者，增爲七

分。"清汪森《粵西文載·蒙詢傳》："蒙詢，賓州人，嘉靖壬午舉人，授承天府推官，遷知歸順州，申減茶稅、鹽稅，歲饑爲粥，以賑隘撫州同知。"亦稱"鹽課"。《舊唐書·僖宗本紀》："詔下，重榮上章論訴，言河中地窘，悉籍鹽課供軍。"宋熊克《中興小紀》卷三二："淮東鹽課增羨，丁未宰執奏推賞，上曰：法不足改，只循其常，若改而稍增，次年必虧。大抵民食鹽每歲止如此也。"《宋史·食貨志下三》："世宗北伐，父老遮道泣訴，願以鹽課均之兩稅，而弛其禁，許之。今兩稅鹽錢是也。"《元史·河渠志二》："揚州運河：仁宗延祐四年十一月，兩淮運司言：鹽課甚重，運河淺澀無源，止仰天雨，請加修治。"明丘濬《大學衍義補·治國平天下之要·山澤之利上》："我朝於天下產鹽之地設轉運司者六、提舉司者七，每歲鹽課各有定額，行鹽各有地方，不許越界，每引以二百斤爲袋，帶耗五斤，凡遇開中鹽糧，量所在米價貴賤及道路遠近、險易定立則例，出榜召商中納。"

【鹽課】

即鹽稅。此稱唐代已行用。見該文。

估稅

東晋、南朝對買賣行爲所徵收的稅名，爲我國最早的契稅。分輸估和散估兩種。東晋時規定，對奴婢、馬牛、田宅等商品數額較大的買賣，立有契券的，每一萬錢抽稅四百文，買賣雙方按一比三的比例分攤，名"輸估"；對數額小、價值低，并在成交時不立文據的交易，稅率是成交價格的 4%，稅額全部由賣方繳納，名"散估"。自東晋始，在南北朝廣泛推行之。《晋書·甘卓傳》："卓尋遷安南將軍、梁州刺史、假節、督沔北諸軍，鎮襄陽。卓外柔内剛，爲政簡惠，善於綏撫，估稅悉除，市無二價。州境所有魚池，先恒責稅，卓不收其利，皆給貧民，西土稱爲惠政。"《隋書·食貨志》："晋自過江，凡貨賣奴婢馬牛田宅，有文券，率錢一萬，輸估四百入官，賣者三百，買者一百。無文券者，隨物所堪，亦百分收四，名爲散估。歷宋齊梁陳，如此以爲常。以此人競商販，不爲田業，故使均輸，欲爲懲勵。雖以此爲辭，其實利在侵削。又都西有石頭津，東有方山津，各置津主一人，賊曹一人，直水五人，以檢察禁物及亡叛者。其獲炭魚薪之類過津者，並十分稅一以入官。其東路無禁貨，故方山津檢察甚簡。淮水北有大市百餘，小市十餘所。大市備置官司，稅斂既重，時甚苦之。"《宋書·文帝本紀》："丁亥，詔曰：'前所給揚、南徐二州百姓田糧種子……凡諸逋債，優量申減。又州郡估稅，所在市調，多有煩刻。山澤之利，猶或禁斷；役召之品，遂及稚弱。諸如此比，傷治害民。自今咸依法令，務盡優允。如有不便，即依事別言，不得苟趣一時，以乖隱恤之旨。主者明加宣下，稱朕意焉。'"《文獻通考·田賦考五》："四年，起四川布估錢。初，成都崇慶府，彭、漢、鄧州，永康軍六郡，自天聖間官以三百錢市布一匹，民甚便之，後不復予錢。至是，宣撫司又令民間每匹輸估錢三引，歲七十萬匹，估錢二百餘萬引（慶元初，累減至一百三十餘萬引）。"清翟灝《通俗編》卷六："稅契：《續演繁露》晋自過江，至於梁陳，凡貨賣奴婢，馬牛、田宅，有文券，率錢一萬，輸估四百入官，賣者三百，買者一百，名爲散估，即今田宅報券辦理錢之數，所謂稅契也。"

貲稅

財產稅。始於漢武帝時的算緡，到南北朝時期普遍推行。南朝宋元嘉二十七年（450），以軍費不足爲名，向揚、南徐、兗、江四州家貲滿五千萬的富有人家，僧尼滿兩千萬者（根據《宋書・索虜傳》《通典・食貨》與《資治通鑑》的記載爲五十萬、二十萬）借錢，戰爭結束後歸還。實際上是强制捐納，帶有財產稅的性質。南朝梁天監元年（502），改爲以人丁計稅。爲徵收貲稅，設立登記民户財產的籍册，謂之貲簿。登記範圍包括土地、房屋、園木等現產。結果是廣大農户從此不敢樹植，不敢開墾荒地，棟焚梁露，也不敢加泥修理。貲稅之制嚴重損害了農民擴大再生產的積極性。梁朝初年廢除按貲納稅辦法後，貲簿也不再存在。明劉球《羅處士哀詞》："處士本廬陵望家，世以貲稅雄其里，遭時艱喪之，處士方少，其父留外且久，獨奉厥母……"

下碇稅

唐代政府向洋商徵收的一種國境關稅。因是在洋商船舶靠岸下碇的時候徵收，故得此名。唐代時采取開放政策，對外貿易十分發達，政府在廣州等地設置市舶使，專門負責檢查出入境的船舶，并徵收關稅。《新唐書・孔戣傳》記載："蕃舶泊步有下碇稅。"亦稱"舶脚"。《唐大詔令集・大和八年疾愈德音》記載："其嶺南、福建及揚州蕃客，宜委節度觀察使，除舶脚、收市、進奉外，任其來往，自爲交易，不得重加率稅。"

【舶脚】

即下碇稅。此稱唐代已行用。見該文。

牙稅

政府向中間商人徵收的稅金。隨着商品經濟的發展，最遲至唐代，出現了一種專事說合買賣的中間人，代替客户進行貨物買賣，爲買賣雙方從中說合，并抽取一定的費用，稱爲牙儈、牙郎或牙人；他們經營的場所，叫作"牙行"；對這種仲介行爲徵的稅，叫作"牙稅"。唐谷神子《博異志・張不疑》："數月，有牙儈言：'有崔氏孀婦甚貧，有妓女四人，皆鬻之。'"《舊唐書・安禄山傳》："〔禄山〕及長，解六蕃語，爲互市牙郎。"唐薛用弱《集異記・寧王》："寧王方集賓客咽話之際，鬻馬牙人曲神奴者，請呈二馬焉。"《續資治通鑑長編・宋神宗熙寧八年》："以兩浙路轉運使王庭老言：衢州西安縣買山田價高，用錢十二萬緡，乃足募一縣之役，既放省稅又失免役、牙稅、官錢。"宋李心傳《建炎雜記甲集・財賦二・田契錢》："而牙稅勘合之外，每千文收五十六文分。"《宋史・食貨志下一》："於是以添酒錢、添賣糟錢、典賣田宅增牙稅錢、官員等請給頭子錢、樓店務增三分房錢，令兩浙、江東西、荆湖南北、福建、二廣收充經制錢，以憲臣領之，通判斂之，季終輸送。"《明史・食貨志六》："崇文門商稅、牙稅一萬九千餘兩，錢一萬八千餘貫。"雍正《江西通志・藝文・梁・請免雜稅耗羨詳文》："皇仁耶如江省額編褖款項下有商買稅、茶酒稅、落地稅、窑稅、食鹽稅、商稅、贛郡穀船稅、茶課、紙價當稅、牛稅、牙稅一十一款，俱另徵，奏報合計額，定正脚銀一萬七百三十五兩有奇。"

折估錢

以物資替代現金來納稅。唐初，賦役制度

沿襲了隋朝的租庸調制，其中，租納粟、米，庸調納絹、布、麻等物，所稅皆爲實物。政府收稅時，對百姓所納實物，按品質分爲上、中、下三等，這就是史籍中的"三等估"（即上估、中估、下估）。按慣例，民間稅物的品質須達中等水平，對於達不到要求的下等物，要另徵品質間折損之差價，即折估錢。由於地方官奸詐貪婪，百姓所稅物品無論品質如何，照例徵收折估錢，以中飽私囊，遂成稅外之稅。爲減輕民衆負擔，唐玄宗於開元二十九年（741）下詔禁止徵收折估錢。《舊唐書·楊慎矜傳》："慎矜於諸州納物者，有水漬傷破及色下者，皆令本州徵折估錢，轉市輕貨，州縣徵調，不絕於歲月矣。"宋王溥《唐會要·嫁娶》："敕旨：'自今已後，送省及留使匹段，不得剝徵折估錢。其供軍醬菜等價直，合以留州、使錢充者，亦令見錢匹段均納，仍具每州每使合納見錢數，及州縣官俸料内一半見錢數，同分析聞奏，仍使編入今年旨條，以爲常制。餘依。'"宋李心傳《建炎雜記甲集·財賦二·折估錢》："折估錢者，始自紹興初，張德遠爲川陝宣撫使，日供給關外大軍之名也。蓋諸軍月支正色米之外，又有折支估錢者，故以此名之。其後衣賜犒賞供給芻豢之屬，通以折估爲名，而其數浸廣矣。鹽折估者，取三路鹽引、稅錢而供此折色也。酒折估者，取四路場務坊店酒息錢，而供此折色也，故又以折估名之。大凡一歲折估之入，凡七百一十餘萬緡，其出一千二十八萬餘緡，蓋以羅本經總諸色窠名，助其費而羅買糧、絹與夫搬運之費八百七十二萬餘緡不與焉，諸雜費約九十萬緡又不與焉，大抵蜀中之折估，與江浙之月樁皆以贍軍得名，其事相同名異。

但折估猶有鹽酒爲之窠名，而月樁乃曰著橫科尤爲無藝，爲今之計要當如蜀中之法，以鹽茶錢贍軍則月樁斯可免矣。"宋李昉等《文苑英華·賑恤德音上·亢旱撫恤百姓德音》："鹽鐵使下諸鹽院，舊招商所由欠貞元二年四月已前鹽稅錢，及永貞元年變法後新鹽利經貨折估錢，共二十八萬七千七百五十六貫文，並宜放免。"明王鏊《姑蘇志·人物九》："胡元質，字長文，長洲人……簡州鹽額最重，虛額尤多，由是每歲計豁除折估錢五萬四千九百餘貫。"

抽分

唐代及以後封建政府對國内外商賈徵收的實物商稅。唐德宗建中元年（780），户部侍郎趙贊奏請於諸道津要都令之處，設置官吏，查檢來往商人的財貨，計錢每貫稅二十文。天下所出竹木茶漆等商貨抽收十分之一。宋代對外來商品先由市舶司徵稅，稱爲抽解，稅率通常在十分之一左右，有時候高達十分之三四。《宋會要輯稿·職官》卷四四載，南宋紹興六年（1136）規定："將細色直錢之物，依法十分抽解一分，其餘粗色並以十五分抽解一分。"對國内商人販運的竹木、磚瓦、柴炭等物徵價十分之一的稅。爲鼓勵土貨出口，曾實行雙抽、單抽之法，對土貨實行單抽，對蕃貨實行雙抽，即加倍徵收。明代設抽分廠，徵收竹木柴薪。到正德年間對外商開始實行抽分，稅率爲十分之二。清代偶爾使用抽分之名，但已由徵實物改爲徵貨幣。抽分或抽解實爲關稅的一種。《宋史·食貨志十八》："虛市有稅，空舟有稅；以食米爲酒米，以衣服爲布帛，皆有稅。遇士夫行李則搜囊發篋，目以興販，甚者貧民貿易瑣細於村落，指爲漏稅，輒加以罪；空身行旅亦白取百金，方紆路避之則欄截叫呼，或有貨物則抽分給賞、斷罪倍輸，倒囊而歸矣。"《元史·世祖本紀九》："庚寅，定市舶抽分例，舶貨精者，取十之一，粗者十五差五。"《大清律例·户律·舶商匿貨》："凡泛海客商舶（大船）船到岸，即將貨物盡實報官抽分，若停塌沿港土商牙儈之家，不報者杖一百，雖供報而不盡實罪亦如之（不報與報不盡之），物貨並入官。停藏之人同罪。告獲者官給賞銀二十兩。"

【抽解】

即抽分。此稱宋代已行用。見該文。

兩稅法

唐建中元年（780），由於土地兼并、户口流失、均田制遭到破壞等原因，租庸調制失去了存在基礎，宰相楊炎建議推行兩稅法，即以户稅和地稅代替租庸調制。户稅和地稅，分夏、秋兩季徵收，夏稅六月納畢，秋稅限十一月納畢。因爲夏、秋兩徵，所以稱爲兩稅法。其主要内容爲：先預算出國家財政支出的數額，然後確定出國家財政收入的總額，再把總稅額分配給各地，向當地民户徵收。不分主户和客户，一律編入現居州縣的户籍，在所居地納稅；流動的行商，要在所在州縣納三十分之一的稅。按擁有土地和財産的多少來納稅。按户等納錢，按田畝納米粟。唐朝中期後，由實物納稅逐漸進入到以貨幣納稅。兩稅法的頒布施行是我國歷史賦稅制度的一次重大變革（由以人丁爲主的徵收標準，逐漸演變爲以田畝爲主；由徵稅時間的不定時，逐漸演變爲基本定時）。它簡化了稅制，擴大了納稅面，均平了納稅負擔，緩解了階級矛盾，鞏固和加強了中央集權。對經濟的發展起到了促進作用，爲後世賦稅制度的

完善奠定了基礎。《舊唐書·楊炎傳》："炎因奏對懇言其弊，乃請作兩稅法……'凡百役之費，一錢之斂，先度其數而賦於人，量出以制入。户無主客，以見居爲簿；人無丁中，以貧富爲差。不居處而行商者，在所郡縣稅三十之一，度所與居者均，使無僥利。居人之稅，秋夏兩徵之，俗有不便者正之。其租庸雜徭悉省，而丁額不廢，申報出入如舊式。其田畝之稅，率以大曆十四年墾田之數爲準而均徵之。夏稅無過六月，秋稅無過十一月。逾歲之後，有户增而稅減輕，及人散而失均者，進退長吏，而以尚書度支總統焉。'"《通志·食貨略第一》："租庸調之法以人丁爲本。自開元以後，天下户籍久不更造，丁口轉死。田畝賣易，貧富升降不實。其後國家侈費無節，而大盜起兵興，財用益困。而租庸調法弊壞自代宗，時始以畝定稅而斂以夏秋。至德宗時，相楊炎遂作兩稅法。"《元史·成宗本紀二》："六月庚申，御史臺臣言，江南宋時行兩稅法，自阿里海牙改爲門攤增課，錢至五萬錠。"明楊士奇等《歷代名臣奏議·賦役》："德宗初，門下侍郎楊炎，疾賦役法敝，乃請爲兩稅法。"

【兩稅】

"兩稅法"之省稱。此稱唐代已行用。唐白居易《無名稅》詩："身外充徵賦，上以奉君親；國家定兩稅，本意在憂人。"

度牒費

唐宋時期政府以出賣僧、尼、道士、女冠出家的度牒而取得的收入。出家人享有一定免役和免稅特權，又不從事生產勞動，政府便以高價出售度牒來限制其人數，同時增加財政收入。唐宋僧尼簿籍歸祠部掌管，由祠部發放度

牒。久視元年（700）八月十五日，武則天將造大像，向天下僧尼徵稅，人出一錢，此爲最初的僧尼稅。唐天寶年間，楊國忠派御史崔衆到太原，納錢度僧尼道士，這是度牒收入的開始。北宋治平四年（1067），賞賜陝西轉運使度牒一千件，糴穀賑濟。南渡後，軍費激增，度牒費收入開始成爲官府收入的一項重要來源。宋代多次提高度牒售價，在北宋時爲二十八萬至三十萬文，到南宋淳熙初（1174）則上升爲五十萬至八十萬文。

茶稅

茶稅的徵收始於唐代。唐建中三年（782年），户部侍郎趙贊建議，對茶、漆、竹木各取稅十分之一，以充常平本錢，後因收稅不多而停徵。德宗貞元九年（793），復徵茶稅。文宗時，由政府實行茶專賣，但不久廢弃而復徵茶稅。武宗時，官府給茶商設旅店，收取“榻地錢”。宣宗時每斤茶葉增稅五錢，稱爲“剩茶錢”。茶稅爲唐王朝每年帶來近百萬緡的收入，成了僅次於鹽稅的重要稅種。自唐始，茶稅成爲歷代王朝重要稅種之一。《舊唐書·李珏傳》：“長慶元年，鹽鐵使王播增茶稅，初稅一百增之五十。”《宋史·食貨志下六》：“紹聖四年，户部言，商旅茶稅五分，治平條立，輸送之限既寬，復慮課入無準，故定以限，約毋得更展。”元蘇天爵《雜著·茶法》：“皇朝至元六年始，以興元交鈔同知運使白賁言，初榷成都茶課。十三年江南平左丞吕文焕，首以主茶稅爲言，以宋會五十貫準中統鈔一貫，次年定長引、短引，是歲徵一千二百餘定。”明王禕《大事記續編》卷六五：“王涯增茶稅。解題曰：按新舊史志，初德宗納趙贊議，稅天下茶、漆、竹木，十取一，以爲常平本錢，及出奉天乃罷之。貞元九年，張滂奏立稅茶法，歲得錢四十萬緡，然水旱亦未嘗拯之也。穆宗即位。鹽鐵使王播增天下茶稅，率百錢增五十。其後王涯判二使置榷茶使，徙民茶樹於官場焚其舊積者，天下大怨。太和九年，令狐楚兼榷茶使，復令納榷，加價而已。李石爲相，以茶稅皆歸鹽鐵，復貞元之制。大中初，鹽鐵轉運使裴休，立稅茶之法十二條，增倍貞元。”

【茶課】

即茶稅。此稱宋代已行用。《宋史·孝宗本紀三》：“己丑，罷諸州私置稅場，減四川茶課十五萬餘緡。”《元史·武宗本紀一》：“是月，江浙、湖廣、江西、河南、兩淮屬郡饑，於鹽茶課鈔内折粟，遣官賑之。詔富家能以私粟賑貸者，量授以官。”《明史·丁鉉傳》：“丁鉉，字用濟，豐城人，永樂中進士，授太常博士，歷工、刑、吏三部員外郎，進刑部郎中。正統三年，超拜刑部侍郎。九年，出理四川茶課，奏減其常數，以俟豐歲。”清《續通志·宋程之邵傳》：“元符中，復主管茶馬、市馬至萬匹，得茶課四百萬緡。”

除陌錢

唐代交易稅名。唐建中四年（783）六月，因用兵需要，國家常賦不能供給軍費，趙贊乃奏行稅間架、徵除陌錢二法。間架，按房屋的間架數及等級所徵收的雜稅。除陌錢即凡交易所得和公私支付錢物，每一千錢官抽五十文稅錢，稅率爲百分之五。如果是以物易物，要把物品折合成現錢，再依稅率抽取相當的貨物作爲稅收。如買賣雙方通過牙商進行交易，由牙商負責登記、核算交稅。通過店鋪交易者，由店鋪自備私簿，登記交易額，然後申報納税。對於偷漏税者，錢達百文的，杖六十，罰錢二千，賞告發者錢十緡，由犯者承擔。由於除陌錢税率十分苛重，且牙商得專其柄，率多隱盜，使商民大受其害，以至怨聲載道。興元元年（784），長安發生兵變，提出不納間架、除陌兩税以號召群眾。在這種情況下，德宗被迫將它和其他雜税一并廢除。《舊唐書·盧杞傳》：“除陌法，天下公私給與貿易率，一貫舊算二十益加算爲五十。給與物或兩換者，約錢爲率算之。市主人牙子各給印紙人有買賣，隨自署記，翌日合算之。有自貿易不用市牙子者，驗其私簿，投狀自言。其有隱錢百，没入二千，杖六十，告者賞錢十千。”宋王溥《唐會要·尚書省諸司中·户部侍郎》：“貞元四年二月，上以度支自有兩税及鹽鐵、榷酒、錢物以充經費，遂令收除陌錢及闕官料，並外官闕官職田及減員官諸料。”明楊士奇等《歷代名臣奏議·經國》：“宋理宗時，侍御史李鳴復奏曰……唐德宗有一平海内之志其甚也，至於税間架、除陌錢，冒其所不可而爲之，皆兵食爲之累也。”明胡我琨《錢通·稽始》：“德宗兩税外取一錢者，以枉法論行，兩税法始此。初行税間架、除陌錢法。”《御批歷代通鑑輯覽·唐德宗皇帝》：“初行税間架，除陌錢法：時河東、澤潞、河陽、朔方四軍屯魏縣……劍南、嶺南諸軍，環淮寧之境，皆仰給度支，月費錢百三十餘萬緡。常賦不能供。判度支趙贊乃奏行二法……所謂除陌錢者，公私給與及賣買，每緡官留五十錢，給他物及相貿易者約錢爲率，敢隱錢百者杖六十，罰錢二千。賞告者錢十緡，賞錢皆出坐者。於是愁怨之聲盈於遠近。”

【除陌】

“除陌錢”之省稱。此稱唐代已行用。《新唐書·盧杞傳》：“杞無以諭，驅而去。帝知民愁忿，而所得不足給師，罷之。贊術窮，於是間架、除陌之暴縱矣。”又：“而恨誹之聲滿天下。及涇師亂，呼於市曰：不奪而商人儳質矣，不税而間架、除陌矣。其倡和造作以召怨挺亂，皆杞爲之。”《宋史·食貨志十八》：“臣自立朝以來，每聞德音，未嘗不欲以王道治天下。今市易之爲虐，凛凛乎間架、除陌之事矣。”宋衛湜《禮記集説》卷一五三：“唐德宗初即位，放象貔出宫人似矣。不知用財之道大盈瓊林間架、除陌之貪，其聚斂無所不到，是皆不知用財之説至是也。”

税間架

唐代房產税名。唐建中四年（783）六月，因用兵需要，國家常賦不能供給軍費，趙贊乃奏行税間架、徵除陌錢二法。税間架，即以每屋兩架爲間，按屋的好壞分爲三等，上等屋税錢二千，中等屋税錢一千，下等屋税錢五百。官吏進入民家計算其數。對於那些有隱匿房間不報的，杖六十，獎賞給告發者錢五十緡。由於税間架苛重而又不公平，遭到人民的强烈反對，興元元年（784），長安發生兵變，提出不納間架、除陌兩税的口號，以號召群眾。在這種情況下，德宗被迫將它和其他雜税一并廢除。《舊唐書·盧杞傳》：“六月趙贊又請税間架、算除陌。凡屋兩架爲一間，分爲三等，上等每間二千，中等一千，下等五百，所由吏秉筆執籌入人第舍而計之。凡没一間杖六十，告者賞錢五十貫文。”《金史·高汝礪傳》：“上言曰：‘古無榷法，自漢以來始置鹽鐵、酒榷、均輸官以佐經費，末流至有算舟車、稅間架，其徵利之術固已盡矣。'"《元史·食貨志一》："以漢、唐、宋觀之，當其立國之初，亦頗有成法，及數傳之後，驕侈生焉，往往取之無度，用之無節，於是漢有告緡、算舟車之令；唐有借商、稅間架之法；宋有經總制二錢，皆掊民以充國，卒之民困而國亡，可嘆也。"明楊士奇等《歷代名臣奏議·賦役》："〔宋司農卿李〕椿爲吏部侍郎上奏曰……但漢唐之世多不能遵用中制以法，周公之遺意科目煩多，漸成横斂，故有稅算緡，稅雜物，稅間架，稅六畜之類見於前記，以爲世戒，臣亦不敢並舉也。"明胡我琨《錢通·稽始》："德宗兩稅外取一錢者，以枉法論行，兩稅法始此。初行稅間架、除陌錢法。"《御批歷代通鑑輯覽·唐德宗皇帝》："初行稅間架除陌錢法：時河東、澤潞、河陽、朔方四軍屯魏縣……劍南、嶺南諸軍，環淮寧之境，皆仰給度支，月費錢百三十餘萬緡。常賦不能供。判度支趙贊乃奏行二法。所謂稅間架者，每屋兩架爲間，上屋稅錢二千，中稅千，下稅五百，敢匿一間，杖六十，賞告者錢五十緡。"亦稱"間架稅"。宋方實孫《淙山讀周易·下經》："唐以間架稅錢而召涇卒之禍，意外之變世或有之，勿常以爲無是事也。"宋吳曾《能改齋漫錄·沿襲》："舜不窮其民論：元祐中，省試舜不窮其民論，劉棠召美首選其警句云：桀紂以淫虐窮，幽以貪殘窮，厲以監謗窮，戰國以侵伐窮，秦皇以督責窮，漢武以奢侈窮，晋以夷秋窮，隋以巡幸窮，明皇以隱户剩田窮，德宗以間架稅屋窮。東坡見之大加嘆賞，以其不類時文，因以劉窮呼之。"清黄宗羲《明文海·御史大夫左司焉崛翁張公定浙變記》："公乃曰：

亂民當誅，良民當撫，乃亟改踐更役罷間架稅。間架稅者，天下所無，而會城所獨有者也。"

【間架稅】

即稅間架。此稱宋代已行用。見該文。

租庸調

唐武德二年（619）在均田制基礎上制定的賦稅制度。租庸調制的主要内容爲：租，每丁每年要向國家繳納租粟二石；調，隨鄉土所出，每丁每年納絹二丈，綿二兩；庸，即以交納實物來代替勞役，每丁每年需要爲官府無償地服徭役二十天，不服勞役的人，可納絹或布代替，一天折合絹三尺（這種納絹代役的賦稅制度，成爲後世賦稅制度演變起點之一）。由於租庸調制的實行，使唐朝經濟逐步上升，户口也逐年增加，國家財政有了節餘，國庫也日益豐實，出現了唐初社會經濟繁榮的景象。《新唐書·食貨志》："民賦役日重，帝以問宰相陸贄。贄上疏請厘革其甚害者，大略有六。其一曰國家賦役之法，曰租、曰調、曰庸，其取法遠其斂財均其域人，固有田則有租，有家則有調，有身則有庸。天下法制均壹，雖轉徙莫容其奸，故人無摇心。"又："租庸調之法，以人丁爲本。"宋袁樞《通鑑紀事本末·奸臣聚斂》："上在位久，用度日侈，後宮賞賜無節，不欲數於左右藏取之。〔王〕鉷探知上指，歲貢額外錢、帛百億萬，貯於内庫，以供宮中宴賜，曰：此皆不出於租庸調，無預經費。"《宋史·食貨志上二》："賦税自唐建中初變租庸調法，作年支兩税，夏輸毋過六月，秋輸毋過十一月，遣使分道按率。其弊也，先期而苛斂，增額而繁徵，至於五代極矣。"《元史·食貨志一》："元之取民大率，以唐爲法，其取於内郡者曰丁税、曰地稅，此仿唐之租庸調也。"《明史・食貨志二》："賦役之法唐租庸調猶爲近古，自楊炎作兩稅法，簡而易行，歷代相沿，至明不改。"按，各地上繳的賦稅，爲了運送京師方便，將庸調布帛折變後鑄成銀餅上繳國庫。何家村唐代窖藏出土庸調銀餅二十二件。

借商

唐代雜稅名。即向商人借錢。唐德宗建中初年，河南、河北用兵，月費百餘萬緡，國庫不支數月。太常博士韋都賓、陳京建議向富商借錢。德宗采納了這個建議，并答應在罷兵以後，用公款償還欠債。借錢令一下，京師官吏對人民強力搜索財貨，以致逼死人命，長安囂然如遭寇盜，而計所得纔八十餘萬緡。唐王朝又對富戶田宅、奴婢等評估，計八十八萬貫者，括僦櫃質錢，凡蓄積錢帛粟麥者，皆借四分之一，封其櫃窖。結果百姓爲之罷市，邀宰相於道訴苦。這次借商所得，共計二百餘萬緡。借商實爲對富商豪賈財富的剝奪。《舊唐書・盧杞傳》："河北、河南連兵不息。度支使杜佑計諸道用軍月費一百餘萬貫，京師帑廩不支數月。且得五百萬貫，可支半歲，則用兵濟矣。杞乃以戶部侍郎趙贊判度支，贊亦計無所施，乃與其黨太常博士韋都賓等謀行括率，以爲泉貨所聚，在於富商，錢出萬貫者，留萬貫爲業，有餘，官借以給軍，冀得五百萬貫。上許之，約以罷兵後以公錢還。敕既下，京兆少尹韋禎督責頗峻，長安尉薛萃，荷校乘車，搜人財貨，意其不實，即行搒箠，人不勝冤痛，或有自縊而死者。京師囂然如被賊盜。都計富戶田宅、奴婢等估，纔及八十八萬貫，又以僦櫃納質積錢貨貯粟麥等，一切

借四分之一，封其櫃窖。長安爲之罷市，百姓相率千萬衆邀宰相於道訴之。杞初雖慰諭，後無以遏，即疾驅而歸，計僦質與借商，纔二百萬貫。德宗知下民流怨，詔皆罷之。"《新唐書・食貨志》："稅法既行，民力未及寬，而朱滔、王武俊、田悅合從而叛，用益不給。而借商之令出。"《資治通鑑・唐德宗建中二年》："時兩河用兵，月費百餘萬緡，府庫不支數月。太常博士韋都賓、陳京建議，以爲貨利所聚皆在富商，請括富商錢，出萬緡者，借其餘以供軍，計天下不過借一二千商，則數年之用足矣。上從之，甲子，詔借商人錢。"《元史・食貨志一》："以漢、唐、宋觀之，當其立國之初，亦頗有成法，及數傳之後，驕侈生焉，往往取之無度，用之無節，於是漢有告緡、算舟車之令，唐有借商、稅間架之法，宋有經總制二錢，皆掊民以充國，卒之民困而國亡，可嘆也。"

率貸

唐代稅名。即對富戶按其財產的比率強制舉債。天寶末年，國庫空虛，各地駐軍用度不足。於是唐肅宗遣御史鄭叔清等向江淮、蜀漢一帶富商豪賈的資產徵課，十收其二，稱爲率貸。并規定：凡富商豪賈交納家財五分之一的臨時財產稅，官儲即授給他們一定的官爵虛銜；如能以其財產的十分之四助軍者，則可終身免除徭役。其後諸道節度、觀察使，多率貸商賈，以充軍資雜用。亦有於津隘要路及市肆間交易之處，對錢至一千以上的商人，均按率收稅。率貸是對商人財產的強制徵收。唐陸贄《論治亂之略疏》："聚兵日衆，供費日博，常賦不給，乃議蹙限而加斂焉。加斂既殫，乃別

配之。別配不足，於是權算之科設率貸之法。”
《舊唐書·食貨志上》：“肅宗建號於靈武後，用
雲間鄭叔清爲御史，於江淮間豪族富商率貸，
及賣官爵以裨國用。”明王禕《大事記續編》卷
五九：“按《通典》，天寶末年，盜賊奔突克復
之後，府庫一空。又所在屯師用度不足，於是
遣御史康雲間出江淮，陶銳往蜀。豪商富户，
皆籍其家資所有財貨蓄產，或五分納一，謂之
率貸。所收巨萬計，蓋權時之宜。其後諸道節
度、觀察使，多率稅商賈以充軍資雜用，或於
津要及市肆交易之處，計錢至一千以上者，皆
以分數稅之。自是商旅多失業矣。”明胡我琨
《錢通·論策》：“德宗時國用不給，借富商錢，
約罷兵乃償之，搜督甚峻，民有自經死者。丘
濬曰：‘臣按唐行率貸及借錢令，以萬乘之君
而借貸於民，已爲可醜；況又名曰借貸，其實
奪之，又可醜之甚也。’”《清朝文獻通考·征榷
六》：“唐肅宗即位時，兩京陷没，民物耗弊。
乃遣御史鄭叔清等，籍江、淮富商右族貲富什
收其二，謂之率貸。諸道亦稅商賈以贍軍錢，
一千者有稅。”

漕糧

舊時運往京師或其他指定地點供官、軍食
用，及儲備的稅糧。水運爲其主要的運輸手段，
故名漕糧。通過水路運糧，最早見載於《左
傳·魯哀公九年》：“吳城邗，溝通江淮。”杜
預注：“於邗江築城穿溝，東北通射陽湖，西
北至宋口入淮，通糧道也。”《史記·平準書》
載，西漢都城長安，通過黄河“漕轉山東粟以
給中都官（供給京官俸禄）”。《漢書·食貨志》：
“〔宣帝時〕歲漕關東穀四百萬斛，以給京師，
用卒六萬人。”隋朝開通大運河，溝通黄河、淮

河、長江三大水系，此後糧食徵調範圍擴及長
江中下游廣大區域。唐天寶時，每年漕運至京
都二百萬至四百萬石糧食。北宋漕糧自汴、黄、
惠民、廣濟四水至京都汴京（今開封），歲至
四百萬至七百萬石，其中大部分供應京師，部
分轉運其他各地。田賦折徵貨幣以後，中央政
府爲保證京師及軍用糧食的需要，仍然規定重
要產糧區（主要爲東南地區）每年必須輸送京
師或中央所屬官倉一定數額的糧食。地方政府
又將所負任務派徵於民，漸演變成一項定制，
漕糧成了具有特定含義的實物稅。至此，凡輸
往京師或朝廷指定地點的糧食，即使不行水路，
也稱漕糧。明朝初期太祖規定每年進京（今南
京）漕糧三百萬石，成化八年（1472）始定專
於江、浙、皖、湘、贛、鄂、豫、魯等八省徵
漕糧，歲額四百萬石。清沿用明朝的制度，每
年定額不變，但大部分運輸到京師之外，還在
省倉儲備一部分。明清時期還有“白糧”一項
特徵漕糧。白糧特定於江南蘇州、松江、常州、
嘉興、湖州五府徵收。專徵白熟粳、糯米十七
萬石供應宮廷，另外徵收糙粳米四萬四千餘
石，供應朝中各衙門官用。自漕糧成爲專課之
後，其轉運耗費也加諸人民身上。於是在徵課
漕糧正稅的同時，還課以諸如耗米、贈貼、席
木等名目的附加稅，統稱“漕項”或“隨漕”。
明朝時漕項經三千餘里耗後仍可至京百萬餘
石，清漕項僅耗米一項每石附加一斗七升至四
斗不等。因此漕運總額常與漕糧正稅不相上下，
而更有地方官吏中飽私囊，人民負擔遠重於法
定漕糧。隨着商貿販運的擴大，漕糧也漸漸改
爲折銀或其他實物，稱“折漕”或“漕折”，以
減少官府漕運的麻煩。折漕由明周忱於平米法

中耗米折徵開其先例,後逐漸擴大,正統元年
(1436)定每年漕折折色銀一百餘萬兩,萬曆時
折漕更高,使運入京師的漕糧實物大減。清朝
初期,除受災或距水路過遠之地,漕糧不許折
徵,但地方官吏私行折徵的情況仍很多。咸豐、
同治以後,允許魯、豫、皖、湘、鄂、贛等省
折漕,至光緒二十七年(1901),僅江、浙兩省
尚須徵漕糧一百萬石,其他漕糧悉數改爲折徵。
辛亥革命(1911)後,漕糧盡折銀元,但其名
依舊存在。《舊唐書・輔公祏傳》:"大修兵甲,
轉漕糧餽。"《宋史・陳從信傳》:"今三司欲籍
民舟,若不許,則無以責辦,許之,則冬中京
師薪炭殆絕矣。不若募舟之堅者漕糧,其損敗
者任載薪炭,則公私俱濟。"《金史・高彪傳》:
"從攻和尚原及仙人關。與阿里監護漕糧並戰艦
至亳州,宋人以舟五十艘阻河路,擊敗之,擒
其將蕭通。"

僦櫃納質錢

唐代政府對城中收費代客保管金銀財物的
櫃坊所徵收的賦稅。僦櫃,即櫃坊中所設的保
管櫃。唐代商業繁榮,城中富商巨賈爲了財物
的安全和避免搬運麻煩,常將錢物存於櫃坊。
存戶需用時,可出帖或信物向櫃坊支領,并付
一定費用。政府對櫃坊徵稅,規定以收費總額
的四分之一爲稅額。《舊唐書・盧杞傳》:"以僦
櫃納質錢,積錢貨、貯粟麥等,一切借四分之
一,封其櫃窖,長安爲之罷市。"建中時期,這
種繁重的稅收,因官府課徵過重而衰落。宋代
仍有設僦櫃的櫃坊,成爲游手無賴銷熔銅錢和
賭博的場所,官府常加取締。櫃坊業務至元代
已不復存在。

牛皮錢

雜稅之一。五代時期,由於連年征戰不息,
用於製造衣甲的牛皮成爲國家的戰略物資,被
嚴格控制和大量徵收。五代各國都嚴禁人民私
自買賣牛皮。牛死後,皮及筋骨要全部上交給
官府,而官府衹付給很少的錢;有的衹給農民
一點鹽,充作牛皮款;有的不管有牛無牛,都
要强收牛皮稅;有的規定按田畝攤派,每十頃
要交納連牛角在內的牛皮一張。牛皮稅成了田
賦附加稅。宋張方平《論免役錢》:"今二稅之
外諸色沿納,其目曰陪錢、地錢、食鹽錢、牛
皮錢、篙錢、鞋錢,如此雜料之類大約出於五
代之季,急徵橫斂,因而著籍遂以爲常。"宋江
少虞《事實類苑・官政治績・納牛皮錢》:"國
初令民田七頃納牛皮一張角一對筋四兩,建隆
中令共納價錢一貫五百文,今稅額中牛皮錢
是。"宋王溥《五代會要・雜錄》:"周廣順元年
三月二十八日敕,諸道州府牛皮,今後犯一張,
本犯人徒三年,刺配重處色役,本管節級所由,
杖九十。兩張以上,本人處死,本管節級所由,
徒二年半,刺配重處色役。告事人賞錢五十千。
其人戶有牛死者,其本戶告報本地方所由節級,
鄰保人,仰當日內同檢驗過,令本主盡時剝皮,
及申報本處官吏,限十日內,須送納畢,其筋
骨不得隱落。二年十一月敕。應天下人所納牛
皮,令將逐年所納數三分內減收二分,其一分
於人戶苗畝上配定,每秋、夏苗共十頃,納連
角牛皮一張,其黃牛納乾筋四兩,水牛半斤。
犢牸皮不在納限,其皮人戶自詣本州送納,所
司不得邀難,所有牛馬驢騾皮筋骨,今後官中
更不禁斷,並許私家共便買賣,只不得將至化
外敵疆。仍仰關津界首,仔細覺察,捕捉所犯

人，必加深罪。其州縣先置巡檢牛皮節級，及朝廷先降條法，一切停廢。"《資治通鑑·後周太祖廣順二年》："先是，兵興以來禁民私賣買牛皮，悉令輸官受直。唐明宗之世有司止償以鹽，晋天福中並鹽不給。漢法犯私牛皮一寸抵死。然民間日用實不可無。帝素知其弊，至是，李穀建議均於田畝，公私便之。"亦稱"牛皮稅"。明王以寧《奏疏》："相報牛皮稅計壹佰壹拾張。"清《續通志·周太祖紀》："冬十一月癸酉，減牛皮稅。"

【牛皮稅】

即牛皮錢。此稱明代已行用。見該文。

農器錢

雜稅之一。五代時期，官府對農民自製農具課的稅錢。後唐明宗長興二年（931），因官府經營的農具質次價貴，農民不願使用，改令百姓自鑄，由官府徵收農具稅。規定每畝納農器錢一文五分，隨夏、秋兩稅交納。《舊五代史·唐書·明宗紀八》："十二月甲寅朔詔，開鐵禁，許百姓自鑄農器、什器之屬，於夏秋田畝上，每畝輸農器錢一錢五分。"宋王溥《五代會要·鐵》："後唐長興二年十二月敕，今後不計農器、燒器動使諸物，並許百姓遂便自鑄造。諸道監治，除當年定數鑄辦供軍熟鐵並器物外，只管出生鐵，比已前價各隨逐處，現定高低每斤一例減十文。貨賣雜使熟鐵，亦任百姓自煉。巡檢節級勾當賣鐵場官並鋪户，一切並廢。鄉村百姓只於係省夏、秋苗畝内，納農器錢一文五分足，隨夏、秋稅二時送納。"《遼史·耶律隆運傳》："進王齊總二樞府事，以南京、平州歲不登，奏免百姓農器錢，及請平諸郡商賈價，並從之。"清《續通志·食貨略》："鐵冶之課，後唐明宗長興元年敕，今後不計農器、燒器動使諸物，並許百姓逐便自鑄，上納農器錢，隨夏秋二稅送納。"清《續通典·食貨·榷酤》："遼聖宗統和三年，耶律隆運爲大丞相，以南京歲不登，請免百姓農器錢。"

月樁錢

宋代爲徵軍費而增加的稅款名目，因係按月交納，故稱。北宋有儲存備用物的內庫，稱"封樁庫"，因此"樁"指儲備。月樁錢始於紹興二年（1132）冬。是時淮南宣撫使韓世忠駐軍建康，宰相吕元直、朱藏一（朱勝非）共議，令江東漕臣月樁錢十萬緡，以酒稅、上供、經制等錢供應。其後江、浙、湖南皆有之。漕司不肯動用所領之錢，指定科目又不夠支應，就以軍需月餉之名，攤派各地。於是州縣巧立名目，設有"曲引錢""納醋錢""賣紙錢""户長甲帖錢""保正牌限錢""折納牛皮筋角錢"等。更有甚者，訴訟不勝，則有"罰錢"，既勝則納"歡喜錢"。月樁錢既無一定的課稅物件，也無固定的稅額，隨需要不時徵課，加之官吏從中勒索，擾民尤甚。宋熊克《中興小紀》卷二五："秦檜因奏光言，諸路月樁錢，漕司不以上供及移用等錢樁辦，又一路諸郡輕重不均，致不免斂之。"《宋史·食貨志上二》："今歲增其額不知所止矣，既一倍其粟、數倍其帛、又數倍其錢，而又有月樁錢、版帳錢，不知幾倍於祖宗之舊，又幾倍於漢唐之制乎。"《文獻通考·征榷六》："月樁錢始於紹興二年也，時韓世忠駐軍建康，宰相吕頤浩、朱勝非共議，令江東漕臣月樁發大軍錢十萬緡，以朝廷上供經制及漕司移用等錢應辦。當時漕司不量州軍之力，一例均拋，既有偏重之弊，又於本司移用錢不肯取撥，止取於朝廷窠名，曾不能給十之二三（書注：上供經制無額添酒錢並净利錢贍軍，酒息錢、常平錢及諸司，封椿不封椿，係省不係省錢，皆是朝廷窠名也。）於是州縣橫斂，銖積絲累僅能充數一月，未畢而後月之期已逼，江東西之害尤甚。七年，户部員外郎霍蠡言，願詔諸路守臣，條具所椿實有窠名，幾何臨時措畫者，若爲而辦。八年，侍郎士倸及參政李光皆言月椿之害，上感動，每諭宰臣若得休兵，凡取於民者，悉除之。九年正月，復河南州軍敕務與民休息，令轉運司具逐州見認月椿錢，數申朝廷，據實科撥。二月，詔以州縣大小所入財賦欲斟量適當，易於椿辦，其日後殿進呈各有窠名，但多爲漕司占留，遂不免敷及百姓。上曰，若所撥科名錢不足，從朝廷給降應副，不得一毫及民。紹興十七年，減江東西月椿錢一十二萬七千緡有奇。光宗登極，用吏部尚書顔師魯奏，減江浙諸郡月椿錢一十六萬五千緡有奇。"《資治通鑑後編・宋孝宗淳熙九年》："丁丑，減江浙月椿錢額十六萬千餘緡。"清《續通志・常同傳》："又言江浙困於月椿錢，民不聊生，上爲減數千緡。"

田契錢

宋代商税的一種。亦稱"印契錢"。民間典賣田宅，限兩月内赴官取得加蓋印鑒之税契。違限須加倍納錢。經官辦理"過割"并加蓋官印的憑證稱爲"赤契"。爲辦理税契，要交納"田契錢"，百姓不願出這筆費用，於是就出現未經官方蓋印的"白契"。白契祇要到官府投税備案，蓋上官印，就成爲合法的赤契。宋李心傳《建炎雜記・財賦二・田契錢》："田契錢者，亦隸經總制司。舊民間典買田宅則輸之，

爲州用。嘉佑末始定令，每千輸四十錢。宣和經制增爲六十。靖康初罷，建炎三年復之，紹興總制遂增爲百錢。後以其三十五錢爲經制窠名，三十二錢半爲總制窠名，三十二錢半爲州用。乾道末曾懷在户部又奏，取州用之半入總制焉。先已詔牙税外每千收勘合錢十文，後又增三文，並充總制窠名。而牙税勘合之外，每千又收五十六文，分隸諸司，大率民閑市田百千，則輸於官者十千七百有奇，而請買契紙，賄賂胥吏之費不與，由是人多憚費，隱不告官，謂之白契。紹興三十一年，軍興王瞻叔爲四川總領，乃括民間白契税錢以贍軍，遣官置司，會三司飛申之籍，許人告没三之一，以其半給告者，嫁資移囑隱其直者，視鄰田估之，雖產去券存者，皆倍收其賦，細民墓地亦首納算錢。於是除威、茂、珍州，長寧軍及關外四州不括外，他三十三郡共得錢四百六十八萬緡。成都等二十四州未見數。明年，沈德和爲制置使，首以蜀中括契錢不便爲言，而議者亦譏其斂怨。乃下詔，自登極，赦前有帶白契者，悉蠲之，即已輸許對折二税。命下，瞻叔乃疏，駁白札子於朝，且言不願輸者皆豪强與士大夫之家，請理納如故。詔白契在户下者，許行首納，仍依赦免其倍輸。時瞻叔已被章而德和入境，遂檄郡。凡三十年以前白契，在户下者悉放免之，又截成都當輸總，所折羅錢給民户。瞻叔猶在蜀三上疏争之，且言虞允文以買馬職事，疑臣張震付放甲户輸金甚多，故二人以此屬介請下御史臺，大理寺鞫實其實，瞻叔以軍興用度不給，因行一切之政，故議者非之其後所括錢，朝廷悉取他用。總司迄不能有也，今蜀中田契錢，諸縣既有定額，大抵不能

敷，則以其錢均取於牙儈人甚苦之。”《宋會要·食貨·鈔旁印帖》：“〔徽宗〕宣和七年四月九日，講議司言契勘人戶輸納官買［賣］鈔旁，州縣不能鈐束，公人計囑盡行收賣，却於人戶處邀求厚價，比之官價多至數倍，兼又阻節留滯，致有人戶糶賣所納物斛以充盤川，爲害甚大。令欲更不印賣，止［祇］令人戶從便自寫鈔旁納官，置單名歷用合同印記，令人戶量納合同印記錢，以杜絕阻節之弊……自是，民間輸納任便書鈔，納合同錢，後改爲勘合錢。”宋鄭剛中《北山集·論白契疏》：“奏曰：竊見典賣田宅法，限六十日投印，又六十日請契，恐其故違限約則扼以倍納之稅，恐其因倍而畏則寬以赦放之限，疑若無弊矣。而其弊今有不勝言者，買產之家類非貧短，但契成則視田宅已爲己物，故吝惜官稅，自謂收藏白契，不過倍納而止。遇赦限雖倍納猶是虛文，必待家有爭論事涉關礙始旋行投印，此無他。官無必懲之法，開因循之路，而使趨宜其資豪猾而失公利也。”宋陳均《九朝編年備要·太祖皇帝》：“秋九月初收印契錢，令民典賣田宅限兩月輸錢印契。”清《續通志·雜稅》：“牙契之稅則始於太祖開寶二年，始收民印契錢，令民典賣田宅輸錢印契稅契限兩月（按《文獻通考》，稅契始於東晉，歷代相承，史文簡略不能盡考）。”

【印契錢】

即田契錢。此稱宋代已行用。見該文。

白地錢

宋代對房產所徵的稅，亦指對閑置或荒地所徵的稅。宋葉時《禮經會元·市治》：“王金陵亦以周禮變而爲新法，其害尤甚：絘布變而爲房廊錢，廛布變而爲白地錢，質布變而爲搭罰錢，總布變而爲不係行錢。”宋王與之《周禮訂義·總說》：“所謂廛布者，鄭氏謂諸物邸舍之稅，即今之白地錢。”《宋史·寧宗本紀三》：“己丑，命兩淮轉運司給諸路民稻種，減公私房廊、白地錢什之三。”宋朱熹《公移·放官私房廊白地錢約束》：“所有官私房廊、白地錢，自七月初二日爲頭，五十文以上放五日；五十文以下放十日。”宋陳均《九朝編年備要·徽宗皇帝》：“閏月罷白地等錢：初，鄭居中置講畫經費局，使戶部尚書高伸推行之，諸路有儌房廊爲浮造檐厦侵官地者，則會其丈尺令輸錢，謂之白地錢。”

免丁錢

賦稅名。全稱“僧道免丁錢”。是一種創行於南宋紹興十五年（1145）針對寺觀僧道的人丁稅，按僧道的等級分九等徵收。其徵收對象原本爲在當時占有大量田地的寺廟宮觀。但有不少被徵收的對象因受到皇室的寵倖而蠲免，地方官爲完成稅收指標而將這部分錢轉嫁給了普通農民。乾道六年（1170）以後，歸入經總制錢。元明時期，僧道免丁錢，則設置發撥度牒的收費，其性質與宋代不同。南宋謝深甫等《慶元條法事類·財用門三》：“諸州僧道免丁錢，上半年限至八月終，下半年限至次年二月終起發，赴左藏庫送納，仍於限內開具等第人數、所收數目帳狀供申提點刑獄司及尚書戶部。”又：“諸州及提點刑獄司，供申尚書戶部《僧道免丁錢帳狀》隱漏不實者，各徒二年。”宋李心傳《建炎雜記甲集·財賦二·僧道免丁錢》：“僧道士免丁錢者，紹興十五年始取之。自十五千至二千凡九等。大率律院散僧丁五千，禪寺僧舍觀道士散衆丁二千，長老、知觀、知事法師、有紫衣師號者，皆次第增錢六字、四字。師號者又倍於是。歲入緡錢約五十萬。隸上供二十四年，以紫衣師號不售乃詔律院有紫衣師號者輸錢，視禪刹禪僧及宮觀道士，有之者輸丁錢千三百有奇，至今以爲例。初取免丁時立法，年六十以上及病廢殘疾者聽免，後詔七十以上乃免之。然今浙中諸大刹都城道觀多用特旨免徭役科敷，而州縣反以其額敷於民間，大爲人患。"宋陳耆卿《赤城志·財賦門》："僧道免丁錢六千六百二十三貫五百文。（祖額一萬二千七百七十四貫文，以乾道三年降賣度牒收到最多數爲額。淳熙十四年……泉州林奏言，免丁錢爲擾頗甚，亦有癃老無所從出之僧不堪催督至縊死者，乞收本州虧額錢權與住催，有旨依以。嘉定十五年，括賣坐夏僧道拘發，上件納左藏庫。）"《宋史·職官志三》："曰檢法，掌凡本部檢法之事，設科有三：曰二稅，掌受納、驅磨、隱匿、支移、折變。曰房地，掌諸州樓店務房廊課利，僧道免丁錢及土貢獻物。曰課利，掌諸軍酒課，比較增虧，知、通等職位姓名，人戶買撲鹽場酒務租額酒息，賣田投納牙契。"清《續通志·宋紀·高宗二》："丙申爲太后祈福，蠲中下戶所欠稅賦及江浙蝗潦州縣租。丁酉減僧道免丁錢。"

【僧道免丁錢】

"免丁錢"之全稱。此稱宋代已行用。見該文。

免夫錢

由夫役演化而來，是政府向應服夫役的民丁徵收的代役錢。北宋規定，百姓須服臨時性無償徵調的夫役，如戰時運輸物資、修築城寨、治理江河，等等。熙寧四年（1071）實行免役法後，此代役錢稱"免夫錢"。南宋時，某些地區在民丁未免役的情況下，繼續徵收免夫錢。地方官府仍强徵民夫築城、護送官員、運輸軍糧武器、修治橋道、建造館舍等。免夫錢遂成爲官府收入的專業款項。宋陳均《九朝編年備要·徽宗皇帝》："燕地雖號沃壤，而金人席卷一空，時常勝軍五萬，興戍兵九千，月給糧已十餘萬石，而他軍及官吏不與焉。故悉出河北、河東、山東之力，以饋給之。才一年，而三路皆困，蓋科配之既大，道阻且長，率費十餘萬石至二十石，始能至一石於燕山，民力不堪。上殊不樂，欲罷王黼，齟齬，計無從出，遂與省吏謀作免夫之令。冀得少久其權，乃下詔曰：自燕雲之復者，兩河京東屢經調發，民力已疲，若不假諸路之力，其何以濟？可措置調夫，京西八萬，淮南四萬，兩浙六萬五千，江南九萬七千，福建三萬五千，荊湖八萬八千，廣南八萬三千，四川十七萬八千，並納免夫錢，每夫三十貫。委漕臣限兩月足，違依軍法。尋降御筆，諸路調夫以供邊計，應宗室后妃戚里、宰執之家，及宮觀寺院雖特旨免科者，一例爲赦。"宋劉時舉《續宋編年資治通鑑·宋寧宗三》："書曰民惟邦本，本固邦寧政宣。小人專務聚斂以搖根本，朱勔以貢奉擾浙右，李彥以括田困京東，蔡京改鹽鈔法而比屋嘆愁，王黼創免夫錢而諸路騷動，人不聊生，散爲盜賊，雖微外患，亦必有蕭墻之憂。其失八也。"宋蔡絛《鐵圍山叢談》卷一："免夫者，謂燕山之役，天下應出夫調，今但令出免夫錢而已。"《宋史·徽宗本紀四》："六月壬子詔以收復燕雲以來，京東兩河之民，困於調度，令京西淮浙江湖四川閩廣並納免夫錢，期以兩月納足，違者從軍法。"又《食貨志上三》："燕山郭藥師所將常勝一軍，計口給錢，廩月費米三十萬石，錢一百萬緡。河北之民力不能給，於是免夫之議興。初黄河歲調夫修築埽岸，其不即役者輸免夫錢。"明楊士奇等《歷代名臣奏議·經國》："監察御史吳昌裔論蜀變四事狀……蓋自花石綱之擾，而江淮之民怨造作局之置；而二浙之民怨輸燕山米；而兩河之民怨科免夫錢；而諸路之民怨本實先撥，人摇不寧，其所由來非一日之故矣。今陛下更化願治將有意乎。"《廣東通志·編年志一》："〔宣和六年〕宋史詔以收復燕雲以來，京東兩河之民困於調度，令廣東西路並納免夫錢，期以兩月納足，違者從軍法。"

免行錢

宋代除向工商行户收取商税外，官府需要的物料人工都向各行勒派，行户不勝其苦。宋神宗熙寧年間，實行王安石變法。熙寧六年（1073）七月，正式頒行免行法。免行法規定，各行商鋪依據贏利的多寡，不再輪流以實物或人力供應官府，改爲每月向市易務用錢折算，稱爲免行錢。宋熊克《中興小紀》卷三六："五月户部言，諸路免行錢，所取苛細詔罷之。"《續資治通鑑長編·神宗熙寧七年》："上批：昨降指揮，在京諸行人歲輸免行錢特與除放一萬貫，據孫永已詳定到，可速契勘施行。"宋李綱《召赴文字庫祇引對劄子》："臣願陛下明詔州縣，凡積歲欠負並與放免，近降措置財利指揮，如鈔旁錢、免行錢、醋息錢之類一切停罷，庶使民心安妥而奸猾不得以摇之。"宋李心傳《建炎雜記甲集·財賦二·免行錢》："免行錢者，創始於元豐，推行於宣和，廢罷於靖康。紹興十一年，以軍事未寧，始令諸道量納。時川、陝四

路，歲取免行錢至五十萬緡，東南又倍之。十七年，既罷兵、詔損三之一。十九年，王大寶尚書守連州還官，言於上，但免廣中新、循等六州而已。二十五年，曹泳在户部，言其所取苛細，始盡罷之。隆興用兵後，王自外還朝，復以免行爲請。上批曰，民不可擾，難以施行。翼日進呈，上諭錢處和曰：'曹泳所行惟免行一事，人至今以爲是，今日豈可不及曹泳？'遂不行。"《宋史·王安石傳》："又有免行錢者，約京師百物諸行利入厚薄，皆令納錢，與免行户祇應。"

身丁錢

宋代政府向成年男子徵收的一種賦税。此制自漢始，歷代相沿，名稱各异，賦額不一。宋沿用之規定：男子年二十或二十一成丁，六十爲老。人户每歲按丁輸納錢米或絹，在四川以外的南方各路徵收，不分主户、客户，均須負擔，統稱身丁錢。南宋開禧元年（1205）十二月二十一日，寧宗正式下令永遠免除兩浙身丁錢絹。次年正月初一，又宣布蠲除兩浙路身丁綢絹。至此，殘存的身丁錢基本上被廢除。宋高斯得《恥堂存稿·奏疏·輪對》："孝宗皇帝乾道元年，浙東西水灾，蠲免百姓身丁錢，絹於内庫細支撥還。"宋李心傳《建炎以來繫年要録》卷二九："以前兩浙民户，每丁官給竈鹽一斗，令民輸錢一百六十六，謂之丁鹽錢。皇祐中，許民以納絹從時價折納，謂之丁絹。自行鈔法後，官不給鹽，每丁增錢爲三百六十，謂之身丁錢。"宋劉時舉《續宋編年資治通鑑·宋孝宗三》："浙東提舉朱熹入對奏論浙東救荒事，乞勸諭推賞人，乞撥賜米斛，乞預放來年身丁錢，上皆從之。"《宋史·孝宗本紀一》："甲辰，以久雨，避殿減膳，蠲兩淮

灾傷州縣身丁錢絹，决係囚。”清《續通志·宋紀·高宗二》：“已亥，永鬮永道郴三州，桂陽監及茶陵縣民身丁錢絹米麥。”

板帳錢

宋代苛捐雜税之一。所謂板帳錢，即“輸米則收耗利，交錢帛則多收縻費，幸富人之犯法而重其罰，恣胥吏之受贓而課其入，索盜贜則不償失主，檢財産則不及卑幼，亡僧、絶户不俟覈實而入官，逃産、廢田不爲消除而抑納”。爲南宋時官府進行貪污勒索的一種名目。宋章如愚《群書考索·財用門·東南財賦》：“兩浙板帳錢額之重，實與江西之月樁相似。”《宋史·食貨志下一》説：“又有所謂板帳錢者，亦軍興後所創也。如輸米則增收耗剩，交錢帛則多收縻費，幸富人之犯法而重其罰，恣胥吏之受賕而課其入，索盜贜則不償失主，檢財産則不及卑幼，亡僧、絶户不俟核實而入官，逃産、廢田不與消除而抑納，他如此類，不可遍舉。州縣之吏固知其非法，然以板賬錢額太重，雖然不横取於民，不可得已。”明楊士奇等《歷代名臣奏議·治道》：“問其不可爲者。何事歟曰：月樁、板帳錢爾，經總制上供爾，歸正人官兵俸料爾。”《清朝文獻通考·歷代田賦之制》：“今歲增其額不知所止，既一倍其粟，數倍其錢，而又有月茶錢、板帳錢，不知幾倍於祖宗之舊，又幾倍於漢唐之制乎。”《御定淵鑑類函》卷一三四引《文獻通考》：“板帳錢亦軍興後所創也。嘉定十六年，兩浙運判耿秉言，二浙近日州縣見闕，至無人願就。蓋今縣邑之所苦者，板帳錢額太重耳。”省稱“板賬”。宋葉適《上孝宗皇帝劄子》：“大抵經總制錢爲州之害，月樁、板賬爲縣之害。”又《朝議大夫蔣公墓誌銘》：“江東白收板賬，湖南倍折冬苗。”

【板賬】

“板帳錢”之省稱。此稱宋代已行用。見該文。

東南折帛錢

宋代折納絹帛的一項重賦。按宋時慣例，賦税皆可進行折變。南宋初，由於物價暴漲，朝廷在和買演變爲定額税的同時，又將夏税與和買絹帛之類改爲按時價交納現錢。其先僅施於兩浙路，約在紹興元年（1131），擴大至其他地區。宋李心傳《建炎雜記甲集·財賦一·東南折帛錢》：“東南折帛錢者，張本於建炎而加重於紹興，祖宗時，民户夏秋輸錢米而已，未以絹折也。咸平三年，度支計殿前諸軍及府界諸色人春冬衣應用布帛數百萬，始令諸路漕司於管下出産物帛諸州軍，於夏秋税錢物力科折輦運上京。自此始，夏秋錢米科折綿絹，而於夏科輸之，聞諸父老，川、陝四路大抵以税錢三百文折絹料一匹，此咸平間實直也。又有所謂和買絹者，大中祥符九年，内帑灾，發鎚下三司預市紬絹。是時青、齊間，絹直八百，紬六百。官給錢率增二百，民甚便之。自後稍行之四方，寶元後，西邊用兵，國用頗屈，於是改給鹽七分，錢三分。至崇寧三年，改鈔法，則鹽不復支，而所謂三分本錢，州縣亦無從出矣。建炎三年，苗、劉作亂，兩浙轉運副使王琮言，本路上供和買紬絹，每歲爲一百七十餘萬匹，乞令民户每匹折納錢二千。朱藏一爲相，許之。東南折帛錢蓋自此始。”《宋史·食貨志上三》：“建炎三年春，高宗初至杭州，朱勝非爲相，兩浙轉運副使王琮言，本路上供和買夏税紬絹，歲爲匹一百一十七萬七千八百。每匹折輸錢二千，以助用。詔許之。東南折帛錢自此始。”

契税

土地、房屋等不動産權屬轉移時，向其産權承受者徵收的一種税收。應繳税範圍包括土地使用權出售、贈與和交換，房屋的買賣、贈與和交換等。契税起源於東晋“估税”中的“輸估”。至北宋年間，稱爲“田契錢”“印契錢”，并規定限期兩個月由買方繳納。從此開始了以保障産權爲由的契税徵收，并一直延續。明代的契税由正課和契紙工本費兩部分組成，其課税物件，除不動産的交易外，也包括牲畜等動産的買賣。清代的契税徵收對象僅是田宅等不動産的買賣，而牲畜的買賣作爲一種獨立的税種來進行課徵。宋李心傳《建炎以來繫年要録》卷一九九：“己亥，總領四川財賦王之望乞，根括民户嫁資及遺囑田，合納契税錢，應副贍軍支用，從之。”《宋史·食貨志上二》：“三十一年，先是諸州人户典賣田宅，契税錢所收棄名七分，隸經總制三分屬係省，至是總領四川財賦。”《明史·湯兆京傳》：“湯兆京，字伯閎，宜興人。萬曆二十年進士……有謂開海外機易山，歲可獲金四十萬者，有請徵徽、寧諸府契税，鬻高淳諸縣草場者，帝意俱向之。”《山東通志·田賦志》：“田房契税：係各州縣一例徵收，每價壹兩，税銀叁分。通省原額壹千壹百貳拾肆兩壹錢玖分零。雍正四年，户部覆准嗣後，民間典買田土俱用布政司契尾，該地方印契過户一切贏餘税銀儘收儘解。”清《續通志·食貨略·雜税》：“太祖開寶二年，始收民印契錢，令民典賣田宅輸錢印契税，契限兩月。”亦稱“税契”。宋吕午《左史諫草》：“凡

夏税、秋苗，溢額之折錢，酒息、税契倍收之。”《宋史·蔡幼學傳》：“寧宗即位，詔求直言。幼學又奏：‘陛下欲盡爲君之道，其要有三：事親、任賢、寬民……至於茶鹽酒榷、税契、頭子之屬，積累增多，較之祖宗無慮數十倍，民困極矣。’”《元史·食貨志二》：“二十二年，又增商税契本，每一道爲中統鈔三錢。”《明史·食貨志二》：“由是度支爲一切之法，其箕斂財賄、題增派、括贓贖、算税契、折民壯、提編、均徭、推廣事例興焉。”清翟灝《通俗編》卷六：“税契：《續演繁露》晋自過江，至於梁、陳，凡貨賣奴婢，馬牛、田宅，有文券，率錢一萬，輸估四百入官，賣者三百，買者一百，名爲散估，即今田宅報券辦理錢之數，所謂税契也。”

【税契】

即契税。此稱宋代已行用。見該文。

納醋錢

宋代苛捐雜税之一。徵收買醋人的税錢。爲地方政府而設。宋王炎《雙溪類稿·上劉岳州書》：“僧寺師巫月納醋錢五也。”《文獻通考·征榷六》：“江、浙轉運趙汝愚上言：‘臣伏自到任以來，不住詢訪民間利害，及今來巡歷所至，有可以寬裕民利者。本司已隨事斟酌輕重，次第罷行，獨有諸縣措置月樁錢物，其間名色類多違法，最爲一方細民之害。臣試舉其大者，則有曰麴引錢、曰納醋錢、賣紙錢、户長甲帖錢、保正牌限錢、折納牛皮筋角錢，兩訟不勝，則有罰錢，既勝，則令納歡喜錢，殊名異目，在處非一。臣嘗詢究，蓋已累經朝廷指揮及前後監司約束往罷矣……’”明丘濬《大學衍義補·治國平天下之要·鬻算之失》：“光

宗時，趙汝愚言：'諸縣措諸月椿錢，其間名色類多違法，最爲細民之害。試舉其大者，則有曰麯引錢、曰納醋錢、賣紙錢、户長甲帖錢、保正牌限錢、折納牛皮筋角錢，兩訟不勝則有罰錢，既勝則令納歡喜錢，殊名異目，在處非一。'"

酒課

酒稅名。宋蘇轍《論蜀茶五害狀》："所得茶稅，雜稅錢及酒課增羨，又可得數十萬貫。"《宋史·孝宗本紀二》："六月乙酉，減四川酒課四十七萬餘緡。"《元史·太宗本紀》："二年庚寅春正月，詔自今以前事勿問，定諸路課稅、酒課、驗實息十取一，雜稅三十取一。"《明會典·户部·庫藏一》："凡諸色人等踏造酒麯貨賣者，須要赴務投稅方許貨賣，違者並依匿稅科斷其自行造酒。家用者麯貨不在投稅之限，如賣酒之家自無麯貨者，須要收買曾經投稅麯貨造酒，貨賣依例辦納酒課，若係自行造麯者，其麯亦須赴務投稅。"

【酒稅】

即酒課。此稱宋代已行用。《宋史·高宗本紀七》："六月甲申，蠲江、浙州縣酒稅、坊場、綱運、倉庫積年逋負。"《元史·世祖本紀十二》："戊申，改山東轉運使司爲都轉運使司，兼濟南路酒稅、醋課。"明丘濬《大學衍義補·治國平天下之要·征榷之課》："〔唐〕德宗建中元年，罷酒稅。三年，禁人酤酒，官自置店酤，收利以助軍費。"清杭世駿《訂訛類編》卷五："《曝書亭集》云：宋曾公監秀州新塍酒稅。今作新城。"

經制錢

宋代一種附加雜稅。始於北宋宣和四年（1122），係經制江淮荆浙福建七路諸司財計（簡稱經制使）陳遘（亨伯）所創，故名。由於鎮壓方臘起義後的財政危機攤派，附加在各種稅收之上。靖康初廢，建炎三年（1129）恢復，并固定其名色爲權添酒錢、量添賣糟錢、人户典賣田宅增添牙稅錢、樓店務添收三分房錢等。後經制錢成爲南宋財政上的重要收入。宋熊克《中興小紀》卷四："因方臘之亂，江浙被賊諸州皆蠲其賦，而官兵無所給，乃詔發運使陳亨伯經制東南。亨伯請以七路之財補其乏，始設比較酒務量添酒價及商稅額亦增一分，並賣契紙與公家出納，每緡收二十三文，並號經制錢，斂之少，聚之多，而無損於民。靖康罷之。"宋楊萬里《轉對劄子》："民之以軍興而暫佐師旅徵行之費者，因其除軍帥謂之經制使也，於是有經制之錢。既而經制使之軍已罷，而經制錢之名遂爲常賦矣。"《宋史·職官志七·發運使副判官》："三年，方臘初平，江、浙諸郡皆未有常賦，乃詔陳亨伯以大漕之職經制七路財賦，許得移用，監司聽其按察。於是亨伯收民間印契及鬻糟醋之類爲錢凡七色，是後州縣有所謂經制錢，自亨伯始。"《文獻通考·職役二》："臣僚言：'州縣保正、副，未嘗肯請雇錢，並典吏催錢亦不曾給，乞行拘收。'户部看詳：'州縣典吏催錢若不支給，竊恐無以責其廉謹，難以施行。其鄉村耆、户長依法係保正、長輪差，所請催錢往往不行支給，委是合行拘收。乞下諸路常平司，將紹興五年分州縣所支催錢，依經制錢例分季發付行在。敢隱匿侵用，並依擅支上供錢法。'從之。"清《續通志·王大寶傳》："趙鼎謫潮，大寶日從與講論。張俊謫居，俸不時得，大寶以經制錢給之。"

總制錢

南宋時期的一種附加稅。創立於南宋紹興五年（1135），翁彥國爲總制使，效法經制錢别立名目徵稅，稱總制錢。總制錢涵蓋範圍極廣，均爲各種雜稅，如勘合朱墨錢、二稅畸零剩數折納錢、投稅印契稅錢、得產人勘合錢、茶鹽司袋息，等等。這些稅收爲國家帶來巨額財富，緩解了南宋財政困難。宋李心傳《建炎雜記甲集·財賦二·總制錢》："總制錢者，紹興初，孟富文參政所創也。五年春，高宗在平江命富文提領措置財用。富文請以總制司爲名，專察内外官司隱漏遺欠，從之。於是首增頭子錢爲三十文，其十五文充經制窠名，七文充總制窠名，六文提轉兩司，二文公使支用。既又請收耆户長雇錢，抵當四分息錢，轉運司移用錢，勘合朱墨錢，常平司七分錢，人户合零就整二稅錢，免役一分寬賸錢，官户不減半，民户增三分役錢，常平司五分頭子錢，並令諸州通判、諸路提刑催充總制。至十一年，浙東一路收總制錢一百八十九萬緡，諸路準此。乾道元年十月，又增頭子錢每貫十三文充總制。是時，户部歲入視其出，闕七百萬緡，故有增頭子錢及官户不減半役錢之令，蓋補經費也。虞並甫當國，有趙諗者獻言，所在吏禄皆除頭子錢，而在京百官獨否，除之，歲可得七十萬。並甫命都司計之，僅二十四萬緡，以其不多而止。時六年四月也。至嘉泰初，除四川外，東南諸州額理總制錢七百八十餘萬。"《宋史·食貨志下一》："紹興五年，參政孟庾提領措置財用，請以總制司爲名，又因經制之額增析而爲總制錢，而總制錢自此始矣。"又《食貨志上二》："十六年，剛中奏減兩川米脚錢三十二萬緡，激賞絹二萬疋，免創增酒錢三萬四千緡，以四川總制錢五十萬緡充邊費。"明馮琦原編陳邦瞻增輯《宋史紀事本末·建炎紹興諸政》："五年閏二月，置總制司，先是帝在揚州，四方貢賦不以期至，吕頤浩、葉夢得等言，政和間陳亨伯爲陝西轉運使，創經制錢，大率添酒價，增稅額、官賣契紙，與凡公家出納，每千收頭子錢二十三文。其後行之東南及京東西、河北，歲入數百萬緡，所補不細。今邊事未寧，費用日廣，請復行之諸路，一歲無慮數百萬計，賢於緩急暴斂多矣。帝從之。至是又因經制之額增，析爲總制錢，歲收至七百八十餘萬緡。"清《續通志·宋周必大傳》："淳熙十四年二月，拜右丞相，首奏：今内外晏然殆將二紀，此正可懼之，時當思經遠之計，不可紛更欲速。秀州乞減大軍總制錢二萬，吏請勘當。"

經總制錢

宋代的附加雜稅"經制錢"和"總制錢"的并稱。亦稱"經總制銀"。因是經制和總制兩個官署先行徵收的，故以官署命名。經總制錢爲國家帶來巨額稅收，成爲南宋財政收入的主要來源。由於直接徵收的銅錢數量巨大，上繳不便，則兑換成銀兩上繳，故稱"經總制銀"。宋李心傳《建炎以來朝野雜記甲集·財賦二·經總制錢額》："經總制錢，舊法，守、貳通掌，而隸提刑司。李朝正爲户部侍郎建言，始屬通判。一歲所入，至一千一百二十萬緡，其後，復命知、通同掌，無歲不虧。於是議者乃復請委通判，事既行，諸道因請以紹興十九年所入爲準。時汪明遠爲侍御史，上疏言：'財賦所出，當究源流，是年經界初行，民輸隱漏之稅，蓋是適然，當取十年間酌中之數爲額。'上可之。然今東南諸路經總制錢歲收千四百四十餘萬緡，又多於朝正在户部之額三百萬矣。乾道初，孝宗嘗諭洪景伯丞相曰：'祖宗時，財賦無經總制錢，朕他時用度有餘，即令民間免輸納。'然其所入浩大，迄不能免也。舊廣西經總制銀，皆隨稅均取於民，民甚以爲患。紹興二十六年二月，高宗用知雷州趙伯橚言，下詔禁止云。"宋徐夢莘《三朝北盟會編・炎興下帙》："汪澈爲湖北京西宣諭使，奏劄子曰：臣伏見成閔一軍人馬，昨自行在起發前來湖北，原降指揮所至州縣批支錢糧，其錢於經總制錢内支，其米於常平義倉内支，仰見陛下聖慈，惟恐擾科於民。"《宋史・高宗本紀八》："辛未，以江西廣東湖南折帛、經總制錢合六十萬緡，江西米六萬石充江州軍費。"明丘濬《大學衍義補・治國平天下之要・鬻算之失》："由是言之，則宋所謂經總制錢蓋出於不得已而爲一時權宜之計。當是時也，所謂强敵壓境，歲有薦食吞噬之謀，翠華南巡，未知稅駕息肩之所，兵屯日盛，將帥擅命而却敵之功無歲無之，固非計財惜費之時，何暇爲寬徵薄斂之事，所惜者，和好之後，遂因仍用之而不能除，以爲一時生民之害耳。"清顧炎武《讀〈宋史・陳遘傳〉》："然則宋之所以亡，自經總制錢，而此錢之興，始於亨伯。"省稱"經總錢""經總"。宋葉適《黃子耕墓誌銘》："經總制有額無錢，十收六七……子耕會一郡成賦，法應隸經總者，以十年中酌取之，閣免其通負。錢額均等，故態盡革，更爲最矣。"清顧炎武《讀〈宋史・陳遘傳〉》："其後，葉正則作《外稿》，謂必盡去經總錢，而天下乃可爲，治平乃可望也。"

【經總制銀】

即經總制錢。以銀兩形式上繳。此稱宋代已行用。見該文。

【經總】

"經總制錢"之省稱。此稱宋代已行用。見該文。

【經總錢】

"經總制錢"之省稱。此稱清代已行用。見該文。

醋息錢

宋代苛捐雜稅之一。徵收醋業貸款者的利息稅錢。爲地方政府而設。宋李綱《上道君太上皇帝封事》："近降横置財利指揮如鈔旁錢、免行錢、醋息錢之類，一切停罷。"宋羅濬《寶慶四明志・郡志五・叙賦上》："醋息錢：開寶六年，酒務糟酵除係人户及公使庫買撲外，如無人買撲官自造醋酤賣。熙寧六年，司農奏應官監醋務如公使庫，願認納課利造醋沽費，收錢貼助公使庫者聽。政和二年，臣僚言諸州公庫元豐以來，除管納轉運司錢外，所收息錢即別無立額之法，蓋以歲賜遺利，既有定數則於此稍加優假乃可使之應副支費，近因貪吏作過，始立定額，然外郡公帑緣此用度不足，未免積壓俸給，拖欠行户錢物，爲弊尤甚。欲望許依元豐舊制，更不立額從之。紹興令諸州公使庫賣醋息及糟麸藥生畜産價錢，謂非抑配出賣者，聽歲額外支用。舊例於都酒務撥糟酵造醋納糟本錢，充經制直達二窠名，其餘息錢歸公使庫。今東西二醋庫納公使庫錢外，以糟酵醋息錢併計之日共給經制錢一貫二百文，羅本司錢八百文，移用司錢六百文。"宋李心傳《建炎以來繫年要錄》卷七〇："詔諸郡委倚郭縣認納公帑醋息錢者，徒一年，認而納者，罪亦如之。著爲令。"《宋史·食貨志上二》："湖南有土户錢、折絁錢、醋息錢、麯引錢，名色不一。"《續資治通鑑·宋孝宗乾道八年》："方其始參也，饋諸吏則謂之'辭役錢'，知縣迎送儤夫脚則謂之'地理錢'，節朔參賀則謂之'節料錢'，官員下鄉則謂之'過都錢'，月認醋額則謂之'醋息錢'。"

糟錢

北宋時雜税的一種。即賣出酒糟時所納的税。宋羅濬《寶慶四明志·郡志五·叙賦上》："糟錢：熙寧六年七月，諸酒務新收五分糟錢，並出賣糟水錢之類，不係省額錢並依量添酒錢，法令提舉常平司拘管應副本務内諸般支用。政和四年四月，敕州縣見賣糟酵每斤祗計一文三分或一文五分。今每斤添作三文足，每十斤仍加耗二斤，除舊額錢係提舉司分撥外，其所添錢專充直達綱支費。宣和四年，經制司措置官監酒務見賣糟價錢，每斤添二文足應副移用。靖康元年罷。建炎二年十一月，指揮酒務昨行經制量添費糟錢，依舊拘收，令糟酵錢充公用外，於醋息錢内併撥分諸司錢。"《宋史·食貨志下七》："大觀四年，以兩浙轉運司之請，官監鬻糟錢，別立額比較。又詔，諸郡榷酒之池，入出酒米，並別遣倉官。賣醋毋得越郡城五里外。"《清朝文獻通考·雜徵斂》："以權添酒錢，添賣糟錢，人户典賣田宅增添牙税錢。"

歡喜錢

宋代苛捐雜税之一。爲地方政府設。《文獻通考·征榷考六》："江、浙轉運趙汝愚上言：'臣伏自到任以來，不住詢訪民間利害，及今來巡歷所至，有可以寬裕民利者。本司已隨事

斟酌輕重，次第罷行，獨有諸縣措置月椿錢物，其間名色類多違法，最爲一方細民之害。臣試舉其大者，則有曰麯引錢、曰納醋錢、賣紙錢、户長甲帖錢、保正牌限錢、折納牛皮筋角錢，兩訟不勝，則有罰錢，既勝，則令納歡喜錢，殊名異目，在處非一。'臣嘗詢究，蓋已累經朝廷指揮及前使監司約束往罷矣……"明劉玉《已瘧編》卷一："常開平家豪富無比，每燕飲，童妓滿堂，預飲者多賫賞物方往，人皆苦之，謂之歡喜錢。"

醋税

金元時期，針對造醋所徵收的税賦名。《金史·食貨志四》："醋税自大定初，以國用不足，設官榷之，以助經用。至二十三年，以府庫充牣，遂罷之。章宗明昌五年，以有司所入不充所出，言事者請榷醋息，遂令設官榷之，其課額，竣當差官定之，後罷。承安三年三月，省臣以國用浩大，遂復榷之，五百貫以上設都監，千貫以上設同監一員。"元王惲《烏臺筆補·爲運司併入總管府選添官吏事狀》："今者已將運司所管酒税、醋税、倉庫院務、工匠造作、鷹房打捕、金銀銅鐵、丹粉、錫碌、茶場、窰冶、鹽、竹等課並奥魯諸軍，盡行併入各路總管府，通行節制管領。"亦稱"醋課"。《元史·世祖本紀十二》："戊申，改山東轉運使司爲都轉運使司，兼濟南路酒税、醋課。"清《續通志·食貨略》："至醋課，則始於大定初，以國用不足，權時榷醋以助經用，後旋罷之。"清《續文獻通考·征榷考》："腹里及遼陽、河南、陝西、四川、江浙、江西、湖廣，七行省醋課共二萬二千五百九十一錠二百三十五兩八錢。"

【醋課】

即醋稅。此稱元代已行用。見該文。

門攤課

元代向經商店鋪所收的稅。《元史·食貨志二·歲課》："門攤課總計鈔二萬六千八百九十九錠一十九兩一錢。"清《續通志·雜稅》："元時額外之課甚多，如曆日課、契本課、河泊課、山場課、窯冶課、房地租課、門攤課、池塘課、蒲葦課、食羊課、荻葦課、煤炭課、撞岸課，各省各路之數多寡不一。"《明會典·庫藏三·鈔法》："又令兩京及各處買賣之家，門攤課鈔按月於各都稅宣課，司稅課司局，交納酒醋課程於該縣。"

酒醋稅

元、明時期針對酒醋所課徵的稅。我國對酒醋的徵稅，首見於戰國時期。秦國商鞅變法時就有課徵，到漢武帝天漢三年（前98）時開始由官府專賣。隋朝初期，隋文帝依北周之例，對酒實行專賣。開皇三年（583），在實行食鹽免稅的同時，又廢除了酒專賣制度，從此酒亦無稅。酒無稅一直沿續至唐代。唐代宗廣德二年（764）由於財政匱乏詔令全國，核定賣酒户數，令其按月交納酒稅。其後對酒稅的課徵或行專賣，或行徵稅，或行榷曲，時有變化。酒稅的收入僅次於食鹽專賣。宋代在三京之地行酒麴專賣，在城市實行官釀官賣，在縣鎮鄉間對民户自釀自用者官府徵稅，酒課之外又徵附加，建立了一套完整的專賣酒稅制度。進入元代之後，從專賣制改爲徵稅制度，由各省直府州縣稅課司局負責徵收。元朝對酒醋徵稅始於元太宗二年（1230）正月，由於當時徵收比較困難，實行政府壟斷生産、銷售，并成立了專門的管理機構，管理酒醋制造和買賣事宜，稅率爲10%。幾年後又實行民間製造，政府收購的專賣制度，稅率爲25%。元世祖二十一年（1284）十二月，由政府實行壟斷製造和銷售。第二年四月，改爲徵稅制，規定百姓造酒不受限製，但必須繳納5%的稅。元朝後期葡萄酒比較盛行，由於葡萄酒不耗糧食，所以課稅是三十取一。元朝時的酒醋稅大都以銀鈔繳納，但偶爾也徵收實物，如糧食等。明代酒醋稅在建明之前就已開始徵收。建明之後規定，凡造酒麴貨賣者，造、賣酒醋者，都要在徵收酒醋稅後方許貨賣。明代酒醋稅的稅率較低，正統七年（1442）以後正式成爲一種地方稅。《元史·葉李傳》："變鈔法，拘學糧，徵軍官俸，減兵士糧；立行司農司、木綿提舉司，增鹽酒醋稅課，官民皆受其禍。"清《續通志·元僧格傳》："酒醋稅課江南宜增額十萬錠，内地五萬錠。"清徐乾學《資治通鑑後編·元世祖紀》："僧格言：'國家經費既廣，歲入恒不償所出，以往歲計之，不足者餘百萬錠，臣以爲鹽課每引今直五貫，宜增爲十貫；酒醋稅課，江南宜增額十萬錠，協濟户十八萬，自入籍至今十三年，止輸半賦，聞其力已完，宜增爲全賦。如此，則國用庶可支，臣等免於罪矣。'"清《續文獻通考·征榷考》："自二十五年二月，改江西茶運司爲都轉運使司，並榷酒醋稅。至是從江西行省左丞高興言，詔江西酒醋之課不隸茶運司，福建酒醋之課不隸鹽運司，皆依舊令有司辦。"亦稱"酒醋課"。元張鉉《至大金陵新志·貢賦》："〔句容縣稅糧〕酒醋課壹仟伍伯三拾肆定三兩伍分。"《元史·食貨志一》："故仿前史之法，取其出入之制可考者：一曰經理，二曰農桑，三曰稅糧，四曰科差，五曰海運，六曰鈔法，七曰歲課，八曰鹽法，九曰茶法，十曰酒醋課，十有一曰商稅，十有二曰市舶，十有三曰額外課，十有四曰歲賜，十有五曰俸秩，十有六曰常平義倉，十有七曰惠民藥局，十有八曰市糴，十有九曰賑恤，具著於篇，作《食貨志》。"《大明會典·户部·商稅》："〔明洪武〕十八年，令酒醋課、諸色課，若有布帛米穀等項，俱折收金銀錢鈔。"雍正《浙江通志·蠲恤一》："〔元成宗〕七年六月，浙西淫雨，民饑，賑糧一月，仍免今年夏稅並各户酒醋課。"

【酒醋課】

即酒醋稅。此稱元代已行用。見該文。

一條鞭法

明代稅收法律。萬曆九年（1581），爲增加明政府財政收入，大學士張居正下令在全國推行由實物轉向貨幣徵稅的一條鞭法。其核心內容：把田賦、徭役和各種雜稅合并起來，折成銀兩，分攤到田畝上，按田畝多少收稅。一條鞭法的實行，簡化了賦役徵收手續，減輕了農民負擔，緩解了財政拮据的狀況，促進了商品經濟發展。一條鞭法的實行，使由人頭稅向土地稅轉化的進程前進了一大步，爲清初"攤丁入畝"的變革奠定了基礎。由於實施這一改革的前提是清查土地，所以一條鞭法實行十餘年後，因遭大地主的阻撓而停止。但改用銀兩收稅的方式卻保留下來。《明史·食貨志二》："一條鞭法者，總括一州縣之賦役。量地計丁，丁糧畢輸於官。一歲之役，官爲僉募。力差，則計其工食之費，量爲增減；銀差，則計其交納之費，加以增耗，凡額辦、派辦、京庫歲需與

存留，供億諸費，以及土貢方物，悉併爲一條，皆計畝徵銀，折辦於官，故謂之一條鞭。立法頗爲簡便。"明温純《乞矜廉吏被誣疏》："礦稅官役方且交錯，滿道有掘之地，不得則以一條鞭法索之民。"乾隆《江南通志·食貨志》："巡撫都御史海瑞，將均徭均費等銀，不分銀力二差，俱以一條鞭徵銀在官，聽候支解。"清陳宏緒《江城名迹·考古一》："左衽巡撫江西都御史周公如斗，公號觀所，嘉靖丁未進士，浙江餘姚人。萬曆初蒞任，力行一條鞭法，拮据四閱月，規模款緒鬖然，以積勞致病，病且劇。諸司視之，猶手書空作一字，蓋以一條鞭徇也。其功德在吾省，宜與章江同其悠長。而祠址乃爲市猾奸胥所侵，無有過而問者，真可爲長太息耳。"

市肆門攤課

明代對城鄉市肆、店鋪依據其營業額所徵的稅。明仁宗爲解決鈔法不通，民間交易率用金銀布帛問題，於洪熙元年（1425）正月十九日下令增市肆門攤課鈔，暫行禁止以金銀布帛交易。於是在全國各主要市鎮開徵市肆門攤稅。《明史·食貨志五·錢鈔》："仁宗監國，令犯笞杖者輸鈔。及即位，以鈔不行詢原吉。原吉言：'鈔多則輕，少則重。民間鈔不行，緣散多斂少，宜爲法斂之。請市肆門攤諸稅，度量輕重，加其課程。鈔入官，官取昏軟者悉燬之。自今官鈔宜少出，民間得鈔難，則自然重矣。'……洪熙元年增市肆門攤課鈔。"清《續通典·食貨》："仁宗洪熙元年增市肆門攤課鈔，凡諸鈔關量舟大小修廣而差其額，謂之船料。神宗萬曆十一年，革天下私設無名稅課，凡諸課程始收鈔間折收米，已而收錢鈔，半後乃折

收銀，而折色本色輪收，本色歸內庫，折色歸太倉。"清顧炎武《日知錄·鈔》："《元史》：世祖至元十七年，中書省議流通鈔法，凡賞賜宜多給幣帛，課程宜多收錢。於是陳瑛祖之，請通計戶口食鹽納鈔。又詔令課程、臟罰等物悉輸鈔。又詔令笞杖定等，輸鈔贖罪。又令權增市肆門攤課程收鈔。又令倒死虧欠馬駝等畜並輸鈔。又令各欠羊皮、魚鰾、翎毛等物並輸鈔。又令塌坊、果園、舟車、裝載並納鈔。"清趙翼《廿二史劄記》卷三〇："永樂中，又詔計戶口食鹽納稅，課程臟罰等物悉輸鈔，笞杖等罪輸鈔納贖，市肆門攤收鈔，果園及舟車等稅納鈔，皆欲以重鈔，而鈔卒不行。則又爲阻滯鈔法之罪，至全家發邊遠充軍。"清《續文獻通考·錢幣考·明鈔》："仁宗洪熙元年正月，權增市肆門攤課程收鈔。時鈔法不通，民間交易率用金銀布帛。夏原吉請於市肆，各色門攤內量加課程課鈔入官。官取其昏軟甚者悉燬之。自今官鈔亦宜少出，民間得鈔難則自然重矣。乃下令曰所增門攤課程鈔法，通即復舊額，毋爲常例。其以金銀布帛交易者，亦暫禁止。然是時民卒輕鈔，至宣德四年遂加五倍收課焉。"亦稱"門攤稅"。《明史·食貨志五·錢鈔》："宣德四年，以鈔法不通，由商居貨不稅，由是於京省商賈湊集地、市鎮店肆門攤稅課，增舊凡五倍。"清《續文獻通考·錢幣考·明錢》："其內庫所發錢，由門攤稅課而入，原以七文折收，故不宜增數給俸。"《明會典·庫藏二·鈔法》："四年，令順天、應天、蘇松、鎮江、淮安……共三十三府州、縣、市鎮店肆，門攤稅課加五倍，候鈔法通止。"

【門攤稅】

即市肆門攤課。此稱明代已行用。見該文。

折漕

明、清漕糧改折銀兩或其他實物。明代漕糧向來納米，稱"漕米"，有時折徵布匹或其他穀物以及貨幣。宣德八年（1433），江南巡撫周忱奏定加耗米折徵例，爲漕糧改折的開始。正統元年（1436）規定，可將一部分漕糧改折貨幣，每軍以銀一百萬兩爲額（約合米麥四百余萬石）。弘治年間更定折漕之制。萬曆時折漕漸增加，運至京師的漕米大大減少。萬曆三十年（1602）漕運運抵京師的祇有一百三十八萬餘石。清朝初期，漕糧不允許折徵，僅受災或距水路過遠的地方可以改折；實際上地方官吏則多私自折徵。漕糧徵收實物有許多流弊，清初以來屢有改革的建議，但是因爲改收折色，不能保證京師口糧，一直未被采納。咸豐三年（1853），因太平天國占領南京等地，漕運路綫阻塞，漕糧無法北運，乃准江蘇省徵存漕米，其道路稍遠各州縣，每石變價折銀一兩。後來推行於江西、湖南、湖北、安徽等省。蘇州、松江等地的漕米，一向運入京倉，原來一直不准改折，此時也開始改行折色。本來是改折銀兩，卻因銀賤錢貴，又改折制錢。同治三年（1864），李鴻章命蘇州、松江地區每石以制錢六千五百四十文的比例折徵貨幣，然後由官買米運至京師。其後江蘇、浙江、山東、湖北、湖南、江西、安徽、河南等八省相繼仿效。光緒二十七年（1901）起，除仍徵漕米一百萬石（其中，江蘇六十萬石，浙江四十萬石）外，其餘應徵漕糧全部改折。辛亥革命後，漕糧折收銀元，折價每石自二元起至六七元不等。《明史·食貨志三·倉庫》："正統元年，改折漕糧，歲以百萬爲額，盡解内承運庫，不復送南京。"雍正《浙江通志·蠲恤一》："〔《明實録》萬曆〕二十三年十月，以湖州府歸、烏、長、德四縣被灾，准折漕糧之半。"《欽定大清會典則例·户部·漕運一》："十年題，准浙江寧、紹等八府，一半月糧本色照灰石折漕定價一兩二錢徵給運軍，杭、嘉、湖三府，屬州縣仍徵本色支給。"亦稱"漕折"。明丘濬《大學衍義補·治國平天下之要·漕挽之宜下》："此策既行，果利多而害少，又量將江、淮、荊、河之漕折半入海運，除減軍卒以還隊伍，則兵食兩足，而國家亦有水戰之備，可以制伏朝鮮、安南邊海之夷，此誠萬世之利也。"《明史·袁應泰傳》："山東大饑，設粥廠哺流民，繕城濬濠，修先聖廟，饑者盡得食。更搜額外税及漕折馬價數萬金，先後發振。户部劾其擅移官廪，時已遷副使，遂移疾歸。"清江藩《國朝漢學師承記》卷四："五十五年，隨駕東巡，迴鑾至青縣，上命與兵部尚書慶桂往江南同鞫高郵州典史陳倚道揭州書吏假印重徵事。定讞回京，又命同兵部侍郎吉慶馳驛鞫湖南湘鄉縣民童高門控書吏收漕折色案。"

【漕折】

即折漕。此稱明代已行用。見該文。

官店錢

明代的一種商税。所謂官店，就是政府撥出專門的房屋爲商人停留客貨，并兼營商貨過棧及居住，政府則對其進行管理并徵税，所徵之税稱爲官店錢。官店始於明朝立國前，主要針對元代中期以後商税苛重繁瑣而設立。官店對税收統一管理。後又將在京的官店改爲宣課司，地方上的府縣官店改爲通課司。從而建立起了一套比較正規的徵納商税的職能系統以代替官店。《明史·食貨志五》："凡税課，徵商估物貨；抽分，科竹木柴薪；河泊，取魚課。又有門攤課鈔，領於有司。太祖初，徵酒醋之税，收官店錢。即吳王位，減收官店錢，改在京官店爲宣課司，府縣官店爲通課司。"《續資治通鑑·元順帝二十四年》："丁卯，吳命減取官店錢。先是設官店以徵商，吳王以税重病民，故減之。"清《續文獻通考·征榷考·徵商》："明太祖即吳王位，設宣課、通課等司，凡商税三十取一。初税收官店錢，至是減之。改在京官店爲宣課司，府縣官店爲通課司，凡商税三十取一，收鈔及錢過者以違令論。"

船鈔

明宣德四年（1429）新增的一種商税。政府在沿水道要地設徵税關卡（即鈔關），對過往船隻徵税，所徵之鈔或銀，稱船鈔。課税對象爲船隻，税額按船的大小計算，與貨無關。明代禁海，京杭大運河成爲全國商品流通的主幹道。全國八大鈔關有七個設在運河沿綫。收取船鈔在鈔關進行，故船鈔亦稱鈔關税。雍正《江南通志·食貨志·關税》："〔明永樂元年〕國初止有商税未嘗有船鈔，至宣德四年始設鈔關，凡七所，内漷墅（户部差）、淮安、揚州（俱南京户部差）、漷墅本色鈔五百八十六萬餘貫錢，一千一百七十三萬餘文，折色船料正餘銀三萬九千九百餘兩。"雍正《江西通志·關津·九江關》："明初有關税無船鈔，宣德四年九江始設鈔關徵收船料；景泰元年始差主事監收；成化二年冬十一月徵九江船鈔，七年二月復設九江鈔關。"《明會典·金科·庫藏一》：

"正統四年，罷徐州濟寧州收船料鈔，令取回監收船鈔御史，止令原設官員收受。"雍正《浙江通志·職官七·明》："萬曆《杭州府志》：國初差御史監收閘辦課程或户部監收船鈔未有定制，景泰元年差户部主事於蘇杭二府專掌之，始有杭州鈔關。六年罷主事，歲委府官收鈔。成化四年併鈔關罷之，七年復鈔關。弘治六年命於南京户部差官，遂爲定例。"亦稱"船税"。《明史·陳增傳》："御馬監監丞李道方督理湖口船税。"清姚之駰《元明事類鈔·政術門一·賦役》："船税：《湧幢小品》：國初止收商税未有船鈔，宣德間始設鈔關，凡七所，河西務、臨清、九江、滸墅、淮安、揚州、杭州，《萬曆注略》時始徵湖口船税，後又徵長江船税。"《御批歷代通鑑輯覽·明宣宗皇帝》："六月初設鈔關：洪武定制有商税而無船税，至是户部以鈔法不行請行納鈔例，御史羅亨信（字用實，東莞人）等亦言之，乃沿兩京水道設關收鈔。"

【船税】

即船鈔。此稱明代已行用。見該文。

【鈔關税】

即船鈔。因船鈔的收取在鈔關進行，故稱鈔關税。此稱明代已行用。《施公案》第一八二回："門上人將話傳出，德老爺與總兵往裏就走。賢臣往外迎接，二門以裏見面，先與鹽院拉手，帶笑開言説：'早聞賢弟到此，兼管鈔關税務，劣兄想來探望，因爲奉旨賑濟山東，未得其便；如今皇上點我總漕，昨晚方才到此。我正想要去拜賢弟，反勞貴步來看愚兄。'"明談遷《國榷》卷一○三："太監袁昇請催各鎮鈔關税銀。"

【船料】

即船鈔。此稱明代已行用。明丘濬《大學衍義補·治國平天下之要·漕輓之宜下》："然後於昆山、太倉起蓋船廠，將工部原派船料差官於此收貯，照依見式造爲海運尖底船隻，每船量定軍夫若干、裝載若干，大抵海舟與河舟不同，河舟畏淺故宜輕，海舟畏飄故宜重。"明張國維《吳中水利全書·李充嗣請預處開濬工費疏（正德十四年上）》："據各府申稱，適當民窮財盡之秋，若復如此差徭愈加繁重，臣又復交併追徵以資急用，不惟緩急悞事，抑恐民命不堪。乞敕該部，仍准將滸墅鈔關船料銀兩，並兩浙、兩淮運司鹽銀或抄没叛賊錢寧等入官。"《明會典·户部二十九·內庫課鈔》："凡上新河鈔關船料鈔，按月解部，轉送南京內府天財庫交納。"《明史·食貨志五》："委御史、户部、錦衣衛、兵馬司官各一，於城門察收。舟船受僱裝載者，計所載料多寡、路近遠納鈔。鈔關之設自此始。其倚勢隱匿不報者，物盡没官，仍罪之，於是有漷縣、濟寧、徐州、淮安、揚州、上新河、滸墅、九江、金沙洲、臨清、北新諸鈔關，量舟大小修廣而差其額，謂之船料，不税其貨。"清《續通志·食貨略十·關榷》："倘地方偶遇旱潦，米穀船到，准其放行，竢成熟再如舊例徵收（嗣又議准驗明實係販往歉收地方者，免税放行，仍給印照至歉收處，關口驗明，填注到關日月鈐印發票，回關再驗，如回船載有他貨，止徵貨税，仍免船料）。免天津、臨清二關糧税船料四年。"

落地税

明代地方税。指商品進入市集交易或到店鋪售賣時，官府對其所徵的一種營業税。包括行商資格税和行商交易税。這種營業税不繳國庫，歸地方有司支配、使用。落地税於洪武二年（1369）始徵。《明史·食貨志五》："南京戶部尚書鄭三俊，以宣課所收落地税無幾，請税蕪湖以當增數。自嚴遂議税蕪湖三萬兩，而宣課仍增一萬。三俊悔，疏争不能已。九年復議增税課款項。十三年增關税二十萬兩，而商民益困矣。"乾隆《江南通志·食貨志·關税》："明代有西關，收落地税，專差戶部主事管理。"清黄宗羲《明文海·名臣·大司寇蘇公傳》："既薦起南卿偕李本寧、焦弱侯諸公，嘯咏佳山水間，澹然自遠在同寺，核俵解清牧場，蠲落地税，馬政一新。"按，行商資格税是指允許行商販運商品的營業許可證明，也就是"路引"；行商交易税是指貨至一地時，要先向售貨地税課司局納税以後纔能入市住賣。

塌房錢

明代的一種商税收。所謂塌房，即由官府設立的、專供客商貯貨之所，相當於貨棧。塌房始建於洪武初年，爲往來客商貯藏貨物之用。初期僅收免牙錢。宣德以後，塌房逐漸私有化，并向店肆化發展，逐漸成爲行商與買主之間的牙商，壟斷了入塌商品在市場上的銷售權，兼有商品批發商的性質。爲逐利而增加名目，如税錢、房錢等。至洪武二十四年（1391），税錢、免牙錢、房錢三者俱收。因此，塌房錢是由税錢、免牙錢、房錢三部分組成。其中税錢乃官府所收的税鈔；免牙錢是爲免牙行勒索而交納的費用；房錢則是貨物的寄存費。自宣德六年（1431）以後，其又逐漸成爲一種定額税。《大明會典·戶部·商税》："宣課分司收免牙、塌房錢二分，看守人收用。"明金景輝《議引河

沁二水疏》："我太宗皇帝建立京師，首命大臣疏會通河，開清江浦增修各閘，疏鑿三洪以通漕販。仍於京城内外置倉厫以貯天下糧儲。建塌房以蓄四方客貨。富實京師以開萬世太平之基。"清《續文獻通考·征榷考》："定京城官店塌房税。初南京軍民居室皆官所給，比舍無隙地。商貨至或止於舟或貯城外覬覦上下，其價商人病之。太祖乃命於三山諸門外瀕水爲屋名塌房，以貯商貨。"亦稱"塌房鈔""税鈔""牙錢鈔"。《大明會典·戶部·商税》："藥材每斤白小碗每十五箇，税鈔、牙錢鈔塌房鈔各二百文。"清《續文獻通考·征榷考》："景帝景泰二年，定收税則例依時估價直：凡商客鈔、羅、綾、錦、絹、布及皮貨、磁器、草席、雨傘、鮮果、野味等一切貨物，依時估價直，收税鈔、牙錢鈔、塌房鈔若干貫及文，各有差估計未盡者，照相等則例收納，其進塌房鈔並抽分布匹，按月房鈔俱爲除免。"亦稱"房鈔"。《大明會典·戶部·庫藏二》："又令各處抄没官房及没官牛隻，每年倒塌及倒死者，所納房鈔及牛租即與除豁。"清《淵鑑類函》卷七八引《獻徵録》曰："明李嗣，字克承。署戶部郎中，時五城兵馬司安奏房鈔都税司侵剋公課、蠹政戾民，參提悉正其罪。士民快之。尚書張鳳推重之，曰公輔才也。"亦稱"税錢""免牙錢""房錢"。《明會典·戶部·内庫課鈔》："洪武二十四年，令三山門外塌房許停積各處客商貨物，分定各坊厢長看守其貨物，以三十分爲率，内除一分官收税錢，再出免牙錢一分，房錢一分與看守者收用。貨物聽客商自賣，其小民鬻販者不入塌房投税。"清《續文獻通考·征榷考》："定京城官店塌房税。初，南京軍民居室皆官所給，

比舍無隙地。商貨至，或止於舟，或貯城外，駔儈上下其價，商人病之。太祖乃命於三山諸門外，瀕水爲屋，名塌房，以貯商貨。其貨物以三十分爲率，内除一分官收稅錢，再出免牙錢一分、房錢一分，與看守者收用貨物。聽客商自賣，其小民鬻販者不入塌房投稅。”

【塌房鈔】

即塌房錢。此稱明代已行用。見該文。

【稅鈔】

即塌房錢。此稱明代已行用。見該文。

【牙錢鈔】

即塌房錢。此稱明代已行用。見該文。

【房鈔】

即塌房錢。此稱明代已行用。見該文。

【稅錢】

即塌房錢。此稱明代已行用。見該文。

【免牙錢】

即塌房錢。此稱明代已行用。見該文。

【房錢】

即塌房錢。此稱明代已行用。見該文。

屠宰稅

清代國家向屠宰牲畜的單位和個人徵收的一種稅收。應稅牲畜包括猪、羊、牛、馬、騾、驢、駱駝等七種。因老、弱、病、殘失去耕作能力或運輸能力，經批准宰殺的，亦屬徵稅範圍。屠宰稅是一個古老的稅種，其起源可以追溯到幾千年以前。但近代的屠宰稅則起源於清朝末光緒年間。屠宰稅按牲畜宰殺後實際重量從價計徵。清何剛德《客座偶談》卷三：“中國自同治元二年之後，十年生聚，漸復承平。官俸儉薄，兵餉節縮，取於民者，只釐金不能即除爲弊政，此外仍恪守‘永不加賦’之祖訓。國用不足，推廣捐例以賣官。疆吏有議行屠宰稅者，人猶唾罵之。醫瘡挖肉，不免拮據，然未敢輕易借洋債也。”

索 引

索引凡例

一、本索引爲詞條索引，凡正文詞條欄目出現的主詞條均用“*”標示，副詞條則無特殊標識。

二、本索引諸詞條收録順序以漢語拼音音序爲基礎，兼顧古音、方言等差异，然爲方便檢索，又與音序排列法則有异，原則如下：

首先，以詞條首字所對應的拼音字母爲序排列，詞條首字相同（讀音亦同）者爲同一單元；詞條首字不同但讀音相同的各個單元，一般按照各單元詞條首字的筆畫，由簡至繁依次排列。例如以huáng爲首字的詞條，則按首字筆畫依次分作“皇”“黄”等不同單元；又如以diāo爲首字的詞條，則按首字筆畫依次分作“虭”“蛁”“貂”等不同單元。此外，爲方便查閲和比較，在對幾個同音且各祇有一個詞條的單元排序時，一般將兩個或幾個含義相同或相近的單元鄰近排列。如“埋頭蛇”“貍蟲”“薶頭蛇”都屬於mái爲首字的單元，且“埋頭蛇”與“薶頭蛇”含義相同，因此這三個單元的排列順序是“貍蟲”“埋頭蛇”“薶頭蛇”。

其次，同一單元内按各詞條第二字讀音之音序排列，第二字讀音相同者則按第三字讀音之音序排列，以此類推。例如以“皇”爲首字的單元各詞條的排列依次爲“皇戚、皇帝鹵簿金節……皇貴妃儀仗金節……皇史宬……皇太后儀駕卧瓜……皇庭”。

三、本索引中詞條右側的數字爲該詞條在正文位置的起始頁碼。

四、本索引所收詞條僅限於正文、附録中明確按主、副詞條格式撰寫的詞條，而在其他行文中涉及的詞條不收録。

五、多音字、古音字或方言字詞條按其讀音分屬相應的序列或單元，如“大常”古音爲tàicháng，因此歸入音序T序列；又如“葛上亭長”，“葛”是多音字，此處讀gé，因此歸入音序G序列之ge的二聲單元；互爲通假的詞條，字雖异然而讀音同者，如“解食”“解倉”皆爲芍藥別稱，因“食”與“倉”通，故“解食”讀音與“解倉”同；等等。

六、某些詞條多次出現，在正文中以詞條右上標記數字爲標志，如“朝[1]”“朝[2]”“百足[1]”“百足[2]”等，索引中亦按照其右上標記數字的順序排列。詞條相同但讀音不同的則按照其讀音分屬相應的音序序列和單元。如“蟒[1]”（měng）、“蟒[2]”（mǎng），“蟒[1]”歸入音序M序列之meng的三聲單元，“蟒[2]”則歸入音序M序列之mang的三聲單元。

七、某些特殊詞條，如數字詞條、外文字母詞條等，則收入《索引附録》。

A

B

C

H

J

O

P

Q

Y